V&R

MARTIN DIEDERICH

Schleiermachers Geistverständnis

Eine systematisch-theologische Untersuchung
seiner philosophischen und
theologischen Rede vom Geist

VANDENHOECK & RUPRECHT
IN GÖTTINGEN

Forschungen zur systematischen und ökumenischen Theologie

Herausgegeben von Wolfhart Pannenberg,
Reinhard Slenczka und Gunther Wenz

Band 88

Die Deutsche Bibliothek – CIP-Einheitsaufnahme

Diederich, Martin:
Schleiermachers Geistverständnis: eine systematisch-theologische Untersuchung seiner philosophischen und theologischen Rede vom Geist / Martin Diederich. – Göttingen: Vandenhoeck und Ruprecht, 1999
(Forschungen zur systematischen und ökumenischen Theologie; Bd. 88)
Zugl.: Göttingen, Univ., Diss., 1997
ISBN 3-525-56295-0

Gedruckt mit Unterstützung der Deutschen Forschungsgemeinschaft
auf alterungsbeständigem Papier

Satz: Dörlemann Satz, Lemförde
Druck und Bindung: Hubert & Co., Göttingen

Vorwort

Wenn ich an die vielen Menschen denke, die mich bei der Abfassung dieses Buches angeregt, ermutigt, unterstützt und hinterfragt haben, so habe ich zuallererst meine Frau Andrea Elisabeth vor Augen. Sie war die erste (und einzige), der es gelang einen begründeten Zweifel in mir aufkommen zu lassen, ob man mit konstruktivem systematischen Denken wirklich so viel über den Heiligen Geist herausfinden könne, wie ich dachte. Manche grundsätzliche Überlegungen sind im Gespräch mit ihr entstanden und einiges wäre anders und besser geworden, wenn ich sie schon seit dem Beginn der Abfassung gekannt hätte.

Von den vielen Freunden, die mich allzuoft haben tragen und ermutigen müssen, möchte ich Christoph Ossenberg nennen, mit dem ich mich wöchentlich zum Gespräch bei Wein und Pfeife treffen konnte, und Dagny von der Goltz, die aus lauter Freundschaft die Mühe auf sich nahm, die vielen Seiten Korrekur zu lesen. Meine Eltern haben mich während der Abfassungszeit großherzig unterstützt und viele haben mir auf unterschiedliche Weise geholfen, denen ich kaum einzeln danken kann.

Am 26. 05. 1997 ist die Untersuchung von der Ev.-theol. Fakultät der Universität Göttingen als Dissertation angenommen worden. Prof. Dr. J. Ringleben hat die Arbeit freundlich begleitet und das Erstgutachten erstellt, Prof. Dr. D. Lange hat das Zweitgutachten übernommen. Beiden sei herzlich Danke gesagt.

Die Arbeit kommt nahezu unverändert in den Druck. Das Manuskript habe ich im Juli 1996 abgeschlossen und nachher auch keine weitere Literatur mehr verarbeitet.

Wieseth, im Juni 1998 *Martin Diederich*

Vorwort

Inhalt

Schluss

„... so stellt sich heraus, daß was wir Geist nennen im allgemein menschlichen Sinne und was πνεῦμα im christlichen etwas wesentlich zusammengehöriges ist"
(Christliche Sittenlehre)

§ 1 Einleitung

Es ist die Aufgabe dieser Untersuchung, Schleiermachers theologische und philosophische Geistauffassung systematisch zu erheben und für die Lehre vom Heiligen Geist kritisch fruchtbar zu machen. Wie bereits der Bezug dieser Aufgabenstellung auf Theologie *und* Philosophie Schleiermachers zeigt, ist mit ihr ein komplexes Gedankengefüge angesprochen, das zunächst einiger einleitender Überlegungen bedarf. Diese haben vor allem (1.) zum Ziel, das pneumatologische Grundproblem zu benennen, zu dem Schleiermacher Stellung bezieht und damit die sachliche Relevanz einer pneumatologischen Untersuchung Schleiermachers zu erschließen. Sodann ist (2.) über die Textlage bei Schleiermacher und (3.) über den Zugang der vorliegenden Untersuchung Aufschluß zu geben. Und schließlich ist (4.) über den Ort der vorzunehmenden Untersuchung in der bisherigen Forschung zum Thema Rechenschaft abzulegen.

1. Das grundlegende Problem, welches Schleiermachers Pneumatologie bearbeitet, läßt sich an einem Zitat aus Schleiermachers berühmten Brief an Jacobi ablesen. Schleiermacher schreibt dort:

> „Wenn mein christliches Gefühl sich eines göttlichen Geistes in mir bewußt ist, der etwas anderes ist als meine Vernunft, so will ich nie aufgeben, diesen in den tiefsten Tiefen der Natur der Seele aufzusuchen".[1]

Schleiermacher nimmt in diesem Satz eine komplizierte Verhältnisbestimmung von göttlichem und menschlichem Geist vor, welche die theoretischen Grundfragen seiner theologischen Pneumatologie erschließt. Sie läßt sich anhand des Zitates in mehreren Schritten darlegen:

a. Zunächst einmal ist deutlich, daß Schleiermacher davon ausgeht, der göttliche Geist sei ihm *bewußt*.[2] Dieser Ansatz bei dem Bewußtsein ist symptomatisch für eine neuzeitliche Betrachtungsweise der Theologie, die auf dem Hin-

---

[1] *Brief an Jacobi* vom 30. 3. 1818, Br. II, 350.

[2] Das den Satz einleitende ‚wenn' ist – wie aus dem Kontext des Briefes ersichtlich – nicht konjunktivisch, sondern affirmativ zu verstehen. Schleiermacher setzt jenes Bewußtsein christlich voraus.

tergrund Kantischer Erkenntniskritik über die Möglichkeit einer Erkenntnis des Geistes im vorhinein reflektiert. Daß dabei als die Möglichkeitsbedingung einer Geisterkenntnis das Bewußtsein von ihm ausgemacht wird, gründet indessen nicht allein in Schleiermachers Interesse am neuzeitlichen Bewußtsein, sondern spiegelt auch das pneumatologische Problem selbst. Denn gerade für den Heiligen Geist, der christlichem Verständnis gemäß wesentlich die *Gegenwart* Gottes bezeichnet, dürfte unwidersprechlich sein, daß er nur in seiner Gegenwart und von ihr her bekannt ist.[3] Die Rede Schleiermachers von einem *Bewußtsein* des Geistes Gottes versucht, diese Gegenwart als Gegenwart *beim Menschen* aufzufassen. Der Ausdruck ‚Bewußtsein eines göttlichen Geistes' bezeichnet die Weise, in der der Geist Gottes beim Menschen gegenwärtig und in dieser Gegenwart erkennbar wird. Indem Schleiermachers Lehre vom Geist Gottes von dem christlichen Bewußtsein des Geistes ausgeht, wird sie als ein Versuch kenntlich, Pneumatologie *als* Lehre von der Gegenwart des Geistes beim Menschen zu betreiben. Sie wählt einen Zugang zur Erkenntnis des Geistes, der sich dieser nicht allein aus der Überlieferung nähert, sondern ihn aus seiner Gegenwart selbst heraus zu begreifen versucht. Schleiermacher verfolgt damit das vielversprechende Anliegen, die Lehre vom Geist aus einem Verständnis der originären Genese der Geistgegenwart beim Menschen heraus zu entwickeln.

b. Die damit einhergehende Problematik wird in der spannungsvollen Formulierung deutlich, *mein christliches Gefühl* sei *sich* eines göttlichen Geistes *in mir* bewußt. Die Nötigung zu einem solchen Ausdruck ergibt sich daraus, daß, wenn der Geist in seiner Gegenwart beim Menschen begriffen werden soll, ein Ort im menschlichen Bewußtsein angegeben werden muß, an welchem diese Gegenwart statthat. Die traditionelle theologische Anthropologie hat diesen Ort in der Regel als den ‚menschlichen Geist' ausgemacht, dabei aber immer die Schwierigkeit gehabt anzugeben, was dieser denn sei. Indem Schleiermacher von ‚meinem christlichen Gefühl' spricht, gibt er zu diesem Problem einen in seinen Ansätzen nun näher zu erläuternden Beitrag.

α) Zunächst ist zu notieren, daß die Angabe, es sei sich *mein* ‚christliches Gefühl' des Geistes bewußt, nicht zufällig ist, sondern andeutet, daß Schleiermachers Beitrag zum theologischen Verständnis des menschlichen Geistes auf den Gedanken der Individualität rekurriert. Schleiermacher trägt damit dem grundlegenden Gedanken Rechnung, daß die Gegenwart des Geistes wesentlich Gegenwart bei konkreten Subjekten ist, denen diese Gegenwart auf je unverwechselbare Weise geschieht. Der Gedanke der Individualität wird denn auch ein wesentlicher Reflexionshorizont bei der Entwicklung seines Geistverständnisses sein.

[3] Man muß freilich vom Heiligen Geist auch als von einem außerhalb dieser Gegenwart stehenden reden. Aber damit veräußerlicht man nur, was zuvor nahe war. Denn auch, wenn diese Veräußerlichung notwendig geschieht, weil sich der Heilige Geist selbst in seiner Gegenwart von ihr als unterschiedener und anderer ablöst, weiß man von ihm als einem anderen nur in dieser Gegenwart selbst. Auf dieses Problem wird noch zurückzukommen sein.

β) Indessen weist der Sachverhalt, daß Schleiermacher nicht einfach ‚ich' sagt, sondern sein ‚christliches Gefühl' von sich abtrennt und objektiv benennt, zugleich aber mit dem Zusatz *in mir* unverwechselbar auf sich bezieht, auf eine nicht nur in einer individualitätsbezogenen, sondern in jeder Bestimmung des Ortes der Geistgegenwart im Menschen liegende Schwierigkeit. Diese besteht darin, daß die Lokalisation der Geistgegenwart eine gedankliche Distanzierung des christlichen Subjektes von der Geistgegenwart erfordert, in welcher es selbst steht. Diese Schwierigkeit stellt nun ein nahezu unüberwindliches Problem dar, wenn der Geist gerade *in* seiner Gegenwart begriffen werden soll. Denn jene Distanzierung läßt zunächst nur eine Betrachtung des Geistes von außerhalb dieser Gegenwart her zu. Hier liegt denn auch das erkenntnistheoretische Grundproblem wissenschaftlicher Pneumatologie überhaupt, die qua Theorie droht, den Ort zu verlassen, an dem der Geist, über den sie reden will, gegenwärtig wird und als gegenwärtiger aufgefaßt werden kann.[4] Der Satz Schleiermachers zeigt, daß er für diese Problematik sensibel ist, und deutet zugleich den Weg an, auf dem ihre Überwindung einzig zu erreichen sein wird: nämlich indem sich der sich von außen auf den Geist richtende Gedanke selbst auf die Geistgegenwart bezieht, von der er spricht. Sollte Schleiermacher der Aufweis dieses Selbstbezugs des Geistgedankens auf den Geist gelingen, so hat er grundlegende Bedeutung für die Pneumatologie überhaupt.

γ) Der entscheidende Punkt dabei ist nun Schleiermachers Bestimmung des christlichen Gefühls. Hierbei ist in der Formulierung, daß das christliche Gefühl *sich* des Geistes bewußt wird, ein wesentlicher Hinweis darauf gegeben, daß das Bewußtsein des göttlichen Geistes das Selbstbewußtsein des christlichen Gefühls ist. Der hinter diesem Hinweis stehende pneumatologische Gedanke ist der, daß dasjenige Element des menschlichen Bewußtseins, welches der Gegenwart des Geistes inne wird, überhaupt nur als das Bewußtsein dieses Geistes ist und nur in diesem Bewußtsein selbst zu sich kommt. Indem Schleiermacher diesen Gedanken in sein Geistverständnis aufnimmt, bringt er die grundlegende pneumatologische Einsicht zum Ausdruck, daß der sich des Geistes Gottes bewußte menschliche Geist sich als von Gottes Geist geschaffen und in ihm lebend weiß. Für das christliche Gefühl als den Ort der Gegenwart Gottes im menschlichen Bewußtsein bedeutet dies, daß es nicht etwas der Gegenwart des Geistes in ihm gegenüber anderes ist, welches auch außer der Gegenwart des Geistes als christliches Gefühl sein könnte. Sondern das christliche Gefühl ist es selbst nur darin, daß es Gottes Geistgegenwart in ihm ist.

δ) Daß der Selbstbezug des christlichen Gefühls auf den Geist zugleich auch ein Selbstbezug der christlichen Subjektivität auf sich ist, wird nun darin deutlich, daß *mein christliches Gefühl* in der Sprache der Glaubenslehre das christlich bestimmte ‚unmittelbare Selbstbewußtsein' des frommen Menschen ist. Das Bewußtsein des christlichen Gefühls vom Geist Gottes ist das Selbstbe-

[4] Vgl. zu diesem Problem noch u. S. 341 ff.

wußtsein des christlichen Subjektes. Schleiermacher verleiht damit der fundamentalen pneumatologischen Einsicht Ausdruck, daß das Gegenwärtigwerden des Geistes Gottes dem Menschen nicht äußerlich ist, sondern ihn in seinem Wesen bestimmt, so daß sich der Mensch im Bewußtsein der Gegenwart Gottes im Geist als καινὴ κτίσις weiß.[5] Indem er das Bewußtsein des Geistes Gottes, von welchem seine Pneumatologie ausgeht, als unmittelbares Selbstbewußtsein bestimmt, eröffnet er einen Blick auf seine Pneumatologie, die sie als systematische Explikation jenes theologischen Kerngedankens verständlich werden läßt.

Für den genannten pneumatologischen Beitrag Schleiermachers zum Verständnis des menschlichen Geistes heißt dies, daß Schleiermacher das ‚christliche Gefühl' so zu denken versucht, daß dieses den menschlichen Geist *selbst* bestimmt. Dabei deutet der Sachverhalt, daß der Begriff ‚unmittelbares Selbstbewußtsein', auf welchen der Ausdruck ‚christliches Gefühl' rekurriert, ein philosophischer Begriff ist, darauf hin, daß ein theologisches Verständnis dessen, daß die Gegenwart des Geistes als Bewußtsein von ihm den menschlichen Geist selbst bestimmt, nur dann sinnvoll ist, wenn es sich auf eine Auffassung beziehen kann, was menschlicher Geist überhaupt ist. Darin liegt nun aber ein weiteres tiefgreifendes Problem, das in Schleiermachers Briefzitat nun weiter zur Exposition kommt.

c. Dazu ist nun zunächst der Satz in den Blick zu nehmen, der dem christlichen Gefühl bewußte Geist Gottes sei *etwas anderes als meine Vernunft*. Diese Aussage ist zunächst einmal notwendiger Reflex der anderen Aussage, daß das Bewußtsein des Geistes den menschlichen Geist neu bestimmt.[6] Ist nämlich dies, dann kann der Geist Gottes nur ein dem neuzubestimmenden Geist gegenüber anderes sein. Indessen hat dieser Nachsatz Schleiermachers nur dann gedankliche Schärfe, wenn man sich die tiefe Zusammengehörigkeit von göttlichem und menschlichem Geist klarmacht, die hier durchbrochen wird. Diese liegt darin, daß das ‚christliche Gefühl' vom Heiligen Geist, welches Schleiermacher theologisch als Gegenwart des Geistes Gottes in ihm zu bestimmen vornimmt, als Element des Bewußtseins selber Teil der menschlichen Vernunft ist. Es ist also zu denken, daß das menschliche Bewußtsein im Heiligen Geist sich selbst als Gegenwart eines anderen in ihm bewußt wird. Dieser Sachverhalt ist umso schwieriger zu denken, als das Bewußtsein des Geistes als eines anderen in ihm zugleich das das Subjekt erst konstituierende Selbstbewußtsein ist. Das Andere

[5] Vgl. *2.Kor* 5,17. Daß das Sein der Gläubigen Sein ἐν Χριστῷ (ebd.) mit der Gegenwart des Geistes in ihnen gleichzusetzen ist, wird ein Grundgedanke von Schleiermachers Pneumatologie sein, in welchem er mit Paulus übereinstimmt.

[6] Daß der Begriff ‚Vernunft' in seinem individuellen Verstand (‚meine') mit Schleiermachers Verständnis des ‚menschlichen Geistes' zusammenfällt, ergibt sich aus Schleiermachers Psychologievorlesungen und ist hier nur festzustellen. Daß der Begriff des ‚menschlichen Geistes' als anthropologisches Pendant zum Geist Gottes zu gelten hat, ist in dem diesem Paragraphen voranstehenden Zitat aus *CS* 313 angezeigt.

des Geistes ist selbst schon zuinnerst das Eigene, welches das Andere des Geistes also in sich von ihm selbst unterscheidet. Diese im Bewußtsein des Geistes Gottes geschehende Selbstunterscheidung des Subjektes durch den Geist Gottes zu denken, ist die schwierigste Aufgabe der Pneumatologie, aus welcher alle materialtheologischen Bestimmungen der Theologie ihre Gestalt finden. Ihre Bedeutung läßt sich daran ermessen, daß eine Unterbestimmung der in seiner Gegenwart im Bewußtsein liegenden Unterschiedenheit des Geistes Gottes von ihm Gefahr läuft, den Heiligen Geist mit dem Bewußtsein von ihm zu identifizieren und dadurch das dem christlichen Glauben wesentliche Bewußtsein der *Neu*bestimmung des menschlichen Geistes durch den Geist Gottes nicht mehr aussagen zu können. Umgekehrt droht eine Vernachlässigung dessen, daß die Unterscheidung des Heiligen Geistes vom menschlichen Bewußtsein nirgend anders als in diesem selbst geschieht, unverständlich werden zu lassen, daß jene Neubestimmung dem Menschen *selbst* geschieht, womit die Lehre vom Heiligen Geist aufhören würde Lehre von der *Gegenwart* Gottes zu sein. Indem Schleiermacher die Unterscheidung des Geistes als eines anderen der Vernunft innerhalb des Bewußtseins von ihm verortet, scheint er dieser doppelten Problematik gewahr zu sein. Indessen wird zu prüfen sein, ob Schleiermacher den damit angesprochenen Gedanken auch zureichend durchzuführen vermag.[7]

d. Hier zeigt nun aber der Schlußteil des Satzes, daß Schleiermacher weniger das unterschiedene Anderssein der Gegenwart des Geistes Gottes genauer zu denken unternimmt, als vielmehr die Einheit des unterschiedenen Geistes mit dem ihn unterscheidenden Bewußtsein. So folgert Schleiermacher für die sich ihm aus den genannten Problemen ergebende Zugangsweise seines pneumatologischen Unternehmens, er wolle *nie aufgeben*, den als ein der Vernunft gegenüber anderes bewußten Geist Gottes *in den tiefsten Tiefen der Natur der Seele aufzusuchen*. Damit ist zunächst einmal die Folgerung ausgesprochen, daß der Geist Gottes, wenn er aus einer solchen Selbstgegenwart heraus verstanden werden soll, die den Christen in seinem Wesen neu bestimmt, in dem innersten Punkt seines christlich bestimmten humanen Selbstseins (als ihm gegenüberstehendes anderes) zu finden und aufzusuchen ist. Nun zeigt aber Schleiermachers Betonung der tiefsten Tiefen der *Natur* der Seele, daß es dabei nicht nur um die *christlich* bestimmte Seele, sondern um das Wesen von Humanität überhaupt geht. Diese Perspektive läßt sich theologisch darin begründen, daß auch die christlich bestimmte Humanität *Humanität* ist, der Geist den Menschen also *als ihn selbst* neu bestimmt und ihn – dem christlichen Erlösungsgedanken zufolge – darin überhaupt erst recht ihn selbst sein läßt. Und eben dies schließt den Gedanken in sich, daß das Bewußtsein des Geistes das Wesen des Menschseins überhaupt zur Sprache bringt.

[7] Indem Schleiermacher durch die Struktur des Satzes zumindest die Möglichkeit offenläßt, daß es für ihn auch einen ‚göttlichen Geist' geben könnte, der nicht etwas anderes sei als seine Vernunft, gibt Schleiermacher einen Hinweis darauf, daß er besonders der ersten Gefahr ausgesetzt ist.

Indessen ist Schleiermachers Satz nur dann zu verstehen, wenn man diesen Gedanken dahingehend erweitert, daß die menschliche Natur, wenn sie durch den Geist Gottes zu sich selbst gebracht wird, bereits eine ursprüngliche Bezogenheit auf ihn haben muß, die auch an ihr selbst aufgewiesen werden können muß. Auch dies ist insofern zuzugeben, als die Angabe eines Ortes der Geistgegenwart in der menschlichen Seele – wie etwa das ‚unmittelbare Selbstbewußtsein' – nur dann als ein *im Menschen* gegebener Ort verständlich wird, wenn dieser auch ohne einen (für seine Entdeckung freilich konstitutiven) theologischen Zugang – und also philosophisch – als Funktion menschlichen Bewußtseins aufgefaßt werden kann. Dieser Gedanke führt denn auch zu dem breiten ethischen, religionsphilosophischen und geschichtstheologischen Vorlauf von Schleiermachers theologischer Pneumatologie[8], in dessen gedanklichem Gehalt ein wesentlicher Ertrag seiner pneumatologischen Überlegungen liegt.

Nun deutet sich aber in Schleiermachers Formulierung an, daß bereits auch die philosophische Reflexion auf den göttlichen Geist führen könnte, in ‚den tiefsten Tiefen der Natur der menschlichen Seele' *selbst* also der Heilige Geist schon zu finden sei. Sollte dies bei Schleiermacher der Fall sein, so wäre die im vorangehenden Halbsatz des Zitates getroffene Unterscheidung des göttlichen Geistes vom menschlichen aber kaum noch vollziehbar. Das Innerste der christlichen Seele, in dem der Geist aufgesucht werden soll, wäre dann nicht mehr zugleich das Außer-Ihr des Geistes Gottes, sondern bliebe immer schon bei sich selbst. Deshalb könnte es den Geist Gottes nicht mehr recht als ihr anderes in sich ausmachen. Wie sich zeigen wird, liegt hier die eigentliche Schwierigkeit der Geistauffassung Schleiermachers, aufgrund derer auch tiefgreifende Kritik an Schleiermachers Pneumatologie zu üben ist.

Wie dem auch sei, es dürfte deutlich geworden sein, daß Schleiermacher, indem er von dieser Problemkonstellation ausgehend eine theologische Lehre vom Heiligen Geist entwirft, für die Frage nach einem neuzeitlich verantworteten Verständnis des Geistes Gottes grundlegende Bedeutung hat. Denn die von ihm verhandelten Schwierigkeiten der Rede vom Geist sind nichts weniger als die gedanklichen Grundprobleme der Pneumatologie überhaupt, wie auch immer man sie heute zu lösen versucht. Dabei führen bei Schleiermacher die genannten Grundprobleme *selber*, d.h. mit eigener Notwendigkeit des Problems, zu einer materialen Entfaltung der Lehre vom Heiligen Geist, die nur wenige pneumatologische Fragestellungen unbehandelt läßt. So bietet Schleiermacher eine pneumatologische Geschichtstheologie, die außer der bekannten pneumatologischen Ekklesiologie nicht nur die Christologie, Soteriologie und Ethik pneumatologisch auffaßt, sondern darüber hinaus auch einen Zugang zum Verständnis Gottes als Geist gibt.[9] Es ist – neben dem Ansatz bei der Gegenwart des Geistes – diese Verbindung einer eigenständigen Erörterung der prinzipien-

[8] Vgl. die §§ 2–5 und 7–8.

[9] Einen ersten Überblick über die hierbei verhandelten Themen gibt das Inhaltsverzeichnis zu den §§ 9–12.

logischen Grundschwierigkeiten der Lehre vom Heiligen Geist mit ihrer umfassenden materialen Darbietung, welche eine Untersuchung von Schleiermachers Geistauffassung sinnvoll macht.

2. Für die pneumatologische Explikation des genannten Problemzusammenhangs ist nun entscheidend, daß Schleiermacher sein Geistverständnis an keiner Stelle durchgängig entfaltet hat, es gleichwohl aber nahezu sein gesamtes theologisches und wesentliche Teile seines philosophischen Werkes durchzieht. Dies hat zur Folge, daß sich sein Geistgedanke nicht aus einem einschlägigen Zentraltext ergibt, zu dem seine weitere Aussagen zum Geist dann lediglich hinzuträten. Sondern mit einer seinem Geistgedanken selbst eigenen Notwendigkeit zeigt er sich überall dort, wo es die Selbsthervorbringung der Gegenwart Gottes in der Geschichte zu denken gilt.[10]

Dabei kommen auf theologischer Seite vor allem die christliche Sittenlehre, die Glaubenslehre und späten Predigten in den Blick, deren unterschiedliche Betrachtungsweisen erst gemeinsam den ganzen Umfang der Lehre vom Heiligen Geist erschließen.

Besondere Bedeutung hat dabei die *christlichen Sittenlehre*. Diese liegt darin, daß die Sittenlehre, indem sie „das πνεῦμα ἅγιον" als das produktive „Princip der christlichen Sittlichkeit" begreift[11], sich selbst auf den Heiligen Geist zurückführt. Daraus ergibt sich dann eine vierfache Bedeutung der Sittenlehre. *1.* macht die Sittenlehre, indem sie zum Zwecke ihrer eigenen Grundlegung das vom Geist ausgehende christliche Leben auf seinen Ursprung in Christus zurückführt, die *christologische* Grundlegung des Geistverständnisses deutlich. *2.* bringt die Sittenlehre, indem sie das ethische Handeln als Lehre von der Selbstdarstellung und Wirksamkeit des Geistes in der menschlichen Seele und ihren gemeinschaftlichen Lebensvollzügen beschreibt, die *soteriologische* Bedeutung von Schleiermachers Geistverständnis an den Tag. *3.* hat die Sittenlehre, indem sie die Handlungsformen beschreibt, durch die sich die Kirche durch den Geist konstituiert, grundlegende Bedeutung für das Verständnis der *ekklesiologischen* Dimension von Schleiermachers Pneumatologie. Und *4.* schließlich bringt die Sittenlehre dann auch ihr eigenstes Anliegen einer sich von dem Geist her verstehenden *Ethik* zur Sprache.

---

[10] Zur leichteren Orientierung sei hier ein Überblick über die Schriften gegeben, die hauptsächlich zur Verhandlung kommen sollen. Dies sind
- unter den Frühschriften: die *Monologen*, die *Reden ‚Über die Religion‘* und, als Einleitung zum späten Schleiermacher, die *Weihnachtsfeier*;
- aus dem philosophischen Spätwerk: der *Neue Anfang der Ethik* von 1816/17 und die *Psychologievorlesungen*;
- aus dem theologischen Werk des späten Schleiermacher: die *christliche Sittenlehre*, die *Glaubenslehre* von 1830/31 und eine 115 Texte umfassende Auswahl aus den *späten Predigten*.

Nur am Rande, aber doch teilweise auch mit Bedeutung für das Ganze, werden zur Sprache kommen: Schleiermachers 1. Predigtsammlung von 1801, einige *Akademieabhandlungen*, philosophische Bestimmungen aus den Vorlesungen zur *Dialektik*, *Ästhetik* und *Pädagogik*, die *Glaubenslehre* von 1820/21, sowie Aussagen der theologischen Vorlesungen Schleiermachers zur *Praktischen Theologie*, zur *Hermeneutik* und zur *Kirchengeschichte*. – Eine Übersicht über die benutzten Ausgaben findet sich im Literaturverzeichnis; wo eine nähere Begründung der Textauswahl vonnöten ist, ist dazu in § 6.3 und in § 2 das Nötige gesagt.

[11] *CSE* 47, 17 – 48, 1.

Erst von diesen grundlegenden Bestimmungen der Ethik her und unter ständigem Rückgriff auf sie kann dann auch die Lehre vom Gemeingeist in Schleiermachers *Glaubenslehre* pneumatologisch gewürdigt werden, die bislang ganz zu Unrecht als das alleinige Zentrum der Schleiermacherschen Pneumatologie galt. Daß die Gemeingeistlehre nicht eine ekklesiologische Beschränkung der Pneumatologie, sondern den Versuch darstellt, die Lehre vom Heiligen Geist in ihrer gesamten – soteriologischen, christologischen, ekklesiologischen und ethischen – Weite am Orte seiner geschichtlichen Gegenwart aufzufassen, wird erst deutlich, wenn man die Explikation vor Augen hat, die Schleiermacher seiner Pneumatologie in christlicher Ethik und Predigten selber gab.

Dabei sind die *späten Predigten* keinesfalls von marginaler Bedeutung, sondern bilden einen eigenständigen Beitrag zur Pneumatologie, da hier neben der größeren Farbigkeit der Aussagen auch viele dogmatische Einzelgedanken, die innerhalb der Anordnung der Glaubenslehre keine Explikation gefunden haben, zur Sprache gekommen sind. Besondere Bedeutung hat dabei, daß Schleiermachers nur in den Predigen ausgeführte *Geschichtstheologie* in enger Verbindung mit seinem Verständnis des Geistes steht. Dadurch erschließen die Predigten eine universale Dimension des Geistverständnisses, welche aus der Sittenlehre und Glaubenslehre nicht hervorgeht und in mancher Hinsicht erst den Rahmen bildet, in welchem deren Bestimmung des Geistes ein umfassendes Ganzes bildet. Auch für die bislang ungenannte Bedeutung der Pneumatologie für das *Gottesverständnis* Schleiermachers ergeben sich aus den Predigten wertvolle Einsichten.

Sowohl die Sittenlehre als auch die Glaubenslehre und die Predigten weisen dabei auf das Geistverständnis der *Psychologievorlesungen* Schleiermachers zurück, die sich selbst als „Anthropologie aus dem Gesichtspunkt des Geistes“[12] verstehen und – getreu dem Diktum, daß der Geist Gottes „in den tiefsten Tiefen der Natur der Seele aufzusuchen“ sei[13] – die in Schleiermachers Auffassung vom menschlichen Geist liegenden Grundlagen seiner theologischen Pneumatologie zu denken geben. Dabei entspricht es dann dem Bezug des Geistverständnisses auf die Prinzipienfragen des Selbst- und Weltverständnisses, daß die Bestimmungen der Psychologie ihren Grund in der wissenschaftstheoretischen Erörterung von Schleiermachers Grundlegung der *Ethik* finden. Wie zu zeigen sein wird, lassen Ethik und Psychologie dabei gemeinsam eine eigenständige philosophische Fundierung und Ausformung des Geistgedankens erkennen, welche aus sich selbst heraus auf das theologische Geistverständnis verweist.

Liegt in diesem übergreifenden Zusammenhang von theologischen und philosophischen Aussagen des reifen Schleiermacher der Hauptteil von Schleiermachers Geistverständnis, so sind seine romantischen Frühschriften gleichwohl nicht ohne Bedeutung. In ihnen ist die Schleiermacher später beschäftigende pneumatologische Problemkostellation zwar nicht als theologische explizit, gleichwohl aber finden sich in *Monologen* und *Reden* philosophische und religionsphilosophische Überlegungen zum Geist, welche die Sachprobleme des Geistverständnisses erstmals ansprechen und systematisch durchdringen. Dabei wird dann erst der Rückblick vom späten Geistverständnis her zeigen, wie

[12] SW III/6, 33.
[13] Vgl. o. Anm. 1.

sehr Schleiermacher den Gedanken seiner Frühschriften treu geblieben ist. Unbeschadet der eminent christlichen Fokussierung seiner späten Geistauffassung finden sich entscheidende Grundlinien schon hier, und ebenfalls unbeschadet der ausgereifteren Gestalt der späten Gedanken ist manch eine der Weiterbildungen des Geistverständnisses eher ein Verlust denn ein Gewinn. Und so bietet die Untersuchung der frühen Aussagen zum Geist die Möglichkeit einer genetischen Kritik der Geistauffassung Schleiermachers.

3. Aus dem allen ist deutlich, daß die vorliegende Untersuchung – sowohl um des zu verhandelnden Problems als auch um der Gestalt der vorliegenden Texte willen – in gedanklicher Hinsicht systematisch vorzugehen hat. Damit soll gesagt sein, daß das Verständnis des Geistes in seinem theologische und philosophische Ausführungen übergreifenden gedanklichen Zusammenhang aufgefaßt werden soll. Dabei wird die Darstellung dann vor allem der Sachhaltigkeit des pneumatologischen Gedankens zu folgen haben und nicht von vornherein einzelnen begrifflichen Ausformungen, wie etwa der des Gemeingeistes oder des Weltgeistes, die Vorherrschaft über Schleiermachers Geistauffassung zuerkennen können. Auf diese Weise soll die unvermeidbare Einseitigkeit lediglich partikularer Zugänge zu seiner Pneumatologie mit Blick auf das Verständnis des Ganzen seiner Geistauffassung überschritten und jenen begrifflichen Knotenpunkten ein Ort im Ganzen gegeben werden, der sie dann grundlegend pneumatologisch verständlich werden läßt.

Da die frühen Aussagen Schleiermachers eine deutlich andere Gestalt haben als die späten, muß dies in zwei Hauptteilen geschehen, deren erster die Reden ‚Über die Religion' und die Monologen und deren zweiter die genannten philosophischen und theologischen Schriften des reifen Schleiermacher untersuchen soll.[14] Dabei wird der Schwerpunkt der Untersuchung naturgemäß auf dem zweiten Teil liegen. Während der erste Teil die genetischen Voraussetzungen und ersten Weichenstellungen der Geistauffassung Schleiermachers entwickelt (§§ 2–5), soll der zweite Teil zunächst die philosophischen Grundentscheidungen seines späten Geistverständnisses aufweisen (§ 7). Sodann ist ausgehend von der in den späten Predigten ersichtlichen geschichtstheologischen Rede vom Geist zu zeigen, wie Schleiermacher in Anknüpfung an die philosophische Auffassung vom Geist ein theologisches Gesamtverständnis des Heiligen Geistes entwickelt (§§ 8–12). Dabei bieten beide Teile einen in sich geschlossenen Gedankengang. Während die §§ 2–5 Schleiermachers frühes Geistverständnis in einer philosophischen Idealisierung und einer religiösen Rückbindung dieser Idealisierung des Geistes auffassen, bieten die philosophischen Bestimmungen in § 7 den Hintergrund für eine pneumatologisch formulierte Geschichtstheologie (§ 8), deren Gedankengang dann in pneumatologischer Christologie, Ekklesiologie, Ethik und Gotteslehre nachvollzogen werden soll. Dabei behandelt § 9

[14] Vgl. zur genaueren Orientierung über die jeweilige Vorgehensweise die Vorbemerkungen zu den beiden Hauptteilen § 2 und § 6.

den geschichtlichen Einsatz der Gegenwart des Geistes Gottes in Christus und der von ihm ausgehenden Erlösung. Die §§ 10–11 stellen sodann die geschichtliche Konstitution und Ausbreitung der Geistgegenwart in Kirche und ethischer Welt dar. Der § 12 schließlich faßt, im Rückblick auf das Ganze, das in dem allen zum Vorschein kommende Verständnis Gottes als Geist auf. Dieses Gesamtverständnis der späten Pneumatologie Schleiermachers soll dann abschließend sowohl auf den oben angezeigten pneumatologischen Problemzusammenhang als auch auf das Geistverständnis des jungen Schleiermacher rückbezogen und kritisch bewertet werden (§ 13).

In dem allen weiß sich die Darstellung dem Anliegen verpflichtet, Schleiermachers Geistverständnis in seinen Stärken positiv aufzunehmen und auf seine pneumatologische Intention hin verständlich zu machen, um der grundlegenden Leistung des Geistgedankens Schleiermachers möglichst gerecht zu werden. Wenn die – insgesamt sparsam geäußerte – Kritik dann doch tiefgreifend ist, so ist sie gleichwohl nicht von außen an Schleiermacher herangetragen, sondern ergibt sich aus inneren Defizienzen seiner eigenen Konzeption. Darum ist sie gerade in ihrer Deutlichkeit um der Frucht der pneumatologischen Arbeit Schleiermachers willen geschehen.

4. Da das Geistverständnis Schleiermachers, von einem kurzen Aufsatz aus dem Jahre 1932 abgesehen[15], nur von vier Autoren zum Gegenstand ausführlicher Erörterung gemacht wurde, ist der Ort der vorzunehmenden Untersuchung in der gegenwärtigen Schleiermacherforschung recht leicht anzugeben. Die sich in den wenigen Veröffentlichungen – sowie in vielen Einzeläußerungen[16] – spiegelnde bisherige Arbeit an Schleiermachers Geistverständnis läßt sich vielleicht am ehesten mit einer weitläufigen Ausgrabungsstätte vergleichen, von der zunächst nur einige Stücke bekannt und besprochen waren und deren ganzes Ausmaß erst in jüngster Zeit zunehmend an den Tag tritt.

Nachdem Schleiermachers Geistverständnis im 19. Jahrhundert – bedingt wohl durch die größere Aufmerksamkeit auf Hegel – kaum in den Blick kam und im 20. Jahrhundert dann aufgrund des vernichtenden Urteils der dialektischen Theologie, bei ihm gebe es nur „Pseudo-Geist" zu lernen[17], zunächst auf

[15] W. Verwiebe, Pneuma und Nūs in Schleiermacher Christlicher Sitte, ZThK 13 (1932), 236–243. Der Aufsatz macht immerhin auf die Bedeutung der Sittenlehre für die Verhältnisbestimmung von Heiligem und menschlichem Geist aufmerksam.

[16] Vgl. zur umfassenden Orientierung die ausführlichen Literaturbesprechungen in § 2.2 und § 6.4, wo auch beiläufige Gedankengänge und Bemerkungen zum Geistverständnis Schleiermachers Erwähnung finden sollen. Auch die größeren Beiträge werden dort noch näher zur Sprache kommen. An dieser Stelle besteht lediglich die Notwendigkeit, die Grundlinien der bisherigen Auffassung von Schleiermachers Geistverständnis aufzuzeigen und die vorliegende Untersuchung im Gegenüber zu ihr als eine gedanklich weiterführende Arbeit zu erweisen.

[17] So E. Brunner in seinem Schleiermacherbuch: Die Mystik und das Wort. Der Gegensatz zwischen moderner Religionsauffassung und christlichem Glauben dargestellt an der Theologie Schleiermachers, Tübingen 1924, 5. Nicht minder vernichtend ist das Urteil von K. Barth, man habe es bei Schleiermacher, der nicht sehe, daß die bei ihm „zur Symbiose vereinigten Größen Geist und Na-

lange Zeit hin disqualifiziert war, begann die eigene Beschäftigung mit Schleiermachers Geistverständnis mit einer 1968 veröffentlichten Dissertation von *Wilfried Brandt.*[18] Brandt nimmt sich alleine den dogmatischen Teil der Glaubenslehre von 1830/31 vor und versucht, den Ort der Gemeingeistlehre „vom Organismus des ganzen her" zu bestimmen.[19] Dabei vertritt er die Auffassung, daß die Gemeingeistlehre eine „Einschränkung des Werkes des Heiligen Geistes auf die Objektivierung des Glaubens in der Kirche" und daß diese Einschränkung der Pneumatologie die eigentliche „These" Schleiermachers sei.[20] Dies scheint angesichts der Glaubenslehre zunächst einmal auch einleuchtend zu sein. Nun zeigt aber bereits sowohl ein Blick auf die oben voranstehende Problemexposition als auch auf die Geistaussagen in der christlichen Sittenlehre und den Predigten, daß hier eine erhebliche Vereinseitigung vorliegt. Besonders die Aussonderung des christologischen und soteriologischen Bezugs seines Geistverständnisses wird weder der Gesamtabsicht seiner Pneumatologie noch der Gemeingeistlehre selbst gerecht.[21] Obschon das pneumatologische Anliegen der Gemeingeistlehre von Brandt damit trotz mancher guter Beobachtungen noch nicht erfaßt wurde, hat sein Urteil, Schleiermacher rede *nur* vom Gemeingeist, die Bewertung seiner Pneumatologie lange Zeit geleitet, und so ist es erst 1989/90 zu einer Erweiterung des Verständnisses des Geistes bei Schleiermacher gekommen.

Und zwar hat *Peter Weiß* in einem zweiteiligen Aufsatz den Blick erstmals auf das philosophische Geistverständnis in den Früh- und Spätschriften Schleiermachers gerichtet.[22] Er gibt dabei einen Überblick über eine Vielzahl der Belege zum Geistbegriff, der vor allem auf die weite Streuung der Verwendung und

tur selber nur die *eine* Seite eines ganz anderen Gegensatzes" seien, „mit einer *Irrlehre* von geradezu gigantischen Ausmaßen zu [tun]" (Die Theologie Schleiermachers. 1923/24; hg. v. D. Ritschl, Zürich 1978, 190f).

[18] W. Brandt, Der Heilige Geist und die Kirche bei Schleiermacher, SDSTh 25, Zürich 1968.

[19] A.a.O., 61; vgl. 60–67.

[20] A.a.O., 18.

[21] Vgl. a.a.O., 54.: „Daß Schleiermacher in der Glaubenslehre vom Heiligen Geist ausschließlich in seiner Beziehung zur Kirche handelt und nach ihrer Anlage nur so von ihm handeln kann, impliziert ein negatives Urteil über alles nicht-ekklesiologische Reden vom Heiligen Geist"; vgl. 22: Die „Intention" seiner Pneumatologie sei die „Beschränkung auf die Begründung der äußeren Wirklichkeit des Glaubens". Dieser Vereinseitigung entspricht, daß Brandt seine These letzthin nur durch eine gewaltige *petitio principii* begründen kann. So ist die ‚Anlage' der Glaubenslehre, auf die Brandt die ekklesiologische Vereinseitigung zurückführen will, nichts anderes als die zu erklärende These, daß Schleiermacher nur ekklesiologisch vom Geist rede (so wird als „Grund für die Notwendigkeit" dessen, daß die Pneumatologie „nur so unserer inneren Erfahrung entspricht", die „innere[] Organisation der Glaubenslehre" angegeben [60; vgl. bis 67]). *Warum* dies jedoch der Fall sein soll, sagt Brandt, der die hier heranzuziehenden subjektivitätstheoretischen Bestimmungen der Einleitung in die Glaubenslehre unerörtert läßt, nicht. Leider zieht sich diese Schieflage auch durch die Einzelbestimmungen seiner Arbeit, so daß insgesamt zwar manches Gute, zum Geist*verständnis* aber wenig Wegweisendes gesagt ist.

[22] P. Weiss, Der Geistbegriff Schleiermachers, Teil I, ABG 32 (1989), 202–243; Teil II, ABG 33 (1990), 217–246. Der erste Teil untersucht die Schriften bis 1806/07, der zweite Teil das Spätwerk.

manche Wechselbeziehungen aufmerksam macht. Aber auch hier kommt es noch nicht zu einem systematischen Verständnis des Begriffs, welches etwa erklären könnte, weshalb Schleiermacher eigentlich den Begriff in der ihm eigenen Weise gebraucht. Immerhin aber ist deutlich geworden, daß sich Schleiermachers Geistauffassung keinesfalls auf sein Verständnis des Gemeingeistes beschränkt.

Unabhängig von Weiß hat dann 1994 *Emilio Brito* einen großangelegten Versuch unternommen, das weite Feld der Pneumatologie Schleiermachers zu erschließen.[23] Brito geht dabei – allerdings mit Ausnahme der späten Predigten[24] – das Gesamtwerk Schleiermachers durch und stellt es unter dem Titel ‚La pneumatologie de Schleiermacher' dar. Nun zeigt sich aber schnell, das Britos Unternehmen weniger eine systematische Arbeit ist, als vielmehr den dankenswerten Versuch darstellt, die Theologie und Philosophie Schleiermachers überhaupt einmal der französischsprachigen Welt zugänglich zu machen.[25] Der Geistbegriff hat dazu vor allem die Funktion der verbindenden Klammer, die seine Darstellung zusammenhalten soll, wobei es Brito oft dabei beläßt, einen Zusammenhang mit dem Geistverständnis lediglich zu behaupten, um sodann zur Darstellung ganz anderer Aussagen Schleiermachers fortzuschreiten. So wird zwar eine respektable Zusammensicht von Schleiermachers Gesamtwerk erreicht, jedoch geht diese zu Lasten einer systematischen Durchdringung des Verständnisses des *Geistes*.[26] Wenngleich Britos Arbeit deshalb nicht als ge-

---

[23] E. BRITO, La pneumatologie de Schleiermacher, BETL 113, Leuven 1994. Der Veröffentlichung des 650 Seiten umfassenden Werkes gingen zwei Aufsätze voraus: E. BRITO, Pneumatologie, ecclésiologie et éthique théologique chez Schleiermacher, RSPhTh 77 (1993), 23–52 und E. BRITO, Herméneutique et pneumatologie selon Schleiermacher, EThL 69 (1993), 88–117.

[24] Lediglich die Pfingstpredigten – die freilich für Schleiermachers Geistverständnis nicht die angenommene paradigmatische Bedeutung haben – finden kurze Erwähnung (La pneumatologie, 359–361).

[25] E. BRITO beantwortet die für seine umfangreiche Unternehmung entscheidende Frage: „Pourquoi un projet si vaste?" vor allem mit diesem Anliegen. Als zweiten Grund gibt Brito an, mit dem Schleiermacherbuch nach zwei bereits veröffentlichten Monogaphien zu Hegel und Schelling nun „une sorte de trilogie" abzuschließen (La pneumatologie, 11). Offenbar – dies zeigen nicht zuletzt die vielen Brückenschläge – will Brito Schleiermacher aber auch für die katholische Theologie fruchtbar machen, aus der Brito kommt (vgl. 4).

[26] Nachdem schon der Durchgang durch die frühen Schriften (Teil I) kaum mehr als die in eine Paraphrase des Gedankengangs der Schriften eingeflochtenen Belegstellen zum Geist erbringt, wird dies auf philosophischer Seite (Teil II) etwa daran deutlich daran, daß Brito unter dem Titel ‚philosophie de l'esprit' u.a. auch die den Geistbegriff kaum einmal streifende *Dialektik* resümiert (La pneumatologie, 86–118). Auch die philosophische *Ethik* wird ausführlich paraphrasiert (119–177), ohne daß die wenigen Belege in der Einleitung zur Ethik genannt und diskutiert werden. Ebenfalls wird dann auf theologischer Seite (Teil III), etwa bei der Zusammenfassung der *christlichen Sittenlehre* („L'esprit chrétien et l'agir éthique"; 345–358), die grundlegende Bestimmung, daß der Heilige Geist ‚Prinzip' der christlichen Sittenlehre sei, nicht einmal genannt. Es entspricht dieser Konzeption der Darstellung, daß die Probleme der Pneumatologie Schleiermachers auch im systematisierenden Schlußteil (Teil IV) hinter der vielfach gelungenen Zusammensicht der *Inhalte* der verschiedenen Schriften zurückbleiben. Dabei herrscht dann – vielleicht aufgrund des katholischen Interesses des Autors – der Blick auf die Kirche gegenüber der Erörterung des Geistverständnisses vor. So sieht

dankliche Durchdringung der Geistauffassung gelten kann, so hat Brito doch zweierlei geleistet. Zum einen hat er an den Tag gebracht, wie weit sich Schleiermachers Rede vom Geist eigentlich über sein Gesamtwerk erstreckt, und diese Beobachtung mit seinem umfangreichen Buch deutlich eingeschärft. Und zum anderen hat Brito, wenn er dies auch nicht durchzuführen vermocht hat, doch ein Gespür dafür gehabt und artikuliert, daß der weitläufigen Verwendung des Geistbegriffs bei Schleiermacher auch ein umfassendes Geistverständnis zugrunde liegt, welches sich zu erforschen lohnte.

Ist damit der weite Rahmen für eine eindringende gedankliche Analyse des Geistverständnisses abgesteckt, so hat in einem ersten Beitrag dazu kürzlich *Dorothee Schlenke* die Aufgabe übernommen, in weiterer Vertiefung der Untersuchung von Brandt die Gemeingeist-Lehre der Glaubenslehre einem näheren Verständnis zuzuführen. Dazu hat sie die Gemeingeistvorstellung aus der Einleitung in die Glaubenslehre und ihren Voraussetzungen in Psychologie und Ethik subjektivitätstheoretisch nachkonstruiert und dann durch die Glaubenslehre verfolgt.[27] Es ist zu erwarten, daß mit dieser noch unveröffentlichten Arbeit ein wesentliches Problem der Schleiermacherschen Pneumatologie gelöst sein wird, insofern im Unterschied zu Brandt deutlich geworden ein dürfte, wie sich die Lehre vom Gemeingeist der Kirche zum frömmigkeitstheoretischen Ansatz der Glaubenslehre verhält. Indessen bleibt damit die Hauptmasse seiner pneumatologischen Gedanken noch unerforscht. Denn zum einen beschränkt sich der theologische Teil der Untersuchung Schlenkes auf die Glaubenslehre und läßt sowohl die Schriften des frühen Schleiermacher, als auch die für seine spätere Pneumatologie (wie auch für den Gedankengang der vorliegenden Arbeit) grundlegende Sittenlehre und späten Predigten unbearbeitet. Zweitens ist ihre Arbeit pneumatologisch an Schleiermachers *Gemeingeist*verständnis und nicht übergreifend an dem Gedanken des Geistes überhaupt interessiert. Und schließlich hat der subjektivitätstheoretische Ansatz Schlenkes mehr ein pneumatologisches Verständnis der *Frömmigkeit* zum Ziel denn eine Auffassung über Schleiermachers Verständnis des *Geistes*. Gerade die im engeren Sinne pneumatologische Fragestellung tritt bei Schlenke damit in den Hintergrund.

So bleibt die pneumatologische Aufgabe eines seine verschiedenen Aussagen übergreifenden systematischen Verständnisses der Geistauffassung Schleiermachers bis jetzt bestehen. Die vorliegende Arbeit will dazu ein Beitrag sein, in

Brito in der pneumatologischen Verhältnisbestimmung von Sittenlehre und Ekklesiologie (Ecclésiologie, pneumatologie et éthique chretien; 557–574) zwar die Bedeutung der Sittenlehre für das Verständnis der vom Gemeingeist hervorgebrachten Kirche, behandelt die dahinter liegenden Einsichten der Geistauffassung Schleiermachers aber nur marginal.

[27] D. Schlenke, Geist und Gemeinschaft. Die systematische Bedeutung der Pneumatologie für Fr. Schleiermachers Theorie der christlichen Frömmigkeit, Berlin 1998. (Die Arbeit ist 1995 an der Universität Mainz als Dissertation eingereicht worden, ihr Erscheinen ist für das zweite Halbjahr 1998 angekündigt. Die über den Titel hinausgehenden Angaben entstammen einem Telefonat des Autors mit Frau Schlenke vom Oktober 1995).

dem sie sowohl ein philosophisches Verständnis des Geistbegriffes beim frühen und beim späten Schleiermacher als auch eine zusammenhängende Interpretation der drei großen theologischen Textgruppen Sittenlehre, Glaubenslehre und Predigten in ihrem Verständnis des Heiligen Geistes gibt, wobei der Zusammenhang beider Geistgedanken der ist, daß der philosophische auf den theologischen verweist und dieser jenen in sich aufnimmt. Im Unterschied zu der Arbeit Schlenkes wird dabei – im Bilde der Ausgrabungsstätte gesprochen –, weniger die Architektur eines Hauptgebäudes rekonstriert, als vielmehr der Grundriß und – vor allem – *der Sinn* des ganzen Areals erschlossen werden. Auf diese Weise werden dann sowohl die einzelnen Teile als auch das Ganze der Geistauffassung Schleiermachers in seiner pneumatologischen Relevanz an den Tag treten und fruchtbar werden.

Erster Teil

Das Geistverständnis des jungen Schleiermacher

„es wird der Geist sein schöpferisches Wesen inne, das Licht der Gottheit geht mir auf"

(Monologen)

§ 2 Vorbemerkung

1. Der Begriff des Geistes erfreute sich um das Jahr 1800, als Schleiermacher an die Öffentlichkeit trat, in Deutschland einer ebenso großen Beliebtheit wie Bedeutungsvielfalt. Nachdem sich der ehemals „das lebendige, lebengebende, lenkende, wirkende" bezeichnende Begriff des Geistes[1] im 18. Jh. zunächst zu einem mehr abstrakten Begriff gewandelt hatte[2], entwickelte er sich im Ausgang des Jahrhunderts wieder zunehmend „von blosz begrifflicher zu lebendiger behandlung" fort[3] und trat auf höherem Niveau in neuen Bezug zu seinem ursprünglichen Gehalt. Den Höhepunkt dieser fruchtbaren Entwicklung erreichte der Geistbegriff um das Jahr 1800. Hier trifft sich in der frühromantischen Verbindung von Poesie und Philosophie die bislang gewonnene, jedoch noch nicht zu begrifflicher Schärfe ausgereifte Bedeutungsviefalt[4] mit den ersten systematisch-philosophischen Verwendungen des Begriffs bei Fichte und Schelling zu der schöpferischen Vereinigung, aus welcher die nachfolgende Karriere des Geistbegriffs ihren Ausgang nahm.[5]

Es ist diese Situation, in der Schleiermacher in den Reden „Über die Religion" und den „Monologen" an der Gestaltung des Begriffs teilnimmt. Hatte

[1] R. Hildebrand, Artikel „Geist", in: Deutsches Wörterbuch von J. und W. Grimm, Bd. IV/1/2, Leipzig 1897, Sp. 2623–2741: 2659; vgl. 2624.

[2] Vgl. a.a.O, 2715.2720.2722. Hildebrand macht hierfür den Einfluß des die Bedeutungsrichtung in Richtung ‚Begabung, Talent, Witz' hin verschiebenden französischen Wortes *esprit* mitverantwortlich.

[3] A.a.O., 2736f.

[4] H. Dreyer (Der Begriff Geist in der deutschen Philosophie von Kant bis Hegel, KantSt.E 7, Berlin 1908, 39–73) macht Schiller, Herder und Goethe für eine pantheisierende, kulturphilosophische sowie ästhetische Färbung des jeweils sehr nuancenreich verwendeten Begriffs namhaft. Über die Vielfalt des Wortgebrauchs in der Literatur gibt R. Hildebrandt (a.a.O.) reichhaltige Auskunft.

[5] Es ist in dieser Hinsicht bezeichnend, daß die Verwendung des Geistbegriff zur Bezeichnung des Denkens und Erkennens erst um das Jahr 1800 hervortrat; vgl. R. Hildebrand, Artikel „Geist", 2674, der für diese Entwicklung vor allem die Sprache des *Athenäums* verantwortlich macht.

der Begriff „Geist" in den Jugendschriften Schleiermachers eher marginale Bedeutung[6], so tritt er nun in auffallender Häufigkeit und wesentlichen Zusammenhängen hervor. Freilich ist dabei der Geistbegriff noch nicht einer eigenständigen Erörterung unterzogen worden, sondern bleibt eingezeichnet in das Bemühen des jungen Schleiermacher, sich auf dem Gebiet der Ethik und Religionsphilosophie von den ihn prägenden Konzeptionen abzulösen und seine eigenständigen Ansätze zu einer ersten Formulierung zu bringen. Ist der spezifische Gehalt des Geistbegriffs in diesen fühen Schriften zu erheben, so ist das nur in einer vorsichtigen Rekonstruktion möglich, die aus der Anlage des Ganzen und den darin sich findenden Einzelbelegen zum Geistbegriff die Bedeutung und Systematik des Begriffs erschließt und in ihren theoriewürdigen Grundgedanken nachzeichnet. Dabei ist in Rechnung zu stellen, daß die Reden und Monologen zwar Grundlegendes zur Sprache bringen sollen, auf systematische Durchkonstruktion aber bewußt verzichten und als vorläufige Rede angesehen werden wollen – „als wenn Jemand, der ein recht ordentliches Concert zu geben gedenkt sich vorher und ehe die Hörer recht versammelt sind etwas auf seine eigne Hand fantasirt".[7] So werden Schleiermachers Gedanken zum Geistbegriff noch nicht die Klarheit seines späteren Systems aufweisen, sondern die Unausgeglichenheit eines sich in Anknüpfung und Widerspruch erst freischwimmenden Denkens immer auch selbst in sich haben. Gerade in diesem neuen Sich-Bilden des Gedankens ist aber ein spezifischer Beitrag Schleiermachers zu grundlegenden philosophischen und religionsphilosophischen Problemen des Geistverständnisses festzustellen, der schon allein wegen seines eigenen Sachgehaltes der Untersuchung wert ist. Hinzu kommt, daß in dieser ersten Formulierung des Geistgedankens bereits wesentliche Weichenstellungen erfolgen, die Schleiermacher in späteren Jahren zwar weiterbildet, von denen er aber vielfach weiterhin abhängig bleibt.

2. Angesichts der häufigen Verwendung des Geistbegriffs in den Monologen und den Reden – wie auch angesichts der Bedeutung, die der spätere Schleiermacher beiden von ihm mehrfach neu herausgegebenen Frühschriften gegeben hat –, ist es kaum verständlich, daß dem Geistbegriff der Monologen und Reden bislang nur sehr spärlich nachgegangen worden ist. Der Geistbegriff wird in beiden Schriften in der Regel zwar wahrgenommen[8], seine Behandlung geht

---

[6] Vgl. P. Weiss, Der Geistbegriff, Teil I, 203–213. Auch die frühen Predigtentwürfe aus den Jahren 1789–1796 (vgl. SW II/7, 3–380) liefern keinen bedeutungsvollen Ertrag.

[7] *Brief an C.G. v. Brinckmann* vom 22. 3. 1800, KGA V/3, Brief 817, Z. 39–41.

[8] Ausnahmen sind A. v. Ungern-Sternberg (Freiheit und Wirklichkeit. Schleiermachers philosophischer Reifeweg durch den deutschen Idealismus, Gotha 1931), der den Geistbegriff in seinem sonst ausführlichen Register keines Stichwortes würdigt und in seiner Behandlung der Monologen in Fichtischer Sprache von „Ich" redet, wo Schleiermacher den Geistbegriff verwendet; sowie die ansonsten sehr detailreiche Untersuchung von P. Seifert (Die Theologie des jungen Schleiermacher, Gütersloh 1960), in der der Geistbegriff fast ausschließlich in Schleiermacherzitaten auftritt.

aber über den wiederholenden Gebrauch des Wortes[9] und einzelne qualifizierende Hinweise[10] selten hinaus.[11] Auch E. Brito beschränkt sich in seiner Paraphrase des Gedankengangs in Reden und Monologen darauf, den Geistbegriff lediglich mit besonderer Aufmerksamkeit wiederzugeben.[12] Einzig P. Weiß hat sich näher um das Verständnis des Geistbegriffs bemüht.[13] Ihm kommt dabei das Verdienst zu, die frühen Schriften fast vollständig durchgesehen zu haben[14], jedoch dringt auch seine Darstellung in die systematische Problematik des Begriffs „Geist" nur unzureichend ein. Dies zeigt sich vor allem an der Behandlung der Monologen. Weiß nimmt zwar zur Kenntnis, daß der Begriff ‚Geist' in ihnen „die beherrschende Funktion zur Erklärung der einzelnen Ziele, die Schleiermacher verfolgt"[15], einnehme, untersucht aber nicht, wie der Begriff durch eben diese Funktion inhaltlich qualifiziert ist, und vermag folglich auch nicht aufzuweisen, weshalb Schleiermacher den Geistbegriff überhaupt als ei-

---

[9] So bei W. DILTHEY, Leben Schleiermachers, Bd. I/1, neu hg. v. M. REDEKER, Göttingen 1970 (= W. DILTHEY, GS XIII/1); E. HUBER, Die Entwicklung des Religionsbegriffs bei Schleiermacher, SGTK 7/3 (1901); NOTH, Schleiermachers Monologen, NKZ 12 (1901), S. 78–95.144–163.220–233; F. GUNDOLF, Romantiker, Berlin 1930, 141–275 und F. FLÜCKIGER, Philosophie und Theologie bei Schleiermacher, Zürich 1947. F. HERTEL (Das theologische Denken Schleiermachers, Zürich 1965) bietet im Anhang eine Zähltabelle, die den Geistbegriff mit 96 Vorkommen in den *Reden* berücksichtigt, geht jedoch in seiner Untersuchung sonst nicht näher auf den Begriff ein.

[10] So bei E. FUCHS, Vom Werden dreier Denker, Tübingen 1904; E. QUAPP, Christus im Leben Schleiermachers, Göttingen 1972 und K. NOWAK, Schleiermacher und die Frühromantik, Göttingen 1986. Die seltenen Hinweise bei E. HERMS (Herkunft, Entfaltung und erste Gestalt des Systems der Wissenschaften bei Schleiermacher, Gütersloh 1974) beziehen sich aufgrund seiner Konzentration auf die „Grundlinien einer Kritik der bisherigen Sittenlehre" vor allem auf dieses Werk. Auf den Geistbegriff der Monologen geht sonst noch H.-J. ROTHERT ein (Die Endlichkeit des Menschen bei Fr. Schleiermacher, masch. Diss. Tübingen 1954), der in seinem einführenden Kapitel anhand der Monologen in Schleiermachers Gedankenwelt einführt und den Geistbegriff der Monologen dabei als von Fichte entlehnt betrachtet.

[11] Hervorzuheben ist für die Monologen die Arbeit von U. BARTH, Der ethische Individualitätsgedanke beim frühen Schleiermacher (in: G. JEROUSCHEK und A. SAMES [Hg.], Aufklärung und Erneuerung, Halle 1994, 309–331), in welcher der Selbstbezug des ethischen Individuums auf die Gemeinschaft mittels des Geistbegriffs aufgefaßt wird (vgl. 323–326). Auch J. PERLE, Individualität und Gemeinschaft im Denken des jungen Schleiermacher, (Gütersloh o.J. [vor 1944]) beschreibt diesen Zusammenhang in Verbindung mit dem Geistgedanken, faßt diesen dabei aber nicht auf.

[12] Es handelt sich also um reine Materialdarbietung. E. BRITO (La pneumatologie, vgl. o. S. 22, Anm. 22, 23) geht die Texte durch und faßt jeweils den Inhalt von etwa 10 Seiten Schleiermachers auf 1–2 Textseiten zusammen, wobei die Belege zum Geist vorzugsweise zitiert werden (vgl. zu den *Reden* 19–47, zu den *Monologen* 48–65). Die abschließende „Reprise" (72–78) ist eine dann nochmals verdichtende Zusammenfassung. Hervorzuheben ist die vor allem in den Titeln Britos ersichtliche Beziehung des Geistbegriffs auf den Sachgehalt der Schriften. So sind die Zusammenfassungen überschrieben mit „L'esprit humain" und „La religion selon l'esprit". Was das unbestimmte ‚selon' genauer heißen soll, erklärt Brito freilich nicht. Immerhin wird aber deutlich, daß sich aus den Monologen eine philosophische Auffassung Schleiermachers vom menschlichen Geist ergeben soll und daß die Religionsthematik der Reden und dieses Verständnis zueinander in Beziehung stehen.

[13] P. WEISS, Der Geistbegriff Schleiermachers, Teil I (vgl. o. S. 21, Anm. 22).

[14] Außer den Schriften bis 1806/7 liegen der Arbeit von Weiß für den Zeitraum von 1774 bis 1799 auch die Briefe Schleiermachers zugrunde. Lediglich die frühen Predigten Schleiermachers bleiben unberücksichtigt. Weiß behandelt die Schriften bis 1799 summarisch, danach werkchronologisch.

[15] P. WEISS, a.a.O., 220.

nen Zentralbegriff verwendet.[16] Die Frage, was sich Schleiermacher bei seiner Verwendung des Geistbegriffs eigentlich gedacht habe, bleibt damit ungeklärt.

Etwas besser steht es um die Weißsche Analyse des Geistbegriffs in den Reden „Über die Religion". Weiß kommt dort im Anschluß an seine Beobachtungen zum allgemeinen Gebrauch des Begriffs und zu seiner besonderen Gestalt als „Weltgeist" und „Geist der Religion" zu vier kurzen Thesen, die das „Spezifische des Geistverständnisses der Urreden [...] zusammenfassen: 1. Geist erklärt Gegebenes in nahezu absoluter Vollkommenheit. 2. Geist ist der Ausdruck des wirklichen Menschseins. 3. Geist der Welt ist die Entäußerung der wahren Welt, des Universums in seiner vollkommenen Harmonie. 4. Geist der Religion spiegelt die höchste Form der Religiosität wider, die als ein Ziel fixiert wird".[17] Freilich werden diese Thesen, die durch das Vorangegangene allein nicht zureichend belegt sind, nicht mehr eigens expliziert. So bleiben die sich stellenden Fragen, was mit diesen Thesen in der Sache gesagt sein soll und wie die Tatsache, daß die von Weiß angerissenen Zusammenhänge eben mit dem Begriff „Geist" bezeichnet werden, auf dessen Verständnis bei Schleiermacher zurückwirkt, unbeantwortet. Daß dieses Ergebnis defizitär ist, ist auch Weiß selbst deutlich; es liegt, so seine abschließende Vermutung, in Schleiermacher selbst begründet, der nun einmal keinen qualifizierten Gebrauch des Geistbegriffs biete, sondern sich auf ganz äußerliche Weise „nur der Redeweise seiner Umgebung angepaßt" habe, „um dem Anliegen der *Reden*, den Gebildeten unter den Verächtern der Religion das Unsinnige ihrer Haltung nachzuweisen, besser gerecht zu werden".[18]

---

[16] Vgl. P. WEISS, a.a.O., 225: „Mit Sicherheit kann nur die Feststellung getroffen werden, daß für Schleiermacher ein Sein des Geistes vorhanden ist. Weshalb, wieso, woher es sich ereignet, bleibt in den *Monologen* offen". Inhaltlich beschränkt sich die Darstellung von Weiß auf das Zusammenstellen von Belegen dafür, daß der Geist in den Monologen der Welt (221f) und dem Körper (222f) entgegengestellt sei, daß aber beide durch die Dominanz des Geistes über sie zu einer Harmonie mit ihm geführt werden sollen (223–225). Die Angaben von Weiß, wie diese Beziehungen näher zu denken sind, gehen aber über Andeutungen nicht hinaus: „Die Frage, inwieweit sich in den Aussagen der *Monologen* über die verschiedenen Geistvorstellungen ein Ordnungsgefüge erkennen läßt, ist nicht zufriedenstellend zu beantworten" (225).

[17] P. WEISS, a.a.O., 219.

[18] Ebd. Es ist diese von P. WEISS mehr vorausgesetzte als begründete Uneindeutigkeit des Geistbegriffs bei Schleiermacher, die ihn im folgenden zu der Annahme verleitet, Schleiermacher habe in seiner Rezension von Fichtes *Die Bestimmung des Menschen* (vgl. KGA I/3, 235–248) einen „Bruch" mit einem bisherigen indifferenten Gebrauch des Begriffs vollzogen und fortan jede „undifferenzierte, vage und nicht klare Geistdefinition" gemieden (a.a.O., 226–229). Die folgenden Untersuchungen werden zeigen, daß Schleiermachers Geistbegriff in den Reden und Monologen so indifferent nicht ist. Daß Schleiermacher den Begriff nach der Zeit um 1800 zurückhaltender verwendet, steht außer Frage, ist bei Weiß aber ganz willkürlich in Zusammenhang mit der ironischen Polemik Schleiermachers gegen den im zweiten Buch von Fichtes ‚Bestimmung' eingeführten ‚wunderbaren Geist' gebracht und wird seine naheliegendere Erklärung darin finden, daß der Begriff des Geistes um das Jahr 1800 in seinem philosophischen Gebrauch überhaupt zunächst gegenüber der Bezeichnung „Genie" zurücktrat und erst mit Hegels Phänomenologie wieder klare philosophische Dignität bekam (vgl. O. MARQUARD, Der Geist-Begriff von Kant bis zum späten Schelling, HWP 3, Stuttgart 1974, Sp. 182–191: 188f). – Zu dem von Weiß bei Schleiermacher besonders hervorgehobenen Begriff des ‚Erdgeistes' (vgl. 211–213 und 239–243) vgl. u. § 6.2.

Weiß will mit dieser Vermutung eine inhaltliche Relevanz der ‚punktuell' vorliegenden Beziehungen des Begriffsgebrauchs bei Schleiermacher zu den Geistverständnissen Schellings, Schlegels und Fichtes – und damit die Möglichkeit einer systematischen Einordnung des Begriffs – abweisen. Freilich ist fraglich, ob diese Beurteilung sachgemäß ist. Denn bereits die Weißsche Beobachtung, daß der Geistbegriff dem Anliegen der Reden dienlich sei, setzt eine sachliche Beziehung des Begriffs sowohl auf die Thematik der Reden voraus als auch auf das Geistverständnis ihrer Adressaten. Damit aber ist ein spezifischer Sachgehalt der Rede vom Geist in den Reden „Über die Religion" nicht mehr zu bestreiten.

3. Wenn im Folgenden nun zuerst die im Jahr 1800 erschienenen Monologen und erst im Anschluß die im Jahre 1799 schon kurz zuvor veröffentlichten Reden in den Blick kommen sollen[19], so hat dies zwei Gründe. *Zum einen* nämlich zeigt schon ein kurzer Überblick über Schleiermachers Gebrauch des Geistbegriffs, daß die Reden zwar sehr häufig das Wort ‚Geist' verwenden, die insgesamt unabweisbare Beziehung des Geistbegriffs auf das Verständnis der Religion aber nur an relativ wenigen Stellen auch gedanklich explizit wird. Angesichts dessen gestaltet es sich als sehr schwierig, sowohl die Bedeutung des Geistverständnisses für die Religion als auch eine hinreichende philosophische Orientierung über den Geistbegriff alleine aus diesen Belegen zu gewinnen. Demgegenüber steht der Geistbegriff in den Monologen in einer durchsichtigen Beziehung zu ihrem Thema. So enthält beispielsweise der Satz, daß in der Selbstanschauung „der Geist sein schöpferisches Wesen inne wird" und darin dem monologisierenden Ich „das Licht der Gottheit" aufgeht[20], nicht weniger als den höchsten Gedanken der individualitätstheoretischen Bestimmungen der Monologen und ist unter den Stellen zum Geistbegriff damit kein Einzelfall. Deshalb legt es sich von den Belegen her nahe, anhand der Monologen zunächst den philosophischen Gehalt des Geistbegriffs zu erheben und erst dann zu den Reden überzugehen. Dies läßt eine Sichtung des schwierigeren Materials der Reden zu, welche den spezifisch religiösen Beitrag zum Geistverständnis in ein klareres Licht stellt, als es ohne jene philosophische Orientierung möglich wäre. Diese Vorgehensweise findet nun aber *zweitens* auch eine Begründung in der Sache selbst. Sie liegt darin, daß in Schleiermachers den Reden vorangehenden Jugendschriften nicht die religiösen, sondern die philosophisch-ethischen Fragestellungen der Kern seiner wissenschaftlichen Arbeit waren.[21] Insofern

---

[19] Die zeitliche Differenz ist freilich sehr gering. Schleiermacher schrieb die Monologen schon im November 1799, gerade vier Monate nach den im Juli 1799 erschienenen Reden.

[20] *Monol.* 19 (KGA I/3, 11, 1–7).

[21] Unter den in KGA I/1 und KGA I/2, 1–184 verzeichneten Schriften hat – die Gedankensammlungen einmal ausgenommen – nur die *Kurze Darstellung des spinozistischen Systems* (KGA I/1, 559–583, vermutlich 1793/94) neben dem philosophischen auch religiösen Bezug. Zu den Schleiermacher hier beschäftigenden Problemen vgl. G. Meckenstock, Deterministische Ethik und kritische Theologie. Die Auseinandersetzung des frühen Schleiermacher mit Kant und Spinoza 1789–1794, SchlAr 5, Berlin 1988.

reichen die Monologen, die diese Gedanken erstmals zur einer veröffentlichten Schrift weiterbilden, hinter die Reden zurück. Dies wäre nun freilich nicht schon alleine ein Grund für die Voranstellung der Monologen, wenn nicht auch das Geistverständnis der Monologen selber der Auffassung vom Geist in den Reden sachlich zugrundeliegen würde. Dies ist aber – wie sich schon in dem obigen Zitat, welches erst durch die monologische Selbstanschauung zum ‚Licht der Gottheit' kommt, andeutet – der Fall. Und so findet die sich durch die äußere Gestalt der Belege naheliegende Vorgehensweise ihren entscheidenden Grund in der inneren Logik des Geistgedankens.

4. Ist nun das frühe Geistverständnis Schleiermachers sowohl im Blick auf die das Verhältnis des Begriffs zum Thema des jeweiligen Textes, als auch in Blick auf den systematischen Zusammenhang des Geistverständnisses zu erheben, so hat dies in dreierlei Hinsicht theologische Bedeutung. *Erstens* nimmt Schleiermacher in den Monologen die grundlegende pneumatologische Frage nach einem Verständnis des menschlichen Geistes auf und führt sie einer ersten Lösung zu, die den Ausgangspunkt für seine religiöse Interpretation des Geistbegriffs bildet, welche dann in den Reden auch erstmals zu einem christlichen Verständnis des Heiligen Geistes führt. Es liegt also ein erster grundlegender Bezug auf die Grundfragen der Pneumatologie Schleiermachers vor.[22] Dabei wird dann *zweitens* durch die Verbindung des Geistbegriffs mit dem Individualitätsgedanken eine erste Auffassung darüber erkennbar, wie die religiöse Geisterfahrung den einzelnen Menschen als ihn selber neu thematisiert. Damit wird die fundamentale Frage nach der religiösen Selbstunterscheidung und Einheit des Subjektes in der Geistgegenwart erstmals angeschnitten. Und *drittens* schließlich zeigt sich, daß Schleiermachers Verständnis des Geistes die Grundprobleme philosophischen Denkens und religiöser Erfahrung thematisiert und darin schon in seiner noch frühen Gestalt die philosophisch-theologische Weite seines pneumatologischen Denkens anspricht. In allen drei Perspektiven bietet das Geistverständnis des jungen Schleirmacher die genetischen Voraussetzungen seiner späten, daran in positiver Weiterbildung und Widerspruch anknüpfenden Pneumatologie.

[22] Vgl. o. § 1.1. Der Vorwurf von Heinrich Barth, wonach Schleiermachers Fassung des Geistbegriffs mit „der theologischen Fragestellung" weder in den Reden noch in den Monologen „irgend etwas zu tun" habe (vgl. H. BARTH, Die Geistfrage im deutschen Idealismus, ZZ.B 1 [1930], 1–38: 27), trifft nur dann zu, wenn man eine größere Bedeutung des Verständnisses menschlichen Geistes für das des Geistes Gottes von vornherein ablehnt. Wird dagegen gedacht, daß es immer Menschen sind, die vom Geist Gottes reden, worin eben auch der Gedanke liegt, daß jede Rede vom Geist Gottes zumindest auch Produkt des menschlichen Geistes ist, so kann ein theologischer Bezug des frühen Geistverständnisses Schleiermachers nicht mehr sinnvoll bestritten werden.

„Mir ist der Geist das erste und das einzige: denn was ich als Welt erkenne, ist sein schönstes Werk, sein selbstgeschaffener Spiegel“

(Monologen)

§ 3 Die Idealisierung des Geistes in den „Monologen“

Schleiermacher schrieb die Monologen im November 1799, nur wenige Monate nach der Veröffentlichung der Reden „Über die Religion“. Nach eigenen Angaben sind sie „ein Versuch den philosophischen Standpunkt, wie es die Idealisten nennen, ins Leben überzutragen und den Charakter darzustellen, der nach meiner Idee dieser Philosophie entspricht“.[1] Diese „Idee“, von der Schleiermacher ausgeht, ist die romantische Entdeckung der Mittelpunktstellung der Individualität für die Konstitution einer ethischen Theorie. Wie das Briefzitat zeigt, beurteilt Schleiermacher diese romantische Auffassung nicht als idealistischer Philosophie schlechthin entgegengesetzt, sondern sieht sie als das ihr eigentlich entsprechende Interpretament an, durch das sie erst recht aufgefaßt wird. Sollen die Monologen die Gestalt der idealistischen Philosophie darstellen, die sie als Explikation romantischer Grundanschauungen ersichtlich werden läßt, so ist das mit den Monologen anvisierte Ziel strenggenommen nicht nur eine Rezeption idealistischer Philosophie unter romantischem Vorzeichen, sondern der Versuch ihrer Neukonzeption als einer ethischen Lebensphilosophie.[2] Dabei soll die monologische Form eine subjektive „Einkleidung“ objektiver philosophischer Aussagen bilden, durch welche die Bündelung der zu verhandelnden theoretischen Probleme und ihre Darstellung auf engstem Raum ermöglicht wird.[3] Es ist deutlich, daß Schleiermacher sein hochgestecktes Ziel aufgrund des Übergewichts subjektiver Selbstreflexion und des damit korrespondierenden

[1] *Brief an C. G. v. Brinckmann* vom 23. 12. 1799 bis 4. 1. 1800, KGA V/3, Brief 758, Z. 96–99.

[2] Vgl. A. L. Blackwell, Schleiermachers's early philosophy of life (HThS, Chico 1982), der unter diesem Titel freilich das gesamte Werk Schleiermachers zwischen 1789 und 1804 verhandelt. – Daß durch die Schleiermachersche Fassung des Idealismus in den Monologen umgekehrt auch die romantische Auffassung der Individualität eine eigene Ausprägung findet, zeigen G. Thimme, Die romantische Weltanschauung in Schleiermachers Monologen, Deutsches Schulprogramm 1906 Nr. 324, Beilage, Erfurt 1906 und O. Braun, Die romantische Bewegung in der Jugendphilosophie Schellings und Schleiermachers, RG 5 (1911), 273–289.

[3] Vgl. den *Brief an Henriette Herz* vom 16. 9. 1802: „Als ich die Idee faßte, wollte ich eigentlich etwas ganz objektives machen, nicht ohne viel Polemik, und das subjektive sollte nur die Einkleidung sein“ (Br. I, 338). Vgl. auch die *Vorrede zur dritten Ausgabe* der Monologen, in welcher Schleiermacher das monologisierende Subjekt als „Urbild“ bezeichnet (Monologen, hg. v. F. M. Schiele, 4).

Mangels an philosophischer Deduktion nicht erreicht hat.[4] Gleichwohl erschließt sich aus der Feststellung dieses philosophischen Anliegens der Monologen ein auch für die Untersuchung des Geistbegriffs grundlegender Verstehenshorizont. Denn das Ziel der lebensphilosophischen Neuformulierung idealistischer Philosophie macht deutlich, daß die in ethischer Intention gemachten Aussagen Schleiermachers auf einen sie begründenden idealistischen Verstehenszusammenhang verweisen und also erst dann recht verstanden sind, wenn sich ihr systematischer Begründungshorizont aus ihnen erschließt. So gibt Schleiermacher seinem Freund C. G. v. Brinckmann als Leseanweisung für die Monologen: „ich bitte Dich dabei nicht sowol auf das zu sehen was darin steht als vielmehr auf das blanc de l'ouvrage, auf die Voraussezungen von denen dabei ausgegangen wird".[5] Ist dieser Leseanweisung nun auch im Blick auf das Geistverständnis zu folgen, so ist zunächst (1.) der idealistische Horizont der Geistauffassung der Monologen anzusprechen, danach das gedankliche Grundproblem von Schleiermachers Geistverständnis zu benennen (2.), dessen Lösung sodann zu explizieren (3.–4.) und schließlich das Ergebnis kritisch zusammenzufassen (5.), wobei dann auch der Übergang zu den Reden ‚Über die Religion' bereits zur Sprache kommen soll.

1. Zum Hintergrund der Geistauffassung der Monologen bei Fichte und Schelling

Ist der Idealismus als der primäre philosophische Verstehenshorizont der Monologen grundsätzlich benannt, so ergibt sich das den Geistbegriff nachhaltig prägende Spezifikum der Schleiermacherschen Position aus der sich in den Monologen vollziehenden Auseinandersetzung Schleiermachers mit dem transzendentalen Idealismus, von dem er einige Jahre später sagt, daß er „ein allgemeines objektives Wissen abstrahirt von aller Individualität sezen will, auf diese Art aber nur eine gehaltlose und unbestimmte Form erhalten kann".[6] Dagegen ist für Schleiermacher die Individualität der Ort, an dem ‚objektives allgemeines Wissen' mit sachhaltigem Charakter erhoben werden soll. Da sich diese Differenz in der näheren Darstellung des Geistgedankens Schleiermachers noch deutlicher herausstellen wird, mag hier eine kurze Andeutung zu Fichte und Schelling genügen.

1. Hauptwiderpart – aber auch Hauptgegenstand – von Schleiermachers Übertragung idealistischer Philosophie „ins Leben" ist, trotz aller Affinität seiner Gedanken zu ihm, erklärtermaßen Fichte. Denn „Philosophie und Leben

[4] Vgl. Schleiermachers Selbstkritik in der Fortsetzung der aus den vorgenannten Briefen an Brinckmann und an Herz angeführten Zitate.

[5] *Brief an C.G. v. Brinckmann* vom 22. 3. 1800, KGA V/3, Brief 817, Z. 18–20.

[6] *Brouillon zur Ethik* (1805/6), WBraun II, 175.

sind bei ihm – wie er es auch als Theorie aufstellt – ganz getrennt".[7] Wenn Fichte im engeren Sinne von Philosophie redet, so versteht er darunter transzendentalphilosophische Spekulation, die durch dialektische Rückfrage hinter alles Empirische zu dem Begriff des reinen Ichs als des letzten unhintergehbaren Vernunftgrundes vordringt. Nur indem man diese Ichheit erfaßt, „erhebt man sich zur Philosophie".[8] Dazu aber muß die Individualität „unaufhörlich absterben"[9], ist sie doch ein gegenüber dem allgemeinen, allein durch sich selbst seienden, Ich nur sekundärer Begriff und damit lediglich akzidentielles Produkt der ihren Zweck allein in sich selbst habenden Vernunft[10]. Damit aber steht die Philosophie im Gegensatz zum empirischen Leben, sie befindet sich wesentlich in Abstoßung vom konkreten Handeln des Individuums in der Welt. Dagegen nun vertritt Schleiermacher die These, daß gerade *in* diesem konkreten Handeln der Ort der Philosophie sei und daß man nur in der unzertrennlichen Verknüpfung beider dem Wesen des Menschen gerecht werde:

> „Es sagen zwar die Weisen selbst, mässig sollest du dich mit Einem begnügen; Leben sei Eins, und im ursprünglichen und höchsten Denken sich verlieren ein Anderes; indem du getragen werdest von der Zeit geschäftig in der Welt, könnest du nicht zugleich ruhig dich anschauen in deiner innersten Tiefe [...] Aber wage es mein Geist, troz der verständigen Warnung! [...] warum soll denn nicht äußeres Handeln in der Welt, was es auch sei, zugleich sein können ein inneres Denken des Handelns? [...] Theile nicht was ewig vereint ist, dein Wesen, das weder das Thun noch das Wißen um sein Thun entbehren mag, ohne sich zu zerstören!".[11]

In dieser Behauptung der Einheit von Denken und Handeln im Individuum liegt der Kern der Differenz des frühen Schleiermacher zu der um 1800 vorliegenden Philosophie Fichtes. Während dieser die Notwendigkeit der Abstraktion des Ichs von der empirischen Individualität behauptet, lehnt Schleiermacher den Gedanken eines überindividuellen reinen Ichs als subjektivitätstheoretisch unsachgemäß ab und denkt stattdessen die Konstitution des Ichs als Konstitution *in* seiner Weltwirklichkeit. Das Ich konstituiert sich für Schleiermacher also bereits ursprünglich als Individualität. Eben diese immer schon in der Einheit von Denken und Handeln stehende Individualität ist für Schleiermacher der Ausgangspunkt und das Prinzip subjektivitätstheoretischen Philosophierens,

[7] *Brief an C. G. v. Brinckmann* vom 23. 12. 1799 bis 4.1.1800, KGA V/3, Brief 758, Z. 26f (vgl. auch Schleiermachers *Rezension zu Fichtes ‚Bestimmung des Menschen'*, KGA I/3, 237, 4–6). Für Schleiermacher hat dies eine erhebliche Distanz zu Fichte zur Folge, die gegen die oft behauptete Abhängigkeit Schleiermachers von Fichte spricht. So fährt das Briefzitat fort: „und so fehlt ihm [...] alles was ihn für mich zu einem interessanten Gegenstand machen könnte" (Z. 28–30). Zwar sei Fichte „der größte Dialektiker [...] den ich kenne" (Z. 44) – aber: „Lehrreich ist er nicht" (Z. 39).

[8] Vgl. J. G. Fichte, *Zweite Einleitung in die Wissenschaftslehre. Für Leser, die schon ein philosophisches System haben* (1797/98), FichteGA I/4, 226.

[9] FichteGA I/4, 258.

[10] Vgl. FichteGA I/4, 255–257.

[11] *Monol.* 26f (KGA I/3, 13, 15–34; vgl. bis 14, 10).

mittels dessen er die Erkenntnisse des transzendentalphilosophischen Idealismus' ,ins Leben' überführen will.

Diese Differenz zu Fichte hat besonders für die Bestimmung von Schleiermachers Geistbegriff Bedeutung. Denn Schleiermacher faßt das ihm von dem Fischteschen Ich unterschiedene individuelle Subjekt mit dem Geistbegriff auf. So sind in dem genannten Zitat nicht nur tätiges ,Leben' und ,ursprüngliches und höchstes Denken' *im Geist* verbunden, sondern es ist das „Wesen" des Geistes, daß beides in ihm „ewig vereint ist". Dagegen ist der Geistbegriff bei Fichte ganz im Sinne seiner Transzendentalphilosophie gebraucht und beschreibt gerade den die vorfindliche Individualität hinter sich lassenden Vollzug des Subjektes.[12] Nimmt man hinzu, daß Fichte das denkende Subjekt im Unterschied zum Schleiermacher der Monologen nicht mit dem Begriff des Geistes, sondern dem des Ichs bezeichnet, so ist nicht anzunehmen, daß Schleiermacher seinen Geistbegriff von Fichte her bezieht.[13] Auf der anderen Seite ist deutlich, daß die Differenz zu Fichte gerade am Geistbegriff ablesbar sein wird.

[12] Dies zeigt sehr deutlich ein Blick auf die Auffassung Fichtes vom Geist, die sich in seinen Vorlesungen *Über den Unterschied des Geistes, u. des Buchstabens in der Philosophie* aus dem Jahr 1794 finden. Fichte versteht dort „Geist" im allgemeinen Sinne als einen Begriff für die produktive Einbildungskraft, als das Vermögen des Ich, durch welches dieses das empirische Bewußtsein schafft (FichteGA II/3, 316,10–317,2). Das geschieht, indem der Geist die im Menschen gegebenen Gefühle zum Bewußtsein erhebt. Von besonderem Interesse sind dabei diejenigen Gefühle, welche nicht die Erscheinungswelt, sondern deren inneren Aufbau zum Gegenstand haben, so daß „*Geist*, in der *besonderen* Bedeutung" des Begriffes, definiert wird als „das Vermögen die tiefer liegenden, u. unsre auf die Sinnenwelt sich beziehenden Gefühle begründenden, auf eine übersinnliche Ordnung der Dinge sich beziehenden Gefühle zum Bewußtseyn zu erheben; oder kürzer, das Vermögen Ideale, u. Ideen vorzustellen" (323, 13–18). Wer nun „zu diesem höheren geistigen Leben zu gelangen" bemüht ist, „muß erst durch die Welt der Erscheinungen hindurch, muß der Sinnlichkeit erst absterben" (318, 6–10). Nur wer – mittels des Geistes – „das Gebiet des menschlichen Geistes wißenschaftlich ausmißt, – wer bis in die innersten geheimnißvollsten Tiefen deßelben wirklich vordringt [...], der hat Geist, u. erhöht seinen Geist" (318, 20–23). Das aber ist niemand anders als der Philosoph. Geist ist für Fichte also ein Begriff mit primär transzendentalphilosophischer Zielrichtung. Hier wirkt sich die Trennung von Philosophie und Leben so auf den Geistbegriff aus, daß dieser nicht im Hinblick auf die menschliche Fähigkeit gebraucht wird, das empirische Leben zu durchdringen, sondern als Vermögen erscheint, dieses zu transzendieren und dabei in solcher Überschreitung hinter sich zu lassen. Zwar kann auch Fichte sagen, daß Geist Leben sei (311, 20–22), doch ist dies nur in dem allgemeinen Sinne gemeint, daß Geist Bewußtsein schaffe. Da das Bewußtsein aber wiederum selbst auf seine transzendentalphilosophische Erhöhung angelegt ist, ist deutlich, daß „Geist" auch in seiner lebensphilosophischen Färbung ein streng auf die Transzendentalphilosophie zielender Begriff ist. Es ist ersichtlich, daß der Geistbegriff Schleiermachers, wenn er in philosophisch qualifiziertem Sinn für die philosophische Intention der Monologen zum Zuge kommen soll, nicht durch Anbindung an ein überindividuell gefaßtes Ich bestimmt sein kann, sondern im Zusammenhang des Lebensvollzuges einer konkreten Individualität zu aufzufassen sein wird. So wird gerade an der Fassung des Geistbegriffs die Differenz Schleiermachers zu Fichte deutlich.

[13] Der Versuch von H.-J. Rothert (Die Endlichkeit des Menschen, 48f), die von E. Hirsch behauptete bleibende Abhängigkeit des frühen Schleiermacher von Fichte (Geschichte der neuern evangelischen Theologie, Bd. IV, Gütersloh [3]1964, 500–511) im Geistverständnis Schleiermachers wiederzufinden und dessen Differenz zu Fichte nur mehr als Modifikation zu bewerten, wird der sich von Fichte gerade abgrenzenden Fassung des Geistbegriffs bei Schleiermacher nicht gerecht.

2. Der Sachverhalt, daß von Fichte her nicht verständlich wird, weshalb Schleiermacher sein monologisierendes Subjekt als „Geist“ bezeichnet, führt auf das Verhältnis des Schleiermacherschen Geistbegriffs zu dem Schellings, der als zweite wesentliche Größe des idealistischen Horizontes der Monologen zu betrachten ist.[14] Schelling hatte in den „Abhandlungen zur Erläuterung des Idealismus der Wissenschaftslehre“ von 1796/97 den Geistbegriff zum regierenden Fundamentalbegriff der Philosophie gemacht und so erstmals versucht, idealistische Philosophie als Geistphilosophie zu fassen.[15] Während Fichte den Begriff des Ichs etabliert, tritt bei Schelling an die Stelle des Begriffes des Ichs der Begriff des Geistes: „Da ich mich nicht anders kenne als *durch mich selbst*, so ist es widersinnig, vom *Ich* noch ein anderes Prädikat als das des *Selbstbewußtseyns* zu verlangen. Eben darin besteht das Wesen eines Geistes, daß er für sich kein anderes Prädikat hat als sich selbst“.[16] Schellings frühe Geistphilosophie bietet damit einen möglichen Grund dafür, daß Schleiermacher das Subjekt in Abgrenzung von Fichte nicht als ‚Ich‘, sondern als ‚Geist‘ auffaßt. Dies bestätigt sich dadurch, daß sich auch viele inhaltliche Bezüge der Monologen auf die Schellingschen Bestimmungen von 1796/97 aufweisen lassen.[17] So korrespondiert der Schellingschen Verabsolutierung des selbstanschauenden Geistes zum allein durch sich selbst und für sich selbst seienden Grund die idealisierte Selbstgenügsamkeit des Geistes bei Schleiermacher[18], und die Schellingsche Aussage, daß „das *Wesen* einer *individuellen* Natur“ in der „absoluten *Gleichzeitigkeit* des Unendlichen und des Endlichen liegt“, ist in modifizierter Form geradezu ein Grundgedanke des Geistverständnisses der Monologen.[19] Ebenso findet die

[14] Dies gilt umso mehr, wenn man dem Urteil von E. Herms (Herkunft, 256) Recht gibt, daß es Schelling war – und nicht Fichte –, „von dem Schleiermacher die Mittel zur Darstellung seines Idealismus entlieh“. Leider ist das Verhältnis von Schleiermacher zu Schelling in der Zeit bis 1800 bislang noch nicht eigens untersucht worden. Die bis heute noch immer einzige monographische Darstellung von H. Süskind (Der Einfluß Schellings auf die Entwicklung von Schleiermachers System, Tübingen 1909) bezieht sich auf spätere Schriften Schellings. Dort liegt auch der Schwerpunkt der Schleiermacher und Schelling vergleichenden Arbeit von D. Korsch (Das doppelte Absolute. Reflexion und Religion im Medium des Geistes, NZSTh 35 [1990], 28–56), der die *Abhandlungen* Schellings (1796/7) und die *Reden* Schleiermachers nur kurz bedenkt (34–36.43–45).

[15] Vgl. O. Marquard, Der Geist-Begriff, 186–188.

[16] *Abhandlungen zur Erläuterung des Idealismus der Wissenschaftslehre*, SchellSW I, 366. Im folgenden gibt Schelling den Begriff „Ich“ ganz auf und redet nur noch vom Geist, dem er absolute Prädikate zuweist. Der Geist ist demnach die Größe, die „*ursprünglich* überhaupt kein *Objekt*, geschweige ein Objekt *an sich* ist“, sondern „absolutes *Subjekt*, für welches *alles* (auch er selbst) *Objekt* ist“ (366f). Der Geist ist allein „für *sich selbst*“ und „*durch sich selbst*“ (366.368). Die Hervorhebungen stammen hier und im Folgenden von Schelling.

[17] Freilich können nur die sachlichen Bezüge der Monologen auf die *Abhandlungen* Schellings deren Rezeption belegen. Schleiermachers Briefe erwähnen die *Abhandlungen* nicht, und in seiner nachgelassenen Bibliothek finden sie sich nur im ersten Band von Schellings philosophischen Schriften aus dem Jahr 1809 (vgl. G. Meckenstock [Hg.], Schleiermachers Bibliothek, SchlAr 10, Berlin 1993, 261, Nr. 1688).

[18] Vgl. z.B. *Monol.* 28 (KGA I/3, 14, 7f): „Anschaun ist Unsterblichkeit und ewiges Leben, denn es bedarf der Geist nichts als sich selbst“; vgl. u. S. 46, 48.

[19] SchellSW I, 368. Vgl. zu den Monologen u. Anm. 39.

Ansicht Schellings, „daß alles äußere Dasein erst aus der geistigen Natur entspringt und hervorgeht" und „Dinge" so nicht „*durch sich selbst* wirklich", sondern „nur *Geschöpfe*, nur *Produkte eines Geistes* seyn" können, ihre Entsprechung bei Schleiermacher.[20] Die Monologen bilden so ein erstes gedankliches Zeugnis für die Bedeutung der etwas später geäußerten Vermutung Schleiermachers, daß eine von Schelling ausgehende idealistische Geistlehre als Ethik im Schleiermacherschen Sinne durchgeführt werden könnte.[21] Indessen unterscheidet sich Schleiermacher von der Schellingschen Philosophie darin, daß er die frühen Schellingschen Bestimmungen in *ethischer* Rücksicht aufnimmt und auf die empirische Existenz und nicht auf eine abstrakte Idealität des Menschen bezieht.[22] Während der Geist so auch bei Schelling seine höchste Erfüllung in der transzendentalphilosophischen Spekulation findet, nämlich darin, daß er „von allem Produkt sich losreißt, sich selbst in seinem reinen Thun ergreift, und nun nichts weiter anschaut als *sich selbst* in seiner absoluten Thätigkeit"[23], so vollzieht Schleiermacher solche transzendentalphilosophischen Überlegungen nur insoweit, als sie der Rückbindung eines auch in solcher Selbsttranszendierung noch an die empirische Individualität gebundenen Geistbegriffs dienen. Wenn Schleiermacher seine Auffasung vom Geist in den Monologen in Anlehnung an Schelling gebildet hat, so ist also auch hier eine Übertragung des Idealismus' ‚ins Leben' zu beobachten, welche die Schellingsche Zentralstellung des Geistbegriffs in der Philosophie zwar aufnimmt, diese aber nicht als transzendentalphilosophischen, sondern als ethischen Idealismus faßt.

3. Aus dieser Perspektive lassen sich die Geistauffassungen Fichtes und Schellings als Hintergrund für den Versuch der Monologen begreifen, wesentliche Aussagen des transzendentalen Idealismus mit den Anforderungen einer Ethik der Individualität zu einer pneumatologisch gefaßten Einheit zu verbinden. Dabei ist die Verwendung des Begriffes ‚Geist' zur Bezeichnung der Subjektivität wahrscheinlich von Schelling angestoßen. Die systematische Gestalt aber erhält er vor allem in Auseinandersetzung mit Fichte, dessen Ichphilosophie Schleiermacher ‚ins Leben' übertragen möchte, dessen abstrakte Fassung des Ichs aber eben aus diesem Grund vehement kritisiert und durch Schleiermachers Geistbegriff ersetzt wird. Da Schleiermacher dabei sowohl die transzendentalphilo-

[20] SchellSW I, 369 und 387. Vgl. *Monol.* 15f (KGA I/3, 9, 37–39): „Mir ist der Geist das erste und das einzige: denn was ich als Welt erkenne, ist sein schönstes Werk, sein selbstgeschaffener Spiegel"; vgl. u. S. 42ff.

[21] Vgl. *Gedanken V*: „Ferner: wenn es eine spekulative Physik giebt welche als besondere Wissenschaft aus den Principien der Naturphilosophie fortgeführt wird, so muß es auch eine spekulative Geistlehre geben, die aus den Prinzipien des Idealismus weiter fortgeführt wird. Hat denn Schelling diese und was wäre sie? Etwa die Moral in meinem Sinne?" (KGA I/3, 300, 9–14).

[22] Diese ethische Interpretation des Geistbegriffs entspricht der Hauptkritik Schleiermachers an Schelling, nämlich daß seinem Idealismus „durch die ganze Anlage und Gesinnung […] keine Ethik möglich ist" (*Gedanken V*; KGA I/3, 320, 12–14).

[23] SchellSW I, 383.

sophische Grundlegung der Fichteschen als auch der Schellingschen Philosophie hinter sich läßt, ist deutlich, daß der Geistbegriff Schleiermachers zugleich mit seiner Ablösung von den Auffassungen Fichtes und Schellings einer eigenen Begründung in seinem neuen Kontext bedarf.[24] Diese ist in den Monologen in Ansätzen auch zu erkennen und hat umso mehr Bedeutung für das Verständnis Schleiermachers, als Schleiermacher seinen dort ausgesprochenen frühen Gedanken auch seine spätere Zustimmung immer wieder gegeben hat.[25]

2. Die Prädikation des individuellen Geistes als eines unendlichen als Grundproblem

1. Das ethische Grundanliegen, aus dem Schleiermacher die Monologen entwirft, ist der Aufweis der inneren Freiheit des menschlichen Subjekts. Diese Freiheit ist „sein wahres Wesen“, sie ist „in allem das ursprüngliche, das erste und innerste“[26] und soll in diesem unhintergehbar anfänglichen Gegebensein aufgewiesen werden. Deshalb ist die philosophische Frage, mittels derer diese Freiheit von Schleiermacher aufgezeigt wird, die nach dem innersten Wesen des Menschen, nach seinem unhintergehbaren freien und inneren Ursprung. Die Monologen gehen dieser Frage nach und stehen in ihrer Form als Monologe zu dem innersten Wesen des Menschen dabei selbst in einem ursprünglichen und inneren Verhältnis. Dies wird bereits im Einleitungssatz der die Monologen eröffnenden „Darbietung“ deutlich:

> „Keine köstlichere Gabe vermag der Mensch dem Menschen anzubieten, als was er im Innersten des Gemüthes zu sich selbst geredet hat: denn sie gewährt ihm das Grösste, was es giebt, in ein freies Wesen den offenen ungestörten Blik“.[27]

Monologe, so der progammatische Beginn der Monologen, legen das Innerste eines Menschen frei, indem sie ein im Innersten seines Gemütes geredetes Selbstgespräch wiedergeben, ein Gespräch, das nicht etwas Äußerliches zum Gegenstand hat, sondern in welchem der Mensch sich sich selbst unmittelbar darstellt. Sie gewähren dadurch einen ‚offenen und ungestörten‘ Zugang in das

[24] Dieses Problem stellt sich umso mehr, als der Geistbegriff in den Jahren 1799/1800 bei Schelling selbst nicht mehr der Zentralbegriff seiner Philosophie gewesen ist und ein begründender Rückbezug Schleiermachers auf die Bestimmungen Schellings dadurch zusätzlich erschwert wäre. Vgl. O. MARQUARD, Der Geist-Begriff, Sp.188f.

[25] Vgl. die Vorreden zu der 3. und 4. Auflage der *Monol.* (Monologen, hg. v. F.M. SCHIELE, 3f). Zu den Änderungen in den späteren Auflagen, die die weitere Entfernung Schleiermachers von seinen idealistischen Bezugsgrößen bezeugen und deshalb manche die Idealität des Geistes überbetonenden Aussagen entschärfen, den Duktus der Monologen und die Bedeutung des Geistbegriffs aber im ganzen beibehalten, vgl. G. MECKENSTOCK, Die Wandlungen der „Monologen“ Schleiermachers, TBT 51 (1991), 403–418.

[26] *Monol.* 14 (KGA I/3, 9, 23–26) und *Monol.* 19 (KGA I/3, 11, 1f); vgl. u. S. 46.

[27] *Monol.* 3 (KGA I/3, 5, 2–5).

Innerste des Menschen, so daß sein Wesen in der Betrachtung dieses unmittelbaren monologischen Selbstausdrucks erkannt und in seiner ethischen Konstitution begriffen werden kann. Es ist ein solcher monologischer Selbstausdruck des Menschen, den Schleiermacher zur Betrachtung gibt. Er macht damit bereits mit der Anlage der Monologen deutlich, daß das freie Wesen des Menschen nicht in einer allgemeinen Betrachtung über die Idee der Menschheit erkannt werden soll, auch nicht in einer spekulativen Rückführung des menschlichen Wesens auf einen abstrakten begrifflichen Fluchtpunkt, sondern in der Selbstbetrachtung eines beliebigen konkreten Menschen. Soll die innere Konstitution des Menschen offenbar werden, so geschieht das nicht in einer gedanklichen Abstraktion, sondern darin, daß *ein* monologisch Redender *sich selbst* offenbart. Es ist so das konkrete Individuum der Ort, in dem die Erkenntnis des menschlichen Wesens aufgesucht wird.

Die Monologen sind damit Zeugnis dessen, daß die Übertragung des ‚idealistisch-philosophischen Standpunktes' „ins Leben" für Schleiermacher eine Neuorientierung transzendentalphilosophischer Methodik bedeutet, die darin besteht, daß das Wissen über das Wesen des Menschen nicht jenseits des Individuell-Besonderen, sondern *in* diesem ausfindig zu machen ist.[28] Schleiermacher setzt sich damit dem Urteil Fichtes aus, daß bei Ablehnung eines überindividuellen Wissens die individuelle Person Grenze des deutlichen Denkens und eine allgemeine Vernunft damit entbehrlich und im Grunde letztlich geleugnet sei.[29] Angesichts dessen muß Schleiermacher zeigen, daß das Individuelle *selbst* als Allgemeines angesehen werden kann. Er versucht dies, indem er

[28] Daß die Überschreitung der Transzendentalphilosophie an dieser Stelle geschieht, wo Schleiermacher die Idee des höchsten objektiven Wissens selbst individuell bestimmt sein läßt, hat Schleiermacher im *Brouillon zur Ethik* (1805/06) deutlich zum Ausdruck gebracht: „Hiervon weichen gänzlich ab die gewöhnlichen Formeln der Transscendental-Philosophie, die ein allgemeines objektives Wissen abstrahirt von aller Individualität sezen will, auf diese Art aber nur eine gehaltlose und unbestimmte Form erhalten kann" (WBraun II, 175; die am Begriff der Individualität aufbrechende Differenz zur idealistischen Spekulation hat durch verschiedene Phasen der Schleiermacherschen Systembildung verfolgt: H. KIMMERLE, Das Verhältnis Schleiermachers zum transzendentalen Idealismus, KantSt 51 [1959/60], 410–426; vgl. zur zit. Stelle dort 410f). Diese Pointe der Monologen entgeht U. BARTH in seinem Versuch, die Monologen als Bewegung zu begreifen, in welcher Schleiermacher vom transzendentalidealistischen Standpunkt Fichtes ausgehend nach dem *principium individuationis* des Subjekts sucht. Dies hat zur Folge, daß sich die Differenz Schleiermacher zu Fichte in den Monologen nach Barth erst zunehmend einstellt (Der ethische Individualitätsgedanke, 318f) und nicht, wie in der *Darbietung* deutlich, das ganze Unternehmen der Monologen schon bestimmt. Wie gezeigt, wird dies der eigenen Intention der Monologen nicht gerecht und verdeckt sowohl manche Schärfen als auch manche Schwierigkeiten des noch unausgegorenen Gedankens dieser frühen Schrift. Indessen ist Barths Arbeit im Blick auf seine Analyse des individualitätstheoretischen Fortschritts der Monologen (wenngleich sie auch über den Stand des Gedankens in den Monologen selbst hinausgeht) das Beste, was derzeit dazu zu lesen ist.

[29] Vgl. J. G. FICHTE, *Zweite Einleitung in die Wissenschaftslehre. Für Leser, die schon ein philosophisches System haben* (1797/98), FichteGA I/4, 257, 14 – 258, 4. Fichte sieht hier ein Unvermögen der Romantiker, sich zu einem von der Individualität abgelösten ‚Begriff des Begriffs' zu erheben, ein Unvermögen, das nicht in „einer besondern Schwäche ihrer Denkkraft" begründet sei, „sondern in einer Schwäche ihres ganzen Charakters" (257, 18–22).

in den Monologen nicht *über* das individuelle Subjekt reflektiert, sondern das individuelle Wesen des Menschen *sich selbst* reflektieren läßt. Dahinter steht das bei Schelling und Fichte mit dem Begriff der intellektuellen (Selbst-)Anschauung ausgesagte Theorem eines umittelbaren Sichselbsterfassens des Menschen, das Schleiermacher auf die monologische Selbstreflexion anwendet.[30] Dadurch ergibt sich ihm die Möglichkeit, die im Innersten des Gemütes vonstattengehende monologische Selbstreflexion als eine solche anzusehen, die das Wesen des Menschen unmittelbar offenbar macht. Damit aber wird zugleich sein Grund, d.h. das das individuelle Subjekt als solches qualifizierende Allgemeine, in solchem Selbstgespräch einsichtig. Ist der Mensch sich auf diese Weise selbst offenbar, so ist der anschauend reflektierende Selbstbezug des Individuums damit nicht etwas seinem Wesen Sekundäres, sondern gehört ihm als innerste Wesensbewegung ursprünglich zu: Das „Schauen des Geistes in sich selbst" ist selbst „Unsterblichkeit und ewiges Leben" und die „göttliche Quelle alles Bildens und Dichtens" im Individuum.[31] Hat die Erkenntnis des Menschen also in seiner Selbstbetrachtung ihren Ort, so ist die Grundbewegung von Schleiermachers Denken in den Monologen deutlich: Er vollzieht die Übertragung idealistischer Philosophie ins Leben dadurch, daß er sie in die selbstreflektierende Wesensbewegung des individuellen menschlichen Lebens hineinzieht. Und eben damit macht er dieses Leben in seiner anschauenden Selbstreflexion selbst zum Grunddatum der Philosophie.

2. Es ist nun von grundlegender Bedeutung für Schleiermachers Begriff des Geistes, daß er diese innere Reflexionsbewegung des Menschen als Bewegung *seines Geistes* beschreibt.[32] Er qualifiziert damit sowohl die anschauende Selbstreflexion als auch das in ihr angeschaute reflektierende Wesen des Menschen als

---

[30] Dies geschieht dadurch, daß Schleiermacher den Sachgehalt der intellektuellen Anschauung – entgegen ihrer Schellingschen und Fichteschen Definition als eines unmittelbaren, vorbegrifflichen Sichselbsterfassens (vgl. SchellSW I, 318; FichteGA I/4, 216f) – durch die Begriffe „Denken" (*Monol.* 4; KGA I/3, 5, 16f) und „Reflexion" (*Monol.* 5; KGA I/3, 6, 2ff) interpretiert. Die dadurch erreichte Verschmelzung von Anschauung und denkender Reflexivität ermöglicht erst die monologische Erkenntnis des individuellen Wesens des Menschen, bringt dabei aber eine grundlegende Umdeutung des Anschauungsbegriffs mit sich, die Schleiermacher jedoch nicht problematisiert. Für ihn hindert die begriffliche Reflexivität des Denkens die grundlegende Unmittelbarkeit des anschauenden Sichselbsterfassens nicht, so daß beide für ihn *ein* Vollzug sein können. In der folgenden Nachzeichnung des Gedankengangs wird dieser unausgeglichene Anschauungsbegriff in seiner Schleiermacherschen Begriffsunschärfe verwendet, die die monologische Reflexion immer als eine anschauende und die Anschauung als eine denkend reflektierende versteht. Die durch diese Unschärfe verdeckte Frage nach der Begründung seines von Fichte und Schelling differenten Anschauungsbegriffs bedenkt Schleiermacher auch in den nächsten Auflagen nicht, er versucht dort aber, die Begriffe „Denken" und „Reflexion" durch schwächere Formulierungen zu ersetzen.

[31] *Monol.* 27f (KGA I/3, 13, 28f und 14, 7).

[32] Vgl. neben der vorgenannten Stelle bereits die erste Verwendung des Geistbegriffs in *Monol.* 4 (KGA I/3, 5, 16f), wo Schleiermacher die monologische Selbstbewegung des Menschen als „das Denken meines Geistes" bezeichnet.

Geist.[33] So bringen die Monologen eine reflexive Selbstbewegung des Geistes zur Darstellung. Sie vollziehen „das Schauen des Geistes in sich selbst", in welchem der anschauende Geist das „innere Wesen des Geistes", also sich selbst in seinem Wesen, erkennt.[34] Erkenntnis des Wesens des Geistes und Erkenntnis des Wesens des menschlichen Seins sind damit ein und dasselbe. *Indem* in der selbstanschauenden Bewegung des Geistes dieser sich selbst erkennt, wird das Wesen der Menschheit offenbar.[35]

Es ist deutlich, daß Schleiermacher dem Geistbegriff, indem er ihn sowohl das Wesen des Menschen als auch die dieses Wesen erfassende Erkenntnisbewegung umfassen läßt, mit diesen Bestimmungen eine zentrale Stellung innerhalb seiner Philosophie gibt. Er weist damit zurück auf die Zentralstellung, die Schelling dem Geistbegriff zugemessen hatte, unterscheidet sich jedoch von diesem dadurch, daß er in beidem den Geistbegriff streng von dem sich selbst reflektierenden *Individuum* her bestimmt sein läßt. Geist ist, insofern er die Selbstreflexion des individuellen Menschen vollzieht, wesentlich individuell bestimmter *individueller Geist*.[36] Nur als ein solcher verstanden hat der Geistbegriff für Schleiermacher sachhaltige philosophische Bedeutung. Schleiermacher vollzieht mit dieser Bestimmung, in der er – getreu seiner Ablehnung eines ‚abstrahiert von aller Individualität gesetzten Wissens'[37] – den Geist als die erkennende Vernunft selbst individuell bestimmt sein läßt, eine Abwendung von der nach apriorischen Erkenntnisprinzipien fragenden transzendentalphilosophischen Methodik. Dennoch aber beansprucht er für die Selbstanschauung des individuellen Geistes, daß sie, indem sich in ihr das einzelne Individuum erkennt, über das Wesen des Menschen überhaupt Aufschluß gebe. Der sich an-

---

[33] Vgl. *Monol.* 125 (KGA I/3, 50, 20f): „Sie haben mich erkannt, sie schauen den Geist"; vgl. auch E. Fuchs (Vom Werden dreier Denker, 360), der hervorhebt, daß Geist in Schleiermachers Verständnis „nicht etwas [sei], was anschaut [...], er ist vielmehr dieses Anschauen [...] selbst", wobei die von Fuchs aufgestellte Alternative freilich das Subjektsein des Geistes nicht verneinen, sondern den grundlegenden Sachverhalt zum Ausdruck bringen will, daß der Geist nur im Anschauen als Geist überhaupt ist.

[34] *Monol.* 27 (KGA I/3, 13, 28) und *Monol.* 10 (KGA I/3, 8, 1f). Schleiermacher bezeichnet auch das angeschaute innere Wesen des Geistes als Bewegung, nämlich als die „Thätigkeit des Geistes, die verborgen in seiner Tiefe sich regt" (*Monol.* 12; KGA I/3, 8, 36f). Von dieser gilt: „ich schaue des Geistes Handeln an, das keine Welt verwandeln, und keine Zeit zerstören kann, das selbst erst Welt und Zeit erschaft" (*Monol.* 25; KGA I/3, 13, 6–8). Das Verhältnis der Anschauungsbewegung zu dieser innersten Selbstbewegung wird man in Anlehnung an den Schellingschen Satz, daß die Anschauung „die ursprüngliche Handlungsweise des Geistes [...] frei wiederhole" (SchellSW I, 371), als einen sich auf sich selbst zurückbeziehenden Nachvollzug der inneren Wesensbewegung durch die Anschauungsbewegung des Geistes fassen können; vgl. u. S. 46.

[35] Schleiermacher kann das in der Selbstanschauung Erfaßte parallel sowohl als das ‚innere Wesen des Geistes' als auch als das ‚innere Wesen der Menschheit' (*Monol.* 98; KGA I/3, 39, 23f) bezeichnen.

[36] Der Ausdruck ‚individueller Geist' soll hier und im Folgenden diese Individualitätsbezogenheit des Geistbegriffs von Schleiermacher hervorheben, der, wo immer er in den Monologen von „Geist" redet, nicht einen allgemeinen Begriff des menschlichen Geistes abstrahiert von dem individuellen Subjekt, sondern – mit Ausnahme von *Monol.* 24, wo er vom „reinen Geist" spricht (KGA I/3, 12, 36; vgl. u. Anm. 61) – den menschlichen Geist *als* individuellen vor Augen hat.

[37] Vgl. o. Anm. 28.

schauende individuelle Geist beansprucht für sich selbst ‚Unendlichkeit', die – und darin liegt dann der Kern von Schleiermachers Interpretation jenes Grundbegriffes der Frühromantik – eine Unendlichkeit seines eigenen individuellen Wesens ist. Liegt diese Unendlichkeit in der Selbsterkenntnis *des Individuellen*, so bekommt der Geistbegriff, der dieses sich erkennende Individuelle auffaßt, besondere Bedeutung für das Verständnis der Philosophie der Monologen. Das Grundproblem für das Verständnis des Begriffs liegt dabei in der Frage, wie der individuelle Geist *als* individuell bestimmter Geist über sich hinaus die unendliche Menschheit so in sich schließen kann, daß er ihr Wesen als in sich selbst liegend erkennt. Philosophie als Frage des Geistes nach sich selbst nimmt bei Schleiermacher also eine der Transzendentalphilosophie Fichtes und Schellings gegenüber differente Gestalt an. Sie wird zur Frage nach der Prädikation des individuellen menschlichen Geistes als eines das unendliche Ganze in sich schließenden und damit selber unendlichen Geistes.

Diese Selbstprädikation des Geistes bildet den innersten Kern sowohl des philosophischen Geistverständnisses als auch der romantischen Individualitätsethik des jungen Schleiermacher.[38] Sie erhält ihre lebensphilosophische Bedeutung dabei dadurch, daß der Geist seine eigene Unendlichkeit nicht durch Überschreitung seiner vorgefundenen individuellen Konstitution vollzieht, sondern durch deren anschauend-reflektierende Vertiefung auf ein *in ihr selbst* liegendes Unendliches. Daraus ergibt sich die Grundbestimmung, daß dieses Unendliche immer als das Unendliche des endlich und zeitlich umgrenzten Lebens aufzufassen ist. Die Unendlichkeit des individuellen Geistes liegt damit nicht jenseits des individuellen Lebens, sondern in ihm, nicht jenseits der in diesem Leben gegebenen Endlichkeit, sondern in dem Endlichen. So ist seine Unendlichkeit eine Unendlichkeit des Endlichen, und seine Ewigkeit ist eine Ewigkeit des Zeitlichen.[39] Die Monologen geben eine reflektierende Selbstanschauungsbewegung wieder, in der der individuelle Geist diese seine eigene Unendlichkeit in sich erkennt, diese aber, indem er sie in seiner eigenen Endlichkeit entdeckt, immer wieder bewähren muß gegenüber der Begrenzung, die in seiner Individualität gesetzt ist. Die in diesem stets neu sich-ergreifenden Erken-

---

[38] Zur Parallelität des Begriffs ‚Unendlichkeit' zum ethischen Begriff der Freiheit vgl. *Monol.* 15 (KGA I/3, 9, 30).

[39] Vgl. *Monol.* 8 (KGA I/3, 7, 9–17): „Der Punkt, der eine Linie durchschneidet, ist nicht ein Theil von ihr: er bezieht sich auf das Unendliche eben so eigentlich und unmittelbarer, als auf sie, und überall in ihr kannst du einen solchen Punkt sezen. Der Moment, in dem du die Bahn des Lebens theilst und durchschneidest, soll kein Theil des zeitlichen Lebens sein: anders sollst du ihn ansehn, und deiner unmittelbaren Beziehungen mit dem Ewigen und Unendlichen dich bewußt werden; und überall wo du willst, kannst du einen solchen Moment haben" (Vgl. zur genaueren Interpretation dieses Liniengleichnisses, J. Schurr, Schleiermachers Theorie der Erziehung, Düsseldorf 1975, S. 309–313). Vgl. zum Verhältnis von Ewigkeit und Zeitlichkeit auch *Monol.* 28f (KGA I/3, 14, 10–23): „So haben sie auch gedichtet die Unsterblichkeit, die sie allzugenügsam erst nach der Zeit suchen statt neben der Zeit [...] aber es schwebt schon jezt der Geist über der zeitlichen Welt, und ihn anzuschaun ist Ewigkeit und unsterblicher Gesänge himmlischer Genuß" und *Monol.* 26 (KGA I/3, 13, 13f): „jeden Augenblick kann der Mensch außer der Zeit leben, zugleich in der höheren Welt".

nen sich vollziehende Selbstprädikation des individuellen Geistes als eines unendlichen wird dabei in zwei miteinander verflochtenen Gedankenkreisen entfaltet, indem die Monologen die Unendlichkeit des individuellen Geistes einmal im Gegenüber zur äußeren Welt betrachten und zum anderen diese Unendlichkeit des Einzelnen im Verhältnis zur unendlichen Gemeinschaft der Menschheit bedenken. Beide Gedankenkreise lassen den spezifischen Problemgehalt des Geistbegriffs Schleiermachers in seiner Ablösung von der überkommenen Transzendentalphilosophie und ersten Konzeption seiner Lebensphilosophie erkennen und sollen im Folgenden in ihren Grundzügen dargestellt werden. Dabei wird es letztlich die Frage nach der Begründung von Schleiermachers Idealisierung des Geistes sein, die den sich aus den Monologen ergebenden Gedanken des Geistes über die idealistische Ethik hinaus zur Frage nach dem religiösen Verständnis des Geistes lenkt.

3. Die Unendlichkeit des individuellen Geistes im Gegenüber zur äußeren Welt

1. Ist der Geist als individueller wesentlich durch seinen Bezug zur Endlichkeit und Zeitlichkeit bestimmt, so stellt sich die Frage nach seinem unendlichen Wesen vor allem in seinem Verhältnis zu der ihn endlich und zeitlich begrenzenden *äußeren Welt.* Die Welt kommt dabei als eine solche in den Blick, die in einer begrenzenden Bewegung auf den individuellen Geist hin befindlich ist. Dieser begrenzenden Bewegung der Welt steht nun die Selbstanschauung des Geistes als eine entgrenzende Bewegung gegenüber, die aber gleichwohl die endliche Begrenzung, indem sie sich nach innen richtet, nicht negiert. Wird die Unendlichkeit des Geistes in dieser Anschauungsbewegung erkannt, so läßt sich das Prädikationsproblem verdichten auf die Frage nach dem Zusammenhang, in welchem die Selbstanschauung, als die entgrenzende Selbstprädikation des individuellen Geistes, mit dem Begrenztwerden durch die äußere Welt steht. Schleiermacher verhandelt diesen Zusammenhang zu Beginn des ersten Monologs, indem er in dessen Einleitungssatz das selbstreflektierende Handeln des Geistes als eine durch die äußere Welt geschehende Zurückstrahlung des Geistes auf sich selbst beschreibt:

> „Auch die äussere Welt, mit ihren ewigsten Gesezen wie mit ihren flüchtigsten Erscheinungen, strahlt in tausend zarten und erhabenen Allegorien, wie ein magischer Spiegel, das Höchste und Innerste unseres Wesens auf uns zurück".[40]

Die Bedeutung des Satzes erhellt aus seiner Beziehung auf die unmittelbar vorangehende Überschrift des Monologs. „Die Reflexion", so lautet die Überschrift, ist die monologisch-reflektierende Anschauungsbewegung des Geistes selber, die Schleiermacher im grundlegenden ersten Monolog zur Betrachtung

[40] *Monol.* 5 (KGA I/3, 6, 3–6).

gibt.[41] Indem der Satz in seinem Bild der Zurückstrahlung die Überschreibung des Monologs, nun in optischer Metapher als Re-flexion gewendet, aufnimmt, kommt ihm für die ihm folgende Verhältnisbestimmung von Selbstanschauung und äußerer Welt, wie für den gesamten Monolog, programmatische Funktion zu. Er interpretiert die in der Überschrift angesprochene Selbstreflexion des Menschen durch das Bild des Spiegels und beschreibt damit die auf das ‚Höchste und Innerste' des menschlichen Wesens gehende Selbstreflexion des individuellen Geistes als ein Reflektiert-Werden des Geistes durch die Welt selbst.[42] Die anschauende Selbstreflexion des Geistes ist demnach nicht etwas der Welt Widerstrebendes, sondern eine Äußerung der Welt selbst. Daraus ergeben sich die Grundbestimmungen für das Verhältnis von selbstreflektierendem Geist und Welt. Es wird deutlich, daß die Welt, die in der Doppelheit von unveränderlicher Gesetzmäßigkeit und je nur für den Moment bestehender Gestaltung in den Blick kommt, in ihrer Gesamtheit auf die Selbsterkenntnis des individuellen Geistes hinorientiert ist. Sie steht damit seiner Selbsterkenntnis als eines unendlichen nicht entgegen, sondern hat diese zu ihrer eigenen Bestimmung. Die endliche und zeitliche Begrenzung des individuellen Geistes durch die äußere Welt, durch die dieser individueller Geist ist, widersetzt sich also nicht seiner anschauenden Selbstprädikation als eines unendlichen, sondern wird offenbar als bereits ihrerseits auf diese Prädikation hin organisiert. Es ist nun gerade diese Indetermination der Selbstanschauung durch die äußere Welt – sowohl hinsichtlich ihres Vollzugs, als auch hinsichtlich des Angeschauten –, die Schleiermacher die Unendlichkeit des Geistes nennt. Unendlichkeit ist in dieser Bestimmung zunächst ein negativer Begriff. Die entsprechende positive Bestimmung der Unendlichkeit des Geistes ergibt sich aus der Zielbestimmtheit der Zurückstrahlung: Denn ist die Welt in ihrer Gesamtbewegung auf die Selbsterkenntnis des Geistes hinorientiert, so wird diese dadurch qualifiziert als die Mitte der Weltbewegung. Damit aber ist die äußere Welt ihrerseits bestimmt als eine die Selbstanschauung deshalb nicht beschränkende, weil sie selbst durch den selbstanschauenden Geist als dem Brennpunkt ihrer selbst bestimmt ist. Die Unendlichkeit des selbstanschauenden Geistes ist im Gegenüber zur äußeren Welt also positiv zu bestimmen als die Unendlichkeit eines ihrer Gestaltung zugrundeliegenden immanenten Organisationsprinzips. Insofern gilt: „Mir ist der Geist das erste und einzige: denn was ich als Welt erkenne, ist sein schönstes Werk, sein selbstgeschaffener Spiegel".[43]

---

[41] Tatsächlich gibt die im ersten Monolog gefundene Selbstanschauung des Geistes den wesentlichen Gehalt der *Monol.* vor. Die folgenden Monologe sind dann erweiternde Denkbewegungen, die um das im ersten Monolog Gesagte kreisen.

[42] Wenn Schleiermacher in der Überschrift der 3. Auflage „Reflexion" durch „Betrachtung" ersetzt, so hat er die Pointe dieser ursprünglichen sprachlichen Gestaltung selbst nicht mehr gesehen.

[43] *Monol.* 15f (KGA I/3, 9, 37–39). Schleiermacher nimmt hier Fichte auf; vgl. FichteGA I/5, 349, 32–35 (*Über den Grund unseres Glaubens*): „Erblickt man die SinnenWelt vom transzendentalen Gesichts-Punkte aus, so verschwinden freilich alle diese Schwierigkeiten; es ist dann keine für sich bestehende Welt: in allem, was wir erblicken, erblicken wir bloß den Wiederschein unsrer eignen innern Thätigkeit". Freilich ist zu notieren, daß Schleiermacher die ‚eigene innere Thätigkeit' als eine immer schon je individuell bestimmte deutet.

2. Diese Idealisierung des individuellen Geistes ist dabei vor allem in Hinblick auf die Frage der Voraussetzbarkeit des individuellen Geistes vor der Welt erläuterungsbedürftig. Denn wird die Unendlichkeit des individuellen Geistes nicht jenseits des individuellen Lebens erkannt, sondern in ihm und also mitten *in* der Welt, so erscheint die Welt in ihrer Realität dem sich selbst anschauenden Geist als Bedingung seiner Möglichkeit immer schon vorausgesetzt, und es steht angesichts dessen in Frage, inwiefern die Welt in dem individuellen Geist das ihrer Realität *zugrundeliegende* Organisationsprinzip finden soll. Schleiermacher vollzieht die hier notwendige Näherbestimmung im Zusammenhang seiner Erörterung der Freiheit des Individuums. Der Freiheitsbegriff bezeichnet dabei auf ethischer Ebene die Indetermination des Handelns des Individuums durch die äußere Welt[44], greift jedoch über diese ethische Bedeutung hinaus und bekommt philosophische Relevanz für die Erkenntnis des Geistes dadurch, daß er die ethische Indeterminiertheit des individuellen Geistes in einer ontischen Indeterminiertheit begründet sein läßt. Die diesbezüglichen Ausführungen Schleiermachers geschehen nun in der Hauptsache angesichts der Außenwelt, insofern diese ethische Welt ist.[45] Das von ihm verhandelte Problem ist dabei dies, daß in der ethischen Wechselwirkung der Individuen die Individualität des einzelnen durch die Individualität der ihn umgebenden anderen begrenzt und deswegen der Notwendigkeit unterworfen erscheint. Soll die Selbstanschauung des individuellen Geistes inneres Prinzip der äußeren Welt sein, so muß Schleiermacher die logische Priorität dieser individuellen Selbstbewegung vor seiner Interaktion mit anderen Individuen verständlich machen.

Schleiermacher tut dies, indem er in einem *ersten Schritt* das innerste Wesen des einzelnen Menschen von der ethischen Wechselwirkung der Individuen abkoppelt. Die Kernthese dabei ist, daß die Wirksamkeit eines Individuums auf ein anderes zwar ein notwendiges Gegenüber zu dessen freier Selbstbildung ist, aber nicht die innere Konstitution des anderen Individuums selber bestimmt, sondern nur auf die äußere Gestaltung, die ‚Oberfläche' seines Wesens ein-

---

[44] Gegenbegriff ist „Nothwendigkeit"; vgl. z.B. *Monol.* 12f (KGA I/3, 8, 37 – 9, 3) und *Monol.* 18 (KGA I/3, 10, 26–28).

[45] Es zeigt sich hier, daß Schleiermacher im Blick auf die Bildung der Individualität der ethischen Wechselwirkung des Individuums mit anderen Individuen Priorität gibt vor seiner Wechselwirkung mit der Körperwelt, die er noch ganz im Sinne Fichtes als dem Geist gegenüber absolut sekundäre und nur durch die Gestaltung durch ihn überhaupt wirkliche Welt ansieht (vgl. *Monol.* 15–17; KGA I/3, 9, 30 – 10, 20). Freilich müßte man die Priorität des individuellen Geistes auch gegenüber der Körperwelt problematisieren, insofern die individuelle Bestimmtheit des Geistes eine Bestimmtheit aufgrund von Vorgegebenheiten durch die Körperwelt notwendig mit einschließt. Schleiermacher hat dies später selbst gesehen und in der zweiten Auflage den zuletzt zitierten Satz (‚Mir ist … Spiegel') in größerer Abgrenzung zu Fichte durch die Formulierung ersetzt: „Mir stellt der Geist, die Innenwelt, sich kühn der Aussenwelt, dem Reich des Stoffs, der Dinge, gegenüber. […] Erfass' ich nicht mit meiner Sinne Kraft die Aussenwelt? trag' ich nicht die ewigen Formen der Dinge ewig in mir? und erkenn' ich sie nicht so nur als den hellen Spiegel meines Innern?" (Monologen, hg. v. F. M. Schiele, 15f; vgl. G. Meckenstock, Die Wandlungen der „Monologen", 410f).

wirkt.[46] Dagegen gilt von dem inneren Wesen des Individuums bleibend: „sein innerstes Handeln, in dem sein wahres Wesen besteht, ist frei".[47] Wie Schleiermacher dies genauer denkt, wird noch zu untersuchen sein. Deutlich ist: Der Notwendigkeit unterworfen ist für Schleiermacher also nicht der sich anschauende individuelle Geist selbst, sondern nur die Darstellung seines angeschauten freien Wesens in der ethischen Welt. Und diese Darstellung läßt, indem sie nicht die Individualität in ihrem Wesen affiziert, sondern lediglich ihrem freien Wesen zu einer realen Gestalt verhilft, die im innersten vonstatten gehende Selbstanschauung des Geistes, deren bloßer „Widerschein" sie ist, als ihr vorausliegend frei.[48]

Die Frage nach der Priorität des Geistes findet damit ihren letzten Grund in der Annahme einer freien und ursprünglichen Konstitution des individuellen Geistes, auf die sich seine ethische Realisation bezieht. Schleiermacher entfaltet diese Grundprämisse, indem er in einem *zweiten Schritt* das Individuum als allein *durch sich selbst* konstituiert beschreibt. Er denkt dabei diese Selbstkonstitution als einen ursprünglichen und freien Entschluß, durch den der individuelle Geist sich selbst setzt:

> „Wo ist die Grenze meiner Kraft? wo denn finge sich an das fürchterliche fremde Gebiet? Unmöglichkeit liegt mir nur in der Beschränkung meiner Natur durch meiner Freiheit erste [2. Aufl.: ursprüngliche] That, nur was ich aufgegeben als ich bestimmte wer ich werden wollte, das nur kann ich nicht; nichts ist mir unmöglich als was jenen Willen, wie er einmal gesprochen hat, rükgängig machen müsste. Wem diese Beschränkung als fremde Gewalt erscheint, diese, die seines Daseins, seiner Freiheit, seines Willens Bedingung und Wesen ist, der ist mir wunderbar verwirrt".[49]

Die Freiheit des Geistes gegenüber der Welt ist also begründet in einer ursprünglichen Selbstdetermination des Geistes zum individuellen Geist. Diese Selbstbeschränkung ist keine Negation oder Privation des allgemeinen und unendlichen Wesens des Geistes, sondern dessen ursprüngliches Wesen.[50] Der Geist ist individueller Geist also nicht, weil er dazu erst – etwa durch Einwirkung der Welt – geworden wäre, sondern weil Geist bereits ursprünglich nur als individueller Geist überhaupt ist.

---

[46] Vgl. *Monol.* 17 (KGA I/3, 10, 17–20): „Nur das unendliche All der Geister, sez ich mir dem Endlichen und einzelnen entgegen. Dem nur verstatt ich zu verwandeln und zu bilden die Oberfläche meines Wesens, um auf mich einzuwirken. Hier, und nur hier ist der Nothwendigkeit Gebiet".

[47] *Monol.* 14 (KGA I/3, 9, 23f).

[48] *Monol.* 17f (KGA I/3, 10, 21–29): „Mein Thun [gemeint ist die Selbstanschauung des Geistes] ist frei, nicht so mein Wirken in der Welt, das folget ewigen Gesezen. [...] Mich kann ich nur als Freiheit anschaun; was nothwendig ist, ist nicht mein Thun, es ist sein Widerschein, es ist die Anschauung der Welt, die in der heiligen Gemeinschaft mit Allen ich erschaffen helfe"; vgl. u. S. 52.

[49] *Monol.* 103 (KGA I/3, 42, 11–19); vgl. *Monol.* 35 (KGA I/3, 16, 28–30): „Ein einziger freier Entschluß gehört dazu ein Mensch zu sein: wer den einmal gefaßt, wirds immer bleiben; wer aufhört es zu sein, ists nie gewesen".

[50] Ähnliche Überlegungen zur Freiheit, die in ihrem Bezug zur Individualität allerdings die Schleiermachersche Deutlichkeit vermissen lassen, äußert in seiner Schrift *Über das Wesen der menschlichen Freiheit* von 1809 F. W. J. Schelling, der die freie Selbstsetzung des Menschen dort im Horizont des Problems seines Vermögens zum Bösen bedenkt (Vgl. SchellSW VII, 376ff).

Ist der individuelle menschliche Geist nun deshalb gegenüber der äußeren Welt frei, weil er sich in seinem innersten Wesen ursprünglich selbst als individuell setzt, so ist die sich selbst erkennende Anschauungsbewegung des Geistes der Nachvollzug dieser selbstbestimmenden Ursprungshandlung. Die Anschauung findet also ihr Bewegungsprinzip in der selbstschöpferischen Ursprungstätigkeit des Geistes selbst. Sie ist dann die Bewegung, in der der individuelle Geist zu diesem selbstschöpferischen Handeln zurückkehrt und in immer neuem Vollzug dieser ursprünglichen Selbstbestimmung bei sich selbst und dadurch er selbst ist. Insofern der Geist dabei mit dem Ursprung seines Seins so in Übereinstimmung kommt, daß er dieses als durch sich selbst hervorgerufen erkennt, transzendiert er das Bewußtsein seiner selbst als eines individuellen Geistes und erkennt sich als sein eigener Schöpfer: „So bist du Freiheit mir in allem das ursprüngliche, das erste und innerste. Wenn ich in mich zurükgeh, um dich anzuschaun, so ist mein Blik auch ausgewandert aus dem Gebiet der Zeit, [...] es wird der Geist sein schöpferisches Wesen inne, das Licht der Gottheit geht mir auf".[51] So erkennt sich der individuelle Geist in seiner Selbstanschauung als Prinzip seines eigenen Werdens und *wird* in dieser Erkenntnis als Schöpfung seiner selbst, dieses Werden aber ist zugleich das Werden der Weltgestalt, die als Ausdruck und Widerschein des eigenen Werdens aus diesem hervorgeht.[52] Es gilt:

> „Durch sein bloßes Sein erhält sich der Geist die Welt, und durch Freiheit gibt er sich die Thätigkeit, die immer ein und dieselbe sein wechselndes Handeln hervorbringt: aber unverrükt schaut er zugleich jene Thätigkeit an in diesem Handeln immer neu und immer dieselbe, und dies Anschaun ist Unsterblichkeit und ewiges Leben, denn es bedarf der Geist nichts als sich selbst".[53]

Schleiermacher steht hier an dem Gipfelpunkt seiner Idealisierung des individuellen Geistes in den Monologen. Individueller Geist ist für ihn in seiner selbstanschauenden Rückbewegung auf seine selbstschöpferische Ursprungshandlung eins mit dem unendlichen Grund seiner selbst und darin allein durch sich selbst seiendes Prinzip sowohl seiner eigenen Realität, als auch der als Verwirklichung seiner selbst sich bildenden Welt.

Indessen wird solche Idealisierung des Individuums dann problematisch, wenn nicht nur das eigene individuelle Wesen und die individuell wahrgenommene Außenwelt, sondern die Menschheit überhaupt vom individuellen Geist aus begründet werden soll. Soll gelten, daß der individuelle Geist in der Selbstanschauung nicht nur seiner selbst, sondern „des innern Wesens der Menschheit sich bemächtigt hat"[54], so bedarf die Prädikation des individuellen Geistes

[51] *Monol.* 19 (KGA I/3, 11, 1–7).

[52] Vgl. z.B. *Monol.* 21 (KGA I/3, 11, 34–36): „Mein Thun war doch nicht leer, bin ich nur in mir selbst bestimmter und eigener geworden, so hab ich durch mein Werden auch Welt gebildet".

[53] *Monol.* 28 (KGA I/3, 14, 3–8).

[54] *Monol.* 98 (KGA I/3, 39, 23f).

als eines unendlichen einer Erweiterung, die diese Unendlichkeit nicht nur gegenüber der äußeren Welt, sondern auch im Zusammenhang der unendlichen Menschheit erweist.

4. Die Unendlichkeit des individuellen Geistes im Zusammenhang der unendlichen Menschheit

Das Schleiermacher mit dem Menschheitsgedanken aufgegebene Problem liegt darin begründet, daß er als Konsequenz seiner Idealisierung des auch in seiner Idealität noch *individuellen* Geistes die Menschheit als eine Fülle gleichursprünglicher Individuen denken muß, als ein „unendliche[s] All der Geister"[55], in dem jedem individuellen Geist die gleiche prinzipielle Dignität zukommt. Indem er damit aber den individuellen Geist auf eine Ebene mit anderen äquivalenten Geistern stellt, wird die Annahme seiner Unendlichkeit problematisch. Denn angesichts dieser Einordnung in den Zusammenhang der Menschheit erscheint der individuelle Geist nicht als unendlich, sondern im Gegenteil gerade als begrenzt.[56] Infolgedessen steht Schleiermacher vor der Aufgabe, die Unendlichkeit des sich selbst setzenden individuellen Geistes auch in bezug auf die Menschheit auszusagen, und zwar so, daß diese Unendlichkeit eines jeden einzelnen, unbeschadet seiner Konstitution *als* Individuum, zugleich die ganze Menschheit umfaßt. Erst wenn auf diese Weise der selbstanschauende individuelle Geist die Menschheit als in ihm selbst liegend erkennt, ist ihm seine Prädikation als eines unendlichen gewiß.[57] Und erst dann kann Schleiermachers Gedanke der Idealität des individuellen Geistes als Grund einer Ethik der Individualität sinnvoll sein.

1. Um dies auszuführen, führt Schleiermacher eine als seine höchste Anschauung apostrophierte Denkfigur ein, die das Individuum als spezifische Individuation der unendlichen Menschheit auffaßt, welche in dieser Individuation als be-

[55] *Monol.* 17 (KGA I/3, 10, 17).

[56] Dieses Problem stellt sich auf dem Hintergrund seiner Ablösung von Fichte als grundlegendes Begründungsproblem der Konzeption Schleiermachers dar. Schleiermacher hatte zwar in Anknüpfung an die Fichtesche Idealisierung des Ichs eine Idealisierung des individuellen Geistes vorgenommen, die diesen zum sich selbst setzenden Grund der Realität erhebt, ihm aber – weil der Geist auch in dieser Idealisierung *individueller* Geist ist – im Unterschied zu Fichte die letzte Überhöhung zu einem allgemeinen und apriorischen Prinzip verweigert. Ist als Konsequenz dessen eine unendliche Vielzahl von Einzelindividuen zu konstatieren, so stellt sich aus Fichtescher Sicht die Frage, ob das Sich-Selbst-Setzen des Geistes nicht doch in einem überindividuellen allgemeinen Prinzip begründet und damit das Verständnis des individuellen Geistes als eines allein durch sich selbst seienden aufgehoben werden müsse.

[57] Vgl. *Monol.* 34 (KGA I/3, 16, 13–15): „Die Menschheit in sich zu betrachten, und, wenn man einmal sie gefunden, nie den Blik von ihr zu verwenden, ist das einzige sichere Mittel, von ihrem heilgen Boden nie sich zu verirren". Schleiermacher gibt hier die Bedingung an, unter der das selbstanschauende Individuum gegen einen Rückfall in Fichtesche Transzendentalphilosphie immunisiert ist.

sonderte ganz präsent ist und deshalb in der Selbstanschauung des Individuums auch ganz angeschaut werden kann:

> „So ist mir aufgegangen, was jezt meine höchste Anschauung ist, es ist mir klar geworden, daß jeder Mensch auf eigne Art die Menschheit darstellen soll, in einer eignen Mischung ihrer Elemente, damit auf jede Weise sie sich offenbare, und wirklich werde in der Fülle der Unendlichkeit Alles was aus ihrem Schooße hervorgehen kann".[58]

Schleiermacher stellt damit eine Konzeption vor, in der die Selbstanschauung des individuellen Geistes diesen deshalb als unendlich prädiziert, weil in ihm *als* einzelnem Individuum die Menschheit in ihrem ganzen Wesen präsent ist, insofern nämlich der individuelle Geist in seiner selbstsetzenden Ursprungsbewegung alle ihre Wesensbestandteile in exemplarischer Besonderung verwirklicht und folglich die unendliche Menschheit *in sich* anzuschauen vermag.

Soll der Gedanke des individuellen Geistes innerhalb dieser – auch für Schleiermachers spätere Ethik grundlegenden – Anschauung bewährt werden, so sind zwei Problemkreise von Bedeutung, die den Gedanken des Geistes sowohl nach innen im Hinblick auf seine Begründung, als auch nach außen im Blick auf seine ethische Explikation zu präzisieren haben. Nach der ersten Seite ist zu verstehen, wie die selbstsetzende Ursprungshandlung des individuellen Geistes gedacht werden muß, wenn das Individuum in sich nicht nur sich, sondern die Menschheit erkennen soll. Und in der zweiten Perspektive muß Schleiermacher zeigen, wie ein ethisches Handeln, das sich als Ausdruck freier Individuen versteht, nicht nur ein unbezügliches Nebeneinander von Einzelindividuen, sondern die im Inneren als unendliche Einheit angeschaute Fülle der Menschheit zur Darstellung bringen kann.

a) Was die Begründungsperspektive angeht, so ist die die Menschheit umfassende Universalität des individuellen Geistes unter der Voraussetzung, daß sich der individuelle Geist in seiner Ursprungssetzung, wie von Schleiermacher behauptet, nicht unter determinierender Einwirkung einer unendlichen Fülle des Menschseins, sondern nur unter der Voraussetzung seiner selbst schafft, nur dann zu denken, wenn angenommen wird, daß der individuelle Geist in seiner Ursprungshandlung mit der Totalität seines geistigen Seins schöpferisch koinzidiert, um sich als Individuation dieser Totalität unmittelbar selbst zu setzen. Schleiermacher äußert diesen Gedanken in den Monologen nicht explizit, verweist aber mit seiner Hervorhebung der menschheitsübergreifenden Unendlichkeit des sich anschauend auf seine Ursprungskonstitution zurückbeziehenden individuellen Geistes auf eine entsprechende Bestimmung in den Reden „Über die Religion" zurück. Dort heißt es, daß „jedes intellektuelle endliche

[58] *Monol.* 39f (KGA I/3, 18, 17–21). Zur Idee der Menschheit in Schleiermachers Ethik und Theologie vgl. W. SCHULTZ, Die Idee der Menschheit bei Schleiermacher, StGen 15 (1962), 246–264. Die Überlegungen Schleiermachers zur Menschheitsidee, die vollständig erst aus den Reden über die Religion klar werden, sollen im Folgenden nur insoweit in Betracht kommen, als sie für das Verständnis des Geistbegriffs innerhalb der Monologen unmittelbar relevant sind.

Wesen seine geistige Natur und seine Individualität dadurch beurkundet daß es Euch auf jene Vermählung des Unendlichen mit dem Endlichen als auf seinen Ursprung zurükführt".[59]

Zu diesem Ursprungspunkt der Selbstbegründung des individuellen Geistes ist nun zunächst einmal zu sagen, daß er für den ausschließlich in Individuation gegebenen Geist nur als überschrittener gegenwärtig ist. Er ist „jenes unbegreifliche Faktum über welches hinaus Ihr die Reihe des Endlichen nicht weiter verfolgen könnt, und wobei Eure Fantasie Euch versagt wenn Ihr es aus irgend etwas Früherem, es sei Willkühr oder Natur, erklären wollt".[60] Dieser Punkt kann also von der Selbstanschauung des individuellen Geistes nicht völlig eingeholt werden.[61] Indem die Selbstanschauung im Rückgang auf sich das Subjekt zu jener individuierten Menschheitsdarstellung bildet, die es in jener ‚Vermählung' ursprünglich bereits ist, nähert sich der individuelle Geist der in ihm als Grund gegebenen Seinstotalität zwar an, bleibt aber immer noch von ihr unterschieden durch die endliche Form, in der er sich vorfindet. Eben damit aber bleibt er auch getrennt von der völligen Erkenntnis und Verwirklichung des eigenen individuierten Seins. Indessen ist für die monologische Darstellung allein die Tatsache entscheidend, *daß* sich die Selbstanschauung auf einen solchen Punkt zurückbeziehen kann. Denn bereits das *Daß* der Präsenz dieser ursprünglichen Koinzidenz mit dem Unendlichen erschließt die Möglichkeit des Individuums, im Rückbezug auf sie in sich zugleich die unendliche Menschheit wahrzunehmen. So gründet Schleiermachers These von dem Beschlossensein der unendlichen Menschheit in der Selbsterkenntnis des individuellen Geistes letztlich in der Annahme eines Ursprungspunktes der völligen Koinzidenz alles individuell unterschiedenen Geistes, welche den einzelnen individuellen Geist als besondere Ausprägung alles anderen humanen Seins, dieses aber als gleichursprüngliche Realisation des auch in ihm selbst Gegebenen erkennen läßt. Damit bleibt zwar an dieser Stelle offen, worin das Wissen um diesen Ursprungpunkt dem monologisierenden Individuum verbürgt ist. Ist dieser – wie sich zeigen wird, nur religiös zugängliche – Punkt aber einmal angenommen, so ist der Begründungsseite innerhalb der Monologen zunächst einmal Genüge getan.

Für die Selbstanschauung des individuellen Geistes ergibt sich daraus, daß sie ein unendlicher Prozeß ist, indem sich die Selbstanschauung an ihrer Begrenztheit immer neu entzündet und den individuellen Geist so zu immer vollkom-

[59] *Reden* 267 (KGA I/2, 306, 35–37). Es sei darauf hingewiesen, daß die Worte ‚mit dem Endlichen' in der Reden-Ausgabe von R. Otto, Göttingen [6]1967, aus unerfindlichem Grund fehlen.

[60] *Reden* 267 (KGA I/2, 306, 37–40).

[61] Dies ist der Grund, weshalb Schleiermacher diesen Ursprungspunkt in den Monologen nur in mystifizierender Begrifflichkeit benennt und beispielsweise von den „Mysterien des Geistes" spricht (*Monol.* 26; KGA I/3, 13, 27). Vgl. auch im *Brief an Brinckmann* vom 22. 3. 1800 in Bezug auf die Monologen: „Das principium individui ist das mystischste im Gebiet der Philosophie und wo sich Alles so unmittelbar daran anknüpft hat das Ganze allerdings ein mystisches Ansehn bekommen müßen" (KGA V/3, Brief 817, 22–25).

menerer und immer tieferer Selbsterkenntnis ausbildet.[62] Es ist dieser Prozeß, in welchem nun auch die Gemeinschaft Bedeutung bekommt.

b) Im Blick auf die Gemeinschaft versuchen nun die Monologen zu zeigen, daß die anschauende Selbstbildung des Individuums nicht nur die eigene Individualität, sondern darin die Fülle der unendlichen Menschheit zur Darstellung bringt und also nicht nur das je Eigene, sondern auch das anderen Menschen Entsprechende verwirklicht. Der Leitgedanke Schleiermachers ist dabei der, daß der individuelle Geist, gerade weil er sich als eine die unendliche Menschheit tragende Individuation der Menschheit anschaut, frei ist, sich auch nach außen zu wenden und andere Individuen als das Unterschiedene seiner selbst anzuschauen, ohne daß dies dem Bewußtsein seiner eigenen Idealität entgegensteht. Diese Wendung nach außen ist dabei keine Abkehr von der Selbstanschauung, sondern Ausdruck der Selbstbezogenheit des Individuums als eines freien auf die unendliche Gemeinschaft der Geister, deren Individuation es selbst ist. Weil die menschliche Welt nicht mehr Konkurrenz der eigenen Freiheit, sondern im eigenen individuierten Wesen selber präsent ist, kann sie *als Welt* recht gesehen werden:

> „Was Welt zu nennen ich würdige, ist nur die ewige Gemeinschaft der Geister, ihr Einfluß auf einander, ihr gegenseitig Bilden, die hohe Harmonie der Freiheit. Nur das unendliche All der Geister, sez ich mir dem Endlichen und Einzelnen entgegen. Dem nur verstatt ich zu verwandeln und zu bilden die Oberfläche meines Wesens, um auf mich einzuwirken".[63]

Aus dieser eigentümlichen Entgegensetzung der Gemeinschaft, die dem Individuum zwar grundlegend gegenübergesteht, zugleich aber nur die ‚Oberfläche' des eigenen Wesens affiziert, ergibt sich nun Schleiermachers Bestimmung des Verhältnisses von selbstanschauendem individuellem Geist und der Gemeinschaft der Geister. Es besteht wesentlich darin, daß dem individuellen Geist die anschauende Wahrnehmung der unterschiedenen anderen Individuen zum notwendigen Material für die sukzessive Vervollkommnung und Bewahrung der Erkenntnis seines idealen individuellen Wesens wird: „Nur wenn der Mensch [...] von sich beständig fordert die ganze Menschheit anzuschaun, und jeder anderen Darstellung von ihr sich und die seinige entgegen zu sezen, kann er das Bewußtsein seiner Eigenheit erhalten: denn nur durch Entgegensezung

---

[62] Vgl. *Monol.* 23f (KGA I/3, 12, 30–36): „es findet die Betrachtung keine Schranken, muß immer unvollendet bleiben, wenn sie lebendig bleiben will. Mein ganzes Wesen kann ich wieder nicht vernehmen, ohne die Menschheit anzuschauen und meinen Ort und Stand in ihrem Reich mir zu bestimmen; und die Menschheit, wer vermöchte sie zu denken, ohne sich mit dem Denken ins unermeßliche Gebiet und Wesen des reinen Geistes zu verlieren". Diese völlige Erkenntnis der Menschheit ist der Selbstanschauung des Geistes versagt. Denn das Sich-Verlieren im unermeßlichen Gebiet des reinen Geistes würde angesichts der individuellen Grundkonstitution des Geistes einer Selbstaufhebung des selbstanschauenden Geistes gleichkommen, die im Hinblick auf die Erkenntnis dieses reinen Geistes nur ‚eine gehaltlose und unbestimmte Form' hervorbringen, aber kein bestimmtes Wissen an den Tag bringen könnte; vgl. o. Anm. 28.

[63] *Monol.* 17 (KGA I/3, 10, 15–20).

wird das Einzelne erkannt".[64] Die das Individuum umgebende Menschheit wird von Schleiermacher *in* ihrer Unterschiedenheit positiv auf die Selbstanschauung bezogen: Sie ist das Andere des idealen Eigenen, an dem sich der individuelle Geist des individuellen Charakters seines unendlichen Wesens erst völlig gewiß wird. Weil hier erst die Selbstanschauung zum Ziel kommt, führt die Selbstbetrachtung selber auf die gegenseitige *Darstellung* der verschiedenen Individualitäten und damit zur humanen Sozialität.[65]

Dabei ist für Schleiermacher die Vollendung dieser Wechselwirkung – in der dann zugleich die Vollendung des individuellen Erkenntnisvollzugs geschieht – das „Gespräch der Liebe", „der Gemüther Wechselanschauung".[66] Liebe und individuelle Selbstdarstellung sind dabei für Schleiermacher eins. Denn die Liebe ist zum einen „immer der Freiheit reinste That", d.h. sie geht allein aus der es als unendlich prädizierenden Selbstanschauung des Individuums hervor, und sie ist zum anderen „auf das eigne Sein des Menschen allein gerichtet", d.h. sie sucht das je eigene individuell-unendliche Wesen des geliebten Gegenübers.[67] Sie ist darin derjenige Erkenntnisvollzug des Individuums, der das Gegenüber als Darstellung der unendlichen Menschheit anschaut[68], indem er die in sich geschaute Unendlichkeit im andern wiederfindet und ihn dadurch als ihn selbst sieht.[69] Dadurch aber wird zugleich an der Wahrnehmung des Gegenübers auch die Erkenntnis der Unendlichkeit des Eigenen erhöht, so daß sich also in der liebenden Anschauung des unterschiedenen Anderen die Selbstanschauung des individuellen Geistes und die in ihr geschehende Selbstprädikation vervollkommnet. Deshalb ist das aus der Selbstanschauung des individuellen Geistes als dessen ‚Widerschein' hervorgehende Handeln für Schleiermacher auch keine solipsistische Verwirklichung des selbstgenügsamen idealen Ichs, sondern ihm ist die Liebe „das Erste wie das Lezte" sowohl der Erkenntnis des Geistes als auch seines Handelns.[70] Denn erst indem das Individuum in der An-

---

64 *Monol.* 50f (KGA I/3, 22, 2–7).

65 Vgl. U. Barth, Der ethische Individualitätsgedanke, 325: „Der Begriff der Darstellung bezeichnet somit die Bestimmtheits- und Äußerungsform des Geistes bzw. die Struktur der Selbstexplikation des Geistes am Ort des Anderen seiner selbst, nämlich der Welt". Es ist damit erstmals ein Grundbegriff von Schleiermachers späterer Auffassung vom menschlichen Geist genannt, wie sie vor allem in den Vorlesungen zur *Psychologie* und zur *christlichen Sittenlehre* entwickelt ist.

66 *Monol.* 126 (KGA I/3, 50, 32f). Zur Liebe vgl. *Monol.* 51 (KGA I/3, 22, 8–28); 61–64 (KGA I/3, 25, 33 - 26, 18) und 125–127 (KGA I/3, 50, 24 - 51, 12).

67 *Monol.* 61f (KGA I/3, 25, 33–37).

68 Diese Anschauung ist sowohl Ziel als auch Maß der Liebe; vgl. *Monol.* 63 (KGA I/3, 26, 13–15): „Sein eigenthümlich Sein und das Verhältniß deßelben zur Menschheit, ist es, was ich suche: so viel ich jenes finde und dieses verstehe, so viel Liebe hab ich für ihn".

69 Hier kommen dann die Selbstanschauungsbewegungen zur Einheit; vgl. *Monol.* 126 (KGA I/3, 50, 31f): „es hat dein Denken mit dem Meinen sich vereint".

70 *Monol.* 52 (KGA I/3, 22, 22f). Ganz anders verhält sich dies nach Schleiermacher bei denjenigen, die wie Kant und Fichte den ethischen Primat der Individualität verneinen: Sie verkennen das innerste Wesen des Menschen, das „Heilige", das ihn erst zum Menschen macht (ebd., Z. 20), und bedürfen deshalb der Liebe nicht; „ihnen genügt Gesez und Pflicht, gleichförmig Handeln und Gerechtigkeit" (*Monol.* 51; KGA I/3, 22, 17f).

schauung der Liebe sowohl der Individualität des anderen, als auch der Individualität seiner selbst als Bedingung seiner eigenen Idealität bewußt ist, kommt die Selbstanschauung zum Ziel und bringt die aus ihr hervorgehende äußere Selbstgestaltung die innen geschaute Unendlichkeit als „hohe Harmonie der Freiheit" an den Tag.[71]

So erweist sich für Schleiermacher auch angesichts des Zusammenhangs des individuellen Geistes mit der von ihm unterschiedenen Menschheit die Selbsterkenntnis des individuellen Geistes als die Grundbewegung menschlichen Lebens. Indem der individuelle Geist seine Unendlichkeit gerade in der Wechselwirkung der Liebe immer vollkommener erkennt, sind selbstanschauendes ‚Denken' und liebendes Handeln „ewig vereint"[72] und bilden die Lebensbewegung des Geistes, in welcher sich „das unendliche All der Geister"[73] in liebender Vereinigung der Individuen auf die vollkommene Verwirklichung seines geisthaften Seins zubewegt und dabei die äußere Welt von jedem „in der heiligen Gemeinschaft mit Allen" „erschaffen" wird.[74]

2. Schleiermacher hat damit zu denken versucht, daß der menschliche Geist nicht in einer Transzendierung der empirischen Individualität, noch auch in blinder Abwendung von der menschlichen Gemeinschaft hin zur eigenen Individualität zu sich kommt, sondern daß sein Dasein als Geist gerade die Überwindung von Innen und Außen, von Individualität und Gemeinschaft ist. Die freie Selbstanschauung ist *als solche* interaktive Darstellung des Individuums in der Gemeinschaft, und das ‚gemeinsame Mit- und gegenseitige Aufeinanderwirken' – in der Terminologie der diesen Gedanken dann fortsetzenden späteren Gemeinschaftslehre zu reden – ist *selber* Bildung der freien Individualität. Freilich ist zu sagen, daß dieser Gedanke von Schleiermacher völlig unzureichend durchgeführt ist. Der Grund dafür – der auch für die romantisch-schönfärberische Darstellung des Zusammenlebens verantwortlich ist – liegt darin, daß die ‚Entgegensezung' des Anderen als eine solche gedacht wird, welche nur die ‚Oberfläche meines Wesens' bildet, das eigene Wesen aber nicht affiziert. Dies hat zur Folge, daß das entgegen-gesetzte Individuum mir nicht wirklich Gegenüber werden kann und umgekehrt ich in der Liebe zum Andern gerade

---

[71] *Monol.* 17 (KGA I/3, 10, 15–17). Daß hier keine ethischen Konflikte zutage treten, sondern nur „der bestimmte Ton vom schönen Zusammenstoß der Freiheit, der ihr Dasein verkündet" erklingt (*Monol.* 17f; KGA I/3, 10, 25f), gilt deshalb, weil die sich liebend erkennenden Individuen im höchsten Bewußtsein ihrer gegenseitigen Individualität stehen und deshalb am deutlichsten voneinander geschieden sind. Hier liegt auch der Grund dafür, daß das im Aufeinanderwirken der Individuen geschehende gegenseitige Begrenzen der äußeren Erscheinung in Schleiermachers Verständnis die Freiheit des Individuums nicht affiziert. Vgl. U. BARTH, Der ethische Individualitätsgedanke, 324: „Durch den geistmetaphysischen Begriff der unendlichen Wechselwirkung der Geister wird die konstitutionsidealistische Grundannahme [...] nicht widerlegt, sondern eher bestätigt".

[72] *Monol.* 27 (KGA I/3, 13, 32).

[73] *Monol.* 17 (KGA I/3, 10, 17).

[74] *Monol.* 17f (KGA I/3, 10, 26–29).

nicht diesen als Andern, sondern in ihm nur mich selbst finde. Daß Liebe einzig sie selbst ist, wenn sie ihrem Gegenüber gestattet, das eigene Wesen *selbst* zu bilden, hat Schleiermacher nicht gesehen. Nicht ohne Grund enden die Monologen denn auch nicht mit dem Aufruf zur liebenden Selbsthingabe des Geistes, um *darin* – und das heißt: *ganz* im Anderen – in Freiheit bei sich zu sein, sondern mit dem romantischen Imperativ: „Thue nichts als was dir in freier Liebe und Lust hervorgeht aus dem Innern des Gemüthes".[75]

So bleibt die Aussage einer im menschlichen Zusammenleben ungebrochenen Idealität des individuellen Geistes das Hauptanliegen des Geistverständnisses der Monologen. Dagegen ist die gedankliche Durchformung des Gemeinschaftsgedankens in den Monologen noch ganz unzureichend. Aufgrund des defizienten Liebesgedankens bleibt die Gemeinschaft letztlich ein Aggregat autonomer Individuen, die lediglich durch die gegenseitige Selbstdarstellung verbunden sind. Dies hat pneumatologisch zur Folge, daß Schleiermacher zu einem über die individuelle Perspektive hinausgehenden Gedanken des Geistes noch nicht kommt.[76] Schleiermacher wird sich hier später teilweise korrigieren und sein Verständnis des individuellen Geistes in eine übergeordnete Theorie des Geistes einbinden, in welcher das Individuum nur als Träger der Gemeinschaft als Individuum zu sich kommt. Daß dabei freilich nicht alle Mängel des frühen Geistverständnisses behoben werden, sondern der in den Monologen erkennbare Gedanke einer ungebrochenen Idealität des Geistes noch bis in Schleiermachers späte Theologie hinein pneumatologische Konsequenzen hat, wird noch zu sehen sein.

5. *Fazit und Übergang zum religiösen Geistverständnis*

1. So unausgereift der Gedanke der Monologen auch ist, so deutlich ist Schleiermachers Intention, im Begriff des Geistes die erkenntnistheoretische Frage nach dem Grund allen Erkennens mit dem Prinzip aller individuellen Lebens- und Handlungsvollzüge des humanen Subjekts zusammenzudenken und damit idealistische Philosophie „ins Leben überzutragen".[77] Die Pointe von Schleiermachers Geistverständnis liegt darin, daß er den menschlichen Geist dabei als immer schon *individuell* bestimmten Geist auffaßt. Selbsterkenntnis des Geistes geschieht nicht in einer transzendentalen Metaphysik, sondern in dem unmittelbaren Selbstvollzug des individuellen Geistes in seiner Selbstanschauung. In ihr erkennt der Geist, daß er sich ursprünglich als Individuum selbst gesetzt hat und damit selber unhintergehbares Prinzip seines individuellen Daseins ist.

---

[75] *Monol.* 153 (KGA I/3, 60, 35f); vgl. zur späteren Wandlung dieses Imperativs u. S. 292.

[76] Daß in den Monologen der „Begriff der Gemeinschaft der Geister eine Totalitätsidee" des Geistes sei (U. Barth, Der ethische Individualitätsgedanke, 323), mag zwar als Zielbestimmung der Schleiermacherschen Überlegungen gelten, ist aber in den Monologen selber noch nicht durchgeführt.

[77] Vgl. o. S. 31.

Weil deshalb die äußere Welt den Menschen nicht zu einer ihm fremden Gestalt begrenzt, sondern nur seine ursprüngliche Individualität an den Tag bringt, sind für Schleiermacher die konkrete Verfaßtheit des einzelnen in der Welt und seine anschauende Selbstprädikation als eines Freien und Unendlichen kein Widerspruch. Vielmehr geschieht die Erkenntnis seines freien individuellen Wesens gerade *in* dem konkreten Lebensvollzug, der in allem nur immer seine ursprüngliche Individualität ausbilden und zu erkennen hilft und den individuellen Geist immer nur auf sich selbst als das Prinzip seines Lebens zurückwirft. Schleiermacher gibt damit eine Auffassung von Geist zu denken, in welcher das Wesen des Geistes darin liegt, mitten im Leben des endlichen Individuums alle äußere Bestimmtheit durch die Welt auf sich *als* individuellen Geist zu beziehen und sich dadurch seiner selbst als innerstes schöpferisches Prinzip der Welt innezuwerden. Weil eben darin das Leben des Geistes besteht, kann man sagen: Geist ist das sich in allem Äußeren wiederfindende und alles Äußere aus sich selbst heraus gestaltende Leben des Individuums selber.

Schleiermacher unternimmt damit den vielversprechenden Versuch, einen transzendentalphilosophischen Geistbegriff in das konkrete Leben des Individuums einzubetten und im Blick auf ein Verständnis dieses Lebens fruchtbar zu machen. Die Konsequenzen seiner Auffassung sind dann ethisch expliziert. Sie haben ihren Kern darin, daß das als reflektierende Selbstanschauung gefaßte Denken und das nach außen gehende Handeln in der Selbstbewegung des Geistes zusammenfallen. Das „äußere[...] Handeln in der Welt [ist], was es auch sei, zugleich [...] ein inneres Denken des Handelns“[78], welches das individuelle Wesen des Geistes auf ihn selbst zurückspiegelt und ihn dadurch zur Erkenntnis seiner selbst führt. Und das Denken, in dem der individuelle Geist sich selbst in seinem Wesen anschaut, ist zugleich ein ihn bildendes Handeln, das sein inneres Wesen nach außen darstellt. Die Gefahr, bei solcher Idealisierung des einzelnen ein solipsistisches Verständnis des Subjekts zu befürworten, das von anderen Individuen nichts mehr weiß, sieht Schleiermacher dabei gerade durch die Betonung der Individualität gebannt. Denn indem der einzelne sich als eine Individuation der unendlichen Menschheit erkennt, die gerade *als* individuelle die unendliche Menschheit exemplarisch in sich trägt, wird er mit seiner Endlichkeit so versöhnt, daß er auch die anderen Menschen gerade *in* ihrer Individualität neidlos als ebensolche ideale Individuationen begreifen kann. Deshalb steht das sich ‚gegenseitig Bilden‘ der Individuen der Idealität des einzelnen Menschen nicht im Weg, sondern macht sie ihm vielmehr erst gewiß, insofern er am anderen Subjekt seiner unterschiedenen Eigenheit ansichtig wird. Darum vollendet sich die Selbstanschauung des Geistes für Schleiermacher in der Liebe, die das Gegenüber ebenso als vollkommenes, die unendliche Menschheit darstellendes Subjekt erkennt wie sich selbst und die darum in der durchsichtigsten Unterschiedenheit der einzelnen die höchste Harmonie ihres

[78] *Monol.* 26f (KGA I/3, 13, 15–34; vgl. bis 14, 10).

Zusammenseins hervorbringt: „die hohe Harmonie der Freiheit" in der „ewige[n] Gemeinschaft der Geister".[79]

2. Es wurde bereits darauf hingewiesen, daß Schleiermacher diese Auffassung in den Monologen noch nicht hat durchführen können. Sie läßt besonders eine überindividuelle Auffassung vom Geist vermissen, die den sich angesichts der allzu idealisierten Auffassung vom individuellen Geist einstellenden Verdacht des romantischen Individualismus und Solipsismus erst wirklich würde entkräften können. Und auch eine dialektischere Verhältnisbestimmung des Außenbezugs des Geistes zu seiner in ihm selbst liegenden Freiheit, die ein tragfähigeres Verständnis der Gemeinschaft und der Liebe begründen könnte, wäre zu wünschen. Indessen stellt Schleiermacher mit seiner Auffassung die Weichen für seine Entfaltung des Geistverständnisses der späteren Jahre. Es zeigt sich, daß sein Geistverständnis die erkenntnistheoretischen Grundfragen der Philosophie zur Sprache bringen will, diese aber – und den Geistbegriff mit ihnen – nicht als transzendentalphilosophische, sondern als ethische versteht, welche mitten in der Endlichkeit des individuellen Lebens zu verhandeln sind. Dabei kommen in den Monologen drei Problemhorizonte in den Blick, die für den Geistbegriff auch weiter bestimmend sein werden, nämlich *erstens* die metaphysische Frage nach der eigenen Unendlichkeit des individuellen Geistes, *zweitens* die ethische Frage nach der Freiheit des Individuums und *drittens* die soziokulturelle Frage nach dem Verhältnis von individuellem Geist und der menschlichen Gemeinschaft der Geister. Schleiermacher versucht in den Monologen eine Lösung dieser Problemzusammenhänge auf dem Hintergrund seiner These von der Idealität des Individuums. Diese Auffassung wird er später modifizieren und vollkommene Idealität nur noch einem Individuum, nämlich Jesus Christus, zusprechen. Aber dies ist nicht eine Abkehr von seiner auch später noch für zutreffend gehaltenen Auffassung der Monologen, sondern die Weise, in der sie sich durchhält und auf einen Begriff des Heiligen Geistes führt.

3. Indessen hat Schleiermacher die religiöse Frage nach dem Geist nicht erst später, sondern in den Reden ‚Über die Religion' bereits zur Zeit der Abfassung der Monologen behandelt. Dabei ist zunächst zu konstatieren, daß diese religiöse Blickrichtung in den Monologen ganz und gar fehlt. Gleichwohl aber gibt es einen sachlichen Übergang von den Monologen zu der Religionsthematik, der sich an der Frage entzündet, woher das Individuum von seiner Idealität, auf die es sich zu beziehen meint, eigentlich wisse.

Diese Frage trifft sich mit dem Haupteinwand, der gegen Schleiermachers Monologen nach deren Erscheinen vorgebracht worden ist. Man hat Schleiermacher nämlich vorgeworfen, er stelle in den Monologen den konkreten Menschen in einer reinen Idealität dar, die von der Realität nicht gedeckt sei, woraus

[79] *Monol.* 17 (KGA I/3, 10, 15–17).

sich eben die Frage erhebt, woher man eigentlich wisse, daß es sich so verhält. Schleiermacher hat in der Vorrede zur dritten Auflage der Monologen auch zugegeben, diese Frage nicht beantwortet zu haben, und gesagt, daß „das erscheinende Leben eines jeden Menschen [...] zwischen seinem Urbild und seinem Zerrbild" „schwanke" und daß es seine, Schleiermachers, Intention gewesen sei, einmal nur das „Urbild" darzustellen.[80] Wie ein Briefzitat zeigt, steht dahinter die Auffassung Schleiermachers, daß sich diese Differenz sukzessiv verringern werde und deshalb kein grundlegendes Gewicht habe.[81] Dies ist auch richtig, wenn man von der Idealität des Individuums ausgeht. Gleichwohl aber ist damit die Frage noch nicht beantwortet, woher der individuelle Geist von seiner Urbildlichkeit denn eigentlich weiß, wenn das individuelle Leben, *in dem selbst* nach den Monologen die Idealität des Individuums einsichtig werden soll, immer schon verzerrt ist. Die Monologen verweisen auf ein ursprüngliches Bewußtsein des individuellen Geistes von seinem unmittelbaren Entstehen, in dem der individuelle Geist sich ursprünglich selbst gesetzt hat, und setzen damit einen unvollziehbaren Punkt der Selbstschöpfung des Geistes und ein sich aus diesem beziehendes ursprüngliches Wissen um seine Idealität *voraus*. Auf der Suche nach der Antwort für die Frage, woher dieses Bewußtsein stammt und worin seine Wahrheit im individuellen Leben verbürgt ist, hat schon der Gedanke der Monologen auf die Reden ‚Über die Religion' verwiesen.[82] Umso deutlicher wird dieser begründende Bezug der Selbstanschauung auf die Religion angesichts dessen, daß Schleiermacher die fehlende Begründung der Idealität des Individuums in der Vorrede zur dritten Ausgabe der Monologen damit entschuldigt, daß er das „im engeren Sinne Religiöse darin" (d.h. in der „rein ethisch gestaltet[en]" „Selbstbetrachtung") nicht betrachtet habe, und beteuert, er habe schon seit langem vor, „durch eine ähnliche Reihe religiöser Selbstgespräche dieses Büchlein zu ergänzen" und dabei die Frage nach der Verbürgung der Urbildlichkeit des individuellen Geistes in seiner zerrbildlichen Existenz zu beantworten.[83]

So ist es nicht zu viel gesagt, daß die Sachhaltigkeit des Gedankens in den Monologen selber auf das Gebiet der Religion treibt. Dabei ist von besonderer Bedeutung, daß die Religion gerade dort in den Blick kommt, wo es um den Gewißheitsgrund von Schleiermachers philosophischer Geistauffassung geht. Dies läßt sein Verständnis der religiösen Erfahrung von besonderer pneumatologischer Relevanz sein. Das sich von den Monologen aus stellende Problem ist

---

[80] Monologen, hg. v. F. M. Schiele, 4.

[81] Vgl. den *Brief an Charlotte P.* vom 28. 7. 1804 (Br. I, 401f): „[...] ihre [der Ideen] Darstellung in meinem Leben ist also immer nur fortschreitend im Streite mit den Einflüssen und Überresten des Früheren. Wenn demohnerachtet in den Monologen keine Spur von einem Streit mit mir selbst zu finden ist, so kommt das nur daher, weil ich eben darin resignirt bin, daß der Mensch nur fortschreitend werden kann. Deshalb hatte ich nun auch kein Interesse dabei, den Punkt, auf dem ich eben stehe, auseinander zu sezen".

[82] Vgl. o. S. 49.

[83] Monologen, hg. v. F. M. Schiele, 4.

dabei vor allem die Frage nach einer Verbürgung der Realität der in ihnen behaupteten Unendlichkeit des individuellen Geistes in der Religion. Nun hat Schleiermacher seine ‚religiösen Selbstgespräche' nicht mehr geschrieben, wohl aber in den Reden ‚Über die Religion' etwa zur Zeit der Monologen seine Religionsauffassung vorgetragen und diese in Beziehung zur Rede vom Geist gesetzt. Und so wird es Schleiermacher selber entsprechen, sein Versäumnis mit einer Untersuchung des Geistverständnisses seiner Religionsschrift wenigstens ansatzweise auszugleichen.

„... in ihr athmete mein Geist, ehe er noch seine äußere[n] Gegenstände, Erfahrung und Wißenschaft gefunden hatte"

(Reden über die Religion)

§ 4 Die religiöse Rückbindung des Geistes in den Reden „Über die Religion"

Wenn im Folgenden die im Sommer 1799 erschienene Schrift „Über die Religion. Reden an die Gebildeten unter ihren Verächtern" im Blick auf Schleiermachers Geistverständnis untersucht werden soll, so kann sich dieser Zugang darauf berufen, daß Schleiermacher in den Reden die Religion selbst als ‚großes geistiges Phänomen' betitelt.[1] Er gibt damit dem Begriff des Geistes für einen Sachverhalt Bedeutung, der in den Monologen keines Wortes gewürdigt und im Verlauf der Reden auch scharf von aller idealistischen Reflexion, wie sie die Monologen zeigen, unterschieden wird. Gleichwohl kann Schleiermacher von der Religion sagen: „in ihr athmete mein Geist, ehe er noch seine äußere[n] Gegenstände, Erfahrung und Wißenschaft gefunden hatte".[2] Dieser Satz könnte biographisch verstanden werden und bedeutete dann, daß die Religion die erste Geistesfunktion war, die sich in Schleiermachers Erinnerung lebendig entwikkelt hatte. Indessen zeigt die Formulierung, daß der Geist in der Religion ursprünglich ‚atmete', daß hier eine eigenständige, dem menschlichen Geist selber ursprüngliche Form des Lebens des Geistes benannt ist. Diese Sichtweise bestätigt sich, wenn die Reden in ihrem weiteren Verlauf die Religion selbst als etwas auffassen, in welchem „jedes Anfangen [...] ursprünglich" ist.[3] Daß der Geist des Redners zuerst in der Religion atmete, ist also nicht eine Zufälligkeit der religiösen Kindheit Schleiermachers, sondern das eigene Wesen der Religion. Religion ist, so wird man zugespitzt sagen können, selbst das ursprüngliche Atmen des Geistes. Ist aber dies, so macht der genannte Satz deutlich, um welchen wesentlichen Beitrag Schleiermachers religionsphilosophische Überlegungen die Bildung seines Geistbegriffs bereichern. Indem Schleiermacher die Religion den übrigen Geistesfunktionen gegenüber ursprünglich sein läßt, beantwortet er die Frage nach der Möglichkeit eines originären, von Sittlichkeit und Wissenschaft ganz unabhängigen, und darin unmittelbaren Selbstbezugs des Geistes in der Religion.

[1] *Reden* 22 (KGA I/2, 198, 25).
[2] *Reden* 14 (KGA I/2, 195, 7f).
[3] *Reden* 287 (KGA I/2, 314, 42f).

Ist damit der Bezug der Rede vom Geist in den Reden auf die in den Monologen offenbleibende Grundfrage nach einem ursprünglichen Wissen des Geistes von sich deutlich, so ist im folgenden zunächst der religiöse Selbstbezug des Geistes in seiner unterscheidenden Eigenart im Begriff des Geistes aufzuweisen (1.), sodann die sich daraus ergebende religiöse Auffassung vom endlichen und unendlichen Geist darzulegen, wobei dann auch das Verständnis des ,Weltgeistes', des ,Geistes der Religion' und des ,Heiligen Geistes' zur Sprache kommen soll (2.), und schließlich die auch hier vorliegende ethische Intentionalität der Geistauffassung anzusprechen, welche das religiöse Geistverständnis mit dem der Monologen positiv verbindet (3.).

1. Die unmittelbare Koinzidenz des individuellen Geistes mit seiner Unendlichkeit in der Religion

1. Der genannte Wesensbezug der Religion auf die Frage nach dem Geist ist in den Reden von Anfang an ersichtlich. Wenn Schleiermacher sich auf den ersten Seiten der Reden als „Mittler zwischen dem eingeschränkten Menschen und der unendlichen Menschheit" einführt[4], so verortet er sein Thema ,Religion' im Zentrum dessen, was auch in den Monologen als das Kernproblem des Geistverständnisses deutlich ist, nämlich in der Frage nach der Einheit von individueller Beschränktheit und Unendlichkeit des Menschen. Schleiermacher ist bei dieser Verortung von der Absicht geleitet, die Relevanz der Reden für das Interesse der Gebildeten seiner Zeit einsichtig zu machen. Indem er die Frage nach dem Verhältnis von Unendlichkeit und Endlichkeit des Menschen als Grundfrage der Religion vorstellt, macht er darauf aufmerksam, daß die Religion philosophisch von Belang ist. Denn sie thematisiert aus einer eigenen Sicht nichts weniger als die Grundfrage aller philosophischen Spekulation.[5] War diese Frage in den Monologen als eine Frage des Geistes nach seinem eigenen Wesen qualifiziert, so macht die religiöse Behandlung dieses Themas die Bedeutung der Religionsthematik für jenes Verständnis des Geistes deutlich. Geschieht in der Religion Vermittlung zwischen Unendlichkeit und Endlichkeit, so ist sie für die philosophische Frage nach dem Geist nicht bedeutungslos, sondern ein Phänomen, in dem sich menschlicher Geist seiner Unendlichkeit und Endlichkeit vereinenden innersten Eigenart nach ausdrückt. Rede über die Religion bringt deshalb – und das muß sie für ihre gebildeten Verächter interessant machen – mit der Religion zugleich auch das Wesen des Geistes zur Sprache.

[4] *Reden* 10 (KGA I/2, 193, 16f).

[5] Vgl. *Reden* 41 (KGA I/2, 207, 36–39): „Stellt Euch auf den höchsten Standpunkt der Metaphysik und der Moral, so werdet Ihr finden, daß beide mit der Religion denselben Gegenstand haben, nämlich das Universum und das Verhältnis des Menschen zu ihm".

Dies zeigt sich deutlich an denjenigen Stellen, in denen die Religion selbst mit dem Geistbegriff bedacht wird.[6] Hier bringt Schleiermacher zum Ausdruck, daß die Religion einen ganz eigenen Bezug auf den Geist hat. Sie ist nicht dem „Mechanismus des Geistes" zuzurechnen und also lediglich sekundäre Folgeerscheinung seiner inneren Verfaßtheit, sondern Religion ist ein „Vermögen des Geistes"[7], welches das „Innerste" der „Organisazion deßelben" thematisiert: die „geheiligte Werkstätte des Universums".[8] Dadurch bekommt die Religion die genannte herausragende Bedeutung für den Geist. Sie ist ihm nichts Äußerliches, sondern ist das Erste und Innerste des Geistes. Es gilt eben: „in ihr athmete mein Geist, ehe er noch seine äußere[n] Gegenstände, Erfahrung und Wißenschaft gefunden hatte".[9] Die Religion hat zum Wesen des Geistes demnach ein ganz ursprüngliches Verhältnis, das den Selbstbezug des Geistes in den Monologen an Ursprünglichkeit noch übertrifft. Hat sich der individuelle Geist in den Monologen von den ‚äußern Gegenständen, Erfahrung und Wissenschaft' *herkommend* nach innen gewandt,um dort sein Wesen anzuschauen, so beansprucht die Religion, daß der Geist sich in ihr *ursprünglich* seiner selbst bewußt ist. Insofern ist Religion tatsächlich ein ‚großes geistiges Phänomen', und zwar im höchsten Sinne: Sie ist dasjenige Vermögen des Geistes, in dem dieser sich ursprünglich offenbar ist.

2. Diese Besonderheit der Religion hat in ihren Grund darin, daß der religiöse Bezug des Geistes auf das Unendliche auf eine von den erkennenden und handelnden Geistesvollzügen der Monologen grundlegend unterschiedene Weise ge-

---

[6] Von diesen Stellen sind die hier nicht näher betrachteten Belege zu unterscheiden, die den Geistbegriff im Rahmen seiner in den Monologen entfalteten Bedeutung verwenden. Diese Belege illustrieren in ihrer Fülle auf schöne Weise, in welcher Vielfalt die Bezeichnung des menschlichen Individuums als „Geist" in der schöpferischen Stimmung der Frühromantik die Sprache durchdringen kann. So sind beispielsweise ausgezeichnete Menschen ‚glänzende', ‚außerordentliche' oder ‚große' „Geister" (vgl. z.B. *Reden* 17 [KGA I/2, 196, 10], 162 [KGA I/2, 260, 10], 122 [KGA I/2, 242, 12f]) ist die menschliche Gemeinschaft eine „Gemeinschaft der Geister" (*Reden* 237; KGA I/2, 294, 4) und ist alle menschliche Äußerung ein „Werk des menschlichen Geistes" (*Reden* 22 [KGA I/2, 198, 16f], vgl. 67 [KGA I/2, 219, 2f]), wie überhaupt das ganze menschliche Leben seiner „geistigen Natur" entspringt (vgl. z.B. *Reden* 267 [KGA I/2, 306, 35], 301 [KGA I/2, 321, 8], 122 [KGA I/2, 242, 26]) und deshalb „geistiges Leben" ist (*Reden* 268; KGA I/2, 307, 1.5). Dementsprechend kann alle menschliche Tätigkeit mit dem Wort Geist verbunden werden; so gibt es z.B. einen „Beobachtungsgeist" (*Reden* 141; KGA I/2, 251, 11),„Oppositionsgeist" (*Reden* 156; KGA I/2, 257, 21),„durchdringenden Geist" (*Reden* 157; KGA I/2, 258, 8) und „Sektengeist" (*Reden* 201; KGA I/2, 277, 27f). Die Liste der Belege dieser Art ließe sich fortsetzten. Sie machen den Hauptteil der insgesamt 126 zu verzeichnenden Stellen aus, in denen der Geistbegriff – Komposita wie „Weltgeist" eingeschlossen – als Substantiv vorkommt oder (an 20 Stellen) in ein Adjektiv oder Adverb eingegangen ist. Gleichwohl haben diese Belege keinen über das zu den Monlogen Gesagte hinausgehenden theoretischen Gehalt. Sie illustrieren aber auf eigene Weise, wie sehr die Religionsthematik in die in den Monologen ersichtliche Redeweise vom Geist eingebettet ist.

[7] *Reden* 40f (KGA I/2, 207, 25–27).

[8] *Reden* 139 (KGA I/2, 250, 10–18).

[9] *Reden* 14 (KGA I/2, 195, 7f).

schieht. Schleiermacher erläutert dieses spezifische ‚Wesen der Religion' zu Beginn der zweiten Rede in der Entgegensetzung der Religion gegen Denken und Handeln. Seine auf dem Hintergrund seiner Auseinandersetzung mit Kant zu verstehenden Ausführungen zielen dabei darauf, der Religion einen eigenen Lebensraum zu entbinden, um auf diese Weise ihre Eigenständigkeit zu legitimieren.[10] Er stellt die Religion dabei in einen „schneidenden Gegensaz [...] gegen Moral und Metaphysik", bzw. gegen „Denken und Handeln".[11] Metaphysik und Moral haben demnach zwar mit ihrer Frage nach dem Verhältnis von Unendlichem und Endlichem „denselben Gegenstand" wie die Religion.[12] Und ebenso wie die Religion sind sie ‚Vermögen des Geistes'.[13] Im Hinblick auf die Art und Weise ihres Unendlichkeitsbezugs aber sind sie für Schleiermacher in solchem Maß gegensätzlich, daß die Religion einer ganz eigenen Behandlung bedarf.

Diese Unterscheidung der Religion von Denken und Handeln hat fundamentale Bedeutung nicht nur für das Verständnis der Religion, sondern auch für Schleiermachers Geistbegriff. Denn indem Schleiermacher hier verschiedene Vermögen des Geistes in einen scharfen Gegensatz zueinander stellt, führt er eine Unterscheidung im Begriff des Geistes ein. Die weitreichenden Folgen dieser Grundunterscheidung werden deutlich, wenn man sie zu dem Geistverständnis der Monologen in Beziehung setzt. Schleiermacher hat dort die sittliche und die denkend reflektierende Geistesbewegung von dem Mittelpunkt der Selbstanschauung aus miteinander verknüpft und in ihrem Wesen als untrennbare Sphären *einer* Bewegung des Geistes angesehen, die den Charakter einer Wesensbewegung des Geistes zu sich selbst hat. Denken und Handeln sind dabei in ihrer Einheit die umfassende Lebensbewegung, in der der individuelle Geist die individuelle Positivität seiner selbst auf ihr Unendliches hin durchdringt und diese in seinem individuellen Leben positiv darstellt. Wird die Geistesfunktion der Religion nun als in einem „schneidenden Gegensaz" gegen „Denken und Handeln" befindlich angesehen, so stößt sich der Geist von diesem denkend/handelnden Selbstbezug der Monologen, mit ihm aber auch von dem dort als seine Wesensbewegung Beschriebenen, ab. Der ‚schneidende Gegensatz' der Religion zu Metaphysik und Moral ist somit ein Gegensatz im Geist selbst. Es ist der Gegensatz, der entsteht, wenn sich der individuelle Geist religiös von seinem positiven Wesen abstößt, um sich auf diese Weise ursprünglich offenbar zu werden. Die Religion ist damit eine gegenüber dem Selbstbezug der Monologen *negative* Weise der Selbsterkenntnis des Geistes.[14] Und eben in

[10] Die Auseinandersetzung mit Kant hat G. MECKENSTOCK nachvollzogen (Deterministische Ethik und kritische Theologie); zur Interpretation der Reden vgl. dort 218ff.

[11] *Reden* 50 (KGA I/2, 211, 23f. 32f).

[12] Vgl. o. Anm. 5.

[13] Vgl. *Reden* 40f (KGA I/2, 207, 25–27). Schleiermacher spricht dort vereinfachend von Verstand, Sittlichkeit und Religion und nennt noch die Sinnlichkeit als vierte Geistesfunktion.

[14] Vgl. zur Wesensbestimmtheit der Religion durch ihre Negativität J. RINGLEBEN, Die Reden über die Religion, in: D. LANGE (Hg.), F. Schleiermacher, 1768–1834. Theologe – Philosoph – Pädagoge, Göttingen 1985, 236–258: 239–243.

dieser seiner Negativität liegt die Möglichkeit, daß der Geist sich über seine monologische Selbsterkenntnis hinausgehend seiner selbst ursprünglich bewußt wird.

3. Erschließt sich dem individuellen Geist in seinem religiösen Sichabstoßen von seinem positiven Selbstbezug sein eigenes Wesen, so kann die religiöse Selbstunterscheidung des Geistes nicht anders begriffen werden als eine solche, in der der Geist sich ursprünglich auf sich selbst bezieht und darin – fern von aller Positivität – ursprünglich bei sich ist. Was in den Monologen nur als immer schon überschrittener Ursprungspunkt des individuellen Geistes in den Blick kam, nämlich daß der Geist sich in seiner eigenen Schöpfung gegenwärtig ist, das ist die Mitte der Religion. Der individuelle Geist hat sein religiöses Wesen darin, daß er im ursprünglichen Sich-Erschaffen seines individuellen Wesens unmittelbar bei sich ist. Daß damit etwas nahezu Unbeschreibbares angesprochen ist, ergibt sich aus der Negativität dieser Erfahrung gegenüber ihrem denkend-reflexiven Nachvollzug. Stößt sich der Geist in der Religion von seiner Selbstreflexion auf seinen originären Ursprung hin ab, so vermag die Reflexion den Gehalt der religiösen Erfahrung dieses Ursprungs nicht mehr einzuholen.[15] Schleiermacher wählt zur Beschreibung dieses Unbeschreiblichen deshalb die ekstatisch-abundante Sprache romantischer Liebesreligion, die das Wesen der Religion eben im Augenblick ihres unmittelbaren Entstehens ausdrücken soll. Sie ist die Sprache des Geistes, der sich unmittelbar ausspricht, noch bevor ihm ‚Erfahrung und Wissenschaft' die Sinne gelähmt haben:

> „Jener erste geheimnißvolle Augenblik [...] Könnte und dürfte ich ihn doch aussprechen, andeuten wenigstens, ohne ihn zu entheiligen! Flüchtig ist er und durchsichtig wie der erste Duft womit der Thau die erwachten Blumen anhaucht, schamhaft und zart wie ein jungfräulicher Kuß, heilig und fruchtbar wie eine bräutliche Umarmung; ja nicht *wie* dies, sondern er *ist* alles dieses *selbst*. [...] Ich liege am Busen der unendlichen Welt: ich bin in diesem Augenblik ihre Seele, denn ich fühle alle ihre Kräfte und ihr unendliches Leben, wie mein eigenes, sie ist in diesem Augenblike mein Leib, denn ich durchdringe ihre Muskeln und ihre Glieder wie meine eigenen, und ihre innersten Nerven bewegen sich nach meinem Sinn und meiner Ahndung wie die meinigen".[16]

---

[15] Es geschieht deshalb zu Recht, daß C. ALBRECHT in der jüngsten Aufarbeitung der Schleiermacherschen Religionstheorie betont, daß sich die Perspektive der Reden „expressis verbis außerhalb der Grundbedingung des wissenschaftlichen Diskurses, nämlich der intersubjektiven, objektiven Wißbarkeit des Wißbaren" bewege (Schleiermachers Theorie der Frömmigkeit. Ihr wissenschaftlicher Ort und ihr systematischer Gehalt in den Reden, in der Glaubenslehre und in der Dialektik, SchlAr 15, Berlin 1994, 118). Der von Albrecht daraus gezogenen hermeneutischen Konsequenz, daß die Religion zureichend nur aus sich selbst zu verstehen sei und die Analyse deshalb in der Untersuchung des in der „religiösen Uraffektion" sichtbar werdenden phänomenologischen Gehaltes der Religion ihren Mittelpunkt haben müsse (a.a.O, 118–120), ist zuzustimmen. Sie ist zur Bestimmung des Geistbegiffs auf das Verständnis des Geistes selbst anzuwenden, als dessen Selbstausdruck sich die Rede über „das begrifflich Unfaßbare" (a.a.O., 118) der Religion darstellt.

[16] *Reden* 73f (KGA I/2, 221, 20.26–40).

In diesem Ursprungsmoment der Religion ist das erfahrene Realität, was in den Monologen idealistisches Telos war: Die unendliche Welt ist Leib des einzelnen Geistes, der sie in aller ihrer Lebendigkeit durchdringt und der in allen ihren Äußerungen und Potentialitäten nur das Eigene verwirklicht sieht. Das „Ich bin“ des religiösen Ichs umfaßt die Gesamtheit des Seins. Der einzelne religiöse Geist *ist* in diesem Moment die ganze Welt durchdringender unendlicher Geist. Dieser Augenblick der Einheit des Geistes mit dem unendlichen Ganzen ist der Moment der ursprünglichen Schöpfung: Der erste Hauch, der zugleich erster Duft und erster Tau der eben erwachten Schöpfung ist, ist ebenso wie der jungfräuliche Kuß Metapher für eben erst entspringendes ursprüngliches Leben. Betont Schleiermacher, dieser Moment ursprünglicher Einheit sei das in den Metaphern ausgesagte entspringende Leben *selber*, so ist der religiöse Geist in dem religiösen Ursprungsmoment mit diesem ursprünglichen Leben identisch. Damit aber wird deutlich, daß dieses ursprüngliche schöpferische Leben selber Geist ist und deshalb der individuelle Geist in der „heilige[n]“ und „bräutliche[n] Umarmung“[17] der religiösen Erfahrung zu ihm als zu seinem Ursprung liebend zurückkehrt.[18] Verwiesen die Monologen auf einen Ursprungsmoment des Geistes, in dem dieser mit der Totalität seines geistigen Seins schöpferisch koinzidiert, um sich als Individuation dieser Totalität selbst zu setzen, setzten ihn aber als immer schon überschrittenen der Selbstreflexion des Geistes *voraus*, so ist dieser Moment dem individuellen Geist in der Religion unmittelbar gegenwärtig. Der individuelle Geist ist sich in der Religion damit seiner eigenen Individualität voraus. Indem er seine positiven Erkenntnisvollzüge negiert, taucht er in die originäre Genese seiner selbst unmittelbar ein. Wenn Schleiermacher diese Erfahrung als Erfahrung des „Universums“ bezeichnet, so ist deutlich, was das Universum, mit dem der individuelle Geist in der Religion „zusammengefloßen“ ist[19], seinem innersten Wesen nach ist: Es ist die ursprüngliche Totalität des individuellen Geistes, das alle Einzelheit des Seins in sich ursprünglich integrierende „Eins und Alles“[20] des eben erst entspringenden unendlichen Lebens des Geistes, dessen sich der individuelle Geist im religiösen „Ich bin“ der Ursprungserfahrung als seines eigenen Lebens bewußt wird. In diesem Sinne faßt der individuelle Geist das Universum in seiner religiösen Selbstnegation als unendlichen Geist auf. Und eben indem er dies tut, kommt er

[17] *Reden* 74 (KGA I/2, 222, 1 und 221, 30).

[18] Die Beschreibung dieser Rückkehr als Liebe ist, auch in ihrer erotischen Färbung, der Beschreibung der ursprünglichen Einheit des Geistes wesentlich. Sie bringt das ursprünglich entspringende Leben des Geistes als ein solches zum Leuchten, welches alles Lebendige in den Ursprung der Schöpfung seiner selbst zurückführt und es darin mit sich vereinigt. So ist die unendliche schöpferische Liebe das innerste Wesen des Geistes. In ihr begegnet der individuelle Geist sich selbst in seinem ursprünglichen Werden und wird sich seines Ursprungs als des ursprünglichen Lebens und seines Anfangs als unendlicher Liebe inne. Die alte Bestimmung, daß Geist Leben und daß Geist Liebe sei, wird hier auf ihren innersten Grund zurückgeführt und zu neuem Leben gebracht.

[19] *Reden* 132 (KGA I/2, 246, 38- 247, 1).

[20] *Reden* 128 (KGA I/2, 245, 5–9).

in der Religion zu seinem Ursprung zurück und findet im Universum nichts als sich selbst und in sich nichts als das Universum.[21]

4. Schleiermacher gibt damit eine Dialektik des Geistes zu denken, in der der individuelle Geist *in* seiner religiösen Negativität gegenüber Denken und Handeln höchste Positivität erfährt. Er ‚vernichtet' seine Individualität, um „im Einen und Allen zu leben", und gerade *indem* er so „sein Leben verliert", „erhält" er es: Er wird mit der Unendlichkeit seiner selbst eins und wird sich so seines individuellen Lebens als eines unendlichen gewiß.[22] Die in den Monologen offenbleibende Frage nach der Verbürgung der Realität der Unendlichkeit des Geistes beantwortet Schleiermacher damit mit einem Verweis auf die Religion. Indem die Religion ihn von seiner individuellen Positivität auf seine Unendlichkeit hin unterscheidet, „faßt sie den Menschen" „jenseit des Spiels seiner besondern Kräfte und seiner Personalität [...], und sieht ihn aus dem Gesichtspunkte, wo er das sein muß, was er ist, er wolle oder wolle nicht".[23] So gewinnen Denken und Handeln gerade durch die religiöse Selbstunterscheidung des Geistes ihre wahre Freiheit: Sie werden rückgebunden an einen „höhern Realismus"[24] des Geistes, dem aufgrund des unmittelbaren Bewußtseins seiner Koinzidenz mit dem Unendlichen die Idealität des individuellen Geistes auch angesichts seiner nur als ‚Zerrbild' verwirklichten Existenz verbürgt ist:

---

[21] Es liegt gerade im Wesen der Ursprungserfahrung, daß die für die unendliche Menschheit gemachte Bestimmung, daß der individuelle Geist alles religiös in ihr Angeschaute „zulezt [...] bei sich selbst" finde (*Reden* 98; KGA I/2, 232, 5–9), für das Universum überhaupt gilt. Sind in der Ursprungserfahrung der Religion die verschiedenen Universumsanschauungen in Menschheit und Geschichte in der Selbstwahrnahme des Geistes als eines unendlichen *eins*, so hindern die im Anschluß an P. Seifert (Die Theologie des jungen Schleiermacher, 66.77–80) verschiedentlich hervorgehobenen unterschiedlichen Gebrauchsmöglichkeiten und Schichtungen des Begriffs „Universum" – Seifert nennt als die wichtigste der Differenzen im Begriff die „zwischen dem Universum, das die Menschen selbst sich schaffen, und dem, das sie schuf" (77) – die Einheit des Universumsbegriffs nicht, sondern sind Ausdruck des schöpferische Unendlichkeit und geschaffene Endlichkeit vereinenden religiösen Geistes, dem in seiner religiösen Ursprungserfahrung das schaffende „Ich" mit dem schaffenden Universum und allen seinen einzelnen Anschauungsgebieten wie Welt, Menschheit und Geschichte zusammenfällt.

[22] Vgl. *Reden* 131f (KGA I/2, 246, 25–36). Schleiermacher verbindet hier das Lessingsche „Εν εγω και παντα!" (G. E. Lessing, *Sämtliche Schriften*, hg. v. K. Lachmann und Fr. Muncker, 3. Aufl., Bd. XXII, Berlin/Leipzig 1915, S. XI) mit *Mt.* 16, 25 zur Dialektik romantischer Religion: Gerade indem der individuelle Geist sein positives Leben verliert, vermag er sich *seiner selbst* als der religiös erfaßten Totalität innezuwerden und sich als das Einzelne zu erkennen, das zugleich auch das Eine und Ganze ist. Die Formel ἓν καὶ πᾶν kommt in den Reden in verschiedenen Variationen mehrfach vor, vgl. *Reden* 51 (KGA I/2, 212, 5–7), 64 (KGA 217, 25–27), 128 (KGA I/2, 245, 5–9), 132 (KGA I/2, 246, 35ff) und 165 (KGA I/2, 261, 17–22). Vgl. zum Verständnis der Formel im einzelnen: H. Timm, Universalität und Individuation. Das Konzept des frühromantischen „Christianismus" (in: R. Brinkmann [Hg.], Romantik in Deutschland, Stuttgart 1978, 443–462), 449ff, sowie ausführlicher: Ders.: Die heilige Revolution. Das religiöse Totalitätskonzept der Frühromantik. Schleiermacher – Novalis – Friedrich Schlegel, Frankfurt 1978, 16f und 38ff.

[23] *Reden* 51f (KGA I/2, 212, 13–15).

[24] *Reden* 54 (KGA I/2, 213, 20–26).

„Die Philosophie den Menschen erhebend zum Begrif seiner Wechselwirkung mit der Welt, ihn sich kennen lehrend nicht nur als Geschöpf, sondern als Schöpfer zugleich, wird nicht länger leiden, daß unter ihren Augen der seines Zweks verfehlend arm und dürftig verschmachte, welcher das Auge seines Geistes standhaft in sich gekehrt hält dort das Universum zu suchen. Eingerißen ist die ängstliche Scheidewand, alles außer ihm ist nur ein andres in ihm, alles ist der Widerschein seines Geistes, so wie sein Geist der Abdruk von Allem ist; er darf sich suchen in diesem Widerschein ohne sich zu verlieren oder aus sich heraus zu gehn, er kann sich nie erschöpfen im Anschauen seiner selbst, denn Alles liegt in ihm".[25] So kommt der individuelle Geist gerade in seiner religiösen Selbstunterscheidung zu der in den Monologen entfalteten Auffassung von seiner Idealität.

2. *Die religiöse Polarität von unendlichem und individuellem Geist*

Schleiermacher hat mit den zwei Momenten der Selbstabstoßung des religiösen Geistes und seines Eintauchens in die Ursprungstotalität seiner selbst sowohl das Wesen der Religion als auch ihre Beziehung auf das Geistverständnis der Monologen benannt. Soll nun die Religion – und mit ihr das religiöse Verständnis des Geistes – weiter beschrieben werden, so steht Schleiermacher vor dem Problem, daß die Rede von Religion hinter der Ursprungserfahrung der Totalität des Geistes immer zurückbleibt, weil der auffassende individuelle Geist von der Ursprungserfahrung als von der „ersten Handlung des Gemüths"[26] immer nur *her*kommt:

> „Die geringste Erschütterung, und es verweht die heilige Umarmung, und nun erst steht die Anschauung vor mir als eine abgesonderte Gestalt, ich meße sie, und sie spiegelt sich in der offnen Seele wie das Bild der sich entwindenden Geliebten in dem aufgeschlagenen Auge des Jünglings, und nun erst arbeitet sich das Gefühl aus dem innern empor und verbreitet sich wie die Röthe der Schaam und der Lust auf seiner Wange. Dieser Moment ist die höchste Blüthe der Religion".[27]

Anschauung und Gefühl entstehen als die beiden Grundfunktionen der Religion im Entschwinden der unendlichen Einheit als die ersten Funktionen des aus der liebenden Umarmung der Unendlichkeit erwachenden Geistes in der Endlichkeit. Während die Anschauung die erfahrene Ursprünglichkeit als ein sich entfernendes Bild in der Vorstellung festhält, realisiert das Gefühl im „innern Bewußtsein" die durch die liebende Vereinigung hervorgerufene Verände-

[25] *Reden* 171f (KGA I/2, 264, 3–12).
[26] *Reden* 73 (KGA I/2, 221, 15).
[27] *Reden* 74f (KGA I/2, 221, 40 – 222, 6).

rung im Selbstverhältnis zum Universum.[28] Beide zusammen bilden dabei die reflexive Bewegung des menschlichen Geistes, die die Totalitätserfahrung im religiösen Selbstbewußtsein präsent sein läßt. Beide sind aber dabei immer schon vom innersten Augenblick der Religion getrennt. Das „Anschauen des Universums", die „höchste Formel der Religion"[29], spiegelt dem individuellen Geist das Universum nicht in seiner ursprünglichen Einheit mit sich, sondern ist Darstellung der ‚sich entwindenden', sich eben *unterscheidenden* Unendlichkeit. So nimmt die Anschauung der Religion nicht den ‚flüchtigen Augenblick' innerster Einheit selbst wahr, sondern nur das sich aus dem Moment der Einheit heraus unterscheidende und als unterschiedenes sich darstellende Universum. Dies ist der Grund, weshalb die über den Ursprungsmoment hinausreichenden Beschreibungen der Religion das Universum nicht als das innerste Eigene, sondern als das sich aus der Unmittelbarkeit der Totalitätserfahrung heraus selbst darstellende Andere des individuellen Geistes beschreiben. Entwindet sich die reine Gegenwart unendlichen Geistes, so ist sie dem zurückgelassenen individuellen Geist nur gegenwärtig als Bewußtein von „einem ursprünglichen und unabhängigen Handeln" des Universums, von dessen „unmittelbaren Einflüßen" sich der individuelle Geist, eben erst in die selbstbewußte Existenz des Individuums entlassen, nicht anders als in reiner Rezeptivität, „in kindlicher Paßivität ergreifen und erfüllen lassen" kann.[30] So treten im Entschwinden der Ursprungserfahrung der religiös erfahrende individuelle Geist und die sich darstellende Unendlichkeit des Geistes auseinander und bilden einen *relationalen Gegensatz* von sich unterscheidendem unendlichem und unterschiedenem individuellen Geist. Für das Verständnis des Geistes, wie auch für das Verständnis der Religion, eröffnet Schleiermacher damit eine grundlegende dialektische Spannung. Sie besteht darin, daß auf der einen Seite das Unendliche im Ursprung und in der Vollendung der Religion immer als das *Eigene* des individuellen Geistes gefaßt wird – denn der individuelle Geist ist in der religiösen Ursprungserfahrung *selbst* das innerste Wesen der unendlichen Welt. Auf der anderen Seite ist das Unendliche das seiner individuellen Positivität entgegengesetzte *Andere* seiner selbst, das ihm kontingent und unmittelbar begegnet und dem der individuelle Geist als Endliches gegenübersteht. Es treten damit im Ausgang aus der Erfahrung der Einheit des Geistes „qualitativ und kategorial unterschiedene Pole" des Geistes auseinander, die aber gleichwohl nicht zwei gegeneinander autonome Entitäten sind, sondern in ihrer relationalen Bezogenheit aufeinander gemeinsam die im Ursprungsmoment erfahrene *eine* Wirklichkeit des individuellen Geistes bilden.[31]

---

[28] Vgl. *Reden* 66f (KGA I/2, 218, 20–39).

[29] *Reden* 55 (KGA I/2, 213, 34–36).

[30] *Reden* 55 (KGA I/2, 213, 34–40), 50 (KGA I/2, 211, 33–36).

[31] C. Albrecht, Schleiermachers Theorie der Frömmigkeit, 143. Albrecht macht in seinem Bemühen, das ‚Formprinzip' der Religion in der ‚stabilen' Beziehung ‚disjunktiver Polaritäten' aufeinander auszumachen (193), die qualitative und kategoriale Unterschiedenheit der Pole sehr stark: „Wenn und weil die Teilpole sich gegenseitig zu qualifizieren in der Lage sind, müssen sie selbst zu

Die Reden arbeiten sich an der Aufgabe ab, die Einheit des im Abschied von der Ursprungserfahrung immer schon Getrennten auszusagen. Sie entspinnen dabei eine Dialektik des Sichunterscheidens und Sichvermittelns des Unendlichen gegenüber dem individuellen Geist, um auf diese Weise auf die nur der Erfahrung zugängliche Wahrheit der Religion hinzuweisen. Gegenüber der Ursprungserfahrung der Einheit des Geistes hat der in dieser Dialektik verarbeitete Gegensatz von unendlichem und endlichem Geist sekundären Charakter, insofern er nicht das Wesen der Religion selbst, sondern ihr Zerfallsprodukt thematisiert. Er konstituiert nicht die Religion selbst, sondern konstituiert sich selbst aus ihr. Indem die so entstehende Polarität aber gleichwohl über sich hinaus auf die Wahrheit der Religion verweist, präzisiert sie das Verständnis der Religion und die in ihr geschehende Rückbindung des Geistes an seine Unendlichkeit, und zwar – in der Hauptsache – in doppelter Hinsicht. Zum einen bindet Schleiermacher den religiösen Gegensatz streng an das Endliche als den Ort der religiösen Erfahrung und betont damit den positiven Bezug des sich darstellenden Universums. Zum anderen führt er in der Verhältnisbestimmung von Religion und Religionen das sich-unterscheidende Wesen des sich darstellenden Universums spekulativ durch und stellt damit die Uneinholbarkeit der Totalität des Geistes heraus.

a. Die Polarität des Geistes am Endlichen. Der ‚Weltgeist'

1. Schleiermacher gibt mit dem Schlußsatz der zweiten Rede den Ort an, an dem die religiöse Koinzidenz von individuellem Geist und geistigem Universum, ebenso wie ihre Unterscheidung, geschieht: „Mitten in der Endlichkeit".[32] Er kommt zu dieser Auffassung durch Auslegung des Ursprungsmomentes der Religion: Dieser ist

jedem Zeitpunkt ihreres Bestehens qualitativ unterschieden sein und können niemals zur unterschiedslosen Einheit verschmelzen. Vielmehr wahren sie in allen aktuosen Phasen ihres Beieinanderseins ihre qualitative Differenz, in dem es zwar zu ihrer Koinzidenz, aber nicht zu ihrer Identifikation kommt" (176). M. E. ist hier etwas zu viel gesagt. Die Beschreibung des Ursprungsmomentes der Religion macht zwar deutlich, daß die „heilige Umarmung" von Universum und Individuum äußerst instabil ist und schon durch die „geringste Erschütterung" „verweht" (*Reden* 74f; KGA I/2, 221, 40 – 222, 6), Unendliches und Endliches also sogleich wieder auseinandertreten. Dies macht aber noch nicht den Schluß zwingend, daß die Koinzidenz beider im Ursprungspunkt, in der sie – so Albrecht selbst – „zur punktuellen Einheit verschmelzen" (143), nicht als Identifikation begriffen werden könnte. Die romantisch-ekstatische Diktion Schleiermachers legt vielmehr eben dieses nahe. Es ist gerade das Anliegen der romantischen Liebesreligion, über eine ‚stabile' Beziehung bleibend ‚disjunktiver Polaritäten' (193) hinaus zur Totalität des Seins vorzudringen. Anders wären waghalsige Aussagen wie die, daß der individuelle Geist selbst ‚Seele' der ‚unendlichen Welt' *selber sei*, gar nicht erklärlich. Hier wirkt sich nachteilig aus, daß Albrecht seiner Erörterung der Reden die spätere Wissenschaftssystematik Schleiermachers als Interpretationshorizont vorangestellt hat. Der von Albrecht postulierte „über" den Polen liegende ‚identische Konstitutionsgrund' beider Gegensätze (176) ist nur dann recht verstanden, wenn er nicht von diesem späteren System her als transzendentaler Grund, sondern als der religiösen Erfahrung *zugänglicher* Grund verstanden wird.

[32] Vgl. *Reden* 133 (KGA I/2, 247, 9–11): „Mitten in der Endlichkeit Eins werden mit dem Unendlichen und ewig sein in einem Augenblik, das ist die Unsterblichkeit der Religion".

„Jener erste geheimnißvolle Augenblik, der bei jeder sinnlichen Wahrnehmung vorkommt, ehe noch Anschauung und Gefühl sich trennen, wo der Sinn und sein Gegenstand gleichsam in einander gefloßen und Eins geworden sind [...]“.[33]

Dieser Satz leitet die oben behandelte Beschreibung des Ursprungsmomentes der Religion ein. Die dort sich ereignende höchste und innerste Einheit des Geistes, so macht der Satz deutlich, entzündet sich am Endlichen selber. Nicht eine Flucht vor dem Affiziertwerden durch Endliches, sondern im Gegenteil jede einzelne sinnliche Wahrnehmung des Endlichen kann in ihrem Anfangsmoment eine unmittelbare Begegnung des Universums sein. Die religiöse Selbstabstoßung des individuellen Geistes von seiner Positivität geschieht damit in einer *Zuwendung des Geistes zum Endlichen.* Freilich nicht in einer Zuwendung, wie sie die Monologen beschreiben, die das Endliche reflexiv auf den individuellen Geist als seinen Schöpfer zurückführen. Sondern der ‚erste geheimnisvolle Augenblick sinnlicher Wahrnehmung‘ birgt die Erfahrung des Unendlichen in sich, noch *bevor* Sinn und Gegenstand in ein reflektiertes Verhältnis zueinander treten. Das Endliche ist Anstoß, an dem, genauer: an dessen Wahrnahme in einem vorbewußten Stadium die Einheit des Universums aufbricht. Die religiöse Selbstabstoßung des Geistes geschieht damit in einer solchen Zuwendung zum Endlichen, die sich im Sichzuwenden von einer reflektierenden Wahrnahme des Endlichen auf das Unendliche hin abstößt und dieses Entgegengesetzte so *an* dem Endlichen erfährt.[34] Dabei bekommt das Endliche eine

---

[33] *Reden* 73 (KGA I/2, 221, 20–23); vgl. o. S. 62.

[34] Deswegen sei es „eine Täuschung, das Unendliche grade außerhalb des Endlichen, das Entgegengesezte außerhalb deßen zu suchen, dem es entgegengesezt wird“ (*Reden* 145f; KGA I/2, 252, 42 – 253, 1). Da der Ursprungsmoment der Religion *vor* der reflexiven Wahrnahme des Endlichen aufbricht, ist gleichwohl deutlich, daß eine Beschreibung der Unendlichkeit des Universums vom Endlichen *her* nur unzureichend gelingen kann. Wenn Schleiermacher dies in einem langen Abschnitt der zweiten Rede dennoch versucht, dann verfolgt er damit das Ziel, seine Hörer durch kritische Prüfung einzelner Anschauungen des Endlichen gleichsam vor die Tore des Unendlichen zu führen (Vgl. *Reden* 78–108; KGA I/2, 223, 20 – 236, 21). Dies geschieht in vier Schritten. In einem *ersten Schritt* kritisiert Schleiermacher die Anschauungen des Unendlichen an der äußeren Natur und macht deutlich, daß alles Endliche der Außenwelt, einschließlich der Naturgesetze und der Grundkräfte der Welt, in allem, was an ihm zur Darstellung des Unendlichen werden kann, bereits Produkt des menschlichen Geistes ist: „Aber was ist Liebe und Widerstreben? was ist Individualität und Einheit? Diese Begriffe, wodurch Euch die Natur erst im eigentlichen Sinne Anschauung der Welt wird, habt Ihr sie aus der Natur? Stammen sie nicht ursprünglich aus dem Innern des Gemüths her, und sind erst von da auf jenes gedeutet? Darum ist es auch das Gemüth eigentlich worauf die Religion hinsieht, und woher sie Anschauungen der Welt nimmt; im innern Leben bildet sich das Universum ab, und nur durch das innere wird erst das äußere verständlich“ (*Reden* 87f; KGA I/2, 227, 25–32). So ist der tiefste Gegenstand der Anschauung des Unendlichen am Endlichen deshalb – ganz im Sinne der Monologen – der menschliche Geist selber als dasjenige Endliche, von dem aus alle andere Wahrnehmung des Endlichen Wert gewinnt. Der *zweite Schritt* macht nun deutlich, daß man den menschlichen Geist nur in der Gemeinschaft von Individuen anschauen kann, so daß also gilt: „Zur Menschheit also laßt uns hintreten, da finden wir Stoff für die Religion“, denn „um die Welt anzuschauen und um Religion zu haben, muß der Mensch erst die Menschheit gefunden haben, und er findet sie nur in Liebe und durch Liebe“ (*Reden* 89; KGA I/2, 228, 22f.14–17). Schleiermacher begründet dies in Auslegung von *Genesis* 2f und deutet dabei eine tiefgehende – freilich erst von Hegel ausgeführte –

seiner denkenden Wahrnahme gegenüber neue Qualität: Es wird ein Einzelnes, das für das unendliche Ganze durchsichtig ist.[35] Nicht also in einer weltabgewandten mystischen Schau, sondern in der Mitte der Endlichkeit selber geschieht unmittelbare Erfahrung der Unendlichkeit des sich von seiner Positivität religiös abstoßenden Geistes. Damit ist ein besonderer Bezug des sich gegensätzlich verhaltenden Geistes auf die Endlichkeit gesetzt. Die Endlichkeit ist selbst der Schnittpunkt zwischen Unendlichkeit und Endlichkeit des Geistes, an dem sowohl ihre Entgegengesetztheit, als auch die Erfahrung ihrer Einheit

Dialektik an: „In dem Fleische von seinem Fleische und Bein von seinem Beine entdekte er [Adam] die Menschheit, und in der Menschheit die Welt; von diesem Augenblik an wurde er fähig die Stimme der Gottheit zu hören und ihr zu antworten" (*Reden* 88f; KGA I/2, 228, 9–11). Erst indem der menschliche Geist sein individuelles Gegenüber als Darstellung des Universums erkennt, erkennt er sich selbst in seinem Selbstunterschied zum Unendlichen und findet infolge seines Erkennens des Anderen zur religiösen Erkenntnis der Unendlichkeit seiner selbst. Aber eben indem er diese als Unendlichkeit *seiner selbst* erfährt, kommt er für Schleiermacher doch nicht recht über seine Individualität hinaus zum Unendlichen, sondern er erfährt sich als „Compendium der Menschheit" (*Reden* 99; KGA I/2, 232, 20–24) und „findet zulezt alles [...] bei sich selbst" (*Reden* 98; KGA I/2, 232, 5–9). Deshalb führt Schleiermacher in einem *dritten Schritt* über die individualitätsbezogene Menschheitsanschauung hinaus zur Anschauung der Menschheit in ihrem *Werden*, d.h. in ihrer *Geschichte*. Diese ist „der höchste Gegenstand der Religion", denn der menschliche Geist schaut hier, sich über sich selbst hinaushebend, den „Geist, in dem das Ganze geleitet wird" (*Reden* 100; KGA I/2, 232, 37 – 233, 1), „das große, immer fortgehende Erlösungswerk der ewigen Liebe" (*Reden* 104; KGA I/2, 234, 30–32). Doch auch hier ist das angeschaute Universum noch immer nur die positive Menschheit und nicht das Unendliche *selbst*. Deshalb geht Schleiermacher in einem *vierten Schritt* auch über die Menschheit hinaus: „glaubt nicht daß dies zugleich die Grenze der Religion sei. Vielmehr kann sie eigentlich hier nicht stehen bleiben, und sieht erst auf der andern Seite dieses Punktes recht hinaus ins Unendliche. Wenn die Menschheit selbst etwas bewegliches und bildsames ist, wenn sie sich nicht nur im Einzelnen anders darstellt, sondern auch hie und da anders *wird*, fühlt Ihr nicht daß sie dann unmöglich selbst das Universum sein kann? Vielmehr verhält sie sich zu ihm, wie die einzelnen Menschen sich zu ihr verhalten; sie ist nur eine einzelne Form deßelben, Darstellung einer einzigen Modification seiner Elemente, es muß andre solche Formen geben, durch welche sie umgrenzt, und denen sie also entgegengesezt wird. Sie ist nur ein Mittelglied zwischen dem Einzelnen und dem Einen, ein Ruheplaz auf dem Wege zum Unendlichen, und es müßte noch ein höherer Charakter gefunden werden im Menschen als seine Menschheit um ihn und seine Erscheinung unmittelbar aufs Universum zu beziehen" (*Reden* 104f; KGA I/2, 234, 38 – 235, 9). Hier zeigt sich, daß das Unendliche des Geistes sich der religiösen Erfahrung nur in Abstoßung von aller Positivität offenbart. Die höchste positive Präsenz des unendlichen Geistes im Endlichen, die sich in unendlichen geschichtlichen Individuationen des Geistes fortschreitend schaffende Menschheit, muß selbst in die Unterscheidung zu einem noch höheren, ihm polar gegenüberstehenden Unendlichen gestellt werden. Eben dadurch aber wird die Grenze zum Unsagbaren deutlich, denn dieses schlechthin Unendliche des Geistes ist vom Endlichen her nicht mehr aussagbar: „Nach einer solchen Ahndung von etwas außer und über der Menschheit strebt alle Religion [...]; aber dies ist auch der Punkt wo ihre Umriße sich dem gemeinen Auge verlieren, wo sie selbst sich immer weiter von den einzelnen Gegenständen entfernt an denen sie ihren Weg festhalten konnte" (*Reden* 105; KGA I/2, 235, 9–14). Deshalb versagt an der Grenze zur Ablösung vom Endlichen die Möglichkeit deutlicher Rede vom Geist; sie wäre über die Anbindung an das Endliche hinaus zwar noch Rede vom religiös zu erfahrenden unendlichen Geist, aber „unverständliche Rede, von der Ihr nicht wißen würdet woher sie käme und wohin sie ginge" (*Reden* 105; KGA I/2, 235, 17f; vgl. *Joh* 3,8).

[35] Vgl. z.B. *Reden* 56 (KGA 214, 14–15): „alles Einzelne als Theil des Ganzen, alles Beschränkte als eine Darstellung des Unendlichen hinnehmen, das ist Religion".

aufbricht. Deshalb sind beide Pole des Geistes essentiell an das Endliche gebunden. Für den individuellen Geist gilt somit, daß er sich nur am Endlichen auf den unendlichen Ursprung seiner selbst hin abstoßen kann. Und für den in der Ursprungserfahrung gegenwärtigen „Geist des Universums“[36] gilt, daß er nur am Endlichen als unendlicher Geist aufscheint.

2. Schleiermacher hat diese Bindung des Gegensatzes des Geistes an das Endliche im Blick, wenn er die religiös erfahrene Unendlichkeit des Geistes mehrfach als „Weltgeist“ bezeichnet. Schleiermacher nimmt damit einen besonders in der voraufklärerischen Philosophie gebräuchlichen Begriff auf, füllt ihn aber im Kontext der Reden mit ganz eigenem Inhalt.[37] Er gebraucht ihn dabei – nach der emphatischen Einführung des Begriffs zum Lob des Spinoza – zunächst aus der Sicht des Endlichen, um die Unterschiedenheit der religiösen Anschauung von einer positiven Anschauung der Welt aufzuweisen.[38] Der Geistbegriff tritt

---

[36] *Reden* 126 (KGA I/2, 244, 10), 129 (KGA I/2, 245, 22), 292 (KGA I/2, 317, 6).

[37] Den besten Überblick über den Gehalt des Begriffs Weltgeist vor Schleiermacher bietet noch immer der Artikel „Welt-Geist“ im 1775 in vierter Auflage veröffentlichten Philosophischen Lexikon von J. G. WALCH (Philosophisches Lexicon, Leipzig [4]1775, Bd. 2, Sp. 1540–1544). Walch vollzieht die Entwicklung des Begriffs des Weltgeistes bzw. der in ihm ausgesagten Sache ausgehend von Plato bis hin in das 18. Jh. nach und kommt zu dem seinen Ausführungen vorangestellten Schluß, alle Zeugen stimmten zumeist darin über ein, daß unter Weltgeist „ein geistliches Wesen“ zu verstehen sei, „das sich durch die ganze Natur ausbreite und das Principium, oder die wirkende Ursach alles dessen sey, so darinnen geschehe“ (1540). Das hinter der Verwendung stehende Interesse der vereinfachten Welterklärung (es sei bei Annahme eines Weltgeistes eben ein einiges „Principium vorhanden, daraus man mit leichter Mühe viele Wirkungen der Natur erklären könnte“; 1544) wird auch der Grund dafür sein, weshalb der Begriff – vor allem in der Literatur – weiterhin gebraucht wurde, sich dann im aufbrechenden Pantheismus der Goethezeit als geläufige Vorstellung festsetzte (vgl. H. A. KORFF, Geist der Goethezeit, Bd. 1, Darmstadt [11]1979, 104) und bis in den romantischen Naturidealismus hinein gerne Verwendung fand (vgl. Belege zu Tieck, Schelling und Fichte in: J. ERBEN, Artikel „Weltgeist“, in: Deutsches Wörterbuch von J. und W. GRIMM, Bd. XIV/1/1, Leipzig 1955, Sp. 1579–1583: 1581f). Es dürfte dieser breite Gedankenstrom gewesen sein, aus dem Schleiermacher den Begriff geschöpft hat.

[38] Der Begriff „Weltgeist“ kommt neunmal in den Reden vor; hinzu kommen einmal die Genitivverbindung „Geist der Welt“, dreimal „Welt und ihr Geist“ sowie an einer Stelle der Ausdruck „Geist, der das Ganze beseelt“, so daß sich insgesamt vierzehn Vorkommen ergeben. Dabei finden sich allein zehn Verwendungen in der 2. Rede (darin alle fünf Genitiv- bzw. umschreibenden Ausdrücke), die übrigen Vorkommen verteilen sich auf die folgenden Reden (3. Rede: 1×; 4. Rede: 1×; 5. Rede: 2×). Die einzelnen Stellen sind:

Reden 54 (KGA I/2, 213, 27):	„Ihn [Spinoza] durchdrang der hohe Weltgeist“.
Reden 80 (KGA I/2, 224, 16f):	„Den Weltgeist zu lieben [...] ist das Ziel unserer Religion“.
Reden 103 (KGA I/2, 234, 13f):	„[...] der hohe Weltgeist lächelnd über alles hinwegschreitet, was sich ihm lärmend widersetzt“.
Reden 107 (KGA I/2, 236, 8f):	„im kleinsten wie im größten [...] die Handlungen des Weltgeistes zu entdeken“.
Reden 108 (KGA I/2, 236, 26f):	„[...] der Weltgeist sich uns majestätisch offenbart“.
Reden 161 (KGA I/2, 259, 33f):	„es keinen giebt, dem nicht wenigstens einmal der hohe Weltgeist erschienen“.
Reden 230 (KGA I/2, 289, 34f):	„waltet der hohe Weltgeist hier wie dort“.
Reden 237 (KGA I/2, 294, 6f):	„sich anschauen zu laßen als ein Werk des ewigen und Alles bildenden Weltgeistes“.

dabei zu dem der Welt hinzu, um deutlich zu machen, daß es der Religion nicht um Anschauung lediglich der Welt gehe, sondern „der Welt *und ihres Geistes*“[39], genauer: der „Thätigkeit der Welt und ihres Geistes, jenseits alles Wechsels und alles scheinbaren Übels, das nur aus dem Streit endlicher Formen hervorgeht“.[40] „Geist“ ist hier ein Interpretament von „Welt“, das darauf hinweist, was in der religiösen Anschauung als Offenbarung des Universum im Endlichen wahrgenommen wird: nämlich nicht das Endliche in seiner sinnlichen Wirkung und in seinen endlichen Formen, sondern die der im Endlichen gegensätzlich strukturierten Welt vorausliegende tätige und einige Selbstbewegung der Welt. Wenn Schleiermacher ausgehend von diesen ersten Belegen die Umschreibung „Welt und ihr Geist“ zu „Weltgeist“ verdichtet, so faßt er damit das religiös erfahrene Universum in seiner Eigenschaft als ein am Endlichen sich von ihm unterscheidendes auf. „Weltgeist“ ist damit die dem individuellen Geist am Endlichen als ihm Entgegengesetztes aufscheinende Unendlichkeit der Welt, die ihm zugleich als Unendlichkeit seiner selbst bewußt wird.

Es entspricht der gegensätzlichen Struktur des Geistes, daß Schleiermacher den „Weltgeist“ von diesem Grundverständnis ausgehend mit subjekthaften Zügen belegt und ihn als selbsttätige und in der religiösen Erfahrung handelnd begegnende Entität vorstellt. Der Weltgeist bekommt dabei die Stellung eines von dem anschauenden Ich unterschiedenen eigenen Subjekts, das sich als das die dynamische Einheit und Vielheit des Universums hervorbringende und belebende Eine offenbart. So begreift der religiös anschauende Geist alles Einzelne und Endliche, alle dynamischen Lebenszusammenhänge und alle Geschichte, aber nicht nur diese, sondern auch sich selbst, „als ein Werk des ewigen und Alles bildenden Weltgeistes“[41], der sich in diesen Werken selbst darstellt und sich als die ihrem Sein und Werden zugrundeliegende immanente Ursache offenbart. Und war die „Vermählung“[42] mit diesem unendlichen Ursprung die Geburtsstunde der Religion, so ist diesen Geist „zu lieben“, auch ihr höchstes Ziel[43] und die höchste Bestimmung des individuellen Geistes, der nur in der Begegnung mit diesem ihn mit sich liebend vereinigenden unendlichen Subjekt zu sich selbst kommt. Im Begriff des Weltgeistes kommt durch diese Subjektivierung des Universums zur Sprache, daß der Schleiermachersche Universumsbegriff von seiner Anlage her den *Gottesbegriff* in sich schließt. Indem die Gottes-

---

Reden 242 (KGA I/2, 296, 17f): „[die Religion] selbst mit Religion anschauen als ein ins Unendliche fortgehendes Werk eines Weltgeistes.

Die direkte Genitivverbindung findet sich in *Reden* 86f (KGA I/2, 227, 11–17): „das ist der Geist der Welt, der sich im kleinsten eben so vollkommen und sichtbar offenbart als im größten“. Vgl. zu den anderen Modifikationen des Begriffs *Reden* 57 (KGA I/2, 214, 32), 78 (KGA I/2, 223, 25 und 33) und 81 (KGA I/2, 225, 1f).

[39] *Reden* 78 (KGA I/2, 223, 25 und 32f); Hervorhebung M.D.

[40] *Reden* 57 (KGA I/2, 214, 31–33).

[41] *Reden* 237 (KGA I/2, 294, 6f).

[42] *Reden* 267 (KGA I/2, 306, 36).

[43] *Reden* 80 (KGA I/2, 224, 16f).

vorstellung in den Begriff des *Welt*geistes gefaßt wird, kommt dabei jedoch zugleich zum Ausdruck, daß sie von Schleiermacher als dem Universum inhärent gedacht wird. Der sich „majestätisch" ‚offenbarende' Weltgeist[44] ist eben nicht ein „Gott [...] ohne Welt", sondern „der Geist der Welt, der sich im kleinsten eben so vollkommen und sichtbar offenbart als im größten".[45] Der Begriff „Weltgeist" macht damit den Endlichkeitsbezug des Gegensatzes des Geistes in seiner Bedeutung für den unendlichen Geist deutlich. Zwar bezieht sich der individuelle Geist in der Religion immer auf ein dem religiösen Ich gegenüberstehendes unendliches Anderes, dieses Andere aber ist nicht Gott als ein dem endlichen Geist aseïsch vorausliegendes Absolutes, sondern Geist *der Welt*, also ein *in* allem Endlichen und Einzelnen der Welt gegebenes Noumenon, welches wiederum die Welt in sich schließt. Es erschließt sich von hier aus, weshalb Schleiermacher gerade Spinoza mittels des Begriffs des Weltgeistes charakterisiert.[46] Denn innerhalb der Genese des Schleiermacherschen Universumsbegriffs steht gerade Spinoza für den Inhärenzgedanken der Gottesvorstellung im Weltbegriff.[47] So bringt der Begriff „Weltgeist" zum Ausdruck, daß das in der Religion offenbarend begegnende Universum die sich offenbarende und schöpferische Dimension der Gottesvorstellung hat, daß das so als göttlicher Geist erfahrene Universum aber nicht eine jenseitige Geisteswelt, sondern die geistige Sphäre eben der realen Welt ist.[48] Schleiermacher formuliert damit einen Grundgedanken seines Geistverständnisses, demzufolge göttlicher Geist religiös nur als ein solcher in den Blick kommen kann, der in der Welt gegenwärtig ist. Und als ein solcher ist er nicht ein von dem individuellen Geist schlechthin unterschiedenes Gegenüber, sondern dessen eigene höchste Realität, auf die hin ihm alles Endliche durchsichtig werden soll.

b. Die Polarität des Geistes an ihr selbst. Der ‚Geist der Religionen'

1. Schleiermacher geht über diese Näherbestimmung des Gegensatzes des Geistes weit hinaus und gibt ihr einen spekulativen Schlußstein, wenn er in der fünften Rede nicht nur den endlichen Anstoß der religiösen Erfahrung, sondern die Religion selbst zu dem Endlichen macht, das für das Unendliche durchsichtig werden soll. Der Kontext dieser weiteren Explikation der religiösen Erfah-

---

[44] *Reden* 108 (KGA I/2, 236, 26f).

[45] *Reden* 129 (KGA I/2, 245, 30); *Reden* 86f (KGA I/2, 227, 11–18).

[46] Vgl. *Reden* 54f (KGA I/2, 213, 23–30): „Opfert mit mir ehrerbietig eine Loke den Manen des heiligen verstoßenen Spinoza! Ihn durchdrang der hohe Weltgeist, das Unendliche war sein Anfang und Ende, das Universum seine einzige und ewige Liebe".

[47] Vgl. G. Meckenstock, Deterministische Ethik, 205–217.219ff. Schleiermacher verschärft die Konzeption Spinozas kritisch, indem er dessen Gottesbegriff durch den Universumsbegriff ersetzt, kommt aber nicht umhin, die in der Gottesvorstellung ausgedrückte Sache auch eigenständig zur Sprache zu bringen. Der Begriff des Weltgeistes bietet dabei die Möglichkeit, die Gottesvorstellung gemäß der Schleiermacherschen Konzeption des Universums als Prädikat der Welt aufzufassen.

[48] Vgl. *Reden* 34 (KGA I/2, 203, 29–31): „wer einen Unterschied macht zwischen dieser und jener Welt, bethört sich selbst, alle wenigstens welche Religion haben, glauben nur an Eine".

rung ist die Einführung der *positiven Religionen.* Diese sind die „bestimmten Gestalten, unter denen die unendliche Religion sich im Endlichen darstellt" und außerhalb derer keine religiöse Erfahrung möglich ist.[49] Soll Religion in diesen ihren Individuationen verstanden werden, so muß man die Religion „selbst mit Religion anschauen als ein ins Unendliche fortgehendes Werk des Weltgeistes"[50], d.h. man muß die Religion selber in die Unterscheidung zum Unendlichen stellen, um das Universum nun *an* der positiven Religion als dem endlichen Ort seiner Selbsterschließung zu erfahren. ‚Anschauen der Religion mit Religion' ist damit eine Wiederholung des religiösen Vollzugs auf höherer Ebene, in der die religiöse Selbstabstoßung am Modus des Sicherschließens des Universums selber geschieht. Der sich auf diese Weise erschließende „Geist der systematischen Religion" ist, insofern mit diesem Begriff eine Wirklichkeit des Geistes bezeichnet wird, die den religiösen Erkenntnisvollzug noch einmal transzendiert, sowohl der höchste als auch der abstrakteste Begriff des Geistes in den Reden.[51] Indem in ihm der religiöse Gegensatz des Geistes selbst noch einmal auf Geist zurückbezogen wird, liegt hier ein spekulativer Schlußstein der systematischen Konzeption des Geistes.

2. Es entspricht dem Wesen der Religion, daß in ihr das Endliche im Überstieg auf das Unendliche hin selbst als Darstellung des Unendlichen erscheint. Entsprechend wird in der höchsten Anschauung der ‚Religion in den Religionen'[52]

[49] *Reden* 248 (KGA I/2, 298, 39f). Der Grund dafür liegt für Schleiermacher in der kontingenten und sich am Endlichen vereinzelnden Selbstdarstellung des Universums. Denn wenn alle Anschauungen dem Wesen der Religion gemäß einzeln, abgesondert und je für sich sind und ihre Verbindung als eine Leistung des Denkens schon nicht mehr zur Religion gehört (vgl. *Reden* 58; KGA I/2, 215, 3–9), so muß die in der zweiten Rede in ihrem unendlichen Wesen beschriebene Religion „also ein Princip sich zu individualisiren in sich haben weil sie sonst gar nicht dasein und wahrgenommen werden könnte" (*Reden* 241; KGA I/2, 296, 3–6). Nur in einer Selbstbesonderung der unendlichen Religion zu einer endlichen Gestalt *ist* also überhaupt Religion als eine Denken und Handeln gegenüberstehende dritte Lebensmacht.

[50] *Reden* 242 (KGA I/2, 296, 17f).

[51] *Reden* 291 (KGA I/2, 316, 26). Der Ausdruck ‚Geist der Religion' findet sich in den *Reden* an insgesamt 16 Stellen. Er bezeichnet in ganz allgemeinem Sinne das geisthafte Wesen der Religion (vgl. *Reden* 34 [KGA I/2, 203, 26f]; *Reden* 227 [KGA I/2, 288, 32]) und wird dabei zumeist zur Abwehr falscher Auffassungen von Religion gebraucht; es heißt dann, daß etwas dem ‚Geist der Religion' „zuwider" ist (*Reden* 131 [KGA I/2, 246, 11], 204 [KGA I/2, 278, 28], 213 [KGA I/2, 282, 31], 255 [KGA I/2, 301, 29f], 297 [KGA I/2, 319, 24]), ihm „widerspricht" (*Reden* 225; KGA I/2, 288, 1) oder ‚entgegengesezt' ist (*Reden* 253; KGA I/2, 301, 1) oder daß „der feinste Geist der Religion" ‚verlorengeht' (*Reden* 72; KGA I/2, 220, 33f). In diesem Sinne kann der Ausdruck auch auf eine einzelne positive Religion angewendet werden (*Reden* 285; KGA I/2, 314, 9.17 [G. jeder/einer R.]), er bekommt aber besondere spekulative Bedeutung, wenn darüber hinaus der „Geist der Religionen" ‚entdeckt' (*Reden* 281 [KGA I/2, 312, 23], 285 [KGA I/2, 314, 21f]) und in diesem höheren Sinne der „Geist der Religion" erfahren werden soll (*Reden* 281; KGA I/2, 312, 27). Der „Geist der systematischen Religion", worunter diejenige Erfahrung unendlichen Geistes zu verstehen sein wird, in der sich das Universum nun an der Religion selber „als Totalität, als Einheit in der Vielheit, als System darstellt" (*Reden* 128; KGA I/2, 245, 5–7), ist der höchste Begriff in dieser Reihe.

[52] Vgl. *Reden* 238 (KGA I/2, 294, 18): „in den Religionen sollt Ihr die Religion entdeken".

die positive Religion für das Unendliche durchsichtig und erscheint selbst als dessen Darstellung. Schleiermacher faßt diesen nicht mehr zu überschreitenden Gipfelpunkt der Religion auf, indem er das Sichdarstellen des Universums in der positiven Religion *inkarnatorisch* deutet und die positive Religion als fleischgewordenen Gott vorstellt:

„Ich will Euch gleichsam zu dem Gott, der Fleisch geworden ist hinführen; ich will Euch die Religion zeigen, wie sie sich ihrer Unendlichkeit entäußert hat, und in oft dürftiger Gestalt unter den Menschen erschienen ist; in den Religionen sollt Ihr die Religion entdeken; in dem was irdisch und verunreinigt vor Euch steht die einzelnen Züge derselben himmlischen Schönheit aufsuchen, deren Gestalt ich nachzubilden versucht habe."[53]

Schleiermacher faßt die positive Religion hier als unmittelbare Selbstoffenbarung des Unendlichen. Er macht dabei spekulativ deutlich, daß die positive Religion das Universum nicht nur als Geist anschaubar macht, sondern das Universum in seiner Selbstvermittlung selber ist. Macht sich das Universum in der Ursprungserfahrung als Geist offenbar, so ist Religion damit selber sich offenbarender unendlicher Geist. Die Anschauung der Religion mit Religion bringt somit an den Tag, daß die positive Religion eine Weise der Selbstvermittlung des Geistes des Universums ist. Freilich ist diese Selbstdurchsichtigkeit der positiven Religion nur gegeben, wenn sich die Polarität des Geistes an ihr wiederholt, wenn sich die positive Religion also von sich selbst auf das Unendliche hin abstößt. Schleiermacher verdeutlicht dies an der negativen Intention der ‚Entäußerung' des sich in der positiven Religion offenbarenden Geistes. Diese ist nicht eine solche, in der der Geist seine positiv-religiöse Gestalt als das seinem Wesen *Gemäße* bestimmen würde. Vielmehr ist das Inkarniert-Sein das dem unendlichen Wesen des Universums gerade *nicht* Entsprechende, sondern hat negativ intentionalen Charakter: Die „Knechtsgestalt" ist nur, damit von ihr die Herrlichkeit, die „Dürftigkeit" nur, damit von ihr die ‚himmlische Schönheit' geschieden und in dieser Unterscheidung erkannt wird.[54] Die Inkarnation des Geistes geschieht also nur im Blick auf seine Erhöhung, um an der Negation des Erniedrigtseins das göttliche Wesen des unendlichen Geistes zu erweisen. Die Anschauung der ‚Religion mit Religion' in der fünften Rede führt damit konsequent das in der zweiten Rede dargelegte selbstabstoßende Wesen der Religion von Denken und Handeln nun auch an sich selbst durch. Religion ist Religion nicht nur in Unterscheidung von den nichtreligiösen Geistesvollzügen, sondern auch in der Unterscheidung von sich selbst. Und erst darin vollendet sie sich. Ebenso wiederholt sich die Selbstabstoßung des Geistes noch einmal an sich selbst. Indem der individuelle Geist die Negation seines positiven Wesens dabei auch gegenüber der positiv-religiösen Weise dieses Sichnegierens geschehen

[53] *Reden* 237 (KGA I/2, 294, 15–21); vgl. *Phil* 2,7.

[54] Vgl. die beiden anderen Stellen, an denen Schleiermacher, ebenfalls unter Anspielung auf *Phil* 2,7, den Inkarnationsgedanken aufnimmt: *Reden* 280 (KGA I/2, 312, 6–12) und *Reden* 247 (KGA I/2, 298, 24–26).

läßt, stößt er sich auf die Unendlichkeit seiner selbst als auf ein nicht mehr einzuholendes Absolutes ab, dessen Gegenwart nur noch inkarnatorisch beschrieben werden kann. Eben diese Uneinholbarkeit aber läßt die Wahrheit der Religion, nämlich die Erfahrung der ursprünglichen Totalität des Geistes zu sein, verbürgt sein. So bindet Schleiermacher in der Anschauung der Religion mit Religion das religiöse Verständnis des Geistes spekulativ an seinen Ursprung zurück.

3. Es geschieht nun nicht ohne Grund, daß Schleiermacher diese höchste Gestalt des sich religiös offenbarenden Geistes mit christologischen Metaphern beschreibt. Denn die Einsicht in diese ideale Gestalt der Religion ist – ebenso wie die gesamte in der 5. Rede bisher vorgetragene Verhältnisbestimmung von Religion und Religionen – für Schleiermacher ein im Grunde christliches Verständnis ihres Wesens:

> „Dieses, daß das Christenthum in seiner eigentlichsten Grundanschauung am meisten und liebsten das Universum in der Religion und ihrer Geschichte anschaut, daß es die Religion selbst als Stoff für die Religion verarbeitet und so gleichsam eine höhere Potenz derselben ist, das macht das unterscheidendste seines Charakters, das bestimmt seine ganze Form".[55]

Das Christentum hat diese besondere Bedeutung, die es als „Religion der Religionen" qualifiziert[56] und aufgrund derer es „[h]errlicher, erhabener, der erwachsenen Menschheit würdiger und tiefer [...] in den Geist der systematischen Religion"[57] eindringt, dadurch, daß die Grundanschauung des Christentums das religiöse Sichselbsterkennen des Geistes selbst zu ihrem Gegenstand hat. Diese „ursprüngliche Anschauung des Christenthums [...] ist keine andere, als die des allgemeinen Entgegenstrebens alles Endlichen gegen die Einheit des Ganzen, und der Art, wie die Gottheit dieses Entgegenstreben behandelt, wie sie die Feindschaft gegen sich vermittelt".[58] Das Christentum hat den individuellen Geist selbst zum Gegenstand, der seine Unendlichkeit erkennen will, diese aber aus sich selbst heraus nicht erkennen kann, im Festhalten an seiner Positivität dieser Erkenntnis vielmehr sogar ‚feindschaftlich' im Wege steht[59] und deshalb „höherer Vermittlungen bedarf, um mit der Gottheit zu-

[55] *Reden* 293f (KGA I/2, 317, 33–37).

[56] *Reden* 310 (KGA I/2, 325, 15f).

[57] *Reden* 291 (KGA I/2, 316, 26f).

[58] *Reden* 291 (KGA I/2, 316, 27–32). Hier klingt *2.Kor* 5,19a an.

[59] Schleiermacher führt hier „ein irreligiöses Princip" ein (*Reden* 294; KGA I/2, 317, 38). Es ist dies die Bestrebung, bei dem Endlichen, dem Wirklichen, dem Verfestigten stehenzubleiben, ein Sich-Verweigern gegenüber der Geistigkeit des Universums, das „selbstsüchtige[] Streben[] der individuellen Natur, die sich überall losreißt aus dem Zusammenhange mit dem Ganzen um etwas zu sein für sich" (*Reden* 291f; KGA I/2, 317, 2f). Schleiermacher bezeichnet diese Endlichkeitsbezogenheit als „Sünde", um deretwillen der „Tod" gekommen ist; es sei darin „verfinstert das Herz und abgewichen von der Wahrheit, verderbt das Herz und ermangelnd jedes Ruhmes vor Gott, verlöscht das Ebenbild des Unendlichen in jedem Theile der endlichen Natur", „unfähig, etwas hervorzubringen,

sammenzuhängen".[60] Dieser „Haupt-Idee des Christenthums von göttlichen vermittelnden Kräften"[61] zufolge sucht es in allen seinen Einzelanschauungen die durch die religiöse Selbstvermittlung des unendlichen Geistes geschehende ‚Erlösung' des Geistes aus der Gefangenheit im Endlichen religiös aufzufassen. Es findet deshalb seine ‚eigentlichsten' Anschauungsgegenstände vornehmlich auf dem Gebiet der Religion, um hier das Universum zu erkennen und sich durch „immerwährendes Polemisiren gegen Alles Wirkliche in der Religion"[62] immer neu auf das sich erlösend selbst vermittelnde Universum hin abzustoßen. Dabei richtet sich die Polemik des Christentums nicht nur gegen alles Wirkliche in anderen Religionen, sondern auch gegen sich selbst: „es wendet zuletzt seine polemische Kraft gegen sich selbst, immer besorgt durch den Kampf mit der äußern Irreligion etwas fremdes eingesogen, oder gar ein Princip des Verderbens noch in sich zu haben, scheut es auch die heftigsten innerlichen Bewegungen nicht um es auszustoßen. Dies ist die in seinem Wesen gegründete Geschichte des Christentums".[63] So ist die Christentumsgeschichte die höchste Stufe der Religionsgeschichte, in der sich der religiöse Geist von allen ihn positiv verfestigenden geschichtlichen Formen seines Sichselbsterkennens abstößt, um so in der Geschichte bleibend lebendig zu sein.[64] „Nirgends ist die Religion" deshalb „so vollkommen idealisirt als im Christenthum"[65], und nirgends ist der sich zu sich selbst hin religiös unterscheidende Geist deshalb so vollkommen real wie hier, wo sich der Geist der Religion zu „unendliche[r] Heiligkeit" reinigt.[66] Deshalb ist auf dem Gipfel der Religionsgeschichte das Christentum die reinste Anwesenheit des Geistes in der Geschichte, diejenige, in der der Geist

---

worin der Geist des Universums wirklich lebe" (*Reden* 292, KGA I/2, 317, 3–9; vgl. *Rö* 1,21 f. 3,12.23 und 5,12). Hier ist das Bewußtsein der Erlösungsbedürftigkeit beim späten Schleiermacher präfiguriert, das auch dort durch Mitteilung einer ‚höheren Potenz' des Geistes aufgehoben wird; vgl. u. § 9.4.

[60] *Reden* 301 (KGA I/2; 321, 14–17); dies ist „die große Idee, welche darzustellen" Christus „gekommen ist".

[61] *Reden* 305 (KGA I/2, 323, 13f).

[62] *Reden* 295f (KGA I/2, 318, 32f).

[63] *Reden* 297 (KGA I/2, 319, 16–21). Damit ist das Christentum die Religion, in welcher sich die Religion selber erkennt und damit zu ihrer höchsten Ausformung kommt.

[64] Während in der Religionsgeschichte „die göttliche Vorsehung" „Gesandte" schickt, Mittler, „in denen mehr oder weniger von ihrem eignen Geiste wohnt" (*Reden* 292; KGA I/2, 317, 9f. 17f) und die „in Alles Geist und Leben" hineintragen sollen (*Reden* 10; KGA I/2, 193, 8), die damit aber, wiewohl sie immer ‚erhabeneren' Charakter annehmen, letztlich erfolglos sind, weil „der Mensch nicht vernimmt, was vom Geiste Gottes ist" (*Reden* 293; KGA I/2, 317, 24–33; vgl. *1.Kor* 2, 14), sondern vielmehr die Offenbarung des Geistes in das Endliche einzeichnet, ist das Christentum die höchste Vermittlung, gerade indem es auch sich selbst gegenüber polemisch ist und so die Lebendigkeit des Geistes in der Geschichte dadurch verbürgt, daß es sie durch Selbstabstoßung von sich selbst erhält. Deshalb wird der Geist des Christentums zwar dann und wann ‚schlummern', nicht aber sterben (*Reden* 305; KGA I/2, 323, 6f), sondern vielmehr in ‚jeder Epoche der Menschheit' zu neuem Leben „erwekt" werden (*Reden* 309; KGA I/2, 324, 40 - 325, 2).

[65] *Reden* 295f (KGA I/2, 318, 30f).

[66] *Reden* 296 (KGA I/2, 318, 36).

sich als ein auch von seiner eigenen Gegenwart selbst noch abstoßender gegenwärtig macht und damit die Gegenwart des lebendigen Geistes in der Endlichkeit sowohl verbürgt als auch darin in höchstem Maße selber ist.

c. Der Heilige Geist

1. Schleiermacher meint diese im Christentum erscheinende Wirklichkeit des Geistes, wenn er im Anschluß an seine grundlegenden Ausführungen über das Wesen der christlichen Religion von ‚heiligem Geist'[67] redet.[68] Ausgangspunkt seiner Darlegungen ist dabei sein Verständnis Christi, der hier als derjenige Mittler erscheint, in welchem die christliche Grundanschauung in der Geschichte in Vollkommenheit gegenwärtig geworden ist. Diese Gegenwart beschreibt Schleiermacher dabei als etwas zutiefst Geistiges, nämlich als dasjenige Bewußtsein der Vermittlungsbedürftigkeit alles Endlichen mit dem Unendlichen durch göttliche Einwirkung, welches selbst diese Vermittlung ist.[69] Die

---

[67] Schleiermacher gebraucht den Ausdruck ‚heiliger Geist' ausschließlich in Kleinschreibung. Wenn er im folgenden gleichwohl in Großschreibung verwendet wird, so geschieht dies, um anzuzeigen, daß dieser Ausdruck vor allem in der 5. Rede das christliche Verständnis des Heiligen Geistes deuten soll, auch wenn dabei selbstverständlich noch keinerlei trinitarische Implikationen vorliegen.

[68] Schleiermacher spricht von ‚heiligem Geist' an zwei Stellen auch schon zuvor, beidemal jedoch in theologisch unqualifiziertem Sinn. Bei der ersten Erwähnung beschreibt der Begriff Spinoza, den Schleiermacher als „voll heiligen Geistes" vorstellt (*Reden* 55; KGA I/2, 213, 31). Auch wenn damit biblischer Sprachgebrauch aufgenommen ist (vgl. z.B. *Acta* 7,55), gibt der Kontext keinen Hinweis auf eine christliche Füllung des Begriffs. Das Adjektiv „heilig" scheint hier eher entsprechend dem allgemeinen romantischen und auch in den Monologen vorliegenden Sprachgebrauch verwendet zu sein, in welchem es die Erhabenheit des Unendlichen bezeichnet, so daß viel wahrscheinlicher ist, daß die Anspielung auf den Heiligen Geist lediglich der Emphase von Schleiermachers Spinoza-Preisung dienlich sein sollte, als daß sich Schleiermacher hier theologisch etwas gedacht hat. Die andere Fundstelle verwendet den Ausdruck ‚heiliger Geist' in der vierten Rede in einem Zitat, das die voreilige Eingliederung enthusiastisch ergriffener Anhänger einer jungen Religion in die religiöse Gemeinschaft brandmarkt: „Und wer es weiß wie ein neuer Enthusiasmus wirkt der findet es natürlich daß dieses lebendige Feuer gewaltsam um sich greift, manche verzehrt, viele erwärmt und Tausenden den falschen oberflächlichen Schein einer innern Glut mittheilt. Und diese Tausende sind eben das Verderben. Das jugendliche Feuer der neuen Heiligen nimmt auch sie für wahre Brüder, ‚*was hindert*, sprechen sie nur allzu rasch, *daß auch diese den heiligen Geist empfahen*,' sie selbst nehmen sich dafür und laßen sich im freudigen Triumph einführen in den Schooß der frommen Gesellschaft" (*Reden* 206f; KGA I/2, 279, 32–42; Hervorhebungen M.D.). Es ist nicht ersichtlich, daß das von Schleiermacher aufgenommene Zitat noch eine andere Funktion hätte als die eines lediglich marginalen Beispiels innerhalb seines Gedankengangs. Dennoch ist bemerkenswert, *daß* er in diesem Beispiel von heiligem Geist redet und *wie* er ihn zu seinem Gedanken in Beziehung setzt: Er läßt nämlich gerade den Geistempfang das Geschehen sein, in dem die Eingliederung von neuen religiös Erregten in die religiöse Gemeinschaft als sich vollziehend angesehen wird. Von hier aus erscheint es möglich, daß Schleiermacher das verwendete Zitat aus *Acta* 8,36 und *Acta* 10,47 zusammengesetzt hat, freilich unter Absehung von der (allerdings bezeichnenden) Tatsache, daß es dort um die *Taufe* geht. Der hier in den Blick genommene pneumatische Enthusiasmus ist für Schleiermacher eine natürliche Phase in der Entwicklung einer noch jungen Religion und wird durch ihre weitere Entwicklung von selbst reguliert (vgl. bis *Reden* 208; KGA I/2, 280, 23).

[69] Vgl. *Reden* 301f (KGA I/2, 321, 14–17 und 26–322, 1).

„Einzigartigkeit" und „Ursprünglichkeit"[70] dieses Bewußtseins in Christus ist deutlich in seiner Passion, in der Jesus dieses Bewußtsein in der absoluten Abstoßung aller endlicher Verhaftung rein aus sich selbst bewahrte:

> „Als [...] Er verlaßen, im Begrif auf immer zu verstummen, ohne irgend eine Anstalt zur Gemeinschaft unter den Seinigen wirklich errichtet zu sehn, gegenüber der feierlichen Pracht der alten verderbten Religion, die stark und mächtig erschien, umgeben mit allem was Ehrfurcht einflößte und Unterwerfung heischen kann, mit Allem was Er selbst zu ehren von Kindheit an war gelehrt worden jenes Ja aussprach, das größte Wort was je ein Sterblicher gesagt hat: so war dies die herrlichste Apotheose, und keine Gottheit kann gewißer sein als die, welche so sich selbst sezt".[71]

Gerade die vollendete Selbstabstoßung des Bewußtseins Christi von allem Endlichen macht die Göttlichkeit Christi aus, derentwegen er der Mittler ist, der selbst keiner Vermittlung mehr bedarf.[72] Es ist deutlich, daß das sich als negatives vermittelnde Wesen des Geistes hier als in Christus vollkommen ausgebildet und wirksam angesehen wird. Die Selbstabstoßung des Geistes wird dabei in Christus als eine solche gedacht, die sich als ursprünglich gegenwärtige ohne ein Gebundensein an das Endliche im Endlichen selbst setzt. Kommt Christus nun dadurch Göttlichkeit zu, so ist die Göttlichkeit Christi hier pneumatologisch bestimmt: Christus ist wahrer göttlicher Mittler, weil sich in ihm der Geist in der Geschichte auf ursprüngliche Weise selbst gesetzt hat. Die Übertragung des Inkarnationsgedankens auf den Geist findet damit ihren Grund in Christus: Hat sich der Geist in der Inkarnation Christi erstmalig in ursprünglicher Vollkommenheit in der Geschichte vergegenwärtigt, so macht gerade der Gedanke der Inkarnation das sich selbst vermittelnde Wesen des unendlichen Geistes deutlich, wie auch die Passion seine Negativität ausdrückt und auf seine Unendlichkeit und göttliche Dignität verweist.

Es folgt dabei aus der Schleiermacherschen Fassung des Geistes als eines sich von *allem* Endlichen Abstoßenden, daß die Person Christi auch selbst gegenüber der Wirklichkeit des Geistes in ihm als zweitrangig zurücktritt:

> „nie hat er behauptet das einzige Objekt der Anwendung seiner Idee, der einzige Mittler zu sein, und nie hat er seine Schule verwechselt mit seiner Religion – er mochte es dulden, daß man seine Mittlerwürde dahingestellt sein ließ, wenn nur der Geist, das Princip woraus sich seine Religion in ihm und Andern entwikelte nicht gelästert ward".[73]

Die Anspielung auf die Rede Jesu von der Lästerung des Geistes macht deutlich, daß hier das christliche Verständnis von Heiligem Geist interpretiert wird. Die folgenden Ausführungen, die dann auch explizit von ‚heiligem Geist' reden, bestätigen dies.[74] Der Heilige Geist ist sonach das wirksame „Princip" des selbst-

---

[70] *Reden* 302f (KGA I/2, 322, 2f).
[71] *Reden* 303 (KGA I/2, 322, 5–16); vgl. *Mk* 14, 61 f.
[72] Vgl. *Reden* 302 (KGA I/2, 321, 26 – 322, 1).
[73] *Reden* 304 (KGA I/2, 322, 23–27); vgl. *Lk* 12,10.
[74] *Reden* 305 (KGA I/2, 322, 37 – 323, 9); vgl. *Reden* 306 (KGA I/2, 323, 17–22).

abstoßenden Handelns Christi und also der sich zu ‚unendlicher Heiligkeit' reinigende Geist des Christentums, der sich in Christus unmittelbar selbst gesetzt hat, ohne aber sein selbstabstoßendes Wesen in der Positivität Jesu aufzugeben.

2. In den weiteren Ausführungen Schleiermachers ergibt sich aus dieser Grundbestimmung des Heiligen Geistes die nähere Beschreibung seines Wesens durch die Begriffe *Einheit* und *Freiheit*.[75] Die „unbeschränkte Freiheit" des Geistes korrespondiert mit der Einheit seiner Offenbarungen. Gerade weil der Heilige Geist in der gesamten Geschichte die Selbstvermittlung des Unendlichen ans Licht bringt, ist er in seinen Offenbarungen unbeschränkt frei, d.h. ungebunden an die Einzelanschauungen des Christentums, ungebunden aber auch an den direkten Bezug zu Christus selbst.[76] Eben dadurch aber ist die „durchgängige Einheit seiner Offenbarungen" verbürgt. Nur indem alles, auch alle nicht christlich-religiösen „Anschauungen und Gefühle von Einwohnungen der göttlichen Natur in der endlichen", Ort der Anschauung der Vermittlung des Unendlichen sein kann und darin christlich „zur Vollkommenheit gebracht" – will sagen, auf sein Telos hin durchsichtig gemacht – wird[77], ist der Heilige Geist überall derselbe, welcher alle religiösen Anschauungen zu ihrer Wahrheit führt. Die Freiheit des Heiligen Geistes gegenüber der Verengung auf Anschauungsvollzüge des positiven Christentums ist folglich gerade um des universalen Wesens des Christentums willen da. Ist Heiliger Geist das „Princip", woraus sich die Religion in Christus entwickelte, so ist die Aussage: „das Princip ist ächt christlich so lange es frei ist"[78] also auch dort, wo sie die Freiheit des Geistes von aller Anbindung seiner Offenbarung an Christus aussagt, ein Satz, der die Dignität Christi erst zum Leuchten bringt. Christus ist damit gerade dadurch *vollkommener* Mittler, daß die in ihm geschehende Vermittlung über ihn selbst hinaus auf die unendliche Einheit des sich vermittelnden Universums weist.

3. Es geschieht im Heiligen Geist damit eine sich selbst entgrenzende Selbstbeschränkung des Christentums. Das Christentum weist in der Einsicht in die Partikularität der positiv-christlichen Anschauungen über sich hinaus auf die unendliche Einheit, in der alles mit allem sich zu vermitteln vermag, und erkennt eben darum die Vorläufigkeit seiner selbst als einer positiven Religion, die ihr Sein nur durch die Differenz von Unendlichem und Endlichem hat. Diese

[75] *Reden* 305 (KGA I/2, 322, 37 – 323, 2): „So auch seine [cf. Christi] Schüler; sie haben dem heiligen Geist nie Grenzen gesezt, seine unbeschränkte Freiheit und die durchgängige Einheit seiner Offenbarungen ist überall von ihnen anerkannt worden".

[76] Vgl. *Reden* 304 (KGA I/2, 322, 31–34): „Und auch jezt sollte es so sein: wer dieselbe Anschauung in seiner Religion zum Grunde legt, ist ein Christ ohne Rüksicht auf die Schule, er mag seine Religion historisch aus sich selbst oder von irgend einem Andern ableiten."

[77] Vgl. *Reden* 305f (KGA I/2, 323, 15–17): „alle Anschauungen und Gefühle von Einwohnungen der göttlichen Natur in der endlichen sind innerhalb deßelben [cf. des Christentums] zur Vollkommenheit gebracht worden".

[78] *Reden* 306 (KGA I/2, 323, 29).

Vorläufigkeit kann nur durch ihre völlige Bejahung überwunden werden, in welcher der Geist des Christentums, über seine positive Beschränkung im Christentum hinausdrängend, auch sich selbst für das Unendliche durchsichtig macht und dadurch den Widerspruch aufhebt, durch den das Christentum als positive Religion besteht. Das Christentum erkennt die „Vergänglichkeit seiner Natur" also eben damit „ausdrüklich" an, daß es auf eine Zeit hinweist, „wo von keinem Mittler mehr die Rede sein wird, sondern der Vater Alles in Allem" sein wird.[79] Man wird hier von einer Zeit reden müssen, wo Heiliger Geist als der Geist des Christentums sich in seinem die geschichtlichen Vermittlungen auf das Unendliche hin übersteigenden Wirken selbst aufgehoben hat. „Aber wann soll diese Zeit kommen? Ich fürchte, sie liegt außer aller Zeit".[80] Solange es aber eine religiöse Polarität von Endlichem und Unendlichem und eine diese aufzuheben suchende Geschichte gibt, wird die Religionsgeschichte die unendliche Geschichte des Christentums zu sich selbst, „und jede [...] Epoche der Menschheit wird die Palingenesie des Christenthumes, und erwekt seinen Geist in einer neuen und schöneren Gestalt".[81]

4. Schleiermacher gibt damit ein Verständnis des Heiligen Geistes zu denken, in welchem der Heilige Geist das selbstabstoßende Wesen der Religion selbst ist. In ihm wird der aus dem Ursprungsmoment hervortretende unendliche Geist erst recht als ein sich immerzu abstoßender, nicht in positiv religiöser Bestimmtheit zu ergreifender, sondern das negative Wesen der Religion immerzu neu hervorbringender Geist bewußt. Der Heilige Geist ist damit in höchstem Sinne die religiöse Negativität des menschlichen Geistes selber, die ihn immerzu in die Selbstabstoßung führt. Eben dieses negative Wesen des Heiligen Geistes läßt ihn erst recht *göttlicher* Geist sein, welcher nicht vom menschlichen Geist ergriffen werden kann, sondern nur *in* der Unterscheidung von ihm offenbar ist. Dieser Heilige Geist kommt zwar in der Geschichte immer mehr zu sich, indem er jede geschichtliche Äußerung positiver Religion ihrer Endlichkeitsverhaftung entblößt und zu sich, d.h. zu ihrer Wahrheit in ihm, unterscheidet. Es ist jedoch gerade in der Passion Christi verbürgt, daß diese Bewegung nie zu einem Ende kommen kann, ehe nicht alle positive Individualität ‚vernichtet' und zum Leben „im Einen und Allen" überstiegen ist.[82] Dies aber, und damit

[79] *Reden* 308 (KGA I/2, 324, 15–18); vgl. *1.Kor* 15,28.

[80] *Reden* 308 (KGA I/2, 324, 18f).

[81] *Reden* 309 (KGA I/2, 324, 40 – 325, 2). Die Deutung der johanneischen Rede von der Wiedergeburt aus dem Geist (*Joh* 3,8) auf die Christentumsgeschichte findet sich bereits in J. G. HERDERS 1798 erschienenen Schrift *Vom Geist des Christenthums*. Dort heißt es mit Blick auf einen ‚neuen Frühling' des Christentums: „Der Wind wehet, wo er will, sagt Christus; du weißt nicht, von wannen er kommt und wohin er fähret; so ists mit der *Palingenesie des Geistes*, d. i. der Geist einer neuen Zeit (Joh. 3, 8.)" (S. 231f, zit. nach: Herders sämmtliche Werke, hg. v. B. SUPHAN, Bd. 20, Berlin 1880, 100). Auch sonst finden sich in der Schleiermacherschen Rede vom Geist manche Anklänge an Herder.

[82] Vgl. *Reden* 132 (KGA I/2, 246, 35f).

das volle Bei-sich-selbst-Sein des Heiligen Geistes, ist – dies zeichnet sich schon in den Reden ab – nur in der ursprünglichen Apotheose Christi am Kreuz urbildlich verwirklicht, in welcher sich dieser ‚Geist der Religionen' als ihre höchste Wahrheit offenbart hat.[83]

Schleiermacher hat damit das selbstabstoßende Wesen des Heiligen Geistes, der als Selbstunterscheidung des menschlichen Geistes in ihm ist und nicht in seiner positiven Gegenwart festgehalten werden kann, deutlich erkannt. Er hat gesehen, daß das Wesen des Geistes nur recht zu begreifen ist, wenn es in einen grundlegenden Bezug zur Geschichte des menschlichen Geistes gestellt wird, die Schleiermacher hier als Religionsgeschichte in den Blick nimmt. Und er hat erstmals artikuliert, daß die Wahrheit des unendlichen Geistes seiner Auffassung nach alleine in Jesus voll verwirklicht ist, worin bereits die spätere Auffassung angedeutet ist, daß alle Gegenwart des Heiligen Geistes Teilhabe am Geiste Jesu ist. Schleiermacher hat damit erstmals Grundlegendes zu seiner Auffassung vom Heiligen Geist gesagt und auch manche Vorentscheidung für seine spätere Pneumatologie getroffen.

Indessen ist es Schleiermacher nicht gelungen, den Heiligen Geist in seiner Selbstunterscheidung vom menschlichen als ein ihm gegenüberstehendes Absolutes aufzufassen. Vielmehr ist auch in seiner Bestimmung der Negativität des Geistes immer spürbar, daß die durch diese Negativität konstituierte Polarität des Geistes gegenüber der ursprünglichen Totalitätserfahrung der Religion gedanklich sekundär ist. Sie dient trotz aller dialektischer Bemühung letzthin nur dem Anliegen, vor die Tore der Erfahrung der undialektischen Ursprungserfahrung zu führen, in welcher das Endliche dann nicht mehr unterschieden, sondern ‚vernichtet' ist und die Polarität des Geistes in die absolute Einheit zusammenfällt. Damit aber hat die Rede vom Heiligen Geist letzthin nur propädeutischen Charakter, sie beschreibt nicht das Wesen der religiösen Erfahrung selbst, sondern das Wesen der von dieser herkommenden und auf sie hinführenden Abstoßungsbewegung des menschlichen Geistes. Eine Selbstunterscheidung des menschlichen Geistes auf einen seiner Endlichkeit gegenüberstehenden Heiligen Geist hin ist gerade nicht als das Wesen der Religion gedacht. Der Heilige Geist macht sich nicht in der Zeitlichkeit und Endlichkeit des menschlichen Geistes als ein dieser Gegenüberstehender offenbar, sondern er ist selber *nur in* der Geschichte. Darin ist er dann zwar die den Menschen religiös *unterscheidende* Dimension seiner selbst und, insofern durch dieses Unterscheiden der menschliche Geist erst aus seiner Endlichkeitsverhaftung gelöst wird, auch das die geschichtliche Suche des menschlichen Geistes nach seiner Unendlichkeit erst eigentlich *Voranbringende*. Indem der Mensch durch diese Unterscheidung aber zu einer Totalitätserfahrung geführt wird, in welcher die

---

[83] So ist es das Universum selbst, welches in höchster Selbstoffenbarung seines religiösen Wesens das Jesuswort *Mt* 16, 25 spricht; vgl. *Reden* 131f (KGA I/2, 246, 25–27): „Aber das Universum spricht zu ihnen wie geschrieben steht: wer sein Leben verliert um meinetwillen, der wird es erhalten, und wer es erhalten will der wird es verlieren".

Polarität des Geistes aufgehoben ist, ‚vernichtet' sich mit seiner Endlichkeit zugleich auch der Heilige Geist. So wird die im Ausdruck ‚Weltgeist' zur Sprache gebrachte Anbindung des Geistbegriffs an seine Gegenwart im Endlichen bei Schleiermacher zu einer Beschränkung des Heiligen Geistes. Er ist nur *im* Raum der Geschichte als das, was ihn zu übersteigen versucht. Aber er ist – und das wird dann auch beim späten Schleiermacher so sein – nicht Gegenwart des unterschiedenen Absoluten selbst.

Damit aber bleibt das religiöse Geistverständnis letzthin in den Bahnen des schon in den Monologen Gesagten. Auch in der religiösen Bestimmung des Geistbegriffs ist deutlich, daß für Schleiermacher „Geist" nicht – mit den Worten seines berühmten Antipoden gesagt – die sich am Endlichen von sich unterscheidende und darin als sie selbst konstituierende „Einheit im Anderssein mit sich" ist.[84] Sondern für Schleiermacher ist die Erfüllung des Lebens des Geistes die Einheit im ursprünglichen *Einssein* mit sich, in dem Unendlichkeit und Endlichkeit zusammenfallen und zu dem zurückzukehren die Lebensbewegung des Geistes ist. So zeigt sich auch in der dialektischen Fassung der Reden der positive Bezug des Schleiermacherschen Geistverständnisses, in dem der Geist – sowohl in der philosophischen als auch in der religiösen Fassung des Begriffs – nicht das Leben ist, welches dialektisch „ins Leben schneidet", sondern die Lebensbewegung, welche die Idealität des positiven Individuums verbürgt.[85]

---

[84] G. W. F. Hegel, Nürnberger Schriften. Über den Vortrag der Philosophie an Gymnasien (Werke in 20 Bdn., Bd. 4, stw 604, Frankfurt/M. 1970, 415). A. Reble beschreibt den formalen Unterschied der Schleiermacherschen Dialektik zu der Hegels mit den Worten, daß „Schleiermacher den harten Kampf der Glieder hinter ihre Einheit zurücktreten läßt und ihr Zusammenspiel im Ganzen harmonischer sieht. Der *Harmoniegedanke* ist in der Tat ein überragend bestimmendes Moment seines Denkens. Die Begriffe treten zwar in gegensätzlicher Zuordnung auseinander, aber die ‚Härte des Widerspruchs' ist kein eigentliches Prinzip ihres Lebens. Sie bilden gleichsam mehr sich gegenüberstehende Potenzen als wirkliche und echte Polaritäten [...], so daß man bei ihm im Vergleich mit Hegel wohl von einer relativ ungespannten Dialektik sprechen kann" (Schleiermachers Denkstruktur, ZThK 17 [1936], 254–272:264f). Man wird verschärfend fragen müssen, ob man im Blick auf das Absolute beim frühen Schleiermacher überhaupt von Dialektik sprechen kann, denn die religiöse Totalitätserfahrung ist ja selbst ganz undialektisch. Reble hebt denn auch mit Recht hervor, daß Schleiermachers Denken „ganz auf der Seite Herders, Schellings und Goethes" steht und „sich aufs tiefste von Hegel" unterscheidet (ebd.).

[85] Fr. Nietzsche, *Also sprach Zarathustra*, 2. Teil: Von den berühmten Weisen, in: Werke, kritische GA, hg. v. G. Colli und M. Montinari, 6. Abteilung, Bd. 1, Berlin 1968, 130: „Geist ist das Leben das selber in's Leben schneidet: an der eignen Qual mehrt es sich das eigne Wissen". Auch beim späten Schleiermacher wird eine solche Dialektik des Geistes fehlen. Daß dies gravierende theologische Defizite mit sich bringt, wird noch zu zeigen sein. An dieser Stelle sei nur darauf hingewiesen, daß eine Geistauffassung, welche die von Nietzsche angedeutete eigene Negativität des menschlichen Geistes philosophisch nicht thematisiert, auch kein theologisches Geistverständnis haben kann, welches solche Qual soteriologisch ins Leben überwindet (vgl. *Joh* 3,24).

3. *Die ethische Intention des religiösen Geistverständnisses*

Ist die religiöse Selbstunterscheidung des Geistes nicht echte Entgegensetzung des Unendlichen gegen das Individuum, sondern der Weg zu ihrer Überwindung, so stellt sich die Frage, wie sich die religiöse Geistauffassung Schleiermachers zu der ethischen Absicht des Geistverständnisses der Monologen verhält. Es wurde schon darauf hingewiesen, daß dieses Verhältnis als religiöse Rückbindung der ethischen Geistauffassung zu verstehen ist, welche die in der Selbstanschauung liegende Einsicht in die Idealität des Individuums in ihrer Wahrheit verbürgt.[86] Dies ist nun im Blick auf die ethische Bedeutung der religiösen Geistauffassung näher zu verstehen.

1. Daß der Aufweis einer ethischen Relevanz sowohl der Religionsthematik als auch des religiösen Geistverständnisses in der Absicht der Reden ‚Über die Religion' liegt, zeigt sich bereits darin, daß Schleiermacher den Ausführungen über die Religion gleich zu Beginn der ersten Rede einen Abschnitt mit allgemeinen Erwägungen über die Grundbeschaffenheit der geistigen Welt vorangeschickt hat, der die ihm folgenden Erörterungen über die Religion in einen allgemeinen Bezugsrahmen einzeichnet.[87] Der Abschnitt, der in der Argumentation der ersten Rede zunächst entbehrlich scheint[88], trägt für die oft vermißte positive Klärung des Ortes der Religion im Zusammenhang des ethischen Lebens einiges aus und ist deswegen für das Gesamtverständnis von Schleiermachers Religionsauffassung wesentlich. Schleiermacher faßt darin das humane Leben als durch entgegengesetzte „ursprüngliche[] Functionen der geistigen Natur"[89] strukturiert auf: „Jedes Leben [...] hat dadurch sein bestimmtes Dasein, daß es die beiden Urkräfte der Natur, das durstige an sich ziehen und das rege und lebendige Selbst verbreiten, auf eine eigenthümliche Art vereinigt und festhält".[90] Beide Funktionen bilden eine das ganze ethische Leben strukturierende Polarität, an deren näherer Beschreibung sich Schleiermacher in seinen Psychologievorlesungen abarbeiten wird.[91] Während dort der Zusammenhang beider Funktionen differenziert dargelegt wird, hat Schleiermacher in der frühen Philosophie der Monologen den grundlegenden Versuch unternommen, diese Doppelheit der Bewegungsrichtung des Geistes auf die eigene Individualität und auf das Allgemeine in der unendlichen Bewegung der Selbstanschauung des Individuums als *eine* Bewegung des individuellen Geistes zu sich selbst aufzufassen. Die Reden

[86] Vgl. o. S. 64f.

[87] Vgl. *Reden* 5–14 (KGA I/2, 191, 10 – 195, 2).

[88] R. Otto kommentiert in seiner Ausgabe der Reden (Göttingen ⁶1967, 5): „Ein höchst schwerfälliger Passus! Er könnte getrost fehlen".

[89] *Reden* 7 (KGA I/2, 192, 4).

[90] *Reden* 6 (KGA I/2, 191, 19–23).

[91] Vgl. u. § 7.2. Rezeptivität und Spontaneität, bzw. – wie es Psychologievorlesungen nennen – aufnehmende und ausströmende Geistestätigkeiten bilden dort das durch Denken (im weitesten Sinne) und Handeln konstituierte Ganze des menschlichen Lebens.

negieren diese Auffassung nicht, lassen aber beide Bewegungsrichtungen zunächst als entgegengesetzte nebeneinander stehen. Damit eröffnen sie einen polaren Raum, in den Schleiermacher dann die Religion als eine eigene Weise des Lebens des Geistes einzeichnet. Die Religion hat dabei ihren Ort ebenso wie die ethische Reflexion der Monologen in der Frage nach der „Vollkommenheit der intellektuellen Welt", die nach den Reden darin besteht, „daß alle mögliche Verbindungen dieser beiden Kräfte zwischen den beiden entgegengesetzten Enden [...] nicht nur wirklich in der Menschheit vorhanden seien, sondern auch ein allgemeines Band des Bewußtseins sie alle umschlinge, so daß jeder Einzelne, ohnerachtet er nichts anderes sein kann als was er sein muß, dennoch jeden anderen eben so deutlich erkenne als sich selbst, und alle einzelne Darstellungen der Menschheit vollkommen begreife".[92] Erst dann ist geistiges Sein vollendet, wenn jedes Individuum sich selbst als besonderes Produkt der die Menschheit konstituierenden geistigen Grundbewegungen so erkennt, daß es zugleich alle anderen Menschen als ebensolche Individuen begreift und so erst recht sich selbst in der Gesamtheit der Menschheit und diese in sich erkennt. Diese in Übereinstimmung zu den Monologen stehende Auffassung der Vollkommenheit der geistigen Welt[93] wird nun im Unterschied zu ihnen aber als eine solche qualifiziert, die nicht durch das einzelne Individuum selbst hervorgerufen werden kann, sondern nur durch von der „Gottheit" gesandte Mittler, die „das Universum [...] gefunden haben"[94] und als deren einer sich Schleiermacher dann selbst vorstellt. Indem Schleiermacher die gesamte Exposition des Wesens und der Gestalt der Religion in den Reden als Ausübung dieses Mittleramtes bewertet, zeichnet er die Religion in einen ihr vorausliegenden ethischen Rahmen ein[95] und weist ihr damit eine grundlegende Bedeutung für die Entwicklung des geistigen Lebens zu. Religion soll in der Polarität der den Menschen konstituierenden Grundbeziehungen sein Selbstbewußtsein als ein Bewußtsein des unendlichen Lebens des Geistes wecken und ihn, indem sie ihn dazu „jenseit des Spiels seiner besondern Kräfte und seiner Personalität faßt"[96], zum Bewußtsein der Einheit seiner widerstreitenden Lebensbewegungen bringen. Und eben darin ist die Religion selbst auf die Vollendung der ethischen Welt gerichtet.

Es ist deutlich geworden, wie die Reden diese ethische Aufgabe der Religion explizieren: Dadurch, daß der individuelle Geist in der religiösen Erfahrung von

---

[92] *Reden* 7f (KGA I/2, 192, 1–13).

[93] Darauf, daß die Individualität im voranstehenden Zitat gegenüber den Monologen zurücktritt und die Betonung etwas stärker auf der Gemeinschaft liegt, wird noch zurückzukommen sein.

[94] *Reden* 11 (KGA I/2, 193, 26f).

[95] Dies wird in der zweiten Rede in besonderem Maße darin deutlich, daß Schleiermacher das Auseinandertreten von Anschauung und Gefühl im ersten Moment des Rückgangs von der religiösen Ursprungserfahrung in „dem ursprünglichen Bewußtsein unserer doppelten Thätigkeit, der herrschenden und nach außen wirkenden, und der bloß zeichnenden und nachbildenden" begründet sieht, die er damit aller religiöser Wahrnehmung vorordnet (*Reden* 72; KGA I/2, 221, 2–10).

[96] *Reden* 51f (GA I/2, 212, 13–15).

aller an der Oberfläche seines Daseins liegenden äußeren Faktizität auf die ‚innere Organisation' des Geistes hin unterschieden wird, wird er sich seines innersten Wesens inne. Indem er mit seinem eigenen Ursprung koinzidiert, faßt er sich in seinem innersten Wesen auf, „wo er sein muß, was er ist, er wolle oder wolle nicht"[97], und kommt so zu einem seinem idealen Wesen entsprechenden ethischen Vollzug gemäß dem auch den Monologen zugrundeliegenden Leitsatz: „Aus dem Innersten seiner Organisazion [...] muß alles hervorgehen was zum wahren Leben des Menschen gehören" soll.[98] Es wird damit deutlich, daß die Negativität der Religion gegenüber Denken und Handeln nicht eine Beziehungslosigkeit ihnen gegenüber intendiert, sondern eine Selbstunterscheidung des Geistes auf seine innere Organisation hin, die gerade in der Unterscheidung eine Bezogenheit des religiösen Geistes auf Denken und Handeln in sich schließt, insofern der individuelle Geist darin ihr Einheitsprinzip religiös vergegenwärtigt. Die Religion hat damit konkret ethische Funktion: Indem sie die Bezogenheit des menschlichen Geistes auf die Unendlichkeit seiner selbst in der Abstoßung von Denken und Handeln unmittelbar vergegenwärtigt, bringt sie die Individualität zur Erkenntnis ihrer beides vereinenden ethischen Bestimmung und läßt sie so auch in ihrem Denken und Handeln ganz bei sich sein. So gewinnen Denken und Handeln gerade durch die religiöse Selbstunterscheidung des Geistes ihre wahre Freiheit: Der Idealismus wird davor bewahrt, durch leere Spekulation „das Universum [...] herabzuwürdigen [...] zu einem nichtigen Schattenbilde der eigenen Beschränktheit"[99] und findet zur wahren Einheit von Ich und Welt, Einzelheit und Unendlichkeit; und das Handeln wird ‚gerettet' „von den schimpflichsten Feßeln der Meinung und der Begierde" und über die Beschränkung endlicher Notwendigkeit hinaus zu wahrer Freiheit geführt.[100] Daß der menschliche Geist in der Religion ganz bei sich sei, hat also gerade für die ethische Reflexion – wie sie dann die Monologen zeigen – Bedeutung. Indem die Religion „jedes Denken und Handeln zu einem Thema ihrer himmlischen Fantasie" macht, wird sie ein „Continuum [...] im menschlichen Gemüth"[101], das den menschlichen Geist *in allem* seiner ursprünglichen Einheit mit dem Unendlichen gewiß sein läßt und sowohl seine Selbstreflexion auf sich als eines freien Individuums als auch das daraus hervorgehende freie Handeln im unmittelbaren Selbstbewußtsein rückgebunden sein läßt.[102]

[97] *Reden* 51f (KGA I/2, 212, 13–15); vgl. o. S. 64.

[98] Vgl. *Reden* 139 (KGA I/2, 250, 10–21).

[99] *Reden* 54 (KGA I/2, 213, 20–26).

[100] Vgl. *Reden* 65f (KGA I/2, 218, 4–13).

[101] *Reden* 139 (KGA I/2, 250, 18–23).

[102] Daß hier nicht eine Vereinnahmung des Handelns durch die Religion geschieht, wird bereits darin deutlich, daß sich das Individuum in den Monologen nur auf das *Daß* der religiös zugänglichen ursprünglichen Koinzidenz mit dem Unendlichen bezieht (vgl. o. S. 49f), ansonsten aber allein von der ethischen Selbstanschauung geleitet ist. So auch die *Reden* 68f (KGA I/2, 219, 21–24): „Alles eigentliche Handeln soll moralisch sein und kann es auch, aber die religiösen Gefühle sollen wie eine heilige Musik alles Thun des Menschen begleiten; er soll alles mit Religion thun, nichts aus Religion".

Diese ethische Bedeutung der Religion kommt nun besonders dem Christentum und der darin geschehenden Erfahrung des Heiligen Geistes zu. Indem das selbstabstoßende und sich auf das Unendliche hin unterscheidende religiöse Wesen des Geistes im Christentum zu universaler und höchster Gültigkeit gesteigert ist, wird sowohl die höhere Realität der Unendlichkeit des Geistes in höchstem Maße rückgebunden, als auch notwendig *jede*s Gebiet des Daseins Thema der Religion. Deshalb hat „das Christentum zuerst und wesentlich die Forderung gemacht, daß die Religiosität ein Continuum sein soll im Menschen, [...] allen Handlungen, auf welche Gegenstände sie sich auch beziehen mögen, sollen wir imstande sein, religiöse Gefühle und Ansichten beizugesellen. Das ist das eigentlichste und höchste Ziel der Virtuosität im Christentum".[103] So bezieht sich auch die Erfahrung des heiligen Geistes im Christentum in höchstem Maße auf das ethische Leben.

2. Daß diese ethische Perspektive der Geistauffassung auch Schleiermachers christlichem Verständnis des Heiligen Geistes entspricht, zeigen die Predigten seiner 1801 herausgegebenen ersten Predigtsammlung.[104] Die Predigten haben insgesamt einen ethischen Skopus; die religiöse Betrachtung der moralischen Selbstverantwortung des empirischen Individuums ist ihr zentrales Thema.[105] Dabei ist auffällig, daß eine für die Predigthörer gewiß anregende homiletische Explikation der romantischen Religionsauffassung der Reden fast völlig fehlt und die ethische Thematik beherrschend ist. Auch Schleiermachers Predigt vom Geist ist ganz in diesen ethischen Horizont der Predigten eingeordnet.[106] Sie vermeidet dabei den spezifisch christlichen Begriff des Heiligen Geistes und erschöpft sich in ihrer Rede vom ‚Geist Gottes' oder ‚Geist Christi' fast ausschließlich in dem Aufweis dessen, daß die religiöse Erfahrung des Geistes auf die ethischen Vollzüge des Individuums gerichtet ist und dort zum Ziel kommt.[107] Dabei münden die Aussagen der Predigten dann in der nun religiös

---

[103] *Reden* 298f (KGA I/2, 319, 31 - 320, 9).

[104] Die Sammlung ist abgedruckt in SW II²/1, 3–181 und umfaßt zwölf Predigten aus den Jahren 1794 bis 1800, die Schleiermacher in eine sachlich bedingte Ordnung gebracht hat. Die Predigten haben in der bibliographischen Aufarbeitung von W. v. MEDING die Nummern P 2 – P 13; zur Datierung der einzelnen Predigten vgl. dort 12f.229–233 (Bibliographie der Schriften Schleiermachers nebst einer Zusammenstellung und Datierung seiner gedruckten Predigten, bearb. W. v. MEDING, SchlA 9, Berlin 1992).

[105] Vgl. C. MEIER-DÖRKEN, Die Theologie der frühen Predigten Schleiermachers, TBT 45, Berlin 1988, 257. Meier-Dörken vertritt die Ansicht, daß die 1. Predigtsammlung zu der romantischen Religionstheorie und Ethik Schleiermachers nicht im Widerspruch stehe, sondern sie in ihrer Konzentration auf die religiöse Betrachtung des Ethischen erst zu einem stimmigen System ergänze (274f). Zum Verständnis des Geistes äußert sich Meier-Dörken nicht.

[106] Die Predigten erwähnen den Geist dabei nicht eben oft, machen die ethische Orientierung aber zureichend deutlich; vgl. besonders die Predigten 1, 4 und 11 der Sammlung (P 2 [SW II²/1, 11–23], P 5 [SW II²/1, 50- 63], P 12 [SW II²/1, 151–166]).

[107] Dies wird besonders in P 2 („Über die Ähnlichkeit der Zukunft mit der Vergangenheit") deutlich, wo Schleiermacher das religiöse Bewußtsein der Allwirksamkeit Gottes auf die Vergewisserung des ethischen Subjektes hin auslegt: „Ist also Eure Betrachtung auf Ihn hingewendet: so werdet Ihr in

begründeten Vorstellung eines in allem Endlichen des ethischen Lebens statthabenden ewigen Lebens, welche ganz in Übereinstimmung mit dem Selbstbewußtsein des Geistes in den Monologen ist: „Der Gedanke an Gott begleitet den Frommen überall hin, nicht der bloße Gedanke, er sieht und empfindet überall das ewige Wesen; und weil er Alles in unmittelbarer Beziehung auf diesen einen und großen Gedanken thut und denkt, so ist in ihm und um ihn her nichts unbedeutend und geringfügig, und neben dem irdischen Leben, welches er mit andern gemein hat, führt er noch ein anderes himmlisches und gött-

---

der kleinsten Begebenheit dieselbe Allmacht, in jeder tugendhaften Handlung, in jeder frommen Regung des Gemüthes denselben Geist Gottes erblikken wie in der ausgezeichneten That" (SW II²/1, 16). Diese Aussage steht ganz im Rahmen der Konzeption der Reden, nach der in allem der im Universum tätige göttliche Geist angeschaut werden soll, weist aber insofern eine ethische Zuspitzung auf, als das sittliche Handeln neben allen Begebenheiten und aller frommen Regung nun eigens als Anschauungsgegenstand des göttlichen Geistes angesprochen wird. Dieser ethische Ton des Geistbegriffs wird im weiteren Verlauf der Predigt dadurch verstärkt, daß Schleiermacher die sich aus der religiösen Weltbetrachtung ergebenden „ausschließenden Vorzüge des Frommen" einzig auf das religiöse Bewußtsein der ethischen Identität des Individuums zurückbezieht und so an erster Stelle die *Zufriedenheit* des Frommen „mit der Stelle" nennt, „welche ihm Gott in der Welt eingeräumt hat". Das Bewußtsein der sittlichen Identität im ethischen Raum wird dabei in direkten Bezug auf die Erfahrung des Geistes Gottes gesetzt: Wer „neidisch nach dem Plaz eines Andern schielt, [...] hat noch nicht gelernt, den Geist des Herrn auch in den kleinen und geringfügig scheinenden Handlungen der Menschen aufzusuchen; er läßt sich blenden von dem Schein einer Größe und einer Verschiedenheit, welche nirgends zu finden ist. [...] Dasjenige im Menschen, was allein seinen wahren Werth ausmacht, ist überall dasselbe; in jeder Erweisung der Rechtschaffenheit ist die ganze Tugend enthalten; in jedem Gehorsam gegen das göttliche Gesez die ganze Frömmigkeit" (SW II²/1, 18). Es wird hier deutlich, als was der Geist Gottes in den Predigten Schleiermachers in Betracht kommt: nämlich als die in der religiösen Betrachtung des einzelnen sittlichen Handelns aufscheinende Gegenwart der „Macht und [...] Weisheit des Höchsten" in allem „Gewöhnlichen und Alltäglichen" (SW II²/1, 17), durch welche sich das religiöse Subjekt seiner Identität und seines Wertes in allen einzelnen und für sich unbedeutend scheinenden Handlungen vergewissert weiß. Die in den Reden eher im Hintergrund stehende Bedeutung des Heiligen Geistes für das ethische Identitätsbewußtsein findet hier eine außerordentliche Betonung, die sich durch die gesamten pneumatologischen Aussagen der Predigten zieht und das Telos des identitätgebenden Wirkens des Geistes dabei nicht selten die ethische Besserung des Individuums sein läßt. Diese Bewertung der religiösen Bewegung des Geistes als sittlichen Prozeß wird für Schleiermacher in dem Gedanken plausibel, daß das Unendliche, wenn es in allem Endlichen anschaubar sein soll, auch im sittlichen Handeln anschaubar ist und dieses für sich selbst durchsichtig macht, woraus eben das Erfordernis fortschreitender sittlicher Bildung erwächst, welche dieses religiös zu durchdringende Handeln hervorbringt. Hier deutet sich bereits die dann in der christlichen Sittenlehre vertretene Auffassung an, daß der menschliche Geist ‚Organ' des göttlichen Geistes werden soll und seine sittliche Bildung zu diesem Zwecke religiös gefordert ist (vgl. u. § 11.3). Dagegen ist die Auffassung der Reden ganz aus dem Blickfeld verschwunden, daß die religiöse Anschauung des Unendlichen im endlichen Handeln nur kraft einer Selbstunterscheidung des Subjektes von sich in eben dem Handeln erfolgen kann, welches religiös durchsichtig und vergewissert werden soll. Es ist hier deutlich, daß dann, wenn die Religion nicht nur beiläufig (wie es die Reden verstehen), sondern selber ethisch intentional werden soll, eine Spannung zwischen dieser ethischen Intentionalität und der in den Reden behaupteten Negativität des religiösen Geistes zutage tritt. Diese unbeschadet des sich vom Ethischen gerade unterscheidenden Wesens der Religion zu bewältigen, ist dem jungen Schleiermacher nicht gelungen. Auch der reife Schleiermacher hat sie nicht bewältigt, sondern das Problem – ganz zum Schaden des Geistverständnisses – dadurch ‚gelöst', daß er die schon in den Reden nur sekundäre Negativität der Religion ganz eliminiert hat.

liches".[108] Es zeigt sich hier deutlich, daß Schleiermacher die in den Reden als ekstatische Selbstüberschreitung gefaßte religiöse Erfahrung in eben dem Gefühl des zu-sich-Kommens des ethischen Individuums gipfeln lassen will, welches auch Ziel der Selbstanschauungsbewegung der Monologen ist.

Indessen ergibt sich eine scheinbare Differenz zu den Monologen daraus, daß die Einsicht in die Unendlichkeit des Lebens religiös nun nicht in der Anschauung der eigenen Idealität des individuellen Subjekts begründet ist, sondern in der ‚Empfindung' des ‚ewigen Wesens'. Und so läßt sich fragen, ob hier nicht eine religiöse Überschreitung der Individualitätsbezogenheit der Monologen vorliegt. Tatsächlich zielt die genannte Predigt eine solche Überschreitung an, nämlich indem sie das in den Monologen defizitäre Gemeinschaftsverständnis weiterführt. Es sei erinnert, daß schon in den Monologen die Vollendung der Selbstanschauung des Geistes in der gemeinschaftlichen Liebe lag, die Bestimmung der Liebesgemeinschaft aber über den Aufweis eines Aggregates in sich autonomer Individuen nicht hinauskommt und eine tragfähige überindividuelle Theorie des Geistes nicht zu bieten vermag. Hier nun lauten die entscheidenden pneumatologischen Aussagen:

„[...] was bedarf es einer absichtlichen Vereinigung für die Kinder Gottes? sie sind vereinigt durch den Geist, welcher in ihnen wohnt, sie haben Alle denselben Zwekk, und sie sind einig über die Mittel ihn zu erreichen, wenn sie sich auch nicht dazu verbrüdert haben. Was also der Fromme thut, das, weiß er, ist in dieser Gemeinschaft getan; es wirkt in ihr, wenn er es auch nicht wahrnimmt; es wirkt mit ihr, um diejenigen herbeizuziehen, welche berufen sind. Jede Wahrheit, welche zu Tage gefördert wird, findet Gemüther, in denen sie gedeiht; jede weise Rede wirkt zugleich als Lehre und findet ihre Schüler; jede gute That, welche ausgeübt wird, gereicht als Beispiel irgend einem zum Segen; jede Äußerung des göttlichen Geistes wird von irgend Jemand verstanden und benuzt, und Gott deshalb gepriesen. Das ist die Gemeinschaft des Geistes, welche alle wahre Verehrer Gottes unter einander verbindet zu einem Ganzen, welches so da steht und wirkt; diese gefunden haben, das heißt Christum gefunden haben, der sie gestiftet hat, das heißt den Geist Gottes gefunden haben, der sie unterhält und beseelt".[109]

Schleiermacher bezieht sich hier auf Bestimmungen in der vierten Rede ‚Über das Gesellige in der Religion' zurück, die das Individuum und Menschheit vereinende Bewußtsein, das in variierter Form bereits in den Monologen als das Ziel geistigen Seins deutlich war, als das Ziel der religiösen Gemeinschaft der Kirche vorstellt. Dort war bereits zu lesen, daß das eigene Wesen der Religion zu einer „Vereinigung" der religiösen Individuen „im Geist" drängt und daß

[108] SW II2/1, 152 (P 12). Die am 2. 11. 1800 gehaltene Predigt über „Die Gemeinschaft des Menschen mit Gott" kann bereits auf Gedanken in den Reden und Monologen zurückgreifen; vgl. zu den Monologen o. S. 41, Anm. 39.

[109] SW II/1, 160. Es zeigt sich an dieser Stelle übrigens erneut der schon in den Reden deutliche und dann besonders beim späten Schleiermacher wichtige pneumatologische Zugang zur Christologie: Was es heißt, Christus gefunden zu haben, wird nicht von Christus aus geklärt, sondern im Kontext der Darlegung dessen erläutert, was es heißt, den das Reich Gottes verwirklichenden (Heiligen) Geist gefunden zu haben.

letzthin nur in „dem Kreise der religiösen Vereinigung [...] sein Geist auf dem höchsten Gipfel des Lebens schwebt".[110] Dabei stellte Schleiermacher die aus der Religion erwachsende Gemeinschaft zumindest in ihrer Vollendung als eine die Aussagekraft der Monologen übersteigende vollkommene Einheit des Bewußtseins vor: „keiner hat ein Bewußtsein für sich, jeder hat zugleich das des Andern, sie sind nicht mehr nur Menschen, sondern auch Menschheit".[111] Diese Gemeinschaftsvorstellung der Reden ist nun aber ebenso wie in den Monologen ganz als freie Selbstdarstellung des individuellen religiösen Subjektes gefaßt; der Unterschied liegt darin, daß diese ihr Ziel nun nicht in der Selbstdarstellung selbst, sondern in der Vermittlung der *einen* religiösen Erfahrung hat: „Wenn einer hervortritt vor den Übrigen ist es nicht ein Amt oder eine Verabredung die ihn berechtigt, nicht Stolz oder Dünkel, der ihm Anmaßung einflößt: es ist freie Regung des Geistes, Gefühl der herzlichsten Einigkeit Jedes mit Allen und der vollkommensten Gleichheit, gemeinschaftliche Vernichtung jedes Zuerst und Zulezt und aller irdischen Ordnung. Er tritt hervor, um seine eigne Anschauung hinzustellen, als Objekt für die Übrigen, sie hinzuführen in die Gegend der Religion, wo er einheimisch ist".[112]

Was damit gesagt ist, zeigt nun das genannte Predigtzitat, in dem Schleiermacher diese Bestimmungen der vierten Rede zusammenfaßt und sie – und das ist nun das Entscheidende – in einen begründenden Zusammenhang zu dem *einen Geist* setzt, welcher in allen wohnt. Schleiermacher überträgt hier die religiöse Erfahrung des Unendlichen als Weltgeist, Geist der Religion und Heiliger Geist auf das Verständnis der Gemeinschaft und läßt sie zu einem identischen Konstitutionsgrund ethischen Handelns werden, welcher die eigene Individualität übersteigt. Die Möglichkeit dieser Übertragung läßt sich von den Reden her rekonstruieren. Sie entsteht dadurch, daß das Bewußtsein der Unendlichkeit des Geistes religiös nicht mehr aus der Selbstanschauung der je verschiedenen Individualität erhoben werden muß, sondern sich die religiöse Anschauung von dieser gerade auf einen in allen *identischen* Konstitutionsgrund hin abstößt, nämlich den Ursprungsmoment der Religion, in welchem die Individualität in die unmittelbare Totalitätserfahrung hinein ‚vernichtet' wird. In dieser Vernichtung aber ist nicht nur die Einheit des Individuums mit allen, sondern zugleich auch die Einheit aller mit ihm verbürgt. Ist nun diese religiöse Selbstunterscheidung von allem Individuellen und Endlichen das religiöse Wesen des Geistes, so kann der religiös anschauende Geist in allen als *einer* aufgefaßt werden, welcher alle zur identischen Erfahrung führt und darin alle eins sein läßt. Dies hat zur Folge, daß die *religiöse* Selbstdarstellung des Geistes, unbeschadet ihres Charakters als einer *individuellen* Darstellung, nicht mehr nur die Idealität des ein

[110] *Reden* 206 (KGA I/2, 279, 23), *Reden* 189 (KGA I/2, 272, 26–29). Vgl. *Reden* 177 (KGA I/2, 267, 16–18): „Ist die Religion einmal, so muß sie nothwendig auch gesellig sein: es liegt in der Natur des Menschen nicht nur, sondern auch ganz vorzüglich in der ihrigen".

[111] *Reden* 234 (KGA I/2, 291, 34f).

[112] *Reden* 182 (KGA I/3, 269, 17–24).

zelnen Individuums, sondern die mit allen gemeinsame Selbstbezogenheit auf ihren identischen Konstitutionsgrund darstellt.

Indessen täuscht der Eindruck, Schleiermacher habe die individualistische Verengung der Monologen damit überwunden und die „ewige Gemeinschaft der Geister" als Totalitätsidee des Geistes durchgeführt.[113] Denn die Einheit des Geistes besteht auch hier nur im identischen *Sich-Beziehen* jedes Einzelnen auf die Unendlichkeit und bezeichnet nicht das Unendliche, welches alle Einzelnen in sich integriert, selbst. Nur die Einheit der religiösen Bewußtseinsrichtung ist gedacht, nicht aber die Identität des darin tätigen religiösen Geistes. Dies wäre anders, wenn Schleiermacher die religiöse Polarität von unendlichem und endlichem Geist nicht lediglich als Zerfallsprodukt der religiösen Ursprungserfahrung des Individuums, sondern als eine für sie selbst konstitutive Dialektik qualifiziert hätte. So aber ist auch in der Religion die Gemeinschaft des Geistes *nur* ein Zusammenspiel unendlich vieler Einzelerfahrungen, die zwar auf denselben Konstitutionspunkt bezogen sind, aber immer hinter ihm zurückbleiben und aus diesem Grunde auch religiös nicht wirklich verbunden sind.[114] Schleiermacher wird diese Auffassung in seiner Theorie des Gemeingeistes später korrigieren. Für die Reden und frühen Predigten ist dagegen zu sagen, daß die ursprüngliche Identität allen geistigen Daseins und die daraus folgende wesentliche Zusammengehörigkeit der individuellen Geister in Schleiermachers Auffassung der religiösen Erfahrung des Geistes zwar stärker begründet ist als in den Monologen, daß es Schleiermacher aber nicht gelungen ist, eine solche Gemeinschaftlichkeit wirklich zu denken.

3. Damit aber ist deutlich, daß das vom Heiligen Geist vermittelte ethische Selbstbewußtsein letzthin identisch ist mit dem Selbstbewußtsein, zu dem sich der sich in den Monologen anschauende individuelle Geist selbst erhebt. Die Religion beschreitet einen fundamental anderen *Weg* zum Bewußtsein der ethischen Identität des Individuums, das Ergebnis aber ist – auch in dem die Unterschiedenheit dieses Weges zum äußersten steigernden Christentum – dasselbe. Es geht in Schleiermachers Geistverständnis also hier wie dort lediglich darum, die Individualität dahin zu führen, daß sie erkennt, was sie für Schleiermacher immer schon ist: schöpferischer, für seine eigene Unendlichkeit durchsichtiger individueller Geist, der in Freiheit berufen ist, die Welt zu gestalten. So wird man eine ethische Zielrichtung nicht nur des philosophischen, sondern auch des religiösen Geistverständnisses konstatieren müssen, die bei Schleiermacher noch weitreichende Folgen haben wird.

---

113 *Monol.* 17 (KGA I/3, 10, 15–17).

114 Es ist in letzterer Beziehung eindrücklich, daß das Predigtzitat die Vereinigung der Geister zwar behauptet, im übrigen aber den unverbunden-selbständigen Charakter der einzelnen Äußerungen hervorhebt. Daß die individuellen Äußerungen des Geistes „benuzt" werden, zeigt gerade, daß die Vereinigung *nur* durch „denselben Zwekk" konstituiert und eben nicht die Einheit des Selbstbewußtseins ist, die Schleiermacher aussagen will.

„Wenn mein christliches Gefühl sich eines göttlichen Geistes in mir bewußt ist […], so will ich nie aufgeben, diesen in den tiefsten Tiefen der Natur der Seele aufzusuchen“.

(Brief an Jacobi)

§ 5 Systematischer Ertrag

1. Schleiermacher gibt in seinen romantischen Veröffentlichungen der Jahre 1799 und 1800 ein frühes und für sein weiteres pneumatologisches Denken grundlegendes Zeugnis für seinen Versuch, das Verständnis des Geistes „in den tiefsten Tiefen der Natur der Seele aufzusuchen“.[1] Er unternimmt es dabei, philosophische Erkenntnis und religiöse Erfahrung von Geist gemeinsam aufzufassen und aus ihnen ein Verständnis von Geist zu entwickeln, welches durch mehrere Unterscheidungen im Begriff des Geistes das gesamte humane Leben in Denken, Handeln und Religion zu umfassen und als eine differenzierte Einheit des Geistes darzustellen versucht. Der Gedankengang Schleiermachers ist zunächst zusammenzufassen und sodann in einem zweiten Abschnitt zu bewerten.

a. Schleiermacher versucht – in Abgrenzung gegen eine transzendentalphilosophische Geistlehre, welche das Wesen des Geistes jenseits des konkreten humanen Lebens aufsucht und deswegen nur ein spekulatives Abstraktum findet –, die Erkenntnis des Geistes ‚mitten *in* der Endlichkeit‘ des individuellen Lebens zu verorten. ‚Geist‘, das ist nach den Monologen[2] nicht das sich von den konkreten Handlungsvollzügen abstoßende spekulative Denken, sondern die Einheit von Denken und Handeln im Individuum. Denken und Handeln sind die *eine* Lebensbewegung des individuellen Geistes zu sich selbst. Das Handeln ist „zugleich […] ein inneres Denken des Handelns“[3], welches das Wesen des Geistes auf ihn selbst zurückspiegelt und ihn dadurch zur Erkenntnis seiner selbst führt. Und das Denken, in dem der individuelle Geist sich selbst in seinem Wesen anschaut, ist zugleich ein ihn bildendes Handeln, das sein inneres Wesen darstellt. In dieser individuell gefaßten Einheit von Denken und Handeln liegt das Wesen des humanen Geistes. Dieser ist das sich in allem äußeren Handeln wiederfindende und alles Äußere aus sich selbst gestaltende Leben des Indivi-

[1] *Brief an Jacobi* vom 30. 3. 1818, Br. II, 350; vgl. o. S. 11.
[2] Vgl. zu den Monologen noch o. S. 53–55.
[3] *Monol.* 27 (KGA I/3, 13, 26f).

duums selber. Und darum findet nur darin, daß der Mensch sich selbst (sowohl in sich, als auch in der Entgegensetzung zu anderen Menschen) *als* Individuum anschaut, der Geist sich selbst und erkennt sich in seiner Individualisierung als unendliches Prinzip humanen Lebens. Damit ist ein Verständnis des menschlichen Geistes gegeben, welches diesen ganz im individuellen Leben verortet und als dessen freie, nur in ihm selbst begründete Lebensbewegung auffaßt. Freilich bleibt dabei sowohl das Verständnis der nur als Aggregat von Einzelindividuen aufgefaßten ‚Gemeinschaft des Geistes' defizitär, als auch die Vorstellung eines überindividuellen Seins des Geistes unausgeführt. Des weiteren ist aus den Monologen nicht ersichtlich, worin dem individuellen Geist die Wahrheit seiner in ihm selbst gefundenen Idealität verbürgt ist.

b. Die Reden über die Religion negieren dieses Verständnis des Geistes nicht, betonen aber, daß es neben Denken und Handeln noch ein weiteres Vermögen des menschlichen Geistes gibt, in welchem dieser sich auf das Unendliche bezieht: die Religion. Diese ganz selbständige Geistestätigkeit verhält sich zu der denkend/handelnden Selbstbewegung des Geistes antithetisch. In der Religion setzt sich der Geist selbst in einen ‚schneidenden Gegensatz' zu dem positiven Vollzug seines individuellen Wesens in Denken und Handeln. ‚Mitten in der Endlichkeit' ‚vernichtet' er seine Individualität und stößt sich von seiner individuellen Positivität auf das Unendliche hin ab. Dadurch wird dem menschlichen Geist eine in seiner Selbstanschauung unerreichte Erfahrung zuteil: Er wird sich seiner Individualität gegenüber ursprünglich und taucht in die originäre Schöpfung seiner selbst ein. Die Religion ist damit die ursprüngliche Beziehung des Geistes auf die Unendlichkeit seiner selbst. In ihr erkennt der Geist das unendliche Eine – das Universum – als Totalität seiner selbst und wird sich so seines unendlichen Wesens gewiß. In dieser Vergewisserung liegt für Schleiermacher die fundamentale Bedeutung der Religion für den menschlichen Geist. Die Religion allein gibt dem menschlichen Geist *unmittelbare* Antwort auf die Frage nach seinem ursprünglichen Wesen. Schleiermacher beantwortet damit das in den Monologen offenbleibende Problem, woher der individuelle Geist von seiner Idealität, die er in sich anschaut, angesichts seiner ganz unidealen empirischen Realität überhaupt wissen könne, indem er den Geist sich religiös von seinem denkend/handelnden Selbstbezug auf seine Unendlichkeit hin abstoßen läßt und ihm so in unmittelbarer Rückbindung des Geistes an seinen Ursprung die Realität seines idealen Wesens verbürgt. Zugleich macht Schleiermacher die für die Bestimmung des religiösen Geistverständnisses wesentliche Aussage, daß sich die religiöse Erfahrung des Geistes zu dem natürlichen Lebenvollzug des menschlichen Geistes *negativ* verhält. Damit ist erstmals der Gedanke einer religiösen Selbstunterscheidung des Geistes angesprochen.

c. Erst das Vorübergehen der unmittelbaren Erfahrung der Totalität entbindet dann den dialektischen Gegensatz zwischen endlichem individuellem und unendlichem Geist. In diesem Gegensatz treten Universum und Mensch, unendlicher ‚Geist des Universums' und endlicher Geist zu einer Polarität auseinander, in welcher sich das Universum als das dem Menschen unmittelbar begegnende unendliche Andere gegenüberstellt. Dieser Gegensatz beschreibt nicht die nur ihrer unmittelbaren Erfahrung zugängliche Wahrheit der Religion selbst – diese ist einzig die unmittelbare Erfahrung der ursprünglichen und ununterschiedenen Einheit von endlichem und unendlichem Geist –, sondern ihren Widerschein in der Endlichkeit des Menschen, der die Totalitätserfahrung im Abschied von ihr unter der Form des Gegensatzes auffaßt. Die in dieser Polarität gefaßte Dialektik des Geistes ist für die Religion also nicht konstitutiv, sondern hat nachgängigen bzw. – im Duktus der Reden – propädeutischen Charakter. Sie beschreibt den Gegensatz des Geistes auf seine Aufhebung in der unmittelbaren religiösen Erfahrung hin. Dies geschieht nun bei Schleiermacher in zwei Richtungen. Zum einen bindet Schleiermacher den unendlichen Pol des Geistes streng an das Endliche und betont, daß die Erfahrung der Totalität des Geistes wesentlich am Endlichen geschieht und der erfahrene ‚Geist des Universums' deshalb nicht ein außerweltlicher Gott ist, sondern „der Geist der Welt, der sich im kleinsten eben so vollkommen und sichtbar offenbart als im größten".[4] Zum anderen macht er im Zuge der Begründung des Christentums deutlich, daß es der sich darstellenden Unendlichkeit des Geistes wesentlich ist, sich von seinen endlichen Darstellungen immerzu auf seine Unendlichkeit hin zu unterscheiden. Mit beiden Bestimmungen sichert Schleiermacher die Lebendigkeit der Erfahrung des Geistes in der Religion. Zum einen sichert er mit der Betonung der Selbstabstoßung des Unendlichen dessen Uneinholbarkeit und damit den Charakter der Religion als einer immer neu zu erringenden unmittelbaren Erfahrung. Zum anderen sichert er die religiöse Erfahrung vor Weltflüchtigkeit und macht deutlich, daß das, was religiös als unendlicher Geist erfahren wird, mitten im Leben erfahren wird und nicht ein fremdes Absolutes, sondern die Totalität des wirklichen Lebens ist. Durch beides sucht Schleiermacher *zugleich* den Bezug des religiösen Geistverständnisses auf die in den Monologen liegende Positivität des Lebens des Geistes *und* die religiöse Negativität des Geistes auszusagen.

d. Dieser religiöse Gegensatz des Geistes ist auf das Äußerste gesteigert im Christentum. Das Christentum ist diejenige positive Religion, die den Gegensatz von Unendlichem und Endlichem auch an sich selbst aufbrechen läßt. Das sich dem Endlichen kontingent vermittelnde und in dieser Vermittlung zu sich selbst hin abstoßende Wesen des unendlichen Geistes wird hier zum Kriterium von Religion überhaupt. Dies geschieht darin, daß das Christentum nicht nur anderes Endliches, sondern auch sich selbst in den Gegensatz zum Unendlichen stellt und sich in ‚immerwährendem Polemisieren gegen alles Wirkliche' im Christentum fortwährend auf das Unendliche hin unterscheidet. Im Christentum führt der Geist seine religiöse Selbstunterscheidung damit an ihrer eigenen Positivität durch. Indem das Christentum dabei das fortwährend neue sich-Hervorbringen des Gegensatzes zum Unendlichen als sein eigenes Wesen erfährt,

[4] *Reden* 86f (KGA I/2, 227, 11–13).

verbürgt es in höchstem Maße die Uneinholbarkeit des Geistes und sichert die religiöse Erfahrung gegen irreligiöse Verendlichung. Einzig im Christentum reinigt sich die religiöse Erfahrung der Einheit des Geistes zu ‚unendlicher Heiligkeit' und ist *insofern* Erfahrung Heiligen Geistes.

Schleiermacher macht damit die religiöse Selbstunterscheidung des Geistes von seiner ethischen Positivität zum Wesen der Erfahrung des Heiligen Geistes. Jedoch zielt auch die Erfahrung Heiligen Geistes auf nichts anderes als darauf, die Möglichkeit der religiösen Totalitätserfahrung des Geistes zu verbürgen, welche selber diesen Gegensatz in sich zusammenstürzen läßt. Auch die den religiösen Gegensatz aufs äußerste steigernde Erfahrung des Heiligen Geistes hat nicht die Konstitution eines Gegensatzes von Mensch und Absolutem zum Ziel, sondern will zur Erfahrung ihrer ununterschiedenen ursprünglichen Einheit führen. Deshalb bleibt die religiöse Negativität des Geistes letztlich in die positive Geistauffassung der Monologen eingeordnet, der sie als Rückbindung ihrer Theorie der Selbstanschauung des Geistes dient. Dies hat zum einen zur Folge, daß, wie der denkend/handelnde Selbstbezug des Geistes, so auch die Erfahrung des Heiligen Geistes bei Schleiermacher letzthin ethische Intention hat: nämlich den individuellen Geist seiner Unendlichkeit und Freiheit ursprünglich gewiß werden zu lassen. Zum anderen bedeutet dies, daß ein überindividuelles Verständnis sowohl des Seins des Geistes als auch der Gemeinschaft des Geistes auch in Schleiermachers religiöser Geistauffassung nicht erreicht ist.

2. Schleiermacher hat damit letzthin ein ethisches Geistverständnis, das eine philosophische Idealisierung des individuellen Geistes vornimmt, diese durch Rückbindung des Geistes an die religiöse Erfahrung seiner Totalität in ihrer Realität verbürgt und so zum Ausgangspunkt ethischer Handlungsorientierung macht. Seine Gedankenleistung ist vor allem auf philosophischer Seite bedeutsam (a.), trifft aber aufgrund der engen Bezogenheit seiner religiösen Geistauffassung auf die philosophische auch erste theologisch-pneumatologische Grundentscheidungen (b).

a. Die philosophische Leistung der frühen Geistauffassung Schleiermachers ist darin ersichtlich, daß Schleiermacher – ohne einen Systemanspruch zu erheben und in großer Vorläufigkeit des Gedankens – wesentliche Bereiche der Philosophie und Religionsphilosophie mittels des Geistbegriffs systematisch aufgefaßt hat. Schleiermacher gibt damit einen eigenen Beitrag zur Ausbildung des philosophischen Geistbegriffs im beginnenden 19. Jahrhundert, der sich vor allem auf sein späteres theologisches Geistverständnis auswirken wird. Daß Schleiermacher nicht auch für die Bildung des Geistbegriffs seiner Zeit größere Bedeutung hatte, wird vor allem darauf zurückzuführen sein, daß sich Schleiermachers Gedanken in Monologen und Reden zwar auf seinen Geistbegriff abbilden lassen, er seine Ausführungen aber nicht als Geistphilosophie, sondern als ethische und religiöse Beiträge verstanden hat. Und als solche wurden sie dann auch wirksam. Ist indessen Schleiermachers Geistgedanke erst einmal erhoben, so fällt er in seiner Zeit nicht nur durch die sehr frühe Formulierung auf, sondern vor allem dadurch, daß er den Geistbegriff in Abkehr von transzendentalphilosophischer Spekulation auf das Verständnis des *konkreten Lebens* konzentriert, das Schleiermacher als Leben *des Individuums* auffaßt. Schleiermacher bringt damit den *Lebensbezug des Geistbegriffs* zum Leuchten. Geist ist keine das Leben abstrakt übersteigende oder außerhalb des Lebens zu findende Entität, welche das Leben von außerhalb seiner her begründet, sondern Geist ist das Leben nur im Leben selber. Nur als die Lebensbewegung des konkreten Individuums, das im Erkennen seines idealen Wesens sich selbst und die Welt gestaltet, ist Geist das Leben selbst, das aller Wirklichkeit zugrunde liegt. Dies ist der Grund, weshalb Schleiermachers Geistverständnis *wesentlich ethisch* ist. Weil der Geist nur mitten im endlichen Leben das Leben ist, ist er grundlegend auf die kulturelle Tätigkeit des Individuums bezogen. Nur in ihr bildet sich der Geist zu der Gestalt, die ihn sich selbst erkennen läßt. Es wird noch zu zeigen sein, wie Schleiermacher diese Gedanken vor allem in seiner späteren Psychologie wieder aufnehmen und weiterbilden wird.

Nun ist freilich auch zu sagen, daß die romantischen Schriften, aus denen sich Schleiermachers Geistauffassung erheben läßt, eine noch sehr frühe und unausgereifte Gestalt seines Denkens wiedergeben, die sich auch auf den Geistbegriff auswirkt. So war (neben der von Schleiermacher nur sehr unzureichend ausgeführten theoretischen Begründung der monologischen Reflexion des Geistes) besonders darauf hinzuweisen gewesen, daß Schleiermacher eine über das Individuelle hinausgehende Geistauffassung, welche eine sachgerechte Bestimmung der menschlichen Gemeinschaft ermöglichen würde, vermissen läßt. Schleiermacher wird dies später korrigeren und sowohl die menschliche Gemeinschaft als auch die Geschichte zu grundlegenden Kategorien seines Geistverständnisses machen, ohne den individuellen Lebensbezug des Geistes aufzugeben. Was sich indessen nicht ändern wird, ist das Fehlen jeglicher Negativität des in den Monologen ganz positivistischen Geistverständnisses, das die Zwiespältigkeit des natürlichen Lebens zugunsten einer unaufhaltsamen Fortbildung des Geistes eliminiert. Es ist letztlich dieser Sachverhalt, welcher die religiöse Negativität des Geistes zu einem seiner Positivität nachgeordneten religiösen Binnenphänomen herabstuft und das Geistverständnis auch auf religiösem Gebiet einseitig ethisch intentional sein läßt. Nicht nur das religiöse (und später theologische) Verständnis des Geistes wird dadurch nachteilig beieinflußt. Auch die philosophische Geistauffassung ist aufgrund des Fehlens dieser Negativität als Lebensphilosophie äußerst fragwürdig.

b. Im Blick auf die Verarbeitung der theologischen Probleme des Geistverständnisses ist festzustellen, daß Schleiermacher den religiösen Begriff des Geistes bereits in seinen frühen Ausführungen ganz aus der Erfahrung religiöser Geistgegenwart erhebt und streng auf sein Verständnis des menschlichen Geistes bezieht. Er gibt ein Geistverständnis zu denken, welches die religiöse Geisterfahrung innerhalb einer Theorie des menschlichen Geistes als ein seinem denkend/handelnden Selbstvollzug gegenüber selbständiges Vermögen menschlichen Geistes begreift, in welchem sich dieser auf die Unendlichkeit göttlichen Geistes bezogen weiß, welche Schleiermacher dann wiederum christlich als Heiligen Geist auffaßt. Dabei erweist es sich als außerordentlich folgenreich, daß Schleiermacher sein philosophisches Geistverständnis streng an das Individuum anbindet und „Geist" wesentlich als *individuellen Geist* versteht, der sich nirgendwo anders als im konkreten Leben des Individuums realisiert, außerhalb dessen nicht zu finden ist und deswegen auch nicht in einem von seiner Individualität unterschiedenen Gegenüber, sondern *nur in sich selber* zu sich kommt. Schon mit dieser Bestimmung des menschlichen Geistes ist deutlich, daß die religiöse Erfahrung göttlichen Geistes – soll sie dem Erfordernis christlicher Pneumatologie gerecht werden, welche den Geist Gottes als einen Anderen in sich weiß, der das eigene Selbst als es selbst neubestimmt[5] – in einen schlechthinnigen Gegensatz zu seiner positiven Selbstgewißheit treten muß. Wie gezeigt, ist dies nicht der Fall, da sich die religiöse Negativität des Geistes in der an ihr aufbrechenden Totalitätserfahrung wieder vernichtet und deshalb gerade nicht ein Gegenüber eines sich am Endlichen selbstunterscheidenden Geistes Gottes und eines dadurch selbstunterschiedenen menschlichen Geistes aus sich heraussetzt. Wie sehr der Heilige Geistes in Schleiermachers Ausführungen diese Negativität auch aufrechtzuerhalten und den Gegensatz von unendlichem und endlichem Geist dadurch auch auseinanderzutreiben sucht – er dient gerade *darin* nichts anderem als der religiösen Vergewisserung der ohnehin idealen Individualität.

Wie sich zeigen wird, wird Schleiermacher diese Grundrichtung seiner Pneumatologie beibehalten und das Wesen der durch den Heiligen Geist geschehenden Erlösung als das ethische Zu-sich-Kommen des Geistes in dem von seiner Vollendung nur akzidentiell geschiedenen Individuum beschreiben. Daß Schleiermacher dabei der Gefahr erliegt, die Geistgegenwart Gottes nicht einzig als Selbstunterschied des menschlichen Bewußtseins in diesem aufzusuchen, sondern den Geist dabei bereits – auf eine freilich sehr differenzierte Weise – in der ‚Natur der menschlichen Seele' *voraussetzt*, ist schon in seinen Frühschriften ersichtlich. Auch die Umformung des in den Reden lediglich angedeuteten Gedankens, daß die Idealität des menschlichen Geistes allein in Christus verbürgt ist, zum Grunddatum seiner religiösen Pneumatologie, wird daran nur wenig ändern. Vielmehr wird die christologische Überhöhung des humanen Lebens die in den Reden noch ersichtliche religiöse Negativität des Geistes zum Schaden des Geistverständnisses ganz eliminieren. Indessen wird dadurch, daß nur Christus als urbildlich-ideales Individuum in den Blick kommt, die Überwindung der individualistischen Gemeinschaftsauffassung gelingen und der in den Reden erst angedeutete Raum der Geschichte als Kategorie für das Verständnis des Heiligen Geistes eröffnet. Wie dies im einzelnen geschieht und wie es Schleiermacher gelingt, trotz der sich schon früh abzeichnenden Defizienzen ein bemerkenswertes Gesamtverständnis christlicher Pneumatologie hervorzubringen, wird im Folgenden zu sehen sein.

---

[5] Vgl. o. S. 14–16.

Zweiter Teil
Das Geistverständnis des reifen Schleiermacher

„In Christo sehen wir also den Erdgeist zum Selbstbewußtsein in den Einzelnen sich ursprünglich gestalten“
(Die Weihnachtsfeier)

§ 6 Vorbemerkung

1. Nimmt man von den Monologen und Reden ‚Über die Religion‘ ausgehend das Geistverständnis des späteren Schleiermacher in den Blick, so fällt vor allem die reifere Gestalt seiner Gedanken auf. Schleiermachers Überlegungen haben den Odeur der Anfänglichkeit und romantischen Jugendlichkeit verloren und feste systematische Gestalt angenommen. Damit geht einher, daß die beim jungen Schleiermacher noch schwebende Verhältnisbestimmung von Individuum und Gemeinschaft nun eindeutig geworden ist und dem Geistbegriff seinen endgültigen Ort zugewiesen hat. Zuerst und vor allem betrifft dies den philosophischen Ausgangspunkt. Hatten die Monologen dem Geistbegriff *als* individuellem höchste philosophische Dignität zugesprochen, so ordnet Schleiermacher ihn nun in einen individualitätsübergreifenden Zusammenhang ein. Der individuelle Geist ist nicht mehr *selbst* höchstes Prinzip idealistischer und ethischer Philosphie, sondern kommt zur Einsicht seiner Unendlichkeit und Prinzipialität in einem ihm vorausgesetzten Prozeß der geschichtlichen Vereinigung von Vernunft und Natur. Und nur *in* dieser Grundpolarität des Lebens wird Geist nunmehr aufgefaßt. Dies hat zur Folge, daß Schleiermachers Geistbegriff in philosophischer Hinsicht an Bedeutung verliert. Gleichwohl ist der Geistbegriff keineswegs zur Bedeutungslosigkeit herabgesunken. Der Geist ist nach wie vor die in dem Zusammenwirken der geschichtlichen Kräfte tätige und alles leitende Macht. Aber die Frage, in welchem Sinne er dies ist und was sein Verständnis für die menschliche Weltanschauung austrägt, wird nun in einem größeren Rahmen erörtert. Hinzu kommt – und hier liegt die zweite grundlegende Weiterbildung Schleiermachers –, daß nun anstelle der religionsphilosophischen Überlegungen der Reden die Theologie als selbständiger und (wie sich zeigen wird) primärer Ort des Geistverständnisses in den Blick kommt. War schon beim jungen Schleiermacher deutlich, daß seine idealistischen Gedanken letztlich in der Religion wurzelten und diese in ihrer höchsten Form wiederum in dem ‚Mittler‘

Jesus, so wird diese christliche Einsicht nun zu dem systematischen Mittelpunkt, von dem aus überhaupt Geist zu denken unternommen wird. Und wie schon bei den frühen Überlegungen die Religion als etwas dem echten Philosophen Natürliches erschien, so sieht Schleiermacher auch in der grundlegenden Hinwendung des Geistbegriffs zur Theologie keine den philosophischen Gedanken auflösende *metabasis eis allo genos*, sondern einen dem philosophischen Verständnis des Geistes gerade entsprechenden Zugang.

2. Diese Veränderungen werden am deutlichsten ablesbar an der Rede Eduards in der im Januar 1806 veröffentlichten ‚Weihnachtsfeier'.[1] Schleiermacher steht hier – nach etwas mehr als einem Jahr als theologischer Universitätslehrer – auf der Grenze zwischen seinen romantischen Frühanschauungen und seinem späteren theologischen Entwurf und markiert in wenigen Strichen die sich ihm in diesem Übergang abzeichnenden Gedanken. Besondere Bedeutung hat dabei die Rede Eduards, von der Emanuel Hirsch zu Recht sagt, sie sei „ganz aus dem Geist der philosophischen Ethik und der Dogmatik Schleiermachers geboren".[2] Schleiermacher umreißt in ihr in nuce den ihm Philosophie und Theologie verbindenden Grundgedanken der sich durch die Erscheinung des Erlösers geschichtlich zu ihrer höchsten Vollendung bildenden Menschheit. Der Begriff, in dem sich der Gedanke bündelt, ist der des *Erdgeistes*. Demnach ist der Mensch in seinem Wesen „der Erdgeist selbst, das Erkennen der Erde in seinem [!] ewigen Sein und in seinem immer wechselnden Werden", als einzelner Mensch ist er aber unterschieden von dieser Erkenntnis seiner selbst, er ist „das Werden allein" und vermag sich aus der darin liegenden „Verwirrung" nicht dazu zu erheben, daß „jene Einerleiheit des ewigen Seins und Werdens des Erdgeistes in ihm selbst aufgeht".[3] Zu diesem „Selbstbewußtsein", in dem jeder einzelne, „wie er als ein Werden erscheint, nichts anders sein will, als ein Gedanke des ewigen Seins", kommt der Mensch nur durch den „Menschen an sich", den ‚Gottmenschen' Jesus Christus: „In Christo sehen wir [...] den Erdgeist zum Selbstbewußtsein in dem Einzelnen sich ursprünglich gestalten".[4] Weihnachten ist damit „das Wunder der erlösenden Weltenwende"[5], von dem aus sich das höhere „Selbstbewußtsein der Menschheit" durch gegenseitiges Sichmitteilen zur „Gemeinschaft" der

[1] Fr. Schleiermacher, Die Weihnachtsfeier. Ein Gespräch, Halle 1806. Es wird zit. nach dem von H. Gerdes und E. Hirsch hg. Wiederabdruck in Kl.Schr. I, 229–274.

[2] E. Hirsch, Schleiermachers Christusglaube. Drei Studien. Gütersloh 1968, 30. Damit soll nicht gesagt sein, daß Schleiermacher nur in der Person Eduards auftritt. Freilich geben auch die anderen Reden sowie die im ersten Teil der Weihnachtsfeier geführten Gespräche Schleiermachers damalige Auffassung wieder. Aber nur in der Rede Eduards ist die spätere systematische Durchführung der Gedanken Schleiermachers deutlich erkennbar, und nur dort steht seine Auffassung in explizitem Bezug zum Verständnis des Geistes.

[3] Kl.Schr. I, 272. Die 2. Aufl. von 1827 hat anstelle ‚des Erdgeistes' „des Geistes, wie er sich auf diesem Weltkörper offenbaren kann" (Kl.Schr. I, 458 Anm. 175).

[4] Kl.Schr. I, 272f. Die 2. Aufl. liest anstatt ‚Erdgeist' „Geist nach Art und Weise unserer Erde" (Kl.Schr. I, 458 Anm. 177).

[5] E. Hirsch, Schleiermachers Christusglaube, 42.

Kirche gestaltet, „durch welche so der Mensch an sich dargestellt wird oder wiederhergestellt“.[6] Die „Kirche“ verhält sich deshalb „zu allem Uebrigen, was Menschliches um sie her und außer ihr wird, wie das Selbstbewußtsein der Menschheit in den Einzelnen zur Bewußtlosigkeit“, und so ist es nur „der Geist der Kirche, der heilige Geist“, durch den der einzelne zu dem Bewußtsein seiner ursprünglichen Einheit mit dem „ewigen Sein“ „wiedergeboren“ wird.[7]

Schleiermacher nimmt hier die in der Goethezeit verbreitete Metapher des Erdgeistes unter freier Umprägung ihres ursprünglich pansophischen Gehaltes auf und wendet in ihr sein frühes Geistverständnis zu theologischer Bedeutung.[8] Der Erdgeist ist das Sichselbsterkennen des menschlichen Geistes, der sich selbst als Einheit von ewigem Sein und endlichem Werden erkennt. In der Erdgeistmetapher ist damit das Grundanliegen der Monologen präsent und zugleich in zwei Richtungen erweitert. Zum einen wird die Unendlichkeit des Geistes als über die Individualität hinausgehend gedacht und der einzelne nicht selbst als unendlich, sondern als ein Gedanke unendlichen Geistes gedacht. Zum anderen wird von dort ausgehend der individuelle menschliche Geist als ein von seinem unendlichen Sein getrennter gedacht, der der „Erlösung“[9] bedarf. Indem Schleiermacher so die individualistische Verengung des Geistbegriffs der Monologen korrigiert, schafft er Raum sowohl für den Gedanken der Unzulänglichkeit des einzelnen, als auch für den Gedanken der Gemeinschaft. Diese ist nun nicht mehr nur das Sichmitteilen der letztlich sich selbst genügenden Individuen, sondern die Gemeinschaft ist selbst der Ort, in dem allein dem einzelnen das höhere Selbstbewußtsein des Geistes aufgehen kann: „Nur wenn der Einzelne die Menschheit als eine lebendige Gemeinschaft der Einzelnen anschaut und erbaut, ihren Geist und Bewußtsein in sich trägt, und in ihr das abgesonderte Dasein verliert und wiederfindet, nur dann hat er das höhere Leben und den Frieden Gottes in sich“.[10] Dadurch verschiebt sich der wesentliche Ort

---

[6] Kl.Schr. I, 272.

[7] Kl.Schr. I, 272f.

[8] Ein „Geist der Erden“ findet sich bereits bei CHR. THOMASIUS (Versuch von Wesen des Geistes, Halle 1699, 109 Th. 91), er tritt in seiner literarischen Bedeutung als „Erdgeist“ bzw. „Geist der Erde“ aber erst in der Nachtszene von Goethes Urfaust hervor (J. W. v. GOETHE, Faust, hg. v. A. SCHÖNE, Frankfurt/M. 1994, 472, vor 107 u. 108; vgl. im Kommentar Schönes 216f). Zur folgenden Traditionsgeschichte der Metapher vgl. H. PATSCH, Metamorphosen des Erdgeistes. Zu einer mythologischen Metapher in der Philosophie der Goethe-Zeit, Neues Athenaeum 1 (1989), 248–279. Vgl. auch die Angaben bei P. WEISS, der die einschlägigen Stellen bei Schleiermacher ausführlich diskutiert, aber letztlich nicht für das Geistverständnis fruchtbar machen kann (Schleiermachers Geistverständnis, Teil I, 211–213.239–243; vgl. Teil II, 242f). Daß die Erdgeist-Metapher ganz vor dem Hintergrund der späteren Theologie und Geschichtsphilosophie Schleiermachers zu verstehen ist, macht E. HIRSCH deutlich (Schleiermachers Christusglaube, 39–44). Die Meinung von Weiß, daß die Erdgeistmetapher der Erörterung von Schleiermachers Geistverständnis ein Problem aufgebe, „das die Diskussion weiter beherrschen“ werde (Teil I, 243), ist demgegenüber ganz unverständlich und liegt darin begründet, daß Weiß den theologischen Horizont von Schleiermachers Geistbegriff unzureichend wahrnimmt.

[9] Kl.Schr. I, 272.

[10] Ebd.

des Geistbegriffs vom Individuum auf die Gemeinschaft, und es entsteht die für Schleiermacher fortan wesentliche Aussage, daß unendlicher Geist nur in der Gemeinschaft da ist. Diese Gemeinschaft ist die geschichtlich sich zu ihrem Selbstbewußtsein erhebende Menschheit und zugleich die Kirche. Sie ist Kirche, weil die Menschheit nicht aus sich selbst zu sich kommen kann, sondern des ‚Menschen an sich' bedarf, der die Gemeinschaft dieses höheren Selbstbewußtseins stiftet. Sie bleibt dabei aber geschichtlich sich entfaltende Menschheit, weil der ‚Mensch an sich' nichts anderes ist als die Menschheit selbst, nämlich der sich in allem erkennende menschliche Geist. „Was wir sonach feiern", sagt Eduard deshalb zur Erläuterung des Sinns von Weihnachten, „ist nichts anderes als wir selbst, wie wir insgesammt sind, oder die menschliche Natur, oder wie ihr es sonst nennen wollt, angesehen und erkannt aus dem göttlichen Princip".[11] Wenn in Christus ‚der Erdgeist zum Selbstbewußtsein in den Einzelnen sich ursprünglich gestaltet', so kommt nicht der ‚heilige' Geist auf die Erde, sondern der die Welt durchdringende menschliche Geist kommt zu seinem ursprünglichen Bewußtsein in einem vollkommenen Exemplar seiner selbst. Deshalb ist alles Bemühen des geschichtlich sich bildenden Menschen nur ein Aufsichzugehen des menschlichen Geistes in der Erscheinung Christi. Und die Wirksamkeit des heiligen Geistes der Kirche ist nichts anderes als das die Geschichte menschlichen Geistes vollendende Sichselbsterkennen des in Christus erschienenen Geistes in der Menschheit. Von hier aus finden die philosophische und die theologische Rede vom Geist ihre Übereinstimmung. Der „in Christus als dem Erlöser [...] erscheinende Geist", so urteilt Hirsch richtig, „ist nicht allein der heilige Geist [...]. Er ist zugleich weltgestaltender vernünftiger Menschengeist, der sich kraft seiner Vollmacht aus Gott als Träger der Gestaltungen der Erdgeschichte als schaffende Weltvernunft weiß. Das fromme Selbstbewußtein und die das Sein mit sich durchdringende Vernunft, welche in der die Weltgeschichte durchleuchtenden philosophischen Ethik das tragende Prinzip ist, sind zutiefst eins. Weil der Erlöser der Erdgeist ist, fällt sein wunderbares Erscheinen auf Erden zusammen mit dem Aufspringen des höheren menschlichen Selbstbewußteins".[12] Die Einheit von Heiligem Geist der Kirche und Vernunft ist so ein in Christus geschehendes geschichtliches Einswerden des menschlichen Geistes mit sich. Die späten Ausführungen Schleiermachers zum Geist werden nichts anderes als diesen umfassenden Zusammenhang aufzufassen suchen.

3. Schleiermacher entfaltet diese sich in der ‚Weihnachtsfeier' schon früh abzeichnende Auffassung vom Geist auf philosophischer Seite in der *philosophischen Ethik* und den Vorlesungen zur *Psychologie*, auf theologischer Seite in den späten *Predigten*, den Vorlesungen zur *christlichen Sittenlehre* und der *Glaubenslehre*.[13] Dabei machen die philosophischen Schriften den philosophischen Aus-

[11] Kl.Schr. I, 271.

[12] E. Hirsch, Schleiermachers Christusglaube, 43.

[13] Vgl. o. S. 17f; das dort zur Textauswahl Gesagte ist hier zu präzisieren.

gangspunkt klar: Geist ist, so die Grundaussage der hier in den Blick zu nehmenden letzten Fassung der Einleitung in die Ethik von 1816/17[14], das erkennende Prinzip in dem höchsten Gegensatz des Seins von Wissen und Gewußtem, von Geist und Dinglichem, dem Gegensatz, aus dem sich alle weiteren das geschichtliche Leben konstituierenden Polaritäten ergeben, die dann von der philosophischen Ethik als umfassende Kulturtheorie entfaltet werden. Dieser übergreifende Zusammenhang wird in seiner individuellen Verwirklichung entfaltet in den Psychologievorlesungen, die als Lehre vom „Geist wie er als Seele gegeben ist" bzw. als „Anthropologie aus dem Gesichtspunkt des Geistes" die Realisierung des Geistes im Bewußtsein und Handeln des einzelnen Menschen in ihren Grundformen beschreiben und sich dabei selbst als „Pneumatologie" verstehen.[15] Ethik und Psychologie bereiten so den geschichtsphilosophischen und anthropologischen Boden, auf dem dann sinnvoll der das Geistverständnis vollendende Satz gesagt werden kann, daß „der Geist selbst in Christus erschienen" sei.[16]

Was dieser Satz für das Verständnis des Geistes besagt, d.h. was der in Christus erschienene ‚Geist selbst' in seinem Verhältnis zu dem philosophisch gefaßten menschlichen Geist ist und wie er sich geschichtlich realisiert, entfalten die drei genannten theologischen Textkomplexe. Dabei kommt den späten Predigten Schleiermachers besondere Bedeutung zu. Unter den 115 im folgenden untersuchten literarischen Predigten[17] findet sich nicht eine einzige, in der

[14] Der als „Neuer Anfang der Ethik" überschriebene Text findet sich WBraun II, 515–557 und ist die letzte – von Schleiermacher wahrscheinlich als druckfertig angesehene – Fassung seiner Einleitung in die philosophische Ethik (vgl. H.-J. Birkner, Einleitung zu: F. D. E. Schleiermacher, Ethik (1812/13) mit späteren Fassungen der Einleitung, Güterlehre und Pflichtenlehre, PhB 335, 1990, S. XXIX; zur Datierung vgl. S. XXVIff).

[15] SW III/6, 215. 33. 407. Schleiermacher hat in den Sommersemestern 1818, 1821 und 1830 sowie im Wintersemester 1833/34 Vorlesungen unter dem Titel ‚Die Seelenlehre', bzw. ‚Die Lehre von der Seele' gehalten (vgl. W. Virmond, Schleiermachers Vorlesungen in thematischer Folge, Neues Athenaeum 3 [1992], 127–151: 136). Die nur 1818 als ‚Die Psychologie' angekündigten Vorlesungen sind unter Beigabe der Schleiermacherschen Manuskripte von 1818, 1830 und 1833/34 nach einer studentischen Mitschrift von 1830 abgedruckt in SW III/6. Zur Erörterung wird hier hauptsächlich die Vorlesung von 1830 kommen, von der Manuskript und mündliche Explikation Schleiermachers vorliegen.

[16] *CS* 302.

[17] W. v. Meding verzeichnet in seiner ‚Bibliographie der Schriften Schleiermachers' (SchlAr 9, Berlin 1992) 583 gedruckte Predigten Schleiermachers. Aus diesem „scheinbar uferlosen Meer" (E. Hirsch, Kl.Schr. III, 8) bleiben nach dem Ausscheiden der frühen Predigtsammlungen und Hausstandspredigten sowie der laut SW II²/4, III „mehr als Manuscript für Freunde gedruckten, denn in den Buchhandel gekommenen" Predigtenreihen und der postum hg. Predigten 115 literarische Predigten übrig, die Schleiermacher seit dem Erscheinen der Erstauflage der Glaubenslehre in seiner 5. bis 7. Predigtsammlung und (in 63 Fällen, wobei von dem Wiederabdruck früher veröffentlichter Predigten abgesehen wird) an anderer Stelle selbst in den Druck gegeben hat und die damit den Kernbestand dessen ausmachen, was Schleiermacher selber der Veröffentlichung für würdig erachtet hat (vgl. E. Hirsch, Kl.Schr. III, 8). Davon finden sich die 6. und Teile der 5. und 7. Predigtsammlung in Kl.Schr. III; was dort fehlt, wird nach SW II²/2 zitiert. Die gesondert veröffentlichten Predigten finden sich in SW II²/4 und sind (unter Absehung von den aus früherer Zeit stammenden Predigten I-XII sowie der ersten Tauf- und der ersten Grabrede) mit den in diesem Band abgedruck-

Schleiermacher den Geistbegriff nicht mindestens – und zwar weit überwiegend in gedanklich qualifiziertem Sinn – verwendet oder ihn zum Gegenstand eigener Überlegungen macht, so daß die Predigten eine sich auf die ganze Breite ihrer Predigtgegenstände beziehende Auffassung vom Geist wiedergeben, welche die Ausführungen der Glaubenslehre deutlich erweitert.[18] Dabei gewinnt vor allem der Sachverhalt pneumatologische Bedeutung, daß die späten Predigten die bei Schleiermacher sonst nur verdeckt sichtbare christliche Geschichtsphilosophie ausführen.[19] So ergibt sich aus den Predigten wesentlicher Aufschluß über das geschichtliche Verhältnis von philosophischer und theologischer Rede vom Geist. Die als zweiter Textkomplex zu nennende christliche Sittenlehre Schleiermachers[20] hat außerordentliche pneumatologische Bedeutung dadurch, daß sie auf der einen Seite „den Gesamtbereich menschlichen Handelns zum Horizont ihrer Betrachtung macht" und sich dabei auf die philosophische Ethik positiv zurückbezieht[21], auf der anderen Seite aber alles in ihr

---

ten Predigten identisch. Im einzelnen handelt es sich nach dem Verzeichnis bei v. Meding um P 61–137.139.148.151–161.164.171.176.179.185.192.194–195.204.210–220 .237–241. Die im folgenden nicht weiter aufgeführten näheren Angaben zu den einzelnen Predigten lassen sich über die jeweils verzeichnete Nummer entschlüsseln.

[18] Es ist dabei notierenswert, daß nicht so sehr die Pfingstpredigten, als vielmehr pneumatologisch vergleichsweise unbedeutende Predigttexte und Predigtanlässe die Grundaussagen von Schleiermachers Geistverständnis zur Sprache bringen. So ist es nicht ohne Grund geschehen, daß E. Hirsch in seiner Sammlung der späten Predigten Schleiermachers seinen Verzicht auf den Abdruck von Pfingstpredigten mit der Behauptung begründet hat, es werde „Schleiermachers Anschauung vom Wirken des göttlichen Geistes" bereits „mit den Augustanapredigten hinreichend deutlich" (Kl.Schr. III, 9). Tatsächlich nehmen die das Wesen des reformatorischen Christentums reformulierenden ‚Predigten in Bezug auf die Feier der Übergabe der Augsburgischen Konfession' (6. Predigtsammlung) eine besondere Stellung für das Geistverständnis Schleiermachers ein.

[19] Dies wird von E. Hirsch in der Einleitung zu seiner Ausgabe der späten Predigten etwas zu sehr betont, was darauf zurückzuführen ist, daß er die Predigten vor allem im Gegenüber zur Glaubenslehre betrachtet (Kl.Schr. III, 8). Demgegenüber ist auch die Bedeutung der christlichen Sittenlehre für das theologische Geschichtsdenken Schleiermachers hervorzuheben.

[20] Schleiermacher hat Vorlesungen zur „Christlichen Sittenlehre" – so i.d.R. der in den Vorlesungsverzeichnissen angegebene Titel – bereits 1806 einmal in Halle sowie in Berlin zwischen 1809 und 1831 sodann elfmal gehalten (vgl. W. Virmond, Schleiermachers Vorlesungen, 136ff). Es war ursprünglich seine Absicht gewesen, die christliche Sittenlehre in einer seiner Glaubenslehre entsprechenden Form zu veröffentlichen; sein Tod hat dieses Vorhaben verhindert. So liegen heute nur einige Manuskripte Schleiermachers vor sowie Vorlesungsnachschriften, die zwar minder zuverlässig sind, aufgrund der in ihnen wiedergegebenen breiten Entwicklung des Gedankens jedoch erst den „eigentlichen Reichtum seiner Vorlesungen erschließen" (H.-J. Birkner, Schleiermachers christliche Sittenlehre im Zusammenhang seines philosophisch-theologischen Systems, TBT 8, Berlin 1964, 18). Dies gilt in Besonderheit auch für den Geistbegriff, der in den Nachschriften sehr häufig – und sehr grundsätzlich – zur Sprache kommt, in den Manuskripten dagegen weniger ausgeführt ist. Unter den von L. Jonas hg. Vorlesungen (*CS*) wird dabei vor allem die Vorlesung von 1822/23 in Erwägung kommen, die als einzige vollständig im Druck vorliegt und ein geschlossenes Bild bietet. Die von H. Peiter hg. Ormig-Ausgabe der Vorlesung von 1826/27 (Das christliche Leben, Berlin 1969) ist leider kaum noch lesbar; ihre gedruckt vorliegende Einleitung (*CSE*) wird ergänzend herangezogen werden (vgl. zur Textlage in den Einleitungen der gedruckten Ausgaben *CS* V-XVII und *CSE* XXV-XXXIV).

[21] H.-J. Birkner, Schleiermachers christliche Sittenlehre, 85; vgl. zum Verhältnis von philosophischer und christlicher Ethik dort 81–87.

Auszuführende nicht auf die sittliche Vernunft, sondern auf den Heiligen Geist zurückführt: „Das Princip aller christlichen Sittlichkeit, auf welchem alles beruht, was in der christlichen Sittenlehre darzustellen ist, ist nichts anderes als das πνεῦμα ἅγιον".[22] So beschreibt die christliche Sittenlehre die Weise, in der sich die ‚Erscheinung des Geistes selbst' in Jesus von Nazareth im geschichtlichen Leben der Kirche realisiert. Erst von den Predigten und der Sittenlehre her tritt dann die Glaubenslehre Schleiermachers[23] pneumatologisch ins rechte Licht, die sich an vielen Stellen auf die in Predigten und Sittenlehre entwickelte Geistauffassung zurückbezieht, um ihren dogmatischen Gehalt im Lehrstück vom Entstehen der Kirche dann als Lehre vom Gemeingeist der Kirche zu entfalten und damit die Pneumatologie am Orte der geschichtlichen Gegenwart des Geistes in der Gemeinde aufzufassen. Erst alle drei aufeinander verweisenden theologischen Textfelder und die philosophischen Grundbestimmungen gemeinsam erschließen den ganzen Umfang von Schleiermachers Geistverständnis.

4. Daß Schleiermachers spätes Geistverständnis innerhalb der Schleiermacherforschung auffällig selten untersucht worden ist, ist vor allem darauf zurückzuführen, daß diese umfassende Gestalt seiner Geistauffassung aufgrund der scheinbar nur die Ekklesiologie thematisierenden Pneumatologie der Glaubenslehre nur wenig gesehen worden ist.[24] Am ehesten wird wohl *E. Hirsch* das Ganze seines Geistverständnisses im Blick gehabt haben, der die von ihm in den Anmerkungen zu seiner Ausgabe der späten Predigten besonders hervorgehobene Verbindung von Geistverständnis und theologischem Geschichtsdenken[25] aber außer in den oben verzeichneten Bemerkungen zur Weihnachtsfeier nicht mehr eigens thematisiert hat.[26] Ansonsten kommt Schleiermachers späters Geistverständnis nur in Bruchstücken zur Sprache. Von philosophischer Seite gibt *P. Weiß* einen ersten Überblick über die philosophische Verwendung des Geistbegriffs, der aber sowohl die philosophische Systematik Schleiermachers, als auch den theologischen Bezug seiner Geistauffassung weitgehend

[22] *CSE* 47, 17 – 48, 1.

[23] Fr. Schleiermacher, Der christliche Glaube nach den Grundsäzen der evangelischen Kirche im Zusammenhange dargestellt, 2 Bde, Berlin 1821/22, 2. Aufl. 1830/31. Untersucht werden soll vor allem die Letztfassung der 2. Aufl. (*CG²*), die Erstauflage (*CG¹*) wird ergänzend herangezogen.

[24] Vgl. den Literaturüberblick o. § 1.4. Was dort nur umrißhaft angedeutet wurde, ist hier nun gründlicher auszuführen. Daß dabei manches wiederholt werden muß, ist leider unumgänglich, zu große Überschneidungen werden aber so weit als möglich vermieden.

[25] Vgl. Kl.Schr. III, 367 (Anm. 59), 368 (Anm. 63), 369 (Anm. 69), 373, 388f (Anm. 134).

[26] In der Richtung Hirschs liegen einige Bemerkungen W. Dilthey s, die den Heiligen Geist als „Vollendung der in der Menschheit wirksamen Vernunft" verstehen, deren Kraft, aufgrund derer die „christliche Gemeinschaft" fähig ist, „das in der Menschheit angelegte höchste sittliche Gut fortschreitend zu verwirklichen", „von dem Leben und der Person Christi [...] ausgeht" (Leben Schleiermachers, Bd. 2: Schleiermachers System als Philosophie und Theologie, hg. v. M. Redeker [= Wilhelm Dilthey, Gesammelte Schriften, Bd. XIV/2], Göttingen 1966, 487.484.482; vgl. 479–487).

unberücksichtigt läßt.[27] Die breit angelegte Schleiermacherparaphrase von *E. Brito*[28] macht, wie schon erwähnt, nur auf den weiten Horizont des Geistverständnisses aufmerksam, ohne es systematisch erschließen zu können. So ist Brito zwar auf die breite Streuung der Belege aufmerksam geworden, läßt aber aufgrund seines vorherrschenden Anliegens einer Gesamtdarstellung Schleiermachers die Frage nach dem Geistverständnis auf der philosophischen Seite stark zurücktreten[29] und geht auf theologischer Seite über den pneumatologi-

[27] P. WEISS, Schleiermachers Geistverständnis, Teil II (vgl. o. S. 21). Weiß behandelt die philosophischen Arbeiten Schleiermachers von 1808 bis zu seinem Tod. Er bezieht sich dabei auf die Dialektik, Ethik, Hermeneutik, Psychologie, die Akademievorlesungen und die Aufsätze Schleiermachers (ausgenommen ist lediglich die Ästhetik; zum Gemeingeistbegriff der *CG*² vgl. die knappen Bemerkungen 245f) und ordnet die beobachteten Verwendungen des Begriffs nach sachlichen Gesichtspunkten. So ergibt sich ein Überblick über die Schleiermachersche Verwendung des Begriffs. Wie auch im ersten Teil seines Aufsatzes ist die untersuchte Textmenge groß und der dadurch gegebene (für die Psychologie allerdings dürftige) Überblick über die relevanten Textstellen hilfreich, die systematische Interpretation seiner mehr nur der vollständigen Aufführung der Belege verpflichteten Arbeit jedoch dürftig. Bedauerlich ist dabei vor allem, daß Weiß den beobachteten Gebrauch des Geistbegriffs nicht im Kontext der Konzeption von Schleiermachers Wissenschaftssystem auffaßt, in der er seinen Ort hat. Dies hat zur Folge, daß Weiß ein schwer überschaubares Neben- und Ineinander von Relationen des Geistbegriffs aufzeigt, ohne die einzelnen Aussagen von der Kenntnis ihres systematischen Ortes her gewichten zu können. Dadurch bleibt die Darstellung von Weiß inhaltlich defizitär, und es bleibt unklar sowohl, welche Bedeutung der Geistbegriff für die Schleiermachersche Konzeption hat, als auch, welches positive Interesse den Gebrauch des Begriffs bei Schleiermacher motiviert. So steht eine systematische Analyse von Schleiermachers philosophischem Geistverständnis noch aus.

[28] E. BRITO, La pneumatologie de Schleiermacher, BETL 113, Leuven 1994 (vgl. o. S. 22). Dem der Veröffentlichung vorausgehenden Aufsatz E. BRITO, Pneumatologie, ecclésiologie et éthique théologique chez Schleiermacher (RSPhTh 77 [1993], 23–52) entsprechen in La pneumatologie die S. 557–574. Der Aufsatz E. BRITO, Herméneutique et pneumatologie selon Schleiermacher, EThL 69 (1993), 88–117 ist in La pneumatologie, 191–198 und 400–407 verarbeitet.

[29] Es macht die Problematik von E. BRITO s Darstellung aus, daß dies geschieht, während zugleich behauptet wird, die ganze Philosophie Schleiermachers sei „philosophie de l'esprit" (La pneumatologie, 79) bzw. „pneumatologie philosophique" (a.a.O., 367). Bei näherem Zusehen erweist sich denn auch, das Brito diese vielversprechenden Überschriften gedanklich nicht einlöst. Es zeigt sich nämlich, daß die einzige Stelle, die Brito begründend anführt und mit der er immer wieder zu fundamentieren sucht, daß die Ethik Schleiermachers als seine philosophische Grundwissenschaft „»science de l'esprit«" sei (a.a.O., 9.84.119.367 u.ö.), dieses Gewicht gar nicht trägt. Denn Schleiermacher redet in seiner *1. Abhandlung über den Begriff der Güterlehre* an der besagten Stelle nicht von der Ethik als Wissenschaft, sondern sagt lediglich, daß die „Geschichtskunde", wenn „diese immer mehr ein verstandenes werden" soll, „zuerst ihrer Basis nach auf die entsprechenden Zweige der Naturkunde [...] zurückgeführt, dann aber in den großen Zügen ihres Verlaufs ethisch geschätzt werden [müsse], damit nicht die scheinbare Verwirrung eine Veranlassung gebe den Gang des menschlichen Geschlechtes auch im großen als ein Spiel des Zufalls anzusehen, als wodurch alle Wissenschaft des Geistes zerstört wird", woran dann die Aussage anschließt, daß die geschichtlichen „Bestrebungen, in denen der menschliche Geist sich selbst am lebendigsten erfaßt, [...] doch nur in dieser rein ethischen Darstellung ihren wissenschaftlichen Stützpunkt" haben (SW III/2, 467f). Brito schließt aus diesen Äußerungen, die doch nichts anderes besagen, als daß die *Geschichte*, insofern sie die Wirksamkeit des menschlichen Geistes abbildet, ethisch begriffen werden muß, daß die Ethik „Wissenschaft des Geistes" schlechthin sei, und beachtet gar nicht, daß Schleiermacher erstens mit ‚aller Wissenschaft des Geistes' keine konkrete Wissenschaft seines eigenen Systems anspricht und zweitens die Schleiermachersche Ethik selber mitnich-

schen Gehalt von Sittenlehre und Predigten hinweg[30], so daß auch der Zusammenhang von theologischem und philosophischem Geistverständnis unklar bleibt[31] und nur für die Ekklesiologie eine weiterreichende Zusammenschau geboten wird.[32] *W. Brandt* untersucht ebenfalls die Ekklesiologie,[33] klammert aber mit der vorausgesetzen These, daß Schleiermachers Verortung der Pneumatologie im ekklesiologischen Hauptstück ‚Vom Entstehen der Kirche' „ein negatives Urteil über alles nicht-ekklesiologische Reden vom Heiligen Geist" treffe, von vorneherein sowohl alle philosophischen als auch alle christologisch/soteriologischen Bezüge von Schleiermachers Geistverständnis aus, so daß sich eine

ten davon redet, Wissenschaft des Geistes zu sein. Ist indes eben dieses einmal behauptet, so kann in einem weiteren Schritt aus der Bedeutung der Dialektik für die Ethik rückgeschlossen werden, daß auch diese insgesamt als philosophische Pneumatologie in den Blick genommen werden kann, was dann ebenso im Ausgang von der Ethik für die Psychologie, Ästhetik und Hermeneutik gilt (La pneumatologie, 84; vgl. 367f). Ist damit das Ziel erreicht, die Philosophie Schleiermachers insgesamt als philosophie de l'esprit einzuführen, so beschränkt sich der ausführliche Darstellungsabschnitt (a.a.O. 85ff) auf die reine Inhaltsangabe der entsprechenden Schleiermachertexte, wobei Brito in der Regel den einzelnen Textabschnitten Schleiermachers folgt und dem Geistbegriff dabei nur noch wenig Aufmerksamkeit widmet – weswegen (was besonders bei der Psychologie auffällig ist) die für den Geistgedanken einschlägigen Stellen auch unerörtert bleiben. Entsprechend wird auch im interpretierenden Teil (‚pneumatologie philosophique'; 367ff) nicht gefragt, was bei Schleiermacher ‚Geist' sei, sondern den allgemeinen Aussagen der einzelnen Disziplinen werden entsprechende Aussagen Kants und Schellings (Dialektik), Hegels (Psychologie und Ethik) oder heutiger Autoren (Ästhetik und Hermeneutik) äußerlich vergleichend beiseitegestellt. Damit ist freilich über Schleiermachers Geistverständnis nicht viel gesagt, was über eine allgemeine Erörterung seiner Philosophie hinausginge.

30 So stellt E. Brito die Sittenlehre nur in ihren ethischen Resultaten dar und bringt den Sachverhalt, daß die *CS* den Heiligen Geist als ihr Prinzip benennt, gar nicht zur Sprache, so daß ganz unerörtert bleibt, was damit (wie auch mit vielen einzelnen Bestimmungen des Geistbegriffs) für das Verständnis des Heiligen Geistes gesagt ist (vgl. La pneumatologie 345ff.557). Der kurze Exkurs zu den Predigten (359–361) zitiert sieben Pfingstpredigten (und eine vorpfingstliche Predigt) und läßt, da Schleiermacher die Grundgedanken der Predigten zum Geist nur zum geringem Teil an Pfingsten ausgesprochen hat, das Wesentliche unbeachtet. Besonders der grundlegende Zusammenhang von Geist und Geschichte kommt nicht in den Blick.

31 E. Brito beschränkt sich hier darauf, das Verhältnis von menschlichem und heiligem Geist entsprechend dem Verhältnis von Philosophie und Theologie als Polarität zweier Brennpunkte einer Ellipse zu konstatieren (a.a.O., 365f). Die innere Logik dieses Verhältnisses beider kommt nicht in den Blick. Dies liegt nicht zuletzt daran, daß eine pneumatologische Interpretation des Gefühls der schlechthinnigen Abhängigkeit, die hier Abhilfe schaffen könnte, nicht geboten wird.

32 Auch hier ist indessen wenig pneumatologisch Tiefgreifendes gesagt, da sich Brito ganz auf die inhaltliche Darstellung der pneumatologisch-ekklesiologischen Aussagen der Glaubenslehre beschränkt, die dann mit der Sittenlehre zwar verknüpft, nicht aber als pneumatologische Systematik aufgefaßt und auf ein systematisches Verständnis des Geistes bezogen wird.

33 W. Brandt, Der Heilige Geist und die Kirche bei Schleiermacher, Zürich 1968 (vgl. o. S. 21). Die Darstellung Brandts beschränkt sich auf die Untersuchung des pneumatologischen Lehrstücks innerhalb der Binnenlogik des materialen Teils der Glaubenslehre. Die Sittenlehre wird von Brandt nur marginal herangezogen (z.B. 200f); die Predigten kommen überhaupt nicht in den Blick. Ausgeblendet werden ebenfalls die philosophische Rede Schleiermachers vom Geist sowie die philosophischen Voraussetzungen der Glaubenslehre in den ethischen Lehnsätzen. Ein die Logik der Glaubenslehre pneumatologisch erhellender Rückbezug der pneumatologischen Ekklesiologie auf die philosophische Theologie der Lehnsätze und die darin enthaltene ethische Ekklesiologie wird nicht vorgenommen.

zwar gründlich explizierte, aber sehr einseitige Sicht ergibt.[34] Neben der Arbeit von Brandt sind nur wenige verstreute Äußerungen zur Pneumatologie der Glaubenslehre zu finden, die i.d.R. aber keine Vollständigkeit der Darstellung erstreben, sondern ihren Wert darin haben, daß sie manche Einzelbeobachtungen machen.[35] Das Gewicht des Geistbegriffs in der christlichen Sittenlehre ist

[34] W. Brandt, Der Heilige Geist, 54. Die Exklusivität der Beschränkung der Lehre vom Heiligen Geist auf eine rein ekklesiologische Zuständigkeit zeigt sich bereits gleich zu Beginn der Arbeit Brandts. Dort heißt es: „Mit Schleiermachers Einschränkung des Werkes des Heiligen Geistes auf die Objektivierung des Glaubens in der Kirche werden wir es in dieser Arbeit zu tun haben. Der Heilige Geist ist der Gemeingeist der christlichen Kirche – nicht mehr und nicht weniger. [...] was an uns selber geschehen muß, damit wir zu Gott überhaupt und zu Gott in Christus ein diesem Gegenüber entsprechendes Verhältnis bekommen, dafür sorgen Gott und Christus selber: dafür ist kein Heiliger Geist nötig" (18). Brandt begründet diese weitreichenden Entscheidungen mit dem systematischen Charakter der Glaubenslehre, deren Systematik er nicht als einen geschichtlich bedingten Auffassungsversuch Schleiermachers, sondern als innere Systematik des religiösen Bewußtseins selbst versteht (vgl. 60–67, sowie 254, wo Brandt die Trennung von Christologie und Pneumatologie auf ihre „je verschiedenen Orte[] im ‚System' der Glaubenserfahrungen" [sic!] zurückführt [vgl. o. S. 21]). Weil Brandt nicht bemerkt, daß er damit die Gestalt der einzelnen Lehrstücke immer schon mit sich selbst beweist, kann er in seiner Analyse des pneumatologischen Lehrstücks seine These von der exklusiven Verortung der Pneumatologie in der Ekklesiologie zum nicht mehr eigens hinterfragten Interpretationsschlüssel des Geistverständnisses machen, das folglich gerade aus der Unterschiedenheit der ekklesiologischen Pneumatologie von Christologie und Soteriologie systematisches Profil gewinnt. Indem Brandt auf diese Weise alles über den Leisten der Ekklesiologie schlägt, gewinnt er ein Verständnis des Geistes, das die Kirchlichkeit des Heiligen Geistes überstark betont und deshalb die unübersehbare Bindung des Gemeingeistes an Christus notwendig als „christologische »Störung«" einer rein ekklesiologisch intendierten Rede vom Geist auffassen muß (213; Brandt steht hier offensichtlich ganz im Gefolge K. Barths, vgl. die Rede von der christologischen ‚Störung' in: Die protestantische Theologie, Zürich [2]1952, 385). Indessen handelt es sich bei dieser christologischen Bindung des Gemeingeistes nicht um eine „glückliche Inkonsequenz" Schleiermachers (359), sondern, wie auch schon die Glaubenslehre selber zeigt, um den systematischen Mittelpunkt seiner Lehre vom Geist (vgl. z.B. den christologischen Bezug des in dieser Beziehung von Brandt gar nicht betrachteten Leitsatzes von *CG*[2] § 123). Schleiermacher hat die ihm unterschobene These von einer rein ekklesiologischen Zuständigkeit der Pneumatologie denn auch selbst nicht vertreten. Es ist ihm nicht darum zu tun, die Pneumatologie zu begrenzen, sondern sie ihrer Wahrheit im frommen Selbstbewußtsein nach aufzufassen. Soll die Lehre vom Gemeingeist der Kirche verstanden werden, so ist sie nicht als Beschränkung der Pneumatologie zu begreifen, sondern als der Versuch, die Wahrheit von Schleiermachers ganzer – Vernunft, Erlösung und Geschichte übergreifenden – Pneumatologie am Orte des frommen Selbstbewußtseins zur Sprache zu bringen.

[35] So hat E. Dirscherl in dem Schleiermacherabschnitt seiner ‚theologiegeschichtlich-systematische[n] Untersuchung' (Untertitel) „Der Heilige Geist und das menschliche Bewußtsein" (Bonner Dogmatische Studien 4, Würzburg 1989, 642–679; darin zum Geistverständnis besonders 650–653. 663–675) hervorgehoben, daß Schleiermacher „erst im Bewußtwerden und Bewußtsein der erfahrbaren, wirklichen Gemeinschaft mit dem Gott Jesu Christi im Hl. Geist das voll-personale Angekommensein der Erlösung im Glaubenden ansetzt" (673), wenngleich dies bei ihm nach Dirscherls Meinung um den Preis einer Identifizierung von Heiligem Geist und Vernunft geschehe (651–653). Bei J. Moltmann (Der Geist des Lebens. Eine ganzheitliche Pneumatologie, München 1991) findet sich S. 234–238 eine kurze Auseinandersetzung mit Schleiermachers Pneumatologie, die neben deren untrinitarischer Gestalt vor allem eine im Verständnis des Geistes als Gemeingeist ausgemachte fehlende Sozialität des Geistverständnisses kritisiert. Letztere Kritik ist vorher auch schon von D. Bonhoeffer in seiner Dissertation, Sanctorum Communio (Werke, Bd. 1, 130f) geäußert worden, der – wie auch schon vor ihm W. Bender (Schleiermachers Theologie mit ihren philosophi-

zwar insgesamt gesehen, aber auch dort, wo die Sittenlehre in ihrem Bezug zur Glaubenslehre in den Blick kam, nur in Teilaspekten auf das Verständnis des Geistes bezogen worden, so daß sich wenig gedanklicher Ertrag ergibt.[36] Das gleiche gilt für die späten Predigten, die in ihrer Bedeutung für die Dogmatik bislang nur kaum bearbeitet sind und zu deren Geistverständnis sich trotz ihrer zahlreichen Gedanken zum Geist nur wenige Bemerkungen finden.[37] So ist

---

schen Grundlagen, Bd. 2, Nördlingen 1878, 507–515) – die Identität von Heiligem Geist und allgemeinem Gattungsbewußtsein herausstellt. Dagegen hat U. Barth die Bedeutung des Geistes gerade für „die streng intersubjektive Mitteilbarkeit der Darstellung religiöser Selbstauslegung" hervorgehoben (Christentum und Selbstbewußtsein, GTA 27, Göttingen 1983, 5.322, vgl. 5.3221, 5.3222, 5.3321). H. Peiter (Theologische Ideologiekritik. Die praktischen Konsequenzen der Rechtfertigungslehre bei Schleiermacher, Göttingen 1977) geht S. 81–99 in Auseinandersetzung mit W. Brandt (a.a.O.) auf das Geistverständnis Schleiermachers ein. Peiter kritisiert dabei im Rahmen seiner These von Schleiermachers ‚Ideologiekritik' die ekklesiologische Engführung Brandts und hebt ihm gegenüber die Bedeutung Christi, der Externalität des Wortes und der Trinitätslehre im Blick auf das Geistverständnis hervor, versäumt jedoch, seine erstaunlichen Ergebnisse in seinen eher thetischen Ausführungen an Schleiermacher selbst zu entwickeln. Treffend sind dagegen die wenigen Bemerkungen bei K. Fischer (Gegenwart Christi und Gottesbewußtsein. Drei Studien zur Theologie Schleiermachers, TBT 55, Berlin 1992), der auf die Bedeutung des Geistgedankens für die Bestimmung der Gegenwart Christi im Gottesbewußtseins hinweist (vgl. 28.99f).

36 Eine umfassendere Perspektive nimmt nur H. Samson in seiner freilich ganz aus dem Denken Barthianischer Theologie kommenden Untersuchung zum Kirchenbegriff der Sittenlehre ein (Die Kirche als Grundbegriff der theologischen Ethik Schleiermachers, Zollikon 1958; vgl. dort zum Geist 46–65), in welcher er den „*Geist* [als] das *Sein* der *Kirche*" bezeichnet (56) und auch die Gotteslehre Schleiermachers pneumatologisch zu interpretieren versucht (vgl. etwa den Satz „Der *Geist* ist das *Sein Gottes*" [47], der zugleich die Äußerlichkeit des Zugangs von Samson zum Denken Schleiermachers deutlich vor Augen führt). W. Verwiebe (Pneuma und Nūs in Schleiermacher Christlicher Sitte, ZThK 13 [1932], 236–243), H. Süskind (Christentum und Geschichte bei Schleiermacher, Tübingen 1911) und W. Trillhaas (Schleiermachers Predigt und das Homiletische Problem, Leipzig 1933) haben auf das Verhältnisproblem von Geist Gottes und menschlichem Geist in der Sittenlehre aufmerksam gemacht (vgl. u. S. 189 Anm. 39). H.-J. Birkner (Schleiermachers christliche Sittenlehre, Berlin 1964) enthält zwar einige den Geistbegriff verwendende Schleiermacherzitate, geht aber auf die Tatsache, daß das Prinzip der Sittenlehre der Heilige Geist ist, in seiner Habilitationsschrift nur ganz allgemein ein (80f). Ansonsten finden sich einige Bemerkungen bei M. Ohst (Schleiermacher und die Bekenntnisschriften, Tübingen 1989), der im Zuge seiner Darlegung des reformatorischen Handelns manche pneumatologische Gedanken der Sittenlehre nachzeichnet (vgl. 27f.47f.58.63.103 sowie zur Sündenlehre von *CG¹* 226f).

37 Außer auf die o. Anm. 25 genannten Bemerkungen von E. Hirsch ist auf die Schleiermacher-Vorlesung von K. Barth hinzuweisen (Die Theologie Schleiermachers, hg. v. D. Ritschl, Zürich 1978), die von den Predigten Schleiermachers ausgeht und dabei auch dem Geistverständnis Aufmerksamkeit gibt. Sieht man dabei von der Fülle der lediglich zitierenden und paraphrasierenden Belege ab, so bleiben einige interpretierende Andeutungen Barths übrig (vgl. S. 57f.59.62f.66.72.82. 89–91.92.143.178.190f.199.212f), die insgesamt dahin gehen, daß bei Schleiermacher Geist Gottes das „Naturganze" meine (57f) und „als der Geist, der den Christen zum Christen macht, [...] identisch mit der subjektiven Erregung" sei (62). Weil der Heilige Geist deswegen nur „Lebensstrom" sei und nicht „wirklich Geist" (63), blieben seine Wirkungen bei Schleiermacher dem Naturganzen verhaftet, die „pneumatische Autorität" werde ‚delegiert' an die naturhaft gefaßte „christlich-kirchliche Gemeinschaft" (212f) und „allfällige Anregungen des heiligen Geistes" würden „schleunigst in die Form geordneter Berufstätigkeit" ‚kanalisiert' (82). Insgesamt übersehe Schleiermacher, daß die bei ihm „zur Symbiose vereinigten Größen Geist und Natur selber nur die *eine* Seite eines ganz anderen Gegensatzes" seien (190f). W. Trillhaas (Schleiermachers Predigt und das homiletische Problem,

festzustellen, daß das Geistverständnis des späten Schleiermacher wohl in Aspekten zur Kenntnis genommen worden, in seiner Vernunft, Geschichte, Erlösung und Kirche übergreifenden Weite bislang aber nicht zur Erörterung gekommen ist.

5. In den folgenden Paragraphen soll nun der sich durch Philosophie und Theologie ziehende Grundgedanke von Schleiermachers Geistverständnis nachgezeichnet werden. Dabei ist von einer getrennten Behandlung der drei theologischen Textkomplexe Sittenlehre, Glaubenslehre und Predigten abzusehen, da die in ihnen befindlichen Gedanken zum Geist stark ineinandergreifen und nur in ihrem Zusammenhang vollständig verständlich werden. Vielmehr sollen die drei theologischen Textgruppen dem systematischen Gehalt des Geistgedankens folgend gemeinsam behandelt werden. Der Gedanke, in welchem Schleiermachers Geistauffassung dabei in seiner inneren Logik textübergreifend auffaßbar wird, ist der Gedanke der Geschichte. Dieser stellt sich bereits in Schleiermachers philosophischer Grundbestimmung des Geistgedankens in Ethik und Psychologie als ein wesentlicher Horizont des Geistverständnisses heraus (§ 7). Das in fünf Paragraphen zu entfaltende theologische Geistverständnis bezieht sich auf dieses philosophische Verständnis grundlegend zurück, geht aber einen eigenen Weg. Für das Verständnis sowohl dieser christlichen Gestalt als auch des Bezugs der theologischen Geistauffassung auf die philosophische sind Schleiermachers geschichtstheologische Gedanken zum Geist grundlegend, die vor allem in den Augustanapredigten entfaltet sind und das geschichtliche Verhältnis von Geist und Gesetz zur Sprache bringen. Sie sind zunächst darzustellen (§ 8). Das geschichtstheologische Geistverständnis wird von Schleiermacher dann inhaltlich christologisch gefüllt und in seiner Auffassung von der geschichtlichen Erscheinung des Geistes Gottes, der die Erlösung des menschlichen Geistes heraufführt, in Jesus von Nazareth soteriologisch interpretiert, wobei besonders das in der Sittenlehre entfaltete geschichtliche Verhältnis von Heiligem Geist und menschlichem Geist von Bedeutung ist (§ 9). Die Weise, in der der Geist geschichtlich gegenwärtig ist, wird von Schleiermacher dann in der gleichermaßen ekklesiologisch wie ethisch konzipierten Gemeingeistlehre der Glaubens- und Sittenlehre dargelegt, die innerhalb des Geistgedankens als Lehre von der geschichtlichen Gegenwart des in Christus erschienenen Geistes zu verstehen ist und in deren Kontext auch das besonders aus den Predigten ersichtliche Verhältnis von Geist und Wort zu thematisieren ist (§ 10). Dabei reicht die Wirksamkeit des Heiligen Geistes freilich weit über die Kirche hinaus, da der Geist als christlich-ethisches Prinzip auch für die humane Kultur grundlegende Bedeutung hat

Leipzig 1933) untersucht S. 81–86 die Pfingstpredigten Schleiermachers aus homiletischer Sicht und kommt zu dem Schluß, daß in ihnen zwar „unvergleichlich lebensvoll", jedoch in einer „die Einzigartigkeit des Heiligen Geistes" zu einer „Vertiefung und Verinnerlichung des Kulturbewußtseins" vermindernden Weise „vom Heiligen Geiste gesprochen" ist (86). Die Ausführungen von E. Brito schließen sich an Trillhaas an (vgl. La pneumatologie, 359–361).

(§ 11). Erst aus dem so Geschichte, Christologie, Erlösung, Kirche und Kultur überspannenden Verständnis des Heiligen Geistes her ist zu ermessen, was Schleiermachers Geistauffassung nun auch für das Verständnis Gottes besagt und wie sein Geistverständnis in explizit theologischem Sinne zu bewerten ist (§ 12). Besonders an dieser Stelle werden die freilich schon seit der Christologie mitgeführten kritischen Anfragen an Schleiermacher zu äußern sein, die freilich in einem die Geistgedanken des reifen und des jungen Schleiermacher zusammenbindenden Schlußparagraphen dann noch zu vertiefen und im Blick auf die Bewertung von Schleiermachers pneumatologischer Konzeption überhaupt weiterzuführen sind (§ 13).

„Wir selbst sind immer nur in der Identität des Geistigen und Leiblichen; ein Sein des Geistigen an und für sich im Gegensatz zu einem Sein des Leiblichen kann uns nie gegeben sein."

(Dialektik)

§ 7 Philosophische Grundbestimmungen

Gilt es, das philosophische Verständnis des Geistes bei Schleiermacher zu erheben, so ist zunächst zu konstatieren, daß sich bei Schleiermacher kein völlig durchgebildeter Geistbegriff findet. Während der Geistbegriff bei Hegel eine unvergleichliche Karriere nahm, ist bei Schleiermacher eine deutliche Zurückhaltung in seiner Verwendung zu spüren. So zeigt bereits die Durchsicht seiner philosophischen Schriften, daß Schleiermacher den Geistbegriff vergleichsweise selten und in sehr unterschiedlichen Kontexten gebraucht, welche die Einheit des Begriffs nicht gleich erkennen lassen.[1] „Geist" ist beim reifen Schleiermacher kein Ausdruck, der in Besonderheit das Absolute prädizieren würde oder dem – wie etwa in den Monologen – eine exklusive philosophische Dignität zukäme. Sondern der Geistbegriff ist nun in übergeordnete Erörterungszusammenhänge eingefaßt, aus denen er nicht herauszulösen ist, ohne seine philosophische Bedeutung einzubüßen. Gleichwohl läßt sich aber ein systematischer Gedanke des Geistes herausarbeiten, der Schleiermachers Geistauffassung deutliches philosophisches Profil gibt. Dabei wird sich zeigen, daß die gedankliche Einbindung keine Abwertung des Geistbegriffs bedeutet, sondern nur die ausgereiftere Gestalt spiegelt, in welcher Schleiermacher dem Geist weiterhin große Bedeutung beimißt.

Zur Untersuchung bieten sich vor allem die Einleitung in die philosophische Ethik aus den Jahren 1816/17, sowie die Psychologievorlesung aus dem Jahr 1830 an, die beide den Geistbegriff in ihrer Grundlegung verwenden und dabei sein systematisches Profil erkennen lassen.[2] Die von Schleiermacher als „Neuer Anfang der Ethik" überschriebene letzte Fassung seiner Einleitung in die Ethik ent-

[1] Ein gutes Beispiel für die Arbeit von P. Weiss (Der Geistbegriff Schleiermachers, Teil II), der die differenten Belege nach den ‚Relationen' „Materie und Geist" (227ff), „Natur-Vernunft-Geist" (233), „Gefühl und Geist" (239f) und „Sprache und Geist" (240ff) ordnet, aber keine konsistente Systematik des Begriffs herzustellen vermag.

[2] Vgl. zur Textgrundlage o. S. 101. Die Einleitung in die Ethik wird erläutert durch spätere Anmerkungen Schleiermachers, die einigen (inzwischen verlorengegangenen) Beiblättern aus dem Jahr 1832 entstammen und mit heranzuziehen sind (vgl. WBraun II, 629–637; Braun übernimmt Text und Datierung aus der Ausgabe von A. Schweizer in SW III/5, vgl. WBraun II, XVI).

wickelt „die Grundzüge seiner Wissenschaftstheorie und Wissenschaftssystematik“[3] und läßt den Geistbegriff in seiner wissenschaftstheoretischen Bedeutung hervortreten. Die Psychologie bezieht sich auf die Ethik zurück und entfaltet den Geistbegriff in seiner anthropologischen Relevanz. Indem sie ihre Darlegung der Bewußtseinsentwicklung des ‚als Seele gegebenen‘ Geistes in der Beschreibung des religiösen Bewußtseins gipfeln läßt, leitet sie zu Schleiermachers theologischer Rede vom Geist über, die im Ausgang des philosophischen Geistverständnisses abschließend noch kurz in den Blick genommen werden soll.

1. Das Geistverständnis in der Grundlegung der Ethik. Beobachtungen zum „Neuen Anfang der Ethik“ von 1816/17

Schleiermacher entwickelt die Grundzüge seines Geistverständnisses im „Neuen Anfang der Ethik“ im zweiten Abschnitt, der mit der Begründung des in Ethik, Physik, Naturkunde und Geschichtskunde sich aufteilenden vierteiligen Wissenschaftssystems den Kern der Wissenschaftstheorie der Ethik bildet.[4] Indem er seine philosophische Geistauffassung im Zuge dieser Erörterungen fundiert, verortet er den Geistbegriff an grundlegender Stelle. Der dabei entstehende Gedanke des Geistes ist in vier Schritten nachzuvollziehen.

1. Wenn Schleiermacher in der Grundlegung seines Begriffs der Ethik die Ableitung der Wissenschaften aus dem höchsten Wissen verhandelt, so ist das damit zur Verhandlung stehende Grundproblem das Verhältnis von einzelnem und höchstem Wissen, genauer: die Frage nach der spezifischen Bestimmtheit eines einzelnen Wissens in seinem Verhältnis zum höchsten Wissen. Schleiermacher bewältigt dieses Problem mit der ihm eigentümlichen Denkfigur eines polaren Gegensatzes, in den sich ein Ganzes – in diesem Falle das ganze Wissen – teilt und im Zusammenspiel des Gegensätzlichen, wie in einer durch zwei Gegensatzpole konstituierten Ellipse, dieses Ganze in sich schließt.[5] Einzelnes

[3] H.-J. Birkner, Einleitung zu: F.D.E. Schleiermacher, Ethik (1812/13), XXIX.

[4] Vgl. WBraun II, 524–537 (§§ 22–61). Diesem als ‚Ableitung des Begriffs der Ethik‘ überschriebenen Abschnitt geht ein erster Abschnitt voraus, der die ‚Bedingungen für die Darstellung einer bestimmten Wissenschaft‘ behandelt und darlegt, daß eine bestimmte Wissenschaft, soll sie vollkommen dargestellt werden, nicht in sich selbst begründet werden darf, sondern sich auf ein ‚höchstes Wissen‘ beziehen muß, von dem alles einzelne Wissen ausgeht (§ 1). Es folgen ein dritter Abschnitt, der die ‚Darlegung des Begriffs der Sittenlehre‘ zur Aufgabe hat, und ein letzter, in dem Schleiermacher die ‚Gestaltung der Sittenlehre‘ bedenkt. Der Gedankengang des zweiten Abschnittes ist nur insoweit nachzuvollziehen, als er für den Grundgedanken des Geistes unmittelbar relevant ist; vgl. zum Ganzen (sowie auch zu den entsprechenden Bestimmungen der Dialektik) die ausführliche Analyse von C. Albrecht, Schleiermachers Theorie der Frömmigkeit, 70–98.

[5] Vgl. zu dieser Denkform, die von Schleiermacher selbst anhand des Bildes einer Ellipse mit zwei Brennpunkten erläutert wird, A. Reble, Schleiermachers Denkstruktur, ZThK 17 (1936), 254–272. Reble hebt als Differenz zu Hegel hervor, daß Schleiermacher zwar eine Struktur der Gegensätzlichkeit der Begriffe setzt, dabei aber das harmonische Zusammenspiel des in polaren Gegensätzen aufeinander Bezogenen, nicht die dialektische Einheit des sich Widersprechenden, im Blick hat (264).

Wissen ist demnach im Unterschied zu dem höchsten Wissen dadurch bestimmt, daß es in einen Gegensatz gefaßt ist und aufgrund dessen neben sich immer noch ein anderes Wissen hat, mit dem es nur zusammen das Ganze des zu Wissenden auffaßt: „Jedes besondere Wissen [...] besteht nur in Gegensäzen und durch solche; und jedes Wissen, das in Gegensäzen besteht, ist nothwendig ein besonderes, das neben sich anderes haben muß".[6] Diese Gegensätzlichkeit des Wissens strukturiert das ganze Gebiet des Wissens, da jedes einzelne Wissen wiederum Gegensätze des Wissens entbindet und so fort. Dadurch ergibt sich ein in sich abgestuftes Wissensreich, in welchem jedes Wissen zum einen „Gegensäze in sich gebunden enthält", zum anderen selbst einen Gegensatz hat, mit dem es gemeinsam auf ein höheres und schließlich auf das höchste Wissen bezogen ist.[7] Soll eine einzelne Wissenschaft begründet werden, so muß sie nach Schleiermacher deshalb innerhalb der Gesamtheit des in Gegensätzen sich verhaltenden Wissens verortet werden. Da alles Wissen um solches Sich-Verhalten aber selbst der Gegensätzlichkeit unterworfen ist, muß ein „höchster Gegensatz" gefunden werden, durch welchen alles Sich-Verhalten des einzelnen Wissens bestimmt ist.[8]

Zur Bestimmung dieses höchsten Gegensatz bezieht sich Schleiermacher auf eine schon vorher eingeführte Grundbestimmung zurück, nach der sich alles höchste und einzelne Wissen immer auf höchstes und einzelnes Sein als Gegenstand dieses Wissens bezieht: „Wissen und Sein", so hatte Schleiermacher ausgeführt, „giebt es für uns nur in Beziehung aufeinander. Das Sein ist das Gewußte, und das Wissen weiß um das Seiende".[9] Wissen und Sein stehen zueinander in einem Verhältnis ursprünglicher Entsprechung, aber auch ursprünglicher Unterschiedenheit. Die *Entsprechung* besteht darin, daß „Wissen und Sein [...] eines des andern Maaß [sind], so daß ein Wissen eines ist durch die Bestimmtheit des Seins, und ein Sein eines durch die Bestimmtheit des Wissens, dem es entspricht, und daß ein Sein vollkommen ist durch die Genauigkeit, mit der es dem Wissen und ein Wissen vollkommen durch die Genauigkeit, mit der es dem Sein entspricht".[10] Die *Unterschiedenheit* von Sein und Wissen in dieser Entsprechung liegt nun darin, daß das eine als das ‚Maaß' des andern diesem gegenübersteht; sie findet ihren Ausdruck in dem Satz: „Sein als Gegenstand des Wissens hat das Wissen außer sich und Wissen als solches hat

[6] WBraun II, 526 (§ 27).

[7] Vgl. WBraun II, 528f (§§ 34–38).

[8] Vgl. WBraun II, 531. „43. Das so gegen das höchste und unter ihm sich verhaltende Wissen [...] bildet nur eine Gesamtheit, in der wir das von uns gesuchte Wissen und seinen bestimmten Ort finden können, inwiefern alle Gegensäze, in denen das Wissen besteht, sich auf bestimmte Weise verhalten. [...] 44. Dieses Verhalten kann aber selbst nur durch Gegensäze bestimmt sein; daher müssen wir einen höchsten Gegensaz suchen".

[9] WBraun II, 524f (§ 23). Der axiomatische Charakter dieser Zusammengehörigkeit von Sein und Wissen wird deutlich in der Erläuterung des Paragraphen, in der Schleiermacher schlicht notiert: „Es kann nur gefordert werden, daß jeder sich dieses Sazes bewußt werde" (WBraun II, 525).

[10] WBraun II, 525 (§ 26).

das Sein als Gegenstand außer sich."[11] Indem Wissen und Sein damit einander gänzlich entsprechen, sich zugleich aber gegenseitig ausschließen, stehen sie in einem Verhältnis völliger Komplementarität.

Es entspricht nun der formalen Struktur des Wissens, immer Wissen von Sein zu sein, daß dieser Gegensatz von Sein und Wissen, soll er selbst gewußt werden, als höchster Gegensatz *des Seins* aufgefaßt werden muß. Dies hat zur Folge, daß Sein und Wissen auch in ihrer Gegensätzlichkeit „nicht ausschließend entgegengesetzt" sein können, „weil das Wissen doch seinen Ort im Sein haben muß".[12] Das Wissen, das sich vom Sein als dem ihm gegenüberstehenden Gegensatz unterscheidet, muß demnach in seiner Unterschiedenheit selber am Sein ausfindig zu machen sein. Schleiermacher bildet deshalb das Gegenüber von Sein und Wissen auf die ontologische Polarität von ‚gewußtem Sein' und ‚wissendem Sein' ab. Das wissende Sein ist dann der ursprüngliche Selbstunterschied des sich in der Polarität von Wissen und Gewußtem erkennenden Seins. In diesem Sinne ist der Gegensatz von Sein und Wissen der höchste dem Sein selbst innewohnende Gegensatz, welcher alles einzelne Wissen und mithin auch alle Wissenschaft bestimmt. So kommt Schleiermacher zu der den gesuchten ‚höchsten Gegensatz' benennenden Aussage:

> „Der höchste Gegensaz, unter dem uns alle andern begriffen vorschweben, ist der des dinglichen und des geistigen Seins. Dinglich ist das Sein als das Gewußte, geistig als das Wissende, beide natürlich im weitesten Sinne genommen. Dieser Gegensaz [...] ist [...] der aller Wissensthätigkeit als ihre allgemeinste Bedingung einwohnende".[13]

Schleiermacher faßt damit den Gegensatz von Wissen und Gewußtem als Gegensatz nicht von Sein und Wissen, sondern als Gegensatz des Seins selbst auf. Dies bedeutet für das Wissen, daß es als Wissen von Sein immer schon selber Teil eben des Seins ist, welches es auffaßt. Umgekehrt ist der ontologisch grundlegende Gedanke zur Sprache gebracht, daß Sein nur als gewußtes Sein als Sein es selbst ist, sich das Sein also als sein Sich-Wissen überhaupt nur als Sein konstituiert.

2. Es wird weiter unten zu zeigen sein, wie Schleiermacher aus dieser höchsten Polarität die Gegensätzlichkeit des Wissens selbst ableitet und sein polar verfaßtes Wissenssystem begründet. An dieser Stelle ist zunächst darauf aufmerksam zu machen, daß Schleiermacher innerhalb des Ausdrucks „geistiges Sein" erstmals und in grundlegendem Zusammenhang auf den Geistbegriff Bezug nimmt. Eine Anmerkung Schleiermachers, die anstelle von ‚geistigem Sein' von ‚Geist' redet, bestätigt, daß in dem genannten höchsten Gegensatz auch Schleiermachers Auffassung vom Geist zur Verhandlung steht.[14] Geist – oder geistiges Sein – kommt dabei zunächst als ein ontologischer Begriff in den Blick. Und

---

[11] WBraun II, 630 (zu § 23).

[12] Ebd.; vgl. WBraun II, 531 (§ 45): „Der höchste Gegensaz muß auch in unserm Sein sich finden; und da uns dieses am unmittelbarsten gegeben ist, müssen wir ihn in diesem zunächst suchen".

[13] WBraun II, 531 (§ 46).

[14] WBraun II, 631 (zu § 48); vgl. das im Text folgende Zitat.

zwar ist der Geistbegriff *ein* Begriff in dem ‚höchsten', d.h. grundlegenden, das Sein benennenden Begriffspaar. Er bezeichnet dabei die wissende Seite des Gegensatzes, in welchen sich das höchste Sein „uns", d.h. dem philosophischen Betrachter, ursprünglich teilt. Eine Anmerkung erläutert den in der Figur der Polarität gesetzten relativen Charakter dieses Gegensatzes:

> „Das dingliche Sein hat immer schon von der Identität mit dem Geiste her das in sich, wodurch es erkennbar wird, und das geistige Sein hat immer schon von der Identität mit dem Dinglichen her das, wodurch es ihm Gegenstand wird".[15]

Es handelt sich bei dem Gegensatz von geistigem Sein und dinglichem Sein um eine Polarität des Seins, deren Pole jeweils nur in Bezogenheit auf den anderen sie selbst sind. Geist – bzw. geistiges Sein – ist demnach ein Relat in der ursprünglichen Relation des Seins und hat dadurch per definitionem immer schon Gegenständliches an sich. Ebenso hat das gegenständliche dingliche Sein per definitionem immer schon Geist an sich. Die Gesamtheit des Seins – und d.h. das gesamte Reich des sich auf das Sein beziehenden Wissens – ist im Zusammensein dieser Gegensätze gegeben; folglich entbindet sich jedes einzelne Wissen als Wechselspiel aus Wissen und Gewußtem, aus Geist und Gegenstand, und bleibt in jedem einzelnen Wissen auf diesen höchsten Gegensatz bezogen.

Versucht man aufzufassen, was in diesen noch ganz formalen Grundbestimmungen über das Schleiermachersche Verständnis des Geistes gesagt ist, so ist gegenüber einer sich von Hegel her nahelegenden Verständnismöglichkeit zunächst hervorzuheben, daß der Geistbegriff in dem Schleiermacherschen Gegensatzpaar nicht die Unterscheidung selbst thematisiert, in der das Sein in den Gegensatz von Wissen und Gewußtem auseinandertritt. Sondern Schleiermacher setzt die Unterschiedenheit des Seins immer schon voraus. Geist bezeichnet damit zwar auch bei Schleiermacher das Erkennende, dieses wird aber nicht als die *Bewegung* von Selbstunterscheidung und Rückbezug des geistigen Seins *selbst* gefaßt, sondern als *eine Seite* der aus einer nicht eigens begriffenen ursprünglichen Selbstunterscheidung als *Resultat* hervorgegangenen höchsten Polarität im Sein und Wissen. Diese Polarität, und mit ihr die Verortung des Geistbegriffs auf einer Seite derselben, wird von Schleiermacher als die unüberschreitbare allgemeinste Bedingung aller Wissenstätigkeit vorausgesetzt. Bedenkt man die Konsequenzen dieser Grundbestimmung, so wird deutlich, daß Schleiermacher eine Idealisierung des Geistbegriffs und die dieser Idealisierung entsprechende Möglichkeit, ein reines Sich-Wissen des Geistes zu denken, ausschließen muß. Geist hat als wissendes Sein mit dem Gewußten immer ein relationales nicht-geistiges Gegenüber, mit dem es ursprünglich verbunden ist. Dies hat zur Folge, daß der Versuch, das Geistige ‚an und für sich' zu erfassen – wie alle sich nur auf einen Teil eines Gegensatzes richtende Wissensbemühung – von vorneherein unter dem Verdikt steht, daß die Abstraktion von der entgegengesetzten anderen Seite genau das von dem Erkennen ausnimmt, durch

[15] WBraun II, 631 (zu § 48).

welches die zu-erkennende geistige Seite überhaupt nur sie selbst ist.[16] Gilt also ganz allgemein für das Wissen: „Jedes Wissen aber, das nur Eine Seite eines Gegensazes aussagt, ist an und für sich betrachtet todt"[17], so gilt auch für den Gegensatz von Geist und Dinglichem: „Jedes Glied dieses Gegensatzes getrennt für sich genommen ist nichts im Sein und Wissen, sondern bleibt nur ein todtes Zeichen".[18] Ein Sichselbsterkennen und reines Sichwissen des Geistes kann es für Schleiermacher folglich nicht geben, und so ist auch Geist an und für sich oder „reiner Geist" für ihn nicht zu denken.[19] Sondern Geist ist er selbst nur als eine sich auf Sein beziehende Funktion eben des Seins, auf welches er sich bezieht, und ist damit von seinem ‚dinglichen' Gegenteil unablöslich.[20]

3. Der Begriff des Geistes hat auf diese Weise zwar nicht exklusive, aber als eine Seite der höchsten Polarität des Seins gleichwohl grundlegende Bedeutung in der Begründung von Schleiermachers Philosophie. Er kommt nun zur Anwendung in den sich aus dem höchsten Gegensatz entbindenden weiteren Polaritäten, die das System der Wissenschaften strukturieren. Dabei setzt der auf die Formulierung des höchsten Gegensatzes von Geist und Dinglichem unmittelbar folgende Paragraph den höchsten Gegensatz zu sich selbst ins Verhältnis und erhält so einen weiteren Gegensatz, der die Form beschreibt, in der der höchste Gegensatz als gegensätzlich verfaßtes Sein und Wissen wirklich ist. Schleiermacher definiert dort:

> „Das Ineinander aller unter diesem höchsten begriffenen Gegensäze, auf dingliche Weise angesehen, oder das Ineinander alles dinglichen und geistigen Seins als Dingliches d.h. Gewußtes ist die *Natur*. Und das Ineinander alles Dinglichen und Geistigen als Geistiges d.h. Wissendes ist die *Vernunft*".[21]

---

[16] Vgl. *Dialektik*, hg. R. Odebrecht, 387: „ein Sein des Geistigen an und für sich [...] kann uns nie gegeben sein". Dagegen heißt es bei G. W. F. Hegel gerade umgekehrt: „Das *an-* und *fürsichseiende* Wesen aber, welches sich zugleich als Bewußtsein wirklich und sich sich selbst vorstellt, ist *der Geist*" (Phänomenologie des Geistes, hg. v. H.-F. Wessels und H. Clairmont, PhB 414, 288, 32–34).

[17] WBraun II, 529 (§ 36).

[18] WBraun II, 532 (§ 46).

[19] Vgl. WBraun II, 534 (§ 54): „reiner Stoff oder reiner Geist [ist denkmöglich] nur außer der Welt, welches aber eben so viel ist als nirgends".

[20] Man könnte auch sagen: Weil der Geist nur als Selbstunterschied des Seins als Geist *ist*, ist er nicht abgelöst von dem ihm gegenüberstehenden Sein etwas für sich selbst. Schleiermachers Bestimmungen führen hier auf die grundlegende Frage, welchen Status von Sein Geist eigentlich hat, wenn er nur als dessen Unterschied *ist*. Schleiermacher denkt dieses Problem, bei dem auch die von ihm abgelehnte Position Hegels wieder in den Blick geraten müßte, nicht zu Ende. Dies hat seinen Grund nicht zuletzt auch darin, daß seine Ausführungen hier nur funktionalen Charakter haben und streng auf die Fundamentierung seines polar strukturierten Wissenschaftssystems bezogen sind. Gleichwohl liegt hier aber ein fundamentales Sachproblem vor, das mit dem von Schleiermacher vorgenommenen Aufweis der Gegensätze noch nicht zureichend geklärt ist. Hätte Schleiermacher hier weiter gedacht, wäre vielleicht manches anders geworden.

[21] WBraun II, 532 (§ 47); vgl. in einer Anmerkung aus dem Jahr 1832: „Die Gesamtheit aller Gegensäze unter der Potenz des Dinglichen nennen wir Natur, des Geistigen die Vernunft" (zu § 50; WBraun II, 632).

Schleiermacher wendet hier den höchsten Gegensatz auf sich selbst an, indem er unter den Gegensatz von geistigem und dinglichem Sein einen zweiten Gegensatz setzt, in welchem die Begriffe Natur und Vernunft als Gegensatzpaar den höchsten Gegensatz jeweils in sich enthalten und ihr Spezifikum durch das Überwiegen je einer Seite des höchsten Gegensatzes bekommen.[22] Er überführt damit den Wissen und Sein noch gegenüberstellenden ersten Gegensatz in eine Gegensätzlichkeit im Wissen bzw. im Gewußten selbst.

Diese Überführung ist nun näher zu verstehen. Schleiermacher hatte betont, daß geistiges und dingliches Sein nicht je für sich, sondern immer nur mit und füreinander sind und das eine schon immer das des anderen ‚in sich' hat, durch das es ihm ein Gegenüber ist. Geistiges Sein kann deshalb nicht als ein solches gefaßt werden, das sich losgelöst von dem in-sich-Haben des Gegenübers auf dieses bezieht, sondern vermag dies nur in seinem Miteinander mit dem Dinglichen. ‚Subjekt' des Wissens ist also nicht das Geistige Sein für sich, sondern das ‚Ineinander' des Dinglichen und Geistigen, sofern dieses *als Geistiges* tätig wird. Schleiermacher nennt dieses Ineinander Vernunft. Ebenso ist der Gegenstand des Erkennens nicht das dingliche Sein als bloßes Abstraktum, sondern das ‚Ineinander' des Dinglichen und Geistigen, sofern es als dinglich-gegenständliches Sein angesehen und d. h. gewußt wird. Schleiermacher nennt dieses Ineinander Natur. Damit ist ein zweiter Gegensatz gesetzt, in welchem sich nicht mehr Geistiges und Dingliches, sondern ein zweifaches Ineinander von Geistigem und Dinglichem zueinander verhalten. Erst in diesem zweiten Gegensatz ist geistiges Sein Tätigkeit des Wissens. Und erst dieser zweite Gegensatz vermag somit das aus dem höchsten Sein und Wissen entbundene einzelne Wissen auf seine Einheit hin aufzufassen. So ist der höchste Begriff des polaren Seins nicht der des höchsten Gegensatzes von Dinglichem und Geist, sondern dieser zweite Gegensatz, den Schleiermacher zunächst rein formal durch die Begriffe Vernunft und Natur bezeichnet, so daß also gilt: „Das höchste Bild aber des höchsten Seins, also auch die vollkommenste Auffassung der Gesamtheit alles bestimmten Seins, ist die vollständige Durchdringung und Einheit von Natur und Vernunft".[23]

Betrachtet man diese Polarität in Hinblick auf das in ihr zum Vorschein kommende Verständnis des Geistes, so ist vor allem sichtbar, daß der Geistbegriff nicht nur das Sein der Vernunft, sondern auch das der Natur thematisiert. Beide sind jeweils ein Ineinander von Geist und Dinglichem. Dabei ist deutlich, daß

---

[22] Die Begriffe ‚Natur' und ‚Vernunft' sind dabei ganz formal bestimmt; vgl. in der Erläuterung des Paragraphen (WBraun II, 532): „Daß nun Vernunft gleich wieder als Natur gedacht werden muß, wenn sie Gegenstand sein und gewußt werden soll, und eben so Natur als Vernunft, wenn sie als Ideen Zwecke in sich tragend und vorstellend gedacht wird, leuchtet ein und beweiset eben das Untergeordnete und Unvollkommene der Trennung".

[23] Vgl. WBraun II, 532 (§ 48). P. Weiss zielt wohl auf das Richtige, wenn er – in allerdings problematischer Diktion – interpretiert: „Dingliches und geistiges Sein, für sich gesetzt, erscheinen als gegensätzlich. Als Attribute von Natur und Vernunft erhalten sie die Fähigkeit, ineinander aufzugehen" (Der Geistbegriff, Teil II, 233).

auf Seiten der Vernunft ein Übergewicht des Geistes besteht, insofern dieses Ineinander hier selbst *als Geistiges* in den Blick kommt. Gleichwohl ist aber auch der Natur der Geist ursprünglich eigen, ebenso wie die Vernunft als Geistiges nicht reiner Geist ist, sondern das Dingliche ursprünglich in sich hat. Sind diese Verhältnisse im einzelnen zu verstehen, so ist *zunächst* der Geist in der Vernunft in den Blick zu nehmen, *sodann* das Dingliche in der Vernunft in seinem Verhältnis zum Geist und *schließlich* der Geist in der Natur. An den verschiedenen Verhältnisbestimmungen läßt sich dabei die differenzierte Bedeutung des Geistbegriffs in Schleiermachers Wissenschaftssystem ablesen.

a) Betrachtet man zunächst die Bedeutung des Geistes in der *Vernunft*, so ist deutlich, daß in ihr das geistige Sein in seiner umfassendsten Selbstrealisation gedacht ist. Denn Vernunft ist dasjenige Ineinander von Geist und Dinglichem, welches selber geistig ist. In der Vernunft bezieht sich folglich der Geist als Seinsrelation auf die Gesamtheit des Seins und faßt es in seinem Ineinander von Geist und Dinglichem auf. So ist die Vernunft diejenige Gestalt des Seins, in der dieses als Geist im Hinblick auf die Erkenntnis seiner selbst tätig wird. Es ist der Geist, welcher die Vernunft sie selbst sein läßt, indem er sich selbst in ihr zur Wirksamkeit bringt. Wie weitreichend diese Grundbestimmung ist, wird daran deutlich, daß Schleiermacher im folgenden die Vernunft als die produktive und progressive Macht im Prozeß der Einigung von Vernunft und Natur beschreibt, der das in sich geteilte Sein seiner Einheit im höchsten Sein zuführt. Denn dieser Prozeß ist der universale Kulturprozeß der menschlichen *Geschichte*.[24] Ist der Geist dasjenige, was die Vernunft zu einer geistig tätigen macht, welche die Natur erkennend an sich aneignet, so wird der Geist als die wirksame Macht im universalen Kultur- und Geschichtsprozeß bestimmt und die Geschichte als der Horizont deutlich, in dem diese Bestimmung des Geistbegriffs relevant wird. ‚Geist' ist in seiner Wirksamkeit als Vernunft dabei dasjenige, was die Geschichte eine durch fortschreitende Aneignung der Natur produktiv fortschreitende Kulturgeschichte sein läßt, die ihr Ziel in der ‚vollständigen Durchdringung und Einheit von Natur und Vernunft' hat, in welcher das höchste Sein sein vollkommenes geschichtliches Abbild findet. Damit kommt dem Geistbegriff herausragende Bedeutung für das Verständnis der Vernunft zu.

b) Hat der Geist seine geschichtsmächtige Wirksamkeit nur in der Vernunft, so ist das ‚Dingliche' in der Vernunft, welches diese von dem ‚geistigen Sein' unterscheidet, seinem Sich-Verwirklichen wesentlich. Soll Geist ist seiner geschichtlichen Wirksamkeit begriffen werden, so ist aufzufassen, was dieses

[24] Vgl. WBraun II, 536 (§ 60), wonach die philosophische Ethik als spekulative Wissenschaft von der Vernunft die „Vernunftanfänge" zum Gegenstand hat, in denen „die Vernunfterscheinungen, deren ganzer Verlauf die Geschichte im weitesten Umfange bildet, gegründet sind". Vgl. dazu W. Gräb, dessen ‚Untersuchung zum Geschichtsbegriff im Spätwerk Schleiermachers' herausarbeitet, daß die philosophische Ethik allerdings zwar die Realisationsbedingungen der geschichtlichen Einigung von Natur und Vernunft konstruktiv aufweist, das geschichtliche Werden dieser Einigung selber aber nicht thematisiert (Humanität und Christentumsgeschichte, Göttingen 1980, 11–62).

‚Dingliche' in der Vernunft bewirkt und was seine Wirksamkeit für das Verständnis des Geistes austrägt. Schleiermacher faßt die Relevanz des dinglichen Seins für die Vernunft in den Satz:

„das Werk des Dinglichen in der Vernunft ist überall das Bewußtsein".[25]

Der Satz führt den Bewußtseinsbegriff in den Definitionszusammenhang der Vernunft ein. Ist die Vernunft das Ineinander von Geistigem und Dinglichem als Geistiges, so ist die Wirksamkeit des Dinglichen darin das Bewußtsein. ‚Bewußtsein' ist damit die „in der ursprünglichen Identität gegründet[e]"[26] ursprüngliche Gegenwart des Dinglichen in der Vernunft, und d.h.: Es ist die innerste Einheit von Geist und Dinglichem – oder von Erkennen und Erkanntem – in der Vernunft selber. Das Bewußtsein ist sonach dasjenige in der Vernunft, das diese überhaupt in Beziehung zur Natur sein läßt. Besteht die Aufgabe des Geistes in der Vernunft darin, durch erkennende Aneignung der Natur in der Geschichte mit dieser eins zu werden, und ist das Bewußtsein als das Werk des Dinglichen in der Vernunft dasjenige, was diese erst ins Verhältnis zur Natur setzt, so ist die Bedeutung des Bewußtseins für den Geist ersichtlich: Bewußtsein ist das, was den Geist als Vernunft *geschichtlich* sein läßt. Es ist die „Handlungsermöglichung der Vernunft im irdischen Leben", in deren Realisierung als geschichtliches Bewußtsein der Geist als Vernunft wirksam ist.[27] Dem Bewußtsein kommt damit „zentrale Funktion im sittlichen Prozeß zu"[28], es ist diejenige Form, in der der Geist als Vernunft tätig wird.[29] Die Realisierung des Geistes als Bewußtsein vollzieht sich dabei im Prozeß der Einigung von Natur und Vernunft geschichtlich. Sie hat ihr Ziel darin, daß der als Vernunft wirksame Geist nun völlig Bewußtsein werden, d.h. ganz und gar in seine Realisierung als endliches Bewußtsein in der Geschichte eingehen soll, um sich darin ganz als Geist zu verwirklichen.[30] Die Vollendung des geistigen Seins geschieht

[25] WBraun II, 533 (§ 50). Vgl. in der Anmerkung des Jahres 1832 (WBraun II, 631 [zu § 50.2.]): „Das Bewußtsein ist im Geiste vom Dinglichen her".

[26] WBraun II, 631 (zu § 50.2.).

[27] C. Keller-Wentorf, Schleiermachers Denken, TBT 41 (1984), 108. Der Zusammenhang von innerster Einheit von Natur und Vernunft im Bewußtsein einerseits und der Geschichtlichkeit der Vernunft andererseits findet sich aufs deutlichste zusammengefaßt in der *2. Akademieabhandlung „Über den Begriff des höchsten Gutes"* vom 24. Juni 1830: „Dieses Zeitlichwerden und sich als zeitlich finden und wieder aufnehmen der Vernunft ist nun ihr Dasein als Bewußtsein. Das Bewußtsein daher in seiner ihm wesentlichen Zeitlichkeit ist das ursprüngliche Symbol der an sich unzeitlichen Vernunft" (SW III/2, 486); vgl. zum Verständnis der sich auch in der *Güterlehre* von 1816 (§ 30; WBraun II, 573) findenden Bestimmung des Bewußtseins als des ursprünglichen Symbols der Vernunft C. Keller-Wentorf, a.a.O., 142ff.

[28] C. Keller-Wentorf, Schleiermachers Denken, 108; vgl. 108–110.

[29] Es ist deshalb folgerichtig, daß Schleiermacher in der Psychologie das Wirklichwerden des Geistes in der menschlichen Seele als Entwicklung des menschlichen Bewußtseins beschreibt; vgl. u. den Abschnitt zur *Psychologie*.

[30] Vgl. z.B. die schon erwähnte *2. Akademieabhandlung „Über den Begriff des höchsten Gutes"*, in der Schleiermacher das Ziel der symbolisierenden Vernunfttätigkeit darin sieht, „daß die ganze Vernunft Bewußtsein werde" (SW III/2, 486).

sonach auch beim späten Schleiermacher ‚mitten in der Endlichkeit', und zwar darin, daß sich die Einheit von Natur und Vernunft an allem Gegenständlichen als Bewußtsein realisiert.[31] Dieses fortschreitende Bewußtseinwerden des Geistes geschieht dabei nicht kraft des Geistes selbst, sondern kraft der Wirksamkeit des Dinglichen am Geiste, indem die Natur am Geist selber angreift, um diesen Bewußtsein, d.h. „bewußte[r] Geist" werden zu lassen.[32] In diesem geschichtlichen Sinne ist Bewußtsein „das Werk des Dinglichen in der Vernunft". Die ‚vollständige Durchdringung und Einheit von Natur und Vernunft' geschieht folglich in der Weise, daß in der geschichtlichen Wechselwirkung von Natur und Vernunft „im Geiste vom Dinglichen her"[33] endliches Bewußtsein hervorgebracht wird, das die unendliche Einheit des höchsten Seins und Wissens in sich trägt.

c) Was auf der anderen Seite das Zusammensein von Geist und Dinglichem in der Natur anbetrifft, so faßt Schleiermacher das Geistige in der Natur als die ihr immer schon eigene *Gestalt*:

> „Das Werk, die That des Geistigen in der Natur ist überall die Gestalt".[34]

Eine spätere Anmerkung stellt klar, daß die Gestalt der Natur ursprünglich eigen ist: „Gestalt, gleich Bestimmtheit und Maaß, ist vom Wissen her, nicht in dem Sinne, daß es vom Geiste gemacht wäre; sondern weil nur dadurch das Dingliche erkennbar ist, so hat es seinen Grund in der ursprünglichen Identität beider, insofern sie Princip des Geistes ist".[35] Die Bestimmung der Gestalt ist der des Bewußtseins genau parallel.[36] Während Schleiermachers Bestimmung der Vernunft dem Sachverhalt Ausdruck gab, daß sich Geist nicht rein für sich, sondern nur zusammen mit dem Dinglichen verwirklicht (d.h. als Bewußtsein in der Vernunft), macht Schleiermacher hier umgekehrt deutlich, daß auch das Dingliche nicht wirklich ist als ‚reiner Stoff', als „Dingliches ohne Geistiges"[37], sondern nur als immer schon geist-gestaltetes Dingliches, d.h. als Natur. Ist der Geist nur durch das Dingliche an ihm, das ihn Bewußtsein werden läßt, geschichtliches Erkennen, so wird hier nun umgekehrt ersichtlich, daß das Dingliche nur durch die ihm (bzw. der Natur) ursprünglich eigene Geisthaftigkeit er-

---

31 Schleiermacher faßt dies in der *2. Akademieabhandlung „Über den Begriff des höchsten Gutes"* in die Worte, es solle „alles Sein in Bewußtsein aufgenommen" werden (SW III/2, 475).

32 WBraun II, 632 (zu § 50.2.). ‚Bewußter Geist' ist also zunächst nicht Geist, der sich seiner selbst bewußt wird, sondern Geist, der durch die Einwirkung des Dinglichen als Bewußtsein überhaupt geschichtlich tätig ist.

33 WBraun II, 631 (zu § 50.2.).

34 WBraun II, 533 (§ 50). Vgl. zum Gestaltbegriff C. Keller-Wentorf, Schleiermachers Denken, 197ff.

35 WBraun II, 631 (zu § 50).

36 Vgl. C. Keller-Wentorf, Schleiermachers Denken, 201: „Die Gestaltung der Natur ist ohne das Bewußtsein nicht denkbar, wie umgekehrt das Bewußtsein nicht ohne diese Gestaltung sein kann. Beide, Bewußtsein und Gestaltung, sind nur, indem sie sich als die im Wirklichkeitszusammenhang einander entsprechenden Größen aufeinander beziehen".

37 WBraun II, 533 (§ 50).

kennbar und damit ein der geschichtlichen Aneignung zugängliches wird. Damit werden drei weitere Aspekte des Geistverständnisses deutlich:

Zum einen ist die sich in den Monologen noch findende radikal-idealistische Ansicht abgelehnt, daß die Natur erst durch den Geist geschaffen und hervorgebracht sei und dem Geist absolute Priorität gegenüber der Natur zukomme.[38] Vielmehr gehen Geistiges und Gegenständliches gleichursprünglich aus ihrer Identität im höchsten Sein hervor, und das Wesen der Natur, immer schon *gestaltetes* Stoffliches zu sein, kommt der Natur von dieser Einheit her folglich ursprünglich zu, ohne ‚vom Geiste gemacht' zu sein. Das Diktum Schleiermachers, daß die ursprüngliche Identität von Geist und Dinglichem „Prinzip des Geistes", und nicht umgekehrt der Geist Prinzip dieser Identität ist, gibt dieser Ablehnung der idealistischen Position klaren Ausdruck.

Sodann wird aber gleichwohl deutlich, daß Natur das, was sie ist, nur durch ihre Geisthaltigkeit ist. Daraus folgt für den *Prozeß* der Einigung von Natur und Vernunft eine relative Priorität des gestaltenden Geistes. Denn in diesem Prozeß gilt, daß die Gestalt der Natur durch die sie gestaltend durchdringende Vernunft erst bewirkt wird. So gibt der Satz: „das Werk, die That des Geistigen in der Natur ist überall die Gestalt" – unbeschadet dessen, daß der bewußte Geist nur mit der Gestalt zusammen und nicht als etwas an und für sich Bestehendes gedacht wird – einer relativen Dominanz des tätigen Geistes in der Vernunft über die Natur als dem Gegenstand seines Aneignens Ausdruck. Wird die Natur durch diese Aneignung ihrer Einheit mit der Vernunft im höchsten Sein fortschreitend zugeführt, so wird die Natur also erst durch den Geist zu ihrer Wahrheit als ‚vernünftige Natur' gebracht.[39]

Schließlich liegt in der Bestimmung, daß die Natur nur durch die Gestalt etwas Erkennbares ist, der Gedanke, daß sich der Geist in seiner gestaltenden Wirksamkeit erkennend auf das Geistige in der Natur richtet und dieses der erste Moment ist in der weiteren, gleichsam von dem Wiedererkennen seines gestalthaften Seins in der Natur ausgehenden, gestaltenden Durchdringung der Natur. Der Geist setzt sich also – und das wird sowohl für Schleiermachers Pädagogik als auch für sein Verständnis der Wirksamkeit des Heiligen Geistes grundlegend sein – in dem, auf das er einwirkt, immer schon voraus. Diese Bewegung des Geistes von seinem Sein als Bewußtsein in der Vernunft zu seinem als Gestalt in der Natur eingebildeten und von dort sich weiter in sie einbildenden Sein ist die produktive Bewegung der Kulturgeschichte. In ihr erfährt die Natur „die Entwicklung ihrer Gestalt in der Steigerung des ihr einwohnenden geistigen Elements"[40] und wird auf diese Weise ihrer Einheit mit der Vernunft im höchsten Sein zugeführt.

---

[38] Vgl. *Monol.* 15f (KGA I/3, 9, 37–39): „Mir ist der Geist das erste und einzige: denn was ich als Welt erkenne, ist sein schönstes Werk, sein selbstgeschaffener Spiegel"; vgl. o. § 3.

[39] Es wird, so sagt Schleiermacher in der *2. Akademieabhandlung „Über den Begriff des höchsten Gutes"*, „allem Sein das Wesen des Geistes eingebildet" (SW III/2, 486).

[40] C. Keller-Wentorf, Schleiermachers Denken, 203f.

4. Die bisherigen Beobachtungen zum Geistbegriff zusammenfassend lassen sich folgende Sätze formulieren:

a) Geist ist als das geistige Sein die erkennende Seite in der die höchste Relation des Seins bildenden Polarität von Wissen und Gewußtem.
Geist ist damit nicht eine absolute Entität, noch etwas, das an und für sich sein oder gewußt werden könnte. Sondern Geist ist die von dem Sein ebenso unablösliche wie für es konstitutive Weise des Seins, sich erkennend auf sich zu beziehen. Dabei *ist* der Geist nur *in* der Polarität mit dem gewußten Sein. Er bildet nur mit diesem zusammen das höchste Sein ab und kann nur im Zusammensein mit ihm gewußt werden.

b) Das geistige Sein ist als Geist wirksam in der geschichtlichen Aneignung der Natur an die sie erkennend durchdringende Vernunft.
Geist ist damit nicht jenseits, sondern nur in der Geschichte als das, worin diese sich selbst als fortschreitender Prozeß der Einigung von Natur und Vernunft konstituiert.

α) Geist ist das Erkennende in der Vernunft, welches die Vernunft sie selbst sein läßt.
Die Vernunft ist damit nicht mit dem Geist identisch, insofern dieser auch in der Natur gegenwärtig ist. Aber die Vernunft ist nur durch den Geist, was sie ist, nämlich geschichtliche Macht zur fortschreitenden Durchdringung und Aneignung der Natur.

β) Geist ist in der Vernunft wirksam als Bewußtsein und ist als dieses konstituiert durch die Wirksamkeit der Natur auf ihn.
Bewußtsein ist damit nicht ein von seinem Gegenstand losgelöstes Dasein des Geistes, sondern seine sich an dessen Gegenstand konkret manifestierende und darin die Einheit von Natur und Vernunft in geschichtlicher Konkretion symbolisierende Gegenwart. Nur in solcher Konkretion verwirklicht sich Geist.

γ) Der Geist bewirkt in der Natur die Gestalt, die ihr aufgrund der Einheit mit dem Geist im höchsten Sein ursprünglich zukommt und die im Prozeß der Geschichte fortschreitend realisiert wird.
Geist ist dabei nicht das, was die Natur erst schafft. Aber Geist bringt die mit ihm selbst gleichursprüngliche Natur *im* Zusammenwirken des Dinglichen und Geistigen zu ihrem völligen Erkanntsein und damit zu ihrer Wahrheit und zu ihrem Ziel.

Die Differenz des Schleiermacherschen Geistbegriffs zu den idealistischen Alternativkonzeptionen ist damit deutlich: Sie liegt vor allem darin, daß Schleiermacher „Geist“ nicht als etwas an und für sich Bestehendes begreift, sondern als nur ein Relat im polaren Gefüge des Geschichtszusammenhangs, das zu seinem Sein und Wirken immer seines komplementären dinglichen Gegenübers bedarf und nicht ablöslich von ihm zu fassen ist. Die Schleiermachersche Weise der Philosophie, das Absolute nur in Gegensätzen, nicht aber in der Einheit des Begriffs zu begreifen, hat damit auch die Bestimmung des Geistbegriffs geprägt.

Er beschreibt nur die aus ihrem polaren Dasein nie herauszulösende eine Seite im Kulturprozeß. Von dieser Grundkonzeption her ist nun auch einsichtig, weshalb Schleiermacher den Geistbegriff in seinen philosophischen Schriften vergleichsweise zurückhaltend verwendet. Dies liegt nicht in einer Abwertung des Geistbegriffs begründet, sondern in der Konsequenz seiner polaren Wesensbestimmung. Denn nach dem Gesagten entspricht es dem Wesen des Geistes selbst, daß er im Ineinander des Dinglichen und Geistigen *aufgeht*, um eben darin Geist zu sein und die Gesamtheit des Seins auf die Einheit des höchsten Seins hin im Wissen aufzufassen. Die Wesensbestimmung des Geistes, daß er das Dingliche immer schon an sich habe, führt also in sich selbst die Notwendigkeit mit sich, daß sich Schleiermachers Kulturphilosophie gegen den herausgehobenen Begriff des Geistes wendet, um gerade darin das Wirken des Geistes aussagbar zu machen.

Daraus ergibt sich, daß eine Wissenschaft vom Geist für Schleiermacher nicht denkbar ist, zugleich aber in jeder Wissenschaft Geist thematisiert ist.[41]

[41] Wenn Schleiermacher in der Konsequenz der erörterten Grundbestimmungen sein Wissenschaftssystem in Wissenschaften der Natur und der Vernunft aufteilt, so ist der Geist in beiden Wissenschaftsgebieten Gegenstand des wissenschaftlichen Nachdenkens. Da beide Wissenschaftsgebiete aufgrund der Doppelheit der Denkformen auf spekulative und auf empirische Weise betrachtet werden können, ergibt sich ein vierfaches Wissensreich, in welchem die Physik und die Naturkunde die Naturseite des Wissens, und die Ethik und Geschichtskunde die Vernunftseite des Wissens zum Gegenstand haben (vgl. die Aufstellung bei H.-J. Birkner, Schleiermachers christliche Sittenlehre, 36). Besondere Bedeutung für das philosophische Verständnis des Geistes kommt dabei der Ethik zu, welche als das „speculative Wissen um die Gesamtwirksamkeit der Vernunft auf die Natur" (WBraun II, 633; zu § 61) die Strukturen und Kategorien der Vernunfttätigkeit zum Gegenstand hat und so „von der Form des einzelnen Lebens abstrahirend den Geist in der Totalität seiner Wirksamkeit" darstellt (SW III/6, 497 [*Psychologie*]). Aber darin ist das Sein und Wirken des Geistes keineswegs erschöpft, sondern nur von seiner spekulativen Seite innerhalb der Vernunft betrachtet. So stellt eine Anmerkung zur Einleitung in die Ethik klar: „Die Erklärung der Ethik als Wissen um das gesamte Thun des Geistigen wäre zu weit, weil Logik und Psychologie darunter auch gehören würden. – Die Psychologie entspricht der Naturlehre und Naturbeschreibung, ist also empirisches Wissen um das Tun des Geistigen. Die Logik ist, empirisch behandelt, zur Psychologie gehörig, spekulativ behandelt gehört sie (nur mit Ausnahme des Transcendenten) auf die Naturseite, weil sie die Theorie des Bewußtseins ist. Die Psychologie aber erschöpft die empirische Seite nicht, sondern das thut die Geschichtskunde" (WBraun II, 632f; zu § 61). „Geist" ist also in jeder der vier Grundwissenschaften – und damit auch in allen sich aus ihnen ableitenden Einzelwissenschaften – Gegenstand des Wissens, ohne daß aber aus den einzelnen Wissenschaftszusammenhängen heraus ein einiger Begriff des Geistes begriffen werden könnte. In seinem eigenen Wesen gewußt werden kann der Geist nur in der Vollendung des Seins, in welchem sich Natur und Vernunft völlig durchdrungen, gerade dadurch aber auch das Wissen des Geistes selbst in die Einheit des höchsten Seins aufgehoben haben. – Diese Bezogenheit der Gesamtheit der Wissenschaft auf den Geist ist das Wahrheitsmoment in dem Versuch von E. Brito, das gesamte Wissenschaftsgefüge aus dem Blickpunkt des Geistes zu betrachten. Freilich ist gegen sein Bemühen, die Philosophie Schleiermachers insgesamt als ‚philosophie de l'esprit' zu verstehen (La pneumatologie, 79 u.ö.), der Geistbegriff bei Schleiermacher selbst widerständig, der seine Bedeutung eben nicht darin hat, daß er sich aus aller Philosophie als Oberbegriff heraushebt, sondern darin, daß er in sie geschichtlich eingeht. Insofern ist es auf eine Brito nicht bewußte Weise konsequent, daß seine Darstellung zur allgemeinen Paraphrase von Schleiermachers Gesamtphilosophie gerät, die die Eigenbedeutung des Geistes durchstreicht (vgl. o. S. 104 Anm. 29).

Der Ort, an dem diese untergründige und darin weitreichende Bedeutung des Geistbegriffs gedanklich zusammenkommt, ist die Geschichte. Der Geist ist für Schleiermacher die die Geschichte vorantreibende und so für die Einheit von Natur und Vernunft durchsichtig machende Macht zwar nicht anders, als so, daß er in die Geschichte eingeht. Und so thematisiert der Geistbegriff nicht eine absolute Bedeutung der Vernunft, sondern er thematisiert den Natur- und Vernunft-Zusammenhang insgesamt in seiner auf die höchste Einheit des polaren Seins zustrebenden Geschichtswirksamkeit.[42] Gerade darin aber zeigt sich als produktives Prinzip der Geschichte nichts anderes als der Geist.

2. *Die Realisierung des Geistes in der Seele. Zu den Vorlesungen über die „Lehre von der Seele" von 1830*[43]

Das Geistverständnis der Psychologievorlesungen Schleiermachers schließt an diese in der Ethik grundgelegte Auffassung vom Geist an und thematisiert ihre Bedeutung für das Verständnis des menschlichen Geistes. Schleiermacher nimmt dabei den Gedanken auf, daß der Geist, wenn er sich in der Geschichte wesentlich als Bewußtsein realisiert, seinen Ort nirgend anders als *im Menschen* hat. Entsprechend heißt es zu Anfang der Psychologie grundlegend: „Was wir Geist nennen, ist uns nur im Menschen gegeben, und alle anderen Arten von Geistern sind problematisch".[44] Die Psychologie faßt diesen Sachverhalt auf, indem sie die Seele als „Erscheinung des Geistes" im Menschen begreift.[45] Sie gibt dem Geistverständnis dadurch grundlegende Bedeutung für ihr eigenstes An-

[42] Es ist dies der Grund, weswegen Schleiermacher am Ende seiner *1. Akademieabhandlung „Über den Begriff des höchsten Gutes"* mit deutlicher Spitze gegen Hegel sagt, daß die geschichtlichen „Bestrebungen, in denen der menschliche Geist sich selbst am lebendigsten und anschaulichsten erfaßt, und aus deren Gebiet die neuere Zeit eine Menge von geistreichen Versuchen aufzuzeigen hat", „nur in dieser rein ethischen Darstellung ihren wissenschaftlichen Stützpunkt" haben, die nicht eine Bewegung des Geistes an ihm selbst, sondern die ethischen Strukturbedingungen der Einheit von Natur und Vernunft als Kernpunkt des Geschichtsverständnisses auffaßt (SW III/2, 467f; vgl. W. Gräb, Humanität und Christentumsgeschichte, 55f).

[43] Die Vorlesungsankündigung des Sommersemesters 1830 lautete: „Die *Lehre von der Seele* trägt Hr. Prof. *Schleiermacher* fünfmal wöchentl. v. 7–8 Uhr Morgens vor.", bzw. im Index lectionum: „Privatim *psychologiam* tractabit quinquies p. hebd. h. VII–VIII. matutina". Die Vorlesung an der philos. Fakultät hatte 229 Hörer; die sich von 8–10 Uhr anschließende Vorlesung der Glaubenslehre an der theol. Fakultät hatte 50 Hörer weniger, woraus die Bedeutung ersichtlich ist, die der Seelenlehre Schleiermachers von studentischer Seite gegeben wurde (vgl.: Schleiermachers Briefwechsel nebst einer Liste seiner Vorlesungen, bearb. v. A. Arndt und W. Virmond, SchlAr 11, Berlin 1992, 326f).

[44] SW III/6, 24; vgl. ebd.: „wenn wir sagen wollten, Geist sei etwas viel weiter verbreitetes und über das menschliche Gebiet hinausgehendes, so würden wir etwas sagen, was allerdings sehr oft gesagt ist, wovon es eine Menge Phantasien giebt […], aber wenn wir Rechenschaft darüber ablegen sollten, ob es sich wirklich so verhält […], so würden wir das nicht vermögen". Es sei an dieser Stelle angemerkt, daß sich bereits hier – und zwar als Konsequenz der in der Ethik vorgenommenen Verortung des Geistes *in* der Geschichte – eine erhebliche Schwierigkeit andeutet, von einem Menschheit und Geschichte übersteigenden *Geist Gottes* zu reden.

[45] SW III/6, 496.

liegen eines Verständnisses der Seele. Indem sie die Seele auffaßt, bringt sie zugleich die geschichtliche Realisierung des Geistes zur Sprache.

Dieser Zusammenhang ist zunächst im Hinblick auf die Grundlagen der Seelenlehre in der Ethik (1) aufzufassen. Sodann ist die pneumatologische Konstitution der Psychologie selbst zu verstehen, wobei zugleich der theoretische Kern des Geistgedankens der Psychologie zur Sprache kommt (2). Anschließend sollen die Bestimmungen des Geistes als Bewußtsein zur Darstellung gelangen (3), und schließlich ist eine kurze Bewertung der wichtigsten Aussagen vorzunehmen (4).

1. Ausgangspunkt sowohl der Psychologie insgesamt als auch ihres Geistverständnisses ist ein Satz der Ethik, der den Gegensatz von geistigem und dinglichem (gewußtem) Sein, bzw. von Vernunft und Natur, auf die Polarität von Seele und Leib bezieht. Dort heißt es:

> „Im Einzelnen, aber doch in höherm Sinne für sich Sezbaren, ist das Ineinander des Dinglichen und Geistigen ausgedrückt im Zusammensein und Gegensatze von Seele und Leib".[46]

Der Satz steht zwischen der Einführung des Gegensatzes von Vernunft und Natur und seiner Explikation in dem Gegenüber von Bewußtsein und Gestalt und findet sich damit im Zentrum des Vernunft- und Naturgedankens.[47] Er besagt, daß der Gegensatz von als Vernunft wirksamem Geist einerseits und Natur andererseits seinen innersten Ort in der leibseelischen Einheit des einzelnen Menschen hat.[48] Dabei entspricht die Seele der Vernunft und der Leib der Natur, so daß sich die Bestimmungen des Geistes im Verhältnis zu Vernunft und Natur genauestens auf sein Verhältnis zu Seele und Leib übertragen lassen.[49] Die besondere Bedeutung dieser Konzentration des Gegensatzes von Vernunft und Natur auf Seele und Leib liegt nun darin, daß „Leib und Seele im Menschen [...] die höchste Spannung des Gegensatzes" bilden.[50] Es ist diese Spannung, welche erst bewirkt, daß eine Aneignungsbewegung des Leibes an die Seele

---

[46] WBraun II, 532 (§ 49).

[47] Vgl. zu den vorausgehenden §§ 47–48 und zum folgenden § 50 o. S. 115ff.

[48] Vgl. die Erläuterung des Satzes: „Nur beides zusammen ist Eins. Jeder von beiden Ausdrücken bezeichnet die untergeordnete Einheit und Gesamtheit alles dessen, was eines von beiden ist, des Wissenden oder Gewußten" (WBraun II, 532). Schleiermacher nimmt damit eine schon früher geäußerte Ansicht auf. So heißt es bereits in den *Vertraute[n] Briefe[n] über Friedrich Schlegels Lucinde* auf S. 106 (Kl.Schr. I, 134): „Sie wissen ja doch von Leib und Geist, und der Identität beider, und das ist doch das ganze Geheimniß". P. H. Jørgensen beurteilt die Lucinden-Stelle denn auch mit Recht mit den Worten: „Dieser Satz ist wie ein Paradigma auf Schleiermachers ganze Ontologie" (Die Ethik Schleiermachers, München 1959, 11).

[49] Vgl. die weitere Erläuterung zu § 49: „was wir Leib nennen, ist als solcher überall schon ein Ineinander des Dinglichen und Geistigen, und was Seele als solche eben so. Deshalb ist es auch nur die untergeordnete Ansicht unsers Seins, daß wir Seele und Leib als gegenseitig durch einander vermittelt und bedingt betrachten. Eben so ist es mit Natur und Vernunft im Allgemeinen" (WBraun II, 532f).

[50] WBraun II, 533 (§ 50).

stattfindet, welche auf die sukzessive Aufhebung des Gegensatzes zielt. Diese ist zuinnerst eine Bewegung im Zusammenspiel von Seele und Leib und geht erst allmählich, indem „wir also auf ein Höheres zurückgetrieben werden“[51], auf die Aneignung von Natur und Vernunft im umfassendsten Sinne aus. So zeigt sich, daß der Gegensatz von Seele und Leib, „der nur von unserm Sein hergenommen und nur auf dieses berechnet schien, [...] durch alles für uns Wirkliche“ „geht“.[52] Er tut dies deshalb, weil die Polarität von Seele und Leib als die innerste Repräsentanz des höchsten Gegensatzes in der Geschichte Keimzelle aller produktiven Bewegung in der Geschichte und damit erst im engeren Sinne dasjenige ist, was die Geschichte hervorbringt. Damit hat die in der Psychologie von Schleiermacher vorgenommene Bestimmung der Seele hervorragende Bedeutung für das Verständnis des Geistes überhaupt.

2. Wenn die Psychologie aus der Polarität von Seele und Leib nun die Seele untersucht – die von Schleiermacher nicht behandelte Komplementärwissenschaft vom Leib, mit der zusammen das Gesamtgebiet der philosophischen Anthropologie begriffen wäre, ist die Physiologie –, so bringt sie den „Geist“ zur Sprache, „wie er als Seele gegeben ist“ und wie er sich von dort aus in der leibseelischen Einheit des Menschen realisiert.[53] Diese Konzentration der Psychologie auf den Geist ergibt sich nicht nur aus den Voraussetzungen des Seelenbegriffs der Ethik, sondern aus dessen Verbindung mit dem in der gegensätzlichen Verfaßtheit des Wissens begründeten Problem, daß eine Lehre von der Seele diese nicht getrennt von dem Leib als ihrem polaren Gegenüber, sondern nur mit ihm zusammen auffassen kann. Daraus entsteht Schleiermacher die Schwierigkeit, zu bestimmen, was die Seele im Unterschied zum Leib eigentlich ist und was deshalb ihre getrennte Behandlung in der Psychologie begründet. Schleiermacher beantwortet diese Frage analog zur Bestimmung der Vernunft mit dem Hinweis auf den Geist. Wie die Vernunft sie selbst nur ist durch den Geist, so ist die Seele das, was sie im Unterschied zum Leib ist, durch das ‚Sein des Geistes‘ in ihr: Sie ist „Erscheinung des Geistes, Art und Weise desselben zu sein in der

[51] Ebd.

[52] Ebd.

[53] SW III/6, 215. Vgl. zum Verhältnis der Psychologie zur Physiologie SW III/6, 33: „Dies führt dahin, daß die Psychologie nichts anderes ist als, die ganze Anthropologie aus dem Gesichtspunkt des Geistes betrachtet, ebenso wie die Physiologie dasselbe umgekehrt ist von dem des Leibes aus angesehen“. Daß man Schleiermacher von theologischer Seite eine Verhaftung seines Denkens in der Anthropologie vorgeworfen hat, diesen bei ihm in der Gestalt der Psychologie vorliegenden Wissenschaftszweig aber kaum je untersucht hat, ist ganz unverständlich. Wie sich zeigen wird, sind hier wesentliche Aussagen sowohl der christlichen Sittenlehre als auch der Glaubenslehre grundgelegt. Zur bisherigen Forschung zur Psychologie vgl. O. Geyer (Fr. Schleiermachers Psychologie, Leipzig 1895), F. Siegmund-Schultze (Schleiermachers Psychologie in ihrer Bedeutung für die Glaubenslehre, Tübingen 1913), E. Herms (Die Bedeutung der „Psychologie“ für die Konzeption des Wissenschaftssystems beim späten Schleiermacher, TBT 51, Berlin 1991, 369–401) sowie die Abschnitte zur Psychologie bei W. H. Pleger (Schleiermachers Philosophie, Berlin 1988, 135–143) und G. Scholtz (Die Philosophie Schleiermachers, EdF 217, Darmstadt 1984, 162–166).

Verbindung mit dieser Organisation [cf. des Leibes]".[54] Soll die Psychologie die Seele ihrem eigenen Wesen nach auffassen, durch welches sie sich vom Leib unterscheidet, so muß sie deshalb die „rein geistigen Thätigkeiten als das höchste des Menschen" zu ihrem besonderen Untersuchungsgegenstand machen.[55]

Schleiermacher macht damit die Frage nach dem Geist zum Leitgedanken seiner Psychologie. Indessen gilt wie für die Bestimmung des Geistes in der Vernunft so auch hier, daß der Geist nicht ablöslich von seinem polaren Gegenüber beschrieben werden kann: „ein Sein des Geistigen an und für sich im Gegensatz zu einem Sein des Leiblichen kann uns nie gegeben sein" und kann deshalb auch nicht aufgefaßt werden.[56] Deshalb entsteht die weitere Schwierigkeit, wie die ‚rein geistigen Tätigkeiten', „welche die Seele durch sich selbst und ohne den Leib verrichtet", als solche überhaupt aufgefaßt werden können.[57] Schleiermacher entgeht diesem Problem, indem er die Seelenlehre im Unterschied zur philosophischen Ethik rein phänomenologisch-beschreibend vorgehen läßt. Während die philosophische Ethik „von der Form des einzelnen Lebens abstrahirend den Geist in der Totalität seiner Wirksamkeit" spekulativ darstellt[58], ist die Psychologie „empirisches Wissen um das Tun des Geistigen"[59] und gibt damit dem schon in den Monologen grundlegenden Gedanken Gewicht, daß das geschichtliche Gegebensein des Geistes im einzelnen Subjekt nicht anders als am Orte seiner leiblich-empirischen Existenz aufgefaßt werden kann. Indessen ist durch die phänomenologische Vorgehensweise hier nun aber der Anspruch aufgegeben, die geistigen Tätigkeiten in ihrem Konstruktionsprinzip zu verstehen und damit einen einigen Begriff des Geistes zu bilden. Vielmehr ist der Geist als solcher nur der Fluchtpunkt der Seelenlehre, den sie nie erreicht, auf den sie aber als Psychologie hin konzipiert ist und ohne den deshalb auch nicht auskommt.[60]

---

[54] SW III/6, 496; vgl. 30f.39.47.

[55] SW III/6, 33; vgl. 25.

[56] *Dialektik*, hg. R. ODEBRECHT, 387.

[57] SW III/6, 495. Das Problem wird deutlich anhand von SW III/6, 25: „So könnten wir vorläufig ziemlich adäquat sezen die beiden Ausdrükke, Thätigkeiten der Seele ohne den Leib und geistige Thätigkeiten, und ist das einmal angenommen, so läge auch die Möglichkeit darin, daß diese Thätigkeiten statthaben könnten ganz abgesehen von der Identität des Leibes und wenn das wäre, so wäre es nicht mehr Seele, die sich immer auf den Leib bezieht, sondern Geist". Der Konjunktiv bezeichnet den Sachverhalt, daß dies freilich nur der nie zu erreichende Fluchtpunkt der Seelenlehre ist, die sich im letzteren Falle in eine reine – aber eben deswegen unvollziehbare – Geistlehre aufheben würde. Wird dagegen der Leib immer mitgesetzt, werden die ‚rein geistigen Tätigkeiten' nie ‚rein' aufgefaßt.

[58] SW III/6, 497; vgl. 38.

[59] WBraun II, 632f (zu § 61).

[60] Es ergibt sich hier eine interessante Parallele zur Seelenlehre des ARISTOTELES, der einerseits zu Beginn des zweiten Buches bestimmt, ‚daß die Seele nicht vom Leib abtrennbar ist' (ὅτι μὲν οὐκ ἔστιν ἡ ψυχὴ χωριστὴ τοῦ σώματος; De anima 413a, 3f), andererseits aber nicht umhin kommt, den ‚Geist der Seele' (τῆς ψυχῦς νοῦς; 429a, 22), der die einheitsstiftende höchste Seelenfunktion ist, wo er ihn für sich fassen will, als vom Körper ‚abgetrennt' zu bezeichnen (χωριστός; 429b, 5; vgl. 430b, 26). Schleiermacher, der eine solche Trennung zwar methodisch ausschließen konnte, die Sachfrage nach dem Selbstsein des Geistes ‚für sich' letzthin aber doch nicht hat vermeiden können,

„Centralpunkt“ der Seelenlehre, von dem aus sie ihre systematische Gestalt gewinnt, ist dabei – wie schon aus der Ethik ersichtlich – das Bewußtsein.[61] Denn gilt von der leibseelischen Einheit des Menschen, daß in ihr „der Geist als das eigentliche Ich“ zu setzen ist[62], so gilt von dem Bewußtsein, in dem sich die menschliche Subjektivität ausbildet, in besonderer Weise, was von der Seele überhaupt gesagt wurde: es ist „das Bewußtsein [...] die Art und Weise des Geistes zu sein in der Einheit mit der Organisation“ des Leibes, „in und mit“ dem es „durch die Thätigkeit des Geistes“ wird.[63] Weil deshalb die Seele ihr geistiges Wesen in der Bildung des Bewußtseins erhält, kommt die Wirksamkeit des Geistes in der Seele nur im Blick auf das Bewußtsein und von ihm her zur Darstellung. So hat die Seelenlehre mit dem Bewußtsein die ursprüngliche Wirklichkeit des Geistes im leibseelischen Ich als den innersten Ort der geschichtlichen Wirksamkeit des Geistes zu ihrem eigensten Gegenstand.[64] Freilich ist auch das Bewußtsein die Daseinsweise des Geistes nur *in* dem Leib und wird als solches erst *mit* diesem zusammen, wie umgekehrt dieser erst durch die Wirksamkeit des Geistes als Bewußtsein wird. Das heißt dann für die Beschreibung des Geistes als Bewußtsein, daß dieser nur als ein solcher in den Blick kommen kann, dessen Dasein sich mittels der Bewußtseinstätigkeiten und in ihnen im leibseelischen Zusammenhang erst herstellt und der nur an diesem Sich-Herstellen als er selbst da ist. Schleiermacher versucht diesem Sachverhalt gerecht zu werden, indem er eine Reihe von Bewußtseinstätigkeiten darstellt, die er als eine „vollständige Reihe der Entwikklung des Geistes in sich selbst“ versteht, welche (wie in anderer Weise auch die eindringenden Reflexionen der Monologen) auf einen phänomenologisch nicht mehr vollständig begreiflichen Mittel- und Konstitutionspunkt des Bewußtseins hindrängen, in

---

hatte im Grunde das gleiche Problem wie Aristoteles. Daß Schleiermacher dieses Problem bei Aristoteles vor Augen hatte und in seiner Psychologie weiterführen wollte, belegt SW III/6, 10.

[61] SW III/6, 35. Vgl. o. S. 118f sowie WBraun II, 533 (§ 50): „überall durch das Bewußtsein ist die Seele Seele, ohne dieses [aber,] bloß das namenlose Seitenstück des Stoffes, der Ort der Begriffe, wäre sie Geistiges ohne Dingliches“.

[62] SW III/6, 496.

[63] SW III/6, 35.

[64] Insofern ist es richtig, daß E. Herms die Psychologie als Theorie des *„für uns Unmittelbaren, Ersten und Ursprünglichen“* bewertet (Die Bedeutung der „Psychologie“ für die Konzeption des Wissenschaftssystems beim späten Schleiermacher, TBT 51 [1991], 369–401: 394; vgl. ab 378). Es ist allerdings zu viel gesagt, wenn Herms deshalb von Schleiermachers „explizite[r] Erhebung der Psychologie zur systematischen Fundamentaldisziplin“ spricht (398) und sie Hegels *Phänomenologie des Geistes* als ihrem Pendant gegenüberstellt (398–400). Zwar nimmt Schleiermacher Motive der *Phänomenologie* auf, wenn er seine Beschreibung des sich entwickelnden Bewußtseins als eine „Reihe“ konzipiert, die dadurch ihren konstruktiven Gehalt bekommt, daß „wir“ bei jeder Beobachtung „gleich fragen, was das rein geistige ist, was daraus entsteht“ (SW III/6, 75f). Indessen hat Schleiermachers Darstellung, die rein beschreibend vorgeht und alle spekulativen Momente aus ihrem Gebiet ausschließt, sowohl einen ganz anderen Charakter als Hegels Phänomenologie als auch – damit – einen ganz anderen Stellenwert. Wie alle Hauptwissenschaften steht auch die Psychologie bei Schleiermacher in einem polaren Zusammenhang, der zumindest die Ansicht, daß *eine* Wissenschaft in besonderer Weise fundamental sein könne, ausschließt (vgl. o. Anm. 41).

welchem – wie es dann heißen wird – das „Sich-selbst-finden des Geistes" in der Seele „sich selbst jenseit des endlichen findet in dem Unendlichen"[65] und deshalb „nicht mehr Seele, die sich immer auf den Leib bezieht, sondern [nur noch] Geist" ist.[66] An diesem pneumatologisch hochinteressanten Punkt kommt die Beschreibung der Psychologie freilich an ihre unüberschreitbare Grenze.[67] Indessen ist deutlich, daß die Psychologie Schleiermachers als ein „Glied in der ganzen Reihe der Pneumatologie"[68] besondere Bedeutung hat. Indem sie die Tätigkeiten beschreibt, in welchen sich das menschliche Bewußtsein herstellt, ist sie diejenige Wissenschaft, die die konkrete *Weise* der geschichtlichen Verwirklichung des Geistes im Subjekt beschreibt.

3. Sind die inhaltlichen Bestimmungen der Psychologie zum Geist nun näher aufzufassen, so ist zunächst die Anordnung der Seelentätigkeiten in den Blick zu nehmen. Sie findet sich im ersten ‚elementarischen Teil' der Psychologievorlesung, welcher die phänomenologische Grundlegung der Seelenlehre umfaßt.[69] Schleiermacher faßt in ihm das menschliche Leben als Polarität zweier sich gegenseitig bedingender geistiger Tätigkeiten der Seele: der ‚ausströmenden' (oder auch: spontanen, selbsttätigen) und der ‚aufnehmenden' (oder auch: rezeptiven) Tätigkeiten.[70] Beide Tätigkeiten beschreiben gemeinsam das vollständige Verhältnis des Subjektes zu dem ‚Außer-ihm' und geben so in ihrem Miteinander ein „Bild von der Totalität des Lebens".[71] Sie werden in den zwei Hauptabschnitten erörtert.

---

[65] SW III/6, 214.

[66] SW III/6, 25.

[67] Es wird dieser von der Psychologie selber religionsphänomenologisch beschriebene Punkt sein, welcher dann den Übergang zur theologischen Erörterung des Geistverständnisses schafft.

[68] SW III/6, 407 (Manuskript von 1818). Zu den anderen Gliedern der Reihe vgl. o. Anm. 41.

[69] Aufgabe dieses Teils ist es, „vollständig und genau die einzelnen das psychische Leben constituirenden menschlichen Thätigkeiten zusammenzustellen und in ihrer Zusammengehörigkeit und in ihrem Verhältniß zur Totalität so bestimmt wie möglich zu erkennen". Es folgt ein ‚construktiver' *Teil*, „worin die Aufgabe sein wird zu zeigen, wie diese Elemente auf verschiedene Art zusammensein können, erstens, um ein *einzelnes Leben* zu constituiren abgesehen von den großen Massen und Gruppen der Völker, und dann zweitens, die Charaktere dieser großen *Massen*, insofern sie wahre Einheiten bilden" (SW III/6, 58). Zur Verhandlung wird im Folgenden nur der elementarische Teil kommen, der die Grundformen der Geistwirksamkeit zureichend aufweist und deshalb eine zusätzliche Erörterung des konstruktiven Teils für die Zwecke dieses Paragraphen erspart.

[70] SW III/6, 66. Schleiermacher greift hier auf einen bereits in den *Reden* geäußerten Gedanken zurück, der auch die Äußerungen von 1830 noch bestens kommentiert: „Jede menschliche Seele", so heißt es dort, „ist nur ein Produkt zweier entgegengesezter Triebe. Der eine ist das Bestreben alles, was sie umgiebt an sich zu ziehen [...] und wo möglich in ihr innerstes Wesen ganz einzusaugen. Der andere ist die Sehnsucht ihr eigenes inneres Selbst von innen heraus immer weiter auszudehnen, alles damit zu durchdringen [...] und selber nie erschöpft zu werden" (*Reden* 6f; KGA I/2, 191, 24–32; vgl. o. S. 83). Die Bezeichnung beider als Geistestätigkeiten findet sich nicht nur in der Psychologie, sondern auch in der *2. Abhandlung „Über den Begriff des höchsten Gutes"*, wo Schleiermacher von „dem aus sich herausgehenden und in sich zurükkehrenden Leben des Geistes" spricht (SW III/2, 495).

[71] SW III/6, 66. Es ist damit zugleich deutlich, daß der Geistbegriff Schleiermachers sein Verständnis des Lebens zur Sprache bringt.

Im *ersten Hauptabschnitt* behandelt Schleiermacher zunächst die *‚aufnehmenden Tätigkeiten'*, die in seiner Darstellung als Bewußtseinstätigkeiten zu stehen kommen. In ihnen „bezeichnet das Sein der Außenwelt in dem Subjekte das Resultat der Einwirkung [auf es] und repräsentirt im Subjekte das Außer-ihm", so daß sich in den aufnehmenden Tätigkeiten das Bewußtsein ausbildet.[72] Im Blick auf das Geistverständnis sind diese deshalb die „eigentlichen geistigen Funktionen, [...] durch welche sich das eigenthümliche Leben des Geistes am stärksten ausspricht".[73] Zu ihrem Verständnis ist nun der Sachverhalt fundamental, daß Schleiermacher die aufnehmenden Tätigkeiten in Tätigkeiten des *objektiven* und des *subjektiven* Bewußtseins teilt. Der Grund für diese Unterscheidung liegt darin, daß nach Schleiermachers Verständnis „eine Einwirkung von außen auf das Einzelwesen [...] auf zweifache Weise geschehen [...] kann, nämlich so, daß sie [cf. die aufnehmenden Tätigkeiten] das Sein der Dinge *außer uns* repräsentiren und unter der Form des Erkennens darstellen, und dann wieder so, daß sie das Sein der Dinge *in uns* repräsentiren unter der Form der Empfindung. Das eine ist das, was auf *Wahrnehmung* ausgeht, und das andre das, was auf *Selbstbewußtsein* (Empfindung, Gefühl) ausgeht".[74] Durch die erste Weise der Rezeptivität konstituiert sich das *objektive Bewußtsein*, welches dadurch entsteht, daß „wir eine Affection [...] auf ein Außer-uns als dasjenige, woher sie ist, beziehen und also als einen Gegenstand, der auf uns einwirkt, sezen". Durch die zweite Weise, in welcher die Affektion durch das Außer-uns nicht auf ein äußeres Objektives bezogen wird, sondern lediglich als eine sich vollziehende „Veränderung" im Bewußtsein „repräsentirt" bleibt, konstituiert sich das *subjektive Bewußtsein*.[75] Der pneumatologische Gehalt dieser Unterscheidung wird deutlich in der Durchführung beider Bewußtseinsweisen. Schleiermacher konstruiert für jede der beiden Bewußtseinsmodi eine „Reihe", in der er die Entwicklung des Bewußtseins bis zu seiner höchsten Stufe verfolgt. Dabei ist „das eigentliche Ziel das rein geistige", in dem sich der Geist in höchstmöglicher Reinheit im Bewußtsein darstellt.[76] Diese höchste, ‚rein geistige' Stufe der Realisierung des Geistes im Bewußtsein ist auf der Seite des objektiven Bewußtseins das sich entwickelnde *Denken*, dessen „Maximum [...] sich nur beschreiben" läßt „als das vollkommene Gegenwärtig-haben der *Sprache*".[77] Auf der anderen Seite des subjektiven Bewußtseins ist die höhere, ‚rein geistige' Stufe des Bewußtseins das *religiöse Bewußtsein*, „die höchste Entwikklung des Selbstbewußtseins".[78] So machen auf der Seite der aufnehmenden Geistestätigkeiten besonders Sprache und Religion deutlich, was Geist ist und wie er sich im Menschen realisiert. Hervorzuheben ist dabei zum einen die für das Ver-

[72] SW III/6, 66.
[73] SW III/6, 75.
[74] SW III/6, 70.
[75] SW III/6, 71.182.
[76] SW III/6, 75.
[77] SW III/6, 47 (Hervorhebung M.D.).
[78] Vgl. SW III/6, 213.

ständnis des Geistes grundlegende Unterscheidung, daß sich Sprache und Religion polar gegenüberstehen und das unmittelbare Selbstbewußtsein, in dem der Geist zu seiner höchsten Darstellung kommt, damit nicht selber sprachlich ist. Zum anderen ist deutlich, daß die höchste Form der Subjektivität, von der am ehesten gesagt werden kann, daß sich Geist in ihr ‚rein' darstellt, die Religion ist. Dementsprechend kommt auch in ihr die von Schleiermacher aufgestellte Reihe der aufnehmenden Tätigkeiten zum Ziel.

Den aufnehmenden Tätigkeiten stehen im *zweiten Hauptabschnitt* die ‚*ausströmenden oder spontanen Tätigkeiten*' gegenüber. Diese „repräsentiren nun das Sein des lebendigen in dem Außer-ihm"[79] und sind, da ihre Entwicklung zum einen die Bewußtseinstätigkeiten logisch voraussetzt[80] und da sie zum anderen in ihrem nach-außen-Gehen der Mitwirkung des Leibes bedürfen, gegenüber den bewußtseinsbildenden Tätigkeiten sekundär.[81] Auch hier ergibt sich in der Darstellung eine Grundunterscheidung, nämlich zwischen dem *wirksamen Handeln*, „wo das Heraustreten des Einzelwesens bezogen wird auf das Außeruns", und dem *darstellenden Handeln*, „wo die Selbstthätigkeit nur ein Heraustreten des Individuums aus sich selbst ist zum Behufe des Auffassens" und darin in besonderer Beziehung zur *Kunst* steht.[82] Wiederum ist deutlich, daß hierbei die letztere Handlungsform, insofern die Seele in ihrem Nach-außen-Gehen in ihr gleichwohl noch bei sich selbst bleibt, die am ehesten ‚rein geistige' Handlungsform ist. Die in ihr geschehende „Darstellung der Thätigkeiten des Geistes" ist so die „höchste Tendenz" der Selbsttätigkeit[83], in der die Darstellung von dieser Seite zur Vollendung kommt.

So gibt die Psychologie in ihrer Beschreibung der aufnehmenden und ausströmenden Seelentätigkeit die wesentlichen Formen der Realisierung des Geistes vor. Insgesamt ergibt sich eine vierfache Ordnung, in der das pneumatologische Gewicht jeweils auf der Seite des subjektiven Bewußtseins und des darstellenden Handelns liegt:

---

[79] SW III/6, 66.

[80] Vgl. SW III/6, 75.

[81] Indem beide Tätigkeiten die ‚Totalität des Lebens' umfassen, sind sie, wie auch aus dem Folgenden leicht ersichtlich wird, die individuelle Form der in der Ethik beschriebenen symbolisierenden und organisierenden Vernunfttätigkeit. Vgl. etwa in der *2. Abhandlung „Über den Begriff des höchsten Gutes"* SW III/2, 475, wonach die „Vernunfttätigkeit [...] in zweierlei zerfalle, daß alles Sein in Bewußtsein aufgenommen, und daß allem Sein das Wesen des Geistes eingebildet werde". Different ist freilich die Wechselbeziehung der Tätigkeiten in der Seele. Sie bilden dort nicht, wie in der Ethik, gegeneinander selbständige Handlungssphären, sondern befinden sich in einer „fortwährende[n] Circulation, in welcher die Einwirkungen von außen her das einzelne Leben anregen unter der Form der Empfänglichkeit und dann das Leben sich steigert zur Selbstthätigkeit, die in einem Ausströmen sich endigt, bis dann wieder Einwirkungen von außen kommen" (SW III/6, 66).

[82] SW III/6, 73. Vgl. zur Kunst 47.49.498.

[83] SW III/6, 47. Diese Hervorhebung der *Darstellung* wird sich besonders auswirken in der Konzeption der christlichen Sittenlehre, die ihre Einteilung nach den beiden Hauptformen des wirksamen und darstellenden Handelns nimmt und dem darstellenden Handeln (= Gottesdienst) dabei besondere pneumatologische Bedeutung gibt; vgl. u. S. 300 und 254.

rein geistige Tätigkeiten	aufnehmende	objektives Bewußtsein	→ Sprache
		subjektives Bewußtsein	→ Religion
	ausströmende	wirksames Handeln	
		darstellendes Handeln	→ Kunst

Gilt es, die in dieser Konzeption liegenden Grundbestimmungen des Geistbegriffs näher zu verstehen, so ist *erstens* die Geistestätigkeit im objektiven Bewußtsein (a), *zweitens* das Verhältnis des Geistes zum subjektiven Bewußtsein (b) und *schließlich* die nach außen gehende Geistestätigkeit in der Selbsttätigkeit zu betrachten (c).

a) Schleiermachers psychologische Erörterung des Denken und Sprache entwickelnden *objektiven Bewußtseins* setzt an bei dem „Anfangspunkt der Entwikklung des geistigen Bewußtseins", welcher in der allmählichen „Aneignung" der geschichtlich immer schon vorgefundenen Sprache liegt.[84] Bereits dieser Einsatzpunkt macht deutlich, daß Schleiermacher Bewußtsein, Sprache und Denken vor allem in ihrer geschichtlichen Bedeutung auffaßt. Nicht eine „Hypothese von einem übernatürlichen Ursprung der Sprache"[85] begründet Sprache und Denken, sondern vielmehr die sich durch Generationen fortpflanzende und bildende Menschheit. Deshalb setzt das Verständnis des sprachlichen Bewußtseins nicht eine „übernatürliche Mittheilung" der Sprache[86], sondern nur das geschichtliche Gattungsbewußtsein als ihren Träger und Vermittler voraus.[87] Setzt mit der Sprachaneignung die Entwicklung des geistigen Bewußtseins an, so gibt Schleiermacher mit diesem Zugang von Beginn an den Ort vor, an dem das geistige Wesen der Seele seiner Meinung nach zu finden ist. Er liegt nicht im spekulativen Nachvollzug des Wesens der Sprache, sondern in den Formen ihrer geschichtlichen Realisierung in der menschlichen Gemeinschaft.

Schleiermachers weitere Beschreibung der Bildung des objektiven Bewußtseins ist kurz nachzuvollziehen. Wird diese durch den Prozeß der Sprachaneignung eröffnet, so besteht der erste Punkt darin, daß die durch die Sinneseindrücke vorsprachlich ‚fixierten' „Bilder", die noch nicht zu objektivem Bewußtsein gekommen sind, nun „*benannt* werden".[88] Von diesem Ansatzpunkt aus ergibt sich die von Schleiermacher im folgenden immer wieder als seine Grundvoraussetzung

[84] SW III/6, 45f.

[85] SW III/6, 513.

[86] SW III/6, 150. Schleiermacher begründet die Ablehnung dieser Annahme damit, daß durch eine „ursprüngliche göttliche Einwirkung [...] die menschliche Seele [...] etwas anderes geworden wäre, als sie vorher war" (ebd.). Der theologische Gedanke, daß durch solche ursprüngliche Mitteilung des göttlichen Logos die Seele überhaupt erst wird, was sie ist, wird nicht erwogen.

[87] Vgl. SW III/6, 46.

[88] SW III/6, 133. Diesem ersten Punkt des objektiven Bewußtseins liegen entwicklungspsychologisch voraus die Sinnestätigkeiten, in denen objektives und subjektives Bewußtsein noch nicht vollständig aus ihrer ursprünglichen Indifferenz herausgetreten sind (vgl. SW III/6, 76–133).

betonte *wesentliche Zusammengehörigkeit von Denken und Sprechen*: „Insofern irgend ein Bewußtsein Denken ist, ist es auch immer ein innerliches Sprechen [...]. Das ist die Voraussezung, worauf die ganze fernere Darstellung beruht".[89] Diese Zusammengehörigkeit zieht sich denn auch durch die Beschreibung der höheren Entwicklungsstufen des Denkens durch, in denen nicht nur eine „Verwandlung der Bilder in Wörter" geschieht, sondern in denen – und darin liegt dann „das eigenthümliche Wesen des Denkens"[90] – durch „die daraus gebildete Einheit des Sazes" auch Bewußtseinsgehalte gebildet werden, die im sinnlichen Bewußtsein nicht zu finden sind.[91] Die sich daraus ergebende „Richtung" des Denkens „auf das Wissen"[92] ist so immer an die Konstruktivität der Sprache gebunden, so daß das objektive Bewußtsein, „wie sehr auch alles Denken [...] ein rein innerer Proceß ist, [...] doch nicht getrennt werden kann von dem innern Sprechen, wenn nicht das Denken wieder seinen Charakter verlieren und etwa ein bloßes Brüten [...] werden soll".[93] So ist auch das „Maximum" der Denktätigkeit nicht unsprachlich, sondern „läßt sich nur beschreiben als das vollkommene Gegenwärtig-haben der Sprache, nur daß wir uns das nicht als ein bloßes Haben denken müssen, [...], sondern vielmehr als die Kraft des Producirens in der Continuität der menschlichen Sprachtätigkeit, so daß der einzelne die ganze Sprache zu seiner Disposition in sich trägt".[94]

Schleiermacher begreift damit die Entwicklung des objektiven Bewußtseins als Entwicklung der menschlichen Sprachfähigkeit. Dabei bekommt das der Konzeption nach der menschlichen Rezeptivität zugerechnete objektive Bewußsein, sowohl durch die konstruktive Dimension des Denkens als auch durch das für sie konstitutive Sprechen, den Charakter der Selbsttätigkeit. Ist die Denktätigkeit in sich selbst sprachlich, so geschieht das Wissen innerhalb des objektiven Bewußtsein nicht anders als durch die Selbsttätigkeit des Sprechens, die einen Denkakt innerlich konstruiert und mit sich bringt, daß das Wissen „erst beim äußern Heraustreten für abgeschlossen erklärt werden" kann.[95] So wird erst in der Mitteilung des Gedankens das objektive Bewußtsein vollkommen. Hier schließt sich der Kreis der sprachlichen Bewußtseinsbildung. Wie alles Denken erst aus der Mitteilung der Sprache entsteht, so kehrt es auch dahin wieder zurück und wird Mitteilung: „Darum will alles wissenwerdenwollendes Denken auch ein Gemeinsames werden".[96] So ist die Sprache – und mit ihr das objektive Bewußtsein – wesentlich gemeinschaftlich. Sie ist eingezeichnet in den Prozeß der geschichtlichen Menschheitsentwicklung und wird darin aufgefaßt als die Weise, in der sich das Bewußtsein von der Einheit

[89] SW III/6, 138; vgl. 133.140.162.
[90] SW III/6, 516.
[91] SW III/6, 153; vgl. 515f.
[92] SW III/6, 516; vgl. 160 zur „Richtung der Sprache auf das Wissen".
[93] SW III/6, 162.
[94] SW III/6, 47.
[95] SW III/6, 516.
[96] SW III/6, 516; vgl. 163.

des geteilten Seins als Wissen bildet und mitteilt. Dabei bringt die Individualität der Sprache mit sich, daß die höchste Form des objektiven Bewußtseins nur über die immer vollständigere Mitteilung des Denkens ausgebildet werden kann. Die Vollkommenheit des Wissens ist im objektiven Bewußtsein darum nur zu erreichen als eine „völlig *gemeinsame Erkenntnis* [...] durch die Gemeinschaft der Sprachen"[97], in der es dann alleine möglich sein wird, „die *Einheit*, die in dem *Sein* liegt", vollständig im Denken abzubilden.[98]

Versucht man diese Bestimmung der Sprache im Hinblick auf das Verständnis des Geistes aufzufassen, so ist die Beobachtung symptomatisch, daß Schleiermacher in seinem Abschnitt zur Sprache den Geistbegriff im Unterschied zur Einleitung der Psychologie kaum erwähnt. Dies ist darauf zurückzuführen, daß die Sprache lediglich das objektive Bewußtsein bildet, von dem das subjektive Bewußtsein, das im engeren Sinne das Sein des Geistes in der Seele repräsentiert, noch unterschieden bleibt. Zwar deutet Schleiermacher mehrfach an, daß die Sprache zum Selbstbewußtsein in genauem Zusammenhang steht – etwa in dem Hinweis, daß erst mit „dem Ich-sagen [...] die rechte Sazbildung" anfange[99] –, jedoch bezieht er diesen Sachverhalt nicht auf ein sprachliches Verständnis des Selbstbewußtseins zurück. So gilt der Satz, daß die Sprache „die Identität des *Selbstbewußtseins* und des *Gattungsbewußteins* in sich schließt"[100], nur insofern, als die Sprache diese Identität in sich *voraussetzt*, das Selbstbewußtsein selbst liegt aber nicht auf ihrem Gebiet. Es ist damit deutlich, daß die Sprache zwar die Form ist, in der sich das Wissen im objektiven Bewußtsein darstellt. Aber daß die Sprache darin für die ihr im höchsten Wissen zugrundeliegende Identität des Seins durchsichtig wird, geschieht nicht kraft ihres eigenen Wesens, sondern kraft des Selbstbewußtseins. In bezug auf dieses ist die Sprache deshalb nicht der Konstitutionsgrund – etwa in dem Sinne, daß das Selbstbewußtsein selber sprachlich sei –, sondern das Medium seiner Mitteilung im objektiven Bewußtsein, in welcher das Selbstbewußtsein nach außen tritt und sich als gemeinschaftliches vermittelt. Ist die Sprache in diesem Sinne „eine Function des Geistes"[101], so ist deutlich, daß die Sprachlichkeit dem Geist zwar notwendig zukommt, nicht aber das eigene Wesen des Geistes bildet. Sprache ist die Weise des Geistes, sich in der menschlichen Gemeinschaft geschichtlich zu verbreiten und darin das geteilte Sein auf die unendliche Einheit des Seins hin gedanklich aufzufassen, aber Sprache ist nicht die Weise seines Daseins im Bewußtsein selber. Auch die theologischen Ausführungen über das Verhältnis von Geist und Wort werden über diese Grundbestimmungen nicht hinausgehen.

---

[97] SW III/6, 177.

[98] SW III/6, 181.

[99] SW III/6, 516: „Mit dem Ich-sagen geht erst die rechte Sazbildung an, woraus hervorgeht, wie genau dieses eigenthümliche Wesen des Denkens mit dem Selbstbewußtsein zusammenhängt".

[100] SW III/6, 163.

[101] Ebd.

b) Näher auf das Verständnis des Geistes führt die Beschreibung des *subjektiven Bewußtseins*, mit der Schleiermacher die Reihe der Bewußtseinstätigkeiten auf der anderen Seite des Bewußtseins fortsetzt und die Grundfrage nach dem ‚rein Geistigen' im Bewußtsein über das zum objektiven Bewußtsein Gesagte hinausführt. Schleiermacher faßt das subjektive Bewußtsein dabei in drei verschiedenen Modi auf, nämlich erstens als *Gattungsbewußtsein*, das die ursprüngliche Form des höheren subjektiven Bewußtseins darstellt, zweitens als *Naturgefühl*, das dem Gattungsbewußtsein auf der Naturseite gegenübersteht, und drittens als *religiöses Bewußtsein*, das beide in sich integriert und als die „höchste Entwikklung des Selbstbewußtseins"[102] die Reihe der subjektiven Bewußtseinstätigkeiten beschließt.

α) Was zunächst das *Gattungsbewußtsein* angeht – welches als subjektives Bewußtsein freilich kein begriffliches ist, sondern sich im ‚geselligen Gefühl' äußert –, so ist dieses entwicklungspsychologisch begründet in dem „Bewußtsein der Abhängigkeit" des Säuglings von der ihn stillenden Mutter, das sich unmittelbar an die der Geburt vorausgehende „Identität des Lebens" mit ihr anschließt.[103] Das Gattungsbewußtsein entwikelt sich ausgehend von diesem, der Sprachbildung zeitlich und logisch vorausliegenden[104] Ausgangspunkt und formt dabei die in der sinnlichen Phase ursprünglich rein „*selbstischen* Empfindungen"[105] zunehmend zum ‚höheren' Selbstbewußtsein, das sich nur am „Bewußtsein eines anderen" bildet.[106] Dabei erfaßt es fortschreitend die Familie, die Verwandtschaft und die Sprachgemeinschaft, bezieht sich aber immer zurück auf die ihm zugrundeliegende ursprüngliche ‚Identität des Lebens'. Schleiermacher bestimmt das Wesen des Gattungsbewußtseins darin als „Bewußtsein der Identität des Verhältnisses unseres getheilten menschlichen Seins zu dem Sein schlechthin"[107], das „in seiner Vollständigkeit" dort gegeben ist, „wo der Unterschied zwischen dem eigenen und dem fremden menschlichen aufgehoben" und damit der „Geist zum Bewußtsein der Totalität seines Seins auf der Erde" gekommen ist.[108] Das Gattungsbewußtsein ist sonach die Weise, in der sich die Einheit des geteilten Seins von der Seite ihres Gegebenseins in der Menschheit im Selbstbewußtsein darstellt. Gegenüber der „Vereinzelung" des Geistes in der Seele des Einzelindivi-

[102] SW III/6, 213.

[103] Vgl. SW III/6, 190f; vgl. 228.

[104] Vgl. SW III/6, 519.

[105] SW III/6, 186.

[106] Vgl. SW III/6, 493: „Bewußtsein ist nicht Selbstbewußtsein ohne Bewußtsein eines anderen" (vgl. SW III/6, 19). Schleiermacher bringt hier in entwicklungspsychologischer Rücksicht den bereits in den Monologen angezielten Gedanken zur Geltung, daß die Subjektivität sich nur im Bewußtsein des unterschiedenen anderen Subjektes ausbildet und deshalb vollkommen erst im Bewußtsein der Menschheit ist (vgl. o. § 3.4). Der in SW III/6, 185–188 geschilderte Übergang „aus einem Zustand bloß selbstischer Bestimmtheit des subjektiven Bewußtseins in eine Bestimmtheit desselben als Gattungsbewußtsein" (188) ist dabei analog dem Übergang des objektiven Bewußtseins aus dem rein sinnlichen Bewußtsein der Bilder in die höhere Bewußtseinsstufe der Denktätigkeit (ebd.).

[107] SW III/6, 193.

[108] SW III/6, 194. 264.

duums wird hier „der Geist als Gattungsbewußtsein sich seiner Identität bewußt“.[109] So kommt im Gattungsbewußtsein das ‚Sein schlechthin‘ nach seiner Vernunftseite zum Bewußtsein. Schleiermacher hat damit die Grundform der Gegenwart des Geistes im menschlichen Bewußtsein benannt. Es zeigt sich dabei die grundlegende Gemeinschaftlichkeit des als Bewußtsein gegebenen Geistes nun auch auf der Seite des subjektiven Bewußtseins. Gegenüber der Verhältnisbestimmung von individuellem Geist und Gemeinschaft in den Monologen hat Schleiermacher damit eine Schwerpunktverschiebung vorgenommen. War in den Monologen das Bewußtsein der Menschheit nur das Mittel zum größeren Selbstbewußtsein des individuellen Geistes als eines individuellen und lag in diesem die Unendlichkeit des Geistes, so erreicht der individuelle Geist beim späten Schleiermacher nur *als* Gattungsbewußtsein Bewußtsein der unendlichen Identität des vernünftigen Seins. Diese Einsicht liegt auch Schleiermachers Auffassung des religiösen Bewußtseins zugrunde, dem sich im Falle des Christentums der Geist als Gemeingeist der Kirche darstellt. Daß in diesem das Ziel des Gattungsbewußtseins liegt, macht Schleiermacher mit einer den Abschnitt zum Gattungsbewußtsein abschließenden Bemerkung der Psychologie deutlich, derzufolge man mit dem Gattungsbewußtsein die „Entwikklung des Bewußtseins für vollständig ansehen können“ würde, wenn nicht die höchste Ausformung des Gattungsbewußtseins vorzugsweise auf dem Gebiet der Religion gefunden worden wäre, für dessen Beschreibung die „gesellige Beziehung“ desselben allein aber nicht ausreicht.[110] So muß zur höchsten Ausbildung des Gattungsbewußtseins noch eine andere, nicht allein mit der menschlichen Gemeinschaft gegebene Bestimmtheit des Selbstbewußtseins hinzukommen. Um dieses Andere zu erfassen, durch welches das Gattungsbewußtsein zur Vollendung und damit die Gegenwart der Einheit des Geistes im menschlichen Bewußtsein zu ihrer höchsten Form kommt, wendet sich Schleiermacher zunächst dem Naturgefühl zu, das die „Beziehung auf nichtmenschliches“ enthält und insofern die Frage nach dem Gegebensein des Geistes im Bewußtsein über das zum Gattungsbewußtsein Gesagte hinausführt.[111]

β) Was das *Naturgefühl* anbelangt, so ist in ihm nicht die Gegenwart des Geistes in der Menschheit, sondern die „Manifestation des Geistes in der Natur“ Gegenstand des Selbstbewußtseins.[112] Diese wird vor allem bewußt als *Wohlgefallen am Schönen*, dem das *Gefühl des Erhabenen* polar gegenübersteht. Was zunächst das Naturgefühl als Wohlgefallen betrifft, so ist in seiner Entwicklung „das erste wol dieses, daß das universelle Leben, die Vegetation mit eingeschlossen, sich in seiner Mannigfaltigkeit so manifestirt, daß wir in dem einzelnen mannigfaltigen wieder ein Bild der Totalität haben, und in dem Theil das Ganze

[109] SW III/6, 260.
[110] SW III/6, 520; vgl. 194.
[111] SW III/6, 520.
[112] SW III/6, 201.

sich vergegenwärtigt".[113] Dabei bildet sich das Wohlgefallen zwar im Ausgang von einem „Afficirtsein durch einen Zustand des objectiven Bewußtseins", ist aber „ganz etwas anderes als das Erkennen der Gestalt", insofern das Bewußtsein hier nicht bei einer „bloße[n] Auffassung" stehenbleibt, sondern in der Mannigfaltigkeit der geteilten Natur ihre Einheit so dargestellt findet, daß „in einem einzelnen das Ziel des Erkennen-wollens in irgend einer Beziehung erreicht ist, so daß der ganze Prozeß darin Ruhe und Befriedigung findet".[114] Sonach ist das Naturgefühl nach der Seite des Wohlgefallens diejenige Bestimmtheit des Selbstbewußtseins, in welcher die Totalität der in sich mannigfaltigen Natur als eine sich-selbst-Darstellende im Bewußtsein präsent ist.[115] Die Einheit des geteilten Seins wird im Naturgefühl also von der Naturseite her im Selbstbewußtsein präsent. In der Sprache der Ethik ist es die *Naturseite* des Seins, welche sich von der in ihr begriffenen gestalthaften *geistigen* Seite her darstellt und sich so in ihrer alles Einzelne übergreifenden Einheit bewußt macht.

Zu dieser die Einheit des natürlichen Seins mit dem menschlichen Bewußtsein repräsentierenden Form des Naturgefühls als Wohlgefallen tritt das Gefühl des *Erhabenen* als die andere Weise des Naturgefühls. Dieses hat sein Wesen im Unterschied zum Gefühl des Wohlgefallens darin, daß es die Differenz von Natur und Geist, bzw., aus der Perspektive des Selbstbewußtseins betrachtet, die Defizienz des Bewußtseins gegenüber der sich am Endlichen darstellenden Natur im Selbstbewußtsein präsent sein läßt, so daß „dieser Zustand nicht eine solche Ruhe und Befriedigung in sich schließt, sondern daß er mehr ein aufgeregter Zustand ist, der in gewisser Weise zugleich sein Gegenteil, das deprimirende, in sich trägt".[116] Der Grund für diese Bestimmtheit des Bewußtseins liegt in der „Insufficienz des Auffassungsvermögens" angesichts der „Intensität" der sich in der Natur darstellenden „unerschöpflichen Kraftfülle, von der wir uns niedergedrükkt fühlen, aber zu der wir auch immer wieder zurükk müssen".[117] So stellt sich im Gefühl des Erhabenen die Gegenwart des Geistes in der Natur – denn anders als durch den Geist kann sich die Natur nicht darstellen, wenn anders sie nur durch das Geistige in ihr erkennbar ist – nicht von der Seite seiner Einheit mit dem menschlichen Subjekt, sondern von der Seite seiner Unterschiedenheit von ihm dar. Hatte sich im Gattungsbewußtsein und im Wohlgefallen die Einheit des geistigen Seins sowohl nach der Seite seines Gegebenseins in der menschlichen Vernunft, als auch nach der Seite seines Gegebenseins in der gestalthaften Natur im Selbstbewußtsein dargestellt, so wird im Gefühl des Erhabenen nun das geistige Sein nach seinem Unterschied von seiner Gegenwart im menschlichen Subjekt im Bewußtsein selber gegenwärtig. Die sich dem

---

113 SW III/6, 207.

114 SW III/6, 202.208f.

115 Vgl. SW III/6, 209: „Es ist also unverkennbar hier, daß ich mich so ausdrükke, ein speculativer Gehalt, aber rein dem subjectiven Bewußtsein inhärirend und daher auch nicht als Gedanke und Begriff ausgesprochen, sondern als Gefühl".

116 SW III/6, 209.

117 SW III/6, 209.521.

Bewußtsein in dieser Spannung stellende Frage, wie die sich ihm im Naturgefühl darstellende Einheit und Unterschiedenheit zur Einheit kommen kann, führt über die Formen des Gattungsbewußtseins und des Naturgefühls hinaus zum religiösen Bewußtsein, in dem das subjektive Bewußtsein seine höchste Form findet und die vorgenannten Bestimmungen ihrer Einheit im Selbstbewußtsein zugeführt werden.[118]

γ) Wenn Schleiermacher sich deshalb abschließend dem *religiösen Gefühl* als der „höchste[n] Entwikklung des Selbstbewußtseins“[119] zuwendet, so ist er von dem Anliegen geleitet, die beiden Formen der Gegenwart des Geistes im Naturgefühl auf ihre innere Einheit zurückzuführen und damit zugleich die zunächst suspendierte Frage nach der hinreichenden Bedingung für die Vollendung des Gattungsbewußtseins wieder aufzunehmen. Dementsprechend findet sich das Spezifikum der Religion als der höchsten Form des subjektiven Bewußtseins denn auch in der Aussage beschlossen, es sei in „dem religiösen Gefühl [...] ein Zusammenfassen des Naturgefühls und des geselligen Gefühls, aus denen es sich entwikkelt“.[120] Ist in diesen beiden Bewußtseinsformen das geistige Sein sowohl nach der Seite der Vernunft, als auch nach der Seite der Natur und darin sowohl im Blick auf die sich darstellende Einheit, als auch auf die sich darstellende Unterschiedenheit des Geistes im subjektiven Bewußtsein gegenwärtig, so ergibt sich für das beide Bewußtseinsweisen in sich zusammenfassende religiöse Bewußtsein, daß sich in ihm die verschiedenen Formen der Gegenwart des Geistes im Selbstbewußtsein zum Bewußtsein der Totalität des in Natur und Vernunft sich verwirklichenden Geistes zusammenschließen. So findet die Entwicklung des religiösen Bewußtseins ihr Proprium in der „Aufhebung des Gegensazes“ „zwischen dem bewußten Sein als Gattung, und dem dem Bewußtsein gegebenen Sein“ im Bewußtsein selbst.[121] Schleiermacher gibt damit eine Konzeption des religiösen Bewußtseins zu denken, in der die in Gattungsbewußtsein und Naturgefühl nur bruchstückhaft gegenwärtige Einheit des geteilten Seins sich dem Bewußtsein in ihrer absoluten ungeteilten Einheit so darstellt, daß sich das Selbstbewußtsein auf die Aufhebung des Gegensatzes von Sein und Bewußtsein bezogen weiß und die Aufhebung als in diesem Bezogensein gegenwärtig erfährt. Ist dies der Fall, so ist das religiöse Bewußtsein die innerste und höchste Weise der Gegenwart des Geistes in der Geschichte, „in welcher sich die Richtung des Geistes als eines endlichen Seins auf die Aufhebung des Gegensazes“ ursprünglich in der Geschichte „manifestirt“ und auf die alle Entwicklungen des subjektiven Bewußtseins zulaufen.[122] So ist das religiöse Selbstbewußtsein die geschichtliche Gegenwart der *Einheit von Geist und Bewußtsein*, in welcher die

[118] Vgl. SW III/6, 211: „Wie kann aber so entgegengeseztes verwandt sein? Diese Frage führt uns zu dem Gegenstande zurükk, um dessenwillen wir die ganze Untersuchung angestellt haben“.

[119] SW III/6, 213.

[120] SW III/6, 212.

[121] SW III/6, 212.522; vgl. 212: „die Beziehung des eignen Seins auf diese Aufhebung ist das eigenthümliche Wesen des religiösen Gefühls“.

[122] SW III/6, 213.

Seele in ihren verschiedenen Bewußtseinstätigkeiten ganz bei sich ist und in welcher sie deshalb ihre vollkommenste Ausformung erfährt.

Schleiermacher faßt diese Bedeutung des religiösen Bewußtseins näher auf, indem er dessen spezifisch religiöse Eigenart beschreibt. Diese weist zunächst eine „Analogie […] mit dem Eindrukk des erhabenen" auf[123], da sich in dem Sichdarstellen der höchsten Einheit notwendig „dasselbe ereignen [muß], was wir als das eigenthümliche Wesen des erhabenen gefunden haben, die sich immer erneuernde Aufgabe und das Bewußtsein des Unvermögens".[124] Jedoch hat das religiöse Bewußtsein gegenüber dem Gefühl des Erhabenen eine dieses noch übersteigende Bestimmtheit. Denn da dem Bewußtsein hier die *unendliche Einheit* seines geistigen Seins gegenwärtig wird, wird das Selbstbewußtsein über die Spannung von Unvermögen und Auffassungsbemühen hinausgeführt zu „ein[em] sich verlieren in das unendliche, [das] mit dem Bewußtsein verbunden [ist], daß hier eine jede Reaction völlig unstatthaft ist".[125] Es sieht sich „affizirt […] von einem" nur noch „symbolisch" zu beschreibenden „Etwas", „worauf es nicht reagieren kann", und ist darin „absolutes Abhängigkeitsgefühl".[126] Der im Gefühl des Erhabenen bewußte Gegensatz wird im religiösen Gefühl auf die Erfahrung der unendlichen Einheit hin überschritten, die das im Gegensatz stehende Bewußtsein als solches in sich integriert. Damit schlägt die im religiösen Bewußtsein aus der ‚Analogie mit dem Eindruck des Erhabenen' sich ergebende „unwillkürliche Richtung" auf die Aufhebung des Gegensatzes in reine Rezeptivität um und wird „zu dem innern Bewußtsein der Wahrheit […], die in unserem eigenen Sein liegt und die überall dieselbe ist mit der zum Bewußtsein gekommenen Nothwendigkeit, insofern sie eine rein innere und eins mit der Freiheit ist".[127] Indem dem subjektiven Bewußtsein im religiösen Gefühl die Vollendung und Einheit des Seins im Selbstbewußtsein gegenwärtig wird, hebt sich die Richtung des Geistes auf die Überwindung des Gegensatzes im Sein in das Bewußtsein der Einheit des Geistes hinein auf. Indem sich der Geist darin über das gesellige und Naturgefühl hinaus in seinem absoluten Bezogensein auf die ungeteilte Einheit des geistigen Seins erkennt, wird ihm das höchste Sein und Wissen im Bewußtsein präsent. Er kommt zur Einsicht der höchsten Notwendigkeit seines geschichtlichen Daseins und wird darin wahrhaft frei und er selbst. In diesem Sinne ist die Aussage zu verstehen, daß das religiöse Gefühl die „höchste Entwikklung des Selbstbewußtseins"[128] ist. Waren Gattungsbewußtsein und Naturgefühl Weisen der Gegenwart des Geistes in der Seele, die die Einheit des Geistes nur in Polaritäten bewußt werden ließen, so ist der Geist als religiöses Bewußtsein sich selbst durchsichtig für die unendliche Einheit des Geistes in der Geschichte. Er schaut über die Trennung von Natur *und* Vernunft hinaus und

[123] SW III/6, 211.
[124] SW III/6, 212.
[125] SW III/6, 211.
[126] SW III/6, 522.
[127] SW III/6, 212.
[128] SW III/6, 213.

erkennt seine geschichtlichen Bewußtseinstätigkeiten und darin sich selbst *als* Gegenwart des die Geschichte hervorbringenden geistigen Seins. So wird sich erst im religiösen Bewußtsein die geschichtliche Gegenwart des Geistes als Bewußtsein ihrer selbst als Prinzip des menschlich geschichtlichen Lebens bewußt.

δ) Schleiermacher hat damit die psychologische Frage nach dem Gegebensein des Geistes in der Seele zu ihrer höchsten Antwort geführt. Was damit pneumatologisch gesagt ist, läßt sich an einem zusammenfassenden Satz ablesen, mit dem Schleiermacher die Erörterung des subjektiven Bewußtseins abschließt. Es sei, so bestimmt Schleiermacher dort, die im religiösen Gefühl gipfelnde Selbstbewußtseinsentwicklung „die vollständige Reihe der Entwikklung des Geistes in sich selbst", in welcher „jede neue Gestaltung des Selbstbewußtseins ein erweitertes Sich-selbst-finden des Geistes [ist], bis wir an den Punkt kommen wo es sich selbst jenseit des endlichen findet in dem Unendlichen".[129] Der Satz gibt auf dem Hintergrund des pneumatologischen Ansatzes der Psychologie Schleiermachers Auffassung von der geschichtlichen *Bewegung* des Geistes wieder. Wie schon ausgeführt, faßt Schleiermacher den Geist nur *in* seinem Sich-Hervorbringen als humanes, nur mit der Leiblichkeit zusammen entstehendes und von ihr unablösliches Bewußtsein auf. Der Satz macht nun deutlich, daß der Gedanke, daß die Bewußtseinsbewegung Sich-Hervorbringen des Geistes ist, auch dahingehend eingelöst wird, daß das humane Selbstbewußtsein das Selbstbewußtsein eben dieses Geistes ist, in welchem er in der Geschichte zu sich kommt. Dies geschieht aufgrund dessen, daß der Geist nicht als ein auch noch außerhalb der Geschichte faßbares Absolutes zu stehen kommt, welches auch spekulativ *gedacht* werden könnte, nicht durch denkende Selbsttätigkeit, sondern als rein rezeptives *Sich-Finden* in der sich als Gattungsbewußtsein und Naturgefühl gemeinschaftlich und in konkreter Naturbezogenheit herstellenden Unmittelbarkeit der Subjektivität. Freilich ist auch dieses unmittelbare Sichbewußtwerden des Geistes ein geschichtliches, welches sich nur *am* Endlichen der Natur und *in* der menschlichen Gemeinschaft hervorbringt. Eben dieses Sich-Hervorbringen ist die Entwicklung der menschlichen Seele aus der anfänglichen Indifferenz des Säuglings bis hin zur höheren Subjektivität. In dieser Geschichtlichkeit liegt aber auch, daß das Bewußtsein in seinem zunehmenden Sich-Erweitern immer noch unter den Polaritäten bleibt. Erst dort kommt der Geist deshalb zu seinem höchsten Selbstbewußtsein, wo er sich *in* seinem Sich-selbst Finden *selbst* findet, d.h. wo sein geschichtliches Sich-Finden als Selbstbewußtsein auch dieses sich-Findens selbst noch einsichtig wird. Hier gilt dann der Satz, daß ‚*das Sich-selbst-Finden des Geistes sich selbst findet*', der Geist also seiner eigenen geschichtlichen Bewegung als Bewußtsein einsichtig und dadurch sich selbst in der Geschichte als das sie voranbringende Prinzip offenbar wird.

Schleiermacher sieht diesen Zustand im religiösen Gefühl gegeben, das damit die höchste Gegenwart des Geistes in der Geschichte ist. Seine Besonderheit, welche diese Bewußtseinsvollendung erst ermöglicht, ist die *absolute Rezeptivi-*

[129] SW III/6, 214; vgl. o. S. 128.

tät, in welcher sich der Geist in seinem geschichtlichen Sich-Finden von seiner Geschichtsgebundenheit ablöst und sich selbst vollkommen unmittelbar ist. Das religiöse Gefühl ist damit, wie auch schon in den Reden über die Religion, unmittelbares Eintauchen des geschichtlichen Geistes in seine originäre Genese, in welcher er in der Einheit mit dem Unendlichen des ‚geistigen Seins' sich selbst als eines geschichtlichen ursprünglich ist.[130] Dies geschieht in der Psychologie nun aber nicht als ein Sich-Abstoßen von den übrigen Bewußtseinsformen, in welchem sich der Geist durch einen dialektischen Überschritt unmittelbar zu sich selbst erheben und damit seine geschichtliche Konstitutionsbedingung als Seele hinter sich lassen würde. Eine solche Bewegung des Geistes zu einem Bewußtsein seiner selbst ‚an und für sich' ist für den „Geist, wie er als Seele gegeben ist"[131], vielmehr gerade ausgeschlossen. Sondern dieses religiöse sich-Finden geschieht selber *als* positive geschichtliche Bewußtseinsbewegung, in welcher der Geist *in* der geschichtlichen Bewegung seines Sich-selbst-Findens der Notwendigkeit aller seiner differenten Bewußtseinstätigkeiten einsichtig wird und sich so *als* geschichtliches Sich-Finden zu seiner höchsten Ausformung erhebt.

Unter welchen Bedingungen dies geschehen kann, vermag die Psychologie freilich nicht zu sagen, da die Erörterung im religiösen Bewußtsein „an die Grenze des endlichen Seins"[132] geführt ist, über die hinaus sich innerhalb des empirisch-phänomenologischen Rahmens der Psychologie nichts Weiteres sagen läßt. Weiterhin bleibt aus dem gleichen Grund unerörtert, wie das Unendliche des Geistes, in dem sich der Geist im religiösen Gefühl selber findet, näher zu bestimmen ist. So steht Schleiermachers philosophischer Gedanke des Geistes mit der psychologischen Bestimmung des religiösen Selbstbewußtseins zugleich an seinem höchsten Punkt und an seiner Grenze. Gleichwohl ist ein Weiterdenken an dieser Stelle auch für die Psychologie selbst von großer Bedeutung, da nur in diesem Bezug auf das Unendliche die Einheit der Seele ihr selbst zugänglich ist. So drängt die Psychologie hier selber über sich hinaus und wirft die Frage auf, wie das psychologisch unvollziehbare religiöse Bewußtsein denn inhaltlich durch dieses selbst bestimmt ist, d.h. wie sich das religiöse Bewußtsein in seinem Sich-Finden im Unendlichen selber versteht. Hier wird das theologische Verständnis des Geistes bei Schleiermacher ansetzen.[133]

c) Hat die psychologische Beschreibung der Geistestätigkeiten auf der Seite der aufnehmenden Tätigkeit im religiösen Bewußtsein den reinsten Punkt der Realisierung des Geistes in der Seele ausgemacht und damit ihre Grenze nach dieser

130 Vgl. o. S. 62f.

131 SW III/6, 215.

132 SW III/6, 213.

133 Insofern die Psychologie damit sachlich auf die Glaubenslehre verweist und deren Explikation des religiösen Bewußtseins vorbereitet, kann sie tatsächlich „als eine Propädeutik empirischer Art für die Dogmatik" gelten (F. Siegmund-Schultze, Schleiermachers Psychologie, 52). Wie sich noch zeigen wird, wird Schleiermacher die Frage nach dem Inhalt des religiösen Gefühls in Glaubenslehre und späten Predigten mit der theologischen Auffassung des durch Jesus vermittelten Bewußtseins der Liebe Gottes zu beantworten suchen.

Seite erreicht, so bleibt dem elementarischen Teil der Seelenlehre nur noch, die *ausströmenden Tätigkeiten* zu beschreiben, in denen sich der als Bewußtsein in der Seele gegebene Geist nun handelnd realisiert. Dabei macht bereits der Ausgangspunkt der Psychologie, der das Verhältnis von Selbsttätigkeit und Empfänglichkeit in einer Weise faßt, in der „Empfänglichkeit nicht Passivität", sondern aufnehmende *Tätigkeit* ist[134], klar, daß die Selbsttätigkeit des Geistes zu seinen aufnehmenden Seelentätigkeiten nicht erst sekundär hinzukommt, sondern in ihnen mitgesetzt ist.[135] Schleiermacher beschreibt die Selbsttätigkeit im Ausgang von den Bewußtseinstätigkeiten unter den „beiden Formen des gewußten Wollens und der freien Beweglichkeit", wobei im ‚gewußten Wollen' das objektive Bewußtsein und in der ‚freien Beweglichkeit' – gemeint ist damit der ursprüngliche Selbstausdruck des Subjekts in dem freien Spiel seiner Lebensfunktionen – das subjektive Bewußtsein vorherrscht.[136] Beide Formen der Selbsttätigkeit umfassen in ihrer Wechselbeziehung „das ganze selbstthätige Leben"[137], verhalten sich dabei aber so zueinander, daß das gewußte Wollen zwar eine gegenüber der freien Beweglichkeit eigenständige Form der Selbsttätigkeit ist, den unmittelbaren Selbstausdruck des Subjekts in der freien Bewegung als seinen Ursprung aber stets in sich voraussetzt, so daß also „das gewußte Wollen, sofern es nur aus der freien Beweglichkeit hervorgeht, unter der Potenz von dieser steht".[138] Es ergibt sich daraus eine Priorität des Selbstausdrucks des als Selbstbewußtsein gegebenen Geistes in der Seele vor der Willenstätigkeit, die die nachgeordnete Stellung der Selbsttätigkeit gegenüber dem Selbstbewußtsein unterstreicht und damit die Grenze der Selbsttätigkeit aufzeigt. So kann diese nicht durch gewußtes Wollen etwa die ‚persönliche Eigenthümlichkeit' des Menschen ändern, sondern nur bewußter Ausdruck seiner individuellen Eigenheit sein.[139] Die Spontaneität ist damit auch im gewußten Wollen nicht autonom, sondern wie auch das Individualitätsbewußtsein in das menschliche ‚Gesamtleben' eingebunden und untersteht dem im Gattungsbewußtsein präsenten „Wollen der Gesammtvernunft" als der Kraft der eigenen wollend gestaltenden Produktivität.[140] So hat die Selbsttätigkeit

[134] SW III/6, 216; vgl. 214: „denn als Thätigkeit haben wir die Receptivität auch gesezt".

[135] Dies macht Schleiermacher an der voranstehenden Entwicklung des objektiven Bewußtseins deutlich, das wesentlich sprachlich verfaßt ist und deshalb, da „alle Productivität der Sprache nur als Selbstthätigkeit zu beurtheilen" ist, Selbsttätigkeit wesentlich in sich trägt; vgl. SW III/6, 218.

[136] SW III/6, 234; vgl. ab 221.

[137] SW III/6, 523.

[138] SW III/6, 523; vgl. 235. Nur insofern „die freie Beweglichkeit sich nur wiederherstellt", wenn die „Concentration" auf das gewußte Wollen „nachläßt", gilt auch umgekehrt, daß die freie Beweglichkeit „unter der Potenz" des gewußten Wollens steht (SW III/6, 523).

[139] Vgl. SW III/6, 236f. Entsprechend ist auch „das ganze menschliche Geschlecht" selbst nicht durch Selbsttätigkeit zu ändern bzw. auf eine höhere Stufe zu erheben, sondern stellt „ein bestimmtes Maaß von Kraft des geistigen Lebens dar [...], über welches er durch Selbstthätigkeit nicht hinaus kann" (SW III/6, 242).

[140] SW III/6, 237. Nicht ausgeschlossen ist indessen, daß die ‚Gesamtvernunft' *selber* über sich hinausgeht und sich auf ‚eine höhere Stufe der Sittlichkeit' hebt (ebd.). Diese Möglichkeit spielt in Schleiermachers ‚Theorie vom großen Manne' eine wichtige Rolle und wird vor allem für das Verständnis der Erscheinung Christi Bedeutung haben; vgl. u. § 8.3.

nicht die Aufgabe, dem Bewußtsein etwas hinzuzufügen, was noch nicht in ihm ist, sondern sie ist die Weise des Geistes, in der menschlichen Gemeinschaft als Bewußtsein nach außen zu treten und sich durch freie Selbstdarstellung und gewußte Willenstätigkeit im ethischen Raum zu verbreiten.

Schleiermacher beschreibt auf dem Hintergrund dieser Grundbestimmtheit der Spontaneität „das eigentlich *materiale*" der Selbsttätigkeit in der Dreiheit von „Selbstmanifestation des Geistes", „Besitzergreifen" und „Selbsterhaltungstrieb", die als Grundelemente des „geistigen Umlaufs" die Gesamtheit der selbsttätigen Geistestätigkeiten in sich schließen.[141] Dabei ist die *Selbstmanifestation* dasjenige, was die Einleitung der Psychologie als ‚darstellendes Handeln' bezeichnet hatte.[142] Es ist die den Anfang aller Selbstätigkeit bildende, mit dem entstehenden Gattungsbewußtsein anhebende „Selbstdarstellung" des Subjekts in der menschlichen Gemeinschaft.[143] Als wesentlich zweckfreie Mitteilung des Selbstbewußtseins ist sie reines Aussichheraustreten des Geistes und damit die ungetrübteste Weise des geschichtlichen Inerscheinungtretens des Geistes. Sie ist dabei dasjenige, „was wir im engeren und weiteren Sinne *Kunst* nennen", nämlich freie symbolische Produktion des Subjekts[144], die in allen anderen Formen der Selbsttätigkeit immer mitgesetzt ist und deren vollständige Realisierung überhaupt erst ermöglicht, so daß also gilt: „das Maximum des geistigen Lebens besteht [...] darin, daß bei jeder Selbstthätigkeit auch die Kunst als die wahre geistige Selbstmanifestation mit erscheint".[145]

Zur Selbstmanifestation des Geistes tritt als zweite Weise der Selbsttätigkeit das *Besitzergreifen* hinzu, wozu „alle die Selbstthätigkeiten" „gehören [...], welche der Mensch übt um sich die Dinge anzueignen und unter seine Herrschaft zu

---

[141] SW III/6, 243; vgl. zum Zusammenhang der Tätigkeitsweisen 244: „Also die Manifestation vermittelt den Besiz und der Besiz das lebendige thätige Fortbestehen und das schließt alle Aeußerungen der Selbstthätigkeit in sich; aber in diese Selbsterhaltung gehört die Selbstmanifestation auch, und so schließt sich der Ring von selbst".

[142] Vgl. o. S. 130. Die Darstellung der ausströmenden Tätigkeiten im elementarischen Teil der Psychologie nimmt die in der Einleitung vorgegebene Einteilung von darstellendem und wirksamem Handeln nicht mehr auf, sondern läßt sie in die genannte Dreiheit der Selbsttätigkeit eingehen, wobei die Selbstmanifestation das darstellende Handeln, das Besitzergreifen das wirksame Handeln und der Selbsterhaltungstrieb den Übergang zwischen beiden thematisiert. Schleiermacher zieht damit in der Durchführung der Seelenlehre die psychologisierenden Termini der Dreiteilung den mehr ethisierenden Bezeichnungen der Einleitung vor. Indessen zeigt die christliche Sittenlehre, daß der Kreislauf der spontanen Seelentätigkeiten auch von der Polarität des darstellenden und wirksamen Handelns aus konstruiert werden kann.

[143] SW III/6, 248; vgl. ebd: „Die Manifestation ist ein Sich-selbst-jedem-andern-zur-Anerkennung-darbieten vermittelst des Gattungsbewußtseins". Hier zeigt sich die wesentliche Gemeinschaftlichkeit des Geistes nach der Seite der menschlichen Selbsttätigkeit.

[144] SW III/6, 245; vgl. 525: „Die *Selbstmanifestation* ist *Kunst*". Von hier aus ergibt sich eine Linie der Psychologie zur Ästhetik, die – aus dieser Perspektive – mit der Kunst die freie symbolische Produktion des Geistes zum Gegenstand hat. Da die sich als ‚kritische Disziplin' verstehende Ästhetik (vgl. WBraun II, 366.252) auf den Geistbegriff selber aber weitgehend verzichtet, ist es kaum berechtigt, sie insgesamt unter dem Titel „pneumatologie philosophique" zu verhandeln (so BRITO, La pneumatologie, 367; vgl. 394ff.183ff).

[145] SW III/6, 250.

bringen".[146] Der erste Punkt ist dabei das in der Selbstmanifestation mitgesetze „Leib-haben" als das „ursprüngliche *Besitzergreifen*", in welchem der Geist Seele wird und damit „die einzige Form" annimmt, „unter welcher der Geist seine Bestimmung erreichen kann".[147] Von dieser ersten Form der ‚Naturbeherrschung' ausgehend verbreitet sich die besitzergreifende Richtung des Geistes vermittels des Gattungsbewußtseins über die Menschheit hinweg und läßt im Laufe der Menschheitsgeschichte „die ganze Möglichkeit der Naturbeherrschung durch diese Richtung des Geistes geschichtlich werden".[148] War die Selbstmanifestation die Weise, in der der Geist als Bewußtsein nach außen tritt und sich so im geschichtlichen Leben darstellt, so ist das Besitzergreifen die Weise, in der sich der Geist in der Geschichte verbreitet und so auf sein in der Ethik benanntes Ziel der vollständigen Durchdringung und Aneigung der Natur zugeht.

Der *Selbsterhaltungstrieb* als die dritte Weise der Selbstthätigkeit des Geistes besteht „in der Richtung auf die Beharrlichkeit dieser Formen der Selbstthätigkeit".[149] Damit ist „nicht etwas einzelnes und besonderes" neben Selbstmanifestation und Besitzergreifen gesetzt, sondern diese „in der Zusammengehörigkeit das geistige Leben constituirende[n]" Funktionen sind darin „in Beziehung darauf" betrachtet, „daß die Fortdauer desselben vom Subject ausgeht".[150] In dieser Blickrichtung gesehen integriert der Selbsterhaltungstrieb das Besitzergreifen als ein produktives „Fortbestehenwollen des Geistes selbst" und die darstellende Selbstmanifestation des Geistes „als das vollkommene Sich-selbst-verstehen in dem Selbsterhaltungstrieb des Geistes"[151] und ist darin die „Beziehung der Selbsttätigkeit als Einheit betrachtet auf die Gesammtheit der übrigen Funktionen", durch die sich aus der Tätigkeit des Geistes in der Seele „das Einzelwesen" als beständiges Subjekt in der Geschichte „constituirt".[152] Der Selbsterhaltungstrieb ist damit die Weise des Geistes, seine geschichtliche Identität als Seele zu verbürgen und damit seine Handlungsfähigkeit in dieser Identität immer erneut zu ermöglichen.

4. Die Grundaussagen der Psychologie zum Geistverständnis sind damit benannt. Hatte die philosophische Ethik den Geistbegriff im Verhältnis von Sein und Denken epistemologisch grundgelegt, so zeigte sich in der Psychologie die *Weise*, wie sich der dort beschriebene Geist nun im menschlichen Leben realisiert. Einige wenige Aspekte sind in rückblickenden Thesen besonders hervorzuheben und mit der Geistauffassung des jungen Schleiermacher in Beziehung zu setzen:

[146] SW III/6, 253f; vgl. 526: „*Besizergreifende Thätigkeit.* Zu dieser gehört alles, was Naturbeherrschung ist".

[147] SW III/6, 260.

[148] SW III/6, 255.

[149] SW III/6, 261.

[150] SW III/6, 264f.

[151] SW III/6, 260.264.

[152] SW III/6, 287.529.

a. Der Geist bringt sich im Menschen als *die Bewegung verschiedener Seelentätigkeiten* hervor, in welchen die menschliche Seele im Zusammenhang mit dem Leib einerseits und mit der Außenwelt andererseits subjektives Bewußtsein, objektives Bewußtsein und Selbsttätigkeit ausbildet. Der Geist ist dabei sowohl von dem Leib als auch von der Außenwelt, auf die er sich in den Tätigkeiten bezieht, unablöslich und kommt zu seinem Selbstbewußtsein nur *in* diesen Zusammenhängen. Deshalb vermag sich der Geist in den verschiedenen Bewegungen der Seele nicht an und für sich zu begreifen.

Indem Schleiermacher damit den einzelnen Menschen in seinem vorfindlichen Lebenszusammenhang zum Ort der Entfaltung des Geistbegriffs macht, nimmt er den Gedanken der Monologen auf, daß Geist *nur in* dem konkreten menschlichen Leben aufzusuchen und nicht ablöslich von ihm zu begreifen sei. Im Unterschied zu den Monologen wird das Wesen des Geistes hier nun aber nicht dadurch begriffen, daß das konkret-individuelle Leben des Geistes zu einer idealen Gestalt gesteigert wird. Vielmehr sieht die Psychologie ihre Aufgabe lediglich darin, die *Formen* zu beschreiben, in welchen sich dieses Selbstsein des Geistes *unter* der Polarität von Natur und Vernunft realisiert. Dies führt zu einer nicht mehr auf die Selbstanschauung verengten, sondern zu einer umfassenden Bestimmung der Subjektivität in Denken (und Sprechen), Fühlen, Wollen und ihrem Selbstausdruck in Sprache, Wissenschaft, Kunst und Kultur. Von kaum zu überschätzender Bedeutung ist dabei die Abkopplung des Selbstbewußtseins vom Denken und die Vorordnung des ersteren vor das letztere. Während die Monologen die das Selbstbewußtsein konstituierende Selbstanschauung noch als Denken fassen wollten, ist das Denken hier nun von der das Selbstbewußtsein konstituierenden Bewegung des Geistes unterschieden. Schleiermacher manifestiert dadurch zum einen die bereits in den Monologen grundlegende Abwehr eines primär das *Denken* thematisierenden Geistverständnisses. Zum anderen führt er den Gedanken der Monologen weiter, daß der Geist das menschliche Handeln nicht primär auf dem Wege der Rationalität bestimmt, sondern daß dessen originärer Charakter der unmittelbare *Selbstausdruck* des Geistes ist, zu welchem das Denken nur als Mittel hinzutritt. Man wird wohl sagen müssen, daß Schleiermacher mit der genannten Abkopplung ebenso wie mit der Bestimmung des Geistes als eines Zusammenwirkens *differenter* Geistestätigkeiten nicht nur wesentlichen Einsichten der Monologen zu neuer Kraft verholfen, sondern auch einen frühen Anstoß zur Überwindung des (bei ihm selbst freilich noch bestimmenden) idealistischen Zugangs zum Geistverständnis gegeben hat.

b. Der Geist bringt sich in der Seele als die produktive Bewegung der Geschichte hervor. Das Sich-Hervorbringen des Geistes in der Seele ist zugleich sein Sich-Hervorbringen in der Geschichte, und die Formen, in denen er dies tut, sind dabei die Weisen des Seins und des Wirkens des Geistes in der Geschichte. In ihnen bringt der Geist die Geschichte als fortschreitende geschichtliche Durchdringung von Natur und Vernunft hervor und geht damit zugleich auf seine eigene Vollendung zu. So ist der Prozeß der Geschichte zugleich die Selbsthervorbringung des Geistes, und ihre Vollendung in der Einheit von Natur und Vernunft ist zugleich die Vollendung des Seins des Geistes in ihr.[153]

[153] Vgl. SW III/6, 243: „Wenn wir nun das Resultat davon betrachten in der Gesammtheit und uns die

Auch hier nimmt Schleiermacher die Auffassung der Monologen auf, daß der Geist das Leben nur im Leben selbst ist und ‚mitten im Endlichen' desselben das menschliche Dasein ‚erschafft'. Dieser Gedanke wird nun aber, bedingt durch die vorausgesetzte Polarität von Natur und Vernunft, über die Individualität hinaus auf die Geschichte angewendet. Leib und Seele sind in ihrer Untrennbarkeit selbst sowohl die innerste Verwirklichung der Einheit von Vernunft und Natur, als auch ihre ‚höchste Spannung', aus der heraus die Geschichte Gestalt gewinnt. Deshalb bringt sich der Geist *der Geschichte* nirgend anders als *in der Seele* hervor. Weder ist der Geist noch einmal außerhalb der Seele *hinter* der Geschichte zu begreifen, noch die Geschichte außerhalb der Wirksamkeit des Geistes, sondern beide nur in und durch einander.

c. Der Geist bringt sich in der Seele nur in einer *gemeinschaftlichen* Bewegung des Lebens hervor. Der Geist ist er selbst nur *als* ein gemeinschaftlich tätiger. Das Gattungsbewußtsein ist, indem es aller bewußten und selbsttätigen Wirksamkeit des Geistes zugrundeliegt, die sich in der Seele hervorbringende Grundform seines Daseins als des Natur und Vernunft einenden Geistes der Geschichte.[154]

Während die Gemeinschaftlichkeit der Geistrealisierung beim jungen Schleiermacher aufgrund der überstarken Betonung der Individualität nur sekundären Charakter hatte, bildet sein Sich-Hervorbringen als Gattungsbewußtsein nun die Grundweise der geschichtlichen Geistwirksamkeit. Gleichwohl ist damit der Ansatz bei der einzelnen Seele nicht aufgegeben, da der Geist nur als die Grundform des *Selbst*bewußtseins solche Dignität hat. Der in den Monologen noch undurchführbare Gedanke, daß die Gemeinschaftlichkeit die Weise des Selbstseins des Geistes im Individuum ist, ist hier nun grundlegend. Zugleich ist mit dem Gattungsbewußtsein die in den Frühschriften noch fehlende überindividuelle Kategorie des Geistes gegeben, von welcher sowohl gesagt werden kann, daß sie sich nur im einzelnen herstellt, als auch, daß sie die ‚unendliche Menschheit' übergreift. Es ist eben dieses Gattungsbewußtsein, welches Schleiermacher, um dessen überindividuelle Bedeutung anzusprechen, auch Gemeingeist nennt. Freilich ist eine begriffliche Perspektive auf das Überindividuelle, welche in dieser Weise über den Aufweis des Gattungsbewußtseins hinausginge, in der psychologischen Darstellung der *Seele* kaum vonnöten und in der Ethik – wie gezeigt – kein sich primär mit dem Geistbegriff verbindendes Desiderat. So wird die Bedeutung des Gattungsbewußtseins als Gemeingeist erst in Schleiermachers Theologie ausgeführt,

ganze geistige Thätigkeit des Menschen in ihrer Vollendung denken, so muß sie die vollständige Selbstmanifestation des Geistes sein, und zugleich das vollständige Gebildet-sein der Welt für den Menschen und in diesen beiden zusammengenommen das vollkommene Sein und Wirkenwollen des Geistes".

[154] Diese Bedeutung des Gattungsbewußtseins liegt darin begründet, daß es auf der Seite des subjektiven Bewußtseins die Grundform des Selbstbewußtseins ist. Als solches ist das Gattungsbewußtsein sowohl die Voraussetzung und treibende Kraft dafür, daß Spracherwerb und mit ihm objektives Bewußtsein überhaupt entstehen, als auch die Basis für dessen Vollendung, welche von Schleiermacher ebenfalls als gemeinschaftliche gedacht ist. Eben mit dem nur durch Gemeinschaft sich bildenden Denken ist aber zugleich auch die Gemeinschaftlichkeit der Selbsttätigkeit gesetzt, die in ihrer Grundform als Selbstmanifestation des Geistes wesentlich als Selbstdarstellung (in) der Gemeinschaft gedacht wird und als nach außen gehende Naturbeherrschung (‚Besitzergreifen') ihr Kriterium und ihr Ziel im Gestaltwerden des ‚Gesamtlebens' der menschlichen Gemeinschaft findet. Auch die Religion als die höchste Form des Selbstbewußtsein hebt diese Bedeutung des Gattungsbewußtseins nicht auf, sondern übersteigt es *in ihm*, um es dadurch zur Vollendung zu führen.

die die Identität der geschichtlichen Lebensvollzüge der Kirche im Heiligen Geist in der Selbigkeit des Gemeingeistes der Kirche begründet.

d. Die Bestimmtheit des Bewußtseins, in welcher sich der Geist in seinem Sich-Hervorbringen als Bewußtsein selber einsichtig wird, ist das *religiöse Bewußtsein.* In ihm werden die differenten Bewußtseinstätigkeiten – und damit die geschichtliche Bewegung des Geistes selbst – dem geschichtlichen Bewußtsein in ihrer Notwendigkeit bewußt. Der Geist wird sich in seinem Sich-Bewegen für die unendliche Einheit des ‚geistigen Seins' durchsichtig und findet sich selbst ‚im Unendlichen'. So ist erst im religiösen Bewußtsein die Einheit des Geistes in seinem Sich-Hervorbringen in der Seele gegeben. Damit ist das religiöse Bewußtsein die Geistestätigkeit, in welcher der Geist zu seiner höchsten Ausbildung kommt und die Frage nach dem Wesen des Geistes ihre höchste Beantwortung findet. Da mit dem religiösen Bewußtsein aber eine Selbstbezüglichkeit des Geistes bezeichnet ist, überschreitet die Frage nach dieser Geistestätigkeit zugleich den Rahmen dessen, was philosophisch über den Geist aussagbar ist. Denn es ist mit ihm kein Zustand mehr bezeichnet, welcher von dem innerhalb der leibseelischen Wirklichkeit stehenden objektiven Bewußtsein noch psychologisch vollzogen werden könnte. Das Sich-selbst-Finden des Geistes in der Religion kommt deshalb in der Psychologie Schleiermachers nur als unvollziehbarer Grenzgedanke der Bewußtseinsentwicklung in den Blick. Die Frage nach der weiteren Bestimmung dieses Gedankens verweist auf das Gebiet der Theologie.

Auch hier nimmt Schleiermacher grundlegende Bestimmungen der Frühschriften auf. War dem menschlichen Geist beim jungen Schleiermacher die Unendlichkeit seines individuellen Lebens im religiösen Bewußtsein verbürgt, so wird auch beim reifen Schleiermacher die die Seele konstituierende Geistesbewegung ihrer im Unendlichen liegenden Einheit bewußt. Der menschliche Geist wird sich der ursprünglichen Identität des vielspältigen Daseins als des Grundes und des Ziels seines Gegebenseins bewußt und erfährt dadurch völlige Freiheit. Insofern diese Freiheit alle differenten Lebensbewegungen des Geistes als sie selbst thematisiert, gilt auch beim späten Schleiermacher, daß das religiöse Bewußtsein „den ganzen Complexus der vorhandenen Empfindungsweisen dominirt"[155] und damit der tiefste Grund der als subjektives Bewußtsein, objektives Bewußtsein und Selbsttätigkeit differenzierten Geistestätigkeiten ist. So ist auch beim späten Schleiermacher die Religion die innerste Bestimmtheit des Selbstbewußtseins, welche alles Denken und Handeln des Geistes als ‚heilige Musik' begleitet und an seinen Grund rückbindet. Indessen zeigt sich auch die Differenz zum jungen Schleiermacher deutlich. Sie liegt nicht so sehr in dem schon genannten Sachverhalt, daß die Religion nicht die Idealität des individuellen Subjektes verbürgt, sondern dieses für die seinem individuellen Dasein als ihr unanschauliches ‚Woher' vorausliegende Einheit des Geistes durchsichtig macht, als vielmehr darin, daß das religiöse Sich-Finden des Geistes *keine Negativität* des Geistes mehr voraussetzt, in welcher sich der in der ‚als Seele gegebene Geist' von seinen denkend/handelnden Vollzügen zu seiner Unendlichkeit hin *abstößt.* Sondern die nichtreligiösen Geistesvollzüge werden *positiv* überstiegen, indem sie zu ihrem höchsten Selbstbewußtsein

[155] SW III/6, 212.

gebracht werden. Es liegt religiös also keine Selbstunterscheidung, sondern eine Steigerung der Geistestätigkeit vor, deren Spezifikum nur darin liegt, daß die Getrenntheit der verschiedenen Geistesvollzüge ‚rein innerlich' überwunden wird. Es ist schon an dieser Stelle ersichtlich, daß die Bestimmung des religiösen Begriffs des Geistes gegenüber den Frühschriften nicht durch eine Verschärfung, sondern durch eine Eliminierung der religiösen Negativität des Geistes weitergeführt wird. Dies wird besonders für das Verständnis des Heiligen Geistes als eines die Vernunft neubestimmenden Anderen theologisch problematische Konsequenzen haben.[156] Freilich läßt sich darüber erst Genaueres sagen, wenn die in der Psychologie völlig ungeklärte Frage beantwortet ist, wie das menschliche Bewußtein zu der religiös geforderten absoluten Rezeptivität überhaupt kommt.

In dem allen ist deutlich, daß Schleiermacher sein Geistverständnis über die Verengung der Monologen hinaus zu großer Weite führt, die freilich so gestaltet ist, daß sie in seinen übrigen philosophischen Schriften aus einer diesem Verständnis selber eigenen Logik heraus nur untergründig zur Explikation kommt. Besonders die auch für das philosophische Verständnis des Geistes nicht unerhebliche Frage, was es mit dem religiösen Sich-Finden des Geistes als Bewußtsein auf sich hat, bleibt unerörtert. Indem die Theologie Schleiermachers hier Abhilfe schafft, ist sie in dreifacher Hinsicht auch für das Geistverständnis der Psychologie von Interesse. *Erstens* führt die theologische Bestimmung des religiösen Bewußtseins bereits aufgrund seiner psychologisch beschriebenen Eigenart eine Interpretation des ganzen Ensembles der Geistestätigkeiten der Psychologie mit sich, die manches zur Ausführung bringt, was in den empirischen Bestimmungen der Psychologie nicht zu explizieren war. So werden beispielsweise das Verhältnis von Geist und Sprache sowie die Bedeutung des Gattungsbewußtseins als Gemeingeist nun näher verhandelt. In dieser Hinsicht sind die theologischen Schriften Schleiermachers auch geist*philosophisch* von Belang. *Zweitens* ergibt sich ein – freilich nur mittelbarer – Bezug der Theologie auf das Geistverständnis der Psychologie dadurch, daß jene mit der *religiösen* Bestimmung des religiösen Gefühls die der Psychologie selbst nur als Grenzwert zugängliche innerste Bewegung der menschlichen Seele nun näher auffaßt, das ‚*Sich-selbst-Finden*' der Bewegung des Geistes. Und *schließlich* ergibt sich zumindest die Möglichkeit, daß die inhaltlich religiöse Bestimmung des religiösen Gefühls als Bewußtsein des *Heiligen Geistes* auch eine – freilich nur religiös zu vollziehende – Antwort auf die in der Psychologie nicht thematisierte spekulative Frage gibt, was denn jenes ‚*Unendliche*', in welchem der Geist sich findet, eigentlich ist.

So zeigt sich, daß der Übergang der Untersuchung von Schleiermachers Geistverständnis zu seiner in den theologischen Schriften wiedergegebenen Geistauffassung auch beim reifen Schleiermacher nicht eine völlig das Thema wechselnde *metabasis eis allo genos* ist, sondern auch für seine philosophisch-psychologische Auffassung vom Geist sachlichen Belang hat.

---

156 Vgl. o. S. 14–16.

Schleiermachers Theologie schließt, indem sie sich in den ‚Lehnsätzen aus der Ethik' der Glaubenslehre[157] eine Theorie des religiösen Bewußtseins voraussetzt, an die Bewußtseinstheorie der Psychologie an und bezieht sich damit auf eigene Weise auf das philosophische Geistverständnis zurück. Über diesen allgemeinen Bezug ist zunächst zu orientieren, bevor dann ab dem folgenden Paragraphen der an die Psychologie anknüpfende theologische Gedanke des Geistes aufgewiesen werden soll. Dazu ist zuerst auf die Aufnahme der psychologischen Bestimmungen des Geistes in der Einleitung der Glaubenslehre hinzuweisen (1.) und die Bestimmung des religiösen Bewußtseins als ‚Gottesbewußtsein' erstmals in den Blick zu nehmen (2.). Sodann ist der dreifache Bezug der Theologie auf das psychologische Geistverständnis darzustellen (3.) und schließlich eine abschließende Bemerkung zu machen, die zur materialen Explikation des theologischen Geistverständnisses überleitet (4).

1. Wenn Schleiermacher im dritten Paragraphen seiner Glaubenslehre die Verhältnisbestimmung der Frömmigkeit zu Wissen und Tun „als ein Geliehenes aus der Seelenlehre" darstellt, so bezieht er sich an grundlegender Stelle auf das Geistverständnis der Psychologie zurück.[158] Schleiermacher übernimmt dabei die Grundeinteilung von aufnehmenden und ausströmenden Geistestätigkeiten, die er als „Insichbleiben" und „Aussichheraustreten des Subjekts" analog der Psychologie die Formen des Bewußtseins und der Selbsttätigkeit konstituieren läßt.[159] Sein besonderes Interesse gilt dabei ‚dem Gefühl oder unmittelbaren Selbstbewußtsein', als dessen religiöse Bestimmtheit er ebenso wie in den Psychologievorlesungen das (nun Frömmigkeit genannte) religiöse Gefühl auffaßt.[160] Zu dessen näherer Bestimmung macht Schleiermacher nun den ebenfalls schon in der Seelenlehre ausgeführten Gedanken stark, daß subjektives und objektives Bewußtsein zwar als Formen des ‚Insichbleibens' der Selbsttätigkeit gegenüberstehen, das objektive Bewußtsein gleichwohl aber „nur durch ein Aussichheraustreten" des Subjektes wirklich wird und „insofern ein Tun" ist, also auf die Seite der Selbsttätigkeit tritt.[161] Daraus ergibt sich eine dann auch für die Frömmigkeit gültige Eigenständigkeit des Selbstbewußtseins gegenüber Denken und Handeln: Es steht, insofern es „gänzlich ein Insichbleiben" ist, „allein jenen beiden, dem Wissen und dem Tun, gegenüber".[162] Schleiermacher

[157] Vgl. *CG*² §§ 3–6.

[158] *CG*² § 3.3, 18, 10f; vgl. als weiteren expliziten Bezug zur Psychologie § 17.1, 113, 1–6. Der Begriff ‚Geist' tritt in den Rückbezügen der Glaubenslehre auf die Bestimmungen der Psychologie zurück, kommt aber gelegentlich vor, vgl. etwa § 28.3, 160, 5–7, wo Schleiermacher „das fromme Selbstbewußtsein" als „die höchste subjektive" „Funktion des menschlichen Geistes" bezeichnet.

[159] *CG*² § 3.3, 18, 13–20.

[160] *CG*² § 3. Leitsatz, 14.

[161] *CG*² § 3.3, 18, 15–20.

[162] Ebd., Z. 21–26.

arbeitet damit die spezifische Eigenart des Gefühls gegenüber den „übrigen geistigen Lebensverrichtungen"[163] heraus. Seine Zielrichtung ist dabei der Aufweis der Selbständigkeit der *Frömmigkeit*, seine Argumentation bewegt sich aber rein auf der psychologischen Ebene der subjektiven Bewußtseinstätigkeiten, von denen die Frömmigkeit nur *eine* ist. Schon aus diesem Grunde ist es nicht Schleiermachers Interesse, das religiöse Bewußtsein (wie in den Reden ‚Über die Religion') ganz von den anderen Geistestätigkeiten abzutrennen. So ist hier von vornherein zugestanden, daß sich „die frommen Momente mit den übrigen [...] zu *einem* Leben verbinden". Worauf es Schleiermacher ankommt, ist vielmehr der psychologische Sachverhalt, daß, wiewohl „es Wissen und Tun gibt zur Frömmigkeit gehörig, [...] keines von beiden das Wesen derselben ausmacht", sondern ihr Wissen und Tun nur insofern angehören, „als das erregte Gefühl dann in einem es fixierenden Denken zur Ruhe kommt, dann in ein es aussprechendes Handeln sich ergießt".[164] Dies gilt freilich ebenso auch für Gattungsbewußtsein und Naturgefühl, woraus dann die Notwendigkeit entsteht, das religiöse Spezifikum der Frömmigkeit aufzuweisen. Deutlich ist aber, daß Schleiermacher die Eigenständigkeit seines Untersuchungsgegenstandes zunächst einmal mit den psychologischen Formen der humanen Geistestätigkeit begründet. Damit ist die Thematik des Geistes, wenngleich sie hier nicht explizit genannt wird[165], sachlich zur Grundlage der Glaubenslehre geworden, und es ist deutlich, daß die Theologie Schleiermachers, wo immer sie sich auf die Bestimmung der Frömmigkeit als Gefühl bezieht, den Gedanken des Geistes weiterführt.

Der folgende § 4 der Glaubenslehre bezieht sich ebenfalls auf die Seelenlehre zurück und hat nun im engeren Sinne die spezifisch *religiöse* Bestimmtheit des Selbstbewußtseins zum Gegenstand, durch welche sich die Frömmigkeit „von allen anderen Gefühlen unterscheide[t]".[166] Schleiermacher kommt dabei ebenfalls zu der schon in der Psychologie ersichtlichen Bestimmung des religiösen Gefühls als schlechthinniges Abhängigkeitsbewußtsein, leitet sie nun aber nicht aus dem Gattungsbewußtsein und Naturgefühl ab, sondern bestimmt sie fundamentaler und präziser im Zusammenhang von (relativem) Abhängigkeits- und Freiheitsgefühl. Diese beiden Gefühlsbestimmtheiten hat Schleiermacher wohl deshalb nicht bereits in der Psychologie in den Blick genommen, weil sie im Vergleich mit dem Gattungsbewußtsein und Naturgefühl weniger empirischen als vielmehr gedanklichen Charakter haben. Ihre Relevanz ist freilich grundlegend, da Abhängigkeits- und Freiheitsgefühl die Duplizität von Rezeptivität und Spontaneität im Selbstbewußtsein abbilden, durch welche die Seele konstituiert ist. In der Doppelheit von Abhängigkeits- und Freiheitsgefühl wird

[163] *CG*² § 3.4, 19, 22.

[164] *CG*² § 3.4, 19, 20f; 21, 21–26 .

[165] Freilich steckt in den Worten, Gefühl, Wissen und Tun seien die Gesamtheit der „geistigen Lebensverrichtungen" (*CG*² § 3.4, 19, 22), die ganze pneumatologische Lebensphilosophie der Psychologie.

[166] *CG*² § 4. Leitsatz, 23.

also der innerste Gegensatz der individuellen Lebensbewegung bewußt. Indem das religiöse Bewußtsein im Verhältnis zu diesen beiden Gefühlsbestimmtheiten aufgewiesen wird, ist so ein fundamentalerer Einsatzpunkt gewählt, gleichwohl aber der Kontext der Psychologie nicht verlassen. Sondern die Glaubenslehre begreift die Bewegung des Sich-selbst-Findens des Geistes in gedanklicher Abstraktion grundlegend in ihrer innersten Polarität. Wie auch in der Psychologie wird das Spezifikum der Religion nun darin gesehen, daß die in jener Polarität beschriebene Bewegung des Geistes sich religiös selbst findet. Schleiermacher faßt dies in die Grundaussage, daß das religiöse Gefühl selber nicht *innerhalb* dieses Wechselspiels von Freiheits- und Abhängigkeitsgefühl aufzusuchen ist, sondern als Gefühl der schlechthinnigen Abhängigkeit die duplizitäre Bestimmtheit des Selbstbewußtseins selbst als notwendig im Menschen gegeben bewußt sein läßt.[167] Dadurch erhält das religiöse Bewußtsein eine gegenüber den durch die Duplizität von Abhängigkeit und Freiheit bestimmten anderen Bewußtseinsformen besondere Dignität. Es ist diejenige Bestimmtheit des Selbstbewußtseins, in der sich das Bewußtsein für sein schlechthinniges Gegebensein in seinen duplizitären Formen selber durchsichtig wird. Insofern sich dieses Sichdurchsichtigwerden auf die Doppelheit von Abhängigkeits- und Freiheitsbewußtsein bezieht, hat es seinen Ort nicht außer, sondern in dem durch Selbsttätigkeit und Rezeptivität konstituierten und konkreten Leben des Subjekts. Es ist, wie dann § 5 in Übereinstimmung mit der Psychologie expliziert, in seinem wirklichen Vorkommen von diesen ‚niederen' Bewußtseinsformen „niemals getrennt", sondern mit ihnen immer „zu einer Einheit des Momentes" verbunden.[168] Aber es steht darin nicht *unter* der duplizitären Bestimmtheit des Bewußtseins, sondern ist diejenige Bewußtseinsbestimmtheit, in der das Bewußtsein an sich selbst über sich hinausgeht und die schlechthinnige Notwendigkeit dieser Polarität zum Bewußtsein bringt.[169] Schleiermacher vertieft die psychologische Bestimmung des religiösen Bewußteins damit dadurch, daß er nicht nur die verschiedenen psychologischen Lebensmomente, sondern die ihnen zugrundeliegende Polarität von Selbsttätigkeit und Empfäng-

---

[167] Vgl. aus der Menge der hier zu nennenden Literatur *pars pro toto* die in ihrer Prägnanz bislang nicht eingeholte subjektivitätstheoretische Rekonstruktion des § 4 der Glaubenslehre von K. Cramer, Die subjektivitätstheoretischen Prämissen von Schleiermachers Bestimmung des religiösen Bewußtseins, in: D. Lange (Hg.), F. Schleiermacher 1768–1834, Göttingen 1985, 129–162. Zur neuesten Forschung zum Thema vgl. C. Albrecht, Schleiermachers Theorie der Frömmigkeit, SchlAr 15, Berlin 1994.

[168] *CG*² § 5. Leitsatz, 30f.

[169] Es wäre eine interessante (und möglicherweise zu einem deutlicheren Verständnis der Bestimmungen der Glaubenslehre führende) Frage, ob eben diese schlechthinnige Notwendigkeit nicht zugleich ein Bewußtsein schlechthinniger Freiheit ist, das dann freilich ebenfalls der Polarität von relativer Abhängigkeit und Freiheit entzogen wäre, *innerhalb* derer es tatsächlich kein schlechthinniges Freiheitsgefühl geben kann (vgl. *CG*² § 4.3, 27, 23ff). Daß damit Schleiermacher vielleicht recht begriffen sein könnte, zeigt SW III/6, 212 (vgl. o. S. 138f). Auch die theologische Selbstauslegung des religiösen Bewußtseins sieht in der Kräftigkeit des Gottesbewußtseins die wahre Freiheit des menschlichen Geistes (vgl. u. § 8 zur christlichen Freiheit vom Gesetz).

lichkeit als durch das religiöse Bewußtsein auf ihre uneinholbare Faktizität hin überschritten auffaßt. Diese Vertiefung ist der Bestimmung des Geistes in der Psychologie sachgerecht, insofern auch diese das religiöse Gefühl als die Präsenz der aller Geteiltheit der Lebenszustände vorausliegenden höchsten Einheit des Seins im Selbstbewußtsein zu fassen vorgenommen hatte. Man wird sogar sagen müssen, daß die Glaubenslehre der Auffassung der Psychologie besonders entspricht, da diese Einheit nun nicht auf dem Umweg über Gattungsbewußtsein und Naturgefühl, sondern direkt im Ursprung der Seelentätigkeiten aufgewiesen wird. Gegenüber der noch ganz der psychologischen *Beobachtung* verhafteten Seelenlehre ist damit eine konsequent bewußtseinstheoretische Interpretation des religiösen Bewußtseins vorgenommen. Dabei macht aber auch die Glaubenslehre deutlich, daß eine Grenzaussage wie diejenige, daß der (menschliche) Geist im religiösen Gefühl „sich selbst jenseit des endlichen findet in dem Unendlichen"[170], im strengen Sinne subjektivitätstheoretisch nicht konstruierbar ist, da damit kein Zustand des Selbst mehr bezeichnet ist, den sich das der Polarität von Abhängigkeit und Freiheit verhaftete Bewußtsein als solches noch aneignen und in Reflexion solcher Aneignung einholen könnte.[171]

Schleiermacher befindet sich in der Glaubenslehre damit sowohl im Blick auf die positive Bestimmung des religiösen Bewußtseins, als auch in der Auffassung über die Grenze seiner philosophischen Konstruktion ganz in Übereinstimmung mit der Psychologie. Und so wird man sagen müssen, daß die Glaubenslehre ihren Ausgang im Zentrum der psychologischen Bestimmung des menschlichen Geistes nimmt und mit der Präzisierung des religiösen Gefühls zugleich auch den Begriff des Geistes weiterführt. Daß in den ‚Lehnsätzen aus der Ethik' das Verständnis des Geistes nicht explizit behandelt wird, liegt vor allem daran, daß der in der Begründung der Psychologie verortete (und nur dort *notwendige*) Geistbegriff für das subjektivitätstheoretische Anliegen der Lehnsätze nicht von unmittelbarem Belang ist. Dies hindert freilich nicht, daß erst die psychologische Auffassung vom Geist die sich in Glaubenslehre, Sittenlehre und Predigten findende Rede vom menschlichen Geist in ihrem Sachgehalt verständlich macht.

2. Nun findet sich in den Lehnsätzen aus der Ethik aber auch eine deutliche Überschreitung des Aussagegehaltes der Psychologie. Diese liegt darin, daß das formal bestimmte religiöse Bewußtsein nun inhaltlich als *Gottesbewußtsein* qualifiziert wird. Damit wird die philosophische Bestimmung des frommen Selbstbewußtseins nicht aufgehoben, wohl aber theologisch überschritten. Dies ist freilich nicht in dem Sinne zu verstehen, daß mit dem Gottesbegriff ein der bisherigen Bestimmung des religiösen Bewußtseins gegenüber ‚noch ganz anderer' Bewußtseinsgegenstand in den Blick käme, der zu dem Gesagten in eine theologisch begründete Spannung träte. Vielmehr macht Schleiermacher deutlich, daß Gott gerade nicht ein intentionaler Gegenstand des religiösen Bewußtseins ist, ‚von' dem

---

170 SW III/6, 214; vgl. o. S. 128, 139 und u. S. 346.

171 Vgl. K. CRAMER, Die subjektivitätstheoretischen Prämissen, 158f.

man sich abhängig fühle und in bezug auf den deshalb allein vom religiösen Bewußtsein zu reden sei. Sondern das Sich-schlechthinnig-abhängig-Fühlen ist für Schleiermacher *als solches* theologisch als Bewußtsein der „Beziehung mit Gott" zu beurteilen.[172] Gott ist damit nicht *Gegenstand* des religiösen Bewußtseins, sondern das religiöse Bewußtsein ist *selbst* Gottes Gegenwart im Bewußtsein.[173] Von dieser Grundbestimmung geht Schleiermachers gesamtes Verständnis des Gottesbewußtseins wie auch der Gegenwart Gottes im Geist aus.

Schleiermacher beläßt mit dieser Einführung des Gottesbegriffs das zuvor gegebene Verständnis des religiösen Bewußtseins in Kraft. Die philosophische Einsicht, daß das religiöse Bewußtsein epistemisch nicht mehr vollzogen und deshalb auch nicht sinnvoll auf einen intentionalen Gegenstand ‚Gott' bezogen werden kann, behält ihr volles Recht. Zugleich ist aber mit der Rede von Gott im Kontext der bewußtseinstheoretischen Entfaltung des religiösen Bewußtseins angezeigt, daß mit der formalen Bestimmung des religiösen Gefühls noch nicht alles zu diesem Thema gesagt ist. Es ist angedeutet, daß das religiöse Bewußtsein einen nicht anders als durch dieses Bewußtsein selbst vollziehbaren Inhalt hat, der sich durch den „Ausdruck Gott" ursprünglich ausspricht.[174] Nur liegt dieser nicht mehr auf dem Gebiet der Philosophie. Diese kann zwar sagen, daß das, was im religiösen Bewußtsein bewußt ist und von diesem mit dem Ausdruck ‚Gott' belegt wird, die ‚absolute ungeteilte Einheit' der Gegensätze sei[175], sie muß aber offenlassen, was das denn nun für dieses Bewußtsein selber besagt. Eben dies zu sagen, ist die Aufgabe der Theologie, die das religiöse Bewußtsein seinem eigenen, positiv als Gottesbewußtsein bestimmten Selbstverständnis nach auslegt.

Für das Verständnis des Geistes ergibt sich daraus, daß die Theologie, indem

---

172 *CG*² § 4. Leitsatz, 23; vgl. K. CRAMER (Die subjektivitätstheoretischen Prämissen, 136), der darauf hinweist, daß Schleiermacher hier präziser formuliert als in der Erstauflage, die das Bewußtsein der schlechthinnigen Abhängigkeit damit in eins gesetzt hatte, „daß wir uns abhängig fühlen von Gott" (*CG*¹ § 9. Leitsatz, 31, 2–5). Damit ist nun auch in *CG*¹ nicht eine intentionale Beziehung der Abhängigkeit auf Gott gemeint, die das Abhängigkeitsgefühl als *schlechthinniges* ja aufheben würde, und eben dieses Mißverständnis hat Schleiermacher in *CG*² korrigiert (vgl. K. CRAMER, a.a.O, 137). Freilich taucht die Formulierung „schlechthinnige Abhängigkeit von Gott" auch in *CG*² auch weiterhin noch auf (vgl. z.B. *CG*² § 46. Leitsatz, 224).

173 Vgl. besonders im *1. Sendschreiben an Lücke* KGA I/10, 325, 10f: „das Gottesbewußtseyn sey das Seyn Gottes in dem Menschen". In der späteren Explikation der Glaubenslehre vgl. *CG*² § 166.1, 447, 19–23, wonach „jede auch noch so unvollkommne Gestaltung des Gottesbewußtseins [...] uns für eine göttliche Mitteilung an die menschliche Natur gilt", und *CG*² § 116.3, 220, 6–8, wonach „ein schlechthin kräftiges Gottesbewußtsein" „mithin das Sein Gottes in demselben" ist, was freilich – wie unten noch zu erläutern ist – im strengen Sinne nur ausgesagt werden kann, „sofern wir Christum mit hinzubringen und es auf ihn beziehen" (*CG*² § 94.2, 46, 14.17); vgl. auch *CG*² § 61.4, 331, 17f). Schleiermacher bringt hier den schon anfangs geäußerten Gedanken zur Sprache, daß das Gottesbewußtsein nur als Gegenwart Gottes im Bewußtsein es selbst ist; vgl. o. S. 13f.

174 Vgl. *CG*² § 4.4, 29, 24 – 30, 1, wonach die mit dem „Ausdruck Gott" gesetzte „Vorstellung [...] nichts anders ist als nur das Aussprechen des schlechthinnigen Abhängigkeitsgefühls, die unmittelbare Reflexion über dasselbe, die ursprünglichste Vorstellung".

175 So *CG*² § 32.2, 173, 17f in Zusammenfassung der Aussagen über Gott in Schleiermachers *Dialektik*.

sie das religiöse Bewußtsein seiner eigenen Selbstauslegung nach thematisiert, das Geistverständnis an der Stelle weitertreibt, an der die Aussagekraft der philosophischen Reflexion ihre Grenze erreicht hat, nämlich am Orte des religiösen Bewußtseins selbst. Dabei wird die in der Psychologie offenbleibende Frage, was das Sich-Finden des Geistes im religiösen Bewußtsein denn für dieses Bewußtsein selbst besagt, nun mit dem Hinweis auf das Bewußtsein Gottes beantwortet. Schleiermacher stellt diesen Bezug des religiösen Bewußtseins als ‚Gottesbewußtsein' auf den menschlichen Geist heraus, indem er im ersten Teil der Glaubenslehre vom „Geist als dem Sitz des Gottesbewußtseins" spricht und die Möglichkeit, Gottesbewußtsein zu haben, als das spezifische Wesen des menschlichen Geistes anspricht.[176] Die Rede von dem Gottesbewußtsein ist damit die konsequente Weiterführung der psychologischen Frage nach dem Selbstsein des Geistes in seinen Lebensbewegungen. Sie weist das Gottesbewußtsein als diejenige Erfüllung der menschlichen Geistesbewegung auf, in welcher das religiöse Bewußtsein als ‚die höchste Entwicklung des menschlichen Geistes' sich seines spezifischen Gehaltes einsichtig wird. Nimmt man hinzu, daß das Gottesbewußtsein dabei selbst nur als Gegenwart Gottes im Bewußtsein verständlich wird, so wird die theologische Zielrichtung Schleiermachers deutlich. Sie besteht darin, daß die menschliche Bewegung des Geistes nur in der Gegenwart Gottes im Selbstbewußtsein ganz sie selbst und der Geist ganz bei sich ist. So bringt erst die Rede von Gott die psychologische „Reihe der Entwikklung des Geistes in sich selbst"[177] zu ihrem Ende und die Bestimmung des menschlichen Geistes zum Abschluß.

3. Setzt die Theologie Schleiermachers – denn sie ist ja insgesamt nichts anderes als Explikation christlich bestimmten Gottesbewußtseins – in dieser Weise das philosophische Geistverständnis fort, so ergibt sich ein dreifacher Bezug der Theologie zur Geistauffassung der Psychologie.

a) Der *erste Bezug* ist die rein *positiv-affirmative Aufnahme* der psychologischen Geistauffassung, welche darin begründet ist, daß das Gottesbewußtsein zwar als eine nur durch es selbst (d.h. nur religiös) vollziehbare Bestimmtheit des religiösen Selbstbewußtseins in den Blick kommt, dieser eigene theologische Zugang die Bestimmung des religiösen Bewußtseins in der Psychologie aber nicht negiert, sondern in sich positiv voraussetzt. Dies aber hat zur Folge, daß zugleich auch die psychologische Auffassung der Gesamtheit der Lebensbewegungen des Geistes, innerhalb welcher das religiöse Bewußtsein aufgewiesen ist, in der Explikation des Gottesbewußtseins vorausgesetzt ist und ihr als Interpretament zur Verfügung steht. Der Ort, an dem dies in der Glaubenslehre besonders relevant wird, ist der 3. Abschnitt im ersten Teil der Glaubenslehre,

---

[176] *CG*² § 59.3, 316, 14; vgl. § 59.1, 314, 11–13: „Fassen wir [...] den Menschen völlig innerlich auf als Selbsttätiges, in welchem Gottesbewußtsein möglich ist, das heißt, als Geist [...]". *CG*² § 57.1, 307, 23 spricht von der „Richtung des Geistes auf das Gottesbewußtsein".

[177] SW III/6, 214.

der die ‚Beschaffenheit der Welt' in bezug auf das Gottesbewußtsein beschreibt. Schleiermacher holt hier die Gesamtheit der philosophischen Aussagen zum menschlichen Geist in die theologische Erörterung ein und legt damit die wissenschaftliche Grundlage für die dann besonders in der Sittenlehre entfaltete Verhältnisbestimmung der Gegenwart Gottes zum geschichtlich wirksamen menschlichen Geist.

Die pneumatologischen Grundaussagen des genannten Abschnitts sind kurz nachzuvollziehen. Schleiermacher gibt in ihm dem Sachverhalt Ausdruck, daß das fromme Selbstbewußtsein nur als ein solches gedacht werden kann, das sich auf einen durch Abhängigkeit und Freiheit konstituierten wirklichen Lebensmoment bezieht und damit eine Auffassung von der Beschaffenheit der Welt im Bezug auf es in sich voraussetzt, die diese Beziehung für jeden beliebigen Lebensmoment als möglich annimmt.[178] Diese Auffassung von der Welt beschreibt er nach zwei Richtungen, einmal im Blick auf die „Beziehungen der Welt zu dem Geist als dem Sitz des Gottesbewußtseins" (§ 59), zum anderen im Blick auf den menschlichen Geist als Teil dieser Welt selbst (§ 60).[179]

In *ersterer Hinsicht* setzt das fromme Selbstbewußtsein die vollständige Bezogenheit des ‚leiblichen Seins' auf den „endlichen Geist"[180] als die allgemeinste Bedingung des Gottesbewußtseins voraus. Nur kraft dieser Bezogenheit werden dem menschlichen Geist die sinnlichen Eindrücke zugeleitet, aus denen sich das menschliche Bewußtsein entwickelt, und ist die Welt empfänglich für das (Gottes-)Bewußtsein, so daß sich dieses als wirklicher Lebensmoment in ihr realisieren kann. So setzt das fromme Selbstbewußtsein einerseits voraus, daß „für den Geist eine Organisation wie die menschliche gesetzt ist, welche ihm alles übrige Sein zuleitet", andererseits, daß „eine an und für sich betrachtet unbeschränkte Empfänglichkeit" der Welt „für die Einwirkungen der geistigen Selbsttätigkeit des Menschen" besteht.[181] Damit ist die in Ethik und Psychologie beschriebene Polarität von Natur und Vernunft, bzw. Leib und Geist, von der Naturseite aus in die theologische Auffassung vom menschlichen Geist aufgenommen.

In der theologisch wichtigeren *zweiten Hinsicht* nennt Schleiermacher drei ‚Grundbedingungen geistigen Lebens', die das Gottesbewußtsein in sich als seine Möglichkeitsbedingung voraussetzt und die die vollständige Wechselbeziehung von Vernunft und Natur nun von der Seite der Vernunft aus in die theologische Erörterung aufnehmen. Die erste ist dabei „die physische Grundbedingung des geistigen Lebens, daß nämlich der Geist, im menschlichen Leibe zur Seele geworden, nun auch in die übrige Welt auf das mannigfaltigste einwirkt und sein Dasein geltend macht".[182] Genannt ist damit die sich in Ethik und Psychologie zeigende grundlegende geschichtliche Intentionalität des Geistes, sich als Seele und durch sie in der Welt zu manifestieren. Das Gottesbewußtsein setzt damit

---

[178] Daraus ergibt sich der ‚Glaube an eine ursprüngliche Vollkommenheit der Welt' als das im schlechthinnigen Abhängigkeitsgefühl gesetzte Bewußtsein seiner Ermöglichung in der Welt; vgl. *CG*² § 57.1, 307.

[179] *CG*² § 59.1, 316, 13f; vgl. zur Aufteilung der beiden Lehrstücke von der ursprünglichen Vollkommenheit der Welt und des Menschen *CG*² § 58, 311–313.

[180] *CG*² § 59.1, 314, 34.

[181] *CG*² 59.1, 314, 21f und § 59.2, 315, 13–15. Daß die Empfänglichkeit nur „an und für sich betrachtet" unbeschränkt, realiter aber gehemmt ist, hängt mit der im ersten Teil der Glaubenslehre noch nicht verhandelten Wirklichkeit der Sünde zusammen.

[182] *CG*² § 60.1, 322, 22–25.

das geschichtliche Sichverwirklichenkönnen des Geistes in sich als Möglichkeitsbedingung voraus.[183] Die zweite „intellektuelle Grundbedingung" knüpft daran an und benennt die sich durch Empfänglichkeit und Selbsttätigkeit vollziehende Ausbildung des Bewußtseins vom Zusammenhang des Geistes mit der Welt als notwendige Voraussetzung dafür, daß sich das Gottesbewußtsein an ihm entwickelt.[184] Damit ist die in der Seelenlehre der Ausbildung des religiösen Bewußtseins vorauslaufende Entwicklung des objektiven und subjektiven Bewußtseins dem Gottesbewußtsein als ihm zugrundeliegend bewußt. Mit ihr hängt die „gesellige Grundbedingung" als die dritte (und innerste) Bedingung des Gottesbewußtseins zusammen. Diese setzt das „Mitenthaltensein des Gattungsbewußtseins in dem persönlichen Selbstbewußtsein und die damit zusammenhängende Mitteilbarkeit des Inneren durch das Äußere" im Gottesbewußtsein voraus, da sich das religiöse Bewußtsein nur durch das Gattungsbewußtsein dem individuellen Selbstbewußtsein mitteilt und sich auch nur durch dieses äußert und sich auf die Welt bezieht.[185] Damit findet auch die in der Psychologie hervorgehobene Untrennbarkeit von Gattungs- und Selbstbewußtsein in der theologischen Bestimmung des Geistes betonte Anerkennung.

Insgesamt zeigt sich, daß die theologische Explikation des Gottesbewußtseins die vor allem in der Seelenlehre ausgesprochenen philosophischen Grundeinsichten zum menschlichen Geist als im Gottesbewußtsein selber anerkannte Bedingungen seiner Möglichkeit vollständig in ihre Voraussetzungen aufnimmt. Schleiermacher sieht in der mit dieser Anerkennung gegebenen Beziehung des Gottesbewußtseins auf die „Totalität" des Verhältnisses von Mensch und Welt die Ermöglichung für die „wissenschaftliche Behandlung" des ‚Gebietes des Gottesbewußtseins' gegeben, „und zwar sowohl für die eigentliche Glaubenslehre, welche die Gesamtheit der frommen Erregungen auf gemeine Örter zurückzuführen hat, als auch für das [Gebiet] der religiösen Sittenlehre, welcher obliegt, diejenigen Handlungsweisen zu unterscheiden, welche von dem Einfluß des Gottesbewußtseins auf unsere Zweckbegriffe zeugen, so wie auch für die praktische Theologie im allgemeinen, welche es mit der Bezeichnung und Sonderung der verschiedenen Formen der Gemeinschaft des Gottesbewußtseins zu tun hat".[186] Es entspricht damit dem Wesen des Gottesbewußtseins selbst, daß in den genannten theologischen Wissenschaftsgebieten die in der Seelenlehre entfalteten Aussagen zum Geist an grundlegenden Orten wiederkehren und aus der Perspektive des Gottesbewußtseins weitere Ausformung erfahren.

b) Die *zweite Beziehung* der Theologie auf das psychologische Verständnis des Geistes ist das des *kritischen Überstiegs*. Dieser hat seinen Grund darin, daß die philosophische Bestimmung des Geistes zwar insgesamt in das theologische Denken aufgenommen ist, aber so, daß die Vollendung des philosophischen Geistgedankens erst in der Theologie liegt. Daraus folgt, daß die Theologie für sich beansprucht, unbeschadet der Gültigkeit der philosophischen Aussagen noch etwas ganz Eigenes zum Geist zu sagen zu haben, das – und hier liegt das

183 Die Geschichtlichkeit war auch bereits in § 59 im Blick; vgl. *CG*² § 59. Zusatz, 317, 9–10, wonach „das Geschichtliche, die Wirksamkeit des menschlichen Geistes", nicht von der „Wirksamkeit der physischen Kräfte" getrennt werden könne.

184 *CG*² § 60.1, 322, 32 – 323, 1; Schleiermacher bezieht sich hier auf § 34.1, 181 zurück.

185 *CG*² § 60.2, 323, 30–34; vgl. den ganzen Abschnitt § 60.2.

186 *CG*² § 60.3, 324, 26 – 325, 4.

gegen eine Selbstüberhöhung des philosophischen Geistgedankens gerichtete kritische Element – philosophisch nicht erreichbar ist. Diese kritische Wendung ist nun noch darin verschärft, daß die Theologie mit dem Gottesbewußtsein nichts Geringeres thematisiert als *zum einen* die inhaltliche Bestimmung des Wesens des Geistes selbst, und *zum anderen* den Zustand des vollkommenen Zusichselbstgekommenseins des geschichtlich gegebenen Geistes. Da beides in der Psychologie nicht zureichend geschehen ist, kommt der Theologie damit zu, die philosophische Rede vom Geist nicht nur weiterzuführen, sondern überhaupt erst recht zu verstehen, was umgekehrt mit sich bringt, daß ein für sich selber stehendes philosophisches Verständnis des Geistes als *defizient* beurteilt wird.

Dieser Argumentationsgang läßt sich am besten anhand der über *1. Kor* 2,10–12 gehaltenen Pfingstpredigt von 1825 illustrieren.[187] Schleiermacher stellt die das Gottesbewußtsein nicht erfassende Erkenntnisbewegung des menschlichen Geistes dem Gottesbewußtsein gegenüber, das alleine in der Lage ist, den menschlichen Geist über seine Bedingtheit *unter* dem Natur-Vernunft-Zusammenhang hinauszuheben. Dabei wird zugleich deutlich, daß Schleiermacher das Sein Gottes im Gottesbewußtsein als Gegenwart des Geistes Gottes verstanden wissen will. So heißt es:

> „der menschliche Geist ist ein Theil der Welt, und alle Werke der Schöpfung, mit denen er sich beschäftigen kann ebenfalls, alle seine Forschungen sind mithin aus dem Geiste der Welt; die menschliche Gesellschaft ist ein Theil der Welt, und alle ihre Ordnungen und Sitten sind also ebenfalls aus dem Geist der Welt. Nicht als ob dies alles gar nichts gutes enthielte; nicht als ob es wesentlich und ganz und gar zu dem an und für sich verkehrten gehörte, was dem göttlichen Geiste widersteht, sondern es ist darin eine Befriedigung geistiger Bedürfnisse, aber nur stükweise; es gehört alles zur Entwiklung der menschlichen Natur, aber es ist nicht ihre Vollendung; und Antheil freilich hat es ohne Ausnahme an der menschlichen Unvollkommenheit und dem menschlichen Verderben".[188]

Schleiermacher nennt Wissenschaft und Sitte exemplarisch für alle Handlungsräume des menschlichen Geistes. Weil sowohl der menschliche Geist selbst, als auch die Gegenstände seiner wissenschaftlichen (‚Schöpfung') und sittlichen (‚Gesellschaft') Tätigkeit der in Gegensätzen zerteilten Welt angehören, ist auch alles, was der menschliche Geist hervorbringt, den Bedingungen dieser Welt unterworfen. Es ist nur Stückwerk, dem die Vollkommenheit des Geistes fehlt, in welcher sich der menschliche Geist über die Bedingtheiten der Welt und seiner selbst hinaushebt und mit sich selbst ganz eins wird. Dies aber hat zur Folge, daß die ‚Befriedigung' des Geistes in der Religion ihm selbst versperrt ist und der Geist darum dem ‚Verderben' preisgegeben ist.[189] Schleiermacher wen-

---

[187] P 118, gehalten am 23. 5. 1825 mit dem Thema: „Der Ursprung des Geistes aus Gott ist die Gewährleistung für die Vollständigkeit seiner Wirkungen" (SW II²/2, 231ff).

[188] SW II²/2, 234f.

[189] Daß das ‚Verderben' von Schleiermacher nur im abgeschwächten Sinn als ‚Unvollkommenheit' und fehlende ‚Befriedigung' identifiziert wird, sei hier nur angemerkt. Ihre theologische Relevanz als Sünde bekommt diese Defizienz des Geistes dadurch, daß sie den Menschen vom Gottesbewußtsein und damit vom Sein Gottes in ihm trennt.

det damit den psychologischen Sachverhalt, daß der Geist nicht rein, sondern nur in der Differenz verschiedener Tätigkeiten ‚sich selbst findet', zu einer grundlegenden Defizienz des menschlichen Geistes selbst. Er bleibt von sich selbst bleibend getrennt. Diese Defizienz kann, wie Schleiermachers weitere Ausführungen zeigen, auch durch die sukzessive geschichtliche Selbstbildung des Geistes nicht aufgehoben werden. Ihr letzter Grund liegt darin, daß der menschliche Geist nicht über die Geteiltheit der Welt hinaus zur Erkenntnis *Gottes* dringen kann, in der er allein bei sich ist. So wendet sich die gegen Hegel gerichtete Ablehnung eines Verständnisses des Geistes ‚an und für sich' konsequent auch gegen eine Verhaftung des Denkens in der Philosophie überhaupt. Statt dessen wird nun die Theologie in Anschlag gebracht: Nicht der Geist der Welt, sondern nur der ‚Geist aus Gott' vermag den menschlichen Geist zu seiner Erfüllung im Gottesbewußtsein zu erheben:

> „Wenn nun der Geist der Welt in diesem bessern Sinne des Wortes sich immer reichlicher offenbart; wenn […] die Herrschaft des Menschen […] über alle Kräfte, die sich in der ihm untergebenen Welt regen, sich immer mehr befestigt: so mögen wir dann mit der Zeit dahin kommen […] zu sagen, der Geist der Welt, der in uns als den begeisteten Theilen der Welt wohnt, habe die Tiefen der Welt erforscht. Ja wenn wir auch immer mehr eindrängen in das Innere des menschlichen Geistes […]; wenn uns das Geheimnis des Zusammenhanges aller seiner Wirkungen ganz durchschaulich würde: so dürften wird dann sagen, der Geist des Menschen habe endlich seine eignen Tiefen erforscht: aber das sind nicht die Tiefen der Gottheit. […] Wenn auch Recht und Ordnung sich unter den Menschen immer weiter verbreiten und […] Friede waltete von einem Ende der Erde zum andern über dem ganzen menschlichen Geschlecht: o das wäre der höchste Triumph des Geistes im Menschen, der aus dem Geiste der Welt ist. Aber wäre diese Eintracht schon dieselbige, welche da ist wo der Geist Gottes in dem Menschen empor ruft, Lieber Vater? […] Ja zu allem andern kann uns die Welt erwekken mittels der gemeinsamen Vernunft; aber die Tiefen der Gottheit erforschen und Abba lieber Vater rufen, welches Beides nicht eins ohne das andere gedacht werden kann, das vermag nur der Geist aus Gott, wenn er in den Geist des Menschen herabgestiegen ist, ihm zu geben".[190]

Schleiermacher schildert hier die ganze Fülle der sich aus seinem philosophischen Verständnis ergebenden Vollendung des menschlichen Geistes und beurteilt sie als defizitär hinsichtlich der glaubenden Erkenntnis Gottes als Vaters und der darin liegenden Erkenntnis des Wesens Gottes. Diese ist mit den mittels „der unvollkommneren und gemeineren Gabe Gottes der Vernunft"[191] erkennbaren Tiefen des menschlichen Geistes nicht identisch, und zu dieser kann sich der menschliche Geist deshalb auch nicht selber aufschwingen, sondern sie kann ihm nur gegben werden durch den Geist Gottes, der dem menschlichen Geist mitgeteilt wird, *in ihm* zu sein und ihm ‚die Augen zu öffnen' für die ihm geschenkte Teilhabe an der Wahrheit Gottes selbst, in welcher allein der menschliche Geist zu seiner eigenen Wahrheit kommt. So liegt die Erfüllung des mensch-

[190] SW II²/2, 235–237; vgl. zu den ‚Tiefen der Gottheit' den Predigttext, zu dem ‚Abba'-Ruf vgl. *Rö* 8,15 und *Gal* 4,6.
[191] SW II²/2, 237.

lichen Geistes im Gottesbewußtsein nicht in seinen eigenen Möglichkeiten, sondern ist ihm mitgeteilt durch die Gegenwart des Geistes Gottes in ihm:

„daß dieser Geist der Wahrheit in uns ist, das ist die große That der göttlichen Mittheilung, wodurch die innerste Wahrheit des göttlichen Wesens auch in unsere Seele hineingepflanzt ist. Nur so ist uns in unserm Innern und in der genauesten Verbindung mit unsern innersten Bewußtsein von uns selbst offenbar geworden, was auf keine andere Weise je hätte können in eines Menschen geistiges Ohr oder Auge dringen".[192]

Schleiermacher benennt damit die Gegenwart des Geistes Gottes im menschlichen Geist als die Weise, in der die innerste Wahrheit Gottes in der menschlichen Seele gegenwärtig ist. Der Geist Gottes steht dabei insofern in ‚der genauesten Verbindung' mit dem menschlichen Selbstbewußtsein, als die im Geist gegenwärtige Wahrheit des Wesens Gottes die innerste Wahrheit des Selbstbewußtseins selbst ist, ohne aber zugleich von diesem umgriffen werden zu können. In dieser Wahrheit ist das Gottesbewußtsein dann auch inhaltlich bestimmt. Und zwar ist diese Wahrheit das im Geist offenbare Wesen Gottes als Liebe. So heißt es weiter:

„diese Überzeugung, daß Gott die Liebe ist, bleibt ausgenommen von allem Wandel; sie ist nicht vom Menschen her, sonst freilich entginge sie dem nicht, sondern sie ist das ursprüngliche und wesentliche Wort des Geistes in unserer Seele; und als das auf uns übertragene Wissen des Geistes Gottes um das was in Gott ist, so ewig und unwandelbar wie der Geist Gottes selbst, wird sie auch die innerste und zuverläßigste Wahrheit unseres Daseins, und in der That das, worin wir leben weben und sind.[193]

Schleiermacher wendet damit die theologische Kritik an einer Verhaftung des Selbstverständnisses des Geistes in den Kategorien der Psychologie zu einer positiven Ausrichtung auf die in der Mitteilung des Geistes Gottes offenbare Liebe Gottes und eröffnet damit die Theologie als Ort der Explikation des Geistverständnisses. Es wird Aufgabe der theologischen Explikation sein, den gedanklichen Gehalt der Schleiermacherschen Rede von der Liebe Gottes zu bestimmen. Deutlich ist an dieser Stelle, daß der Geist nur in dem ihm mitgeteilten Bewußtsein der Liebe Gottes als religiöses Bewußtsein bei sich ist. Das Bewußtsein der Liebe Gottes ist die gesuchte, nur dem Glauben zugängliche innerste Bestimmtheit des Gottesbewußtseins, welche die der philosophischen Reflexion unzugängliche innerste Wahrheit des menschlichen Geistes ist, die sein ganzes Dasein durchdringt. Der Geist Gottes ist „Geist der Wahrheit", insofern er die Gegenwart dieser Wahrheit im menschlichen Geist selbst ist. Dies zu explizieren ist die innerste Aufgabe von Schleiermachers theologischer Pneumatologie.

c) Die *dritte Beziehung* der Theologie auf das psychologische Verständnis des Geistes ist dessen *theologische Neuthematisierung*. Gilt von dem im Geist Gottes sich erschließenden Gottesbewußtsein, daß es das Zu-sich-selbst-Kommen des

[192] SW II²/2, 242; vgl. *1.Kor* 2,9 sowie zum ‚Geist der Wahrheit' *Joh* 14,17; 15,26; 16,13.
[193] SW II²/2, 243.

menschlichen Geistes *in* seinem geschichtlichen Sich-Finden in den verschiedenen Geistestätigkeiten ist, so müssen sich im Gottesbewußtsein auch „die Tiefen unseres eigenen Wesens gründlicher" erschließen, als es „dem Geist des Menschen" abgesehen von dem Bewußtsein Gottes möglich ist.[194] Und zwar wird deutlich, daß die geschichtliche Bewegung des menschlichen Geistes, von ihrer Vollendung im Gottesbewußtsein her betrachtet, immer schon nichts anderes war als die Vorbereitung jener Erfüllung im Bewußtsein der Liebe Gottes. Dadurch aber fällt auf die gesamte humane Geschichte ein neues Licht. Es wird deutlich, daß sowohl das ethisch beschriebene „Wesen der Dinge in ihrer Beziehung aufeinander, als auch die Ordnung ihrer gegenseitigen Einwirkungen aufeinander" überhaupt nur „mit Bezug auf die erlösende oder den Geist zur Vollendung bringende Offenbarung Gottes in Christo" besteht.[195] So macht erst der Geist Gottes die Sinnhaftigkeit der geschichtlichen Bewegung des Geistes offenbar. Von dem ursprünglichen Zu-sich-selbst-Kommen des Geistes in Christus her wird deutlich, was es mit der Bewegung des Geistes in der Geschichte überhaupt auf sich hat. Erst hier ist das Wesen des Geistes offenbar, aus welchem sich Geistverständnis erschließt. Letzthin ist dies der Grund, weshalb Schleiermachers Geistverständnis erst in seiner Theologie umfassend expliziert wird. Nicht schon die philosophische Ethik, sondern erst die christliche Sittenlehre kann das geschichtliche Leben aus dem *Geist* als ihrem Prinzip heraus auffassen.

4. Schleiermacher hat damit ein Verständnis des Geistes, das sich aus der philosophischen Reflexion über den menschlichen Geist theoretisch begründet, seine volle Entfaltung aber erst auf theologischem Gebiet findet. Der Gedanke, der von theologischer Seite her die Verbindung zwischen beiden Gebieten schafft, ist der Gedanke der *Erlösung* als des ‚Übergangs' des Geistes aus dem Zustand seiner Defizienz in den Zustand des in ihm kräftigen Gottesbewußtseins.[196] Es entspricht dabei dem Verständnis des religiösen Bewußtseins als einer geschichtlichen Bewegung des Geistes, daß Schleiermacher auch die Erlösung als *geschichtliches* Geschehen denkt. Besteht das Wesen des Geistes seiner philosophischen Bestimmtheit nach darin, in seinem Eingehen in die leibseelische Einheit des geschichtlichen Einzelwesens Vernunft und Natur ihrer Einheit im höchsten Sein und Wissen entgegenzuführen, so kann auch das Über-sich-Hinausgehen des menschlichen Geistes im Gottesbewußtsein, in welchem diese Einheit im subjektiven Bewußtsein präsent ist und in dem darum alle geschichtliche Wirksamkeit des menschlichen Geistes ihren Anfang findet, nicht außerhalb der Geschichte liegen, sondern muß selber Teil der geschichtlichen Verwirklichung des Geistes sein. Hier liegt denn auch der Einsatzpunkt des theologischen Geistgedankens.

[194] SW II²/2, 247.

[195] *CG²* § 164.2, 442, 30–35; vgl. *CG²* § 46. Zusatz, 233f.

[196] Vgl. *CG²* § 11.2, 28–35: „der Ausdruck *Erlösung* […] bedeutet im allgemeinen einen Übergang aus einem schlechten Zustande, der als Gebundensein vorgestellt wird, in einen bessern".

„... so ist nothwendig, daß wir beiderlei Zeiten genau unterscheiden, die Zeit der Vorbereitung unter dem Gesez und die Zeit der Erfüllung über dem Gesez, denn die der Geist regiert, die sind nicht unter dem Gesez"

(Predigt am 4. Juli 1830)

§ 8 Der menschliche Geist unter dem Gesetz und die Möglichkeit seiner Erlösung

Schleiermachers theologisches Geistverständnis schließt an die philosophische Bestimmung des menschlichen Geistes an, indem es die in der Psychologie nur erst angedeutete Bewegung des menschlichen Geistes zu seinem Selbstüberstieg im Geist Gottes näher auffaßt. Dabei weist Schleiermacher zunächst die gedanklichen Vorbedingungen auf, die sich im Anschluß des theologischen Geistgedankens an den philosophischen für das Verständnis jenes Selbstüberstiegs ergeben. In der Explikation dieser Vorbedingungen verbinden sich bei Schleiermacher zwei Gedanken. *Zum einen* bringt er die aus der psychologischen Bewußtseinstheorie stammende Überlegung zur Geltung, daß der menschliche Geist seiner eigenen Natur nach selbst auf sein Übersichhinausgehen im Geist Gottes bezogen ist und sich die Gegenwart des Geistes Gottes im religiösen Bewußtsein deshalb als der geschichtlichen Bewegung des menschlichen Geistes zugehörig ausweisen lassen muß. Aus beidem ergibt sich, daß nur *innerhalb* des Bezugsrahmens der Geschichte gesagt werden kann, was aus theologischer Sicht der menschliche Geist und was der diesen zu seiner Wahrheit in der Geschichte bringende Geist Gottes ist. *Zum anderen* bekommt nun der Gedanke besondere Bedeutung, daß der menschliche Geist sich nicht aus sich selbst zur Erkenntnis Gottes erheben kann, ihm die Realisierung des religiösen Bewußtseins als Gottesbewußtsein also selber verschlossen ist. Eben dies macht es erst erforderlich, vom Geist Gottes im Horizont der Erlösung zu sprechen, wobei diese Erlösung aufgrund der erstgenannten Überlegungen als ein selber geschichtliches Geschehen verständlich werden muß. Der Begriff, in welchem Schleiermacher beide Gedanken verbindet, ist der des *Gesetzes*. Die Besonderheit dieses – vor allem aus den Augustanapredigten zu erhebenden – Begriffs besteht darin, daß Schleiermacher ihn zwar aus der philosophischen Bestimmung des menschlichen Geistes verständlich macht, ihn dabei aber explizit theologisch deutet. Dadurch ergibt sich ein theologischer Zugang zu einem Verständnis des Geistes *vor* der ihm geschehenden Erlösung.[1] Indem dabei der Ausgangspunkt der Erlösung des Geistes am menschlichen Geist selbst aufgewiesen wird, gibt Schleiermacher mit dem Gesetzesbegriff eine Theorie der *geschichtlichen Bedingungen der erlösenden Geistgegenwart Gottes im Selbstbewußtsein* zu denken, auf welche sein theologisches Geistverständnis dann aufbaut.

1. Der menschliche Geist unter dem sich in der Geschichte bildenden Gesetz

Es liegt, so bestimmt Schleiermacher in einer Adventspredigt über *Gal* 3,21–23, in der „Zusammenfügung der menschlichen Natur", daß „wir uns nicht enthalten können alle Thätigkeit, die unserm geistigen Leben angehört, auf ein uns vor Augen schwebendes Gesez zu beziehen", und deshalb „niemals zur rechten Freude des Lebens gelangen, sondern immer nur Tod im Gefühl der Sünde das Loos des Menschen bleibt".[2] Die Predigt behandelt gemeinsam mit den *Gal* 2,16–18 und 19–21 auslegenden Augustanapredigten III und IV und einer Trinitatispredigt über *Rö* 11,32f[3] die Mitte der paulinischen und reformatorischen Rechtfertigungslehre wie auch der Rechtfertigungslehre Schleiermachers selbst. Schleiermacher begründet in ihr die Ohnmächtigkeit des menschlichen Geistes zum Gottesbewußtsein in der geschichtlichen Konstitution des menschlichen Geistes selbst.

1. Schleiermacher faßt diese Ohnmächtigkeit als Verfaßtheit des menschlichen Geistes ‚unter dem Gesetz' auf, die er aus der natürlichen Entwicklung des menschlichen Bewußtseins herleitet: Sobald sich aus der ursprünglichen Indifferenz die verschiedenen Seelentätigkeiten entwickeln und Empfänglichkeit und Selbsttätigkeit, Erkennen und Handeln, im Menschen auseinandertreten, gilt nämlich: „alsdann muß gedacht werden ehe gehandelt wird", woraus folgt, „daß die Erkenntniß der Ausführung voraneilt".[4] Eben diese Differenz von Erkennen und Handeln nun bringt mit sich, daß der Mensch die von ihm erkannte Welt stets unter der Form des ‚Gesetzes' auffaßt. Denn indem durch die erkennende Tätigkeit die Einheit von Erkennen und Erkanntem, von Vernunft und Natur, im objektiven Bewußtsein zu einer sprachlich geformten Gestalt

[1] Dieser Vorgriff des Gesetzesgedankens vor die Erlösung ist der Grund, weswegen *zum einen* an dieser Stelle nicht die Sündenlehre der Glaubenslehre thematisiert wird, und *zum andern*, weshalb das Gesetzesverständnis der Predigten in jener nur wenig direkte Parallelen hat. Denn es ist gerade die eigentümliche Gestalt der Sündenlehre Schleiermachers, daß sie nicht die Feststellung eines Zustandes des menschlichen Geistes *vor* der Erlösung, sondern die Entfaltung des Sündenbewußtseins zur Aufgabe hat, wie es sich aufgrund der Erlösung *an* dem Bewußtsein der Gnade bildet (vgl. *CG*² § 66. Leitsatz, 355). Insofern gehen die Überlegungen der Predigten hier einen Schritt hinter die Bestimmungen der Glaubenslehre zurück.

[2] P 104 (SW II²/2, 21–35: 30)

[3] P 153 (Kl.Schr. III, 36–51), P 154 (Kl.Schr. III, 52–64) und P 139 (SW II²/2, 561–572).

[4] SW II²/2, 568.

kommt, stellt sie sich dem Handeln, das ihm wegen seiner Gebundenheit an den durch dieses Bewußtsein erst noch zu gestaltenden Leib nur zögerlich nachfolgt, als Gesetz dar.[5] So ergibt sich, daß im Verstand zwar ein „voraneilende[s] Erkennen des Guten und Schönen" ist als „das Gesez in unserm Geiste", in dem die Einheit von Natur und Vernunft präsent ist, sich zugleich aber das Handeln als diesem gegenüber defizient erweist, da es hinter der Entsprechung zu diesem Gesetz zunächst zurückbleibt.[6]

Diese fehlende Gleichläufigkeit der menschlichen Geistesfunktionen ist für Schleiermacher sowohl die grundlegende Defizienz des menschlichen Geistes, als zugleich auch sein entscheidender Vorzug. Denn: „Ohne diese Ungleichheit aber in dem Menschen, ohne dieses treibende Voraneilen des inneren und dieses träge oder widerstrebende Zurükkbleiben des äußeren Menschen, können wir uns keine menschliche Entwikkelung denken".[7] Schleiermacher sieht in dem ungleichen Sichentfalten der menschlichen Geistestätigkeiten und der daraus sich ergebenden Formbestimmtheit der Welt durch das Gesetz die Bedingung für alles geschichtliche Leben. Dies ist bereits für die Entwicklung des individuellen Bewußtseins aufweisbar, das die Unterschiedenheit des Geistes vom Leib an jeder Stelle der Bewußtseinsentfaltung voraussetzt, so daß durch die diese Unterschiedenheit abbildende Trägheit des Wollens und Besitzergreifens gegenüber den Tätigkeiten des objektiven Bewußtseins „alle Sicherheit des menschlichen Selbstgefühls, ja das ganze Bewußtsein unsrer Freiheit und Selbstthätigkeit" und mithin auch alle dadurch bedingte Fortentwicklung des Individuums begründet ist.[8] Ausgehend von diesem individuellen Bewußtsein ist diese ungleiche Entwicklung des Bewußtseins dann grundlegend für die geschichtliche Bildung der menschlichen Gemeinschaftsformen, in deren sittlichen Gesetzen die menschliche Neigung zur Gesetzesbildung äußere Gestalt gewinnt. Es bildet sich in der durch das Gattungsbewußtsein vermittelten gegenseitigen Mitteilung des voraneilenden Erkennens das in der bürgerlichen und religiösen Sphäre erkannte Gute zum Gesetz aus, das der bürgerlichen und religiösen Gemeinschaft ihre geschichtliche Identität als einer spezifischen Einheit von Natur und Vernunft verbürgt.[9] Dabei gilt dann für das religiöse wie auch für das bürgerliche Gesetz sowohl, daß es eine Geschichte der Gemeinschaft erst ermöglicht, als auch – und zwar als Kehrseite dieser positiven Funktion – daß es, wie es durch die Defizienz des Handelns gegenüber dem Erkennen erst hervorgebracht ist, so diese auch immer evoziert und damit seine

---

[5] Vgl. SW II²/2, 25.568.

[6] SW II²/2, 27f (vgl. 568). Schleiermacher sieht in letzterem das paulinische „Gesez in unsern Gliedern" (SW II²/2, 28; vgl. *Rö* 7,23); vgl. auch *CG*² § 68.1, 362, 14.

[7] SW II²/2, 568; vgl. 35f.

[8] SW II²/2, 27.

[9] Vgl. Kl.Schr. III, 39, sowie den Kommentar zur Stelle von E. Hirsch, der interpretiert: „Im Sprachgebrauch seiner [Schleiermachers] philosophischen Sittenlehre würde Gesetz also zu bestimmen sein als Ordnung einer vom höchsten Gut umfaßten bestimmten gemeinschaftlichen Weise des Zusammenseins von Sein und Vernunft" (Kl.Schr. III, 354, Anm. 19).

Unerfüllbarkeit unter Beweis stellt. Denn ein solches Gesetz übersteigt, indem es ein der Gemeinschaft nur als ganzer einwohnendes Gut repräsentiert, notwendig die Realisierungsmöglichkeiten des Individuums. Insofern ihm dieses Gesetz nur in einer Vielzahl von Geboten, d.h. als Buchstabe, zugänglich sein kann, gilt nämlich: „Befolgen wir die einzelnen Vorschriften als solche: so haben wir den Zusammenhang derselben nicht in uns, der doch das eigentliche Wesen des Gesezes ist. Daher auch selbst in der bürgerlichen Gesellschaft genau betrachtet kein Gesezgeber jemals zufrieden sein kann mit seinen Untergebenen, wenn sie auch das Gesez auf das genaueste befolgen", denn das Wesen des Gesetzes kann in sich nur der Gesetzgeber selbst haben, der das in der Gemeinschaft verwirklichte höchste Gut vollkommen in sich repräsentiert.[10] Wenn Schleiermacher deshalb auf der einen Seite die Ungleichheit von Erkennen und Handeln, von Verstand und Wille, als Möglichkeitsbedingung von Geschichte und darin als unterscheidendes Charakteristikum des menschlichen Geschlechts würdigt, dessen „innerste und ursprünglichste Bestimmung ist, ein fortschreitendes geistiges Leben auf Erden [zu] entwickeln", so macht er auf der anderen Seite deutlich, daß mit dieser der menschlichen Natur entsprechenden Weise des Lebens zwar Fortschritt erreicht wird, die Menschheit aber „nie zu einem wahren und vollen Frieden gelangen" kann.[11] Denn unter dem Gesetz gilt zwar, daß „wir freilich einen Sporn haben uns von der Verderbtheit und Unvollkommenheit loszumachen, welche durch das Gesez bezeichnet wird", aber zugleich gilt auch, „daß wir aber zu einer Gerechtigkeit auf diesem Wege niemals gelangen können, und also auch zu keinem Frieden".[12] Denn der menschliche Geist kann über die Gesetzesbedingtheit der geschichtlichen Welt, in der er selbst steht, nicht zur verwirklichten Einheit von Natur und Vernunft hinauskommen. So liegt das Dilemma des menschlichen Geistes darin, daß er geschichtlich nur mittels des Gesetzes fortschreiten kann, aber eben dieses Gesetz als solches seine Erfüllung verhindert.

2. Schleiermacher nimmt diese Lehre von der Verfaßtheit des menschlichen Geistes unter dem geschichtlich sich bildenden Gesetz in die theologische Rechtfertigungslehre auf, wenn er feststellt, das Paulus im Römerbrief nicht im strengen Sinne „von dem Gesez seines Volkes redet, sondern, wie auch wir es so eben gethan, von dem Gesez im Allgemeinen [...], mag es hervorgegangen sein aus unserm eigenen Sinn, oder aus den Einrichtungen unsers gemeinsamen Lebens, oder mag es mehr als eine alte von Gott dem menschlichen Geschlecht erwiesene Wohlthat erscheinen".[13] Weil auch das alttestamentliche Gesetz, selbst wenn es auf „göttliche Offenbarung" zurückgeführt wird, Gestalt nur in der Gemeinschaft des Volkes Israels hat und darin die Differenz zwischen Ge-

[10] Kl.Schr. III, 42, vgl. ab 40.
[11] SW II²/2, 35; vgl. 25f.
[12] SW II²/2, 29.
[13] SW II²/2, 27.

setz und Erfüllung ebenso wie jedes andere Gesetz hervorruft[14], gilt gleichermaßen „was von dem Gesez gilt, welches durch Mose gegeben war, [...] auch von jedem andern Gesez“[15], nämlich, daß es aus den Werken des Gesetzes keine vollkommene Gerechtigkeit des Menschen gibt, woraus sich die paulinische Aussage verstehen läßt, daß Juden wie Heiden gleichermaßen unter dem Gesetz beschlossen und darin als ungerecht qualifziert sind.[16] Damit tritt bei Schleiermacher „an die Stelle des offenbarten Gesetzes [...] das im geschichtlichen Werden der Menschheit sich bildende, aus Geist und Vernunft des Menschen geborene und jeweils individuell ausgeprägte, mehr oder minder vollkommene Gesetz“[17]. Dieses weist zwar in seinen vielfältigen geschichtlichen Ausprägungen große Unterschiede auf, ist sich aber darin gleich, daß alle Menschen unter solchem Gesetz stehen und darin der Freiheit des menschlichen Geistes zur völligen Verwirklichung seiner Natur und Vernunft vereinenden Bestimmung ermangeln.

Schleiermachers Theorie des menschlichen Geistes weist damit eine in seiner geschichtlichen Verfaßtheit liegende Defizienz des menschlichen Geistes hinsichtlich der Möglichkeit seiner eigenen Erfüllung auf und erkennt eben darin das von der Erbsündenlehre behauptete wesenhafte Versagen des Menschen vor Gott. Daß sich dieses Versagen theologisch als eine alle Menschen einschließende Ungerechtigkeit ‚vor Gott‘ qualifizieren läßt[18], ergibt sich dabei aus dem Gedanken, daß Gott – seiner philosophisch-theologischen Bestimmtheit als der „absoluten ungeteilten Einheit“[19] nach – der einzige ist, in dem Natur und Vernunft ganz eins sind und der deshalb sowohl über allen Gesetzen steht, als auch alle Gesetzes in sich schließt. „Das heißt also, wenn die Zusammenstimmung des Gesezes mit der Natur *Weltordnung* heißt, [...] *Gott als Schöpfer zugleich Gesezgeber*“ ist.[20] Weil darum alle Natur und Vernunft zur Vereinigung führenden geschichtlichen Gesetze auf ihn zulaufen, ist zugleich alles Ungenügen des menschlichen Handelns ihnen gegenüber ein Ungenügen vor Gott, der als die höchste Einheit in allen Gesetzen gegenwärtig ist.

Indessen ist deutlich, daß die Beschlossenheit des menschlichen Geistes unter dem Gesetz, an welche die theologisch-hamartiologische Reflexion anknüpft, von Schleiermacher nicht in einem offenbarten Gesetz begründet, sondern an dem eigenen Bewußtsein des Geistes von seiner in der Unterschiedenheit von Denken und Handeln sich gründenden Geschichtlichkeit aufgewiesen wird. Schleiermacher nimmt damit die paulinische Bestimmung, daß die Heiden sich

14 Vgl. SW II²/2, 25; *CG²* § 132.2, 132, 8–12 bezeichnet das atl. Gesetz als ‚hervorgegangen‘ aus dem „Gemeingeist des Volkes“ Israel.

15 SW II²/4, 277 (P 137).

16 Vgl. Kl.Schr. III, 39.

17 So E. Hirsch in seinem Kommentar Kl.Schr. III, 354, Anm. 19.

18 Vgl. Kl.Schr. III, 43.

19 *CG²* § 32.2, 173, 17f.

20 *Dialektik*, SW III/4.2, 427; man vgl. zu den Grundlagen des Gesetzesverständnisses der Predigten in der *Dialektik* Schleiermachers ab 426.

selbst Gesetz sind[21], für eine allgemeine Rekonstruktion der menschlichen Sündhaftigkeit in Anspruch, die den spezifisch religiösen Bezug des Menschen auf ein von Gott offenbartes Gesetz als Grund der eigenen Erlösungsbedürftigkeit obsolet macht. Weil der menschliche Geist an sich selbst seine Verfaßtheit unter dem Gesetz wahrzunehmen vermag, bedarf er nicht des göttlichen Gesetzes, um sich seiner selbst an diesem in seiner Beschränktheit als Mensch bewußt zu werden. Sondern was ein geoffenbartes Gesetz dem Menschen über die in seiner Natur liegende Defizienz sagen kann, ist ihm im Grundsatz auch aus seiner eigenen Weltwahrnehmung bewußt.

3. Wenn Schleiermacher auf diese Weise das offenbarte Gesetz durch das geschichtliche ersetzt, so steht ihm dies aber gleichwohl in genauer Übereinstimmung mit dem theologischen Gedanken, daß die Gesetzesverfaßtheit der Menschheit und mit ihr die Defizienz des menschlichen Geistes gegenüber seiner eigenen Bestimmung als solche von Gott geordnet und Gott also der Urheber des geschichtlichen Lebens unter dem Gesetz ist.[22] Dieser Gedanke – der freilich nur durch das in der Erlösung mitgeteilte Gottesbewußtsein selbst zu vollziehen ist – erhellt bereits aus der Beziehung des Gottesbewußtseins zu dem in Abhängigkeit und Freiheit sich verhaltenden menschlichen Geist. Liegt das Wesen des Gefühls der schlechthinnigen Abhängigkeit darin, daß das in relativer Abhängigkeit und Freiheit, Passivität und Aktivität, befindliche menschliche Leben sich durchsichtig wird als in dieser Duplizität schlechthin gegeben, so muß auch die aus dem Auseinandertreten der doppelten Geistestätigkeit sich entfaltende Verfaßtheit des Lebens unter dem Gesetz dem religiösen Bewußtsein als absolut notwendig erscheinen. Wird das schlechthinnige Abhängigkeitsgefühl religiös als Gottesbewußtsein real, so wird dem religiösen Bewußtsein die gesetzmäßige Verfaßtheit der geschichtlichen Welt und seiner selbst für die Einheit der Gegensätze in Gott durchsichtig. Die Gesetze erscheinen als notwendige Bestimmungen des geschichtlichen Lebens, die nur aus ihrer Einheit in Gott und auf sie hin überhaupt sind. Von daher ergibt sich, daß das Bewußtsein Gottes, als das sich das schlechthinnige Abhängigkeitsgefühl religiös manifestiert, ein Bewußtsein der „gesetzgebenden göttlichen Ursächlichkeit" in sich schließt, auf die alle Gesetze zurückgehen und von der dann gilt, daß durch sie „der ganze geschichtliche Verlauf geordnet wird".[23] So weiß das Gottesbewußtsein davon, daß die Welt in ihrer Gegensätzlichkeit aus Gott hervorgegangen und von ihm getragen und durch Gesetze geordnet ist, um in der gesetzmäßigen Begrenzung und Ordnung der geschichtlichen Kräfte auf ihre Einheit in Gott zuzustreben.[24]

Für das in diesem Gottesbewußtsein liegende Verständnis des menschlichen Geistes bedeutet dies, daß sich der menschliche Geist seiner Defizienz ‚vor' Gott

[21] Vgl. *Rö* 2,14.

[22] Vgl. SW II²/4, 277 (P 137): „von Gott ist das Gesez überall".

[23] *CG*² § 83.2, 447, 20–24.

[24] Vgl. P 108 (‚Gott, der allen Dingen ihr Maaß bestimmt'), Kl.Schr. III, 157–175: 158f.

nur insofern bewußt werden kann, als zugleich ein Bewußtsein in ihm ist, das ihn *in* dieser Defizienz als schlechthin bestimmt ‚von' Gott qualifiziert, genauer: das seine diese Defizienz hervorbringende geschichtliche Verfaßtheit selbst als in Gott aufgehoben bewußt sein läßt. Die Ungerechtigkeit des Menschen in bezug auf Gott besteht dann darin, daß dieses Gottesbewußtsein als der innerste Grund des Bewußtseins seines geschichtlichen Daseins in ihm zwar gegeben, aber – worauf sich dann die Erlösungslehre Schleiermachers zurückbezieht – ganz und gar ‚unkräftig' ist, also das geschichtliche Leben des Subjekts nicht bestimmt. Der Grund für diese Unkräftigkeit liegt darin, daß sich der Mensch der Aufgehobenheit der geschichtlichen Gegensätze in Gott nur *auf dem Wege des Gesetzes* bewußt wird. Die Gesetze führen den menschlichen Geist zwar, gerade *indem* sie ihn in dem geschichtlichen Fortschreiten festhalten, auf Gott als die höchste Einheit hin und lassen ihn – in einem religiös freilich noch unspezifischen Sinne – als Grund des geschichtlichen Daseins bewußt werden. Indem sie ihn dabei aber in dem Gesetz gleichwohl *festhalten*, der menschliche Geist seine geschichtliche Verfaßtheit also von sich aus nicht überspringen kann, bleibt die sich am Gesetz einstellende Anerkennung Gottes im Selbstbewußtsein ein „unkräftige[s] Wohlgefallen" als das Höchste, wozu der menschliche Geist selber fähig ist.[25] Es fehlt die religiös vollzogene Gegenwart Gottes im Selbstbewußtsein. So führen die geschichtlichen Gesetze und mit ihnen aller geschichtlicher Fortschritt der Menschheit den menschlichen Geist nur insofern dem Bewußtsein Gottes entgegen, als sie ihn zum Bewußtsein des „Zustand[es] eines hoffnungslosen Unvermögens des Geistes"[26] bringen und damit die Sehnsucht nach der Erlösung steigern.[27]

2. Das Wesen des Gesetzes als Geist

Auf die theologische Rede vom Geist führt dieses mittels der Gesetzeslehre gefaßte Verständnis der Defizienz des menschlichen Geistes in der von Schleiermacher stark hervorgehobenen Aussage, daß das Gesetz, wiewohl es den menschlichen Geist an der Erfüllung seiner Bestimmung hindert und also nicht im Vollsinne ‚lebendig machen kann', dennoch selber Geist ist.[28]

1. Daß das Gesetz Geist ist, gilt für die sich geschichtlich bildenden Gesetze deshalb, weil der menschliche Geist sich in ihnen den Sinn und das Ziel seines Daseins vorstellt, nämlich die Einheit von Natur und Vernunft in sich zu tragen und darin die ihn umgebende Welt vollständig zu durchdringen. Dies ist bereits

[25] Kl.Schr. III, 60f (vgl. *Rö* 7,22).

[26] *CG*² § 66.2, 357, 21 f.

[27] Vgl. z.B. Kl.Schr. III, 43f: „Darum [...] herrschte mit Recht das Gesez, nicht wie auch der Apostel sagt, daß die Menschen dadurch gerecht würden, sondern nur, damit das Bewußtsein in ihnen erhalten würde, daß dieser Zustand nicht der rechte sei, und das Verlangen genährt nach einem besseren".

[28] Vgl. Kl.Schr. III, 40. Schleiermacher versteht seine Ausführungen dazu als Auslegung des Satzes *Rö* 7,14a: „wir wissen, daß das Gesetz geistlich ist".

für das Gesetz einsichtig, das sich ein Einzelner selbst zu geben vermag, insofern der menschliche Geist, indem dies geschieht, über sich hinausgreift und sich einen höheren Zustand der Einheit von Vernunft und Natur als Ziel vorhält, aus dem sich das gegenwärtige Leben des Geistes dann speist. Besonders deutlich zeigt sich die Geistigkeit des Gesetzes dann auf der Ebene der geschichtlichen Gemeinschaften. Indem ein in einer solchen Gemeinschaft gültiges (etwa ein bürgerliches) Gesetz die Identität dieser Gemeinschaft verbürgt, ist in ihm eine gegenüber dem individuellen Geist höhere Potenz des in der Geschichte gegebenen Geistes gegenwärtig, ein „Geist des Ganzen"[29], der die in der Gemeinschaft gegebene höhere Realisierung des Geistes repräsentiert und von dem der individuelle Geist bestimmt sein muß, will er in dieser Gemeinschaft ganz er selber sein. Das Gesetz ist sonach Geist darin, daß es die Zukunft des menschlichen Geistes, nämlich seine sukzessiv sich herstellende, in der vollständigen Durchdringung der in einer menschlichen Gemeinschaft gegebenen Natur liegende, vollkommene Kräftigkeit in sich trägt und dem Einzelnen vorstellt. Und eben darin ist das Gesetz auch ‚Leben',[30] insofern es in solcher Vorstellung den gesamten Lebenszusammenhang einer geschichtlichen Gemeinschaft umschließt und ihr geschichtliches Leben hervorbringt.

Indessen *wirkt* das Gesetz, wiewohl es seinem Wesen nach Geist ist, dabei nicht *als* Geist und Leben. Es ruft nur das unbefriedigt fortschreitende, nicht aber das in ihm beschlossene vollkommene Leben des Geistes hervor. Dies hat zur Folge, daß das Wesen des Gesetzes als Geist nur denen offenbar ist, die den in dem Gesetz repräsentierten „Geist des Ganzen in sich tragen, und von dem Leben [...] desselben das klarste und reinste Bewußtsein haben".[31] Dies aber ist nur in den Gesetzgebern der Fall, die des Gesetzes selber nicht bedürfen, weil sie das Gesamtleben, dem das Gesetz gilt, bereits vollkommen repräsentieren. Nur von diesen ist zu sagen, daß das Gesetz ihnen „das innerste geistige Leben" nicht nur werden soll, sondern bereits ist: „In denen ist also das Gesetz allerdings Geist".[32] Hingegen gilt von denen, für die ein solches Gesetz ist, daß es ihnen in einer Vielzahl von Geboten begegnet, die, statt den „Geist des Gesezes" zu offenbaren, das Bewußtsein des Widerstandes gegen es hervorrufen. „Darum in denen, von denen das Gesez ausgeht, ist es allerdings Geist und Leben; aber für die an welche es gerichtet ist, ist es nur Buchstabe, der weil er sie an dem fremden, an Lohn und Strafe festhält, nicht vermag, sie lebendig zu machen".[33]

---

[29] Kl.Schr. III, 40.

[30] Vgl. Kl.Schr. III, 40: „Nun aber ist Geist und Leben dasselbe; ist also das Gesez Geist, so muß es auch Leben sein".

[31] Kl.Schr. III, 40.

[32] Ebd.

[33] Kl.Schr. III, 41; vgl. SW II^2/4, 276 (P 137). Daß dies die einzige Wirkung des Gesetzes ist, wird auch nicht aufgehoben durch die Möglichkeit, daß es „gelingt", „sie von der Heilsamkeit desselben so zu überzeugen, daß ihr Wille ergriffen wird" – was freilich nicht durch das Gesetz selbst, sondern „irgend sonstwie" zu erreichen ist –, denn dann „hat das Gesez ein Ende", und die Werke sind nicht mehr *Gesetzes*werke, sondern entwickeln sich aus „dem Geist des Gesezes", der des Gebotes nicht mehr bedarf (Kl.Schr. III, 41; vgl. 43. Auf die Lösung dieses Problems verweist die Anspielung auf *Rö* 10,4).

So ist die Doppelgestalt des Gesetzes deutlich, zugleich Geist zu sein und gleichwohl zu verhindern, daß der menschliche Geist in ihm zu sich selbst kommt.

2. Diese Rede von dem Wesen des Gesetzes als Geist hat ihre letzte und eigentliche Bedeutung in der Explikation des – unter dem Gesetz freilich nur schemenhaft gegebenen – Gottesbewußtseins. Denn Gott ist bereits seiner philosophisch-theologischen Bestimmtheit nach der, der über allen Gegensätzen steht und in dem deshalb Erkennen und Sein, Denken und Handeln, Aussichherausgehen und Insichzurückkehren, vollkommen eins und zugleich sind. Ist deshalb letztlich „von Gott […] das Gesez überall“[34], so gilt für ihn auf absolute Weise, daß in ihm das Gesetz Geist ist. Während alle partikularen Gesetze im Falle ihrer fortschreitenden Erfüllung zu immer neuen, höheren Gesetzen in der Geschichte führen, in denen der menschliche Geist sich seine nächsthöhere Lebensstufe vorhält, ist in Gott der ‚Geist des Ganzen' der Geschichte selbst gegeben. Das Gottesbewußtsein führt damit auf die höchste Potenz des menschlichen Geistes in der Geschichte, indem es Gott als diejenige Instanz vorstellt, die alle geschichtliche Wirksamkeit des Geistes in sich trägt und in der das Leben des Geistes seinen innersten Grund und seine höchste Erfüllung hat. Ist der Geist des Ganzen der Geschichte deshalb ‚Geist Gottes', so ist mit diesem die absolute Einheit des menschlich-geschichtlichen Geistes bezeichnet, aus dem das gesetzesverfaßte geschichtliche Leben des Geistes kommt und in die hinein es sich als in seine Zukunft in Gott vollendet. Damit kommt aus dem Blickpunkt des Gesetzes erstmals der Geist Gottes in den Blick. Er erscheint dabei als die die Natur und Vernunft vereinende Geschichte des menschlichen Geistes umschließende und aus sich heraussetzende *Ewigkeit* des menschlichen Geistes.[35] Wenn Schleiermacher betont, daß der Geist ‚Leben' sei, so hat diese Bestimmung sonach im Geist Gottes ihren höchsten Gehalt. Denn der Geist Gottes ist als die Ewigkeit des menschlichen Geistes das Leben der Geschichte selbst, aus dem der menschliche Geist in der Geschichte als lebendiger ist und in dem er zu seinem wahren Leben kommt.

Aus dem Blick des Gottesbewußtseins erscheint damit auch die Wirkung des Gesetzes, in der Geschichte das Bewußtsein des Unvermögens des Geistes gegenüber Gott hervortreten zu lassen, in neuem Licht. Ist das geschichtliche Leben insgesamt im Geist Gottes aufgehoben und aus ihm sich entbindend, so ist auch seine unter dem Gesetz einschließende negative Wirkung Wirkung des

---

[34] SW II²/4, 277 (P 137).

[35] Man könnte hier – in Anlehnung an die Terminologie des jungen Schleiermacher – auch von einer ‚Unendlichkeit' des Geistes sprechen. Der Ewigkeitsbegriff liegt aber näher, weil die Erfüllung des menschlichen Geistes im Geist Gottes in Besonderheit seine Erfüllung als eines geschichtlichen und geschichtsbildenden Geistes ist. Die Ewigkeit des Geistes Gottes wäre dann die in der zeitlichen Geschichte als Gottesbewußtsein geschehende unendliche Integration des geschichtlichen Lebens in sich. Von dieser Thematik wird noch mehrfach zu reden sein.

Geistes Gottes selbst. Wird dem Gottesbewußtsein dies bewußt, so integriert sich ihm die Wirksamkeit des Gesetzes in die Ewigkeit des Geistes Gottes und hebt sich damit als negative Wirksamkeit auf. So kommt im Gottesbewußtsein die unter dem Gesetz verborgene und unerfüllte geschichtsmächtige Wirksamkeit des Geistes Gottes zu sich. Geschieht dies als Gottes*bewußtsein* und also ‚mitten *in*' der Endlichkeit der geschichtlichen Lebensmomente, so hat dies gleichsam nach rückwärts gewendete Konsequenzen für die Bewertung der Geschichte *unter* dem Gesetz. Es wird deutlich, daß, wie jedes Gesetz in der Geschichte daraufhin gegeben ist, daß der Geist des Gesetzes als sein Wesen in ihm offenbar und das Gesetz als Gesetz damit in die Herrschaft dieses Geistes hinein aufgehoben wird, so auch die gesetzmäßig verfaßte Geschichte selbst daraufhin ist, daß die Ewigkeit des Geistes Gottes in ihr durchsichtig wird und die Geschichte des menschlichen Geistes damit über sich hinaus zu einer Freiheit kommt, in der sie das sein kann, was sie ist, nämlich positive Gestaltnahme des menschlichen Geistes, die sich aus der Ewigkeit des Geistes Gottes bezieht und in aller Vereinigung von Natur und Vernunft diese realisiert. Eben dies „ist der Rathschluß des Höchsten mit dem menschlichen Geschlecht, das ist der Geist der Geschichte, wie wir ihn erkennen, die wir von oben erleuchtet sind".[36] So liegt die Geistigkeit des Gesetzes letzthin darin, daß die gesetzesverfaßte Geschichte als solche auf das Hervortreten der Kräftigkeit des Gottesbewußtseins hin geordnet ist, in welcher dann der Geist Gottes als der Geist des Ganzen der Geschichte das menschliche Bewußtsein bestimmt und den menschlichen Geist so über seine Beschlossenheit unter dem Gesetz hinaushebt, daß dieser im Geist Gottes als geschichtlich tätiger Geist in vollkommener Erkenntnis seiner selbst zu sich kommt.

Freilich ist auch hier festzuhalten, daß dies nur im Vorgriff auf die Erlösung so zu sagen ist. Die *unter* dem Gesetz stehende Geschichte ist sich als solche nicht für den Geist Gottes als ihr Lebensprinzip durchsichtig. Das Gottesbewußtsein ist als die Selbsttransparenz des geschichtlichen Lebens für Gott zwar eine der Geschichte selbst eigene Gegenwart des Geistes Gottes in ihr, insofern dieses Gottesbewußtsein aber durch das Gesetz an seinem ‚kräftigen' Hervortreten gehindert ist, ist nicht diese Gegenwart des Geistes, sondern die Erfahrung des Gesetzes bewußtseinsbestimmend. So ist zwar von der Vollendung des geschichtlichen Geistes im Gottesbewußtsein *her* zu sagen, daß die Geschichte aus und kraft des Geistes Gottes besteht und intentional daraufhin gerichtet ist, daß dieser Geist in ihr als ihr Grund und Ziel hervortritt, es ist aber unklar, wie es zu einem solchen Gottesbewußtsein aus der Situation unter dem Gesetz überhaupt kommen soll. Denn die Geschichte ist, solange das Gesetz noch herrscht, gerade nicht durchsichtig für den Geist Gottes, da das Gesetz den menschlichen Geist nicht anders über sich hinaus auf seine Erfüllung im Geist Gottes verweist, als daß es diesen zugleich in sich vor ihm verbirgt. So

---

[36] SW II²/2, 599.

stellt sich die Frage nach der Erlösung des Geistes vom Gesetz als Frage, wie es eigentlich geschehen kann, daß die durch den menschlichen Geist gebildete Geschichte als Gottesbewußtsein im Geist Gottes zu sich kommt.

3. Erlösung des Geistes und Geschichte

Die Frage nach der Erlösung des Geistes ist damit als Frage nach der Möglichkeit des Gottesbewußtseins zugleich grundlegend eine Frage nach der Geschichte. Begründet der unüberwindliche Hang des menschlichen Geistes zum Gesetz nicht nur seine Erlösungsbedürftigkeit, sondern auch seine Geschichtlichkeit, so ist eine Neubestimmung des menschlichen Geistes, welche ihn aus der Gefangenheit unter dem Gesetz herausheben würde, nicht zu denken, ohne zugleich eine mit der Erlösung geschehende Neubestimmung der Geschichte selbst zu verstehen. Dabei bedingt sich beides. Da das den menschlichen Geist bindende Gesetz ihm zugleich mit seiner Geschichtlichkeit gegeben ist und er deshalb nur innerhalb eines ihn von seiner Freiheit gegenüber dem Gesetz verschließenden vorgegebenen Geschichtszusammenhangs überhaupt ist, kann nur eine Neubestimmung der Geschichte den Menschen aus seiner Gebundenheit unter dem Gesetz frei machen. Insofern auf der anderen Seite aber Geschichte nur ist durch den menschlichen Geist, als dessen Fortschreiten sie sich gestaltet, kann nur eine Neubestimmung des menschlichen Geistes auch für die Geschichte neubestimmend sein.[37]

1. Der Möglichkeit, wie eine solche Neubestimmung des Geistes und der Geschichte zu denken ist, nähern sich die Predigten über die Analogie des bürgerlichen Gesetzes. Hier liegt das neue Verhältnis des Menschen zum Gesetz darin, „daß der Mensch das Ganze, über dem das Gesez waltet, von Herzen liebt“[38], womit gesagt ist, daß der in dem Gesetz gefaßte „Geist dieses Ganzen wirklich in uns lebt, und unser eigener Geist und Wille geworden ist“.[39] Nur von solchem Menschen kann dann gesagt sein, daß das Gesetz nicht nur an sich Geist, son-

---

[37] Dies bedeutet für den Gedanken des Geistes, daß er den in Ethik und Psychologie gegebenen philosophischen Geschichtsbegriff ganz neu in Bewegung bringt. Und zwar wird mit der unter dem Gesetz verborgenen Wahrheit des Geistes auch die Sinnhaftigkeit der Geschichte erst recht deutlich. Dies erklärt auch den eigentümlichen Sachverhalt, daß die philosophische Ethik und Psychologie nur die *Formen* des geschichtlichen Lebens bietet, eine Philosophie der Geschichte aber nicht zur denken gibt (vgl. W. GRÄB, Humanität und Christentumsgeschichte, 11–62). Eben weil sich der menschliche Geist unter dem Gesetz seiner Wahrheit aus sich selbst nicht bewußt werden kann, ist ihm die Geschichte, in der er sich vorfindet, nicht anders erkennbar, als in den Formen, in denen sie sich ihm darbietet. Ihren inneren Sinn, aus dem sie sich in ihrem Gegebensein erst erschließt und aus dem sie deshalb in ihrem Verlauf begriffen werden könnte, erhält sie nur aus der Selbstauslegung des Gottesbewußtseins, in dem der menschliche Geist nicht mehr *unter* den Formen der Geschichte steht, sondern sich als von ihrem Ziel bestimmt bewußt ist.

[38] Kl.Schr. III, 43.

[39] SW II²/2, 33.

dern auch dem Menschen in bezug auf den durch das Gesetz geordneten Lebensraum „Geist und Leben“ ist, nämlich die innere Triebkraft seines Geistes bildet, welche die Lebensvollzüge des Geistes in Entsprechung zum Gesetz aus sich heraussetzt. Die ‚Liebe‘ bezeichnet damit ein neues Selbstverhältnis des Menschen zum Gesetz, das ihn nicht mehr unter dem Gesetz sein läßt, in der darin liegenden Neubestimmung seines geschichtlichen Lebens gleichwohl aber die Geschichtlichkeit des Menschen nicht aufhebt. Denn ist in der Liebe der Geist des Gesetzes so im Menschen gegenwärtig, daß nicht der Buchstabe des Gebotes, sondern die in ihm vorgestellte höhere Einheit des Geistes die ihn bestimmende Kraft ist, so wird nicht die Doppelheit von Denken und Handeln, Verstand und Wille, aufgehoben, sondern ihre ungleiche Bestimmtheit. Ist die Liebe zum Gesetz im Menschen herrschend, so stößt der das Gesetz erkennende Verstand auf keinen Widerstand im Willen mehr, da mit dem Selbstbewußtsein auch dieser immer schon durch die Liebe bestimmt ist So ist die Gegensätzlichkeit von Vernunft und Natur im Menschen im Blick auf dieses Gesetz überwunden und der Geist damit zu seiner höchsten Erfüllung gekommen. Von dieser Liebe gilt dann in zweifacher Hinsicht der Satz „Die Liebe aber kennt kein Gesez“.[40] Zum einen in der Hinsicht, daß die Liebe dem Gesetz nicht mehr unterworfen ist, weil alles, was das Gesetz dem menschlichen Geist vorhält, bereits in ihr realisiert ist und die Liebe als des Gesetzes Erfüllung damit das Gesetz als Gesetz aufhebt. Zum anderen aber kennt die Liebe kein Gesetz, weil sie in keiner Weise aus dem Leben unter dem Gesetz ableitbar ist, „denn weder steht sie unter der Willkühr des Menschen, daß er sich entschließen könnte zu lieben oder auch nicht, noch kann sie erwekkt werden oder gehemmt durch Hoffnung oder Furcht, wie das Gesez den Menschen antreibt und abhält“.[41]

Eben darin liegt nun aber das Sachproblem, wie eine solche Neubestimmung des Menschen in seinem Selbstverhältnis zu einem Gesetz überhaupt soll geschehen können. Die Möglichkeit, die Schleiermacher dazu gegeben sieht, ist im Falle des geschichtlichen Gemeinwesens die, daß sich der Geist des Ganzen eines solchen Gemeinwesens in einer herausragenden Persönlichkeit als Ganzer darstellt und durch den ‚Totaleindruck‘[42] auf das Selbstbewußtsein der einzelnen die Liebe zum Ganzen entzündet.[43] Freilich muß es sich dabei dann um

[40] Kl.Schr. III, 43.

[41] Ebd.

[42] Vgl. *CG*² § 10. Zusatz, 72, 16–19.

[43] Vgl. SW II²/2, 34: „Will aber jemand nicht begreifen, wie es möglich sei, ein fremdes Leben so in sich aufzunehmen und sein eigenes in jenes zu verwandeln, der muß wol niemals erfahren haben oder auch nur beobachtet, welch eine fast zauberische Gewalt ein edler und hoher Geist ausübt, wenn er sich den schwächeren Gefäßen zuwendet und sich ihnen hingiebt, um sie sich anzueignen. So die Sonne, die in das tiefe Herz der Pflanzen hineinscheint, treibt aus ihnen wieder heraus in Blättern und Blüten; die Mutterliebe lächelt in die Augen des Säuglings hinein, und wekt in ihm die Liebe, die sich der Mutter wieder entgegenstrekt; der Feldherr haucht seinen Muth in Tausende, und derselbe Muth glänzt ihm wieder entgegen aus den feurigen Blikken. Christus aber, der uns mit göttlicher Liebe geliebet hat, entzündet eben diese göttliche Liebe in unsern Herzen.“

einen besonderen Menschen handeln, in dem ein gemeinschaftliches ‚Gesamtleben' gleichsam über sich selbst hinausgeht und sich seiner geschichtlichen Kraft nach in *einem* Menschen versammelt, der dann in der Lage ist, ist durch Selbstmitteilung seines eigenen Geistes und Lebens andere in das Bewußtsein des über dem Gesetz stehenden Ganzen aufzunehmen und damit eine neue Qualität des geschichtlichen Lebens zu begründen. Schleiermacher sieht eben diese Möglichkeit in der Geschichte faktisch gegeben und im „Begriff des großen Mannes" auch theoretisch nachvollziehbar.[44] Die darin liegende Möglichkeit der geschichtlichen Neubestimmung des menschlichen Selbstverhältnisses zu einem gesetzesverfaßten Gemeinwesen steht freilich noch immer unter dem Verdikt, daß dadurch die Gesetzesverfaßtheit des geschichtlichen Lebens selbst nicht übersprungen werden kann, insofern sich die auf die Einheit von Vernunft und Natur zustrebende Menschheit im Falle einer erreichten Liebe zum Ganzen eines Gemeinwesens sogleich ein höheres Ziel vor Augen stellt, das wiederum als Gesetz begegnet, so daß sich dieselbe Bewegung nur auf höherer Ebene wiederholt, in dem erreichten Fortschritt aber eben deswegen nicht den gesuchten Frieden findet.

2. Soll nun nicht nur das Verhältnis des menschlichen Geistes zu einem gesetzesverfaßten geschichtlichen Gemeinwesen, sondern sein Verhältnis zur im Gesetz begegnenden Geschichte überhaupt neubestimmt werden, womit gleichbedeutend ist, daß diese Geschichte als solche für den Menschen eine neue, nämlich nicht mehr gesetzesbedingte Qualität bekommt, so muß die Liebe zum ‚Ganzen, über dem das Gesez waltet', die Liebe zu Gott sein, und der ‚Geist dieses Ganzen', der im einzelnen Menschen zum Leben kommen soll, muß der Geist Gottes sein. Während der Gemeingeist eines einzelnen geschichtlichen Gesamtlebens und die in diesem mögliche Liebe immer nur partikular bleibt, muß für den Geist und die Liebe Gottes gelten, daß die das menschliche Leben insgesamt übergreifende Wirklichkeit des Geistes als Liebe im menschlichen Selbstbewußtsein präsent und dieses dadurch nicht aus einer partikularen, sondern aus jeder Defizienz unter dem Gesetz herausgehoben wird. Das Gottesbewußtsein ist damit nur als Bewußtsein der Liebe Gottes, ge-

[44] Schleiermachers *Akademieabhandlung über den Begriff des großen Mannes* am 24. Januar 1826 nimmt den Gedenktag der Geburt von Friedrich d. Gr. zum Anlaß, „den Begriff und das eigenthümliche Wesen des großen Mannes" darzulegen, der als „das größte Kunstwerk der geistigen Natur" in der Lage ist, „eine neue geschichtliche Entwicklung, [....] ein neues oder erneutes gemeinsames Leben" durch die ihn selber mitteilenden „eigenthümlichen Ausströmungen seines Wesens" hervorzubringen (SW III/3, 74.80.79). Insofern ein solcher ‚großer Mann' zwar selber „nicht ohne die Gemeinschaft" (78) und damit „mit seiner eigenthümlichen Wirkung auf das ihm von der Natur angewiesene Gebiet beschränkt" ist (82), gleichwohl aber als „der, welcher die Masse beseelt und begeistert, ganz herausgetreten aus dem Verhältnis der Gegenseitigkeit, er auf eine Weise ihr Werk, sie aber auf seine Weise das seinige" ist (79), ist er eine geschichtsbildende Person, die die Entwicklung des menschlichen Lebens über sich hinaus auf eine neue Stufe hebt. (Vgl. zur geschichtstheoretischen Bedeutung des ‚großen Mannes' W. GRÄB, Humanität und Christentumsgeschichte, 53f).

nauer: als Gegenwart der Liebe Gottes im Selbstbewußtsein, ganz es selbst. Indem in dieser Liebe der menschliche Geist der Wahrheit seines geschichtlichen Seins gewahr wird und diese Liebe die Totalität seines Lebens umgreift, wird das menschlich-geschichtliche Leben nicht nur in bezug auf einzelne Lebensräume, sondern als es selbst von der Bedingtheit durch das Gesetz frei. Deshalb gilt: „Nur die allgemeine Liebe, nur die reine Wahrheit des göttlichen Geistes machen ganz frei".[45] Ist die Liebe zu Gott gegeben, dann ist das geschichtliche Leben nicht Gesetzesdienst, in welchem sich das Bewußtsein des Unvermögens des Geistes nur immer wieder erneuert, sondern „Anbetung in Geist und Wahrheit"[46], in welcher der menschliche Geist seiner höchsten Einheit in Gott in seinem geschichtlichen Handeln vollkommen entspricht und in dieser vollkommenen Entsprechung zum Geist Gottes als der Wahrheit des Gesetzes, die zugleich die Wahrheit seines eigenen gesetzesverfaßten Lebens ist, ganz und gar auf Gott bezogen ist.

Ist deshalb völlige Freiheit vom Gesetz nur darin, daß mit dem Geist Gottes „die Liebe Gottes ausgegossen ist in die Herzen der Gläubigen"[47], so stellt sich die Frage, wie solch eine Mitteilung des Geistes und der Liebe gedacht werden kann, auf einer grundsätzlicheren Ebene als im vorgenannten Falle eines partikularen Gesetzes. Denn während das Unvermögen des Menschen, die Liebe zu einem partikularen geschichtlichen Gesamtleben zu erzeugen, innerhalb des natürlichen geschichtlichen Verlaufes durch das Auftreten eines diese Liebe mitteilenden besonderen Individuums grundsätzlich überwindbar ist – wenn auch in der Form, daß es sich an einem höheren Gesetz zugleich wieder entzündet –, so betrifft der aller solcher Defizienz zugrundeliegende Sachverhalt, daß der Mensch „nicht vermöge [...], Gott von Herzen zu lieben"[48], die Geschichte selbst und kann deshalb nicht anders aufgehoben werden, als daß die Geschichte selber eine Neubestimmung erfährt. Soll diese Neubestimmung noch in der von Schleiermacher mit der Theorie vom ‚großen Manne' geschilderten Weise selber geschichtlich sein, so ist es hier nicht *ein* geschichtliches Gesamtleben, sondern die Geschichte selbst, die über sich hinausgehen muß, um sich in einem Individuum vollkommen darzustellen. Dieses Individuum wäre dann

[45] Kl.Schr. III, 171 (P 108); vgl. 170: „nur durch diesen Geist hat der Herr seine ewigen und heiligen Ordnungen völlig einheimisch gemacht in der menschlichen Seele". Deswegen ist der Geist Gottes der „Geist der Freiheit" (ebd. u. ö.; vgl. *2. Kor* 3,17).

[46] Vgl. *Joh* 4,23f. Der Ausdruck ‚Anbetung in Geist und Wahrheit' kommt in den Predigten außergewöhnlich häufig vor und wird von Schleiermacher dazu verwendet, das Ganze des vom Gottesbewußtsein bestimmten ethischen Lebens zu bezeichnen. Seine Wurzel hat der Ausdruck in der geschilderten Gegenüberstellung dieser wahren Anbetung zum Gesetz. Es entspricht dabei dem Gesetzesgedanken Schleiermachers, daß er die Anbetung Gottes als ein das ganze ethische Leben übergreifendes Handeln begreift, das in der Liebe seine höchste und einzige Gestalt hat.

[47] Kl.Schr. III, 43; vgl. *Rö* 5,5.

[48] Vgl. Kl.Schr. III, 43: „Wenn daher die Worte unseres Bekenntnisses sich hierüber so ausdrükken, daß der Mensch nicht könne durch das Gesez gerecht werden, weil er nicht vermöge das Gesez Gottes zu halten, noch auch Gott von Herzen zu lieben: so ist offenbar das erste nicht die Hauptsache, sondern das zweite" (vgl. *CA* XVIII).

selbst geschichtlich, unterschiede sich aber von allen anderen dadurch, daß es nicht nur einen begrenzten ethischen Raum, sondern die Menschheitsgeschichte insgesamt, d.h. ihre Zukunft und Vergangenheit in die Ewigkeit der göttlichen Vorsehung zusammenschließende Totalität, in sich repräsentiert und deshalb in der Lage ist, die Geschichte von ihrer Vollendung her neu zu gestalten.[49] Nur von einem solchen Menschen könnte gesagt sein, daß sein eigener Geist der Geist Gottes ist und daß er durch Mitteilung dieses Geistes die Liebe Gottes im Menschen zu entzünden vermag.

3. Schleiermacher schlägt diesen Weg in Richtung auf die Neubestimmung der Geschichte deshalb als den einzig denkbaren Weg ein, weil er ihm die einzige *geschichtliche* Möglichkeit für die Erlösung des menschlichen Geistes darstellt. Die Möglichkeit, daß das Gottesbewußtsein, das selber nur seine eigene durch relative Abhängigkeit und Freiheit verfaßte Geschichtlichkeit thematisieren kann, durch ein Eingreifen Gottes von *außerhalb* der Geschichte her zu einer ihn über das Gesetz hinaushebenden vollkommenen Kräftigkeit kommen kann, kann in diesem Bewußtsein selber nicht thematisch sein und deshalb für dieses auch nicht wirklich werden. Soll die Ewigkeit der Geschichte im menschlichen Geist so gegenwärtig werden, daß sie diesen in der Geschichte über seine Gefangenheit unter dem Gesetz hinaushebt, so muß sie selbst geschichtlich werden. Und d.h.: Der Geist der Geschichte muß als vollkommen kräftiges Gottesbewußtsein selber Geist eines einzelnen Individuums werden. Nur aus dieser – freilich aus der Geschichte unter dem Gesetz absolut unableitbaren – vollkommenen geschichtlichen Realisierung des Geistes Gottes in einem einzelnen Menschen kann das geschichtliche Leben *als geschichtliches* so neu bestimmt werden, daß nicht das Gesetz, sondern der Geist das menschliche Leben regiert.

Wenn deshalb eine solche Erlösung des menschlichen Geistes seine Geschichtlichkeit auch in dieser Erlösung selbst nicht aufhebt, so gilt gleichwohl, daß das Auftreten eines solchen Individuums die Geschichte unterscheidet, indem es zwei Zeiten differenziert: die Zeit, in der die Geschichte sich nicht für den Geist Gottes durchsichtig ist, und die Zeit, in der die Geschichte in diesem Individuum in der Kräftigkeit des Gottesbewußtseins zu sich gekommen ist. Schleiermacher faßt dies in die Worte, es sei „nothwendig, daß wir beiderlei Zeiten genau unterscheiden, die Zeit der Vorbereitung unter dem Gesez und die Zeit der Erfüllung über dem Gesez, denn die der Geist regiert, die sind nicht unter dem Gesez".[50] Die Bestimmung des Verhältnisses der Erlösung zu dem

[49] Vgl. in der *Akademieabhandlung über den Begriff des großen Mannes* SW III/3, 81: „Soll freilich Einer gedacht werden, in welchem die Kraft liegt in dem ganzen menschlichen Geschlecht aller Zonen und aller Zeiten ein neues Leben zu wekken, und das ganze in Einer alles umfassenden Organisation zu befreunden, der müßte alles menschliche Maaß überschreiten und er wäre zugleich der, welcher alle menschliche Größe vernichtet. Dieses Geheimniß aber, das in dem sich immer wieder erneuernden und immer wieder reinigenden Glauben von Millionen lebt, können wir hier nur erwähnen um es auszulassen von unserer Betrachtung". Schleiermacher weist hier auf Christus hin.

[50] Kl.Schr. III, 44.

ihr vorangehenden ‚Zustand eines hoffnungslosen Unvermögens des Geistes' führt damit auf eine Zwei-Zeiten-Theorie der Geschichte, die die Geschichte, soweit sie sich unter dem Gesetz findet, von der Geschichte unterscheidet, in der diese durch den Geist Gottes für die Liebe Gottes als ihr Prinzip durchsichtig geworden ist. Diese Unterscheidung ist zugleich eine Unterscheidung zweier Zustände des Geistes, nämlich des menschlichen Geistes, sofern er sich unter dem Gesetz findet, und des menschlichen Geistes, sofern er sich durch den Geist Gottes bestimmt findet und damit frei ist vom Gesetz. Der die Erlösung bezeichnende Übergang zwischen beiden Zuständen[51] liegt in dem Unterscheidungspunkt der Geschichte, in welchem der Geist Gottes geschichtlich als Geist eines besonderen Individuums erscheint, in dem sich die Ewigkeit des Geistes zu einer reinen Gegenwart versammelt und von dem aus sich die Freiheit des Geistes durch geschichtliche Selbstmitteilung dieses Menschen ausbreitet. Das gedankliche Sachproblem liegt dabei darin, unter welchen Bedingungen ein geschichtliches Über-sich-Hinausgehen des Geistes in einer solchen Erlösergestalt überhaupt denkbar ist.

Der vorgenannte Satz Schleiermachers gibt darauf einen Hinweis, indem er die Beschlossenheit der Geschichte unter dem Gesetz als ‚Zeit der Vorbereitung' für ihre Erfüllung durch den Geist Gottes bezeichnet und damit die Gesetzesverfaßtheit als notwendige Voraussetzung dafür auffaßt, daß eine Selbstdurchsichtigkeit der Geschichte für den Geist Gottes überhaupt wirklich werden kann. Schleiermacher bezieht damit das im Gottesbewußtsein durchsichtige Ziel des Gesetzes auf ein Verständnis der durch das Gesetz verfaßten Geschichte zurück und wendet die negative Bedeutung des Gesetzes, das Bewußtsein des Unvermögens hervorzurufen, zur positiven Bedingung der Erlösung in der Geschichte. Nur die durch das Gesetz *vorbereitete* Geschichte kann sich dazu erheben, daß in ihr der Geist in einer solchen Individuation erscheint. Der Grund für diesen Gedanken liegt wieder in der Notwendigkeit, die Erlösung geschichtlich zu denken. Soll das Hervortreten des Gottesbewußtseins zwar die Geschichte unterscheiden, sie darin aber nicht ungeschichtlich unterbrechen, so muß es an die geschichtliche Entwicklung anknüpfen können. So kann erst dort, wo der menschliche Geist durch das Gesetz dazu geführt ist, Sehnsucht nach einem die Gesetzesverfaßtheit seines geschichtlichen Seins überwindenden Gottesbewußtsein auszubilden, dieses auch als solches real werden.[52]

---

[51] Vgl. *CG*² § 11.2, 76, 28–35: „der Ausdruck *Erlösung* [...] bedeutet im allgemeinen einen Übergang aus einem schlechten Zustande, der als Gebundensein vorgestellt wird, in einen bessern".

[52] Entsprechend kann Schleiermacher das Bewußtsein der Defizienz des Geistes theologisch als die größte Gabe des menschlichen Geistes qualifizieren; vgl. SW II²/4, 408f (P 74): „Wir unterscheiden in dem Menschen an Leib und Seele eine große Mannichfaltigkeit von Kräften und von Vermögen [...]. Die größte Gabe aber unter allen diesen ist eben jene, an welche allein sich unmittelbar das Heil, welches uns in dem Erlöser gegeben ist, anknüpfen kann, jenes, wenn es einmal erwacht und zum Bewußtseyn gekommen ist, nie wieder ganz zu unterdrückende Selbstgefühl der menschlichen Seele, daß sie zu etwas höherem bestimmt ist, was sie aber für sich allein und ohne die Hülfe, die uns Gott in dem Erlöser gereicht hat, nicht erreichen kann".

Schleiermacher faßt dies in die Worte, das Gesetz habe vorangehen müssen, „damit das zweite erfolgen konnte, daß Gott sich aller annimmt in seinem Sohn, und in allen bereit ist Wohnung zu machen als der Geist, welcher in ihre Herzen ausgegossen ist".[53] Der in dem geistigen Wesen des geschichtlichen Gesetzes liegende Gedanke, daß die Geschichte auf das Hervortreten des schlechthin kräftigen Gottesbewußtseins hin geordnet ist, wird damit ein dem Verständnis der Erlösung des Geistes notwendiger Gedanke. Es wird deutlich, daß eine Neubestimmung des menschlichen Geistes nur zu denken ist, wenn die geschichtliche Entwicklung des menschlichen Geistes insgesamt als ein Sich-Vorlaufen ihrer Vollendung begriffen wird, in welcher Gott sich als Geist im Menschen selber geschichtlich verwirklicht.[54] In diesem Gedanken einer sich auf sich zu bewegenden Geschichte des Geistes kann dann das Hervortreten des Gottesbewußtseins in einem einzelnen Individuum so begriffen werden, daß es die Geschichte unterscheidet und zugleich selber geschichtlich ist.

4. Sollte ein solches Individuum auftreten, dann vollzieht sich die Erlösung – ebenso wie die Mitteilung der Liebe zu einem partikularen Gesamtleben – von diesem Menschen ausgehend als ein geschichtlicher Prozeß, in welchem der Erlöser durch geschichtliche Selbstdarstellung sein eigenes Bewußtsein mitteilt und darin die Menschen, denen dieses geschieht, in dieses Bewußtsein und d.h. in die Bestimmtheit durch den Geist Gottes, die in ihm ist, hineinnimmt. Insofern in diesem Prozeß eine Neubestimmung des Geistes und der Geschichte in der Geschichte selber Gestalt gewinnt, ist er eine von dem Erlöser ausgehende neue Geschichte[55], in der der Geist Gottes als das zwar immer schon gegebene, aber unter dem Gesetz unkräftige Prinzip der Geschichte diese Geschichte in einer geschichtlichen Selbstmitteilung für sich durchsichtig macht und damit in ihre Vollendung in ihm hineinnimmt. Dabei sind beide geschichtliche Bewegungen zugleich: Das durch die Kräftigkeit des Geistes Gottes bestimmte und sich darin von seiner Erfüllung her verstehende geschichtliche Leben des

[53] SW II2/2, 567.

[54] Dies hat auch zur Folge, daß alle ‚großen' Persönlichkeiten, durch die eine höhere geschichtliche Mitteilung des Geistes erfolgt ist, als Vorläufer dieses einen Erlösers – nämlich Christi – zu bewerten sind, welcher im Geist Gottes alle vorangegangenen Stufen des Lebens in sich integriert und über den hinaus keine weitere Entwicklung mehr möglich ist. Vgl. in der kürzlich veröffentlichten Hagenbach-Nachschrift von Schleiermachers Kirchengeschichtsvorlesung 1821/22: „Christus war ein Einzelner, und was wir uns unter Erlösung denken, konnte unmöglich anders als durch einen Einzelnen geschehen. Alle ausgezeichneten Menschen, die einen Einfluß auf die Reinigung der menschlichen Gesellschaft gehabt haben, kann man als Vorbilder Christi ansehen, und man kann sagen, daß einer die ganze Reihe schließt, insofern jeder Ausgezeichnete über die früheren hinausging. Christum müssen wir als den Gipfel dieser Reihe ansehen, über ihn hinausgegangen werden kann nicht. Alles Ausgezeichnete kann nur Annäherung an ihn sein" (*Abriß der Kirchen- und Dogmengeschichte. Vorlesung 1821/22*, nachgeschrieben von K. R. Hagenbach, in: J. Boekels, Schleiermacher als Kirchengeschichtler, SchlAr 13, Berlin 1994, 165–454: 179, 2–9).

[55] Die Prinzipien dieser neuen Geschichte hat W. Gräb nachvollzogen (Humanität und Christentumsgeschichte, 63ff).

menschlichen Geistes ist nach seinem Anfangspunkt in dem Auftreten des Erlösers in der unter dem Gesetz beschlossenen Geschichte des menschlichen Geistes gegenwärtig, um sich dort, wo das durch den Geist Gottes bestimmte neue Leben dem erlösungsbedürftigen menschlichen Geist begegnet, diesem mitzuteilen und dadurch sein Ungenügen gegenüber dem Gesetz aufzuheben. Dabei ist auch dem so zu seiner Freiheit gekommenen menschlichen Geist die gesetzmäßige Ordnung des humanen Lebens nicht aufgehoben, sondern sie ist zu sich selbst gekommen: Der Mensch negiert nicht die ihm in den Gesetzen gegebene Ordnung des geschichtlichen Lebens, sondern erfüllt sie, weil er ihren Geist in sich trägt.[56]

5. Es ist ersichtlich, daß Schleiermacher mit diesen Bestimmungen ganz dem theologischen Verständnis Christi vorarbeitet, in dem sich dem christlich-frommen Selbstbewußtsein zufolge die Geschichte in der genannten Weise erfüllt hat. Schleiermachers gesetzestheologische Überlegungen geben damit die geschichtstheoretischen Bedingungen seiner Christologie zu denken. Zugleich geben sie mit dem Gedanken der ‚neuen Geschichte' den Weg an, auf welchem die Erlösung sich von Christus aus in der alten Geschichte über sie ausbreitet. Nachdem im folgenden zunächst darzulegen ist, wie Schleiermacher die Forderung eines solchen Erlösers als christologisch eingelöst betrachtet (§ 9), ist sodann die neue Geschichte in ihrer ekklesiologischen Konstiution (§ 10) und über die Geschichte gehenden Ausbreitung (§ 11) aufzuweisen. Dabei ist diese Geschichte sowohl in ihrem Einsatz in Christus, als auch ihre geschichtliche Verfaßtheit und Ausbreitung Erlösungsgeschichte des Geistes Gottes in der humanen Geschichte des menschlichen Geistes und also pneumatologisch zu beschreiben. In ihr liegt der ganze Gedanke des Geistes bei Schleiermacher. Dabei ist der theologische Bezug dadurch gegeben, daß diese Geschichte *als* Geschichte des *Geistes Gottes* nichts anderes ist als die Geschichte des Sich-Herstellens des *Gottesbewußtseins*, bzw. – da dieses selbst Gegenwart Gottes ist – Geschichte der *Liebe Gottes* in der humanen Geschichte. So ist die Darlegung der Geschichte des Geistes Gottes zugleich Rede von Gott (§ 12).

[56] Vgl. z.B. SW II²/4, 524, wonach die, denen „die Freiheit der Kinder Gottes ihr heiliges Recht ist, sich zwar jedem Gesetze, das ein Recht an sie hat, unterwerfen, selbst aber eben so wenig, als eines wider sie ist, auch eines bedürfen".

> *„War die in dem ersten Adam geschehene Mitteilung des Geistes an die menschliche Natur eine unzureichende, … und ist das schöpferische Werk erst durch die zweite gleich ursprüngliche Mitteilung an den zweiten Adam vollendet: so gehen doch beide Momente auf* EINEN *ungeteilten ewigen göttlichen Ratschluß zurück, und bilden … nur* EINEN *und denselben wenn auch uns unerreichbaren Naturzusammenhang."*
>
> *(Glaubenslehre 1831)*

§ 9 Die Erscheinung des Geistes Gottes in der Geschichte und der Anbruch der Erlösung des Geistes

Die Bedeutung Jesu für Schleiermachers Verständnis des Geistes ist vor dem Hintergrund seiner geschichtstheologischen Überlegungen in dem Sachverhalt begründet, daß für das christlich-fromme Selbstbewußtsein Jesus von Nazareth die erlösende Geschichtswende ist. War von dem die Geschichte insgesamt in sich integrierenden Geist aus der Perspektive der gesetzesverfaßten Geschichte nur vorläufig und gleichsam hypothetisch zu reden – denn daß es einen solchen Geist wirklich gäbe, ist aus jener Perspektive nicht ersichtlich –, so heißt es aus dem Blick der christlichen Religion, daß „der Geist selbst in Christo erschienen" ist.[1] Das heißt: In Jesus von Nazareth ist der alles geschichtliche Leben des menschlichen Geistes in sich schließende Geist der Geschichte in *einem* Menschen geschichtlich geworden, um den unter dem Gesetz beschlossenen menschlichen Geist zur Kräftigkeit des Gottesbewußtseins zu heben und ihn damit zur Freiheit seines geschichtlichen Daseins und zur Erfüllung seiner geschichtlichen Bestimmung zu bringen.

Von diesem Geist kann nun tatsächlich *auch* gesagt werden, daß er der ‚Geist selbst' ist, nämlich die in diesem Menschen an sich selbst als Bewußtsein zu sich gekommene Unendlichkeit und Ewigkeit des humanen Geistes. Insofern ist *Jesus Christus* also der Ort, an welchem allein über die Beschränkung der philosophischen Rede vom Geist hinausgegangen und von einem Geist ‚selbst' oder ‚an und für sich' gesprochen werden kann. Aber dies ist ein explizit theologisches Begreifen, welches die Rede vom ‚Geist selbst' nicht aus der gesetzesverfaßten *alten* Geschichte heraus auffaßt, sondern selber immer schon *in* der in

[1] *CS* 302.

Jesus von Nazareth entstehenden *neuen* Geschichte des Gottesbewußtseins steht. Das heißt aber, daß das Begreifen des ‚Geistes selbst' selber Vollzug des *Gottesbewußtseins* und der ‚Geist selbst' dieser nur *als Geist Gottes* ist. Nur im als Gottesbewußtsein gegenwärtigen Geist Gottes ist deshalb vom ‚Geist selbst' zu reden.

Dabei ist die Rede vom Geist Gottes christologisch gebunden. Ist Jesus von Nazareth der *eine*, in dem vom Geist Gottes selbst – und eben so: vom ‚Geist selbst' – gesprochen werden kann, so ist das Gottesbewußsein *nur als* Gottesbewußtsein Christi und der Geist Gottes *nur als* Geist Christi. Es ist dies der Grund, weswegen sich der in der neuen Geschichte stehende und darin zur Freiheit des Gottesbewußtseins und Geistes Gottes gekommene menschliche Geist sich dieses Geistes und seiner selbst nicht anders bewußt werden kann, als im *Selbstbezug* auf Jesus von Nazareth, und weswegen auch die Explikation von Schleiermachers Pneumatologie nur aus einem christologischen Verständnis des Geistes heraus recht begriffen werden kann.[2] So ist der Satz, daß ‚der Geist selbst in Christo erschienen' ist, dem christlich frommen Selbstbewußtsein der Mittelpunkt aller Erkenntnis des Geistes Gottes.

Es entspricht dieser Grundeinsicht, daß die Erscheinung des Geistes Gottes in Jesus von Nazareth in Schleiermachers theologischer Explikation der Lehre vom Geist der systematische Mittelpunkt alles dessen ist, was sich an Aussagen über die Gegenwart des Geistes Gottes in den Gläubigen, in der Kirche, in der menschlichen Geschichte und über Gott als Geist bei ihm findet. Soll dieses Zentrum seiner Pneumatologie verstanden werden, so ist Schleiermachers christologisches Verständnis des Geistes Gottes in mehrfacher Hinsicht auszulegen. *Erstens* ist Schleiermachers Verständnis der ‚Person Christi' aus pneumatologischer Perspektive darzulegen. *Zweitens* ist das Verhältnis des Geistes Gottes in Christus zu der Geschichte des Geistes ante Christum aufzufassen. Dabei wird das Verhältnisproblem von Inkarnation und Geschichte anhand der Frage zu erörtern sein, wie sich die in Christus herstellende Gegenwart des Geist Gottes zur natürlichen Geschichte des menschlichen Geistes verhält. *Drittens* ist im Übergang von Christus auf die Geschichte post Christum das erlösende ‚Werk Christi' als Mitteilung des Geistes Gottes aufzufassen. Und *viertens* ist in Wei-

---

[2] Vom Selbstbezug war schon o. S. 13 die Rede. Der Ausdruck wies dort darauf hin, daß theologische Rede vom Geist Gottes diesen nur dann nicht verfehlt, wenn sie dafür durchsichtig ist, daß sie nicht außerhalb seiner, sondern in diesem selbst geredet ist. Es sei hier angemerkt, daß Schleiermachers christologische Rede vom Geist diese Bedingung der Pneumatologie einlöst. Sein Gedanke geht dabei dahin, daß es das Gottesbewußtsein nur *als* Gottesbewußtsein *Christi* überhaupt gibt und also nur recht von ihm geredet werden kann, „sofern wir Christum mit hinzubringen" (*CG*² § 94.2, 46, 12–17). Ist Christi Gottesbewußtsein nun die Gegenwart des Geistes Gottes in ihm, so ist das an dem Gottesbewußtsein Christi teilhabende christlich-fromme Selbstbewußtsein nur als der im humanen Bewußtsein gegenwärtige Geist Christi es selbst. Der Selbstbezug des christlich-frommen Selbstbewußtseins auf Christus ist also zugleich der Selbstbezug des in diesem Bewußtsein gegenwärtigen Geistes Christi auf sich. Es ist dieser grundlegende Zusammenhang, welcher den christologischen Ausführungen dieses und des folgenden Paragraphen zugrundeliegt.

terführung der geschichtlichen Relation von Geist Gottes und menschlichem Geist zu klären, wie sich die in Christus nun hergestellte Gegenwart des Geistes Gottes zu der dadurch als ‚Fleisch' bestimmten natürlichen Gegenwart des geschichtlichen Geistes verhält.

1. Die urbildliche Realisation des Geistes Gottes in Jesus

Jesus von Nazareth löst das Warten des menschlichen Geistes in der unter dem Gesetz verfaßten Geschichte ein, weil aus dem Blick des Erlösungsbewußtseins der Geist Gottes „ohne Maß" in ihm wohnte[3], was gleichbedeutend ist damit, daß das Gottesbewußtsein in ihm eine sein ganzes Dasein bestimmende, vor und nach ihm unerreichte, vollkommene Kräftigkeit hatte. Während es sonst das Schicksal des Menschen unter dem Gesetz ist, daß er zwar Gottesbewußtsein entwickelt, dieses aber immer unkräftig bleibt, weiß der christliche Glaube um eine sich in Jesus von Nazareth an jedem Lebensmoment bewährende „stetige Kräftigkeit seines Gottesbewußtseins, welche ein eigentliches Sein Gottes in ihm war".[4] Entsprechend gilt für den Lebensvollzug Jesu, „daß in ihm keine Aeußerung des psychischen Organismus statt fand, die nicht vom Impulse des göttlichen Geistes ausgegangen wäre und demselben absolut entsprochen hätte".[5] Das Erlösungsbewußtsein sieht damit Jesus in vollkommener Entsprechung zu dem Bild eines vollkommenen geschichtlichen Menschen, der durch seine ‚absolute Geisteskräftigkeit'[6] die Gegenwart des Geistes Gottes in ihm erweist, durch die ihm alle Bedingtheit des Lebens unter dem Gesetz überwunden ist. Jesus von Nazareth ist damit der Erlöser, in dem die Erlösung des Geistes in der Geschichte anbricht. Ist dies die nach Schleiermacher in allem christlichen Bewußtsein mitgesetzte – und sich ihm nicht zuletzt auch an der historischen Erforschung der Evangelien bestätigende[7] – Auffassung vom geschichtlichen Jesus, so liegt das pneumatologische Problem in einer doppelten Aufgabe. Zum einen ist nachzuvollziehen, wie sich der Geist Gottes in seiner Gegenwart in Jesus von Nazareth verstehen läßt und was das Verhältnis von Geist Gottes und Jesus zum Verständnis des christologischen Problems bei-

---

[3] Vgl. SW II²/2, 19 (P 103): „In keiner gottgeweihten Brust wird je der Geist Gottes in einem höheren Maaße wohnen, denn mit Gaben und Kräften vermag dieser Geist nichts mehr, als verklärend an den zu erinnern, welcher den Geist hatte ohne Maaß, weil in ihm die Fülle der Gottheit wohnte", sowie *CS* 113, wonach „das göttliche in Christo der ihm ohne Maaß mitgetheilte göttliche Geist ist" (vgl. *Joh* 3,34).

[4] *CG* § 94. Leitsatz, 43.

[5] *CS* 311 (1826/27). Vgl. SW II²/2, 32 (P 104): Es war „in Christo keine Trennung zwischen Verstand und Willen, sondern die vollste Uebereinstimmung"; vgl. *CG*² § 93.4, 41, 1f.

[6] Vgl. *CG*² § 68.3, 365, 26f.

[7] Vgl. zu der Bewertung des historischen Jesus in Schleiermachers Theologie: D. LANGE, Historischer Jesus und mythischer Christus. Untersuchungen zu dem Gegensatz zwischen Friedrich Schleiermacher und David Friedrich Strauß, Gütersloh 1975, 83–131, sowie: E. HIRSCH, Schleiermachers Christusglaube, 81–110.

trägt. Zum anderen gilt es zu verstehen, wie sich die Gegenwart des Geistes Gottes in Jesus zu der Geschichte des menschlichen Geistes verhält und was sich daraus für das Verständnis der Urbildlichkeit Christi ergibt.

1. Wenn Schleiermacher sowohl zu sagen weiß, daß in Jesus die „stetige Kräftigkeit seines Gottesbewußtseins [...] ein eigentliches Sein Gottes in ihm war", als auch, „daß das göttliche in Christo der ihm ohne Maaß mitgetheilte göttliche Geist ist"[8], so faßt er die Wirksamkeit des sich in ihm geschichtlich vollkommen durchsetzenden Gottesbewußtseins als die vollkommene Gegenwart des Geistes Gottes in ihm auf. Er schließt damit an die sich aus dem Verhältnis von Geist und Gesetz ergebende Auffassung an, wonach dem Menschen eine höhere geschichtliche Einheit des natürlichen-vernünftigen Lebens nur dann *als Geist* (nicht als Gesetz) gegenwärtig werden kann, wenn sie die innere Triebkraft seines Geistes ist, d.h. sein unmittelbares Selbstbewußtsein erfüllt. Diese in dem geschichtlichen Leben ante Christum nur unvollkommene Teilhabe an höheren Stufen des geschichtlichen Lebens findet sich in Jesus von Nazareth in ihre Vollkommenheit hinein überstiegen. Indem in ihm nicht lediglich eine der geschichtlichen Gegensätzlichkeit noch verhaftete Einheit des Seins (etwa ein bürgerliches Gesamtleben), sondern die alle Gegensätze in sich aufhebende höchste Einheit Gottes zur vollkommenen Gegenwart im Bewußtsein gekommen ist, ist es nicht mehr eine dem menschlichen Geist geschichtlich zugängliche Realisationsstufe des Geistes, sondern der Geist Gottes als das geschichtliche Leben selbst, der sein unmittelbares Selbstbewußtsein bestimmt. Insofern kann Schleiermacher sagen, es sei „der Geist selbst in Christo erschienen"[9], nämlich die alles geschichtliche Leben in sich vollkommen realisierende Totalität des geschichtlichen Lebens des Geistes. Soll dieser Geist nun Jesu unmittelbares Selbstbewußtsein bestimmen, so ist dies nicht anders zu denken, als daß der Geist Gottes dieses Selbstbewußtsein selber ist. Denn das unmittelbare Selbstbewußtsein ist, wie schon Schleiermachers psychologische Überlegungen zeigen, nicht etwas vom Geist noch zu Unterscheidendes, sondern selber die innerste Weise des Seins des Geistes in der Geschichte. Folglich kann der Geist Gottes nicht als ein äußerer Bestimmungsgrund des Selbstbewußtseins Jesu verstanden werden, sondern nur als dessen eigenste Erfüllung, nämlich als die unmittelbare und vollendete Selbstrealisierung des Geistes in der Geschichte. Der Geist Gottes ersetzt somit nicht das menschliche Selbstbewußtsein Jesu, sondern er ist dieses Selbstbewußtsein selbst in seiner höchsten, das geschichtliche Dasein des Geistes in ihm vollendenden Erfüllung. Dies ist der tiefste Sinn der Aussage, daß Christus durch den ihm in diesem Sinne ‚ohne Maß mitgeteilten göttlichen Geist' Gottes Sohn ist. Christus ist zwar, insofern er geschichtlicher Mensch ist, nicht Gott als die über aller Geschichte stehende absolute Einheit selber, aber indem in ihm die lebendige Realisierung dieser Einheit in

[8] *CG*² 94. Leitsatz, 43; *CS* 113.
[9] *CS* 302.

der Geschichte sein Selbstbewußtsein ist, *ist* das Gottesbewußtsein Jesu ‚ein eigentliches Sein Gottes in ihm' und er ‚göttlicher Natur teilhaftig'.

Ist das Selbstbewußtsein Jesu in dieser Weise ganz und gar Gegenwart des Geistes Gottes in ihm, so ergibt sich die *stetige*, nämlich sich im geschichtlichen Leben Jesu gleichmäßig durchsetzende Kräftigkeit des Gottesbewußtseins als notwendige Konsequenz. Denn ist in Jesu Selbstbewußtsein der alle geschichtliche Wirksamkeit menschlichen Geistes in sich vollendende Geist Gottes vollkommen realisiert, so ist in der Seele Jesu – in der wie in jeder menschlichen Seele alle Funktionen des Geistes ihren Ursprung im Selbstbewußtsein haben – keine Funktion des objektiven Bewußtseins und der Selbsttätigkeit mehr denkbar, die nicht unmittelbar dem Geist Gottes angeeignet wäre, so daß also „was unmittelbar dem göttlichen Principe geeinigt sein kann, in ihm auch ursprünglich und absolut mit demselben eins war".[10] Daraus ergibt sich für das Verständnis Jesu, daß in ihm „nie etwas in der Sinnlichkeit gesetzt sein konnte, was nicht schon gleich als Werkzeug des Geistes gesetzt gewesen wäre"[11], woraus sich der Gedanke der Jesus von aller Unvollkommenheit unter dem Gesetz unterscheidenden vollkommenen „ungetrübten Seligkeit" ergibt.[12] Weil die vollkommene Realisierung des Geistes Gottes in Jesus nicht anders gedacht werden kann denn als eine solche, die sich unmittelbar und ganz in ihm durchsetzt, ist sein Leben ganz und gar vollkommen. Der alles geschichtliche Leben erfüllende Geist Gottes ist deshalb nur so Jesu Selbstbewußtsein, daß er sich zugleich diesen Menschen ganz und gar aneignet und die in der Vereinigung von Natur und Vernunft liegende geschichtliche Bestimmung des menschlichen Geistes unmittelbar und vollständig an ihm erfüllt. Von hier aus bekommt Schleiermachers enhypostatisches Verständnis der Zweinaturenlehre[13] pneumatologischen Belang. Ist der Geist Gottes als das Gottesbewußtsein Jesu die Göttlichkeit Christi, so schafft die ‚stetige Kräftigkeit' dieses Geistes die Person Jesu. Gottheit und Menschheit sind dann in Jesus von Nazareth eins, weil sein unmittelbares Selbstbewußtsein

---

[10] *CS* 311f (1826/27). Daraus ergibt sich dann für das Verständnis der Kindheit Jesu wie für sein gesamtes persönliches Leben, daß eine lebensgeschichtliche Entwicklung Jesu nicht im Bezug auf die Intensität der Beziehung zu Gott – diese ist schon von Geburt an als vollkommen zu denken –, sondern nur im Bezug auf ihren sich lebensgeschichtlich vergrößernden faktischen Einflußbereich gedacht werden kann (vgl. ebd, sowie *CG*[2] § 93.4, 41, 8–16).

[11] *CG*[2] § 93.4, 41, 1f. Daß deshalb dann immer eine sofortige Erfüllung des Handelns bei jeder Erweiterung des Lebensbereiches Jesu anzunehmen ist, führt freilich zu der problematischen Aussage, daß in Jesus keine „in der Handlung selbst vorkommende Ueberwindung einer Renitenz gegen die Handlung" und also keine „*Anstrengung*" gedacht werden kann (*CS* 299). Vgl. dagegen *Hebr* 4, 15!

[12] Vgl. *CG*[2] § 101. Leitsatz, 97. Die in der Glaubenslehre vor allem in der Lehre vom Werk Christi thematisierte Seligkeit Jesu wird in der Sittenlehre auf die Person Jesu zurückgeführt. Seligkeit wird dabei bestimmt als der mit dem Gottesbewußtsein gegebene „Zustand, in welchem uns nichts mangelt in unserem eigenen Bewußtsein, und in welchem wir auch wirklich absolut vollkommen sind, also das Bewußtsein des eigenen Seins als eines völlig abgeschlossenen" (*CS* 36). Da „die Gemeinschaft mit Gott in Christo eine ursprüngliche ist und vollendete [...]: so ist auch sein Zustand der der Seeligkeit selbst und schlechthin" (*CS* 38).

[13] Vgl. *CG*[2] § 97, 58ff.

und der Geist Gottes in ihm eines und dasselbe sind und dieser deshalb alle menschlichen Seelentätigkeiten Jesu *als solche* zur unmittelbaren Entsprechung mit sich führt.

2. Die Aussage Schleiermachers, daß in der Gabe des Geistes Gottes an Jesus die Vollendung der Schöpfung liegt[14], ergibt sich aus dem Gesagten. Ist in Jesus der Geist Gottes, der alle Geschichte des Geistes in sich vollendet, vollkommen realisiert, so ist in diesem Menschen zugleich die ganze Natur und Vernunft einende Geschichte des menschlichen Geistes in nuce erfüllt.

Schleiermacher faßt diesen Zusammenhang in die Worte, es sei, während „die in dem ersten Adam geschehene Mitteilung des Geistes an die menschliche Natur eine unzureichende [war], indem der Geist in die Sinnlichkeit versenkt blieb, und kaum auf Augenblicke als Ahndung eines Besseren ganz hervorschaute, [...] das schöpferische Werk erst durch die zweite gleich ursprüngliche Mitteilung an den zweiten Adam vollendet" worden.[15] Schleiermacher bezieht sich in diesem Satz auf die Konstitution des menschlichen Geistes ante Christum, der sich in seiner geschichtlichen Verfaßtheit unter dem Gesetz nicht für den Geist Gottes als Grund und Ziel seines Daseins durchsichtig ist und deshalb über die Spannung von Abhängigkeit und Freiheit, Gesetz und Handeln, hinaus nie zur Erfüllung seiner Bestimmung kommt. Wenn Schleiermacher diese Verfaßtheit des menschlichen Geistes metaphorisch auf den ‚ersten Adam' zurückführt, so bringt er den Sachverhalt zur Sprache, daß diese ursprüngliche Ausstattung des menschlichen Geistes als geschichtsbildendes Prinzip verstanden werden muß, die das gesamte Leben des Geistes in der Geschichte aus sich heraussetzt. Wenn Schleiermacher nun Christus als den ‚zweiten Adam' bezeichnet, so ist damit gesagt, daß Christus in ebensolcher Weise geschichtsbildend ist. Er ist selbst neues Prinzip des Lebens, welches die ganze Geschichte des Lebens zu erfüllen vermag.

Es wäre also zu wenig verstanden, wenn Jesus nur als ein vereinzeltes Individuum aufgefaßt würde, in dem die Defizienz des menschlichen Geistes gleichsam zufällig außer Kraft gesetzt wäre. Dies wäre, wie bereits gezeigt, auch gar nicht als geschichtliches Geschehen verständlich.[16] Sondern Jesus ist, gerade weil dieses Außerkraftsetzen nur als ein in ihm sich versammelndes Übersichhinausgehen der gesamten Geschichte verstanden werden kann, durch die ursprüngliche personbildende Geistmitteilung an ihn der „wirklich gegebene[] geistige[] Urmensch"[17], aus dem sich das ganze geschichtliche Leben als ein zu sich selbst kommendes neu zu entbinden vermag.

Darum ist „die Vereinigung des Göttlichen mit seiner menschlichen Persönlichkeit" nicht nur eine besondere Begabung Jesu, sondern in ihm „zugleich

[14] Vgl. bereits *CG*[2] § 89. Leitsatz, 23, 15–19.
[15] *CG*[2] § 94.3, 48, 10–16.
[16] Vgl. o. S. 174.
[17] *CG*[2] § 144.1, 208, 3.

eine Begabung der gesamten menschlichen Natur gewesen".[18] In ihm ist nicht nur ein einzelnes leibseelisches Individuum der Vollendung zugeführt, sondern *darin* hat sich das gesamte geschichtliche Sein des menschlichen Geistes in einem Exemplar vollkommen verwirklicht, um sich von dort aus in der Geschichte zu verbreiten und sich Natur und Vernunft ihrer in diesem Menschen verwirklichten Vollendung anzueignen.

Die Rede Schleiermachers von der Urbildlichkeit Christi faßt eben diesen Sachverhalt auf. Sie bringt auf den Begriff, daß Jesus nicht nur ein Exemplum ist, das man, nachdem es einmal in der Geschichte vorstellig geworden ist, nachzuahmen habe – eben dies würde auch bei der größten Vollkommenheit dieses Vorbildes die Gebundenheit seiner Nachahmer unter dem Gesetz nicht aufheben.[19] Sondern Jesus ist die eine neue Geschichte heraufführende Erlösergestalt, die „alles menschliche Maaß überschreite[t]" und „alle menschliche Größe vernichtet"[20], indem er durch den ihm ‚ohne Maß mitgeteilten göttlichen Geist' die Totalität geschichtlichen Lebens vollkommen in sich realisiert, so daß sich in ihm bereits vollkommen gegeben findet, was irgend noch in der Geschichte soll verwirklicht werden können. Nicht also durch Nachahmung Jesu, sondern durch Selbstmitteilung seines eigenen Geistes und durch die dadurch geschehene Teilnahme an seinem eigenen Leben ist Erlösung. Jesus ist Urbild, indem er das in ihm zu sich selbst gekommene geschichtliche Leben aus sich heraussetzt und allen menschlichen Geist, der dieses Leben empfängt, dadurch sich selbst zum Abbild macht.

3. Ist Jesus so durch den Geist Gottes Urbild allen erlösten Lebens, so fragt sich zurückgehend auf den geschichtlichen Jesus, wie sich diese Urbildlichkeit im Leben Jesu von Nazareth ausdrückt, worin also das schöpferische Wirken des Geistes Gottes sich in dieser Ursprünglichkeit an ihm erweist. Es gehört zu der nur in den Predigten ausgesprochenen Tiefe von Schleiermachers Theologie, daß er die urbildliche Vollkommenheit Christi nicht in Lehre und Wundern (denn beide können den Naturzusammenhang unter dem Gesetz letztlich nicht durchbrechen), sondern in *Jesu Sterben* grundlegend bewahrheitet sieht.[21] Der Horizont von Schleiermachers Überlegungen ist dabei die Notwendigkeit, das urbildliche Dasein Christi geschichtlich zu verorten. Denn Christus kann nur „als geschichtliches Einzelwesen" urbildlich sein, woraus folgt, daß „das Ur-

[18] *CG*² § 124.1, 266, 8–10.

[19] Schleiermacher macht hier gegenüber denjenigen Interpreten seiner Wirkungsgeschichte, die ihn im Sinne einer Vorbildchristologie verstehen, sehr deutlich: „wenn Christus nur durch Lehre und Beispiel wirkt: so sind wir noch auf dem alten Wege des Gesezes, und es ist noch keine Erlösung erfunden" (SW II²/2, 31; P 104).

[20] Vgl. zur Stelle in der *Akademieabhandlung über den Begriff des großen Mannes* (SW III/3, 81) o. S. 173.

[21] Vgl. E. Hirsch, Schleiermachers Christusglaube, 81–110, dessen Ausführungen die folgenden Überlegungen angeregt haben. Zur Sprache kommen sollen im Folgenden P 111 (Kl.Schr. III, 219–231), P 171 (Kl.Schr. III, 232–234) und P 215 (SW II²/2, 442–451).

bildliche […] in ihm vollkommen geschichtlich werden" und sich an ‚jedem geschichtlichen Moment' als solches vollständig durchsetzen mußte.[22]

Schleiermacher bringt diese Verortung des urbildlichen Daseins Christi in der gegebenen Geschichte, welche durch diese Urbildlichkeit neu bestimmt werden soll, mit den Worten zur Sprache, Christus sei in allem „unter das Gesez gethan".[23] Damit ist nach dem gezeigten Gesetzesverständnis Schleiermachers nicht die traditionelle Auffassung angesprochen, daß Jesus einer offenbarten Gesetzesforderung Gottes stellvertretend genügte, sondern gesagt ist, daß Jesus in seinem ganzen Dasein der Gegensatzverfaßtheit des geschichtlichen Lebens unterstand und darin vollkommen geschichtlich war. Gleichwohl liegt es in der beschriebenen stetigen Kräftigkeit seines Gottesbewußteins, daß Jesus dieses geschichtliche Dasein – und in diesem Sinne das Gesetz – vollkommen erfüllte, indem jede Handlung in ihm unmittelbare Realisation des Geistes Gottes war.

Diese Vollkommenheit, und darin die Urbildlichkeit seines individuellen Daseins, wird nun in ihrer ganzen Tiefe erst offenbar in Jesu Tod. Schleiermacher macht sehr deutlich, daß Jesus aufgrund des Gesetzes starb, nämlich indem er angesichts des Todesurteils gegen ihn der mit seinem geschichtlichen Dasein gegebenen „Pflicht" gehorchte, „das Antliz des Gesezes und derer, welche dasselbe handhaben sollten, nicht zu scheuen".[24] Indem Jesus so trotz seiner vollkommenen Unschuld den Tod auf sich nahm, bewährte er die Kräftigkeit seines Gottesbewußtseins auch angesichts der Vernichtung seines eigenen Lebens als der letzten Konsequenz seines geschichtlichen Daseins.[25] Darum wurde „der Sieg des Lichts über die Finsternis", der Sieg der Gegenwart des Geistes Gottes über das Sein unter dem Gesetz, „erst in dem Tode des Herrn entschieden".[26] Indem Jesus die ungetrübte Kräftigkeit des Gottesbewußtseins bis in den Tod hinein durchhielt, erweist sich das neue Leben des Geistes in der alten Geschichte des Gesetzes an der Stelle von dessen tiefster, selbst die höchste Realisierung geschichtlichen Lebens noch zum Todesscheitern bringenden Macht. Denn in seinem Gottesbewußtsein am Kreuz wurde selbst das Sterben für die Ewigkeit in Gott durchsichtig und dadurch in seiner die Freiheit des Geistes hindernden Macht aufgehoben.

Eben dadurch ist der Tod Jesu „der große Wendepunkt in der Geschichte der Menschen und in der Entwicklung ihres Geistes"[27], an dem Jesus mit Recht und im Blick auf „den unendlichen Zusammenhang" der Geschichte des mensch-

---

[22] Vgl. *CG*² § 93. Leitsatz, 34.

[23] Kl.Schr. III, 236.239; vgl. *Gal* 4,4.

[24] Kl.Schr. III, 236.

[25] Vgl. Kl.Schr. III, 237: „Darum war es nichts als der reine Gehorsam gegen den göttlichen Rathschluß […], also der reine Gehorsam gegen seinen Vater […], daß Er sich dem, was ihm bevorstand, nicht entzog, weil es eben ausging von dem Ansehn, welches auch über ihn geordnet, und unter welches auch Er menschlicher Weise und als Glied seines Volkes gestellt war".

[26] SW II²/2, 445.

[27] Ebd.

lichen Geistes sagen konnte: „Es ist vollbracht".[28] „Denn damit, daß er gehorsam war bis zum Tode, hat er uns erworben den lebendigmachenden Geist"[29], indem sich in seinem freien Gehorsam die Gegenwart des Geistes Gottes an ihm, in der Geschichte selbst und gegen ihre die Kräftigkeit des Gottesbewußtseins in ihm verhindern wollende Macht, zu voller geschichtlicher Wirklichkeit durchsetzte. Eben darin ist der Gekreuzigte selbst der ursprüngliche Ort der lebendigen Gegenwart des Geistes in der Geschichte, das produktive Urbild allen geschichtlichen Lebens, von dem alles neue Leben in Freiheit von dem Gesetz ausgeht. Und die schöpferische Kraft des Urbildes ist eben dieses in seinem Tod verwirklichte Leben des Geistes, so daß der aus dieser Selbstmitteilung Jesu Lebende die tiefste Quelle seines neuen Daseins im zum Leben überwundenen Kreuz Jesu findet: „Ich bin [...] mit Christo gekreuzigt; und was ich nun lebe, das lebe nicht ich, der alte Mensch, der auch unter das Gesez gethan war, das lebe ich nicht mehr, sondern Christus in mir".[30] So ist gerade das Kreuz Jesu der ewige Anfang[31] allen aus Christus sich entbindenden erlösten Lebens des menschlichen Geistes.

4. Schleiermacher bringt mit dieser Deutung der Urbildlichkeit und des Todes Christi eine Grundlinie seiner Auffassung vom Geist zur Sprache. Der Geist Gottes hat demnach sein in Jesu Sterben offenbares Wesen darin, daß er sich bis in den Tod hinein in jedem Moment unter das Gesetz stellt und so mit dem geschichtlichen Leben ganz eins wird, daß er darin aber die Bedingtheit des Lebens zur vollen Durchsichtigkeit für Gott vollkommen überwindet und so die unerschöpfliche Macht des Lebens ist, aus der sich alle Freiheit des Lebens des menschlichen Geistes in Gott verwirklicht. Indem diese vollkommene Geistesmacht im Sterben Jesu ein für allemal geschichtlich in Kraft gesetzt wird, ist das Kreuz Ausgangspunkt aller Wirkungen und Anfangspunkt aller Erkenntnis des Geistes Gottes.

Schleiermacher bezieht damit das Geistverständnis grundlegend auf den Kreuzestod Jesu zurück. Gleichwohl ist es aber nur in einem sehr eingeschränkten Sinne kreuzestheologisch. Dies wird am besten daran deutlich, was Schleier-

[28] Kl.Schr. III, 220; vgl. *Joh* 19,30. Daß Jesus diese Heilsbedeutung seines Todes selber bewußt war, sagt auch deutlich Kl.Schr. III, 240: „So wußte der Erlöser also, daß Er durch das Gesez fallen müsse um die Gewalt des Gesezes zu brechen, um zu zeigen, wie wenig die wahre göttliche Gerechtigkeit aufgerichtet werden könne durch eine Ordnung, in welcher ein solcher Widerspruch möglich war zwischen dem Geist und dem Buchstaben".

[29] Kl.Schr. III, 220.

[30] Kl.Schr. III, 239; vgl. *Gal* 2,20f. Der Satz ist auch für Schleiermacher die tiefste Selbstäußerung des Glaubens; vgl. Kl.Schr. III, 315 (P 120), wonach „der Glaube nichts anders ist als das Leben Christi in uns [...] vermöge dessen und in dessen Kraft wir schon hindurchgedrungen sind durch den Tod". Von diesem Glauben gilt, daß der Tod Jesu „der Mittelpunkt unseres Glaubens" ist (Kl.Schr. III, 220). Von Schleiermachers Verständnis des Glaubens wird noch zu reden sein. Daß Schleiermacher das Mitgekreuzigtsein mit Christus zugunsten des Lebens in ihm unterbestimmt, sei hier nur angemerkt.

[31] Ewig ist dieser Anfang, weil er alles geschichtliche Leben schon in sich trägt und damit die Geschichte selbst in sich in ihre Vollendung integriert.

macher in der Deutung des Todes Jesu *nicht* sagt und was deshalb auch in seinem Geistverständnis nicht enthalten ist. Er sagt nämlich nicht, daß Jesus auf dem Weg in seinen Tod in Gethsemane in seinem Gottesbewußtsein angefochten war und also eine seine ‚ungetrübte Seligkeit' störende ‚Anstrengung' erduldet habe.[32] Und er sagt, was noch schwerer wiegt, weiter auch nicht, daß Jesus in Gottverlassenheit gestorben sei, sondern schwächt den Ausspruch Jesu am Kreuz „Mein Gott, mein Gott, warum hast Du mich verlassen" dahingehend ab, daß Jesus hier Psalm 22 nur zitiert, nicht aber von sich selbst geredet habe.[33] Anfechtung und Gottverlassenheit sind nicht dadurch aufgehoben, daß Jesus sie *an sich selbst* ausgehalten hat. Sondern er hat sie aufgehoben, indem er die Durchsichtigkeit seines Lebens für Gott *an ihnen* ausgehalten und in seiner geschichtlichen Kräftigkeit so vollkommen bewährt hat. So ist das Entscheidende am Tod Jesu nicht der Tod selbst, sondern das Sterben und die Bewährung des Gottesbewußtseins an ihm.[34] Nicht der Tod gewinnt Macht über Jesus und zieht ihn in die tiefste Umkehrung des Lebens hinein, sondern Jesus bleibt selber (gottes)bewußtes Subjekt seines Todesleidens und erweist darin am Sterben, wer er in seinem Leben gewesen ist: der schlechthin Lebendige, der kraft des in ihm wohnenden Geistes alle Bedingtheit des geschichtlichen Lebens übersteigt.[35] So hat das Kreuz Christi die beschriebene Heilsbedeutung nur dadurch, daß es die in der Inkarnation geschichtlich gewordene gottmenschliche Einheit bewährt und darin als das neue urbildliche Lebensprinzip geschichtlich in Kraft setzt.

Schleiermachers Geistverständnis spiegelt diese Deutung des Todes Jesu. Der Geist Gottes ist bei Schleiermacher nicht der, der Jesus in den Tod führt, um die Negation des Todes an ihm selbst zu überwinden und so der Geist zu werden, der deshalb das Leben schlechthin und lebenschaffender Geist ist, weil er den Tod ins Leben umkehrt. Nicht der Tod selbst wird bei Schleiermacher durch den Geist Gottes überwunden, sondern die am Sterben sich einstellende Fraglichkeit des Glaubens an die ewige Notwendigkeit und Einheit des geschichtlichen Lebens in Gott. Nur darin ist der Geist Gottes für Schleiermacher Geist des Lebens, der sich an allen Momenten des humanen Lebens als die Macht des Lebens erweist, die dessen Beschlossenheit in der Polarität von Abhängigkeit und Freiheit vollkommen überwindet und das geschichtliche Dasein

---

32 Vgl. *CG*² § 119. Zus.3, 62, 16–25 und *CG*² § 99. Zus, 87, 24 – 88, 11. *Mt* 26,37 wird von Schleiermacher an anderen Schriftstellen relativiert und als aussagearme „Einzelheit" marginalisiert. Vgl. zur bei Jesus fehlenden Gemütsanstrengung o. Anm. 11.

33 Vgl. die Predigt P 68 „Über den Gemüthszustand des Erlösers in seinen lezten Stunden"; SW II²/2, 399–416: 400f.

34 Auf diese Aussage wird die Deutung des Todes Jesu in der Glaubenslehre dann auch folgerichtig reduziert; vgl. *CG*² § 101.4, 101, 33 – 103, 2.

35 Die Ablehnung einer konstitutiven christologischen Bedeutung der Auferstehung Jesu (vgl. *CG*² § 99.1, 82f) ergibt sich daraus folgerichtig. Ist Jesus auch in seinem Tod der Lebendige, so ist eine Auferstehung für ihn letzthin obsolet und läßt sich ersetzen durch die fortgehende Selbstgegenwart seines eigenen Geistes in der Gemeinde, die dann freilich wiederum als Erfahrung Jesu als des Lebendigen bewußt ist (vgl. u. § 10.2).

so für seine Ewigkeit in Gott öffnet. Schleiermacher gibt damit ein theologisches Geistverständnis zu denken, das den Sieg des sich von Gott her verstehenden irdisch-geschichtlichen Lebens über all seine Bedingtheiten zu seinem Zentrum hat. Freilich wird man bezweifeln müssen, daß, wenn auf diese Weise zwar das menschliche Bewußtsein über seinen Tod geheilt wird, der Stachel des Todes aber selber noch sitzt und ganz unangetastet bleibt, der Begriff des Lebens in seiner ganzen Tiefe gedacht ist und deshalb in seinem ganzem Umfang erschöpft wird, was christlich vom πνεῦμα ξωοποιοῦν zu sagen ist. Hier deutet sich an, daß mit der positiven Thematisierung des geschichtlichen Lebens, die die Stärke von Schleiermachers Geistverständnis ist, zugleich auch eine elementare theologische Defizenz seiner Auffassung vom Geist gegeben ist.

2. *Das inkarnationstheologische Verhältnis von Geist Gottes (πνεῦμα) und menschlichem Geist (νοῦς)*

Da der Tod Jesu zwar der Ort ist, an dem das urbildiche Verwirklichtsein des Geistes Gottes in Jesus letzthin bewährt und damit vollständig offenbar wird, nicht aber das Geschehen, in dem sich die Gegenwart des Geistes Gottes in der Geschichte erst eigentlich konstituiert, ist der ursächliche Anfangspunkt der Erlösung bei Schleiermacher nicht Kreuz und Auferstehung, sondern die Inkarnation. Weil hier ‚der Geist selbst in Christo erschienen' und mit dem Menschen Jesus so ursprünglich einsgeworden ist, daß in diesem Menschen die geschichtsübergreifende ewige Wirklichkeit des Geistes zu urbildlicher Darstellung gekommen ist, ist Erlösung. Dieser Sachverhalt wurde bisher unter dem Blickpunkt der ‚Person Christi' untersucht. Nicht in Betracht kam bislang das von Christus her deutliche Verhältnis der Erscheinung des Geistes Gottes zu der dieser Erscheinung vorausliegenden Geschichte.

Daß ein solches Verhältnis besteht, wurde im vorausgehenden Paragraphen bereits thematisiert und deutete sich oben zum einen in dem Satz an, daß in Jesus Christus die ganze Natur und Vernunft einende Geschichte des menschlichen Geistes in nuce erfüllt und er damit Vollendung der Schöpfung sei, zum anderen in der Aussage, daß Jesus als Urbild der vollendeten Geschichte selber in der Geschichte verortet sein muß, als deren Vollender er sich erweist. Beide Aussagen stehen in engem Zusammenhang und lassen sich darin auf dem Hintergrund der geschichtstheologischen Grundbestimmungen so formulieren, daß Jesus gerade darin, daß er als Urbild selbst geschichtlich ist, sich so auf die ihm vorausliegende Geschichte bezieht, daß er als ihre Vollendung und sie als Vorlauf ihrer Vollendung in ihm in Betracht kommt. Der Angelpunkt in dieser Verhältnisbestimmung war dabei bereits angesprochen worden. Es ist der Gedanke, daß die Geschichte in Jesus so erfüllt wurde, daß in ihm diese Geschichte selber über sich hinausging und daß er ihre Erfüllung im Geist Gottes hat geschichtlich werden lassen.

Ist dieser Gedanke näher zu verstehen, so ist vor allem die christliche Sittenlehre in Erwägung zu ziehen.[36] Schleiermacher faßt dort die Beziehung des Geistes in Christus auf die seiner Erscheinung vorausgehende Geschichte des menschlichen Geistes in die Verhältnisbestimmung von πνεῦμα und νοῦς. ‚Πνεῦμα' ist der Heilige Geist als das in Christus in die Geschichte eingetretene „göttliche Prinzip" der Erlösungsgeschichte des Geistes, das „ursprünglich in der Person Christi allein" war und dessen Ausbreitung die Sittenlehre zu beschreiben vornimmt.[37] ‚Νοῦς' ist „die Vernunft, der Geist im allgemein menschlichen Sinne", dem die Erlösung gilt und in dessen Aneignung sich die Ausbreitung des πνεῦμα in der Geschichte vollzieht.[38] Beide werden zueinander in ein geschichtliches Verhältnis gesetzt, das den Zusammenhang der Erscheinung des Heiligen Geistes in Christus mit der Geschichte des menschlichen Geistes auffaßt.[39]

---

[36] Die zu untersuchenden Aussagen in *CS* 300–306 und 313–315 entsprechen im Grundsatz den Ausführungen von *CG*² § 13, 86–94. Der Vorzug der Sittenlehre an dieser Stelle ergibt sich zum einen daraus, daß die *CS* die dogmatische Explikation der Erlösung deutlicher voraussetzen kann als der apologetische Lehnsatz der Glaubenslehre, zum anderen daraus, daß Schleiermachers Überlegungen in größerer Ausführlichkeit als in *CG*² § 13.2, 91 auf die Verhältnisbestimmung von göttlichem und menschlichem Geist angewendet werden.

[37] *CS* 301; *CSE* 48, 1, *CS* 308 und *CS* 518 sprechen präzisierend vom „πνεῦμα ἅγιον".

[38] *CS* 305.

[39] Das Verhältnis von πνεῦμα und νοῦς ist bislang meist auf der allgemeinen Ebene einer Verhältnisbestimmung von Heiligem Geist und Vernunft untersucht worden und ohne daß der geschichtstheologische Grundgedanke erfaßt worden ist. Die Ergebnisse geben gleichwohl einige Orientierung und seien deshalb kurz vorangestellt. Während H. Süskind (Christentum und Geschichte bei Schleiermacher, 1911) zwar den geschichtlichen Verstehenshorizont sieht, den Heiligen Geist aber einseitig in Schleiermachers Verständnis des menschlichen Geistes einordnet und Schleiermachers Gedanken einer Übernatürlichkeit des πνεῦμα als unvollziehbar und artifiziell abtut (vgl. 170–177), versteht W. Verwiebe (Pneuma und Nūs in Schleiermacher Christlicher Sitte; ZThK 13 [1932], 236–243) in Abgrenzung zu Süskind beide schematisch als zwei gegeneinander selbständige ‚geschichtliche Möglichkeiten des Menschen' (239), wobei sich das πνεῦμα in seiner Eigenständigkeit gegenüber dem νοῦς dadurch ausweist, daß es diesem erst später gegenwärtig wird. Während der νοῦς angeboren ist, „tritt" das πνεῦμα „erst herzu und ergreift Besitz von dem Nūs, durchwirkt ihn und wirkt durch ihn" (242). Daß diese Relation bei Schleiermacher auch eine umgekehrte Beziehung gleichursprünglich voraussetze und also auch zu sagen sei, daß „das πνεῦμα nur eine höhere Entwikkelung ist von dem, was wir Vernunft nennen" (*CS* 313, bei Verwiebe ebd.), gesteht Verwiebe nicht zu und sieht in den entsprechenden Stellen nur eine sekundäre Reflexion. Statt dessen bezieht er eine von Schleiermacher an anderer Stelle gemachte singuläre Aussage zur Gebundenheit der Geistwirksamkeit an das Wort (*CS* 500) auf den verhandelten Zusammenhang und reduziert die Kontinuität zwischen νοῦς und πνεῦμα auf die – nicht mehr näher erläuterte – „Möglichkeit" des letzteren, die Wirksamkeit des πνεῦμα im Wort „im Erfahren überhaupt zu verstehen" (241; vgl. 239). Das abschließende Urteil, daß Schleiermachers Geistverständnis „nicht im Widerspruch zu Luther steht" (243), geht auf diese Wort-Geist-Verbindung zurück und zeigt erneut die auf eine einlinige Prioritätssetzung des göttlichen Geistes ausgehende Einseitigkeit der Interpretation Verwiebes. W. Trillhaas (Schleiermachers Predigt, Leipzig 1933, 164–169 und 194f) hat denn auch mit Recht Verwiebe kritisiert (194 Anm.). Seine eigenen Ausführungen fußen auf einer Untersuchung der Verhältnisbestimmung von christlicher und philosophischer Sittenlehre und begreifen die von Verwiebe unausgesagte Kontinuität von πνεῦμα und νοῦς aus der Zielbestimmtheit des πνεῦμα. Sie kommen zu dem Ergebnis: „So ist gewiß der Heilige Geist von oben gekommen [...]. Aber er ist doch

1. Schleiermachers diesbezügliche Ausführungen schließen an die Bestimmung der natürlichen Beschaffenheit des Geistes an, nach welcher der menschliche Geist sich nicht durch fortschreitende Verbesserung über seine Verfaßtheit unter dem Gesetz zur Freiheit seines Daseins in der Geschichte erheben kann. Vielmehr stellt „das ganze menschliche Geschlecht" ein eben durch diese Gesetzesbestimmtheit seines geschichtlichen Daseins bezeichnetes „bestimmtes Maaß von Kraft des geistigen Lebens dar[...], über welches es durch Selbstthätigkeit nicht hinaus kann".[40] Ist deshalb die durch den Geist Gottes konstituierte neue Geschichte zwar ebenfalls eine Bestimmtheit des ‚geistigen Lebens' und bezieht sich also grundlegend auf dieses, kann sich aber aus diesem nicht selbst ableiten, so gilt für die die geschichtliche Realität des πνεῦμα heraufführende Erscheinung Christi ein Zweifaches. Zum einen gilt, daß wir „die Erscheinung Christi selbst [...] nicht ableiten können aus der Einwirkung der vor ihm vorhandenen Gesammtvernunft auf ihn, sondern etwas ursprüngliches in ihm, eine ursprüngliche göttliche Einwirkung auf ihn annehmen müssen".[41] Zum anderen ist aber das πνεῦμα, der Geist Gottes, nichts anderes als der auf unableitbare Weise in *einem* Selbstbewußtsein absolut zu sich selbst gekommene geschichtliche Geist selber, und „so muß doch zweitens auch das zeitliche Hervortreten dieses Aktes [...] als eine in der ursprünglichen Einrichtung der menschlichen Natur begründete, und durch alles Frühere vorbereitete Tat derselben, somit als die höchste Entwicklung ihrer geistigen Kraft angesehen werden".[42] Andernfalls würde die Erscheinung des Geistes Gottes in der Geschichte

auch eines völligen Eingehens in diese Welt fähig [...]. [...] so tritt auch der Heilige Geist zur Vernunft in Kontinuität und es ergibt sich als Ziel des christlichen Prozesses: Heiliger Geist in Vernunft in Natur" (195). Trillhaas geht damit über Süskind und Verwiebe hinaus, indem er πνεῦμα und νοῦς in ein positives Wechselverhältnis setzt. Freilich läßt die eschatologische Auflösung des Verhältnisses die mit der Schleiermacherschen Verortung des Problems in der Inkarnationsthematik gegebene Frage nach der geschichtlichen Konstitution des Verhältnisses unbeantwortet. Allerdings ist die Problematik gesehen und als grundlegende Schwierigkeit Schleiermachers benannt: „Die schließliche gegenseitige Durchdringung beider Kräfte setzt aber eine ursprüngliche Analogie schon voraus, die das große Problem Schl.'s ist" (194 Anm.). Die in neuester Zeit angestellten Überlegungen von E. Brito (La pneumatologie, 571–574) gehen hinter Trillhaas zurück, den sie gar nicht beachten, und entwickeln die Problematik gleichfalls unter Ausklammerung der Geschichtsthematik in Anlehnung an Verwiebe, der dann ebenfalls als einseitig beurteilt wird. Im Blick auf eine Lösung des Verhältnisproblems schlägt Brito vor, die Einheit von πνεῦμα und νοῦς theologisch zu denken: „La dépendance totale du créé rend possible cette unité absolue de Dieu et de la créature qui ne se confond pas avec la simple ‚identification' des deux. La différence persiste, car l'Esprit infini n'est absolument pas limité par la raison finie" (573f). Leider wird diesem Schleiermacher tatsächlich naheliegenden (dort aber nicht im Sinne einer absoluten, sondern einer sich erst herstellenden Einheit gedachten) Gedanken von Brito bei Schleiermacher nicht näher nachgegangen. Seine Kritik, nach der Schleiermacher die ‚différence absolue' zwischen πνεῦμα und νοῦς nicht ausreichend gedacht habe (ebd.), weist darauf hin, daß Brito offenbar auf eine (Hegelsche?) Einheit von absoluter Einheit und absoluter Differenz hinauswill. Das führt aber zumindest von einem Verständnis Schleiermachers weit weg.

[40] Die Formulierung aus der *Psychologie* (SW III/6, 242) hat wohl in diesem soteriologischen Zusammenhang ihren Zielpunkt; vgl. o. S. 141.

[41] *CS* 315; vgl. *CG*² § 93.3, 38, 23–29.

[42] *CG*² § 13.1, 89, 32 – 90, 5.

den Geschichtszusammenhang, den sie erfüllen soll, gerade aufheben und es wäre keine ‚Gemeinschaft' des πνεῦμα mit dem νοῦς denkbar, mittels derer sich das πνεῦμα in dem bestehenden Geschichtszusammenhang als neues Geschichtsprinzip etablieren könnte. Schleiermacher sieht den diese Aporie vermeidenden Zusammenhang in der neutestamentlichen Überlieferung in dem Satz ausgesagt, „daß Christus erst erschienen sei in der Welt, als die Zeit erfüllet war".[43] Seine weiteren Überlegungen zur Verhältnisbestimmung des erscheinenden πνεῦμα und des menschlichen Geistes entspinnen sich als Auslegung dieses Satzes. Schleiermacher versteht dabei die in der ‚Erfüllung' ausgesagte Geschichtsentwicklung auf dem Hintergrund seiner Überlegungen zum Gesetz, nach denen die Geschichte durch die Wirksamkeit des Gesetzes in ihr das Bewußtsein ihres Unvermögens zu einer immer stärker werdenden Sehnsucht steigert.[44] Durch diese Steigerung erfüllt die Geschichte sich selbst auf negative Weise, nämlich indem sie das Bewußtsein ihres Unvermögens zu der von ihr intendierten Erfüllung in sich hervorbringt. Damit entwickelt sich in der Geschichte ein über sie hinausführendes ‚Verlangen' nach dem zukünftigen Zustand, durch welches die Geschichte sowohl Raum schafft für das unableitbare Gegenwärtigwerden ihrer vollkommenen Position in Jesus von Nazareth, als auch diese so an sich anknüpfen läßt, daß ein geschichtliches Sichfortpflanzen des erschienenen neuen Geschichtsprinzips möglich ist. Entsprechend war die Zeit „nicht eher erfüllt, als bis das Verlangen nach den Einwirkungen des Geistes so deutlich ausgesprochen war, daß sobald nur der Geist selbst in Christo erschienen, auch die Gemeinschaft schon angeknüpft war", und „das ganze Dasein Christi erscheint uns von dieser Seite als der Anfang, das Verlangen nach dem πνεῦμα zu erfüllen, gleichsam als der positive Pol, den negativen schon vorhandenen zu sättigen".[45] Schleiermacher gibt damit eine dialektische Beziehung zwischen der sich selbst zur Einsicht ihrer wahren Beschränktheit negierenden Geschichte und dem diese Beschränktheit in ihre Vollendung hinein aufhebenden Gegenwärtigwerden des Geistes in Christus zu denken. Seine weiteren Überlegungen gehen nun dahin, nicht den ihm nach wie vor unableitbaren Umschlagpunkt der Inkarnation selbst zu denken, sondern die Wechselbeziehung des in solcher Dialektik verbundenen menschlichen Geistes und des Geistes Gottes zu analysieren.

[43] *CS* 302 (vgl. *CS Beil B*, 129, § 5); vgl. *Gal* 4,4. Der Duktus der Wiedergabe des Zitates zeigt schon, daß Christus nach Schleiermachers Ansicht ohne eine solche Erfüllung der Zeit auch nicht in der Welt erscheinen *konnte*. Dies sagt dann ausdrücklich CG^2 § 13.1, 89, 32 – 90, 14, wo Schleiermacher unter Rückbezug auf *Gal* 4,4 den Gedanken formuliert, es würde ohne eine solche Annahme der Bedingtheit der Inkarnation durch die Geschichte des Geistes nur durch eine mit dem herzustellenden Gottesbewußtsein ganz unvereinbare „göttliche Willkür zu erklären sein, daß gerade in Jesu und keinem andern das wiederherstellende Göttliche zur Erscheinung gekommen ist".

[44] Vgl. o. S. 166 (vgl. S. 175f). Zur Aufnahme der Gesetzesthematik in der *CS* vgl. *CS* 302–304. Der Rückbezug des Gesetzes auf den menschlichen Geist wird dabei von Schleiermacher auch in der Sittenlehre explizit vollzogen und in die Relation von πνεῦμα und νοῦς eingeordnet; vgl. *CS* 304: „Nun hat jedes Gesez seinen Ursprung im νοῦς, im Geiste im allgemein menschlichen Sinne".

[45] *CS* 302.304.

2. Den Ansatzpunkt für diese Verhältnisbestimmung sieht Schleiermacher in dem Gedanken, daß der das Gesetz bildende menschliche Geist, wenn er selber auf das Hervortreten des πνεῦμα bezogen ist, eine diese Bezogenheit hervorrufende Gegenwart des erwarteten πνεῦμα schon vor dessen Erscheinung in sich voraussetzt. „Nämlich der Zustand des Verlangens nach der Erscheinung des noch nicht erschienenen Geistes sezt nothwendig voraus eine Gemeinschaft zwischen dem Geiste im allgemein menschlichen Sinne, denn nur in diesem konnte das Verlangen sein, und dem πνεῦμα [...]. Eine Gemeinschaft aber läßt sich nicht denken ohne eine Einheit ihrer Glieder, d. h. hier ohne eine Identität zwischen dem Geiste im allgemein menschlichen und dem Geiste im christlichen Sinne".[46]

Schleiermacher sieht diese vorinkarnatorische Identität von Geist Gottes und menschlichem Geist in der bis zu der Erscheinung Christi reichenden „Periode der messianischen Weissagungen".[47] Er versteht dabei die Weissagungen entsprechend seiner Vergeschichtlichung der Gesetzesoffenbarung nicht als äußeres Reden Gottes, sondern als Selbstausdruck der auf die Erscheinung Christi zulaufenden Geschichte. Die Weissagungen bringen das sich geschichtlich bildende „Nichtbefriedigtsein unter dem Geseze und das Gefühl von der Unzulänglichkeit des Gesezes" zur Sprache, „verbunden mit der Ahndung von dem bevorstehenden Zustande einer neuen auf einem Individuum beruhenden Entwikkelung, die zu etwas höherem erheben würde, als der Zustand ist unter dem Geseze".[48] Das darin zu Tage tretende Selbstgefühl der Geschichte kann nun selbst als eine Gegenwart des πνεῦμα aufgefaßt werden, insofern diese so gedacht wird, daß das πνεῦμα noch unter der Sehnsucht verborgen war und sich nicht selbst zur bestimmenden Kraft steigern konnte.[49] Daraus ergibt sich dann die erste grundlegende Verhältnisbestimmung von Geist Gottes und menschlichem Geist: „Und so zeigt sich denn, wie im Geiste im menschlichen Sinne der Geist im christlichen Sinne gesezt war und nicht gesezt, gesezt nämlich als Verlangen, aber mit der Unmöglichkeit, ohne Christum zur Erscheinung zu kommen, also als Verlangen, das nicht durch sich selbst in Erfüllung übergehen kann".[50]

Ist dieser Satz im Hinblick auf die darin implizierte Bestimmung der Gemeinsamkeit und des Unterschiedes von Geist Gottes und menschlichem Geist näher zu verstehen, so liegt das Ausgangsproblem darin, daß das πνεῦμα, wenn es vorinkarnatorisch gegenwärtig ist, als ursprünglich im νοῦς gegeben ange-

---

[46] *CS* 302f.

[47] Diese Periode wird dabei dann als sich bis zur Erscheinung Christi fortentwickelnd und sich erst in ihr vollendend gedacht; vgl. *CS* 304: „Als die Zeit erfüllet war, ist nichts anderes, als daß diese Periode der Weissagungen nun erst ihre volle Wirkung hatte".

[48] *CS* 303f.

[49] Vgl. *CS* 304: „Sagen wir also, Vor Christo war das πνεῦμα als Agens [d.h. als bestimmendes Prinzip] nicht da: so müssen wir doch sagen, Unter der Form des Verlangens, als Sehnsucht war es allerdings [...]".

[50] *CS* 304; vgl. 303.

sehen werden und also „eine ursprüngliche Identität zwischen beiden gesezt werden muß, aus welcher allein die Ursprünglichkeit der Gemeinschaft zu erklären ist".[51] Dann aber fragt sich, ob darin nicht „die sogenannte rationale Ansicht" anerkannt sei, „nach welcher das πνεῦμα Christi nichts anderes ist, als der Geist im allgemein menschlichen Sinne, nur in einer gesteigerten Erscheinung".[52] Schleiermacher erkennt dieser Auffassung ein relatives Recht zu, schränkt sie aber an der Unableitbarkeit des πνεῦμα ein. So gilt zwar:

> Es „ist der Geist im allgemein menschlichen Sinne nichts anderes, als was das πνεῦμα auch ist, aber er ist das πνεῦμα auf einer niedrigeren Potenz. Und so wie wir nun sagen, Diese niedere Potenz konnte nicht durch sich selbst auf die höhere erhoben werden: so haben wir zusammen was als rationalistisch und was als supranaturalistisch erscheint und die Differenz zwischen beiden ist auf Null gebracht; ein Ergebniß, auf das man nothwendig immer kommt, wenn man den Gegensaz bis auf sein leztes verfolgt."[53]

Schleiermacher sagt damit ein Mehrfaches:

Erstens: Ist der Geist Gottes in Christus die alles geschichtliche Dasein des Geistes in einem Selbstbewußtsein vollkommen realisierende Vollendung des menschlichen Geistes und ist diese nur so zu denken, daß der menschliche Geist, aufgrund eines ursprünglichen Gegebenseins des Geistes Gottes in ihm, selber auf die Vollendung im Geist Gottes gerichtet ist, so ist der Geist Gottes in bezug auf dieses ursprüngliche Gegebensein als die höchste Steigerung des menschlichen Geistes zu bezeichnen. Anders ist für Schleiermacher nicht zu erklären, daß diese Erscheinung des Geistes Gottes den Geschichtszusammenhang nicht aufhebt, und anders kann ihm deshalb auch letztlich nicht verständlich werden, daß die Gegenwart des Geistes in Jesus – wie auch dann in den Erlösten – als „ein [...] Zustand des *Menschen*" verstanden werden soll und also eine bleibende Kontinuität zur menschlichen Natur voraussetzt.[54] Schleiermacher hebt das Recht der darin liegenden rationalistischen Betrachtungsweise insofern zutreffend hervor, als die Qualifizierung des Geistes Gottes als höch-

---

[51] *CS* 313.

[52] *CS* 303.

[53] *CS* 303. Schleiermacher hält den sich an diesem Gegensatz entzündenden Schulstreit denn auch für obsolet. So heißt es im *2. Sendschreiben an Lücke*: „Warum soll nicht einer können vollkommen überzeugt seyn von der Uebernatürlichkeit gewisser Begebenheiten, und doch behaupten, es könne ihm niemand zumuthen, Lehren anzunehmen, die er nicht einsehe, und mit seiner Vernunft nicht nachconsturiren könne? Und sollte nicht ein anderer sagen können, er sey sehr geneigt, zu seinem Trost Lehren, vorausgesetzt, daß er nur etwas bestimmtes dabei denken könne, anzunehmen, wenn er sie auch in einen allgemeinen Zusammenhang mit den Lehren seiner Vernunft nicht aufnehmen könne; aber Thatsachen sich grade so vorzustellen, wie sie sich in einen allgemeinen Zusammenhang mit der Erfahrung nicht aufnehmen lassen, da doch eine andere Vorstellung immer möglich sei, das sey er nicht im Stande" (KGA I/10, 392, 12–23). Schleiermacher selbst begreift das Übernatürliche als ein solches, das geschichtlich geworden und dadurch gedanklich erfaßbare Gestalt bekommen hat. Man könne ihn deshalb als „reelen Supernaturalisten" bezeichen, jedoch sei die Bezeichnung bedeutungslos: „Was aber damit gewonnen ist, sehe ich nicht ein" (ebd., 393, 19–21; vgl. ab Z. 10).

[54] *CG*[2] § 13.2, 91, 9–11 (Hervorhebung M.D.).

ster Steigerung des menschlichen nur dann von vorneherein auszuschalten ist, wenn man überhaupt darauf verzichtet, die Gegenwart des Geistes Gottes in einem geschichtlichen Menschen als eine Bestimmtheit *des Menschen* auszusagen. Dabei ist für Schleiermacher die Bestimmung des Geistes Gottes als höchster Steigerung des menschlichen freilich eine *erschöpfende* Aussage über den Geist Gottes nur in Jesus Christus, für den alleine die vollkommen verwirklichte Einheit von Geist Gottes und menschlichem Geist ausgesagt ist.[55]

Zweitens wird als geschichtlicher Unterschied zwischen menschlichem Geist und Geist Gottes der bereits aus den gesetzestheologischen Bestimmungen deutliche Sachverhalt namhaft gemacht, daß sich der menschliche Geist zum Geist Gottes als seiner höchsten Potenz nicht selbst erheben kann. Diese Differenz hat nach dem bisher Gesagten ihren Grund darin, daß der Geist Gottes in Jesus als die über seine geschichtliche Verfaßtheit vollendend hinausgehende und damit sein ganzes geschichtliches Dasein in sich integrierende *Ewigkeit* des menschlichen Geistes verstanden werden muß. Anders ist nicht zu erklären, daß Jesus durch diesen Geist nicht nur besonderer Mensch, sondern *Urbild* des zu sich selbst gekommenen geistigen Lebens selbst geworden ist. Darin liegt nun notwendig eine ‚supranaturalistische' Perspektive, insofern der Geist Gottes dann als ein solcher gedacht werden muß, der den menschlichen in seinem ganzen geschichtlichen Dasein in sich integriert. Diese Perspektive ist dann ebenso unvermeidlich wie die rationalistische, wenn anders nicht ein religiöses Hineingenommenwerden des menschlichen Geistes in seine Ewigkeit im Geist Gottes von vorneherein ausgeschlossen sein soll. Daß der menschliche Geist sich nicht selbst zu seiner höchsten Steigerung erheben kann, bringt also den Unterschied von Zeit und Ewigkeit zur Sprache.

Drittens zeigt sich von dort aus nun auch schließlich, in welchem Sinne Schleiermacher die Differenz zwischen der von ihm als ‚rationalistisch' und ‚supranaturalistisch' apostrophierten Ansicht auf Null gebracht sieht. Der Gedanke wird deutlich in der Umkehrung der Denkrichtung des oben wiedergegebenen Satzes, in dem der Geist Gottes nicht mehr wie zuvor als ‚gesteigerte Erscheinung' des νοῦς, sondern umgekehrt dieser als die niedere Potenz des πνεῦμα bezeichnet wird. Darin ist gesagt, daß das πνεῦμα nur insofern höchste Steigerung des νοῦς ist, als es dessen Vollendung ist, die diesen in sich integriert. Das πνεῦμα ist höchste Steigerung des νοῦς also nicht kraft des νοῦς, sondern kraft seiner selbst. Die Differenz ist somit darin Null, daß das πνεῦμα sich selbst im νοῦς als dessen höchste Vollendung hervorbringt und diesen in sich in seine Vollkommenheit integriert. Vollständig auf Null ‚gebracht' ist sie dort und *nur* dort, wo diese Integration des νοῦς in das πνεῦμα vollkommen geschehen und das πνεῦμα damit vollkommen verwirklicht ist: in Christus. Nur *in ihm* ist deswegen von einer Einheit von πνεῦμα und νοῦς zu reden.

---

[55] Vgl. zur Bestimmung des Verhältnisses von Heiligem und menschlichem Geist im *Christen* die Verhältnisbestimmung von Geist und Fleisch u. § 9.4.

3. Schleiermacher hat damit eine christologische Verhältnisbestimmung von Geist Gottes und menschlichem Geist, die von einer geschichtstheologischen Reflexion der Inkarnation ausgehend beide in einer geschichtlich unterschiedenen Einheit auffaßt. Dabei fällt indes auf, daß die geschichtliche Negativität des menschlichen Geistes gegenüber seiner Erfüllung in Christus merkwürdig unbestimmt bleibt. Die sich zu einem ‚negativen Pol' steigernde Einsicht in die Unfähigkeit des menschlichen Geistes zur Erfüllung seiner geschichtlichen Bestimmung und das daraus hervorgehende sehnsüchtige Verlangen nach der Erlösung werden in der Verhältnisbestimmung selber zu einem nurmehr eine Schwäche des νοῦς aussagenden ‚Sich-nicht-zum-Geist-Gottes-erheben-Können'. Der Grund dafür wird deutlich in einem sich einige Seiten später findenden Textstück, das die Verhältnisbestimmung von πνεῦμα und νοῦς in theologischer Perspektive weiterführt:

> „Was der Geist im allgemein menschlichen Sinne wird und werden kann, sowol in sich betrachtet, als in der Vereinigung mit den übrigen Functionen, das ist der Inbegriff der Natur. Die Erscheinung Christi aber und die von ihm anfangende Verbreitung des πνεῦμα ist die Gnade. Ist das: so ist auch kein absoluter Gegensaz zwischen Natur und Gnade […] Der eine behauptet, die natürliche Entwikkelung des Menschen durch die Vernunft sei völlig verschieden von der Entwikkelung des Menschen durch die Gnade; der andere behauptet, die Entwikkelung des Menschen durch die göttliche Gnade und seine natürliche Entwikkelung seien ein und derselbe Prozeß. Jener hat Recht, wenn er die Sache bloß von der Seite der menschlichen Thätigkeit aus betrachtet; denn der eigenthümliche Sinn des Christenthums kann nur so aufgefaßt werden, daß wenn wir alles zusammen nehmen, was im Menschen ist, mit Ausschluß des göttlichen Princips, doch niemals dasselbe bewirkt werden kann, was durch das göttliche Princip bewirkt wird. Der leztere hat Recht, wenn er die Sache von der Seite der göttlichen Rathschlüsse aus betrachtet. Denn da sagt er, Wir können allerdings den göttlichen Rathschluß der Erschaffung der menschlichen Natur und den der Erlösung unterscheiden; aber es ist nur eine Unterscheidung für uns. Im göttlichen Wesen dagegen können beide nicht verschieden sein, weil niemals ein göttlicher Rathschluß in Beziehung auf den anderen zufällig sein kann. Eine Mehrheit von göttlichen Rathschlüssen zu unterscheiden, ist nur ein Hülfsmittel für uns; für Gott giebt es nur Einen Rathschluß, weil alles in ihm auf absolute Weise zusammenhängt. Und so vernichtet sich denn dieser Gegensatz wieder".[56]

Schleiermacher führt die Verhältnisbestimmung weiter, indem er die Perspektive verändert. Der vorangegangene Argumentationsgang war von der Einsicht ausgegangen, daß der Geist Gottes, wenn er in Jesus ganz und gar geschichtlich geworden ist, im menschlichen Geist schon immer vorausgesetzt werden muß. Von dort aus war Schleiermacher dann zu dem Schluß gekommen, daß der Geist Gottes deshalb ‚rationalistisch' als die höchste Steigerung des menschlichen Geistes aufgefaßt werden kann, wenn nur eingerechnet wird, daß er dies nicht kraft des letzteren, sondern kraft des Geistes Gottes ist. Hier nun geht

[56] *CS* 314f.

Schleiermacher von dieser theologischen Bedingung aus und macht deutlich, daß die ‚sogenannte rationale Ansicht', von der vollendenden Kraft des πνεῦμα aus gesehen, auf einen eminent theologischen Gedanken hinweist, nämlich die im Gottesbewußtsein liegende Einsicht in die Einheit des geschichtlichen Seins in Gott. Dagegen ist die ‚supranaturalistische' Betonung der Unterschiedenheit des Handelns des göttlichen Geistes vom menschlichen Zeichen für eine niedere, nicht das kräftige Gottesbewußtsein, sondern noch das Bewußtsein der Erlösungsbedürftigkeit explizierende Aussage, die beide auseinanderreißen muß. Von hier aus erklärt sich die starke Betonung der ungebrochenen Kontinuität von πνεῦμα und νοῦς, die Schleiermachers gesamte Verhältnisbestimmung von Geist Gottes und menschlichem Geist bestimmt.

Der Gedanke schließt dabei an den schon im Zusammenhang der geschichtstheologischen Überlegungen angedeuteten Gedanken an, daß der Geist Gottes, wenn er als die die ganze Geschichte des Geistes in sich selbst vollendende Macht der Geschichte offenbar wird, diese Geschichte als sich-Vorlaufen ihrer Erfüllung in Christus qualifiziert. Was dort erst angedeutet war, wird hier nun deutlich ausgesprochen. Denn ist die Geschichte ewig in Christus vollendet, so verliert die Entwicklung des Geistes ante Christum ihre Selbständigkeit gegenüber der Gegenwart Gottes in Christus; vielmehr hebt diese jene in sich auf. Dadurch fallen dem Gottesbewußtsein die Wirksamkeit Gottes in Menschheitsgeschichte und Erlösung zu *einem* von Christus her durchsichtigen Naturzusammenhang der Geschichte zusammen: „War die in dem ersten Adam geschehene Mitteilung des Geistes an die menschliche Natur eine unzureichende [...] und ist das schöpferische Werk erst durch die zweite gleich ursprüngliche Mitteilung an den zweiten Adam vollendet, so gehen doch beide Momente auf *einen* ungeteilten ewigen göttlichen Ratschluß zurück, und bilden [...] nur *einen* und denselben wenn auch uns unerreichbaren Naturzusammenhang".[57] Dies bedeutet nun zweierlei:

Zum einen erschließt sich der Zusammenhang von *Inkarnation und Geschichte*. Bilden die Menschheitsgeschichte und die Erlösung *einen* Naturzusammenhang, so ist die ‚Inkarnation' des Geistes Gottes in Jesus von Nazareth nur aus dem Blickpunkt der alten Geschichte eine geschichtsunterscheidende „ursprüngliche göttliche Einwirkung auf ihn"[58], in dem Horizont der Einheit Gottes dagegen ist sie ein ewiges Geschehen. Deshalb kann Schleiermacher im Blick auf die die Person Jesu hervorbringende *unitio naturarum personalis* sagen, „daß die Zeitlichkeit ganz auf die personbildende Tätigkeit der menschlichen Natur [...] zu beziehen ist, und man mit dem gleichen Recht auch sagen kann, Christus sei auch als menschliche Person schon immer mit der Welt zugleich werdend gewesen".[59] Und ebenso gilt dann umgekehrt, „daß wir dann, wenn wir auf der einen Seite sagen müssen, Natur ist nur Erfüllung der göttlichen Rathschlüsse in Raum und Zeit, von der anderen Seite auch sagen können, In

57 *CG*² § 94.3, 48, 10–19.
58 *CS* 315, vgl. o. S. 190.
59 *CG*² § 97.2, 63, 2–6.

dem höheren Begriffe der Natur liegt auch die Erscheinung Christi".[60] Von hier aus ergibt sich die genannte Neubestimmung der Geschichte als ein Sich-Vorlaufen ihrer Vollendung in Christus. Denn indem in Christus die Geschichte ante Christum ganz auf ihn bezogen erscheint, wird er als das Urbild des geschichtlichen Lebens nicht nur in dem Sinne offenbar, daß in ihm die Geschichte nach vorwärts integriert ist und also in der geschichtlichen Ausbreitung der Erlösung fortschreitend an ihn angeeignet werden kann. Sondern Christus wird zugleich als das Urbild offenbar, in dem die Geschichte auch rückwärts in sich integriert ist. Das heißt: In Christus wird deutlich, daß die ganze Geschichte ante Christum sein eigenes Sichvorausgehen ist, das sein diese Geschichte vollendendes Offenbarwerden in Jesus von Nazareth allererst ermöglicht.

Zum anderen erschließt sich nun vollends der Zusammenhang von *Geist und Geschichte*. Denn was Schleiermacher von dem auf Christus zulaufenden und als seine Selbstvoraussetzung zu begreifenden Geschichtszusammenhang der ‚Natur' gesagt hat, ist vom menschlichen Geist geredet: „Was der Geist im allgemein menschlichen Sinne wird und werden kann, sowol in sich betrachtet, als in der Vereinigung mit den übrigen Functionen, das ist der Inbegriff der Natur".[61] Daraus folgt dann für den menschlichen Geist, „daß der νοῦς, die Vernunft, nur verständlich ist als Uebergang von den anderen Functionen des menschlichen Wesens zu dem in Christus sich manifestierenden göttlichen Principe".[62] So bilden Geist Gottes und menschlicher Geist einen einzigen ewigen Naturzusammenhang, in welchem der unter dem Gesetz alle menschliche Kultur und Geschichte hervorbringende menschliche Geist nichts anderes ist als das Sichvorausgehen der unendlichen Einheit des natürlich-vernünftigen Seins, die in Christus als der alle geschichtliche Wirklichkeit des menschlichen Geistes in sich vollendende und deshalb in allem seinem geschichtlichen Leben nur sich selbst verwirklichende Geist Gottes offenbar wird.

4. Dieser Gedanke, daß der menschliche Geist das geschichtliche Sichvorlaufen des in Jesus erschienenen Geistes Gottes ist, ist ein Grundgedanke von Schleiermachers theologischem Geistverständnis. Mit ihm bezieht Schleiermacher Geist Gottes und menschlichen Geist wesentlich aufeinander und schafft eine für alle aus der Erscheinung Jesu folgenden Aussagen über die Wechselbeziehungen von Heiligem Geist und menschlichem Leben grundlegende Verhältnisbestimmung. Dabei liegt der beachtliche Gewinn von Schleiermachers pneumatologischer Konzeption in der Möglichkeit, die Integration des geschichtlichen Wirkens des menschlichen Geistes in die Ewigkeit des Geistes Gottes auszusagen. Die Geschichte unter dem Gesetz und das in ihr geschehende Wirken und Bewußtsein des menschlichen Geistes bleiben ihrer eigenen Möglichkeit und ihrem natürlichen Selbstverständnis nach sich selbst verborgen. Aber gerade weil die Ge-

[60] *CS* 315; vgl. *CG*² § 88.4, 23, 7–11 (vgl. *CG*² § 164.2, 442, 30–35).
[61] *CS* 314.
[62] *CS* 313.

schichte des menschlichen Geistes in Wahrheit immer schon in die Ewigkeit des Geistes Gottes hinein vollendet ist und weil sie in Jesus Christus sich darin selber ansichtig geworden ist, kann sie nachträglich dafür durchsichtig werden, daß sie in allen ihren Facetten nie etwas anderes gewesen ist als die Weise des Geistes Gottes, sich geschichtlich zu realisieren. So wird sich im Geist Gottes der menschliche Geist der Sinnhaftigkeit seiner Vergangenheit einsichtig, die er als einen ihm nicht selber durchsichtigen Weg in seinen in Christus gegebenen, sich aus der Ewigkeit entbindenden neuen Reichtum des Lebens begreift. Dabei liegt die Stärke dieser Konzeption darin, daß das vergangene Leben des menschlichen Geistes ganz und gar als es selber neubestimmt wird. Indessen deutet sich eine Problematik darin an, daß das Leben des menschlichen Geistes in dieser Erfahrung des Geistes Gottes nicht im Blick auf seine Erfüllung in Christus differenziert, sondern *ununterschieden* als auf Christus hinführend bejaht wird.

Dies führt auf den oben benannten Sachverhalt zurück, daß die geschichtliche Negativität des menschlichen Geistes gegenüber seiner Erfüllung in Christus in der Durchführung der Verhältnisbestimmung von πνεῦμα und νοῦς keine Bedeutung mehr bekommt. Dies erhellt nach dem vorher Gesagten als Konsequenz von Schleiermachers Gedanken der geschichtlichen Voraussetzung des menschlichen Geistes im Geist Gottes. Denn dieser Gedanke ist so gefaßt, daß es eine Negativität des geschichtlichen Lebens im Blick auf Christus nur für denjenigen gibt, der ‚die Sache bloß von der Seite der menschlichen Thätigkeit aus betrachtet' und sich an seinem eigenen natürlichen Dasein dessen bewußt wird, daß er seine Freiheit im Geist Gottes in keiner Weise sich selbst, sondern allein ‚der durch Jesum von Nazareth vollbrachten Erlösung' verdankt. Nur in *dieser* Perspektive ist die Erscheinung Jesu die die Geschichte unterscheidende Zeitenwende und ist die Erfahrung des Geistes Gottes unableitbarer Umschlagpunkt des Lebens. Aus der Perspektive des durch Jesus mitgeteilten kräftigen Gottesbewußtseins – und d.h. *in* dieser Erfahrung des Geistes Gottes selbst – jedoch gibt es einen solchen Unterschied nicht, denn in Gott ist alles, was im geschichtlichen Dasein unterschieden ist, unterschiedslos *eins*. Deshalb hebt sich in der Gegenwart des Geistes Gottes alle geschichtliche Dialektik auf, auch die Dialektik des sich auf seine Erlösung hin negativ vollendenden Geistes und der diese Geschichte in die Position ihrer Erfüllung im Geist Gottes hinein aufhebenden Erscheinung Jesu. Sie ist – wie auch die religiöse Dialektik des Geistes beim jungen Schleiermacher – nur eine Dialektik für den Menschen. Sie ist keine Dialektik des Geistes Gottes selbst.[63] So kann Schleiermacher zwar eine dialektische Geschichtstheologie entwickeln, die die natürliche Geschichte des Geistes als Sichvorausgehen des sich in Christus verwirklichenden Geistes Gottes zu beschreiben und von dort aus den menschlichen Geist in qualifizierter Differenz auf den Geist Gottes zu beziehen vermag. Aber diese Dialektik des Geistes Gottes ist nicht die bleibende und unverlierbare

[63] Es deutet sich damit schon hier an, daß auch die Ewigkeit in ihrer dialektischen Bestimmung nur für die menschliche Wahrnehmung ist, in Gott aber aufgehoben ist; vgl. u. S. 329ff.

Bestimmung seines eigensten Wesens, sondern sie ist nur, um in die ununterschiedene Einheit seiner selbst aufgehoben zu werden.

Schleiermacher begründet diese Auffassung in dem genannten Zitat mit seiner philosophischen Auffassung der absoluten ununterschiedenen Einheit Gottes, aus welcher er für die christliche Theologie folgert, daß der „Rathschluß der Erschaffung der menschlichen Natur und [...] der Erlösung" nicht zu unterscheiden sind.[64] Ist dies, so gilt allerdings, daß die Differenz zwischen menschlichem und göttlichem Geist *in Wahrheit* nicht besteht, sondern nur die Vorläufigkeit (im gefüllten Sinne als geschichtliches Vor-Laufen) des humanen Lebens gegenüber seiner Erfüllung im Christus bezeichnet. Der *theologische* Grund dafür, daß Schleiermacher bei dieser philosophisch begründeten Auffassung christlich bleibt, ist seine Deutung des Todes Jesu.[65] Weil das Leben des Geistes Gottes in Christus nicht als ein solches begriffen wird, welches durch den Tod *hindurch* geht und gerade darin den Tod überwindendes Leben Gottes ist, hat der *Tod* Jesu nicht nur für das Verständnis Christi, sondern auch für das Verständnis des Geistes Gottes keine Bedeutung. Bleibt die Gegenwart Gottes in Jesus, sein Gottesbewußtsein, durch das Sterben *unberührt*, so entsteht auch nicht die Nötigung, den Geist Gottes in Christus selbst in die Negation des Todes zu stellen und *darin* als lebendigmachenden Geist zu erweisen. Damit entfällt aber auch ein Geistgedanke, der das auf seine Vollendung in Christus hin führende Leben des Geistes in der Geschichte als ein solches versteht, welches sich nur durch seine Negation im Kreuzestod Jesu hindurch als vollkommenes geschichtliches Leben herstellt. Wäre dies, so bliebe die Einheit des Rathschlusses Gottes bestehen, würde aber *in sich* differenziert, und die Unterscheidung der Geschichte in Christus würde selber als ‚Werden Gottes zu sich' verständlich.[66]

---

[64] *CS* 314f; vgl. o. S. 195.

[65] Vgl. o. S. 184–188.

[66] Daß sich die Überlegungen Schleiermachers zum Verhältnis von Christus und Geschichte in manchem mit den Sachproblemen treffen, die W. PANNENBERG in seiner Programmschrift „Offenbarung als Geschichte" ausgeführt hat, ist kaum zufällig, da Pannenberg nicht nur über die Wort-Gottes-Theologie Barths hinaus-, sondern auch hinter sie zurückgeht (Göttingen [5]1982, vgl. besonders 7–20 und 91–114. Daß Schleiermacher den Gedanken der *Reden*, „daß die Geschichte als ganze Gottes Offenbarung und dies der eigentliche Inhalt der christlichen [...] Religion sei", „nicht fortgeführt" habe [so Pannenberg, 18], trifft, wie gezeigt, nicht zu). Die Gedanken Pannenbergs sind dann von J. RINGLEBEN explizit theologisch aufgenommen und auf ein dialektisches Verständnis Gottes bezogen worden, das sein Sein als ein die Geschichte in sich integrierendes und darin sich hervorbringendes ‚Werden Gottes zu sich' auffaßt (Gottes Sein, Handeln und Werden. Ein Beitrag zum Gespräch mit Wolfhart Pannenberg, in: Vernunft des Glaubens, FS W. Pannenberg, Göttingen 1988, 457–487; vgl. zu Gottes ‚Werden zu sich' dort S. 462.465 u. ö.). Versteht man das, was dabei als *göttliches Leben* in den Blick kommt (vgl. dazu ebd., sowie: J. RINGLEBEN, Gott und das ewige Leben. Zur theologischen Dimension der Eschatologie, in: K. STOCK (Hg.), Die Zukunft der Erlösung. Zur neueren Diskussion um die Eschatologie, Gütersloh 1994, 49–87), als eine Bestimmung Gottes als *Geist*, so tritt die pneumatologische Relevanz dieser Überlegungen ans Licht. Es dürfte deutlich geworden sein, daß solche Gedanken nicht nur von Hegel, sondern auch von Schleiermacher her Plausibilität haben. Sie deuten die Möglichkeit an, Schleiermachers christologische Verhältnisbestimmung von Geist Gottes und Geschichte über die Begrenzungen seines eigenen Ansatzes hinaus pneumatologisch weiterzuführen und fruchtbar zu machen.

So aber bleiben nicht nur der Tod Jesu, sondern auch der Tod geschichtlichen Lebens und mithin die immanente Zerrissenheit menschlicher Existenz in der Geschichte dem Leben des Geistes Gottes äußerlich. Der vielversprechende Ansatz Schleiermachers, die Erscheinung des Geistes Gottes in Christus als Integration des geschichtlichen Wirkens des menschlichen Geistes in die Ewigkeit des Geistes Gottes zu denken, bleibt damit in seiner soteriologischen Tiefe unausgeführt.

3. Der Anbruch der Erlösung durch Selbstmitteilung des Geistes Jesu

War die Urbildlichkeit der göttlichen Geistgegenwart in Jesus bislang im Blick auf die Geschichte ante Christum erörtert worden, so stellt sich nun die Frage nach ihrer erlösenden Relevanz für die Geschichte des menschlichen Geistes post Christum. Es wurde bereits gesagt, daß die vollkommene Vereinigung des Geistes Gottes mit dem menschlichen Geist in Jesu nicht nur eine besondere Begabung Christi, sondern „zugleich eine Begabung der gesamten menschlichen Natur" ist, insofern seine Urbildlichkeit eben darin besteht, daß in der gottmenschlichen Einheit Jesu nicht nur ein einzelnes Individuum, sondern die gesamte geschichtliche Wirklichkeit des menschlichen Geistes in der Geschichte zur Vollendung gefunden hat.[67] Darin liegt, daß die geschichtliche Gegenwart des Geistes Gottes in Christus nicht auf den Menschen Jesus von Nazareth beschränkt ist, sondern *in ihm* über ihn hinausdrängt, um das ganze geschichtliche Dasein zu erfüllen. Weil in Jesus von Nazareth das menschliche Leben des Geistes in ihm als in die Ewigkeit des Geistes Gottes hinein vollendet offenbar wird, wird er selbst als das Urbild einer neuen Weise des geschichtlichen Lebens begreiflich, in der alles geschichtliche Leben des menschlichen Geistes in seine Erfüllung in Jesus hineingenommen wird und sich darin als schon immer auf diese zulaufend versteht.[68] Er ist damit *produktives* Urbild, aus dem sich das in

[67] *CG*² § 124.1, 266, 8–10; vgl. o. S. 183f.

[68] Vgl. W. Gräb, Humanität und Christentumsgeschichte, 149, der präzise formuliert: „Es ist das Ganze der geschöpflichen Wirklichkeit, das mit der Vollendung des frommen Bewußtseins in der Person Jesu in den Anfang seiner Vollendung einkehrt, und es ist damit das Ganze der geschöpflichen Wirklichkeit, das durch die Person Jesu einem einmaligen Prozeß gerichteter Veränderung unterworfen wird. [...] Sie wird zum Grund einer Geschichte, die sich auf das geschichtliche Erscheinen ihrer selbst als auf den Anfang der Selbsterfassung des sie immer schon Bestimmenden hinbewegt und von diesem Anfang, der zugleich die Wende der ihr vorauslaufenden Bewegung darstellt, ihrer allseitigen Vollendung entgegenstrebt". Gräb spricht deshalb zu Recht sowohl von einem ‚christologischen Geschichtsbegriff' Schleiermachers (148ff) als auch von einem ‚christologischen Geschichtsprinzip' (108ff) im Sinne eines christologischen Rekonstruktionsprinzips der sich aus dem christlich frommen Selbstbewußtsein neu verstehenden Geschichte. Im Blick auf das schöpferische Sichhervorbringen dieser Geschichte selber ist dieses von Gräb benannte Geschichtsprinzip der Heilige Geist. Der Gedanke, daß die Christus vorauslaufende Geschichte durch seine Erscheinung selber neubestimmt wird, findet sich bei Gräb nicht.

ihm ursprünglich zu seiner Vollendung gekommene geschichtliche Leben des Geistes über die Menschheitsgeschichte hin verbreitet.

Diese Produktivität ist nichts anderes als die Produktivität des Geistes Gottes. Denn das neue geschichtliche Leben entbindet sich dadurch aus Jesus, daß sich der Geist Gottes als der eigene Geist Christi mitteilt und dadurch das geschichtliche Leben in seine Vollendung in Jesus hineinzieht. In dieser *geschichtsbildenden Produktivität des Geistes* liegt das ganze Gewicht von Schleiermachers Geistverständnis. Bereits im philosophischen Geistverständnis Schleiermachers war Geist wesentlich als in der Aneignung der Natur an die Vernunft *tätig* aufgefaßt worden. Entsprechend war auch der Geist Gottes in Jesus von Nazareth darin als die höchste Vollendung des geschichtlichen Daseins offenbar geworden, daß er sich die menschliche Natur Jesu völlig aneignete und jedes irdische Widerfahrnis Jesu – bis zum Sterben am Kreuz – vollkommen unter seine Herrschaft geführt hat. So wird schon in der Person Jesus deutlich, daß der Geist Gottes *selber teleologisch* ist. Er ist das vollkommen kräftige Gottesbewußtsein Jesu nur so, daß sich diese Kräftigkeit auch erweist, nämlich sich an allem Endlichen und Einzelnen des Lebens zur Durchsetzung bringt.[69] Dabei ist es die person- und weltbildende und lebensgestaltende Wirksamkeit des Geistes Gottes *in Jesus*, die über ihn hinaus die Vereinigung des gesamten menschlichen Lebens mit ihm bewirkt. Denn da Jesus als geschichtlicher Mensch in einer menschlichen Gemeinschaft steht, kann in seinem Selbstbewußtsein nicht vollendete Seligkeit sein, wenn sich der Geist Gottes in ihm nicht auch anderem menschlichen Leben mitteilt und es in die vollständige Einheit mit ihm führt. Und so über Jesus in das geschichtliche Leben hinaustretend, wird der in Jesus erschienene Geist Gottes die schöpferische Macht unendlicher Lebensvollendung, die erst in der universalen Aneignung von Vernunft und Natur ihr Ziel gefunden haben wird. Er wird, nachdem er vorher nur in Christus alleine da war, zum Lebensprinzip des von Jesus gestifteten *neuen Gesamtlebens* des *Reiches Gottes*, in dem das in Jesus erschienene πνεῦμα und der menschlich-geschichtliche νοῦς zur Einheit finden.[70]

---

[69] Dies ist der Grund dafür, daß Schleiermacher das christliche Gottesbewußtsein als *teleologische Frömmigkeit* qualifiziert; vgl. *CG*² § 9.1, 59–62 und *CG*² § 11. Leitsatz, 74 sowie u. S. 294f.

[70] Vgl. zur Parallelität der Begriffe ‚Reich Gottes' und ‚neues Gesamtleben' *CG*² § 87.3, 17, 8f, § 103.2, 111, 10f, sowie M. E. Miller, Der Übergang. Schleiermachers Theologie des Reiches Gottes im Zusammenhang seines Gesamtdenkens, SEE 6, Gütersloh 1970, 139. Miller faßt das Reich Gottes als den „Ort [...], wo der Ursprung des Lebens und der Inbegriff der sittlichen Welt eins sind" (230), so daß „durch die Stiftung des Reiches Gottes" eine „höhere Begründung der gesamten Geschichte" geschieht (218), in der der *Übergang* zwischen den unaufhebbaren Polaritäten des Seins selber geschichtlich wird: „das Reich Gottes [...] befindet sich an der Schwelle zwischen dem Übergang an sich und der sittlichen Welt" (232). Von daher mißt Miller der Idee des Reiches Gottes grundlegende Bedeutung nicht nur für die Theologie, sondern für das gesamte Denken Schleiermachers zu. Im Blick auf das Verhältnis des Reich-Gottes-Verständnisses zum Verständnis des Geistes kann Miller zwar von dem „Reich Gottes als Geist des neuen Gesamtlebens" sprechen (169), gibt dem Heiligen Geist aber für den von ihm im Kern ontologisch begründeten Reich-Gottes-Gedanken keine grundlegende Relevanz.

Ist dies nun näher zu explizieren, so ist zunächst der systematische Anfang der geschichtlichen Geistwirksamkeit in den Blick zu nehmen, in dem „der Heilige Geist [...] von der Erscheinung Christi abhängig das göttliche Prinzip in ihm, ihn selbst, auf die Menschen überträgt".[71] Zur Verhandlung steht damit die pneumatologische Relevanz der *Lehre vom Werk Christi*, in der die in Jesu Person urbildlich vollendete Erlösung in ihrem Nachaußentreten beschrieben wird. Da die Urbildlichkeit Christi die Urbildlichkeit des Geistes Gottes in ihm ist, ist diese zugleich *Lehre von der Geistmitteilung* – genauer: Lehre von der Selbstmitteilung seines eigenen Geistes, welcher das ihn umgebende humane Leben in sich aufnimmt. Dieses Handeln Christi wird von Schleiermacher in ‚seine erlösende Tätigkeit' (1.) und, davon ausgehend, ‚seine versöhnende Tätigkeit'[72] (2.) differenziert, die pneumatologisch so zu fassen sind, *„daß das erste was geschieht dieses ist, daß der Geist eindringt in das Gefühl, in das unmittelbare Selbstbewußtsein* [erlösende Tätigkeit], *und das zweite dieses daß er Spontaneität wird durch den Uebergang in die Duplicität des Verstandes und des Willens* [versöhnende Tätigkeit]".[73] Beide Tätigkeiten Christi bilden dabei gemeinsam die Weise, in der Jesus das die Wirksamkeit des Geistes geschichtlich vollendende Reich Gottes stiftet (3.).[74]

1. Was zunächst das *erlösende Handeln* angeht, so besteht dieses darin, daß ‚der Erlöser die Gläubigen in die Kräftigkeit seines Gottesbewußtseins aufnimmt'.[75] Schleiermacher faßt diesen Vorgang als Selbstmitteilung vonn Jesu eigenem Selbstbewußtseins auf. Dazu versteht er dieses so, daß Jesu eigenes Selbstbewußtein aufgrund der Kräftigkeit des Gottesbewußtseins zwar in ihm selbst vollkommen vollendet und abgeschlossen war, er zugleich aber „in das menschliche Gesamtleben eintretend das Bewußtsein desselben als Mitgefühl hatte", da er die Vollendung des humanen Daseins urbildlich in sich trug und deshalb „sympathetisch, so zu sagen, unsern Mangel an Seeligkeit trägt".[76] Wenn Schleiermacher nun in diesem „seinem Unsere Unseeligkeit mitfühlen" den „Impuls zu seiner ganzen erlösenden Thätigkeit" sieht, so ist dies so zu verste-

---

[71] *CS* 512 (1824/25). Der weitere Verlauf des Satzes setzt voraus, daß es der Heilige Geist selber ist, der ‚übertragen' wird; ‚ihn selbst' bezieht sich also nicht auf Christus, sondern auf den Geist, und sollte präziser heißen: ‚sich selbst'.

[72] Vgl. *CG*² §§ 100f, 90ff.

[73] *CS* 372 (Hervorhebung von L. JONAS). Dem ersteren entspricht in der soteriologischen Diktion der Glaubenslehre die *Wiedergeburt*, der Übergang in die Spontaneität ist der Beginn der *Heiligung*; vgl. *CG*² §§ 106ff, 147ff.

[74] Vgl. SW I/6, 309 (*Leben Jesu*): „Also die Mittheilung seines eigenthümlichen Lebens an die Menschen und die Stiftung eines Reiches Gottes als eines Zusammenlebens ist eins und dasselbe". Vgl. auch M. E. MILLER, Der Übergang, 142, der zu dem Schluß kommt, daß „die Erlösung nichts anderes als die Stiftung des Reiches Gottes bzw. des neuen Gesamtlebens ist". Dieser Sachverhalt hat zur Folge, daß die Lehre von der Geistmitteilung, die hier von ihrer christologischen Seite aufgefaßt wird, in der Begründung der Ekklesiologie erneut thematisiert werden muß (vgl. u. § 10.1).

[75] Vgl. *CG*² § 100. Leitsatz, 90.

[76] *CG*² § 100.1, 91, 5f; *CS* 39.

hen, daß Jesu ganzes Tun in Wort und Werk darauf gerichtet ist, diesen „in seinem erweiterten Selbstbewußtsein“ gefühlten „Mangel“ aufzuheben und dadurch das Mitgefühl in sich „zu überwinden“.[77] Indem dadurch die Selbstmitteilung Jesu eine Mitteilung an sein eigenes erweitertes Selbstbewußtsein wird, das alles menschliche Selbstbewußtsein kraft seiner Vollkommenheit in sich schließt, wird das erlösende Handeln Jesu als eine *ein-fühlende* (im qualifizierten Sinne des Gefühls als unmittelbares Selbstbewußtsein) Mitteilung seines eigenen Selbstbewußtseins an in ihm enthaltenes anderes humanes Selbstbewußtsein verständlich. Weil in Jesu eigenem Selbstbewußtsein das in einem anderen Selbstbewußtsein gegebene Bewußtsein der Erlösungsbedürftigkeit unter dem Gesetz als Mitgefühl gegeben ist, erreichen die erlösenden, sich aus seinem als Gottesbewußtsein bestimmten Selbstbewußtsein entbindenden und dieses vollkommen darstellenden Worte (und Werke) Jesu das erlösungsbedüftige Selbstbewußtsein genau am Orte seiner sich nach dem Gottesbewußtsein sehnenden Empfänglichkeit und teilen ihm von seinem vollkommenen Gottesbewußtsein so mit, daß dessen eigenes, unter dem Gesetz ‚unkräftiges‘ Gottesbewußtsein nun in ihm zur bestimmenden Macht wird, womit gleichbedeutend ist, daß Jesu eigenes Leben nun diesen ‚Wiedergeborenen‘ bestimmt.[78]

Die Bedeutung des Geistes in diesem Geschehen ergibt sich daraus, daß Schleiermacher dieses erlösende Handeln Christi als „eine Fortsetzung“ der „bei der Entstehung der Person des Erlösers“ die gottmenschliche Einheit schaffenden „personbildenden göttlichen Einwirkung auf die menschlichen Natur“ faßt[79] und die darin in dem Einzelnen bewirkte „Wiedergeburt“ entsprechend als „die Einigung des göttlichen Geistes mit der menschlichen Vernunft in den einzelnen“ bezeichnet.[80] Im erlösenden Handeln Christi geschieht

[77] *CS* 39. Daß Jesu „Selbstdarstellung in Wort und Werk“ die einzig mögliche Weise seiner „geistige[n] Einwirkung“ ist (*CG*² § 101, 104, 15f), ergibt sich bereits aus der Psychologie, in der auch deutlich wird, daß das Wort als die dem (objektiven) Bewußtsein selbst zugehörige Selbsttätigkeit gegenüber dem aus diesem hervorgehenden Willen grundlegendere Bedeutung hat. Vgl. u § 10.3.a. (Abschnitt 2) zum ‚darstellenden Handeln‘, das Schleiermacher auf die Selbstdarstellung Jesu zurückführt, sowie § 10.3.b. zur Bedeutung der Sprache.

[78] Man könnte hier sagen, daß die ihn mitteilenden Worte Jesu (nicht Buchstabe, sondern) ‚Geist und Leben‘ in dem Sinne sind, daß sie in dem erlösungsbedürftigen Selbstbewußtsein zu dem empfangenen Gottesbewußtsein selber werden. Schleiermacher sagt dies aber nicht; das Wort hat auch bei Jesus nur relativ hervorgehobene Bedeutung in einem Ensemble von Selbstdarstellungsformen und ist Träger des Gottesbewußtseins, nicht aber dessen eigene Form (vgl. u. § 10.3.b.).

[79] *CG*² § 100.2, 92, 19–25; vgl. § 113.4, 211, 4–6: „Denn die Menschwerdung Christi entspricht für die menschliche Natur dem, was die Wiedergeburt ist für den Einzelnen“. *CG*² § 108.6, 171, 18f spricht von einer „Parallele zwischen dem Entstehen des göttlichen Lebens in uns und der Menschwerdung des Erlösers“.

[80] So die *Christliche Sittenlehre* in *CS* 313 (1826/27; vgl. 312 und *CS* 84; *CS* 63 spricht von der „Wiedergeburt aus dem göttlichen Geiste“). Schleiermacher sieht es selbst als eine „Unbequemlichkeit unserer Anordnung“ an, daß er die Wiedergeburtslehre in der *Glaubenslehre* (im Unterschied zur theologischen Tradition) ohne grundlegenden Bezug auf die Lehre vom Heiligen Geist behandelt (*CG*² § 108.5, 164, 21–24). Diese Teilung habe aber insofern eine Berechtigung, als vor dem Weggang Jesu „die Jünger ihren eignen Zustand ohne“ „die Lehre vom Heiligen Geist“ „verstanden“ haben (ebd.,

also dem einzelnen Menschen, was in der Inkarnation der menschlichen Natur insgesamt geschah. Wie der Geist Gottes in Christus in der Welt erschien und die Geschichte des Geistes in *einem* Menschen erfüllte, um sich von dort aus über die Welt zu verbreiten, so erscheint er in der Wiedergeburt im menschlichen Selbstbewußtsein und erfüllt darin das ganze Dasein dieses Menschen in nuce, um sich von dort aus diesen Menschen ganz anzueignen. Dabei ist die Wiedergeburt eine *Fortsetzung* der Inkarnation, insofern die Vereinigung von Geist Gottes und menschlichem Geist im Einzelnen *als* Aneignung des Menschen an Jesu *eigenes* Selbstbewußtsein geschieht. Es ist dasselbe Geschehen, durch welches der Geist Gottes dem aufwachsenden und öffentlich wirkenden Jesus alle Gebiete seines sich-erweiternden Lebens aneignete und unmittelbar mit sich vereinigte, durch das nun auch anderes Selbstbewußtsein ihm angeeignet und unmittelbar mit ihm vereinigt wird.[81] Deshalb kann Schleiermacher die Wiedergeburt auch rein als Selbstmitteilung des Geistes Gottes denken und in die Worte fassen: „Indem der göttliche Geist sich mittheilt, nimmt er zuvörderst von dem Menschen Besiz im allgemeinen; er vereinigt sich mit der menschlichen Natur in einem einzelnen Leben".[82] Die „von Christo ausgehende Mittheilung des heiligen Geistes"[83] ist nichts anderes, als die Selbstmitteilung des in Christus in der Geschichte erschienenen Geistes Gottes, der in seinem personbildenden Wirken an Jesus über ihn hinausgreift, aber, weil er Jesu urbildliches Selbstbewußtsein selber ist, dabei alles, was er mit sich vereinigt, nur ihm aneignet und in sein vollkommenes Gottes- und Selbstbewußtsein aufnimmt.

165, 15f) und die Rede vom Heiligen Geist im Blick auf die Wiedergeburt deshalb erst notwendig sei, seit nach Jesu Weggang „die Selbstdarstellung Christi jetzt vermittelt ist durch diejenigen welche ihn verkündigen" (ebd., Z. 20), und also nicht durch den geschichtlichen Jesus, sondern durch den Gemeingeist des von Jesus gestifteten neuen Gesamtlebens geschieht. Entsprechend habe auch Jesus selber in seiner (von Schleiermacher als historisch angesehenen johanneischen) Verkündigung der „Wiedergeburt aus dem Geist" nicht sein irdisches Wirken, sondern seine ‚geistige Gegenwart' in dem ihn vertretenden Parakleten im Blick gehabt (*Leben Jesu*, SW I/6, 322f; vgl. *Joh* 3,3.5). Freilich ist auch diese geistige Gegenwart *seine eigene* Gegenwart, und die darin geschehende erlösende Tätigkeit ist „wesentlich die seinige" (*CG²* § 108.5, 165, 23). Gilt deshalb, „daß beides dasselbe ist" (*Leben Jesu*, SW I/6, 322f), so wird man allerdings nicht nur die Wirksamkeit Jesu in der nachösterlichen Gemeinde, sondern auch das Wirken des irdischen Jesus vom Geist her verständlich machen müssen. Eben diesen Weg beschreitet die christliche Sittenlehre Schleiermachers, die damit zugleich deutlich macht, daß es sich tatsächlich um eine ‚Unbequemlichkeit' der Anordnung handelt und daß die Verortung der Pneumatologie der Glaubenslehre in der Ekklesiologie nicht, wie W. BRANDT meint (Der Heilige Geist, 148–151), das Gewicht einer ‚dogmatischen Trennung' von Christologie/Soteriologie und Ekklesiologie/Pneumatologie hat .

[81] *CG¹* § 121.4, 70, 16f spricht von einer „Vereinigung der Gläubigen mit Christo durch seine personbildende Thätigkeit".

[82] *CS* 84. Daß diese Vereinigung ‚zuvörderst im allgemeinen' geschieht, besagt im Kontext, daß sie zunächst nur im unmittelbaren Selbstbewußtsein geschieht und sich „alle Bestimmungen des Selbstbewußtseins, die von außen bedingt sind", erst noch aneignen muß (ebd.). Vgl. zur Identität von Wiedergeburt und Geistmitteilung CG² § 124.1, 265, 1–11.

[83] *CS* 83.

Daß durch diese in der erlösenden Tätigkeit Christi geschehende Geistmitteilung diejenigen, denen diese Mitteilung geschieht, in das eigene Gottesbewußtsein Jesu ‚aufgenommen' sind, versteht sich aus dem vorangegangenen so, daß Jesu eigenes, ganz als Gottesbewußtsein bestimmtes Selbstbewußtsein nun das Selbstbewußtsein des Christen geworden ist. Dies ist freilich (wie auch in der Person Jesu) nicht so zu verstehen, daß der Mensch durch den Geist Gottes nun entpersönlicht würde, sondern daß das eigene Selbstbewußtsein des Menschen sich vollendet. Denn wie in Christus nicht ein fremdes Leben geschichtlich wird, sondern das menschlich-geschichtliche Leben selber zu sich kommt, so teilt sich, indem Christus sich durch den Geist „unser bemächtigen will"[84], sein Leben nicht als ein fremdes Leben, sondern als unser aus der Gefangenheit unter dem Gesetz nun in Jesus zu sich gekommenes eigenes Leben mit. So sind das im Heiligen Geist mitgeteilte Leben Christi und das eigene Leben des Menschen in dem Sinne identisch, daß Christus durch Mitteilung seines Selbstbewußtseins das Selbstbewußtsein des Christen selber ist, und zwar so, daß er dieses Selbstbewußtsein darin erst eigentlich es selbst sein läßt. Eben dies besagt der Satz: „nicht ich lebe, sondern Christus lebt in mir", der zugleich der Inbegriff dessen ist, was für Schleiermacher *Glaube* an Christus heißt. Denn „der Glaube [ist] nichts anders [...] als das Leben Christi in uns", in dem wir Jesu eigenes Bewußtsein Gottes als die unser unmittelbares Selbstbewußtsein definierende innerste Bestimmtheit unseres eigenen Daseins erfahren.[85] So wird in dem erlösenden Handeln Christi der Geist Gottes in den Gläubigen ihr Glaube, weil er das sich selbst mitteilende eigene, sich aus der vollkommenen Kräftigkeit

[84] So sehr drastisch Schleiermachers Predigt P 154 „Von der Gerechtigkeit aus Glauben" (*Gal* 2, 19–21); Kl.Schr. III, 52–64: 56.

[85] Kl.Schr. III, 315 (P 120); vgl. *Gal* 2,20 u. o. Anm. 30. Die Bestimmung des Glaubens als ‚Leben Christi in uns' findet sich auch Kl.Schr. III, 58 (P 154). Die zit. Stelle aus P 120 fährt fort, indem sie *Gal* 2,20 in das Licht johanneischer Glaubensauffassung stellt: „Seht dieser Glaube, der das Leben Christi in uns ist, dieser und kein anderer ist es, vermöge dessen und in dessen Kraft wir schon hindurchgedrungen sind durch den Tod; dieser ist es von dem der Herr selbst sagt, daß alle, die da glauben auch schon das ewige Leben haben" (vgl. *Joh* 5,24; 3,36). Eben weil Glaube die alles erfullende Selbstgegenwart Jesu *als* Selbstbewußtsein der Glaubenden ist, hat der Glaube in Christus an der in ihm gegenwärtigen Ewigkeit des menschlichen Lebens teil und wird sich dadurch für dessen Ewigkeit durchsichtig. Dabei bleibt indes das ‚Hindurchgedrungensein durch den Tod' bei Schleiermacher unterbestimmt, da es nur das Ergebnis des Glaubens bezeichnet, nicht aber die innere Struktur des Glaubens selbst. Denn Christus teilt das sich ihm im Sterben zu vollkommener Kräftigkeit bewährte Leben Gottes nicht so mit, daß er den Christen durch seine Gegenwart in ihm mit in dieses Sterben hineinzieht, sondern er wird in seiner erlösenden Selbstmitteilung als der gegenwärtig, der *schon immer* Sieger über den Tod war. Der Tod ist im Glauben somit nicht durchschritten, sondern durch die Vollkommenheit des Lebens Jesu überblendet. Der Glaube hat damit die gleiche Struktur wie der Geist Gottes, der immer schon vollendetes Leben ist, welches nicht durch den Tod hindurch neu geschaffen wird, sondern zu vollkommener Kräftigkeit ‚erwacht'. Schleiermacher hat den glaubenstheologisch grundlegenden Satz ‚Nicht mehr lebe ich, sondern Christus lebt in mir' also nur um den Preis pneumatologisch denkbar gemacht, daß er das bei Paulus vorangestellte ‚ich bin mit Christus gekreuzigt' unterbewertet hat. Die Defizienz seines Verständnisses Christi wiederholt sich damit in der Soteriologie.

seiner Beziehung zu Gott speisende Selbstbewußtsein Jesu ist, durch das sich die Glaubenden in sich selber ganz auf Christus bezogen finden und also in einer ihr ganzes Dasein bestimmenden ‚Lebensgemeinschaft mit dem Erlöser' stehen, die der Geist bewirkt und die der Glaube selber ist.[86]

2. Das *versöhnende Handeln* Christi „nimmt die Gläubigen auf in die Gemeinschaft seiner ungetrübten Seligkeit"[87] und läßt damit die in dem Gottesbewußtsein Jesu gegebene Freiheit vom Gesetz eine das Leben der Gläubigen bestimmende Macht werden. War in Jesus völlige Freiheit vom Gesetz und darin völlige Seligkeit seines Handelns gesetzt, weil aufgrund der Kräftigkeit des Gottesbewußtseins in ihm keine Widerständigkeit irgend einer Tätigkeit gegen den Geist Gottes gegeben war[88], so liegt in der Aufnahme in die Kräftigkeit seines Gottesbewußtseins auch eine Aufnahme in die Seligkeit Christi, da „in der Einheit des Lebens mit Christo [...] alle Beziehung auf das Gesetz auf[hört]" und deshalb keine im geschichtlichen Leben sich einstellende ‚Lebenshemmung' mehr bewußtseinsbestimmende Macht haben kann.[89] Dabei folgt nun aber bereits aus dem Sachverhalt, daß die Selbstmitteilung Jesu als geschichtliches Geschehen erfolgt, daß im Unterschied zu der absoluten Seligkeit Christi „die Seeligkeit des Christen nicht als seiend [...], sondern als werdend" zu denken ist.[90] Denn indem „der göttliche Geist sich mittheilt", vereinigt er sich zwar „mit der menschlichen Natur in einem einzelnen Leben, aber so, daß die Vereinigung zuerst nur im allgemeinen gesezt ist. Alle Gewöhnungen, alles Handeln, welches nicht Gegenstand besonderer Ueberlegung ist, alle Bestimmungen des Selbstbewußtseins, die von außen bedingt sind, haben bisher nur der niederen Lebensstufe angehört und werden also fortwirken"[91], so daß also gilt: „In der Wiedergeburt ist freilich gesezt die Einigung des göttlichen Geistes mit der menschlichen Vernunft in den einzelnen als das schlechthin sich selbst gleiche", „und an ein Mehr oder Mehr oder Weniger ist dabei nicht zu denken, ohne den göttlichen Geist selbst dem Mehr und dem Minder zu unterwerfen. Ein anderes aber ist es mit der Einwirkung dieser Einigung beider auf den psychischen

[86] Die ‚Lebensgemeinschaft mit dem Erlöser' (Schleiermacher kann auch sagen: ‚Lebenseinheit'), in der allein Erlösung des Menschen ist (vgl. bereits *CG*² § 91. Leitsatz, 29), ist also als Seinsgemeinschaft zu verstehen, insofern der Erlöste am eigenen unmittelbaren Selbstbewußtsein Jesu teilhat und sich dadurch sowohl Jesu in sich, als auch seiner selbst in Jesus bewußt ist. Schleiermacher sieht dieses Lebensverhältnis auf hervorragende Weise in dem Weinstockgleichnis *Joh* 15,1–8 zum Ausdruck gebracht, das er als Erklärung des Ausdrucks „»ich in euch, und ihr in mir,«" versteht und als den grundlegenden Selbstaufschluß Jesu über „das Wesen der Lebensgemeinschaft mit ihm" ansieht (vgl. im *Leben Jesu* SW I/6, 321f).

[87] *CG*² § 101. Leitsatz, 97.

[88] Vgl. o. die Seiten 180 und 182; zum Gesetz vgl. o. § 8.

[89] *CG*² § 101.2, 99, 24f; vgl. ebd., 98, 16–19: „so findet sich auch der Erlöste, sofern er in die Lebensgemeinschaft Christi aufgenommen ist, niemals von dem Bewußtsein eines Übels erfüllt, weil es sein ihm mit Christo gemeinsames Leben nicht hemmend treffen kann".

[90] *CS* 38.

[91] *CS* 84.

Organismus. Da giebt es allerdings ein Mehr und Minder, da giebt es Wachsthum, und der göttliche Geist bleibt davon ganz unberührt".[92] Da die damit verbleibende Diskrepanz der höheren und der niederen Seelenfunktionen auch weiterhin noch ein Bewußtsein der Unseligkeit hervorruft, ist das Aufgenommenwerden in die Seligkeit Christi also unbeschadet der geschehenen Geistmitteilung als ein wachstümliches Geschehen anzusehen, das sich erst im Prozeß der *Heiligung* vollständig realisiert.

Dabei ist auch dieses prozessual verstandene versöhnende Handeln nichts anderes als die weitere Fortsetzung der schon die Wiedergeburt hervorbringenden Mitteilung des Geistes Christi, in der der Geist nun nicht das unmittelbare Selbstbewußtsein in sich aufnimmt, sondern sich, als dieses Selbstbewußtsein bereits zum bestimmenden Prinzip im Menschen geworden, nun auch die weiteren Seelentätigkeiten aneignet, um auf diese Weise den ganzen Menschen zu erfüllen. Indem der Geist dabei aus dem Selbstbewußtsein „in die Duplicität des Verstandes und des Willens" übergeht[93] und sich das in Rezeptivität und Spontaneität verhaltende geschichtliche Leben sukzessiv aneignet, bewirkt er „eine neue Gestaltung des ganzen inneren Seins"[94], in der der menschliche Geist nicht mehr dazu festgelegt bleibt, die Polarität des geschichtlichen Lebens zu überwinden, sondern kraft des eigenen Lebens Jesu in ihm zunehmend frei wird, sein Leben in der Geschichte von ihrer in Christus verwirklichten Vollendung her neu zu gestaltet. So entbindet sich aus dem versöhnenden Handeln Christi das neue sittliche Leben der Glaubenden, das den Geist Christi zu seinem inneren Antrieb hat und das nichts anderes ist als das Sich-Ausbreiten des eigenen Lebens Christi über die Welt.[95]

---

[92] *CS* 313.312 (1826/27).

[93] *CS* 372 (s.o. S. 202).

[94] *CS* 83.

[95] Bemerkenswert ist, daß sich aus der Fassung des Glaubens als des ‚Lebens Christi in uns' ein Verständnis dessen ergibt, daß im christlichen Leben *der Glaube selber handelt*. Denn im Glaubenden sind der Glaube und das versöhnend tätige Leben Christi eines und dasselbe. Schleiermacher betont denn auch (besonders in den Predigten) sehr, daß der Glaube in sich selber wesentlich tätig ist. Das Problem eines Umschlagpunktes von schlechthinniger Passivität zur Aktivität des Glaubens gibt es dabei in Schleiermachers Theologie nicht. Denn einen solchen Umschlagpunkt gibt es nur für den *Menschen*, der sich nicht in Aktivität und Passivität zugleich finden kann. Der Unterschied löst sich indessen auf, wenn man die Sache aus dem Blick des Geistes betrachtet, für den die (passiv erfahrene) Aneignung des menschlichen Selbstbewußtseins und die (als eigene Aktivität erfahrene) Aneignung der menschlichen Natur ein und dasselbe sich verbreitende und alles mit sich erfüllende Wirken des Geistes sind. Auch die Aktivität des Glaubens ist so Passivität, weil Christus es ist, der handelt, aber da Christus das eigene Selbstbewußtsein erfüllt, ist es zugleich eigene Selbstäußerung des neuen Lebens des Gläubigen. Schleiermacher hat damit das Verständnisproblem der Aktivität passivisch konstituierten Glaubens aufgelöst. Freilich ist die Schwäche seines Geist- und Glaubensverständnisses in dieser Lösung mitgesetzt: Wie der Glaube nicht aus dem Tod sich schaffendes Leben ist, sondern als immer schon vollendetes Leben erwacht, so ist auch das menschliche Handeln nicht etwas, das sterben muß, um wahrhaft lebendig zu sein, sondern wird seiner durch das Gesetz lediglich gehemmten Vollendung angeeignet. Auch hier geschieht die Problemlösung also um den Preis, daß die eigentliche Schärfe des Problems ausgeblendet bleibt.

3. Teilt sich auf diese Weise im erlösenden und versöhnenden Handeln der Geist Gottes von Jesus aus mit, so geschieht in der Geschichte etwas ganz Neues: Es entsteht das *Reich Gottes* in als ein geschichtlicher Lebenszusammenhang, in dem das neue Leben, das vorher nur in Jesus alleine war, nun ein *Gesamtleben* wird, d.h. in die Form des gemeinschaftlich verfaßten geschichtlichen Lebens eintritt und damit selbständige geschichtliche Gestalt annimmt. Damit geht Schleiermachers Lehre von der Geistmitteilung von der Christologie in die Ekklesiologie und Ethik über und wird dort noch zu thematisieren sein.[96] An dieser Stelle ist lediglich hervorzuheben, daß die christologische Perspektive seines Geistverständnisses in diesem Übergang nicht verlassen wird. Vielmehr bleibt sie weiterhin grundlegend, da die Stiftung des Reiches Gottes als das eigentliche Ziel der irdischen Jesus ganz „eins und dasselbe" mit der „Mittheilung seines eigenthümlichen Lebens an die Menschen" ist.[97] So ist das Reich Gottes auch in seiner ekklesiologischen und ethischen Entfaltung ganz aus dem Handeln Jesu zu begreifen und nichts anderes als die universale Verwirklichung seines eigenen urbildlichen Lebens.

Dabei wird das Reich Gottes als das weitere Sichfortsetzen der erlösenden und versöhnenden Geistmitteilung durch Jesus verständlich. Denn sind durch die Mitteilung des Geistes Gottes im erlösenden und versöhnenden Handeln Jesu das Selbstbewußtsein und Handeln der Gläubigen in das eigene Bewußtsein und Leben Jesu aufgenommen, so sind in den Gläubigen „das innerste Bewußtsein und die innersten Antriebe nichts anders [...], als die Gegenwart und die lebendigen Regungen des Geistes selbst", der ‚in Christo erschienen' war.[98] Dies aber besagt, daß die natürliche geschichtliche Selbsttätigkeit der Gläubigen in Darstellung und Mitteilung – bzw. in Selbstmanifestation und Besitzergreifen – selber dasjenige erlösende und versöhnende Handeln ist, welches durch Jesus von Nazareth geschah: „so ist eigentlich alles Handeln des Christen als solchen die Fortsezung von dem Handeln Christi selbst".[99] Der Unterschied, durch den das Reich Gottes erst recht eigentlich ein über Jesus von Nazareth hinausgehendes geschichtliches Leben wird, ist lediglich der, daß dieses Handeln als ein solches natürliches Handeln nun nicht mehr durch die irdische Gegenwart Jesu, sondern durch die menschliche *Gemeinschaft* vermittelt ist. Das

---

[96] Vgl. die beiden folgenden Paragraphen.

[97] *Leben Jesu*, SW I/6, 309 (vgl. o. Anm. 74). Insofern in dem Reich Gottes nun geschichtlich verwirklicht wird, was an neuem Leben des Geistes in Jesus urbildlich in die Geschichte eintrat, ist die Begründung des neuen Gesamtlebens der „eigentliche[] Zweckk seiner Sendung" und auch von Jesus selbst als „seine Bestimmung" angesehen worden (ebd.). Daraus ergibt sich Schleiermachers Verständnis der Reich-Gottes-Verkündigung Jesu, wonach die angekündigte Gottesherrschaft streng auf die entstehende *Gemeinde* zu beziehen ist. Das Reich Gottes war also in Jesus nur in dem Sinne schon da, als es in seiner Urbildlichkeit keimhaft angelegt war. Recht eigentlich ist das Kommen des Reiches Gottes erst die geschichtliche Entstehung der aus diesem Keim sich entbindenden Gemeinde.

[98] *CG*² § 149.2, 389, 14–16.

[99] *CS* 291.

erlösende und versöhnende Handeln des Geistes gestaltet sich im geschichtlichen Leben zu einem „gemeinsamen Mit- und gegenseitigen Aufeinanderwirken“[100] der Glaubenden, in dem der Geist Gottes, der anfänglich in Jesus alleine war, das Reich Gottes als einen potentiell unendlichen geschichtlichen Lebenszusammenhang gründet.

Dieser neue Lebenszusammenhang löst nun das Desiderat einer von Christus ausgehenden neuen Geschichte ein. Wie der durch das Gesetz bestimmte natürliche Geschichtszusammenhang, so ist auch er ein sich aus einem Prinzip entbindendes, das geschichtliche Dasein übergreifendes *Gesamtleben.* Jedoch ist dieses gegenüber dem ‚alten' Gesamtleben *neu*, insofern in ihm nicht mehr die sich als Gesetz manifestierende Gebundenheit des Lebens in Abhängigkeit und Freiheit geschichtsbildendes Prinzip ist, sondern das die Polarität des geschichtlichen Daseins in sich zur Einheit vollendende Leben des Geistes Gottes selber, das in Jesus geschichtlich geworden ist. Ist deshalb nun der in diesem Geist bestehende gemeinschaftliche Lebenszusammenhang – das „Reich[] Gottes auf Erden“ – „der Wohnsiz des ewigen Geistes“[101] in der Geschichte, aus dem die Erlösung des menschlichen Geistes hervorgeht, so ist es darin keine andere als die in Jesus urbildlich verwirklichte Geistesgegenwart, die sich hier über die Geschichte ausbreitet. Denn als urbildliche Vollendung des geschichtlichen Lebens ist die „göttliche Kraft in Christo [...] eine rein unendliche, in welcher *implicite* die ganze Entwikkelung des Reiches Gottes mitgesezt ist“.[102] Die Gegenwart des Heiligen Geistes im Reich Gottes löst zwar die irdische Gegenwart Jesu im leiblich-natürlichen Sinne ab, läßt ihn dabei aber nicht hinter sich, sondern bringt durch die Gläubigen nur in der Geschichte zur Verwirklichung, was urbildlich in Jesus schon ewig vollendet ist.[103]

So ist es Jesu eigenes person- und weltbildendes Handeln, das sich im Heiligen Geist unendlich fortsetzt und das Leben Jesu intensiv und extensiv über die Menschheit verbreitet. Indem sich dadurch im Reich Gottes die unendliche Potentialität des ‚in Christo erschienenen' Geistes Gottes nun über die Geschichte hin verwirklicht, kommt zum einen der menschliche Geist zum Ziel, indem er durch immer weiteres Sichverbreiten des Lebens Jesu zunehmend in Jesu Freiheit vom Gesetz aufgenommen wird, zum anderen kommt die Erscheinung des Geistes Gottes in der Geschichte zum Ziel, indem er durch die geschichtliche Ausbreitung des Reiches Gottes alles natürlich-vernünftige Sein in die Einheit mit sich führt.

---

100 *CG*² § 121. Leitsatz, 248.

101 SW II²/2, 589 (P 33).

102 *CS* 324 (1826/27).

103 Dies ist für Schleiermacher der Sinn der Aussage, daß der Paraklet allein Christus verherrlichen und alles aus ihm nehmen werde (*Joh* 16,14).

4. Das Verhältnis von Geist Gottes und menschlichem Geist als Verhältnis von Geist (πνεῦμα) und Fleisch (σάρξ)

Wenn Schleiermacher das die universale Vollendung des geschichtlichen Geistes herbeiführende Reich Gottes als ein solches beschreibt, das aus dem erlösenden und versöhnenden Handeln Christi hervorgeht und dessen eigene Fortsetzung bildet, so trägt er der geschichtlichen Urbildlichkeit der in Jesus von Nazareth verwirklichten Einheit von πνεῦμα und νοῦς Rechnung, von der, ist sie einmal in die Geschichte eingetreten, auch vollkommene geschichtliche Durchsetzung ausgesagt werden muß. Dabei blieb der sich in dem Gedanken der Heiligung andeutende Sachverhalt bislang ausgeklammert, daß mit dem Eintritt Jesu in die Geschichte diese zwar *in ihm* ewig vollendet ist, in die Geschichte selber aber durch Christus eine Differenz getreten ist. Denn die alte Geschichte, die zu ihrem Prinzip das Gesetz hat, und die neue Geschichte, die zu ihrem Prinzip den Geist Gottes hat, sind seit der ‚Erscheinung' des Geistes Gottes in Christus *zugleich*. Die in der Inkarnation geschehene vollkommene Vereinigung von πνεῦμα und νοῦς ist die urbildliche Vollendung der Geschichte nur so, daß sie die Geschichte zunächst unterscheidet, indem sie das ‚neue Gesamtleben' zwar *in*, darin aber zunächst einmal *neben* dem ‚alten Gesamtleben' des menschlichen Geistes unter dem Gesetz begründet, das weiterhin existiert und erst sukzessiv in das Reich Gottes aufgenommen werden kann. Damit aber stellt sich das oben inkarnationstheologisch verhandelte Problem, wie sich das in Christus erschienene πνεῦμα zum menschlich-geschichtlichen νοῦς verhält, im Blick auf die Geschichte post Christum neu. Denn die in Jesus von Nazareth ursprünglich und urbildlich gegebene Vereinigung von Geist Gottes und menschlichem Geist ist in ihrer weiteren geschichtlichen Realisierung erst *werdend*, so daß sich in der Geschichte noch weiterhin als auseinandergetreten erweist, was in Jesus schon ewig vollendet ist. Dies führt bei Schleiermacher zu einer weitergehenden Thematisierung des Verhältnisses von Geist Gottes und menschlichem Geist, die in der Verhältnisbestimmung von πνεῦμα und σάρξ nun auch die bleibende geschichtliche Differenz des menschlichen Geistes zu dem in Christus realisierten Geist Gottes aufzufassen vornimmt.[104]

1. Wenn Schleiermacher dieses neue Verhältnisproblem unter den Begriffen πνεῦμα und σάρξ verhandelt, so bezeichnet ‚πνεῦμα' wie auch oben den Geist Gottes, der hier als das Prinzip des von Christus ausgehenden neuen Ge-

[104] Der Ort der Verhandlung dieses Verhältnisses ist wiederum die *Christliche Sittenlehre*, die die Weise der Gestaltnahme des durch den Geist hervorgebrachten Reiches Gottes zum Gegenstand hat und in der Relation von Geist und Fleisch einen ihrer wesentlichen Ausgangspunkte findet. Der folgenden Analyse dieses Verhältnisses entsprechen in der *Glaubenslehre* Schleiermachers Paragraphen zur *Sündenlehre*, die „die Sünde als einen positiven Widerstreit des Fleisches gegen den Geist" „begreifen" (*CG*[2] § 66. Leitsatz, 355). Da die Begriffe ‚Geist' und ‚Fleisch' nicht in der Glaubenslehre, sondern erst in der Sittenlehre ausführlich expliziert werden, sind die folgenden Ausführungen zugleich ein Zugang zu Schleiermachers Sündenlehre.

samtlebens in den Blick kommt, das dem im alten Gesamtleben verhafteten νοῦς begegnet, um ihn in sich aufzunehmen.[105] Der Begriff ‚σάρξ' bezeichnet im Gegensatz dazu das Prinzip des alten Gesamtlebens, ist darin aber doppeldeutig. Er bezeichnet zum einen auf rein anthropologischer (die Erlösung noch nicht voraussetzender) Ebene den der Sinnlichkeit verhafteten niederen psychischen Organismus, der dem νοῦς entgegensteht und dem Willen denjenigen Widerstand bietet, der zu dem Auseinanderfallen von Erkennen und Handeln und damit zu der Gefangenheit des νοῦς unter dem Gesetz führt.[106] Zum anderen bezeichnet er aus christlicher Sicht den menschlichen Geist insgesamt, insofern er in dieser Gefangenheit dem πνεῦμα gegenübersteht, so daß also gilt: „Der νοῦς, die Vernunft, der Geist im allgemein menschlichen Sinne, gehört vom christlichen Standpunkte aus mit zur σάρξ".[107] Dieser zweite Bedeutungsgehalt ist für die Verhältnisbestimmung von Heiligem Geist und menschlichem Geist entscheidend, insofern hier deutlich wird, daß Schleiermacher die Widerständigkeit, die die sinnliche σάρξ gegen den νοῦς ausübt, auch dem νοῦς selber zuschreibt, wenn er vom Geist Gottes angeeignet werden soll.[108]

Diese letztere Perspektive ist die theologisch grundlegende. Nur insofern eine Einheit des νοῦς mit dem πνεῦμα im Prozeß der Heiligung bereits vorausgesetzt werden kann und die Grenze zwischen dem alten und dem neuen Gesamtleben also nicht zwischen πνεῦμα und νοῦς liegt, sondern zwischen dem νοῦς und der ψυχή, kann dann auch der allgemein-sittliche Begriff von σάρξ theologisch relevant werden.[109] Nimmt man beide Bestimmungen zusammen, so ist ‚σάρξ' Ausdruck für das Prinzip des durch das Gesetz geformten alten Gesamtlebens jeweils an dem Orte, wo es sich gegen das πνεῦμα als das Prinzip des neuen Gesamtlebens widerständig erweist.

---

105 Vgl. o. § 9.2.

106 Vgl. o. S. 161f.

107 *CS* 305; vgl. 300f.

108 Die formale Auffassung dieses Verhältnisses ist das Recht der von W. TRILLHAAS aufgestellten Gleichung: „νοῦς : σάρξ = πνεῦμα ἅγιον : (νοῦς + σάρξ)" (Schleiermachers Predigt, 195). Freilich kommt dabei nicht recht heraus, daß, während νοῦς und σάρξ beide *einem* (nämlich dem natürlichen) Gesamtleben zugehören, mit dem πνεῦμα eine ganz neue Wirklichkeit des Lebens angesprochen wird. Indem Trillhaas im ersten Gleichungsteil die Polarität des alten Gesamtlebens zum Maßstab macht, kann er diesen Sachverhalt nicht mehr aussagen und versteht den Heiligen Geist bei Schleiermacher deshalb folgerichtig als einen in die durch den νοῦς gebildete Weltwirklichkeit eingezeichneten ‚psychologischen Faktor' (ebd). Zutreffender wäre die Gleichung, wenn man sie als die Bestimmung der Entsprechung zweier Bewegungen versteht und dabei entweder die Gleichungsteile herumdreht [πνεῦμα ἅγιον : (νοῦς + σάρξ) = νοῦς : σάρξ] oder die Relate in jedem Gleichungsteil [σάρξ : νοῦς = (νοῦς + σάρξ) : πνεῦμα ἅγιον]. Im ersten Fall hätte man dann die Bewegung des Geistes Gottes in die Geschichte und die in ihr erfolgende Aneignung der Natur beschrieben, im zweiten Fall die Bewegung des menschlichen Geistes über sich hinaus zum unableitbar gegenwärtig werdenden Geist Gottes.

109 Der Ort dafür ist die Bestimmung des *Talentbildungsprozesses* in der christlichen Sittenlehre, vgl. u. S. 310.

2. Die Grundbeziehung des Fleisches auf den Geist zeigt sich nun bereits in der von dem erlösenden Handeln Christi ausgehenden Aufnahme einen einzelnen Individuums in das neue Gesamtleben in der Wiedergeburt. Soll hier eine ursprüngliche Belebung des durch das Gesetz an seiner kräftigen Wirksamkeit gehinderten Gottesbewußtseins als ein geschichtliches Geschehen möglich sein, so kann der als σάϱξ bestimmte menschliche Geist nicht in der Weise in einem *status corruptionis* stehen, daß ein Empfang des sich mitteilenden Geistes bzw. die Möglichkeit des Kräftigwerdens des Gottesbewußtseins in ihm grundsätzlich ausgeschlossen wäre. Denn dann wäre ‚aller geschichtlicher Zusammenhang zerrissen', und es wäre „die Erscheinung des Erlösers umsonst gewesen", da das durch ihn sich mitteilende Leben nicht vom Menschen aufgenommen werden könnte.[110] Vielmehr haben bereits die Psychologie und die philosophische Theologie gezeigt, daß das Hervortreten des religiösen Bewußtseins als der höchsten Vollendung des Selbstbewußtseins der Ausbildung des menschlichen Geistes in seinen durch Abhängigkeit und Freiheit bestimmten und darin dem alten Gesamtleben zugehörigen vorläufigen Funktionen notwendig bedarf. So weist der menschliche Geist auch in seiner Bestimmtheit als σάϱξ eine grundsätzliche *Empfänglichkeit* für das πνεῦμα als dessen vollkommene Kräftigkeit auf, ist also in sich selbst auf die von dem neuen Gesamtleben ausgehende Mitteilung des Heiligen Geistes bezogen. Wenn Schleiermacher von dieser Empfänglichkeit sagt: „Sie wohnt dem νοῦς ein, der zur σάϱξ gehört, die dem göttlichen Geiste entgegengesezt ist, und der selbstthätig nichts produciren kann, was dem göttlichen Willen entspricht"[111], so macht er deutlich, in welchem Sinne der menschliche Geist angesichts dieser Empfänglichkeit nur noch als σάϱξ qualifiziert ist, nämlich nicht darin, daß er der *Aufnahme* des πνεῦμα und seinem Wirkenwollen in ihm grundsätzlich widerstreitet, sondern lediglich in dem Sinne, daß er sich (aufgrund seiner Bedingtheit durch das Gesetz) nicht selbst zu seiner Bestimmung durch den Geist Gottes erheben kann und deshalb diese seine höchste Bestimmung in allem seinem Tun kontinuierlich verfehlt.

Die Widerständigkeit des Fleisches gegen den Geist ist damit sehr schwach bestimmt. Sie ist die natürliche Unabhängigkeit des menschlichen Geistes vom Geist Gottes, in der der Mensch sein eigenes selbstverfaßtes Leben bildet. Diese Unabhängigkeit ist nicht Gegnerschaft gegen den Geist Gottes, sondern gründet in dem Sachverhalt, daß der in die Geschichte eintretende Geist Gottes in seiner Ausbreitung immer auf ein schon vollständig entwickeltes Leben trifft, in dem „die niedere Lebenspotenz" unter dem Gesetz „immer schon im Besiz aller Impulse gewesen" und in dieser Lebensform notwendig zu verharren ge-

---

110 *CS* 512 (1824/25), *CS* 370. Vgl. *CS* 316 (1826/27): Wenn „die Empfänglichkeit absolut aufgehoben wäre […] wäre der Mensch als ein Werk Gottes absolut verschwunden und rein ein Werk des Satans geworden".

111 *CS* 316 (1826/27).

neigt ist.[112] Die grundlegende Empfänglichkeit für den Geist Gottes und die Möglichkeit des in ihm geschehenden Übersichhinausgehens des menschlichen Geistes zur ‚höheren Lebenspotenz' des Reiches Gottes wird dadurch aber nicht aufgehoben. Vielmehr haben Schleiermachers Überlegungen zum Gesetz gezeigt, daß die durch das Gesetz verfaßte niedere Lebensstufe die das Selbstbewußtsein auf den Empfang des Geistes Gottes ausrichtende Sehnsucht allererst bewirkt. Und so wiederholt sich im als Fleisch bestimmten Leben des menschlichen Geistes nur, was schon oben gesagt wurde, daß der νοῦς auf das Gegenwärtigwerden des πνεῦμα in ihm zugeht. Der Unterschied ist lediglich der, daß dieses nicht als erst in die Geschichte eintretend gedacht werden muß, sondern als solches, das, in der Geschichte bereits gegenwärtig, nun in das individuelle Selbstbewußtsein eintritt.

Schleiermacher gibt damit einen Bezug des Fleisches zum Geist zu denken, der dem inkarnationstheologischen Verhältnis von πνεῦμα und νοῦς entspricht. „Fleisch" ist die Lebensweise des menschlichen Geistes unter dem Gesetz, seine ‚niedere Lebenspotenz', in der der menschliche Geist zwar empfänglich ist für das Leben im Geist, sich zu diesem aber nicht selbst erheben, sondern es nur empfangen kann. Dabei ist dann dieser Empfang zwar in bezug auf diese Unfähigkeit des menschlichen Geistes übernatürlich, durchbricht aber (wie auch das ursprüngliche Gegenwärtigwerden des Geistes in der Geschichte nicht den Geschichtszusammenhang durchbricht) nicht seinen Personzusammenhang. Vielmehr empfängt der menschliche Geist nur die schon immer in ihm angelegte Kräftigkeit des Gottesbewußtseins, deren spontanes Hervortreten in dem als σάρξ bestimmten Leben unter dem Gesetz verhindert war, zu deren Empfang von außen dieses die Empfänglichkeit aber nicht hat aufheben können. So zeigt sich – unbeschadet der Selbständigkeit des als σάρξ bestimmten Lebens des Geistes – die grundlegende Kontinuität des menschlichen Geistes zum Geist Gottes auch hier. Der Heilige Geist ist zwar der σάρξ ganz unzugänglich. Teilt er sich aber mit, dann ist er als das ihm von Natur potentiell mitgegebene und nun kräftige Gottesbewußtsein die ‚höhere Lebenspotenz' eben desselben Lebens, das zuvor in seiner Selbständigkeit als σάρξ in den Blick kam. Damit ist das πνεῦμα letzthin die höchste Erfüllung der σάρξ, deren sarkischer Charakter in der Selbständigkeit der Lebensform unter dem Gesetz besteht, die aber, ist das πνεῦμα einmal hervorgetreten, als die niedere Potenz des Lebens voll und ganz in die höhere des Geistes Gottes aufgenommen werden kann. Insofern sich damit der Geist Gottes im Menschen als die in ihm schon immer angelegte höhere Möglich-

112 Vgl. *CS* 44; zur Bezeichnung von πνεῦμα und σάρξ als „der höheren und der niederen Lebenspotenz" vgl. *CS* 42. Die Notwendigkeit der Neigung zum Verharren auf der niederen Stufe ist in dem Selbsterhaltungstrieb begründet, der im Blick auf die Mitteilung des neuen Lebens freilich keine Abwehr aus sich heraussetzt, sondern lediglich als die Trägheit zu verstehen ist, durch welche die verschiedenen Lebensmomente des menschlichen Daseins einen die Lebenseinheit eines Subjektes konstituierenden Zusammenhang bilden (vgl. o. S. 143).

keit eben des alten Lebens ansehen läßt, läßt sich im Blick auf das einzelne Individuum mit Recht sagen, daß „das πνεῦμα nur eine höhere Entwikkelung ist von dem, was wir Vernunft nennen".[113] Freilich ist auch hier festzuhalten, daß die Fortbildung vom einen zum andern nicht kraft der als σάρξ bestimmten Vernunft, sondern nur kraft des πνεῦμα geschieht, und daß sich der menschliche Geist zu seiner höchsten Entwicklung also nicht selber entwikkeln, sondern sie nur, wenn sie ihm mitgeteilt wurde, als eine solche feststellen kann.

3. Dieser Unterschied bekommt nun auch Gewicht, wenn die Wiedergeburt bereits geschehen und das göttliche πνεῦμα innerstes Lebensprinzip des Menschen geworden ist. Denn weil der menschliche Geist den Geist Gottes erst als ein schon vorher konstituiertes Individuum empfängt und ihn nicht wie Jesus bereits von Geburt als wirksames Prinzip in sich hat, ist die Einigung von göttlichem und menschlichem Geist in der Wiedergeburt nicht schon verwirklicht, sondern diese stellt sich in dem nun anbrechenden Prozeß der Heiligung erst her. Das aber heißt, daß das πνεῦμα zwar in die σάρξ *eingetreten* ist, diese aber damit nicht aufgehoben wird, sondern als eigene ‚positive' ‚Lebensstufe' bestehen bleibt.[114] Der Widerstreit zwischen neuem und altem Gesamtleben, zwischen Geist und Fleisch, verlagert sich damit in das Subjekt selbst. Und hier nun liegt der eigentliche Ort der Wechselbeziehung von Geist und Fleisch.

Dabei vollzieht sich nun auch im Subjekt selbst die schon in der Wiedergeburt beobachtete und sich in der Heiligung nur fortsetzende Grundbewegung, in welcher der Geist in das zwar selbständige, aber gegenüber seiner Einwirkung nicht selber widerständige niedere Leben des Fleisches sukzessiv immer weiter eindringt und sich den νοῦς und vermittels dessen dann die mehr sinnlich bestimmte ψυχή zum ‚Organ' des höheren Lebens des Geistes aneignet.[115] Wie schon die die Wiedergeburt bewirkende erlösende Selbstmitteilung des Geistes Gottes nicht auf eine Widerständigkeit des Fleisches gegen diese Mitteilung stößt, so streitet auch in der Heiligung, in der sie sich als versöhnende Mitteilung nun im Subjekt selbst fortsetzt, das Fleisch nicht wider die aneignende Tätigkeit des Geistes, sondern wird von diesem bruchlos in die Einheit mit sich geführt. So wird auch in der im Subjekt selbst sich vollziehenden Aneignung des menschlichen Geistes dieser nicht Widerpart, sondern ‚Organ' des göttlichen Geistes, das schon immer auf sein Bestimmtwerden durch den Geist

---

113 *CS* 313.

114 Vgl. *CS* 42.

115 Dabei ist im Ergebnis das „Einsgewordensein des πνεῦμα mit dem νοῦς" die „mehr innerliche Art" der Herrschaft des Geistes Gottes und umfaßt das Gebiet der „Gesinnung"; „die mehr äußerliche Art ist das Einsgewordenensein des πνεῦμα mit der ψυχή, mit dem Organismus der verschiedenen Functionen der Sinnlichkeit des Menschen, aber nur vermittels des νοῦς, also das, was wir Talent nennen im Gegensatz zur Gesinnung" (*CS* 306f [1826/27]).

Gottes ausgerichtet war und in ihm nun zu seiner höchsten Bestimmung kommt.

Der Grund, weswegen Schleiermacher von einem *Streit* des Geistes gegen das Fleisch redet, liegt deshalb nicht auf der Ebene der Aneignung des Fleisches im Vollzug der Heiligung, sondern vielmehr darin, daß durch die Positivität der niederen Lebensstufe auch weiterhin das *Selbstbewußtsein* der Wiedergeborenen bestimmt werden kann. Denn wenn auch der Geist Gottes in den zur σάρξ gehörigen νοῦς eingetreten und das unmittelbare Selbstbewußtsein des Menschen geworden ist, so ist doch die Eigenwirksamkeit des νοῦς gegenüber dem πνεῦμα dadurch (noch) nicht aufgehoben. Vielmehr haben „alle Bestimmungen des Selbstbewußtseins, die von außen bedingt sind, [...] bisher nur der niederen Lebensstufe angehört und werden also fortwirken", so daß „die niedere Lebenspotenz" auch weiterhin „selbständig hervortritt" und das Selbstbewußtsein des frommen Subjekts bestimmt.[116] Indem sich damit aber die dem Geist noch unangeeignete Anteilhabe des Subjekts am alten Gesamtleben im Bewußtsein darstellt, entsteht eine *Differenz im Selbstbewußtein*, und diese ist nun dasjenige, was als Widerstreit des Fleisches gegen den Geist bewußt wird. Denn das wiedergeborene Subjekt findet sich sowohl in seinem unmittelbaren Selbstbewußtsein durch den von Christus ausgehenden Geist Gottes bestimmt, als auch in seinem geschichtlich vermittelten Selbstbewußtsein bestimmt durch die in das Unvermögen unter dem Gesetz gefangene σάρξ. Dadurch aber ergibt sich in den Gläubigen ein Widerstreit der Gefühle. Denn tritt, wiewohl das Selbstbewußtsein der Gläubigen den Geist Gottes zu seinem innersten Prinzip hat, „die niedere Lebenspotenz selbständig auf in einem Momente: so muß dieser auf das Zusammensein beider bezogen als Unlust empfunden werden, weil die höhere Lebenspotenz als bestimmende Kraft darin negirt wird".[117] Eben diese Negation im Selbstbewußtsein, die, „weil nicht nur die höhere Lebenspotenz darin negirt ist, sondern die niedere selbständig hervortritt [...] zugleich etwas positives" ist, ist der *Widerstand* des Fleisches gegen den Geist.[118] So ist der Streit des Fleisches gegen den Geist nicht ein Sich-Widersetzen des Fleisches gegen die Aneignung durch den Geist, sondern eine Bewußtseinsdifferenz, die eine noch verbleibende Selbständigkeit anzeigt und darin dem reinen Gefühl der Seligkeit entgegensteht.

Dieser Widerstand im Selbstbewußtsein hat nun in zweifacher Hinsicht Bedeutung. *Zum einen* löst er die Bewegung der Heiligung erst aus, da durch ihn erst der Impuls zum weiteren versöhnenden Handeln des Geistes entsteht, in welchem sich der im unmittelbaren Selbstbewußtsein gegenwärtige Geist Gottes die als selbständig erfahrenen Lebensmomente aneignet und dadurch die mit der Unlust gegebene teilweise Aufhebung der Gemeinschaft mit der Seligkeit

116 *CS* 84; *CS* 42.
117 *CS* 42.
118 Ebd.

Christi wiederherstellt.[119] Insofern sich durch diese Bewegung die Gegenwart der Geistes vom Selbstbewußtsein ausgehend weiter ausbreitet, liegt in der Selbstmanifestation des Fleisches im Bewußtsein der Anfangspunkt für alle von dem Einzelsubjekt ausgehende Aneignung des natürlich-vernünftigen Daseins an die Herrschaft des Geistes Gottes.[120] So macht Schleiermachers Bestimmung des Widerstandes des Fleisches die Geschichtlichkeit der Ausbreitung des neuen Gesamtlebens verständlich, die kein übernatürliches Eingreifen des Geistes Gottes ist, sondern ihm ganz als die natürliche Bewegung der Überwindung einer Bewußtseinsdifferenz im frommen Subjekt verständlich ist.

Zum anderen hat der Widerstand des Fleisches dadurch Bedeutung, daß er bleibenden Charakter hat, weil die durch das Gefühl der Unlust hervorgerufene Aneignungsbewegung des Geistes die Selbständigkeit der σάρξ nie völlig aufheben, sondern ihren Einfluß nur immer mehr vermindern kann. Der Grund für diesen Sachverhalt liegt darin, daß die ‚niedere Lebenspotenz' nicht ‚jedem einzelnen abgesondert zukommt', sondern eine Anteilhabe an dem das gesamte menschlich-geschichtliche Dasein umfassenden ‚alten Gesamtleben' unter dem Gesetz ist, an dem der wiedergeborene Mensch als geschichtliches Einzelwesen weiterhin teilhat.[121] So wird das geschichtliche Zusammenleben der Menschen jedes in der leibseelischen Einheit des Wiedergeborenen noch nicht vollständig angeeignete Element seines Lebens zu Wirkungen erregen, in denen sich die Selbständigkeit des alten Gesamtlebens im Bewußtsein manifestiert. Und da es solche Lebensmomente immer geben wird – denn die menschliche Rezeptivität und Selbsttätigkeit stellen auch im einzelnen Menschen immer einen unendlichen Lebenszusammenhang dar –, wird sich die Unlust im Bewußtsein immer wieder erneuern.[122] Deshalb könnte das Bewußtsein der Un-

[119] Entsprechend liegt hier die Begründung für den ganzen Zweig des *reinigenden* oder *wiederherstellenden Handelns* in der Konzeption der *christlichen Sittenlehre*; vgl. *CS* 44f: „Mit der Unlust entsteht also der Impuls zu einem Handeln, durch welches die verlezte Idee des Verhältnisses zwischen der höheren und der niederen Lebenspotenz, der aufgehobene Normalzustand, hergestellt werden soll, und [...] so können wir es füglich das wiederherstellende Handeln nennen. Nicht als sollte nur im besonderen ein Zustand wiederhergestellt werden, der schon einmal da war, sondern das soll wiederhergestellt werden, was mit dem Anfange des christlich sittlichen Lebens im allgemeinen gesezt ist, dieses, daß der Geist das Fleisch als seinen Organismus beherrscht, wenngleich die Renitenz des Fleisches im einzelnen noch niemals überwunden war".

[120] Vgl. *CS* 84: „So ist also das reinigende Handeln das erste, das als eigentliches Continuum in dem neuen Leben sich darstellt". Erst wenn hier „ein gewisser *habitus*, eine Fertigkeit, die dem Principe des neuen Lebens entspricht, da ist" (ebd.), kann die Wirksamkeit des Geistes über die Aneignung des Einzelsubjektes hinausgehen.

[121] Vgl. *CG*² § 71.2, 376, 16–20: „die Gesamtkraft des Fleisches in seinem Widerstreit gegen den Geist" kann „nur in dem Gesamtsein aller Zusammenlebenden aufgefaßt werden". Entsprechend ist auch die Sünde „ein durchaus Gemeinschaftliches, nicht jedem Einzelnen abgesondert zukommend und sich auf ihn allein beziehend, sondern in jedem das Werk aller und in allen das Werk eines jeden" (ebd., S. 376, 34 – 377, 2).

[122] Die Erneuerung des Unseligkeitsbewußtseins könnte deshalb nur dadurch ausgeschlossen werden, daß sich die christliche Gemeinschaft ganz in sich verschließt. Freilich widerspricht dies dem teleologischen Wesen des Geistes Gottes, der immer über eine bestehende geschichtliche Verwirk-

seligkeit nur dann vollkommen aufgehoben sein, wenn die ganze Menschheit insgesamt in das Reich Gottes aufgenommen ist, was freilich ebenfalls eine utopische Vorstellung ist, da auch die Menschheit kein abgeschlossener Lebenszusammenhang ist, sondern sich stets erneuert und sich damit auch das alte Gesamtleben immer wieder neu hervorbringt. So bleibt also der Widerspruch des Fleisches gegen den Geist im erlösten Subjekt immer lebendig und ruft auch in der weiteren Durchdringung des Lebens durch das Gottesbewußtsein das Bewußtsein der Unlust bzw. der Unseligkeit immer wieder hervor. Daß der menschliche Geist sich nicht selbst zum höheren Leben des Geistes Gottes erheben, sondern dies nur als ein ihn prozessual ergreifendes empfangen kann, führt also mit sich, daß der menschliche Geist sich selbst immer auch als dem alten Gesamtleben unter dem Gesetz noch verhaftet qualifizieren muß. Und eben darin besteht die trotz aller Aneignung des νοῦς durch das πνεῦμα bestehende bleibende Unterschiedenheit des menschlichen Geistes vom Geist Gottes.

4. Gilt es diesen bleibenden Unterschied von Geist Gottes und menschlichem Geist näher aufzufassen und zu bewerten, so ist zunächst einmal festzustellen, daß Schleiermacher ihn im Bewußtsein der Gläubigen durchaus als einen qualitativen Unterschied beurteilt. Der dem menschlichen Geist im neuen Gesamtleben gegenwärtig werdende Geist Gottes ist zwar als die ‚höhere Lebenspotenz' der Freiheit vom Gesetz nichts anderes als eine Bestimmtheit *des Menschen* und ist damit nichts Übernatürliches, sondern eine geschichtliche Größe. Aber er wird als diese doch nur so offenbar, daß ihr Hervortreten in ihm die bleibende Unterschiedenheit seines natürlichen Lebens von dieser seiner höchsten Bestimmung zum Bewußtsein bringt. Die Mitteilung des Heiligen Geistes erfüllt die Sehnsucht des menschlichen Geistes nach der Freiheit seines Lebens unter dem Gesetz nicht anders, als daß der menschliche Geist im Gegenüber zu ihr immer *auch* der verbleibenden Unerfülltheit dieser Sehnsucht bewußt wird.[123] Und eben deshalb kann der Mensch nie die (in Jesus gegebene) bleibende Bewußtseinsbestimmung der ‚ungetrübten Seligkeit' haben, in der er mit dem Geist Gottes ganz eins ist. So weiß der Mensch vom Geist Gottes nur, weil

lichung hinaus zur Aneignung des ganzen natürlich-vernünftigen Seins drängt. Deshalb kann ein solcher Selbstabschluß auch nicht von dem Geist Gottes ausgehen, sondern nur von der noch bestehenden Herrschaft des Gesetzes. So wird eine solche Gemeinschaft, indem sie die Reinheit ihres Erlösungsbewußtseins bewahren will, gerade das Unerlöste in ihr zum gemeinschaftsbildenden Prinzip erheben und die Kraft des Geistes, die sie festhalten will, eben dadurch lähmen. Analoges gilt für das religiöse Subjekt, das sich in sich selbst verschließen und ohne die Gemeinschaft der Gläubigen leben will.

[123] Deshalb wird dem Menschen das unter dem Gesetz nur zu erahnende Ausmaß seiner Erlösungsbedürftigkeit erst durch die erlösende Gegenwart des Geistes Gottes in ihm ganz bewußt, so daß sich die durch das Gesetz hervorgerufene Einsicht in die Selbstverfehlung des menschlichen Geistes an der im neuen Gesamtleben begegnenden Verwirklichung seiner Vollendung eher noch verschärft. Vgl. *CG*[2] § 68.3, 365, 20–29: „Das Bewußtsein der Sünde aber kommt freilich aus dem Gesetz; aber […] teils unvollständig, teils zweifelhaft, und nur in der völligen Unsündlichkeit und der absoluten Geisteskräftigkeit des Erlösers wird uns die vollkommene Erkenntnis der Sünde".

er ihn in sich als eine Bestimmtheit seines eigenen Lebens erfährt, aber *indem* er diese höhere Potenz seiner selbst erfährt, wird er sich zugleich auch als von ihr unterschieden und dieser als eines ihn Übersteigenden bewußt, deren unmittelbarer Mitteilung er weiter bedürftig ist. Dadurch bleibt die Gegenwart des Geistes Gottes, wiewohl sie ganz geschichtlich ist, immer uneinholbar und verweist darin auf Christus, in welchem sie als dem ‚Anfänger und Vollender' allein ganz verwirklicht ist.

Die Aussage, daß die Gegenwart des πνεῦμα die höchste Entwicklung des menschlichen Geistes ist, gilt also auch im einzelnen Menschen nur kraft des πνεῦμα und läßt sich deshalb nur für den Moment aussagen, in dem sich das πνεῦμα als bestimmendes Prinzip zum Bewußtsein bringt. Eine zureichende Auffassung des Geistes Gottes aus dem Blickpunkt menschlichen Geistes ist sie nicht. Nur für den eschatologischen Zielpunkt, in dem sich die Herrschaft des Geistes Gottes das menschliche Dasein vollkommen angeeignet hat und in welchem deshalb „was der göttliche Geist wirkt und was die menschliche Vernunft selbst in demselben Individuum, überall nicht kann unterschieden werden", sind sich beide so eins, daß von dem Geist Gottes auch gesagt sein kann, daß er die höchste Form des menschlichen Geistes auch wirklich ist: „Indem also alsdann die Vernunft gänzlich eins mit dem göttlichen Geist ist, so kann der göttliche Geist selbst als die höchste Steigerung der menschlichen Vernunft gedacht werden, und die Differenz zwischen beiden als aufgehoben".[124] Freilich ist dieser Zustand gleichbedeutend mit der Aufhebung der menschlichen Geschichte in die ewige Einheit des Lebens Gottes, in der alles dem Geiste Gottes unmittelbar und vollkommen angeeignet ist und jede geschichtliche Teleologie schon immer zum Ziel gefunden hat. Und von diesem Zustand ist der vorfindliche menschliche Geist als geschichtliches Einzelwesen auch nach der von Jesum von Nazareth ausgehenden Mitteilung des Geistes Gottes bleibend und grundsätzlich unterschieden.

5. Nun ist aber auch zu sagen, daß der Unterschied zwischen heiligem und menschlichem Geist nur unter dem Vorzeichen seines sukzessiven Sichaufhebens zum Bewußtsein kommt. Er wird nie zum wirklichen Selbstwiderspruch des Menschen, sondern führt immer den kräftigen (d.h. zum Erfolg führenden) Impuls zur Überwindung der Bewußtseinsdifferenz mit sich. Damit wird sich der menschliche Geist seiner Unterschiedenheit vom Geist Gottes einzig als einer schwindenden, und nur darin als einer bleibenden, bewußt. Die Positivität des Fleisches ist die Positivität des Vergehenden, nicht des Bestehenden. Ihr Bleiben ist nur darin, daß sie im Vergehen immer noch da ist, nicht daß sie beständig bleibt, was sie ist. Deshalb ist ihr Bewußtsein nur das Bewußtsein ihres Daseins-im-Vergehen. Und die darin liegende ‚Negation' der Kraft des Geistes ist nur ein Moment in der Entwicklung des Bewußtseins seiner alles bestim-

[124] *CG*² § 13.2, 91, 15–19.

menden Macht. So bleibt die Kräftigkeit des Geistes Gottes im Selbstbewußtsein durch die Selbständigkeit des alten Lebens in ihm ganz unangetastet, so daß sich das wiedergeborene Subjekt durch die Differenz des Bewußtseins nie in Anfechtung darüber befindet, daß der Streit bereits in der Aufnahme in das Gottesbewußtsein Jesu – und d.h. letztlich in der den menschlichen Geist in sich vollendenden Erscheinung des Erlösers – ein für allemal entschieden ist.[125]

Schleiermacher hat damit ein Verständnis des Geistes, in dem der menschliche Geist in den Erlösten von der vollkommenen Gegenwart des Geistes Gottes im unmittelbaren Selbstbewußtsein immer schon herkommt und nur auf die vollkommene Verwirklichung dieser Gegenwart im Bewußtsein und Leben, nicht aber auf das unmittelbare Gegenwärtigsein selbst noch zugeht. Seine Geschichte ist nicht ein Zugehen auf die erst noch kommende Erfüllung des Geistes. Sondern die Geschichte des menschlichen Geistes in den Wiedergeborenen ist ein Aufsichzugehen ihrer in Christo schon gegebenen Erfüllung, in welchem nur noch geschichtliche Gestalt findet, was in ihm schon immer verwirklicht war und ist.

So bleibt die Verhältnisbestimmung von Geist Gottes und menschlichem Geist auch in den Gläubigen ganz eingezeichnet in die schon in der inkarnationstheologischen Verhältnisbestimmung grundlegende *eine* geschichtliche Bewegung des Geistes Gottes zu sich. War die Geschichte des menschlichen Geistes ante Christum in der Erscheinung des Geistes Gottes in Jesus sich durchsichtig geworden als das Sichvorlaufen ihrer ewigen Vollendung in ihm, die alles Leben des menschlichen Geistes von dieser Erfüllung her als ein verborgenes Zugehen auf den Geist Gottes qualifiziert, so ist die Geschichte des menschlichen Geistes post Christum ein ebenso bestimmtes Zugehen auf sein Ergriffenwerden durch seine sich mitteilende Vollendung im von Christo ausgehenden Geist des neuen Gesamtlebens bzw. ein von dieser Vollendung herkommendes Aufsichzugehen der ihm mitgeteilten Vollkommenheit des Geistes Gottes. War dort kritisch zu bewerten gewesen, daß der menschliche Geist ganz bruchlos als auf seine Erfüllung im Geist Gottes zugehend begriffen und der Geist Gottes umkehrt als ein solcher verstanden wird, der jenen nicht kraft einer in ihm selbst ins Leben überwundenen Negativität durch den Tod ins Leben führt, sondern ununterschieden in sich integriert, so ist im Blick auf die Geschichte des von seiner ihm durch Christus mitgeteilten Vollendung herkommenden menschlichen Geistes zu fragen, ob ein Verständnis des Verhältnisses von Heiligem und menschlichem Geist zureichend sein kann, das die Gegen-

[125] Deshalb ist „die wirkliche Sünde derjenigen, welche in einen stetigen Zusammenhang mit der Kraft der Erlösung gestellt sind, […] durch die ihnen persönlich und selbsttätig eingepflanzte Kraft des Gottesbewußteins gebrochen, so daß sie auch, wo sie ans Licht tritt, nur als im Verschwinden erscheint und keine ansteckende Kraft mehr ausübt. Alle Sünden der Wiedergeborenen sind daher solche, welche das geistige Leben nicht hindern, weder in ihnen selbst noch in der Gesamtheit" (*CG*² § 74.4, 409, 12–20). Der Mensch ist also nicht *totus peccator*, sondern ist *simul iustus et peccator* nur darin, daß erstere Bestimmung seine ihn ganz bestimmende Wahrheit und letztere lediglich sukzessiv schwindendes Akzidenz ist.

wart des Heiligen Geistes im Menschen als ein ein für allemal gesetztes, unanfechtbares, Immer-schon-verwirklicht-Sein in ihm versteht.

Auch hier fehlt die Negativität des Geistes, die ein pneumatologisches Verständnis der Tiefen der Sünde humaner Existenz ermöglichen könnte. Die Ursache dafür liegt aber zunächst nicht – wie man meinen könnte – in der präsentisch-eschatologischen Konzeption des Geistverhältnisses in den Gläubigen, sondern im Verständnis des Geistes in Christus, welches die Durchführung jener Konzeption bestimmt. Die Gläubigen kennen keine Verzweiflung und keine Tiefe der Anfechtung, weil auch Jesus sie nicht getragen hat und weil sie deshalb den Gläubigen auch nicht mitgeteilt ist. Wäre der Geist in Jesus so bestimmt, daß er nicht nur das Leiden des Sterbens, sondern auch den Tod in sich zum Leben überwindet, so würde der Geist Gottes auch in seiner vollkommen Präsenz im unmittelbaren Selbstbewußtsein nicht als eine den menschlichen Geist bruchlos in sich integrierende, sondern ihn durch den Tod ins Leben führende Macht verständlich, die erst darin den Geist wahrhaft zu sich selbst bringt.

„Denn da das innerste Bewußtsein und die innersten Antriebe nichts anders sind, als die Gegenwart und die lebendigen Regungen des Geistes selbst, so ist die Gemeinschaft derselben nichts anders als das Sichselbsterkennen des Geistes und diese muß sich also so weit erstrecken, als der Geist derselbige ist, das heißt über die ganze Christenheit"

(Glaubenslehre 1831)

§ 10 Der Heilige Geist als Gemeingeist der christlichen Kirche

Schleiermachers Lehre vom Heiligen Geist als dem Gemeingeist der christlichen Kirche ist das Mittelstück von Schleiermachers Pneumatologie. In ihr gibt Schleiermacher die Weise an, in der der Geist Gottes als *in* der Geschichte gegenwärtig gedacht werden kann und in der sich diese Gegenwart in den Gläubigen als einzelnen und als Gemeinschaft konstituiert. Die Lehre vom Gemeingeist der Kirche setzt damit seine Auffassung von der Erscheinung des Geistes in Jesus und seiner von ihm ausgehenden Gegenwart fort und bringt sie zu ihrer Entfaltung für den Raum der Geschichte. Was in Jesus erst als beginnend vorgestellt werden konnte, nämlich daß das in ihm urbildlich verwirklichte neue Dasein geschichtliches *Reich Gottes* wird, wird in der Lehre vom Gemeingeist in seiner Verwirklichung begriffen. In ihr wird der Heilige Geist als das Lebensprinzip dieses Reiches Gottes aufgefaßt, aus dem sich die Herrschaft Christi als ein neues geschichtliches Gesamtleben über die Menschheit hin ausbreitet. Und deshalb gibt erst die Lehre vom Gemeingeist eine Auffassung davon, wie der Geist nach dem ‚Weggang' Jesu in der Geschichte da ist und wirkt.

Daß der Gemeingeist dabei als Gemeingeist der *Kirche* gefaßt ist, ergibt sich daraus, daß das neue geschichtliche Gesamtleben nur als ein gemeinschaftliches Leben derer begriffen werden kann, die am Geist Christi teilhaben, und der Begriff der Kirche bereits seiner ethischen Bestimmtheit nach nichts anderes versucht, als dieses gemeinsame Leben aufzufassen.[1] Dabei ist auch in der ekklesiologischen Durchführung des Geistverständnisses die geschichtliche Perspektive grundlegend, da der von Jesus ausgehende Geist Gottes in seinem Sich-Verwirklichen in der Geschichte nur werdend gegenwärtig ist, nämlich indem er sich von Jesus aus in der bestehenden Geschichte sukzessiv verbreitet und so in ihr auf

[1] Vgl. *CG*² § 6. Leitsatz, 41. Daß das ‚fromme Selbstbewußtsein' in seiner christlichen Ausformung theologisch als Teilhabe am Geist Christi zu qualifizieren ist, wurde o. § 9 gezeigt.

sich selbst in seiner in Christus schon urbildlich verwirklichten Realisation zugeht. Schleiermacher bringt dies in seiner Gemeingeistlehre darin zum Ausdruck, daß er die Lehre vom Gemeingeist der Kirche nicht als Lehre vom Bestehen, sondern ‚Von dem *Entstehen* der Kirche' faßt.[2] Damit ist gesagt, daß der Heilige Geist nur in seinem ständig neuen und sich erweiternden Sichhervorbringen in der Kirche ihr Gemeingeist ist, der sich über die Geschichte ausbreitet. Nicht als Geist eines bestehenden Kirchentums, sondern einzig in diesem dynamischen Sinne als ständige gemeinschaftliche Selbsthervorbringung seiner Gegenwart in dem geschichtlichen Zusammenleben von ihm erfüllter wiedergeborener Individuen, ist der Geist Gottes als Gemeingeist der Kirche zu verstehen.[3]

Wenn Schleiermacher den Heiligen Geist in der Glaubenslehre nun *nur* als Gemeingeist der christlichen Kiche begreift, so liegt dem dieses Verständnis des sich geschichtlich zu sich selbst verwirklichenden Geistes Gottes zugrunde. Die Ursache für die Zuspitzung der Pneumatologie auf die Gemeingeistlehre liegt dabei darin, daß Schleiermacher den Geist Gottes in seiner Glaubenslehre am Orte des christlich-frommen Selbstbewußtseins auffaßt, welches selbst immer schon in dem Geschehen der Selbsthervorbringung des Geistes in der Kirche steht. Darin gilt aber, daß sich die Erlösten des Heiligen Geistes nur als eines solchen bewußt sind, der sich in ihrer Gemeinschaft als die von Jesus ausgehende Kraft des neuen Gesamtlebens hervorbringt und ihnen deshalb nur als die sich-schaffende ‚Lebenseinheit' dieses Ganzen[4] die erlösende Wirksamkeit

[2] So lautet der Titel des ersten ekklesiologischen Hauptstücks (vgl. *CG*² vor § 115, 215, 11), unter welchem in den §§ 121–125 die Pneumatologie verhandelt wird.

[3] Es kann also keine Rede davon sein, daß Schleiermachers Gemeingeistlehre eine „Einschränkung des Werkes des Heiligen Geistes auf die Objektivierung des Glaubens in die Kirche" darstelle (so W. Brandt, Der Heilige Geist, 54). Vielmehr ist sein subjektives Sichhervorbringen in den Gläubigen zugleich sein Sichhervorbringen als Gemeingeist der Kirche, welche sich nur *in* dieser Bewegung des Geistes als sie selbst ‚objektiv' konstituiert. Es entspricht der einseitigen Bindung des Geistes an die Objektivität der Kirche bei Brandt, daß er, obwohl er die Pneumatologie Schleiermachers gerade aus ihrem Ort in der Glaubenslehre begreifen will (vgl. 60!), den Sachverhalt, daß Schleiermacher sie als Lehre vom *Entstehen* der Kirche behandelt, für das Verständnis des Geistes selber nicht fruchtbar machen, sondern nur als Implikat des den Geist als Bestehensprinzip der Kirche ausmachenden Gottesbewußtseins rechtfertigen kann (98–101). Daß der Geist Gottes nur in seinem geschichtlichen Aufsichzugehen da ist und anders, als in dieser Teleologie dem Gottesbewußtsein gar nicht gegenwärtig werden kann, kommt bei Brandt nicht in den Blick. Damit bleibt bei Brandt aber auch unklar, *weshalb* für die Gestalt von Schleiermachers Pneumatologie als Lehre vom kirchlichen Gemeingeist eigentlich gelten soll, daß sie „nur so unserer inneren Erfahrung entspricht" (60). Soll die Gestalt der Pneumatologie in der Glaubenslehre der ihr damit anhaftenden Willkür entzogen werden, so wird man zuerst einsehen müssen, daß die Unterscheidung von in der Ekklesiologie beschriebenen ‚objektiven' und in der Soteriologie bechriebenen ‚subjektiven' Heilswirklichkeiten, die Brandt mit seiner Hauptthese in die Gliederung der Glaubenslehre einträgt (und der auch E. Brito, La pneumatologie, 256, folgt), Schleiermachers Denken selbst ganz äußerlich ist. Die Kirche ist ihm nicht ein äußerer ‚objektiver' Gegenstand, sondern das übergreifende humane ‚neue Gesamtleben' der Erlösung, welches einzig durch die im Geist Gottes zu sich selbst gebrachte menschliche Subjektivität als dieses hervorgebracht wird.

[4] Dieser nur selten verwendete Ausdruck für den Heiligen Geist findet sich *CG*² § 116.3, 219, 13 und 220, 4, sowie im *Leben Jesu* SW I/6, 325.

Gottes ist, die sie selbst in die Lebensgemeinschaft mit Christus führt. Eben aus diesem Grunde ist die Lehre vom Gemeingeist der Kirche die Grundform, in der sich jede christologische, soteriologische und geschichtstheologische Auffassung vom Heiligen Geist im christlich-frommen Selbstbewußtsein zunächst abbildet. Schleiermacher betreibt damit keine Einschränkung der Pneumatologie auf rein ekklesiologische Zuständigkeit, sondern gibt im Begriff des Gemeingeistes die Form an, in welcher der in Christus erschienene Geist Gottes heute als gegenwärtig aufgefaßt werden kann. Und „so sollte es eigentlich nicht nötig sein, noch ausdrücklich zu versichern, daß wir durch den Ausdruck [‚Gemeingeist'] dasselbe bezeichnen wollen, was auch in der Schrift Heiliger Geist und Geist Gottes und Geist Christi genannt wird".[5] Gerade das Bewußtsein des Christen vom Heiligen Geist als dem wirksamen Gemeingeist ist für Schleiermacher der ‚Gemütszustand', der durch Rückfrage nach seinem geschichtlichen Ursprung in Christus auf die pneumatologischen Aussagen über den Geist in der Geschichte ante Christum, in Jesus von Nazareth und in der Erlösung führt und von dem auch die später noch folgende ethische und theologische Explikation seiner Pneumatologie ausgeht. So ist die Lehre vom Heiligen Geist als dem Gemeingeist der Kirche für Schleiermacher nicht eine Beschneidung der Pneumatologie, sondern bildet den subjektivitätstheoretischen Ausgangspunkt von Schleiermachers ganzer – Geschichte und Erlösung, Menschheit und Christus, Welt und Gott thematisierenden – Auffassung der Lehre vom Heiligen Geist.[6]

---

[5] *CG*² § 116.3, 219, 16–21.

[6] Was Schleiermacher lediglich aus der Lehre vom Heiligen Geist ausgeschlossen wissen will, ist die positive Inanspruchnahme des Heiligen Geistes im Alten Testament für Schöpfung, israelitische Prophetie und natürliche Talentbildung (*Ex* 31, 2–5) sowie für die ‚physische Wirkung' des Geistes in der Jungfrauengeburt, wodurch der Geist von dem Zusammenhang mit dem neuen Gesamtleben losgelöst bzw. die Nötigung entstehen würde, „den Gemeingeist der jüdischen Theokratie und den der christlichen Kirche zu identifizieren". Den Grund zur Ablehnung dessen findet Schleiermacher im „Geist der neutestamentischen Heiligen Schrift", der den „Buchstaben" der Geistbelege an deren wahrer Intention relativiert: „Denn in Christi Verheißungen des Geistes der Wahrheit ist auch nicht der leiseste Anklang davon, daß dieser etwas schon früher Dagewesenes und nur eine Zeit her Verschwundenes sei, oder überhaupt, daß er noch irgend etwas sei, außer für die Jüngerschaft Christi" (*CG*² § 123.1, 260, 12–21; vgl. ab Z. 2). Auch hier ist deutlich, daß es Schleiermacher in der Lehre vom Heiligen Geist als Gemeingeist nicht darum geht, die Pneumatologie einzuschränken, sondern ihr eigentümliches Profil zur Aussage zu bringen, nämlich daß der Heilige Geist in aller geschichtsübergreifende Bedeutung immer der von Jesus Christus ausgehende Geist des neuen Lebens ist, der nur als in diesem Leben, und nicht außerhalb dessen begriffen werden kann. Daß dieses Anliegen zur Aussonderung alttestamentarischen Zeugnisses vom Heiligen Geist führen muß, ist freilich, wie Schleiermachers eigene Bewertung der messianischen Weissagungen zeigt (vgl. o. S. 192), so zwingend nicht und bleibt hinter seinem Gedanken zurück, daß der Heilige Geist die ihm vorangehende Geschichte des Geistes als sichvorausgehende Gegenwart seiner selbst qualifiziert. Daß sich in der Bildung des Begriffs des Heiligen Geistes im Urchristentum gerade im positiven Bezug auf das alttestamentarische Zeugnis des Heiligen Geistes das von Schleiermacher hervorgehobene Bewußtsein seiner erst durch Christus mitgeteilten Gegenwart entwickelt hat, wäre hier auf ein dialektisches Verständnis dieser Gegenwart selber abzubilden.

Ist diese Gemeingeistlehre nun näher zu begreifen, so ist *zunächst* die von Jesus ausgehende Konstitution des Geistes Gottes als des Gemeingeistes der Kirche im Zusammenwirken der Gläubigen aufzufassen. *Sodann* ist zu klären, wie die Gegenwart des Geistes als des Gemeingeistes als ‚geistige Gegenwart Christi' und ‚Lebensgemeinschaft mit dem Erlöser' verständlich werden kann. *Schließlich* sind dann die Grundzüge der ekklesiologischen Explikation der Geistlehre Schleiermachers nachzuzeichnen, wobei besonders das Verständnis der Gemeinschaft des Geistes in darstellendem Handeln und Gottesdienst hervorzuheben sowie das Verhältnis seiner Gegenwart in der Kirche zum Wort zu erörtern ist.

1. Die Mitteilung des Gemeingeistes im gemeinsamen Mit- und gegenseitigen Aufeinanderwirken der Wiedergeborenen

Indem Schleiermacher die Lehre vom Heiligen Geist unter der Überschrift „Von der Mitteilung des Heiligen Geistes" darstellt[7], macht er deutlich, daß das Wirken des Geistes ganz als sein Sichhervorbringen im menschlichen Leben zu verstehen ist. Ist der Geist Gottes in der Geschichte als der erschienen, der diese in sich integriert, so ist sein Dasein in der Geschichte sein diese Integration vollziehendes Sich-Mitteilen an sie. Dabei ist die Mitteilung des Geistes nicht eine Mitteilung von außerhalb der Geschichte her, sondern seit seiner Erscheinung in Christus selber geschichtliche Mitteilung, nämlich des neuen Gesamtlebens, in dem sich die Gläubigen des Geistes bewußt werden. Ist die Lehre vom Heiligen Geist nach Schleiermacher als Lehre von der Mitteilung des Geistes zu verstehen, so ist sie deshalb als Lehre vom Sich-Mitteilen der Gemeinschaft zu verstehen, die dieses Gesamtleben bildet. Der Heilige Geist ist Gemeingeist, weil er sich als Geist dieser Gemeinschaft mitteilt.

1. Die sachlogischen Voraussetzungen zu diesem Verständnis des Heiligen Geistes liegen in der engen Verknüpfung von religiösem Bewußtsein und Gattungsbewußtsein und sind also zunächst rein anthropologischer Natur. Bereits in den Psychologievorlesungen Schleiermachers wurde deutlich, daß sich das subjektive Bewußtsein in der Wechselwirkung der menschlichen Gemeinschaft in seiner Grundform als Gattungsbewußtsein bildet und auch das religiöse Selbstbewußtsein als die höchste Form des Selbstbewußtseins nicht ohne dieses ist, sondern als Gefühl der schlechthinnigen Abhängigkeit das durch rein gesellige Vollzüge nur unzureichend zu überwindende Gefühl der Getrenntheit von eigenem und fremden menschlichen Sein in sich aufhebt und so selber immer zugleich auch Gemeinbewußtsein ist.[8] Entsprechend hat dann die Einleitung

[7] *CG*² vor § 121, 248, 29.
[8] Vgl. o. S. 134f, 137f und 145.

der Glaubenslehre „das jedem Menschen innewohnende Gattungsbewußtsein" der dogmatischen Erörterung des religiösen Bewußtseins voraussetzen und feststellen können, daß das „fromme Selbstbewußtsein [...] wie jedes wesentliche Element der menschlichen Natur in seiner Entwicklung notwendig auch Gemeinschaft" wird, da es „vermöge des Gattungsbewußtseins nicht ausschließlich für sich sein" kann, sondern sich dort, wo es im menschlichen Leben wirklich wird, sowohl ursprünglich äußern muß als auch eine ursprüngliche Rezeptivität für Äußerungen des Bewußtseins in andern aufweist, wodurch sich das fromme Selbstbewußtsein zu einer „mannigfaltigen Gemeinschaft des Gefühls" bildet, die dann durch den ethischen Begriff der Kirche in ihren formalen Vollzügen beschrieben wird.[9] Dies führt mit sich, daß sich das christlich-fromme Selbstbewußtsein immer schon in einer solchen Gemeinschaft findet und sich dessen bewußt ist, daß diese seinem eigenen Entstehen gegenüber ursächlich ist. Denn es „wird jeder wissen", daß das Gottesbewußtsein nicht anders als in der Gemeinschaft „durch die mitteilende und erregende Kraft der Äußerung zuerst in ihm geweckt worden ist"[10], ebenso wie auch jedem aus Erfahrung deutlich ist, daß das Gottesbewußtsein in der Gemeinschaft gewachsen ist und im eigenen Sich-Mitteilen und Empfangen selber gemeinschaftlichen Charakter hat. Fragt das Gottesbewußtsein deshalb nach seinem Entstehen zurück, so findet es die Gemeinschaft als tragenden Grund seines eigenen Daseins. Insofern das Dasein des Gottesbewußtseins mit dem Dasein der Erlösung identisch ist, kommt der Gemeinschaft damit eine soteriologisch vermittelnde Bedeutung zu. Ihr natürliches Sichmitteilen, durch das sie sich als geschichtliche Gemeinschaft konstituiert, ist selber Mitteilung des Gottesbewußtseins und erlösendes Handeln. Und dasjenige Gattungsbewußtsein, welches das Mit- und Aufeinanderwirken dieser Gemeinschaft hervorruft und ihre Lebenseinheit stiftet, ist selber Bewußtsein des erlösenden Daseins Gottes in der Geschichte.

Von hier aus ergibt sich der Schritt zum Gemeingeist aus dem Verhältnis dieses Gattungsbewußtseins zum philosophischen Verständnis des Geistes. Bereits die philosophische Ethik und Psychologie benannte das, was sich in der gemeinschaftlichen Entwicklung des Bewußtseins verwirklicht und das geschichtliche Leben hervorruft, als Geist und machte in entwicklungspsychologischer Rücksicht das Gattungsbewußtsein als die ursprünglich Weise des Daseins des Geistes in der Seele namhaft. Der Geist verwirklicht sich der Psychologie zufolge ursprünglich als Gattungsbewußtsein, das angefangen von der Mutter-Kind-Beziehung das Zusammenleben der Individuen bewirkt und die höheren ethischen Gemeinschaften der Familie, der Sprachgemeinschaft und des Volkes bildet, um schließlich in der religiösen Gemeinschaft, in der in höchster Weise „der Unterschied zwischen dem eigenen und dem fremden menschlichen aufgehoben ist", als Bewußtsein der menschlichen Gattung insgesamt vollendet zu

[9] *CG*² § 6. Leitsatz,–41 und § 6.2,–42f. Zum ethischen Begriff der Kirche vgl. WBraun II, 359–386.
[10] *CG*² § 6.2, 43, 16–19.

sein, so daß dann vollständig gilt, daß „der Geist als Gattungsbewußtsein sich seiner Identität bewußt ist".[11] Dabei ist das Gattungsbewußtsein jeweils als der Antrieb zu dem die jeweilige Gemeinschaft bildenden gemeinschaftlichen Handeln und somit als das gemeinschaftsbildende Prinzip zu verstehen, das in dem Mit- und Aufeinanderwirken die Einheit der geschichtlichen Gemeinschaften herstellt und in der Einheit der Menschheit sein Ziel findet. So wird der Geist in seinem Sichverwirklichen im geschichtlichen Sich-Bilden des Gattungsbewußtseins wesentlich als „Gemeingeist" der geschichtlichen Gemeinschaft(en) erkenntlich. Er ist darin auf untergeordneter Ebene „in allen, die zusammen eine moralische Person bilden, die ihnen gemeinsame Richtung auf die Förderung dieses Ganzen, welche zugleich in jedem die eigentümliche Liebe zu jedem Einzelnen ist". Auf der universalen Ebene ist er dann als „der Gemeingeist [...] des menschlichen Geschlechts" als ganzem „das Gattungsbewußtsein und die Liebe zur Menschheit als Gattung" selbst.[12] So spiegelt der Begriff des Gemein*geistes* den Sachverhalt, daß das gemeinschaftsbildende Gattungsbewußtsein als die ursprüngliche Form des Sichverwirklichens des humanen Geistes im Selbstbewußtsein anzusehen ist. Der menschliche Geist ist wesentlich Gemeingeist, weil seine das seelische und geschichtliche Leben hervorbringende Gegenwart im humanen Selbstbewußtsein wesentlich sein Sichhervorbringen als Gattungsbewußtsein ist. Darin ist er dann je konkret der Geist derjenigen Gemeinschaft, welche in ihm bewußt und durch ihn hervorgebracht ist. Und in diesem Sinne ist er konkret Gemeingeist jener geschichtlichen Gemeinschaft selbst.

2. Es entspricht ganz diesem philosophischen Verständnis des Gattungsbewußtseins als des Gemeingeistes, daß sich auch die Gläubigen im Blick auf das Entstehen der Gemeinschaft des Gottesbewußtseins „eines inneren Antriebes, im gemeinsamen Mit- und gegenseitigen Aufeinanderwirken immer mehr *eines* zu werden, als des Gemeingeistes des von Christo gestifteten neuen Gesamt-

---

[11] SW III/6, 194.260; vgl. o. S. 134f und 137.

[12] So die Definition des Begriffes „Gemeingeist" in *CG*² § 121.2, 3–8 und seine Explikation in *CG*² § 121.3, 253, 8–12. Das von Schleiermacher in Glaubenslehre und Ethik nur sehr spärlich entfaltete Verständnis eines Gemeingeistes einer moralischen Person hat unter Rückgriff auch auf die ihr zugrundeliegenden juristischen Vorstellungen W. Brandt nachvollzogen (Der Heilige Geist, 104–120), der auf die Bedeutung des Gattungsbewußtseins dabei allerdings nicht eingeht. Freilich macht erst die Benennung des Gattungsbewußtseins als Geist in der Psychologie verständlich, warum das Gemeinbewußtsein einer geschichtlichen Gemeinschaft eigentlich *als Geist* in den Blick kommt. Die verschiedenen begriffsgeschichtlichen Vorläufer der Gemeingeistvorstellung, die Brandt (dem E. Brito, La pneumatologie, 277f, folgt) vor allem in J.G. Herders ‚Volksgeist' (41ff) und L. v. Zinzendorfs sich auf die Brüdergemeine beziehenden ‚Gemein-Geist' ausweisen will (35ff), sind sicher richtig gesehen, helfen in dieser Hinsicht aber kaum weiter und lassen vor allem nicht verständlich werden, weshalb die von Brandt (29) zu Recht als bei Schleiermacher originär bezeichnete Identifizierung des Geistes Gottes mit diesem Gemeingeist ein sinnvoller Gedanke sein soll. Erst auf dem Hintergrund der philosophischen Theorie eines sich geschichtlich als Gattungsbewußtsein verwirklichenden Geistes und der gesetzes- und geschichtstheologischen Überlegungen Schleiermachers wird dieser Gedanke verständlich.

lebens" bewußt sind.[13] Dieser Gemeingeist ist dabei – wie auch im philosophischen Sinne des Ausdrucks – das sich in dieser Gemeinschaft bildende Gattungs- oder Gemeinbewußtsein, das diese Gemeinschaft als sie selbst hervorbringt. Der entscheidende Punkt, in dem die Originalität der Pneumatologie der Glaubenslehre begründet liegt, besteht darin, daß dem christlich frommen Selbstbewußtsein nach Schleiermacher der „Heilige Geist [...] als dieser Gemeingeist" bewußt ist[14], dieser Gemeingeist der religiösen Gemeinschaft des Christentums also selber der Heilige Geist ist. Das hat vielfach zu der Frage veranlaßt, inwiefern mit einer solchen Bestimmung des Heiligen Geistes als des Gemeingeistes einer geschichtlichen Gemeinschaft nicht letztlich eine Identität von Heiligem Geist und allgemeinem Gattungsbewußtsein und damit ein Aufgehen des ersteren in rein menschlichen Lebenszusammenhängen behauptet ist.[15] Die Frage wurde bereits oben in der Verhältnisbestimmung von göttlichem und menschlichem Geist verhandelt und ist auf die Bestimmung des νοῦς als Gattungsbewußtsein nur noch anzuwenden. Demnach liegt nicht ein einfaches Aufgehen des Geistes Gottes im menschlichen Gattungsbewußtsein vor, sondern es besteht das erörterte differenzierte Verhältnis von Geist Gottes und menschlichem Geist, wonach der Heilige Geist als die *im* natürlichen Leben unableitbar hervortretende *Vollendung* des humanen geschichtlichen Geistes und Lebens gegenwärtig wird, welche aus diesem nicht ableitbar ist, wohl aber insofern mit ihm eins *wird*, als der Geist dieses Leben in sich integriert.[16] So wird von dieser Vollendung zwar zu sagen sein, daß in ihr auch das Gattungsbewußtsein zu einer die Totalität des menschlichen Daseins vollkommen in sich integrierenden *reinen* Ausprägung kommt. Und in diesem Sinne wird man von dieser Vollendung des Gattungsbewußtseins herkommend auch zuzugeben haben, „daß die Mitteilung des H. Geistes nichts anderes sei als das durch Christum bewirkte Erwachen des reinen Gattungsbewußtseins".[17] Aber das bedeutet gerade nicht, daß der Heilige Geist deshalb „ein natürliches Prinzip [ist],

---

[13] *CG*² § 121. Leitsatz, 248.

[14] *CG*² § 122. Leitsatz, 254.

[15] So besonders deutlich D. BONHOEFFER, Sanctorum Communio (Werke, Bd. 1, 130), in seiner Abgrenzung von Schleiermacher: „Der christliche Gemeingeist tendiert wesensgemäß darauf, ‚Gattungsgeist' zu werden. Und so ist der *heilige Geist offenbar nichts anderes als das Gattungsbewußtsein*". Diese Auffassung ist die Konsequenz einer sich bereits bei W. BENDER findenden Interpretationslinie, derzufolge sich Schleiermachers Pneumatologie trotz aller notwendigen Differenzierungen letztlich auf das „Hauptresultat" reduziert, „daß der heilige Geist die auf die Stufe ungehinderter vollkräftiger Wirksamkeit erhobene Vernunft ist", in der sich die „Idee der Menschheit" vollkommen realisiert (Schleiermachers Theologie mit ihren philosophischen Grundlagen, 2. Teil, Nördlingen 1878, 514f; vgl. ab 507). Dieser Interpretation Schleiermachers hat sich dann auch die dialektische Theologie angeschlossen, und auch W. BRANDT kommt, indem er zwar die in der Kirchlichkeit liegende Besonderheit des Gemeingeistes gegen Bender betont, deren christologischen Bezug aber für eine ‚Störung' hält, über die Qualifizierung des Heiligen Geistes als lediglich geschichtliches Gemeinbewußtsein nicht hinaus (Der Heilige Geist, 312f).

[16] Vgl. o § 9.2 und 9.4.

[17] *CG*² § 121.3, 253, 20f.

welches sich aus der menschlichen Natur, wie sie ohne Christum geblieben sein würde, von selbst würde entwickelt haben" können.[18] Vielmehr ist der dem neuen Gesamtleben der Erlösung zugrundeliegende Gemeingeist als ein solcher bewußt, der zwar *in* der Geschichte und nach Maßgabe aller geschichtlichen Gemeinschaften ein die Gemeinschaft bildendes Gemeinbewußtsein ist, darin aber nicht aus dem vorfindlichen geschichtlichen Leben, sondern einzig von dessen in Christus gegenwärtig gewordener Erfüllung her ist und so nicht in das immer auch die Geteiltheit des menschlichen Daseins repräsentierende allgemeine Gattungsbewußtsein eingeht, sondern vielmehr dieses in sich aufnimmt. Und deshalb sind „nur in diesem Sinne", in welchem das Gattungsbewußtsein in den Gemeingeist des neuen Gesamtlebens aufgehoben ist, „der Gemeingeist der christlichen Kirche und die" das natürliche Gattungsbewußtsein bezeichnende „allgemeine Menschenliebe [...] derselbe *eine* Heilige Geist".[19] Auch im Blick auf den humanen Gemeingeist und die menschliche Liebe gilt also, daß diese Lebensformen menschlichen Geistes Gegenwart des Heiligen Geistes nicht kraft ihrer selbst, sondern nur kraft dieses Geistes ist.

3. Ist dieser Begriff des Gemeingeistes näher zu verstehen, so ist die in ihm ausgesagte Anwesenheit des neuen Lebens ihrer eigenen Konstitution im menschlich-geschichtlichen Lebenszusammenhang zu begreifen. Dabei ist zu berücksichtigen, daß auch die geschichtliche Selbstkonstitution der Gegenwart des Geistes Gottes in seinem Sich-Mitteilen im neuen Gesamtleben eine ‚*von Christo* ausgehende Mitteilung des Geistes' ist, also ein Implikat seines eigenen urbildlichen Daseins.[20] Die Verstehensaufgabe liegt darin, das in der Rede vom ‚Ausgang' der Geistmitteilung von Christo liegende Bewußtsein der *Ablösung* der geschichtlichen Geisteswirksamkeit von der Person Jesu so aufzufassen, daß die Ablösung und folgende Selbständigkeit des Gemeingeistes die Einheit der in der Geschichte wirksamen Erlösung mit ihrem Ursprung in Jesus von Nazareth zur Sprache bringt. Der Anfangspunkt ist dabei das *Sich-Entbinden* der Gemeinschaft des neuen Lebens aus dem sein eigenes Leben mitteilenden Wirken des irdischen Jesus.

α) Anzusetzen ist bei dem Gedanken der Selbstmitteilung Christi in seinem erlösenden und versöhnenden Handeln, derzufolge das Selbstbewußtsein der Gläubigen durch ‚die Mitteilung der unsündlichen Vollkommenheit und Selig-

---

[18] *CG*² § 121.3, 254, 5–7. Schleiermacher nimmt hier Bezug auf die in der Gegensatzverfaßtheit und der aus ihr sich ergebenden Gesetzesverfaßtheit der geschichtlichen Welt begründeten bleibenden Getrenntheit einzelner geschichtlicher Gemeinschaften voneinander, aus der sich ergibt, „daß das reine Gattungsbewußtsein als Impuls gebend sich ebensowenig geltend machen kann, wie ein unter anderer Form abgefaßtes Sittengesetz, sondern nur als Schranke dient für die persönliche und erweiterte Selbstsucht". Erst Christus sei „Stifter einer solchen Verbindung, welche alle Menschen umfassen kann" (ebd., 253, 34 – 254, 1; vgl. o. § 8).

[19] *CG*² § 121.3, 254, 13–17.

[20] Z.B. *CS* 83. Daß die Mitteilung des Geistes von Christus ausgeht und durch ihn geschieht, ist bei Schleiermacher überall deutlich.

keit' Jesu so in das Gottesbewußtsein und Leben Jesu aufgenommen wird, daß sich dieses in ihrem eigenen Selbstbewußtsein und Leben fortsetzt.[21] Insofern in dieser Aufnahme der Gläubigen in das Bewußtsein und Leben Jesu auch ihr Gattungsbewußtsein in das seine aufgenommen und darin in ihnen zur höchsten Ausformung gebracht ist, so ergibt sich für die Wiedergeborenen mehreres:

Erstens findet sich in den Gläubigen der allem Bewußtsein vermittels des Gattungsbewußtseins eigene Trieb zur Darstellung des subjektiven Selbstbewußtseins in der Gemeinschaft – also zu dem, was die Psychologie als *Selbstmanifestation des Geistes* benannt hat – ganz auf Jesus bezogen und darauf gerichtet, sein von ihm mitgeteiltes Gottesbewußtsein, das nun ihr eigenes Selbstbewußtsein geworden ist, darzustellen. Dabei hat diese ursprüngliche und rein zweckfreie Selbstäußerung des Bewußtseins bereits naturgemäß die Eigenschaft, sich gemeinschaftlich vollziehen zu wollen und die neue Existenz selber als eine gemeinschaftliche darzustellen. Diese Darstellung ist aufgrund der Vollendung des Gattungsbewußtseins in Christus nun daraufhin gerichtet, das Gottesbewußtsein als ein die ganze in Christus zur Vollkommenheit gebrachte Menschheit umfassendes darzustellen und die ganze Menschheit in diese Darstellung miteinzubeziehen.

Zweitens findet sich aufgrund der Mitteilung der Vollkommenheit und Seligkeit Christi in den Wiedergeborenen nun, wie auch in Jesus selbst und als Fortsetzung seines eigenen ‚Mitgefühls' mit unserer Unseligkeit, das Bewußtsein der fehlenden Verwirklichung des Lebens Christi in anderen und damit verbunden das Verlangen, von dem in ihm entstandenen neuen Leben ihnen mitzuteilen, und zwar sowohl denjenigen, die der Erlösung noch gänzlich entbehren, als auch den bereits Wiedergeborenen, insofern in ihnen als solchen, die im Stand der Heiligung stehen, die Seligkeit immer noch unvollständig ist.[22] Dabei gilt auch für diese nach außen gerichteten Selbstäußerungen, daß sie das neue Leben gemeinsam und als ein gemeinsames mitteilen, wobei die Intentionalität auf die Durchdringung des gesamten menschlich-geschichtlichen Lebens geht.

Drittens ergibt sich aufgrund des in Jesus zu sich selbst gekommenen Gattungsbewußtseins der Wiedergeborenen, daß sich im frommen Selbstbewußtsein eine Empfänglichkeit findet, die Gegenwart des neuen Lebens in anderen Wiedergeborenen aufzusuchen und die für die fortschreitende Realisierung des neuen Leben notwendigen Impulse als Impulse eines gemeinschaftlichen geschichtlichen Lebens zu empfangen, wobei sich diese Empfänglichkeit prinzipiell auf die Mitteilung durch das ganze menschliche Geschlecht erstreckt.

---

[21] Vgl. o. § 9.3. Die folgenden Ausführungen schließen an das dort Gesagte an.

[22] Vgl. z.B. SW II^{2}/4, 479f (P 217): „waltet in einem der Geist zu seiner eigenen Erleuchtung und Erbauung für das ewige Leben […]: so ist es nicht möglich, daß diese Gottesgabe sollte in dem einzelnen Gemüthe einsam verschlossen bleiben wollen, sondern sie strebt nothwendig sich der nächsten Umgebung mitzutheilen; sie hat ein inniges Verlangen die Finsterniß zu durchdringen, die in einem nahe verbundenen Herzen wohnt."

Aus beiden Handlungsimpulsen[23] und der genannten Empfänglichkeit entsteht das die geschichtliche Gemeinschaft der Gläubigen konstituierende ‚gemeinsame Mit- und gegenseitige Aufeinanderwirken' der Wiedergeborenen als Konsequenz des erlösenden und versöhnenden Handelns Jesu. Dabei sind das Mit- und Aufeinanderwirken keine alternativen Wirkungsweisen, sondern bilden ein „Ineinander"[24], da das gegenseitige Aufeinanderwirken das Gottesbewußtsein als ein gemeinsames mitteilt und eben darin auch Miteinanderwirken ist, ebenso wie die Grundform des Miteinanderwirkens die gemeinsame gegenseitige Darstellung des Gottesbewußtseins ist, die eben darin auch Aufeinanderwirken ist und diese Beziehung nur dort zurücktreten läßt, wo sich das Miteinanderwirken auf die Verbreitung des Gottesbewußtseins außerhalb der Erlösungsgemeinschaft richtet. Die gemeinschaftsgründende Beziehung darauf, „im gemeinsamen Mit- und gegenseitigen Aufeinanderwirken immer mehr *eines* zu werden"[25], liegt damit in der Verflechtung des Mit- und Aufeinanderwirkens selber, in welchem das eine nicht ohne das andere es selbst sein kann. In ihm bildet sich die Gemeinschaft „als ein Handeln des ganzen auf sich selbst und für sich selbst", das als solches rein für sich besteht und keiner anderen Begründung als dieses Handelns selber noch bedarf.[26] Damit ist der sich den Gläubigen mitteilende Geist Christi in ihnen zum Antrieb einer Gemeinschaft geworden, welcher der Geist nicht ständig mitgeteilt wird, sondern in welcher sich der Geist in ihrem Mit- und Aufeinanderwirken sich selber mitteilt und so der Gemeingeist dieser Gemeinschaft ist, der selbständig in ihr besteht.

β) Die Ablösung des Gemeingeistes von der Person des irdischen Jesus ist damit bereits in seiner irdischen Selbstmitteilung begründet, bedarf zu ihrer vollständigen Entwicklung aber noch des ‚Weggangs' des Stifters. Dies hat seinen Grund darin, daß die Selbsttätigkeit der Gläubigen zum gemeinsamen Mit- und gegenseitigen Aufeinanderwirken zu Lebzeiten des irdischen Jesus aufgrund der Dominanz der urbildlichen Vollkommenheit in ihm gegenüber der Empfänglichkeit für die Mitteilung seines Lebens zurücktreten mußte. Denn solange Jesus auf der Erde lebte, bestand das Reich Gottes strenggenommen nur in seinem eigenen Sich-Mitteilen, zu dem sich jeder einzelne Jünger nur als Empfangender verhielt, so daß die in ihm ausgelöste Selbsttätigkeit „nur die durch ihn hindurchgehende Tätigkeit Christi war", nicht aber die „freie Selbsttätigkeit", die eine in sich selbständige Gemeinschaft konstituiert.[27] Und so war

[23] Schleiermacher entwickelt in der *CS* aus beiden Imulsen das *darstellende* und das *wirksame Handeln* als die Grundformen der christlichen Selbsttätigkeit, die gemeinsam das Ganze des christlichen Handelns umfassen.

[24] *CG*² § 121.1, 250, 11.

[25] *CG*² § 121. Leitsatz, 248. Der Heilige Geist ist eben als Antrieb zu diesem Einswerden bewußt (ebd.).

[26] *CS* 195.

[27] *CG*² § 122.3, 257, 36; § 122.1, 255, 8f; vgl. *CG*² § 122.3, 258, 6–9, wonach, „solange alle Selbsttätigkeit nur in Christo gewesen, […] auch das Reich Gottes im engeren Sinn nur in Christo allein gewesen" war.

das Reich Gottes noch nicht ein in sich selbständiges gemeinsames Mit- und gegenseitiges Aufeinanderwirken der Gläubigen und also ein *eigenes Gesamtleben*, sondern es waren „alle nur seine Werkzeuge und Gliedmaßen, und das Ganze nur eine Erweiterung dieser *einen* Persönlichkeit".[28] Deshalb konnte der „Heilige Geist als dieser Gemeingeist erst nach der Entfernung Christi von der Erde vollständig mitgeteilt und aufgenommen werden".[29] Erst nach dem ‚Weggang Jesu' konnte sich die Empfänglichkeit als eine Empfänglichkeit *für andere* und die Selbsttätigkeit als eine den Jüngern *eigene* Selbsttätigkeit recht entwikeln. Und deshalb konnte erst dann aus dem Leben Christi in den Jüngern ein eigenständiger gemeinschaftlicher Lebenszusammenhang entstehen.[30]

Daß dies nicht unmittelbar nach dem Tod Jesu geschah, sondern der Gemeingeist erst nach dem Zeitraum bis Pfingsten vollständig entwickelt war, erklärt sich daraus, daß die Gemeinschaft der Jünger aufgrund ihrer wesentlichen Abhängigkeit von Jesus von Nazareth und der damit einhergehenden fehlenden eigenen Selbsttätigkeit notwendig zunächst zerbrechen mußte, und „so finden wir die Jünger nach dem Tode Christi im Begriff, sich zu zerstreuen, und bis zu seiner Himmelfahrt die Stetigkeit ihres Zusammenseins unterbrochen und zur völligen Gestaltlosigkeit verringert".[31] Erst indem sich in den Jüngern zunehmend „ihre gemeinsame Auffassung seiner in eine selbsttätige Fortsetzung seiner gemeinschaftbildenden Tätigkeit umsetzte", die ganz „auf die fixierte Auffassung Christi" bezogen wurde, wurde diese Selbsttätigkeit der Jünger „zum unvergänglichen Gemeingeist", in welchem sich dann selbständig fortsetzt, was zuvor alleine in Jesus war.[32]

Das Pfingstereignis ist also nichts anderes als „eine Offenbarung des ihnen eingepflanzten Gemeingeistes durch eine freie Productivität", die „um so mehr als eine neue Entwiklung" ‚erscheinen' mußte, als die Gemeinschaft zuvor ganz unzureichend war.[33] Die pfingstliche Geistmitteilung ist aber kein dem irdischen Wirken Jesu gegenüber zweiter göttlicher Akt, der zu der Mitteilung des

---

[28] *CG*² § 122.2, 256, 13f.

[29] *CG*² § 122. Leitsatz, 254; vgl. *CG*¹ § 141. Leitsatz, 194, 2f: „Dieser Gemeingeist konnte sich nicht eher vollständig entwikkeln, als nach der Entfernung des Erlösers von der Erde".

[30] Deshalb sei es ‚gut', daß Jesus weggehe (vgl. *Joh* 16,7). Daß damit kein Abbruch der Gegenwart Jesu geschieht, sondern sich in der Entwicklung des Gemeingeistes die in seinem zeitlichen Wirken noch verschlossene ewige geschichtliche Gegenwart seiner selbst erst eröffnet, sagt Schleiermacher in P 218 in einem in Anknüpfung an *Joh* 16,7 selbstgebildeten (!) Jesuswort: „Aber er sagte, Es ist euch gut, daß ich hingehe und daß dieses *zeitliche Verhältniß* aufhöre; denn so ich nicht hinginge, so käme der Geist der Wahrheit, welcher euch in alle Wahrheit leiten wird, der Tröster der Geist der Selbstständigkeit und der eigenen freien Thätigkeit des Glaubens durch die Liebe, dieser käme nicht zu Euch. Indem er aber kommt, um euer geistiges Leben in dieser Zeit zu leiten, zeitlich die Mannichfaltigkeit der Gaben zu entwikkeln, in allen Räumen die Schaaren der Gläubigen miteinander zu verbinden, und indem er so alle eure wesentlichen zeitlichen Verhältnisse ordnet, bin und bleibe ich auf *ewige Weise* euer Hohepriester" (SW II²/2, 512 gehalten Himmelfahrt 1830 über *Hebr* 8,1f; Hervorhebung M.D.).

[31] *CG*² § 122.2, 256, 32–35.

[32] *CG*² § 122.3, 258, 20–24.

[33] *CG*¹ § 141.2, 196, 21f.

Gottesbewußtseins Jesu noch hinzutreten müßte. Sondern die Mitteilung des Geistes ist sein geschichtliches – am Pfingsttag nur durch das Aufspringen zuvor noch unausgeformter Selbsttätigkeit auffällige[34] – Sich-„entwikkeln“ aus der Selbstmitteilung des Geistes Christi, indem dieser in den Gläubigen zu einer gegenseitigen Mitteilung des von Jesus empfangenen Bewußtseins und darin zu dem ihnen einwohnenden Gemeingeist *wird*, der die Gemeinschaft als ein geschichtliches Gesamtleben konstituiert.[35]

Dabei ist auch sein selbständiges Dasein in der Gemeinschaft der Kirche nichts als Fortsetzung dieses Werdens. Denn ist der Geist Jesu den einzelnen Gläubigen ihr Gemeingeist geworden, so bewirkt er ihr Mit- und Aufeinanderwirken selber immer neu.[36] Darin aber erzeugt er immerzu sein ursprüngliches Werden und bringt sich so in der Gemeinschaft selber ständig neu hervor. Und indem er sich so immer wieder neu erzeugt, wird er in ihr immer mehr, der er ist. In der durch dieses Handeln immer größer werdenden Einheit der Gemeinschaft, in der der Geist die Gemeinschaft immer neu und in immer größerer Reinheit hervorbringt, wird er selber dann immer reiner dargestellt und immer mehr als die produktive Macht des durch Jesus gegründeten neuen Gesamtlebens geschichtlich verwirklicht. So ist eben sein geschichtliches Sich-Mitteilen in der Gemeinschaft der Gläubigen sein Sich-Verwirklichen in der Welt.

4. Schleiermacher faßt damit die Gegenwart des Geistes in der Kirche als seine Autogenese in der von Christus ausgehenden humanen Geschichte auf. Der Heilige Geist ist nicht eine statische Qualität in den Gläubigen, sondern er bringt

---

[34] Daß bei dem Pfingstereignis und in den ersten Gemeinden besondere Geisterfahrungen aufgetreten sind, erklärt sich für Schleiermacher daraus, daß das geschichtliche Inerscheinungtreten des alles Leben in sich vollendenden Geistes Gottes als eines selbständigen Lebenszusammenhanges unbeschadet seiner natürlichen Erklärlichkeit eine neue Bildung der Geschichte bezeichnet, deren ‚Hervorbrechen‘ „als ein plötzliches Überspringen aus der fragmentarisch erregten Empfänglichkeit in die zusammenhängende Selbsttätigkeit“ am Pfingsttag und deren nachfolgende Verkündigung „das Wunderbare in ihrem Gefolge gehabt“ gehabt habe (*CG²* § 124.3, 269, 11 – 270, 1). Freilich hörten diese Phänomene in dem Maße auf, als sich das Gesamtleben zu einem geordneten ‚Mit- und Aufeinanderwirken‘ entwickelte, in dem der Eindruck der Ursprünglichkeit zurücktrat (vgl. die Pfingstpredigt „Das Ende der wunderbaren Äußerungen des göttlichen Geistes in der christlichen Kirche“; P 220, SW II²/2, 531–547).

[35] So *CG¹* § 141. Leitsatz, 194, 2f. Daß sich der Gemeingeist ‚entwickelt‘, ist die durchgängige Ausdrucksweise des Paragraphen der Erstauflage, der damit eindeutiger ist als der ihm in *CG²* entsprechende § 122, in dem Schleiermacher den Ausdruck ‚Entwicklung‘ durch den traditionelleren Begriff der Geistmitteilung ersetzt und damit zu dem Mißverständnis Anlaß gibt, als wäre die Mitteilung des Geistes Gottes noch etwas anderes als ein rein geschichtliches Geschehen, das alleine die Erscheinung Christi voraussetzt und vollständig aus ihr zu erklären ist. Schleiermacher gibt auch in der Rede von der Geistmitteilung nur *eine* Bewegung des Geistes in der Erlösung zu denken, die Schöpfung, Erlösung und Geschichte übergreift und ihren Erkenntnisgrund allein in der Erscheinung Christi hat, in der alles andere bereits gesetzt ist.

[36] Vgl. *CS Beil. B* 131, § 11, wonach „die Gemeinschaft nichts ist als Thätigkeit und durch dasselbe erhalten wird, wodurch gestiftet. Also sie muß jeden Augenblikk wieder gestiftet werden, damit man sie immer voraussezen kann“.

sich im Mit- und Aufeinanderwirken der Gläubigen als ihr Gemeinbewußtsein in seiner geschichtlichen Gegenwart immer mehr hervor, und nur *indem* er sich so hervorbringt, ist er da. Dabei ist diese Gegenwart in der Gemeinschaft einzelner Gläubiger zugleich seine die ganze geschichtliche Gemeinschaft integrierende Gegenwart in der Geschichte überhaupt. Denn was sich in dem Mit- und Aufeinanderwirken gegenseitig darstellt und mitteilt, ist nichts anderes als das den Gläubigen in Jesu schlechthin kräftigem Gottesbewußtsein mitgeteilte reine Gattungsbewußtsein, das alles geschichtliche Dasein menschlichen Geistes prinzipiell in sich schließt. Dieses ist zwar in den einzelnen Handlungen des Mit- und Aufeinanderwirkens je für sich genommen aufgrund der Abhängigkeit dieser Handlungen von den indviduellen Möglichkeiten des Selbstausdrucks Einzelner nur unzureichend dargestellt. Als wesentlich *gemeinschaftliches* aber ist jedes einzelne Handeln zugleich Darstellung des durch Jesus mitgeteilten vollkommenen Gattungsbewußtseins. Und so ist jeder einzelne Moment des Mit- und Aufeinanderwirkens Ausdruck der geschichtsvollendenden Kräftigkeit des Gottesbewußtseins Christi und bringt dieses Gottesbewußtsein als ein sich über die Geschichte hin realisierendes zum geschichtlichen Dasein.

Damit ist der Heilige Geist als dieser Gemeingeist das schlechthin kräftige urbildliche Gottesbewußtsein Christi selbst *als* ein *gemeinschaftlich* in der Geschichte gegebenes. Er ist „in jedem Einzelnen sein Gemeingeist; [...] aber in dem Ganzen seiner Innerlichkeit nach ein schlechthin kräftiges Gottesbewußtsein, mithin das Sein Gottes in demselben, bedingt aber durch das Sein Gottes in Christo".[37] Das, was dem Gläubigen als Gemeingeist bewußt ist, ist, in der Totalität von dessen Wirkungen und bezogen also nicht auf die Vielspältigkeit seiner Äußerung, sondern auf die darin erscheinende Einheit des Bewußtseins, das in Jesus erschienene vollendete Bewußtsein Gottes, in dem alle Realisation des menschlichen Geistes zur ewigen Erfüllung gefunden hat. Dieses ist in den Gläubigen nicht als einzelnen je für sich vollendet gegeben – sonst wäre jeder einzelne selber Christus –, *als* gemeinschaftliches aber ist es in seiner in Christus erschienenen Totalität gegenwärtig.

Weil diese Totalität in dem Gemeinbewußtsein der einzelnen Gläubigen immer schon gegenwärtig ist, kann Schleiermacher deshalb das Gottesbewußtsein des einzelnen auch selber als Geist Gottes qualifizieren und sagen, daß „das innerste Bewußtsein" der einzelnen Gläubigen „nichts anders" sei „als die Gegenwart [...] des Geistes selbst".[38] Das innerste Bewußtsein der Gläubigen ist das ihnen mitgeteilte schlechthin kräftige Gottesbewußtsein als das originäre Dasein des Geistes in der humanen Geschichte, welches in ihnen als Gemeingeist gegenwärtig ist. Entsprechend sind die auf ein ursprüngliches Inerscheinungtreten dieser Gemeinschaft gehenden „innersten Antriebe nichts anders" als „die lebendigen Regungen des Geistes selbst"[39], nämlich des Gottesbewußtseins als

[37] *CG*[2] § 116.3, 220, 3–8.
[38] *CG*[2] § 149.2, 389, 14–18; vgl. o. das diesem Paragraphen voranstehende Leitzitat.
[39] Ebd.

eines schlechthin *kräftigen*, welches alles Leben in sich trägt und sich darin als ein solches an ihm erweist. Diese Regungen sind die Impulse des als Gottesbewußtsein in Jesus geschichtlich gewordenen Geistes Gottes zu seiner Verwirklichung in der Geschichte in einem gemeinschaftlichen Leben. Dabei sind diese Regungen des Geistes als solche, die auf die Integration des vielspältigen humanen Lebens gehen, selber nur als Plural, und sind als einzelne nicht für die sich in ihnen darstellende Totalität des humanen Lebens in Gott durchsichtig. Erst „die Gemeinschaft derselben" ist die vollendete Gegenwart des Gottesbewußtseins und darin „nichts anders als das Sichselbsterkennen des Geistes" im gemeinsamen Mit- und gegenseitigen Aufeinanderwirken.[40] In ihnen *empfängt* der Geist in den mitteilenden Äußerungen des Bewußtseins anderer *sich selbst aus allen* und *findet* im Empfang der Äußerungen des Bewußtseins durch andere *sich selbst in allen*, um so in der *Gemeinschaft des Bewußtseins* die schlechthin vollendete Gegenwart seiner selbst zu sein, als die er im vollkommenen Gottesbewußtsein Christi geschichtlich geworden ist. Deshalb „sucht" der „Geist, in beidem Sinne in allen identisch, [...] sich selbst zu erkennen und in jedem, die Schranken der Persönlichkeit durchbrechend, alle anderen zu besizen gleich sehr, wie aus jedem sich allen mitzutheilen".[41] Sein vollendetes Erkennen, in dem er das schlechthin kräftige Gottesbewußtsein in der Geschichte ist, ist sein Sich-Erkennen in der Mitteilung des anderen.

Deshalb ist der Geist nur in seinem Sich-Mitteilen im gemeinsamen Mit- und gegenseitigen Aufeinanderwirken er selber und nur *als* dieses Sich-Mitteilen gegenwärtig. Denn nur dieses Mitteilen selber läßt ihn als das schlechthin kräftige Gottesbewußtsein in der Geschichte dasein. Und so würde auch im utopischen Fall, daß „das ganze menschliche Geschlecht in die Gemeinschaft der Erlösung aufgenommen wäre", das „Ineinander des Auf- und Miteinanderwirkens [...] keinesweges vollendet sein", sondern „als an sich schon unendliche wechselseitige Darstellung des Gemeinsamen in dem Eigentümlichen und des Eigentümlichen in dem Gemeinsamen" weiter fortbestehen.[42] Das Mit- und Aufeinanderwirken ist dem Dasein des Geistes in der Geschichte also nicht sekundär. Sondern es ist die Weise, im Sich-ihm-selbst-Miteilen als die die Geschichte in sich vollendet haltende Gegenwart Gottes in ihr gegenwärtig zu sein. Und so ist der Geist Gottes nur als sein Sich-Mitteilen der christlichen Gemeinschaft in der Geschichte *da*.

[40] Ebd.

[41] *CS Beil. B* 147f, § 7.a.; vgl. *CG*² § 134.3, 315, 14–19.

[42] *CG*² § 121.1, 250, 10–19.

2. *Gemeingeist und Gegenwart Christi*

Daß der Gemeingeist der christlichen Kirche der sich ausbreitende Geist Christi ist, wurde bereits hervorgehoben, ist aber im Hinblick auf die Verhältnisbestimmung des Gemeingeistes zu Christus noch weiter zu erläutern. In Frage steht dabei die Einheit des Gemeingeistes der Kirche mit der ‚durch Jesum von Nazareth vollbrachten Erlösung'. Das Problem entsteht daraus, daß *auf der einen Seite* die Gemeinschaft der Gläubigen durch die Mitteilung des Heiligen Geistes selbständig geworden und darin von der ‚persönlichen' Gegenwart Christi abgelöst ist, daß *auf der anderen Seite* von Schleiermacher aber gleichwohl nicht nur das Entstehen, sondern auch die *Gegenwart* der Erlösung als in der „Lebensgemeinschaft mit Christo" bestehend angesehen und die Aufnahme in diese Lebensgemeinschaft allein der eigenen Tätigkeit Christi zugeschrieben wird.[43] Soll beides zugleich behauptet werden, so stellt sich die Frage, wie *im* Begriff des Gemeingeistes die Gegenwart Christi so gedacht werden kann, daß das allein Christus zugeschriebene erlösende und versöhnende Handeln sich im Gemeingeist fortsetzt und also „diesen Gemeingeist in sich aufnehmen und in die Gemeinschaft Christi aufgenommen werden ganz dasselbe" ist.[44]

Schleiermacher bezeichnet die auf die Gegenwart Christi und die Lebensgemeinschaft mit ihm sich richtende Perspektive als die ‚mystische' Seite der Erlösung im Unterschied zu der ‚kirchlichen', die sich auf die äußere geschichtliche Gestalt des Heilsgeschehens richtet.[45] Diese ‚mystische' Seite schafft in dem Begriff des Gemeingeistes das Gegengewicht zu einem sich rein auf äußere Kirchlichkeit richtenden Mißverständnis seiner Pneumatologie. Sie sucht die ‚bis an der Welt Ende' verheißene Gegenwart Christi[46] in der Gemeinde an dieser selber auszumachen, um darin die Gemeinde als bleibenden Ort der ‚durch

---

[43] Vgl. *CG*² § 110. Leitsatz, 150 und § 107. Leitsatz, 182. Wie beide Paragraphen zeigen, ist die ‚Lebensgemeinschaft mit Christo' Grundbegriff der gesamten Soteriologie, die sich mit diesem Ausdruck auf die Lehre vom Werk Christi zurückbezieht, die sein ‚Aufnehmen' der Gläubigen „in die Kräftigkeit seines Gottesbewußtseins" und „in die Gemeinschaft seiner ungetrübten Seligkeit" zum Inhalt hat (vgl. *CG*² § 100. Leitsatz, 90; § 101. Leitsatz, 97); vgl. o. § 9.3.

[44] *CG*¹ § 141. Leitsatz, 194, 3–5.

[45] Die Unterscheidung findet sich im *Leben Jesu* SW I/6, 310: „Die Lebensgemeinschaft eines jeden mit Christo ist das mystische Element, das andere, die Gemeinschaft der Gläubigen unter sich, das kirchliche". Als „mystisch" kann Schleiermacher seine Erlösungslehre auch in *CG*² § 100.3, 94–96 (vgl. *CG*¹ § 121.2, 69f), bezeichnen. Dabei wird deutlich, daß er das mystische Element zwar im Unterschied, darin aber in bezug auf das kirchliche Element verstanden wissen will, weil die Erlösung sonst, da sie dann der geschichtlichen Vermittlung entbehrte, „magisch" würde, wogegen sich die Erlösung ohne das ‚mystische' Element unter Aufgabe „der Erlösung im eigentlichsten Sinne" auf eine Wirkung Jesu nur „durch Lehre und Beispiel" reduzieren müßte. Zwischen dieser „empirische[n] Auffassung" und jener ‚magischen' bildet die recht verstandene ‚mystische' Auffassung der Erlösung die theologisch korrekte Mitte (Ebd).

[46] *Mt* 28,20; vgl. z.B. P 216 (SW II²/2, 461): Es geht um „jene geistige Gegenwart des Herrn [...], vermöge derer er verheißen hat unter uns zu sein bis an der Welt Ende".

Jesum von Nazareth vollbrachten Erlösung' verständlich zu machen. Schleiermacher entfaltet diese Perspektive in seiner Pneumatologie in den auf die Herleitung des Begriffs des Gemeingeistes folgenden drei Lehrsätzen, die alle stark christologischen Bezug haben[47], sowie in der betonten Rede der Predigten von der ‚unmittelbaren geistigen Gegenwart Christi', in der Schleiermacher den pneumatologischen und den christologischen Aspekt auch begrifflich zusammenbindet.[48]

[47] Zur Verhandlung stehen nach den bereits behandelten §§ 121f damit die §§ 123–125, mit denen die Pneumatologie der Glaubenslehre abschließt. Die Paragraphen lauten:

§ 123 Der Heilige Geist ist die Vereinigung des göttlichen Wesens mit der menschlichen Natur in der Form des das Gesamtleben der Gläubigen beseelenden Gemeingeistes.

§ 124 Jeder Wiedergeborne ist des Heiligen Geistes teilhaftig, so daß es keine Lebensgemeinschaft mit Christo gibt ohne Einwohnung des Heiligen Geistes und umgekehrt.

§ 125 Die von dem Heiligen Geist beseelte christliche Kirche ist in ihrer Reinheit und Vollständigkeit das vollkommne Abbild des Erlösers, und jeder einzelne Wiedergeborne ist ein ergänzender Bestandteil dieser Gemeinschaft.

Noch schärfer ist der christologische Bezug in den Leitsätzen von *CG¹* gefaßt, die deshalb hier mit in Betracht kommen sollen. Während der *CG²* § 123 entsprechende Paragraph *CG¹* nur statt ‚in der Form' unspezifischer „unter der Form des das Gesammtleben der Gläubigen beseelenden Gemeingeistes" liest, sind die beiden folgenden Paragraphen gegenüber *CG²* stark umformuliert:

§ 143 Wie überhaupt die Sendung des Geistes abhängig war von der Erscheinung und der persönlichen Wirksamkeit Christi: so ist nun für einen jeden Einzelnen Christum in sich haben und den heiligen Geist haben eines und dasselbe.

§ 144 Die durch die gemeinheitbildende Vereinigung des göttlichen Wesens mit der menschlichen Natur bestehende christliche Kirche, ist in ihrer Vollständigkeit das Abbild des durch die personbildende Vereinigung bestehenden Erlösers; und jeder, der in der Wiedergeburt ist des heiligen Geistes theilhaftig geworden, ist ein ergänzendes Glied jener Gemeinschaft.

Deutlich ist das Bemühen in *CG¹* § 144, die konstruktive Entsprechung der Pneumatologie zur Christologie stärker herauszuarbeiten, was herauszustellen Schleiermachers abgeklärtere Formulierungen in dem sonst sehr ähnlichen § 125 der Zweitauflage nicht mehr für notwendig halten. *CG²* § 124 formuliert das Verhältnis von Geistbesitz und Lebensgemeinschaft mit Christus deutlich vorsichtiger als *CG¹* § 143 und qualifiziert die dort ausgesprochene Identität beider nur als Aussageidentität (es „ist dies beides, das Leben Christi in uns und das Treiben des Geistes in uns, *eines* in jenem Dritten, nämlich der Kindschaft Gottes", so daß beide Ausdrücke ‚eines und dasselbe *bedeuten*'; vgl. *CG²* § 124.1–2, 266, 26–31 u. 17–19), während der § 143 der Erstauflage noch das deutlichere Ringen um ein Verständnis dieser Identität selber zeigt. Dabei ist deutlich, daß Schleiermacher hier die Formulierungen abschwächen, die Sache aber unbeschadet lassen wollte. Der zutreffende Hinweis auf die Einheit des Gottesbewußtseins (= ‚Kindschaft Gottes'), in dem beide Aussagen zusammenfallen, entbindet indessen nicht davon, die Einheit auch an den in ihm ineinsgesetzten Relaten selber aufzuweisen. Hier ist die Erstauflage gründlicher, die auch zeigt, auf welchem Wege sich die Einsichten zu diesem Thema bei Schleiermacher selber eingestellt haben. Diesen Weg gilt es auch im Folgenden zu beschreiten. – (Daß Schleiermachers Lehre vom Geist in ihrer eigenen Intention ganz mißverstanden wäre, wollte man den Bezug auf Christus als ‚christologische Störung' einer rein ekklesiologisch gemeinten Pneumatologie verstehen [so W. BRANDT, Der Heilige Geist, 54], wird bereits semantisch an den Lehrsätzen deutlich, die ohne ihren christologischen Gehalt auch ihren pneumatologischen Sinn verlieren. Im Gegenteil liegt hier, wie ersichtlich ist, gerade der Kern von Schleiermachers Pneumatologie.)

[48] Vgl. an dieser Stelle nur SW II²/2, 203 (P 115). Daß die geistige Gegenwart Christi erheblichen Belang für die religiöse Erfahrung hat, zeigt Kl.Schr. III, 286 (P 219), wo Schleiermacher mit großer

1. Die Grundbestimmungen für Schleiermachers Verständnis der Gegenwart Christi im Gemeingeist wurden bereits in dem Abschnitt zum Werk Christi aufgezeigt.[49] Sie liegen darin, daß das christlich-fromme Selbstbewußtsein das Bewußtsein von seiner eigenen Entstehung durch den Gemeingeist so auf Jesus von Nazareth zurückbezieht, daß es diesen Gemeingeist als ursprünglich in Jesus erschienen annimmt, was zu der Auffassung führt, daß dieser Geist als der eigene Geist Jesu – das heißt als sein ganz und gar als Bewußtsein Gottes bestimmtes Selbstbewußtsein, in welchem das vollendete Bewußtsein der menschlichen Gattung mitgesetzt ist – urbildlich in ihm verwirklicht war. Daraus ergibt sich dann für das Verständnis des erlösenden Handelns Jesu, daß dieses die kraft dieses vollendeten Gattungsbewußtseins aus sich herausgehende Mitteilung seines eigenen Geistes ist, nämlich seines eigenen göttlichen Selbstbewußtseins, das nicht nur in ihm personbildend war und sich alle Zustände seines eigenen Lebens aneignete, sondern in derselben Bewegung auch in anderes humanes Selbstbewußtsein eindrang und dieses durch Selbstmitteilung an es in sich aufnahm. So entstand in den Gläubigen ein neues unmittelbares Selbstbewußtsein, nämlich das in ihnen zwar angelegte, in seiner wirksamen Kraft aber erst von Jesus mitgeteilte Gottesbewußtsein Christi in ihnen.[50] Dieses ist das *eigene* Selbstbewußtsein der Gläubigen in der Form des ihr eigenes Selbstbewußtsein

Emphase von der Christusvision des Stephanus spricht. E. HIRSCH hat diese Stelle zu der Bemerkung veranlaßt hat, man dürfe „von einem verborgenen Fortleben eines sublimierten urchristlichen Enthusiasmus bei ihm sprechen". Die Auffassung Hirschs, daß man solche Aussagen „selbstverständlich auch als ein persönliches Zeugnis Schleiermachers von den Geheimnissen seines inneren Lebens mit Christus" zu lesen habe (a.a.O., 391, Anm. 142), ist sicher nicht falsch. Sie lenkt auch etwas den Blick darauf, wie sehr Schleiermacher trotz aller rationalen Abgeklärtheit noch dem Herrnhutischen Frömmigkeitsideal verhaftet ist.

[49] Vgl. o. § 9.3.

[50] Es mag an dieser Stelle die Frage entstehen, wie sich die Gegenwart Christi im von ihm mitgeteilten Gottesbewußtsein zum Mitgesetztsein des Gottesbewußtsein im Selbstbewußtsein verhält, von welchem die Einleitung in die Glaubenslehre redet (vgl. *CG*² § 4.4, 28–30). Es war schon gesagt worden, daß das Gottesbewußtsein als dieses nur im neuen Gesamtleben wirklich ist, d.h. die unter dem Gesetz gehemmte ‚Kräftigkeit' hat, einen Moment des geschichtlichen Lebens zu erfüllen. Ist deshalb das Gottesbewußtsein im Vollsinne nur als mitgeteiltes Gottesbewußtsein Christi und also als Gegenwart Christi im Selbstbewußtsein, so wird das genannte Problem zur Frage danach, wie sich das vormals gehemmte Gottesbewußtsein zu dieser Gegenwart Christi verhält. Daß Schleiermacher eine solche Beziehung zugesteht, wird daran ersichtlich, daß er „das der menschlichen Natur ursprünglich, vor dem Erlöser und abgesehen von allem Zusammenhang mit ihm, im Selbstbewußtsein mitgegebene Gottesbewußtsein" nur insofern als „ein Sein Gottes in uns" anerkennt, „sofern wir Christum mit hinzubringen und es auf ihn beziehen" (*CG*² § 94.2, 46, 1–3.17). Wie ein solcher Bezug aussehen kann, erschließt sich aus den geschichtstheologischen Überlegungen Schleiermachers zur Inkarnation, denen zufolge er etwa sagen kann, „Christus sei auch als menschliche Person schon immer mit der Welt zugleich werdend gewesen" (*CG*² § 97.2, 63, 5f, vgl. o. S. 196). Demnach ist Christus im gehemmten Gottesbewußtsein in der gleichen Weise gegenwärtig wie der Heilige Geist in der Geschichte ante Christum, nämlich vor-läufig als ein solcher, der auf seine vollkommene Erscheinung in der Geschichte erst zugeht. Dafür spricht auch, daß Schleiermacher alle großen Erscheinungen der (Religions-)Geschichte in Jesus zu ihrer Vollendung gebracht sieht (vgl. o. S. 176 Anm. 54).

in sich zur Erfüllung bringenden Gottesbewußtseins Jesu in ihnen. Und so ergibt sich als Ausgangspunkt des Verständnisses der Gegenwart Christi im Geist, daß der eigene Geist derer, die die Selbstmitteilung Jesu erfahren haben, nämlich ihr unmittelbares Selbstbewußtsein als die innerste ‚rein geistige' Seelenfunktion, der Geist Christi selbst ist.

Die Differenz zwischen dem Gottesbewußtsein der Gläubigen und dem Selbstbewußtsein Jesu liegt deshalb zunächst nicht in der Qualität des Gottesbewußtseins in ihnen, denn dieses ist – wie auch der Geist Gottes sich selbst in allen gleich ist[51] – dasselbe in allen wie in ihm. Sondern die Differenz besteht darin, daß das Gottesbewußtsein, wenn es einen ‚wirklichen Moment' erfüllen soll, dies nur im Zusammenhang der dem Gottesbewußtsein nachgeordneten Bewußtseinsfunktionen vermag.[52] Diese aber sind im Stande der Heiligung nur teilweise als Organe des Gottesbewußtseins aneignet, da das kräftige Gottesbewußtsein in den Gläubigen die menschliche Seele nicht bereits von Geburt an zur vollkommenen Entsprechung mit sich ausgebildet hat, so daß diese – wie bei Jesus – ein vollkommenes Organ des Geistes wäre, sondern die Seele durch den Geist erst fortschreitend angeeignet wird.[53] So gilt zwar, insofern solche *angeeigneten* Bewußtseinsmomente angesprochen sind, daß das von Jesus mitgeteilte neue Bewußtsein und Leben der Gläubigen nichts anderes ist als ‚das Leben Christi in uns', nämlich die Wirksamkeit des Selbstbewußtseins Jesu, das, zum eigenen Selbstbewußtsein der Wiedergeborenen geworden, dieses Leben nun erfüllt. Da diese Voraussetzung aber in keinem Moment des individuellen Lebens vollständig gegeben ist, bleibt das Inerscheinungtreten des Geistes und Lebens Christi in den Gläubigen immer unvollständig.[54] Es umfaßt nicht zugleich alle Bewußtseinsfunktionen, die einen Lebensmoment vollständig bestimmen, sondern nur einen Teil. Und so ist die Realisierung des Geistes in den Gläubigen nicht vollkommen, sondern an dem individuellen Leben im Prozeß der Heiligung gebrochen, so daß sich die Gläubigen an sich selbst nur einzelner von Christus überwiegend bestimmter Momente ihres individuellen Lebens bewußt werden, nicht aber Christi in seiner vollendeten Wirksamkeit selbst.

---

[51] Vgl. o. S. 206.

[52] Bereits von dem schlechthinnigen Abhängigkeitsgefühl gilt: „Nämlich auf ein als Moment Gegebenes von teilweisigem Freiheits- und teilweisigem Abhängigkeitsgefühl als den Moment mit konstituierend bezogen, wird es hierdurch erst eine besondere fromme Erregung" (*CG*² § 5.4, 37, 5–9). Ein religiöses Bewußtsein rein für sich ist Schleiermacher ebenso ausgeschlossen wie ein Gegebensein des Geistes an und für sich (vgl. o. § 7).

[53] Vgl. o. S. 206f.

[54] Vgl. *CG*² § 123.3, 264, 9–19: „Könnten wir das mit der Wiedergeburt beginnende neue Leben des Einzelnen isolieren und für sich zusammenstellen: so würden wir freilich sagen können, dies Leben sie gänzlich durch den H. Geist bestimmt, und die neue Kreatur sei nichts anderes als der H. Geist selbst im bewußten Besitz dieses eigentümlichen Mischungsverhältnisses menschlicher Naturkräfte. Allein das neue Leben ist kein sich selbst gleiches Ganze und durchdringt nicht gleichmäßig den ganzen Organismus der Person. Sondern die Person, die stetige Einheit des Selbstbewußtseins, ist eine Mischung von Getrenntsein und Vereinigtsein des Göttlichen und Menschlichen".

Wird von hier aus die Entstehung des Gemeingeistes in den Blick genommen, so ist deutlich, daß das Sichhervorbringen des Geistes in der Gemeinschaft, als Hervorbringung des schlechthin kräftigen Gottesbewußtseins in ihr, zugleich das Hervorbringen der in der Einzelheit der individuellen Lebensmomente verminderten vollkommen kräftigen Gegenwart Christi selber ist. Denn in der „Gemeinschaft der Gläubigen" ist der Geist „ganz und ungetheilt wie in Christo selbst".[55] Indem sich in ihr die einzelnen Lebensmomente und die ihnen entsprechenden Bewußtseinsmomente der Gegenwart Christi gegenseitig mitteilen und darin sich selbst im anderen wiedererkennen und über sich hinausgeführt werden, fügt sich das individuell unvollständige Gottesbewußtsein zum vollen Bewußtsein des Lebens Christi. Dabei ist dieses Bewußtsein das Dasein Christi selbst ‚in der Form des das Gesamtleben der Gläubigen beseelenden Gemeingeistes', und das Mit- und Aufeinanderwirken ist das selbsttätige und empfängliche ‚Leben Christi in uns'.[56]

Die Aussage, die Jünger sollten „des Geistes, der über sie ausgegossen war, [...] als seine geistige Gegenwart gewahren"[57], sowie die sich daran anschließenden vielen Predigtstellen, die von der ‚(unmittelbaren) geistigen Gegenwart' Christi sprechen[58], werden als Konsequenz dieser Auffassung verständlich. – Dabei bezeichnet die ‚geistige Gegenwart Christi' eben diese Gegenwart durch den Gemeingeist[59], in der sich der Geist Christi im Sich-Darstellen der Gemeinschaft selbst erkennt und darin als er selbst *ganz* da ist und in welcher deshalb auch Christus als selber gegenwärtig bewußt wird. Diese geistige Gegenwart Christi – von deren Konstitution im Kunstganzen des Gottesdienstes noch genauer zu reden sein wird[60] – geht für Schleiermacher in ihrer Unmittelbarkeit über die leibliche Gegenwart des irdischen Jesus hinaus. Weil Jesus nicht außer den Gläubigen, sondern als Gemeingeist in ihnen ist und so in der Gemeinschaft der Gläubigen ihr eigenes Leben geworden ist, ist „die geistige Gegenwart des Erlösers in der Seele [...] etwas viel Höheres und Herrlicheres [...] als irgend ein leibliches Zusammenseyn mit ihm gewesen seyn kann".[61] So ist Jesus

---

55 SW II²/4, 396 (P 71).

56 Beide Momente gemeinsam sind den Gläubigen „das unmittelbare Sein und Leben Christi in ihnen" (*CG²* § 124.3, 268, 17f).

57 P 171 (Kl.Schr. III, 241).

58 Zur „geistigen Gegenwart" Christi vgl. P 33 (SW II²/2, 588), P 71 (SW II²/4, 385), P 72 (SW II²/4, 396: „Augenblicke frommer Begeisterung und eines erhöhten Gefühls von der geistigen Gegenwart Christi"), P 74 (SW II²/4, 413), P 91 (SW II²/4, 572), P 103 (SW II²/2, 9), P 171 (Kl.Schr. III, 241), P 204 (Kl.Schr. III, 279f), P 212 (SW II²/2, 373.382f), P 216 (SW II²/2, 456.459.461; vgl. 454: „innigen geistigen Vereinigung mit dem verklärten und erhöhten Erlöser"). Eine „unmittelbare geistige Gegenwart des Herrn in der Seele" kennt P 115 (SW II²/2, 203; vgl. 192.195). P 219 (Kl.Schr. III, 286f) hat: „unmittelbare Nähe des Erlösers". P 110 (SW II²/2, 133) spricht vom „Gefühl des ewigen geistigen Zusammenseins mit ihm selbst". Vgl. auch P 218 (SW II²/2, 513).

59 Es handelt sich, so ganz unmißverständlich P 33 (SW II²/2, 588), um „die geistige Nähe und Gegenwart des Erlösers in seiner Gemeine durch den Geist".

60 Vgl. u. S. 254–261 und 265ff.

61 SW II²/4, 413 (P 74).

nicht als irdischer, sondern *erst* im Gemeingeist wahrhaft und „bis an das Ende der Tage" „bei" den Gläubigen.[62]

2. Schleiermachers Verständnis des Heiligen Geistes bezieht diesen damit gerade in seiner Bestimmung als Gemeingeist inhaltlich streng auf Christus zurück. Das genauere Verhältnis erläutert Schleiermacher ausgehend von dem definitorischen Satz: „Der Heilige Geist ist die Vereinigung des göttlichen Wesens mit der menschlichen Natur in der Form des das Gesamtleben der Gläubigen beseelenden Gemeingeistes".[63] Der Ausdruck ‚Vereinigung des göttlichen Wesens mit der menschlichen Natur' bezeichnet nach der Christologie Schleiermachers das im christlich-frommen Selbstbewußtsein gegebene Bewußtsein dessen, daß in Jesus von Nazareth das Gottesbewußtsein das unmittelbare Selbstbewußtsein Jesu schon ursprünglich selber war und die menschliche Seele Jesu (d.h. sein selbsttätiges und empfängliches Dasein) kraft dieser vollkommenen Gegenwart personbildend ausgebildet hat. Dabei lag der entscheidende Punkt darin, daß die Einheit von Gottes- und unmittelbarem Selbstbewußtsein als eine ursprünglich-vollkommene Einheit urbildliche Dignität hat, die jeden möglichen Lebensmoment Jesu Darstellung vollkommener Gegenwart Gottes in ihm sein läßt. Wenn Schleiermacher nun sagt, daß der Heilige Geist diese Vereinigung selber ist, so ist damit gesagt, daß der Heilige Geist die vollkommene Einheit von Gottesbewußtsein und unmittelbarem Selbstbewußtsein ist, die in Jesus gegeben war und als deren vollkommene Darstellung „der durch die personbildende Vereinigung bestehende[] Erlöser"[64] angesehen werden muß. Der erste Teilsatz besagt damit zweierlei:

Zum einen ist deutlich, daß der Heilige Geist nicht eine gegenüber Christus andere Wirklichkeit Gottes bei den Menschen ist, sondern eben diese in *Jesus* erschienene Gegenwart Gottes als eine sich gemeinschaftlich über die Geschichte ausbreitende.[65] Der Heilige Geist ist in sich selbst nichts anderes als die Gegenwart der in Christus urbildlich verwirklichten Erlösung. Er hat weder darüber hinaus einen sich von dieser Erlösung unterscheidenden eigenen Charakter, der in seiner Gegenwart noch etwas anderes setzte, als eben dasjenige, was in Jesus erschienen ist. Noch bleibt die Gegenwart des Geistes hinter der Gegenwart

---

62 SW II²/4, 396 (P 72); vgl. *Mt* 28,20.

63 *CG²* § 123. Leitsatz, 259.

64 *CG¹* § 144. Leitsatz, 207, 23.

65 Weil lediglich diese Identität der Gegenwart Gottes im Geist mit der in Christus ausgesagt werden soll, nicht aber ‚zwei Naturen' des Geistes begriffen werden sollen, ist die zunächst sehr eingängige Bezeichnung der pneumatologischen Lehrsätze als „*Zwei-Naturen-Lehre des Heiligen Geistes*" (J. MOLTMANN, Geist des Lebens, 236) etwas mißverständlich. Schleiermacher hat schon in der Christologie die Zwei-Naturen-Lehre nur unter größerem Vorbehalt aufgenommen und den Begriff der Natur stark kritisiert. Wichtig ist hier die von Schleiermacher gemeinte Entsprechung. Wollte man deren Konstruktionsbedingung (vgl. das Verhältnis von πνεῦμα und νοῦς o. § 9.2) im strengen Sinne als pneumatologische Zwei-Naturen-Lehre verstehen, so wäre diese tatsächlich sehr „eigentümlich" (ebd.).

Gottes in Christus zurück, ist also nicht eine weniger vollkommene Gegenwart Gottes als die in Jesus.[66] Es ist also eine Bestimmung seines eigenen Wesens, daß der Heilige Geist nur Christus verherrlicht und alles nur aus ihm nimmt.[67] *Zum anderen* ist deutlich, daß der Heilige Geist nicht eine außerhalb des menschlichen Lebens gegebene Entität ist, also „nicht etwa zwar etwas Göttliches ist, aber nicht mit der menschlichen Natur vereinigt, sondern nur auf dieselbe irgendwie von außen wirkend".[68] Sondern er ist nur als Vereinigung mit ihr. Damit ist aber nicht der Auffassung stattgegeben, daß der Heilige Geist „nicht unmittelbar göttlich" sondern selber nur geschaffen sei.[69] Vielmehr soll gesagt sein, daß in dem gleichen Sinne, in welchem Gottes Gegenwart in Jesus von Nazareth eine geschichtliche ist, auch der Heilige Geist *geschichtliche* Gegenwart Gottes ist. Ebenso, wie das Sein Gottes in Christus als seine Einheit mit der menschlichen Natur gedacht werden muß, wenn nicht die Geschichtlichkeit dieser Gegenwart fraglich werden soll, muß auch die Gegenwart des Geistes in den Gläubigen, in welcher sich diese Gegenwart Christi fortsetzt, als Einheit mit ihrem menschlichen Bewußtsein gedacht werden, wenn sie eine wirklich geschichtliche Gegenwart sein soll, die die Einheit des humanen Subjekts gewahrt sein läßt.[70]

Dabei entspricht das Verhältnis von Geist Gottes und menschlichem Geist der gottmenschlichen Einheit in Jesus und erklärt sich von ihr her. Wie auch in Jesus von Nazareth, so ist der Geist Gottes auch hier nur als die schlechthinnige Vollendung des menschlichen Bewußtseins mit diesem eins. Auch hier ist es das – in der ‚Form' des Gemeingeistes gegebene – schlechthin vollkommene Gottesbewußtsein Jesu, welches das menschliche Leben in die Einheit mit sich führt. Als dieses Gottesbewußtsein ist der Geist Gottes dann tatsächlich nur in Einheit mit der menschlichen Natur und nicht unter Absehung von dieser noch etwas für sich selbst. Er geht dabei aber nicht anders in ihr auf, als daß er diese schöpferisch zu ihrer Vollendung in sich bringt, um eben darin der Geist zu

---

[66] So betont Schleiermacher, daß im Heiligen Geist nichts anderes Göttliches ist, als in Christus auch war. Wäre dies nämlich, „so könnte dieses nicht von Christo ausgegangen, sondern müßte einzeln auf schlechthin wunderbare Weise mitgeteilt worden sein". Auf der anderen Seite: Wäre „durch Christum Göttliches in die menschliche Natur gekommen", das nicht durch den Heiligen Geist auch in ihr geblieben wäre, so „gäbe es keine Mitteilung der unsündlichen Vollkommenheit und der ungetrübten Seligkeit Christi" (vgl. *CG*[2] § 123.2, 262, 17–35).

[67] Vgl. *Joh* 16,14; vgl. z.B. *CG*[2] § 133.1, 310, 2. Schleiermacher macht damit das *filioque* zum alleinigen Bestimmungsgrund des Wesens des Geistes.

[68] *CG*[2] § 123.2, 261, 17–19.

[69] Ebd., Z. 6f.

[70] Vgl. *CG*[2] § 123.3, 263, 3: „Ist aber der H. Geist eine wirksame geistige Kraft in den Seelen der Gläubigen: so müssen wir entweder ihn als mit der menschlichen Natur in ihnen verbunden vorstellen, oder wir müssen die Einheit ihres Daseins aufheben, wenn sie einesteils solche sind, in denen sich die menschliche Natur wirksam erweist, andernteils solche, in denen sich der von der menschlichen Natur gesonderte H. Geist wirksam beweist; welche Annahme so sehr eine gänzliche Zertrennung in dem menschlichen Leben hervorbrächte, daß sie doch nie würde aufrechterhalten werden können".

sein, welcher sich das geschichtliche Dasein zu seiner Vollendung in Gott aneignet.[71] Indessen zeigt sich eine Differenz in der Weise der Selbstrealisierung der gottmenschlichen Einheit im Falle der sich von Christus aus fortsetzenden Gegenwart des Heiligen Geistes. Sie ist in der zweiten Satzhälfte des genannten definitiorischen Satzes ausgedrückt, welche besagt, der Heilige Geist sei die Vereinigung göttlichen Wesens mit der menschlichen Natur nicht anders als „in der Form des das Gesamtleben der Gläubigen beseelenden Gemeingeistes“.[72] Darin spricht sich der schon genannte Sachverhalt aus, daß das den Gläubigen mitgeteilte Gottesbewußtsein sich in ihnen nicht als einzelnen vollkommen realisiert, sondern nur in ihnen als Gemeinschaft. Die in Jesus erschienene vollkommene Einheit von Gottesbewußtsein und menschlichem Bewußtsein ist in den Gläubigen nicht wie in Jesus eine „personbildende“, sondern eine „gemeinheitbildende Vereinigung des göttlichen Wesens mit der menschlichen Natur“.[73] Sie bildet nicht ursprünglich eine individuelle Person aus, in der sie sich vollkommen realisiert. Sondern was sie ursprünglich ausbildet, ist die Gemeinschaft der Kirche, die ebenso wie die Person Jesu eine reine Schöpfung des Geistes ist, welche ohne die Gegenwart des Geistes als der ‚Vereinigung göttlichen Wesens mit der menschlichen Natur‘ in ihr anhypostatisch wäre und keinen Bestand hätte. So tritt an die Stelle des persönlichen Selbstbewußtseins Jesu das Gemeinbewußtsein der Kirche, in welchem sich der Geist Christi als kollektives Selbstbewußtsein verwirklicht. Und an die Stelle des psychischen Organismus' Jesu tritt die Bewußtseins- und Handlungsgemeinschaft der Kirche als der neue ‚Leib Christi‘, in welchem der von Christus mitgeteilte Geist Jesu die seiner Urbildlichkeit entsprechende vollkommene geschichtliche Realisierung findet.[74]

Von dieser kirchlichen Gemeinschaft gilt dann folgerichtig, daß die Mitteilung ihres Gemeingeistes Mitteilung des Geistes Christi ist, nämlich des eben in Jesus ursprünglich erschienenen Geistes Gottes, der sich in ihm als in einer individuellen Person realisiert hat.[75] Sie teilt damit nichts anderes mit, als die-

---

[71] Vgl. o. § 9.2.

[72] *CG²* § 123. Leitsatz, 259.

[73] *CG¹* § 144. Leitsatz, 207, 20–23.

[74] Schleiermacher gibt dem paulinischen Motiv vom Leib Christi damit einen nachvollziehbaren Sinn. Es ist der der geistigen Gegenwart Christi angeeignete menschliche „Organismus Christi“ (*CG²* § 127.3, 282, 33f), „sein[] geistige[r] Leib“ (P 215; SW II²/2, 447), der in der reinen Äußerung seines sich als Gemeingeist verwirklichenden Geistes besteht, in welchem es deshalb „derselbe Geist [ist], der in ihm als dem Haupte und in uns als den Gliedern wohnt“ (P 116; SW II²/2, 215), und zu dem sich das äußere Zusammenleben der Gemeinschaft immer mehr gestalten soll (vgl. *CS* 320 [1826/27]). Schleiermacher kommt damit der urchristlichen Vorstellung, Christus habe „einen die Erde durchdringenden und umspannenden Leib“ (E. KÄSEMANN, Das theologische Problem des Motivs vom Leibe Christi, in DERS.: Paulinische Perspektiven, Tübingen 1972–, 178–210: 201f), in manchem recht nahe, unterscheidet sich aber freilich von ihr deutlich darin, daß er Christus keine von seiner geistigen Gegenwart in der Kirche noch einmal unterschiedene himmlische Existenzweise zuerkennt.

[75] Daraus folgt für das Verständnis des Geistes, wie K. FISCHER treffend formuliert: „So gesehen ist der Geist Christi nichts anderes als die mit dem Ende seines irdischen Geschicks gegebene unverlierbare Daseinsweise der vor Gott in schlechthinniger Kräftigkeit des Gottesbewußtseins gesetzten menschlichen Person des Erlösers“ (Gegenwart Christi und Gottesbewußtsein, 28).

ser in seiner erlösenden Selbstmitteilung auch selber mitteilte. Und deshalb ist die Selbstmitteilung der Gemeinschaft nichts anderes als das fortgesetzte erlösende und versöhnende Handeln Christi selbst, das eben darin ihn selber mitteilt.[76] So „ist diesen Gemeingeist in sich aufnehmen und in die Gemeinschaft Christi aufgenommen werden ganz dasselbe".[77] Deshalb kann Schleiermacher die „geistige Nähe und Gegenwart des Erlösers in der Gemeinde durch den Geist" seiner leiblichen Gegenwart gleichsetzen[78] und sagen, daß nicht nur zu Lebzeiten Jesu „ursprünglich Einzelne von Christo ergriffen wurden", sondern es „auch jetzt noch [...] immer eine durch die geistige Gegenwart im Wort vermittelte Wirkung Christi selbst ist, wodurch die Einzelnen in die Gemeinschaft des neuen Lebens aufgenommen werden".[79] Dabei schmälert die Differenz zu Christi eigener Selbstmitteilung, die darin liegt, daß hier kein persönliches Selbstbewußtsein, sondern ein Gemeinbewußtsein sich selbst mitteilt, die Sache nicht, da beide nur der Form, nicht dem Inhalt nach verschieden sind.[80]

Dieser Sachverhalt zeigt sich auch darin, daß die Gemeinschaft in ihrer Darstellung immer auf Jesus zurückbezogen ist und *ihn* darzustellen sucht. Dies hat seinen Grund darin, daß die Gemeinschaft ihre *Einheit*, die sie mitteilen will, nur in ihm selber hat und nicht in ihren vielspältigen Lebensäußerungen als solchen. Deshalb sind alle Mitteilungen der Gemeinschaft nur dann sie selbst, wenn sie in allen ihren vielspältigen Selbstäußerungen immer wieder und immer nur diese eine Person darstellen, und werden erst dann recht aufgefaßt, wenn in ihnen die sich-selbst-mitteilende Person des Erlösers geistig erscheint. Also „auch dadurch unterscheidet sich das Sein Christi in uns nicht von dem Sein des heiligen Geistes in uns, daß jenes nur stattfindet, wenn wir das menschliche Wesen Christi in uns aufgenommen haben".[81]

---

[76] Vgl. *CG²* § 116.3, 29–32, wonach „die Mitteilung der unsündlichen Vollkommenheit und Seligkeit, [...] als das schlechthinnige stetige Wollen [der Gemeinschaft] des Reiches Gottes der innerste Impuls des Einzelnen ist", welcher eben damit an dem erlösenden Handeln Christi teilnimmt.

[77] *CG¹* § 141. Leitsatz, 194, 3–5.

[78] P 33 (SW II²/2, 588); vgl. die rhetorische Frage in P 212: „können wir es uns irgend als möglich denken, daß diese geistige Gegenwart jemals gleichsam gehaltloser sei oder gewesen sei, als seine leibliche Gegenwart?" (SW II²/2, 373).

[79] *CG²* § 106.2, 149, 24–28. Zur Wortvermittlung der geistigen Gegenwart Christi vgl. u. S. 265ff. An dieser Stelle sei nur darauf hingewiesen, daß das Wort als das natürlicherweise primäre Kommunikationsmittel einer Gemeinschaft unverzichtbares Darstellungsmedium ihres Gemeingeistes ist.

[80] Vgl. z.B. *CG²* § 14.1, 96, 4–10: „Der Eindruck aber, den alle Späteren auf diesem Wege bekamen von dem durch Christum Bewirkten, nämlich von dem durch ihn mitgeteilten gemeinsamen Geiste und von der ganzen Gemeinschaft der Christen [...] war eben derselbe Eindruck, den die Zeitgenossen unmittelbar von ihm empfingen".

[81] *CG¹* § 143.2, 205, 6–9. Aus dem dadurch notwendigen Rückbezug der Darstellung auf den irdischen Jesus ergibt sich die Bedeutung „der Vergegenwärtigung des Wortes der Schrift, in welcher uns sein menschliches Leben und Wesen aufbehalten ist" (ebd., Z. 23f), für die Darstellung der Gemeinschaft und die Mitteilung ihres Geistes, die nur dann als wahrhaft erfolgt gelten kann, wenn der Bezug auf die Schrift gegeben ist.

So ergibt sich nun als zusammenfassende Verhältnisbestimmung von Geistbesitz und ‚Lebensgemeinschaft mit dem Erlöser', daß „für einen jeden Einzelnen Christum in sich haben und den heiligen Geist in sich haben eines und dasselbe" ist.[82] Teilt die Gemeinschaft ‚in der Form des das Gesamtleben der Gläubigen beseelenden Gemeingeistes' mit ihr selbst Christus mit, so sind die Rede vom „unmittelbare[n] Sein und Leben Christi" in den Gläubigen und der „Ausdruk, daß der Geist Gottes in uns wohnt", inhaltlich identisch. Die Differenz liegt einzig in der Blickrichtung, in welcher die erstere stärker betont, „daß der heilige Geist der Geist Christi ist", wogegen der letztere in seinem gemeinschaftlichen Bezug deutlich macht, „daß das göttliche Wesen in uns auf eine andere Weise ist als in Christo, und daß wir es nicht jeder für sich allein in uns haben, sondern nur alle in Gemeinschaft".[83]

3. Sind auf diese Weise die Gegenwart des Geistes im Mit- und Aufeinanderwirken der Gläubigen und die geistige Gegenwart Christi eins, so gilt für die Totalität dieses Wirkens, daß die in ihr geschehende Realisierung des Geistes mit der vollkommenen Realisierung Christi zusammenfällt, und so ist die „von dem Heiligen Geist beseelte christliche Kirche [...] in ihrer Reinheit und Vollständigkeit das vollkommne Abbild des Erlösers und jeder einzelne Wiedergeborne ist ein ergänzender Bestandteil dieser Gemeinschaft".[84] Der Satz beschließt die Pneumatologie der Glaubenslehre, indem er die im Heiligen Geist bestehende Kirche als ‚Abbild' auf das ‚Urbild' Christus zurückbezieht, und eröffnet zugleich die sich aus der Pneumatologie entwickelnde Ekklesiologie.

Es lag im Begriff der Urbildlichkeit Christi, daß in ihm die Totalität des geschichtlichen Lebens des Geistes so versammelt war, daß er zum „wirklich gegebenen geistigen Urmenschen" wurde, auf den alle Geschichte menschlichen Geistes hinläuft und aus dem sich alle ihrer Vollendung entgegengehende Geschichte entbindet.[85] Von dieser Geschichte des Geistes gilt dann sowohl, daß sie von ihm *ausgeht*, als auch, daß sie in allen ihren verschiedenen Gestaltungen nichts anderes tut, als das menschliche Leben in ihn zu *integrieren*. Die Lehre vom Gemeingeist hatte zunächst den ersten Aspekt betont, dem in der Christologie die Lehre vom Königtum Christi entspricht. Die *basileia*, als welche die neue Geschichte begriffen wird, ist die *Gemeinschaft* der Gläubigen. Und Christi königliches Amt besteht darin, daß diese „immerwährend von ihm ausgeht", weil der Geist dieser Gemeinschaft, in dem sie sich immer neu hervorbringt,

---

[82] *CG[1]* § 143. Leitsatz, 203, 4f. Vgl. *CG[2]* § 124.1, 266, 16–19, wonach „dieses dreies: In-die-Gemeinschaft-der-Gläubigen-durch-sie-hineingezogen-Werden und Am-Heiligen-Geiste-Anteil-Haben und In-die-Lebensgemeinschaft-mit-Christo-hineingezogen-Sein nur eines und dasselbe bedeuten" „muß".

[83] *CG[1]* § 143. Zusatz 1, 205, 25 – 206, 4; vgl. *CG[2]* § 268.3, 268, 15–28.

[84] *CG[2]* 125. Leitsatz, 270.

[85] *CG[1]* § 144.1, 208, 3; vgl. o. § 9.

sein eigener Geist ist, in welchem er als ihr ewiger Ursprung selber gegenwärtig ist.[86] Der obige Satz nun macht den zweiten Aspekt deutlich, der bereits in der Rede vom Leib Christi anklang und mehr der Lehre vom munus sacerdotale entspricht, den Sachverhalt nämlich, daß nicht nur er in der Gemeinschaft gegenwärtig, sondern auch die Gemeinschaft *in ihm* ist.[87] Weil in der Gemeinschaft alles *ihm* angeeignet und die Gemeinschaft nur darin, daß sie Organ seines eigenen Gottesbewußtseins ist, sie selber ist, ist sie nichts für sich, sondern ist nur, weil sie schon urbildlich vollendet ist in ihm. Und so ist sie als Gemeinschaft Abbild seiner unsündlichen Vollkommenheit unter den Bedingungen zeitlichen Daseins.

Dabei besteht die Abbildlichkeit in der Gemeinschaftlichkeit der Lebensäußerungen Christi in den Gläubigen, die vom Geist in jedem Individuum persönlich und verschieden gestaltet sind, sich aber in ihrer Gemeinschaft zu der vollkommenen Gestalt verbinden, die sie in der Person Jesus von Nazareth hatten. Dabei ist auch jeder einzelne Abbild, da seine Individualität vom Geist zur Realisierung eines Aspektes der Persönlichkeit Jesu angeeignet wird. Er ist aber aufgrund der auch in der Vollständigkeit dieses Geschehens nur in individueller Brechung realisierten Geistgegenwart „nicht nur in jeder einzelnen Eigenschaft ein unvollkommnes, sondern auch in seiner Ganzheit betrachtet, jeder ein einseitiges und zerstücktes nach allen Seiten hin der Ergänzung bedürftiges Abbild".[88] Und in dieser Ergänzungsbedürftigkeit liegt auch, daß in der Gemeinschaft des Bewußtseins zwar Christus ganz gegenwärtig ist und alle in ihm sind, die irdische Abbildlichkeit Christi aber „nur in der Totalität des menschlichen Geschlechtes" *anschaulich* wird.[89]

---

[86] Vgl. *CG*² § 105. Leitsatz, 136: „Das königliche Amt Christi besteht darin, daß alles, was die Gemeinschaft der Gläubigen zu ihrem Wohlsein erfordert, immerwährend von ihm ausgeht". Der Satz wird erst von der Pneumatologie her verständlich, die die *Weise* beschreibt, wie Christus diese Herrschaft ausübt. Dabei macht der Gedanke der geistigen Gegenwart Christi im Gemeingeist sowohl verständlich, weshalb man von einer immerwährenden königlichen Wirksamkeit *Christi* reden kann, als auch, *wie* diese Wirksamkeit von ihm ausgeht.

[87] Dies ist die zweite Hälfte des Ausdrucks „»ich in euch, und ihr in mir«" (*Joh* 15,8), in welchem Jesus nach Schleiermacher „das Wesen der Lebensgemeinschaft mit ihm" ausspricht (*Leben Jesu*; SW I/6, 321f); vgl. o. S. 204. Schleiermacher denkt hier eine *inklusive Stellvertretung*, die die Gläubigen in Christi eigenes Leben aufnimmt. Ensprechend „ist auch deshalb Christus unser Hohepriester, weil Gott uns nicht jeden für sich, sondern nur in ihm sieht" (*CG*² § 104.3, 123, 4–6).

[88] *CG*² 125.1, 271, 30–34. Was in den *Monol.* noch für jedes Individuum gegolten hat, nämlich daß es ewig in sich vollendet ist und alles äußere nur aus sich heraussetzt, gilt beim reifen Schleiermacher nur noch für Christus und für den einzelnen Menschen nur *in ihm*, wie er in der Gemeinschaft abgebildet ist.

[89] *CG*² § 125.1, 271, 16f. Wie o. S. 216f gezeigt, wäre auch nur in dieser Vollständigkeit jede einzelne Äußerung, wie auch die der ganzen Gemeinschaft, *rein* (s. Leitsatz), da ansonsten jeder Lebensmoment noch an dem alten Gesamtleben der Sünde teilhat und dieses notwendig *auch* zum Ausdruck bringt. – Interessant ist der Gedanke, daß Schleiermacher die Vollständigkeit der Abbildlichkeit Christi über die Zeiten hinweg durch das geschichtliche Sich-Fortpflanzen der Gegenwart Christi in der Gemeinschaft gegeben sieht, denn da gilt: „die Wirkung, welche unsere dahingegangenen Brüder auf unsere Seele ausgeübt haben, hört nicht auf; vielmehr ist ihr Geist und ihre Kraft dadurch in un-

So ist erst die vom Geist durchdrungene unendliche Menschheit die volle geschichtliche Verwirklichung des Urbildes, nämlich Leib Christi in der extensiven Vollendung seines sich in der Kirche verwirklichenden Daseins. Der Gedanke der Gegenwart Christi im Geist mündet damit in den eschatologischen Gedanken, daß die sich in der Geschichte hervorbringende Gegenwart Gottes im Gemeingeist der Kirche als Zu-sich-selbst-Kommen Christi in der Geschichte aufgefaßt werden kann. So ist die sich fortschreitend über die ganze Menschheit hin erstreckende Gegenwart des Geistes Gottes als Gemeingeist der Kirche Christi Sich-Hervorbringen in ihr und ihre Integration in ihn selbst.

3. Gemeingeist und Kirche

Die Ekklesiologie Schleiermachers ergibt sich aus der Lehre vom Heiligen Geist, da sie die Gemeinschaft des Reiches Gottes zum Gegenstand hat, als die sich der Heilige Geist in der Geschichte verwirklicht und deren Entstehen durch ihn die Pneumatologie in der Lehre vom Gemeingeist der Kirche beschrieben hatte. Schleiermachers Auffassung von diesem Entstehen hat bereits deutlich gemacht, daß die Lehre von der Kirche, da die Kirche nur *als* ein Mit- und Aufeinanderwirken sie selbst ist, selber auch Lehre vom Heiligen Geist sein muß. Ist die Kirche, wie jede rein auf einem Bewußtseinszustand ruhende Gemeinschaft auch, sie selbst nur in dem Austausch des Bewußtseins, durch welches sie sich ursprünglich konstituiert hat, so ist ihr Bestehen ihr fortwährendes Entstehen. Dieses aber ist im Falle der Kirche zugleich die fortwährende Selbsterzeugung des Geistes in ihr. Denn *als* diese Selbsterzeugung des Geistes nur ist das Mit- und Aufeinanderwirken, in dem die Kirche besteht. Und „so wird, da die Kirche nur durch dasselbe Prinzip erhalten wird, durch welches sie entstanden ist und sich erneuert, die stetige Wirksamkeit des heiligen Geistes beschrieben, indem von den Grundzügen des Lebens der Kirche gehandelt wird".[90]

Ein zweiter Gedanke kommt hinzu, der in der bisherigen Entfaltung der Pneumatologie im Hintergrund stand. Und zwar bekommt der Sachverhalt Be-

---

sere eigene Seele gleichsam übertragen, und sie sind und leben in uns und mit uns" (P 216; SW II²/2, 463). Dabei macht der Kontext dieses in einer Osterpredigt geäußerten Gedankens deutlich, daß Schleiermacher diesen Gedanken metaphysisch versteht. Die Brüder sind nicht *lediglich* durch geschichtliche Vermittlung gegenwärtig, sondern sind *darin* als sie selber in die ewige geistige Gegenwart Christi aufgenommen und so in Christus auferstanden.

[90] *CG*² Zusatz zu §§ 115–125, 273, 26–33. Mit Recht betont W. Brandt deshalb, daß die Lehre vom Heiligen Geist „eigentlich erst am Ende der gesamten Ekklesiologie vollständig gegeben ist" (Der Heilige Geist, 99). Da das Mit- und Aufeinander, in dem die Kirche besteht, die gesamte christliche Selbsttätigkeit umfaßt, ist noch hinzuzufügen, daß diese Lehre der Kirche auch die *christliche Sittenlehre* noch umfaßt. Zutreffend hebt H. Samson hervor, daß gerade die *CS* deutlich mache, „daß der *Geist* das *Sein* der *Kirche* ist" (Die Kirche, 56), wobei freilich das ‚Sein' im genannten Sinne als Werden zu verstehen ist.

deutung, daß die Kirche nur dadurch eine geschichtliche Gemeinschaft des Geistes ist, daß ihr *natürliche* humane Lebensfunktionen zu einem gemeinsamen Mit- und gegenseitigen Aufeinanderwirken angeeignet sind, die zuvor dem alten Gesamtleben unter dem Gesetz angehörten und, da sich in keiner dieser individuellen Lebensfunktionen der Geist rein realisiert, an diesem immer auch noch Anteil haben.[91] Die Lehre vom Bestehen der Kirche als eines geschichtlichen Gesamtlebens ist deswegen nur als Lehre „von dem Bestehen der Kirche in ihrem Zusammensein mit der Welt".[92] Nimmt man beide Gedankenkreise zusammen, so ergibt sich, in welcher Perspektive der Heilige Geist in der Ekklesiologie in den Blick kommt: nämlich in seinem Sich-Hervorbringen in der Gemeinschaft, insofern diese an der menschlichen Natur Anteil hat und durch diese bedingt ist.

Dabei entsteht eine Schwierigkeit aus dem Verhältnis der ekklesiologischen Bestimmungen des Geistes zu den ethischen. Diese Schwierigkeit liegt in der pneumatologischen Sache selbst. Betrachtet man Schleiermachers Differenzierung zwischen Glaubens- und Sittenlehre im Blick auf seine Auffassung von der Kirche, so führt die Bestimmung der *Form* der Anteilhabe des Gemeingeistes an der Natur zu den einzelnen ekklesiologischen und die Bestimmung der *Weise* der Realisierung dieser Anteilhabe zu den ethischen Grundbestimmungen der Kirche. Nun sind beide Perspektiven schon für Schleiermacher selbst nur künstlich unterschieden und gerade im Falle der Kirche umso weniger auseinanderzuhalten, als sich die Kirche als Handlungsgemeinschaft konstituiert, die nur *im Vollzug* ihres Mit- und Aufeinanderwirkens *ist*, und Weise und Form ihres Bestehens sich deshalb gegenseitig hervorrufen und durchdringen. Soll beides nun im Blick auf den Geist als das hervorbringende und darin *in sich selbst produktive* Prinzip der Kirche verständlich werden, so ist diese Trennung ganz aufzugeben, da jede zu beschreibende Form nur *als sich konstituierende* in den Blick kommen kann.

Ist deshalb um der pneumatologischen Durchsichtigkeit der Ekklesiologie willen die Sittenlehre mit in die Erörterung hineinzubeziehen, so rechtfertigt sich eine dann noch folgende eigene Darstellung der Ethik nur durch eine Unterscheidung in der *Richtung*, in der das Handeln in den Blick kommen soll. Diese ergibt sich ebenfalls aus der Sache selbst, da sich die Handlungsformen des Gemeingeistes sich relativ unterscheiden lassen in solche, in welchen die Konstitution der Gemeinschaft nach innen begriffen wird, in denen die Kirche also *in der Welt für sich selbst* erscheint, und in solche (in das eigentlich ethische Gebiet gehörende), in denen sich die Kirche in ihrem Zusammensein mit der Welt nach außen konstituiert und also *als sie selbst in der Welt* in Erscheinung

[91] Vgl. o. § 9.4 zum Verhältnis von Geist und Fleisch. Daß diese Thematik von äußerster Bedeutung für die Kirche ist, zeigt besonders die Sittenlehre, die das wirksame Handeln der Kirche aus dem Gegensatz von Geist und Fleisch ableitet; vgl. *CS* 44f.

[92] So die Überschrift des zweiten ekklesiologischen Hauptstücks, *CG*² vor § 126.Leitsatz, 274, 2f.

tritt.[93] Und so wird der Heilige Geist im Folgenden vor allem insofern aufgefaßt, als sein Sich-Hervorbringen in der Welt sein Teilnehmen an der menschlichen Natur auf die Kirche in ihr selber bezieht, wobei Weise und Form dieser Hervorbringung gemeinsam zur Sprache kommen werden.[94]

a. Gemeinschaft des Geistes

Es ergibt sich aus den Ausführungen Schleiermachers zum Entstehen der Kirche, daß seine Grundauffassung von der Kirche in seinem Verständnis der *Gemeinschaft des Geistes* liegt. Dabei ist die Gemeinschaft wesentlich Gemeinschaft des Mit- und Aufeinanderwirkens ihrer Glieder, in welchem sie ihr als Gemeinbewußtsein gegebenes Gottesbewußtsein austauschen, sich darin als Gemeinschaft ständig neu hervorbringen und *so* Gemeinschaft *sind*. Wird diese Gemeinschaft von Schleiermacher ‚Kirche' genannt, so ist von vornherein deutlich, daß Kirche nicht als äußere Institution begreiflich wird, die, kraft einer einmaligen göttlichen Verfügung eingesetzt, ihr Dasein durch Ämter und Ordnung in der Geschichte befestigt und erhält. Sondern Kirche ist nur *als* Gemeinschaft. Ihr Wesen ist das gegenseitige Teilnehmen und Teilgeben des unmittel-

---

[93] Dem ersteren entsprechen in der *CS* vor allem das den *Gottesdienst* beschreibende ‚darstellende Handeln in der inneren Sphäre' (vgl. *CS* 516–620) sowie das *Kirchenzucht* und *Kirchenverbesserung* beschreibende ‚reinigende Handeln in der christlichen Gemeinde' (vgl. *CS* 100–217). Genannt sind damit diejenigen Bereiche, die – in der Terminologie der philosophischen Ethik gesprochen – innerhalb der Sphäre des *individuellen Symbolisierens* stattfinden, also auf dem eigenen Gebiet der Kirche bleiben. Dem zweiten entsprechen in der *CS* vor allem das ‚verbreitende Handeln' (*CS* 291–501) sowie die Bereiche des reinigenden und darstellenden Handelns, in welchen das bürgerliche bzw. gesellige Element mitkonstitutiv ist (*CS* 217–290 und 620–705). Genannt sind damit diejenigen Handlungsformen des Geistes, die aus der ethischen Sphäre des individuellen Symbolisierens in die ‚organisierenden' Sphären des Staates *(identisches Organisieren)* bzw. der freien Geselligkeit (*individuelles Organisieren*) ausgehen bzw. unter Voraussetzung ihrer stattfinden. Zusammengenommen läßt sich vergröbernd sagen, daß im Folgenden die Sphäre des individuellen Symbolisierens für sich selber in den Blick genommen werden soll. Daß diese in der philosophischen Ethik grundlegende Einteilung aus den Bestimmungen der christlichen Sittenlehre erst reflexiv wiederhergestellt werden muß, ist darin begründet, daß das Selbstbewußtsein der Christen aufgrund ihrer teilweisen Teilhabe am alten Gesamtleben selber immer ‚geteilt' ist und die *CS*, die das Handeln eben dieses Bewußtseins auslegt, deshalb die Darstellung des christlich-frommen Selbstbewußtseins nicht rein für sich beschreiben kann, sondern nur eine (alle Handlungsformen umgreifende) Bewegung des geteilten Bewußtseins, das zu dieser Darstellung *führt*.

[94] Eine weitere Anmerkung ist das Verhältnis des hier zu Sagenden zu Schleiermachers *Praktischer Theologie* wert. Hier steht die Sache so, daß die Praktische Theologie als eine auf die Kirchenleitung bezogene technische Wissenschaft (vgl. *KD*- § 25) nicht die in der christlichen Sittenlehre gefaßten ‚*Aufgaben*', sondern, diese voraussetzend, die richtige ‚*Verfahrensweise*' zu ihrer Erledigung zum Gegenstand hat (ebd. § 260). Schon allein aufgrund der dabei herrschenden „Unterordnung der Mittel unter den Zweck" (ebd. § 261) ist deutlich, daß die Praktische Theologie im Blick auf das Verständnis des Geistes grundsätzlich nur ergänzende Bedeutung hat. Diese hat sie allerdings in hohem Maße, da die *CS* aus unten noch zu erläuternden pneumatologischen Gründen bei Schleiermacher rein deskriptiv ist und die Handlungsanweisung, die man sonst von einer christlichen Ethik zu erwarten gewohnt ist, zumindest für das Gebiet der Kirchenleitung der Praktischen Theologie überweist. Und so werden auch manche pneumatologischen Sachverhalte erst hier konkret.

baren Selbstbewußtseins ihrer Glieder, auf das hin und von dem her alle Ordnungen der Kirche sind. Nur in ihm ist die Kirche sie selbst und ist selber das von Christus verkündigte *Reich Gottes*, in welchem die in ihm in der Geschichte erschienene Gegenwart Gottes *als* Geist der Gemeinschaft bleibend in ihr gegenwärtig und wirksam ist. So ist, soll die Kirche verstanden werden, diese Gemeinschaft zu verstehen.

1. Ein Grundproblem liegt zunächst in der Verhältnisbestimmung der einzelnen Gläubigen zur Gemeinschaft als ganzer: Mit ihm nimmt Schleiermacher die bereits in den Frühschriften für das Verständnis des Geistes grundlegende Frage nach dem Verhältnis von Individuum und Gemeinschaft auf und führt sie ihrer ausgereifteren Gestalt zu.[95] Das Problem ist folgendes:

Auf der einen Seite gilt, daß „der Geist unter keiner anderen Form in der Kirche sein [kann], als daß er in den einzelnen ist“[96], da er sich in der Wiedergeburt Individuen aneignet, deren gemeinsames Mit- und gegenseitiges Aufeinanderwirken kraft ihrer persönlichen Selbsttätigkeit geschieht.[97] Entsprechend ist dieses gemeinschaftstiftende Handeln dann auch ein Handeln *Einzelner* aufeinander, die das ihnen in der Wiedergeburt persönlich einwohnende Gottesbewußtsein austauschen und sich dazu keiner anderen als ihrer eigenen, je individuell verschiedenen Ausdrucksmöglichkeiten bedienen. Und so besteht die Gemeinschaft nach dieser Seite „nur aus erlösten Einzelnen“[98], es ist also eine Gemeinschaft von Individuen.

Auf der anderen Seite gilt nun aber auch, daß „der göttliche Geist nicht den einzelnen als solchen, sondern der Gesammtheit, und den einzelnen immer nur als Gliedern derselben angehört“.[99] Er ist „in den einzelnen nur auf abgeleitete Weise, nicht ist er ursprünglich in den einzelnen und geht dann von diesen auf das ganze über“.[100] Hat aber deshalb „jeder seinen Anteil an dem H. Geist nicht in seinem persönlichen Selbstbewußtsein für sich betrachtet, sondern nur, sofern er sich seines Seins in diesem Ganzen bewußt ist, d.h. als Gemeinbewußtsein“[101], so ergibt sich für das Handeln des Einzelnen in der Gemeinschaft, daß dieses nicht kraft seiner selbst, sondern kraft dieser Gemeinschaft erfolgt. Es ist ein „Handeln des Ganzen auf sich selbst und für sich selbst“, in dem „wir uns […] den einzelnen gar nicht für sich denken können, sondern immer nur in der

---

[95] Vgl. o. § 3.4 und § 4.3.

[96] *CS* 113.

[97] Vgl. *CS* 62f: „der göttliche Geist findet in jedem Menschen immer schon eine individualisirte Vernunft, deren Sein in der Sinnlichkeit sein nächstes Organ ist, und die er, je mehr beide, Verstand und Wille, eins werden, desto mehr durchdringen muß, so daß also die Eigenthümlichkeit des Menschen gleich in allem sein muß, was der göttliche Geist in ihm wirkt“.

[98] *CG*² § 90.1, 27, 33f.

[99] *CS* 75.

[100] *CS* 185.

[101] *CG*² § 123.3, 263, 33–36.

Identität mit dem Gesammtleben".[102] Und so ergibt sich nach dieser Seite, daß im gemeinsamen Mit- und gegenseitigen Aufeinanderwirken die Gesamtheit das Subjekt und der Einzelne lediglich ihr Organ ist.

Der Sachverhalt, daß Schleiermachers Lehre vom Gemeingeist die letztgenannte Seite besonders betont[103], hat ihm verschiedentlich den Vorwurf eingetragen, die Sozialität der Geistgemeinschaft eliminiert zu haben.[104] Indessen erhellt aus der näheren Betrachtung der genannten zwei Seiten, daß Schleiermacher das Aufgehen des Individuums in der Gemeinschaft gerade als sein Sichverwirklichen als Individuum zu denken vornimmt und dabei beide Perspektiven ineinander auflöst.

α) Dies ist zunächst auf der Ebene des natürlichen humanen Lebens zu verstehen, an welchem die Gemeinschaft des Geistes als geschichtliche Gemeinschaft teilhat. Der Gedanke Schleiermachers geht hier wiederum auf die Psychologie zurück.[105] Schleiermacher hat dort das individuelle Selbstbewußtsein als ein solches angesehen, das sich in einem gemeinschaftlichen Prozeß erst entwikkelt. Es ist im Einzelnen nicht schon ursprünglich ausgebildet, sondern stellt sich in dem Maße, wie sich aus der ursprünglichen und unbewußten ‚Identität des Lebens' nach der Geburt ein Mit- und Aufeinanderwirken entwickelt, in diesem Mit- und Aufeinanderwirken erst her. Dabei ist der Prozeß der Bewußtseinsbildung von dem Bemühen des Subjektes geleitet, die im gemeinschaftlichen Wirken zum Bewußtsein kommende Getrenntheit des einzelnen Subjekts von den anderen aufzuheben und den in der ursprünglichen Indifferenz gegebenen Zustand der Einheit des Seins nun auf bewußte Weise wiederherzustellen.

Diese Aufhebungsbewegung nun bringt zweierlei mit sich: *Zum einen* bildet sich die individuelle Personalität des Subjektes aus, da das in die Gemeinschaftlichkeit gestellte Subjekt die ihm zugrundeliegende Einheit des Lebens, die es wiederherzustellen sucht, nur kraft seiner individuellen psychophysischen ‚Or-

---

[102] *CS* 195.185.

[103] Vgl. aus der Fülle der zu nennenden Stellen noch *CS* 177.213.320f.367, sowie P 65 (SW II²/2, 319f).

[104] So J. Moltmann: „Sind die verschiedenen Gläubigen nur ‚Erscheinungsweisen' des Einen Gemeingeistes der Kirche? Beseelt der Heilige Geist nur das Gesamtleben, nicht aber genau so auch das Einzelleben der Glaubenden? Wer bestimmt dann, was in der Kirche als ‚Gemeingeist' zu gelten hat? Werden damit die einzelnen Glaubenden nicht ihrer Personalität beraubt und zu bloßen ‚Bestandteilen der Gemeinschaft'? Warum konnte Schleiermacher sich die Gemeinschaft des Heiligen Geistes nicht als Vielfalt denken?" (Geist des Lebens, 236; vgl. zur trinitätstheologischen Kritik Moltmanns u. S. 265). Vgl. bereits D. Bonhoeffer, Sanctorum Communio (Werke, Bd. 1, 131), der Schleiermachers Gemeingeistlehre so versteht, daß der Einzelne „als Person ausgelöscht werden" müsse. Damit habe sich Schleiermacher „das Verständnis für echte Geistgemeinschaft, aber auch für echte Geisteinheit verbaut. [...] Verschlingt der Gemeingeist den Einzelnen, so daß dessen Personalität aufgelöst wird, so ist der Weg zu einem sozialen Gemeinschaftsbegriff von vornherein abgeschnitten". Daß Schleiermacher hier mißverstanden ist, wird sich im Folgenden zeigen.

[105] Vgl. zum Folgenden o. § 7.2. Die Psychologie greift hier insofern weiter als die sonst zumeist erörterte Ethik, als sie die Beziehung des Individuums auf die Gemeinschaft in ihrer Genese im Bewußtsein auffaßt. Sie wird damit besonders dem Gedanken gerecht, daß eine Gemeinschaft des Mit- und Aufeinanderwirkens nur als Bewegung ihrer Selbsterzeugung ist.

gane' herstellen kann, die es eben zu diesem Zweck entfaltet. *Zum anderen* bildet sich das Selbstbewußtsein *als* Gattungsbewußtsein aus, da das Subjekt sich dessen bewußt wird, daß seine Bewußtseinsbildung nicht auf sein ursprüngliches Selbstsein als Individuum zurückgeht, sondern auf die seiner Individualität vorausliegende Gemeinsamkeit seines Seins mit anderen, woraus sich dann ergibt, daß das Selbstbewußtsein sich nur dann seiner selbst einsichtig ist, wenn es diese Gemeinsamkeit verstanden hat, die seine eigene Personbildung hervorbringt.

Das Ziel dieser doppelten Entwicklung ist die Vollendung des individuellen Selbstbewußteins *im* Bewußtsein der völligen Einheit des menschlichen Seins, in welchem „der Unterschied zwischen dem eigenen und dem fremden menschlichen aufgehoben" und in jedem einzelnen „der Geist zum Bewußtsein der Totalität seines Seins auf der Erde" gekommen ist.[106] Diese Vollendung des Selbstbewußtseins als Gattungsbewußtsein, in der jeder einzelne als er selber Organ aller ist und alle Organ jedes einzelnen sind, ist freilich nicht erreichbar, da dies die vollkommene Bewußtseinsbildung alles Lebens zur gleichen Zeit erfordern würde. Vielmehr ergibt sich ein endloser Prozeß des Mit- und Aufeinanderwirkens, in welchem sich die Individualität herstellt, *um* die Unterschiedenheit vom anderen Gläubigen aufzuheben (wodurch sich dann die geschichtlichen Gemeinschaften bilden), darin aber zugleich der immer noch verbleibenden Unterschiedenheit einsichtig wird, was erneute Personbildung zur Folge hat, und so fort. Und so gilt für das Verständnis der Gemeinschaft, daß das Gattungsbewußtsein in der ursprünglichen Identität des Lebens der Individualität zwar vorausliegt, es sich sodann aber nur zusammen mit der individuellen Personalität ausbildet und im Bestreben, diese in sich aufzuheben, dieselbe zugleich immer wieder hervorbringt.[107]

Diesen Sachverhalt gilt es nun auf die Gemeinschaft der Gläubigen zu beziehen. Dabei zeigt sich zunächst, daß hier grundsätzlich das gleiche Verhältnis vorliegt. Weil sich der Heilige Geist *als* Gemeingeist realisiert, ist als das, was in dem Verständnis der Psychologie der als Gattungsbewußtsein gegebene menschliche Geist war, hier nun der Heilige Geist anzusprechen, und das Verhältnis ist zunächst einmal identisch. Es gilt hier wie dort: „Der Geist ist in allen einzelnen einer und derselbe und trägt an sich betrachtet die Persönlichkeit gar nicht in sich, gleichviel, ob wir ihn als κοινὸς λόγος oder als ἅγιον πνεῦμα betrachten. Soll es also eine Persönlichkeit geben: so muß etwas anderes das Substrat davon sein. Als solches ist aber nichts denkbar, als das ganze System der psychischen und physischen Organisation, welche sich der Geist aneignet".[108] Und so ergibt sich als *erste Grundbestimmung* der Gemeinschaft des

[106] SW II/6, 194.264; vgl. o. S. 134.

[107] Dieser Prozeß ist psychologisch so zu verstehen, daß sich jedem einzelnen am anderen eine Differenz zwischen Ich- und Gemeinbewußtsein im Selbstbewußtsein einstellt, die das Bewußtsein durch Selbstbildung zu überwinden sucht.

[108] *CS* 510.

Geistes, daß der Heilige Geist die Personalität der Einzelsubjekte nicht selber in sich trägt, sie aber in ihnen durch Aneignung ihres psychophysischen Organismus' ausbildet, um sich dann *durch* die individuelle Personalität als Gemeingeist der Kirche hervorzubringen. Die Individualität ist damit der Gemeinschaft und ihrem Geiste nachgeordnet, insofern sie durch ihn hervorgebracht wird, um sie als ganze in sich aufzunehmen. Darin aber ist sie nichtsdestoweniger *als sie selber* notwendig, insofern gerade die individuelle Mitteilung die Weise ist, in der sich der diese Individualität integrierende Geist Gottes gegenwärtig macht. Und so ergibt sich, daß die Individualität gerade die Weise ihres Sich-Aufhebens in die Gemeinschaft ist.

β) Diese Sichtweise vorausgesetzt, ergibt sich nun eine spezifisch christliche Auffassung der ‚Aufhebung' der Individualität aus dem Sachverhalt, daß sich in der Gemeinschaft des Heiligen Geistes nicht das alte Gesamtleben unter dem Gesetz, sondern das neue Gesamtleben der Erlösung mitteilt. In diesem aber ist die dem menschlichen Geist aus sich heraus unzugängliche vollkommene ‚Aufhebung des Unterschiedes zwischen dem eigenen und dem fremden menschlichen' nicht utopisch, sondern als vollkommene bereits *gegenwärtig*. Dadurch erscheint die Integration des Individuums in die Gemeinschaft und die Aufhebung seiner Unterschiedenheit von ihr nun in neuem Licht. Denn diese Bewegung ist im Falle der Gemeinschaft der Gläubigen nun zugleich die Weise, in der sich die in Christus erschienene Vollendung des Lebens – das ewige Leben – in den einzelnen herstellt. Gerade indem der einzelne Mensch in die Gemeinschaft hinein aufgehoben wird und darin nichts mehr für sich selber ist, stellt sich im Kampf des Geistes gegen das Fleisch die siegreiche Kraft des Heiligen Geistes her. Er wird aus der Gefangenheit unter der Differenz von Abhängigkeit und Freiheit in das in der Gemeinschaft gegenwärtige vollendete Leben Christi hineingezogen und gelangt so zur Vollendung seines Selbstbewußtseins. Indem er sein im alten Gesamtleben selbständiges Selbstbewußtsein zugunsten des Gemeinbewußtseins der Gemeinschaft der Gläubigen verliert, wird sein Leben in die Ewigkeit des Lebens des Geistes in Christus integriert.

So zeigt sich, daß es nur in einer Hinsicht um eine wirkliche ‚Vernichtung der Individualität' geht[109], nämlich insofern das individuelle Selbstbewußtsein noch der σάρξ verhaftet ist und sich nicht aus Christus, sondern aus dem in Abhängigkeit und Freiheit verhafteten alten Gesamtleben bezieht. *Dieses* individuelle Selbstbewußtsein wird tatsächlich in die Gemeinschaft des Gefühls der schlechhinnigen Abhängigkeit hinein aufgehoben, darin aber geschieht zugleich höchste Erfüllung des individuellen Lebens. So ist die Aufhebung der Personalität in

[109] Vgl. das Diktum der Reden, es gelte, seine „Individualität zu vernichten, und im Einen und Allen zu leben" (KGA I/2, 246, 35f; vgl. o. S. 64). Schleiermacher bezieht diesen Gedanken hier auf die Gemeinschaft. In sie hinein geschieht die religiöse ‚Vernichtung' der Individualität, welche das Individuum in der Ewigkeit zu sich selbst kommen läßt. Das Unendliche des (Geistes des) Universums wird damit durch die Unendlichkeit (des Geistes) der Gemeinschaft ersetzt. Die in den Reden grundlegende Selbstabstoßung des Subjekts von seiner Positivität und die damit korrespondierende religiöse Negativität des Geistes entfallen.

die Gemeinschaft ein dialektischer Prozeß, der diese erst wahrhaft herstellt. Indem sich die Gläubigen der Gemeinschaft des Geistes zu einem selbsttätigen Organ hingeben bzw. von dieser in sich als ihr Organ in sie aufgenommen werden, wird ihr Bewußtsein und Handeln zwar als ein noch der Trennung des Lebens verhaftetes individuell-*eigenes* aufgehoben, darin aber verwirklicht sich die Vollendung des geschichtlichen Seins eben an diesem Handeln und läßt es selber vollkommene Lebensäußerung sein. Und so zeigt sich, daß gerade das Aufhören des individuell-*eigenen* Bewußtseins und Lebens durch das Hineingezogenwerden in die Gemeinschaft des Geistes ein Zu-sich-selbst-Kommen der Individualität ist, die in der Hingabe an die Gemeinschaft ihre individuelle Eigenständigkeit an den Heiligen Geist verliert, um darin sich selbst in völliger (nämlich nicht durch die eigene Autonomie unter das Gesetz gestellter) Freiheit zu empfangen.[110] Aufhebung der Person meint also Integration der Individualität, die sich der Gemeinschaft hingibt, in ihre ewige Vollendung, die sich darin an dieser Individualität in der Geschichte manifestiert und diese sie selbst und frei sein läßt. Eben diese Bewegung der Aufhebung ist das Wesen der Gemeinschaft des Geistes, als die die Kirche das erlösende Handeln Jesu fortsetzt und darin selber seine Gegenwart ist. Und so ergibt sich als *zweite Grundbestimmung* der Gemeinschaft des Geistes, daß der Heilige Geist die Selbsthabe des Individuums im alten Gesamtleben in die Erlösungsgemeinschaft hinein aufhebt, um darin das Individuum als zu sich gekommenes Organ dieser Gemeinschaft hervorzubringen, in welchem der Geist Gottes in seinem erlösenden Wirken in der Geschichte gegenwärtig ist.

Nimmt man von hier aus nun Schleiermachers Gemeinschaftsverständnis in den Blick, so zeigt sich, daß dieses nur dann recht verstanden ist, wenn die Aufhebung der Persönlichkeit in die Gemeinschaft als ihr wahres *Freiwerden* gedacht wird.[111] Der Heilige Geist ist gerade als der Gemeingeist, der die individuelle Persönlichkeit in sich hineinzieht, „der Geist der Selbständigkeit und der eigenen freien Thätigkeit des Glaubens durch die Liebe", um dessen Kommens willen Jesus weggehen *mußte*.[112] Und so ist die eigene freie Selbsttätigkeit, in der jeder einzelne in der Gemeinschaft als er selber Gegenwart Christi ist, der Gewinn der Teilhabe am Gemeingeist. Schleiermachers Einschärfung der Bestimmung, daß der einzelne den Geist nur als Organ der Gemeinschaft, nicht aber für sich selbst hat, bedeutet also weder eine Eliminierung der Individualität noch der Vielfalt des gemeinschaftlichen Zusammenwirkens, sondern ist von

---

110 Vgl. zur möglichen Beurteilung der schlechthinnigen Abhängigkeit als schlechthinnige Freiheit o. S. 150 Anm. 169.

111 So auch K. Fischer (Gegenwart Christi und Gottesbewußtsein, 106f): „Mitteilung des Glaubens setzt somit sachlich die vollkommene Subjektivität eines absolut freien sittlichen Handelns voraus. [...] Sie setzt [...], da der Geist in seiner Beziehung auf die Summe der psychophysischen Kräfte des Individuums (als gewissermaßen causa exemplaris) das Wesen des Personseins ist, subjekthafte Subsistenz in vollumfänglich personaler Daseinsform voraus".

112 P 218 (SW II2/2, 513); vgl. o. Anm. 30. Von hier aus wird deutlich, daß ohne diesen Weggang, d.h. ohne die Sendung des Geistes, in der Erlösung keine Neuschöpfung menschlicher Subjektivität wäre.

dem Gedanken getragen, daß der einzelne nur dann wahrhaft *er selber* und sein gemeinschaftliches Handelns nur dann wahrhafte (nämlich seiner in Christus liegenden Wahrheit entsprechende) Sozialität ist, wenn die Individualität sich nicht aus sich selbst bezieht, sondern sich aus der Gemeinschaft der Gläubigen empfängt.

2. Die im Mit- und Aufeinanderwirken der Gläubigen bestehende Bewegung des Geistes, in welcher sowohl jedes Individuum in der Gemeinschaft als auch diese selbst konstituiert wird, wird nun primär als *darstellendes Handeln* verständlich. Die Psychologie hatte diese Handlungsform auf allgemeinpsychologischer Ebene *Selbstmanifestation des Geistes* genannt und darunter die ursprüngliche und rein zweckfreie Selbstäußerung des Selbstbewußtseins verstanden, durch die das Bewußtsein in der Gemeinschaft in Erscheinung tritt. Diese Selbstmanifestation findet nun auch in der Kirche statt und bedient sich eben der Formen, die die Seele auch für jede andere zweckfreie Bewußtseinsdarstellung bereithat, nämlich des *Spiels* und der *Kunst*.[113] Der Inhalt dieser Darstellung ist dabei in der Kirche einzig das als Gemeinbewußtsein gegebene kräftige Gottesbewußtsein, das nun mittels der gegebenen darstellenden Ausdrucksformen aus der abstrakten Innerlichkeit des unmittelbaren Selbstbewußtseins heraustritt, um in der Gemeinschaft einen wirklichen Moment des Lebens zu erfüllen und damit als Bewußtsein es selbst zu sein. Da dieses erscheinende Gottesbewußtsein der sich geschichtlich verwirklichende Heilige Geist ist, ist das darstellende Handeln dabei *Selbstmanifestation des Geistes Gottes*, und es gilt: „alles darstellende Handeln der Christen ist nichts, als der Ausdrukk vom Sein und Leben desselben heiligen Geistes in ihnen“, wobei der Geist selber Subjekt dieses Handelns ist.[114]

Dabei ist das darstellende Handeln als ein „reines Aeußerlichwerdendes des inneren“[115] von aller intentionalen Selbsttätigkeit zu unterscheiden. In ihm tritt das Subjekt nicht aus der schlechthinnigen Abhängigkeit *heraus*. Sondern daß das darstellende Handeln *reines* Äußern ist, heißt, daß es das „Aeußerlichwerden“ des Selbstbewußtseins „*als* eines innerlichen“ ist.[116] In ihm tritt das unmittelbare Selbstbewußtsein rein für sich selber in Erscheinung, um sich „äußerlich [zu] fixieren“ und dadurch die Form zu bekommen, mittels deren es in der Gemeinschaft als es selber aufgenommen werden kann. So ist das darstellende

---

113 Zum ursprünglichen Impuls des darstellenden Handelns vgl. o. S. 229. ‚Spiel‘ und ‚Kunst‘ als Grundformen dieses Handelns benennt *CS* 48f. Schleiermachers Gedanken zum Verhältnis von Darstellung und Kunst gehen dabei zurück auf die philosophische Ethik, vgl. WBraun II, 314f (§ 228), 315 (§ 233), 362 (§§ 212–215). Vgl. dazu T. H. Jørgensen, Das religionsphilosophische Offenbarungsverständnis des späteren Schleiermacher, BHTh 53, Tübingen 1977, 112–121.

114 *CS* 512. Daß der Heilige Geist Subjekt seines Ausdrucks ist, ergibt sich an dieser Stelle daraus, daß das darstellende Handeln ein ursprünglicher „*reiner Ausdrukk*“ (*CS* 50) des Dargestellten ist, der keine andere Ursache hat als eben dieses Dargestellte selbst.

115 *CS* 533.

116 *CS* 509 (Hervorhebung M.D.).

Handeln „reines Heraustreten des inneren in das äußere, um wieder in das innere aufgenommen zu werden".[117] In ihm manifestiert sich der Heilige Geist in der individuellen Selbstdarstellung also rein als er selbst und kommt darin in der Gemeinschaft zur Gegenwart.

Es ist deutlich, daß das darstellende Handeln in dieser Bewegung sowohl das glaubende Subjekt als auch die Gemeinschaft konstituiert. *Ersteres* gilt, da der Mensch erst im Äußern seines Selbstbewußtseins aus der Indifferenz reiner Innerlichkeit heraustritt und eigenständiger Teil der menschlichen Gemeinschaft wird. Erst indem der einzelne das ihm einwohnende Gottesbewußtsein äußert, wird er zur ‚neuen Kreatur', d.h. zu einem sich ganz aus der von Christus herkommenden Herrschaft des Geistes Gottes beziehenden Individuum. Dabei ist diese Selbstdarstellung wesentlich eine individuelle, die die je verschieden ausgebildeten Formen darstellenden Handelns aneignet, so daß „diese Eigenthümlichkeit mit in die Thätigkeit des heiligen Geistes hineingehend" gedacht werden muß.[118] Hier wird also der Gedanke wirksam, daß „der Heilige Geist [...] in jedem Menschen immer schon eine individualisirte Vernunft" vorfindet, die er sich zum Organ aneignet und dadurch als eine im neuen Gesamtleben zu sich selbst gekommene Subjektivität konstituiert.[119] Zugleich gilt aber auch das *Zweite*, nämlich daß sich diese Subjektivität als gemeinschaftliche konstituiert, so daß in dem individuellen Sich-Darstellen des Geistes zugleich die sich als Gemeinschaft des Bewußtseins bildende Gemeinschaft des Geistes entsteht. Dies ist so vorzustellen, daß sich das individuell sich-äußernde Gottesbewußtsein, *in* der Besonderheit dieser Äußerung, von ihr losmacht, um gemeinschaftlich zu werden und sich als das darzustellen, was es ist: nämlich der Geist des von Christus herkommenden neuen Gesamtlebens, welches prinzipiell die ganze Menschheit in sich schließt.[120] Und eben indem dieser Geist gemeinschaftlich in Erscheinung tritt, *ist* die Gemeinschaft des Geistes, so daß also gilt, daß „das darstellende Handeln [...] die eigentliche Basis der religiösen Gemeinschaft" ist.[121]

---

[117] *CS* 50f.

[118] *CS* 63.

[119] *CS* 62.

[120] Vgl. *CS* 587 (1824/25), wonach das „christliche Princip" – in der *CS* an jeder Stelle Ausdruck für den Heiligen Geist – das „Bedürfniß des Christenthums" erzeugt, „sich durch alle verschiedenen Modificationen der menschlichen Vernunft hindurch wiederzuerkennen und sich von denselben als nicht nothwendig an sie gebunden loszumachen".

[121] *CS Beil. B* 147, § 6; vgl. *CS Beil. A* [1809] 24, § 70: „Die religiöse Gemeinschaft wird erst durch das darstellende Handeln gebildet. Denn sie ist nichts anderes, als ein gemeinsames darstellendes Handeln, worin jeder Organ ist". Aufgrund dieser Bedeutung hat Schleiermacher das darstellende Handeln in der Sittenlehre von 1809 noch allen anderen Handlungsformen vorangestellt, wogegen er in späteren Jahren mit dem den Bezug auf die anzueignende Natur hervorhebenden reinigenden Handeln beginnt und darin stärker der ethischen Absicht der Sittenlehre folgt (vgl. *CS* 83f). Gleichwohl aber gilt auch in seinen späteren Entwürfen, daß „das darstellende Handeln nicht ausschließend ein eigenes Gebiet für sich bildet, sondern daß es zugleich das ganze Gebiet des wirksamen in sich schließt" (*CS* 530; vgl. *CS* 170–172.298f, *CSE* 95, 17 – 100, 5), weswegen es hier auch voransteht.

Die Form nun, in der dieses Eigen-Sein und zugleich Sich-von-sich-selbst-Losmachen des individuellen Lebens des Geistes Gestalt gewinnt – und in der sich mithin ebenso die Gemeinschaft wie auch die geschichtliche Gegenwart des Heiligen Geistes konstituiert –, ist der *Gottesdienst* als der Inbegriff des darstellenden Handelns.[122] Dieser hat seine innerste Form im Privat- und Hausgottesdienst, d.h. in der persönlichen Andacht und dem gegenseitigen Austausch des frommen Selbstbewußtseins in der Familie, welche beide dem noch ungeformt-ursprünglichen „unabsichtliche[n] Ausdruck der frommen Erregung“[123] am nächsten stehen und in besonderer Weise das *individuell-einzelne* darstellende Handeln enthalten. Dabei gilt dann aber bereits für den Hausgottesdienst, daß der „unwillkürliche Ausdruck“, wenn er „etwas größeres und zusammengesez-tes wird“, nur dann bestehen kann, wenn er „auf eine besonnene Weise geordnet wird“.[124] Und so bilden sich aus dem unwillkürlichen Ausdruck des Bewußtseins zunehmend gemeinschaftliche Formen (v.a. der Sprache und des Gesangs), über welche die einzelne Darstellung zu einem „gegenseitigen In sich aufnehmen des Bewußtseins“[125] werden kann und in welchen jeder einzelne sein eigenes als gemeinschaftliches darstellen und in die Darstellung der anderen einstimmen kann. Dabei ist der dem Privatgottesdienst entgegengesetzte Endpunkt dieser Entwicklung der öffentliche Gottesdienst, in dem sich die individuellen Momente zu einem ‚Kunstganzen‘ gebildet haben, das nun vor allem Darstellung des *Gesamten* ist.[126] Hier gilt nun in besonderer Weise, daß „der Geist in jedem einzelnen sich zugleich auch des Besizes aller anderen […] bewußt“ und so als Gemeingeist im einzelnen verwirklicht ist.[127] Freilich gilt dies nur dann, wenn „der kirchliche Gottesdienst immer gehörig durchdrungen bleibt von der unmittelbaren Thätigkeit der einzelnen, und also niemals zu etwas bloß mechanischem“ wird, weswegen der öffentliche Gottesdienst des Privatgottesdienstes zu seiner Belebung bedarf, wie umgekehrt der Privatgottesdienst dessen bedarf, daß im kirchlichen Gottesdienst „das gemeinsame auch wieder das persönliche und mit diesem das unbewußte producirt“, aus welchem sich die individuelle Darstellung erneuert.[128] Und so zeigt sich auch hier, daß das im Heiligen Geist bewirkte „Zusammenfließen[] des durch die Persön-

[122] So bereits *CS Beil. A* [1809] 23, § 68: „Alles darstellende Handeln ist insgesammt Gottesdienst“ (vgl. *CS* 51.525); entsprechend expliziert die *CS* das darstellende Handeln in der auf die Kirche bezogenen ‚inneren Sphäre‘ als Lehre vom gottesdienstlichen Handeln, die Praktische Theologie führt die dort aus dem Begriff des Geistes hergeleiteten Bestimmungen im Blick auf die Entwicklung von Verfahrensweisen für die gottesdienstleitende Tätigkeit weiter.

[123] *CS* 547.

[124] *CS* 552.

[125] *CS* 519.

[126] *CS* 549f; vgl. ab 546.

[127] *CS* 519.

[128] *CS* 560.549. Vgl. *CS* 550: „Immer aber sind es diese beiden Elemente des Daseins, das einzelne und das gemeinsame, die sich einander durchdringen müssen, und eben in dieser Durchdringung besteht die Vollkommenheit der Darstellung“.

lichkeit getrennten Selbstbewußtseins“[129] nur zum Ziel kommt, wenn die Persönlichkeit als sie selber an den identischen Kunstformen teilnimmt, der Heilige Geist also nicht nur den einzelnen zum Organ des Gesamten, sondern darin auch das Gesamte zum Organ jedes einzelnen macht.[130] Ist dies aber der Fall, so ist das Sich-selbst-Erkennen des Geistes in bezug auf diese Gemeinschaft zur Vollendung gekommen und der Gottesdienst „Ausdrukk der vollkommenen Herrschaft des Geistes“ in ihr.[131]

Daß sich die Gemeinschaft in solchem gottesdienstlichen Handeln nicht nur als partikulare Gemeinschaft des Geistes konstituiert, sondern darüber hinaus in die universale Kirche eintritt, ergibt sich nun aus dem Sachverhalt, daß die gegenseitige Mitteilung des Bewußtseins nur dann gelingen kann, wenn sie in allen Gliedern der Gemeinschaft auf ihre *Einheit* hin gerichtet ist. Diese Einheit aber liegt in Christus. Und so führt das Bestreben des Geistes, sich in allen zu erkennen, dazu, daß die Kunstelemente des Gottesdienstes im Rückgang auf die Schrift die urbildliche Ganzheit des neuen Gesamtlebens in Christus darzustellen suchen. Entsprechend kann die Gemeinschaft nur dann wahrhaft „den gegenwärtigen Zustand des ganzen abspiegeln“[132], wenn sie nicht nur ihre Vorfindlichkeit darstellt, sondern diese darin durchsichtig wird für den Grund, in dem sie in ihrer Gegenwart sie selbst ist. So ist das darstellende Handeln nur als Darstellung des Lebens Christi recht Darstellung des Geistes in der Gemeinde. Eben deshalb aber geht das darstellende Handeln stets über sich hinaus und ist „immer zugleich die Darstellung der christlichen Kirche an sich, und jede einzelne Gemeinschaft erscheint darin auch als ein Theil des unsichtbaren ganzen. Und das gilt nicht nur vom Raume, sondern auch von der Zeit; jedes darstellende Handeln gibt nicht nur den gegenwärtigen Moment des ganzen an und für sich, sondern auch in seinem Zusammenhange mit den früheren, zurükkgehend bis auf das Urchristentum, die normale Zeit der Kirche. So aber immer gleichsam auf das absolute sich stützend und den Geist der normalen Zeit wiedergebend, hat es die Tendenz, die Gemeinschaft weiter zu fördern“.[133] Damit ist der höchste Punkt im gemeinschaftlichen Handeln der Kirche angesprochen.

129 *CS* 517f.

130 Daß eben dieses Verhältnis auch für den Unterschied von Priestern und Laien gilt, wird aus dem Gesagten leicht deutlich und sei hier nur kurz angefügt. Der Grundgedanke ist der, daß die Glieder der Gemeinschaft aufgrund der Identität des Geistes in ihnen einander wesentlich *gleich* sind (vgl. *CS* 518), daß aber aufgrund der Ungleichheit der Verteilung des Geistes in der unterschiedlich stark angeigneten menschlichen Natur manche im gegenseitigen Sich-Mitteilen überwiegend selbsttätig, manche hingegen überwiegend empfänglich sind (vgl. *Praktische Theologie* SW I/13, 16f; *CS* 542.553.114.126; *CG*² § 133. Leitsatz, 308f). Die Polarität von Priestern und Laien konstitiert sich aus dieser Ungleichheit, und es ist nach dem Gesagten von vornherein klar, *sowohl*, daß dabei die geistlichen Ämter als Organe der Gemeinschaft entstehen und nicht als ihr in einem göttlichen Akt gegenübergesetzt verstanden werden können, *als auch*, daß die Differenz mit der weiteren Ausbreitung des Gottesbewußtseins in der kirchlichen Gemeinschaft sukzessiv abnehmen muß.

131 *CS* 503.

132 *CS* 169.

133 Ebd.

Indem das Zusammenfließen des Gottesbewußtseins zur reinen Darstellung der gegenwärtigen Gemeinschaft nur als ein Zurückkehren zu seinem Ursprung geschieht, in welchem das gottesdienstliche Handeln die vorausliegende Geschichte des Heiligen Geistes in sich integriert und mit zur Darstellung bringt, bringt es den Geist Gottes in seiner Ewigkeit selbst zur Gegenwart. So vollzieht sich die genannte Bewegung der Aufhebung noch einmal. Es geschieht mit dem Gottesdienst der jeweiligen Gemeinschaft auf höherer Ebene das gleiche, was oben für die Individualität in der Gemeinschaft beschrieben wurde: Der gegenwärtige Gottesdienst, der den momentanen Zustand der Gemeinde abspiegelt, taucht in das unendliche Ganze des Gesamtlebens des Geistes ein, verliert darin sein Gebundensein in dem Jetztzustand und empfängt daraus sich selbst als Darstellung des unendlichen Ganzen des kirchlichen Lebens des Geistes in der Gegenwart.

Damit kommt dem Gottesdienst der Gemeinschaft konstitutive Bedeutung im Prozeß des geschichtlichen Sichverwirklichens des Heiligen Geistes zu. Der Gottesdienst ist als ‚Darstellung der christlichen Kirche an sich' Inerscheinungtreten des Geistes in seinem sich vollendenden Selbstsein. Es wiederholt sich in ihm damit in anderer Form die Selbstdarstellung des Geistes in Jesus von Nazareth. Sie wiederholt sich nicht in ihrer absoluter Vollendung, die nur ursprünglich in Jesus und eschatologisch in der Anbetung der vollendeten Schöpfung verwirklicht ist.[134] Sondern sie wiederholt sich im Gottesdienst als eine Selbstdarstellung des Geistes, der von seiner vollkommenen Gegenwart in Christus herkommend auf seine Vollendung in der Geschichte zugeht. Wie Jesus durch die Darstellung seines Geistes das Gesamtleben der Kirche ‚stiftete' und durch seine Gegenwart erhielt, so versammelt sich sein Geist als der Gemeingeist dieses Gesamtlebens nun im Gottesdienst, um neu in Erscheinung zu treten und das Gesamtleben darin zu stiften und zu erhalten. Damit ist der Gottesdienst als der Mittelpunkt des Lebens der Gemeinschaft des Geistes zugleich der innerste Punkt im universalen Sich-Hervorbringen des Geistes Gottes in der Geschichte.[135] Er ist der Ort, an dem sich die schöpferische Gegenwart des

---

[134] Zum ersteren vgl. *CS* 605: „Die absolute Erfüllung der Idee des darstellenden Handelns auch auf diesem Gebiete ist freilich nur in dem Leben Christi; so daß in ihm alles rein darstellend war". Die eschatologische Vollendung ist für Schleiermacher bekanntlich nur als asymptotischer Prozeß aussagbar; vgl. z.B. *CS* 293, wonach das menschliche Handeln dem Christi niemals vollkommen gleich sein kann, „weil Christi Geist [...] nicht anders wirken kann, als vermöge unseres gesammten menschlichen Organismus, in welchem das Mitgesetztsein der Sünder niemals aufgehoben ist, sondern immer nur allmählig aufgehoben wird".

[135] Man könnte hier auch von dem Gottesdienst als dem innersten Punkt im universalen ‚Sich-Schaffen des (geschichtlichen) Lebens in der Dimension des Geistes (Gottes)' sprechen. Dieser von P. Tillich zur Bezeichnung der schöpferische Selbsthervorbringung des kulturellen Lebens eingeführte Ausdruck (vgl. Systematische Theologie Bd. III, Berlin 1987^4, 72ff) läßt sich (in stark erweitertem Sinne) deshalb zur Interpretation der Pneumatologie Schleiermachers verwenden, weil Schleiermacher das Sich-Hervorbringen des Geistes Gottes in der Geschichte wesentlich als Selbstaktualisierung zu sich selbst gekommenen kulturellen Lebens versteht. Die Möglichkeit für die tiefgründige Qualifizierung des Gottesdienstes als des innersten Ortes dieses Geschehens ist in Schleier-

Heiligen Geistes immer neu in der Geschichte versammelt, um von dort aus in der Geschichte offenbar zu werden und sie zu neuem Gottesdienst zu führen.

3. Daß die Gegenwart des Geistes im darstellenden Handeln eine schöpferische Dimension hat, mittels welcher sie *in* dieser zweckfreien Selbstbewegung geschichtlich *wirksam* wird, findet seinen Ausdruck innerhalb der Gemeinschaft nun im *reinigenden Handeln.* Im reinigenden Handeln bezieht sich das Leben der Gemeinschaft auf den Sachverhalt, daß die einzelnen in ihrem Hineingenommenwerden in die Gemeinschaft in den Gegensatz von Geist und Fleisch hineingestellt sind. Da sie mit den Seelenfunktionen, mit welchen sie in der Gemeinschaft aufgehen, dem neuen, zugleich aber mit denen, welche noch nicht Organ der Gemeinschaft geworden sind, noch dem alten Gesamtleben angehören, unterliegen sie einer doppelten Bewußtseinsbestimmung, die sich eben in dem Gegensatz von Geist und Fleisch ausspricht.[136] Der sich daraus ergebende Impuls, diese Geteiltheit des Selbstbewußtseins aufzuheben, ist der Antrieb zum *reinigenden Handeln.* Da dieser Impuls von dem Gemeinbewußtsein ausgeht, ist dieses Handeln wie auch das darstellende wesentlich ein Handeln der Gemeinschaft.

Das reinigende Handeln erfolgt nun vornehmlich mittels der gemeinsamen Darstellung, in welcher die Gemeinschaft des Geistes das an ihr teilnehmende Selbstbewußtsein des einzelnen in sich hineinzieht und das individuelle Selbstbewußtsein dadurch zu einer größeren Kräftigkeit des Geistes in ihm stärkt. Denn „was könnte in dem einzelnen als solchem sein, was auf sein höchstes Agens, auf den Geist in ihm, eine stärkende Wirkung hervorzubringen vermöchte? Nur der Geist im ganzen kann diese Wirkung in dem einzelnen erzeugen; dieser muß sich also in ihn versenken und untertauchen, um gekräftigt aus ihm hervorzugehen".[137] Nicht das *in* dem Gegensatz zum Fleisch stehende Gottesbewußtsein des einzelnen, sondern nur der in der Gemeinschaft versammelte Geist Christi – und das heißt: die kräftige Gegenwart seines urbildlichen Gottesbewußtseins – vermag die Verhaftung im alten Gesamtleben zu überwinden. So besteht die Bewegung der Gemeinschaft im reinigenden Handeln darin, daß sich der einzelne in der Gemeinschaft überwiegend empfänglich verhält und die Gemeinschaft in einer darstellenden Mitteilung ihres Geistes das vormals geteilte Selbstbewußtsein immer mehr in sich aufnimmt. Dies hat dann zur Folge, daß der im einzelnen als Selbstbewußtsein kräftiger gewordene Hei-

---

machers ausschließlicher Verortung dieses Sich-Schaffens des Lebens im Kommunikationszusammenhang der Gemeinschaft des Geistes begründet. Sieht man einmal von der grundlegenden Differenz ab, daß Tillich im Unterschied zu Schleiermacher nicht primär gemeinschaftstheoretisch, sondern ontologisch argumentiert, wird Tillichs Pneumatologie an vielen Stellen als Umbildung und Weiterführung pneumatologischer Gedanken Schleiermachers verständlich. Die wesentliche inhaltliche Differenz im Geistgedanken dürfte dabei darin liegen, daß Tillich im Unterschied zu Schleiermacher die ‚Zweideutigkeiten des Lebens' auf den Geistbegriff bezieht.

[136] Vgl. o. S. § 9.4.

[137] *CS* 153; vgl. *CS Beil. B* 107, Q.

lige Geist die dem alten Gesamtleben zugehörigen Lebensmomente, die das geteilte Selbstbewußtsein hervorgerufen hatten, an sich aneignet. Und so hebt sich das geteilte Bewußtsein darin auf, daß die Lebensfunktionen, die es hervorgerufen hatten, nun ganz in das gemeinsame Wirken der Gemeinschaft integriert sind.

In dieser Bewegung besteht bei Schleiermacher das reinigende Handeln der Gemeinschaft auf einen einzelnen – d.h. die *Kirchenzucht*[138] – überall. Es ist deutlich, daß die Überwindung der Kraft des Fleisches allein in der Mitteilung des Bewußtseins besteht und also als eine rein *geistige* Wirkung geschieht, in welcher sich der Heilige Geist rein durch die darstellende Selbstmanifestation der Gemeinschaft mitteilt. Dabei legt Schleiermacher äußersten Wert darauf, daß die Mitteilung des Bewußtseins nicht durch Gesetz und durch Strafe erfolgt. Denn nur in der Darstellung des Geistes entspricht die Kirche Jesus, der das Reich Gottes rein durch Darstellung seines Bewußtseins aufgerichtet hat, und ist deshalb im reinigenden Handeln als Leib Christi sie selbst.[139] Und so besteht die äußere Einwirkung der Gemeinde – die traditionell im engeren Sinne die ‚Kirchenzucht' bezeichnet hatte – lediglich darin, dafür Sorge zu tragen, daß sich der seelische Organismus der einzelnen in einer solchen Weise ausbildet, daß das mitgeteilte neue Leben in seiner Gestaltung im einzelnen nicht etwa durch Trägheit oder Ungeübtheit gehemmt ist.[140]

Nun gibt es freilich auch den umgekehrten Fall des reinigenden Handelns, in welchem nicht einzelne hinter der in der Gemeinschaft gegebenen Kraft des

---

[138] Vgl. *CS* 140–177.

[139] Schleiermacher gibt damit dem Satz, daß die Kirche nur durch das Prinzip erhalten werden kann, durch das sie geschaffen wurde, grundlegende Bedeutung als Handlungsorientierung der Kirche. Dabei ist entscheidend, daß das schöpferische Prinzip der Kirche gerade der von dem Gebundensein unter dem Gesetz *freimachende* Geist ist, der – wie der Gang Jesu ans Kreuz zeigt – das alte Gesamtleben eben nicht durch die Mittel dieses alten Lebens, sondern durch die reine Bewährung des Gottesbewußtseins aufrichtet. Besonders in den *Augustanapredigten* schärft Schleiermacher deshalb (mit deutlicher Kritik an dem verpflichtenden Charakter des Bekenntnisses) ein, nicht wieder ein Gesetz aufzurichten, das die einzelnen nicht zur Freiheit des Gottesbewußtseins führen kann, sondern vielmehr in dem alten Leben unter dem Gesetz befestigen muß; vgl. z.B. P 218 (Kl.Schr. III, 46f): „Ist es aber wahr, daß der Geist Gottes über uns ausgegossen ist durch die Predigt vom Glauben; lebt eben dieser Glaube in uns, der durch die Liebe thätig ist, und wir wollen doch daneben ein Gesez der Werke aufrichten: so sind wir Übertreter, weil wir fleischlich vollenden wollen was wir geistig begonnen haben". Und so gilt selbst für den Fall, daß die evangelische Freiheit vom Gesetz in einem fleischlichen Verständnis derselben mißbraucht wird, daß von einem äußeren ‚Gegenwirken' abzusehen ist. Vielmehr „laßt uns statt solcher wolgemeinten Ungeduld lieber der Gerechtigkeit aus dem Glauben in der Stille warten [...], aber nicht laßt uns ihnen ein Gesez stellen, welches ihnen nur sie selbst verbirgt. Laßt uns die Andern lieber fleißig ermahnen [...]. Aber laßt uns nicht um Einer Unvollkommenheit zu begegnen eine andere hervorrufen, die um so schlimmer ist, weil sie sich mit einem größeren Schein des Guten festsezt, und tiefer noch den Gemeingeist verdirbt". Die Belege ließen sich fortsetzten.

[140] Hier geht das Handeln der Gemeinde in eine *pädagogische* Wirksamkeit über, zu deren Zweck die Gemeinde sowohl die Möglichkeit der Ermahnung, als auch ein freies Angebot geistlicher und praktisch-diakonischer Übungen bereitzustellen hat, in denen die durch die Mitteilung des Geistes erneuerte Persönlichkeit Gestalt gewinnen kann (vgl. *CS Beil. B* 108.110; *CS* 154–157).

Geistes zurückbleiben, sondern die Gemeinschaft selbst gegenüber einem früheren Zustand der Kirche zurückbleibt, so daß also der überwiegende Teil einer Kirche des reinigenden Handelns bedarf. Dieses von Schleiermacher als *Kirchenverbesserung* beschriebene reinigende Handeln geht nun ebenfalls von einem darstellenden Handeln aus und richtet sich nach den gleichen Prinzipien wie die Kirchenzucht. Jedoch dreht sich die Bewegungsrichtung herum, da dieses Handeln nun *von einzelnen* auf das Ganze ausgeht. Dazu wird nun der im darstellenden Handeln gegebene Sachverhalt fruchtbar, daß das Ganze der Gemeinschaft nur durch das Zusammentreten der freien individuellen Darstellung entsteht und nur lebendig bleibt, wenn auch die individuelle Darstellung in Andacht und Privatgottesdienst als eigene Form gegeben bleibt. Diese sich-durchdringende Doppelheit der individuellen und identischen Gemeinschaftsformen bringt nun mit sich, daß der Geist nicht nur von dem Gesamten auf den einzelnen, sondern auch von dem einzelnen auf die Gesamtheit ausgehen kann. Dies geschieht, indem „der einzelne über den Zustand des ganzen hinausgeht und sich das dasselbe assimilirt", um so selber Ort der Darstellung des Geistes zu werden.[141] Für dieses Hinausgehen über die Gemeinschaft ist dann ebenfalls der Rückgang auf die Schrift und die in ihr aufbewahrte Einheit der Kirche entscheidend, die alleine ermöglicht, daß sich die ursprüngliche Gegenwart des Geistes Jesu in einem einzelnen in höherem Maße erneuert als in der Gesamtheit. Dabei ist dann freilich selbstverständlich, daß der einzelne auch in diesem reinigenden Handeln selber lediglich Organ der Gemeinschaft ist, „weil ja der einzelne keine überwiegende Kraft des Geistes anders haben kann, als durch den Einfluß des ganzen auf ihn, also nur sofern er ein integrirender Bestandtheil des ganzen ist, nicht sofern er demselben gegenübersteht".[142] Und so ist auch in der von einzelnen ausgehenden Kirchenverbesserung das reformatorische Handeln letzthin „ein Handeln des Ganzen auf sich selbst und für sich selbst".[143]

---

141 *CS* 560. Es ist damit dieselbe Bewegung vom einzelnen auf die Gemeinschaft, welche die Lebendigkeit der Gemeinschaft im Gottesdienstes hervorruft, die zum Ausgangspunkt des reinigenden Handelns der Kirchenverbesserung wird.

142 *CS* 195. Vgl. auch M. OHST, Schleiermacher und die Bekenntnisschriften, Tübingen 1989, 47f.

143 *CS* 195. Daß das reinigende Handeln der Kirchenverbesserung die Grundform *reformatorischen* Handelns ist, bedarf keiner weiteren Erläuterung. Sowohl der Rückgang auf die Ursprünglichkeit der Kirche, als auch die Unterordnung unter die Kirchengemeinschaft ist bei Luther zu Beginn der Reformation beispielhaft aufweisbar. Die Schwierigkeit einer durch die Kirchenverbesserung möglicherweise eintretenden Spaltung geht darauf zurück, daß das kirchenverbessernde Handeln eines einzelnen auf die Gemeinschaft natürlicherweise zunächst ein umgekehrtes reinigendes Handeln der Gemeinschaft auf diesen einzelnen zur Folge hat, d.h. Kirchenzucht. Hier ergibt sich aus Schleiermachers Verhältnisbestimmung von Geist und Fleisch, daß sich der reinere Impuls notwendig durchsetzt, d.h. entweder der einzelne in das Gesamte zurückgeführt wird, oder dieses den reformatorischen Impuls aufnimmt. Eine Trennung in der Kirche kann im Grunde nur dann auf Dauer bestehen, wenn dem reformatorischen Handeln und der bestehenden kirchlichen Gemeinschaft jeweils „besondere Individuationen desselben Princips" zugrundeliegen, die dann beide vom Heiligen Geist unterstützt wären, wobei freilich auch dann „von beiden Seiten die Wiedervereinigung mit Unterordnung des individuellen Princips unter die Einheit zu postuliren" ist (*CS* 579; vgl. *CG*[2] § 152.1, 396, 21–26). Dies könne auch für den Gegensatz der reformatorischen und der römischen Kirche gelten,

4. In Schleiermachers Verständnis der Gemeinschaft geht die Bewegung des Geistes damit von allen auf den einzelnen und von jedem einzelnen auf alle aus. Diese doppelte Bewegung „des beständigen Zusammenfließens des durch die Persönlichkeit getrennten Selbstbewußtseins ist das Wesen der brüderlichen Liebe" und qualifiziert die Gemeinschaft des Geistes ganz und gar als *Liebesgemeinschaft.*[144] Liebe, das ist der gegenseitige Austausch des Selbstbewußtseins mit dem Ziel, daß alles in Liebe ‚eins' werde und darin jeder einzelne selbständiges Organ dieser Liebe ist. Dabei ist auch das die Selbständigkeit des Fleisches überwindende reinigende Handeln rein ein Handeln der freien Liebe, die nichts anderes tut, als den anderen in das eigene Selbstbewußtsein aufzunehmen und sich selber diesem mitzuteilen. Schleiermacher entspricht damit der im Zusammenhang des Gesetzes gemachten Bestimmung, daß nur die Mitteilung des Selbstbewußtseins als Liebe in der Lage ist, einzelne und Gemeinschaften über ein gesetzlich geordnetes Zusammensein hinaus zur Freiheit des Mit- und Aufeinanderwirkens zu führen, in welcher die Forderungen des Gesetzes der Gemeinschaft schon immer erfüllt sind.[145] Wie deshalb die Mitteilung des eigenen Bewußtseins und Lebens Jesu und das Aufgenommenwerden in die Lebensgemeinschaft mit ihm *Liebe* ist, so ist auch der Fortgang dieser erlösenden Mitteilung im gemeinschaftlichen Handeln der Gemeinde Liebe und nur als diese – d.h. nur als freie darstellende Mitteilung des Bewußtseins – Mitteilung des Heiligen Geistes. Dabei verhält sich diese Liebe zu der im natürlichen Gattungsbewußtsein gegebenen ‚allgemeinen Menschenliebe' wie der Heilige zum menschlichen Geist. Indem die Gemeinschaft die einzelnen Individuen in sich integriert und in ihr zu sich selbst bringt, wird auch die allgemeine Menschenliebe erst in der Gemeinschaft des Heiligen Geistes zu ihrer Wahrheit gebracht. Sie bleibt nicht partikulare, durch die Verschiedenheit des Gegenübers noch begrenzte Liebe, sondern wird Teil der „ewigen Liebe"[146], die von Christus ausgehend jede humane Individualität vollends in sich integriert und zu einem neuen Leben bringt, in welchem die Einheit des Bewußtseins an keine Grenzen mehr stößt.

5. Nun ist freilich die Frage zu stellen, ob der Gemeinschaftsbegriff Schleiermachers in dieser Konzeption der Geistesgemeinschaft theologisch zureichend gedacht ist.

Zu würdigen ist *zunächst* das oben in der Bewegung der Aufhebung beschriebene dialektische Zusammensein von Individuum und Gemeinschaft, nach

---

allerdings nur, wenn die zu Recht kritisierte römische Verfehlung der Rechtfertigung aus Glauben und die die Freiheit des Geistes vom Gesetz hindernden und von Schleiermacher deshalb in den *Augustanapredigten* weiter kritisierten Mißbräuche, etwa in der Meßopferlehre und im Beichtzwang (P 155–156; Kl.Schr. III, 65–89), abgeschafft würden – was freilich noch nicht absehbar sei (vgl. *CS* 579; vgl. H.-J. Birkner, Schleiermachers christliche Sittenlehre, 119–121).

[144] *CS* 517f.

[145] Vgl. o. S. 170f.

[146] Kl.Schr. III, 94 (P 157); vgl. u. § 12.2.

welchem die einzelnen Gläubigen ihre wahre Freiheit als Individuen gerade in ihrem Aufgehen im neuen Gesamtleben empfangen. Schleiermacher löst mit diesem gemeinschaftstheoretischen Gedanken das Problem, daß die Gemeinschaft der Kirche, wenn die Gläubigen in ihr nicht sich selbst angehören, sondern Christus, nur dann als Zusammenwirken von religiösen einzelnen gedacht werden kann, wenn dieses zugleich als erlösende Integration in das Leben Jesu verständlich wird. Indem die Gemeinschaft des Geistes bei Schleiermacher selber Geist und Leben Jesu ist, wird gerade die Aufhebung des Individuums in die Gemeinschaft als sein Zu-sich-selbst-Kommen in Christus verständlich.

Zu würdigen ist *zweitens* der doppelte Gedanke, daß die unmittelbare Darstellung des neuen Bewußtseins notwendig gemeinschaftlicher Gottesdienst wird und daß dieser den Mittelpunkt der Selbsthervorbringung der Geistwirksamkeit im geschichtlichen Leben bildet. Indem Schleiermacher das sich darstellende Gottesbewußtsein der Gläubigen damit als die sich darstellende Gegenwart Gottes im Geist auffaßt, löst er den Gedanken, daß Gott nicht der Gegenstand des religiösen Selbstbewußtseins, sondern dieses selber Gottes Gegenwart ist, für die Gemeinschaft der Kirche ein und gibt eine Theorie zu denken, die diese Gemeinschaft selbst als geschichtliche Gegenwart Gottes auffaßt.

Und schließlich ist *drittens* zu würdigen, daß Schleiermacher die Gemeinschaft der Kirche ganz aus der Gegenwart des Geistes Christi begreift. Indem Schleiermacher das Leben der Kirche aus dem Geist selber als Leben Christi in ihr verständlich macht, führt er den Gedanken, daß die Kirche in der Urbildlichkeit Christi immer schon eingeschlossen ist, ekklesiologisch stringent fort. Daß Schleiermacher die Ekklesiologie rein von Christus her verständlich zu machen vermag, darf als eine herausragende Leistung seiner Pneumatologie gelten.

Indessen wirkt sich die schon in Schleiermachers Bestimmung der Person Christi und in der Verhältnisbestimmung von Geist und Fleisch fehlende Negativität seines Geistverständnisses auch auf seinen Gemeinschaftsbegriff aus. Dies wird besonders in der Bestimmung der Aufhebung der im alten Gesamtleben gegebenen Selbsthabe der Persönlichkeit in der Gemeinschaft deutlich. Diese besteht nicht darin, daß das alte Leben in der Gemeinschaft des Geistes in das Mit*gestorben*sein mit Christus integriert wird, um aus dieser Negation das neue Leben zu empfangen, sondern die Gläubigen werden ungebrochen in die gemeinschaftliche Gegenwart Christi hinein erhöht und so – wie Schleiermacher auch selbst sagen kann – *vergöttlicht*.[147] Da ihnen dabei die Geteiltheit des Selbstbewußtseins nicht als überwundene erhalten bleibt, sondern sich in der Darstellung aufhebt, verlieren die Gläubigen in dem Hineingezogenwerden in die Gemeinschaft ihre Unterschiedenheit von der Gegenwart Gottes in ihnen. Sie werden *selber* Gegenwart Gottes im Geist. Man kann hier nur von einem pneumatischen Enthusiasmus bei Schleiermacher sprechen, der seinen Grund

[147] Vgl. *CS* 271.

darin hat, daß Christus in der Gemeinschaft eben nicht *als Gekreuzigter* lebt, sondern in seiner auch durch sein Sterben ungetrübten Herrlichkeit. Weil der Heilige Geist als Gemeingeist der Kirche eben diese Herrlichkeit Christi verbreitet, hat dies zur Folge, daß sich die Externalität des Heils in der Gemeinschaft aufhebt: Das Heil kommt dem Menschen zwar von außen zu, insofern er es nicht in sich selbst hat, sondern es ihm einzig durch die Gemeinschaft zukommt. *In* der Gemeinschaft aber, d.h. *in* der Teilnahme am Leben des Geistes in ihr, verliert der Gläubige seinen Charakter als *Gegenüber* der erlösenden Gegenwart Gottes und wird selber ein von dieser nicht noch einmal unterschiedener Teil der Gegenwart Gottes.

Dies aber hat eine deutliche Einschränkung des Geltungsbereiches der Erlösung zur Folge: Der Mensch wird in der Gemeinschaft dem alten Gesamtleben *entzogen*, er kommt zwar in dem neuen Gesamtleben, aber nicht *darin* auch *in dem alten* zu sich. Vielmehr gilt in der Gemeinschaft: „jeden Augenblikk flieht getrost die Seele eines solchen aus dem Idischen und Vergänglichen in das Ewige, jeden Augenblikk trennt sie sich von der Welt, um sich zu versenken in das Meer der göttlichen Liebe, […] und so senkt sich immer der Geist in seinen ewigen Ursprung zurück".[148] So ergibt sich der eigentümliche Sachverhalt, daß das neue Gesamtleben, welches das alte zum Organ der Darstellung angeeignet hat, dem alten *als ihm selber* gegenüber unbezüglich bleibt. Die ekstatische Existenz des neuen Lebens bedeutet zwar, wie gezeigt, keine Eliminierung der Personalität, sondern impliziert in der ‚Flucht in das Meer der Liebe Gottes' ein Zu-sich-selbst-Kommen in einer individuellen Darstellung. Jedoch ist diese Personalität nicht mehr dem ‚Irdischen und Vergänglichen' selber zugehörig. Sie hat ihr sich in Abhängigkeit und Freiheit verhaltendes humanes Leben in einen eschatologischen Gottesdienst hinein aufgehoben, der sich seines gleichwohl noch bleibenden Ortes im alten Gesamtleben nicht mehr bewußt ist. Schleiermacher hat damit zwar zur Sprache gebracht, daß die Gemeinschaft der Kirche *in* ihrem gottesdienstlichen Vollzug selber eschatologische Heilsgemeinschaft ist. Er hat dabei aber ausgeblendet, daß die eschatologische Gemeinschaft der Erlösung von der himmlischen Heilsgemeinde doch noch insofern unterschieden ist, als ihre irdischen Mitglieder unbeschadet ihrer unzerstörbaren Teilhabe am ewigen Leben unweigerlich noch sterben müssen. Daß sich die Heilsgemeinde *dazu* verhält, ist freilich der soteriologische Kern dieses theologischen Ausdrucks. Indem Schleiermacher ihn ausblendet, entspricht er auf der Seite der der sich in seiner Christologie findenden Unbezüglichkeit des Lebens Jesu zum Tod Ekklesiologie.

Sollte Schleiermacher hier korrigiert werden, so sind zunächst nicht die Grunddaten seines Geist- und Gemeinschaftsverständnisses anzugreifen, nach denen das Heil den Gläubigen durch die Gemeinschaft und in ihr zukommt, sie sich in ihr als Individualitäten von der Erlösung her neu empfangen, sie in der

[148] P 112 (SW II²/2, 159). Entsprechend ist das ‚vollendete' darstellende Handeln Gegenwart ewigen Lebens (vgl. *CS* 508.600). Vgl. zum Verhältnis von Ewigkeit und Liebe *Gottes* u. § 12.2.

gemeinschaftlichen Darstellung ihres Erlösungsbewußtseins die Kirche als die sich selbst hervorbringende geschichtliche Gegenwart Gottes im Geist bilden und im gottesdienstlichen Vollzug in die Ewigkeit der Liebe Gottes eintauchen. Zu verändern ist – dies freilich grundlegend – die Weise, in der dies alles *gedacht* wird. Und zwar ist die Figur der Aufhebung *dialektischer* zu denken als eine durch Mitteilung des Geistes in der Gemeinschaft eintretende Selbstunterscheidung, in welchen die Gläubigen sich *in* ihrer Unterschiedenheit von Gott als in Gott aufgenommen bewußt werden. Würde dies gedacht, so wäre auch die Liebe Gottes kein undifferenziertes ‚Meer', sondern eine Gegenwart des Heiligen Geistes, welche die dem Tod untergebene humane Existenz selber in sich integriert. Und die brüderliche Liebe wäre eine solche, die die menschliche Individualität im gegenseitigen Austausch des Selbstbewußtseins *in* ihrer Sündhaftigkeit in sich integrierte. Schließlich wäre eine solche Liebe eine Gegenwart des Geistes, die sich dem Gesamtleben der Sünde als ihm selber mitteilen und es aus seiner Todverfallenheit in das Heil des ewigen Lebens hinein unterscheiden könnte. Erst ein solches – im Unterschied zu Schleiermacher kreuzestheologisch zu gewinnendes – Verständnis der Gemeinschaft des Geistes würde den oben gewürdigten Grundgedanken Schleiermachers zu ihrer ganzen Kraft verhelfen.[149]

b. Geist und Wort

Die Auffassung Schleiermachers von der Gegenwart des Geistes in der Kirche gewinnt nun weiteres Profil in der Verhältnisbestimmung des Heiligen Geistes zum Wort. In ihr steht nun näherhin die *Weise* zur Verhandlung, in welcher sich der Geist in der Gemeinschaft hervorbringt und mitteilt und in welcher Christus in ihr gegenwärtig ist.

1. Die Grundlagen des Verhältnisses von Geist und Wort entstammen wiederum der Psychologie Schleiermachers. Schleiermacher hatte in der entwicklungspsychologischen Darlegung der menschlichen Bewußtseinstätigkeiten

[149] Ein solches Verständnis zu gewinnen wäre die bleibende Aufgabe einer an Schleiermacher anknüpfenden Pneumatologie. Sie hier zu entwickeln ist nicht unsere Aufgabe. Es sei aber darauf hingewiesen, daß in einem solchen Verständnis auch der Gedanke, daß das Gottesbewußtsein selber Gottes Gegenwart ist, so interpretiert werden müßte, daß *darin* – und also nicht (wie von Schleiermacher befürchtet) als Gegenstand relativer Abhängigkeit – Gott auch als Gegenüber des von ihm geliebten menschlichen Subjektes gedacht wird. Daß dies dann auch eine Bestimmung des Geistes Gottes als (diesen dialektisch integrierendes) Gegenüber des menschlichen Geistes nach sich ziehen müßte, versteht sich und zeigt deutlich die Differenz eines solchen Geistverständnisses von dem Schleiermachers, der den Geist mit dem gottesdienstlichen Leben der Gemeinde allzusehr eins sein läßt. Daß Schleiermachers Gemeinschaftsverständnis eine solche Geistauffassung fehlt, kritisiert auch J. Moltmann, der bei Schleiermacher einen ‚unitarischen Gemeinschaftsbegriff' ausmacht (Der Geist des Lebens, 236). Dabei gilt freilich Moltmanns sich von der dialektischen Theologie her verstehende Auffassung, daß Schleiermachers Lehre vom Gemeingeist, *weil* sie den Heiligen Geist nicht als (trinitarische) Person faßt, notwendig zu einer Nivellierung der Einzelperson führen muß (ebd.), wie gezeigt, so ohne weiteres nicht.

zwischen dem subjektiven und dem objektiven Bewußtsein grundsätzlich unterschieden und die menschliche Sprache dem letzteren zugeordnet, welches ganz *als* sprachliches Bewußtsein in den Blick kam.[150] Dagegen bildet sich das subjektive Selbstbewußtsein in der menschlichen Gemeinschaft zwar immer auch *mittels* der Sprache aus, ist aber nicht selbst sprachlich konstituiert. Vielmehr sind die ursprünglichen Elemente der Darstellung subjektiven Bewußtseins unsprachlich; es sind ‚Ton und Gebärde', die sich in der weiteren Entwicklung der menschlichen Selbsttätigkeit zu einem *Kunstzusammenhang* entwickeln. Diese Entwicklung des ursprünglichen Ausdrucks des Selbstbewußtseins zur Kunst ist zwar immer auch dadurch bedingt, daß die Sprache in ihn *eintritt* und damit *zur Kunst wird*. Und so ist auf den höheren Stufen der Mitteilung, in denen sich die ursprünglich unreflektierten Äußerungen zur Kunst bilden, Sprache immer mitgesetzt. Indessen bleibt die Sprache hinzutretendes Element, so daß die Darstellung des Selbstbewußtseins nicht durch die Sprachlichkeit selber, sondern dadurch konstituiert wird, daß diese sich in den in der Kunst bestehenden ursprünglicheren Ausdruck einordnet. So liegt die Bedeutung der Sprache für die Selbstmanifestation des Geistes in der Gemeinschaft nicht in ihr selbst, sondern in ihrer Einbettung in einen durch unsprachliche Elemente konstituierten künstlerischen Darstellungszusammenhang.

Schleiermachers Theorie des darstellenden Handelns bezieht sich auf diese Auffassung zurück, indem sie als die Grundelemente des Gottesdienstes ebenfalls die aus Ton und Gebärde hervorgehende Kunst benennt.[151] Dies ist darin begründet, daß der Heilige Geist zu einem schon vorher bestehenden humanen Gesamtleben hinzutritt, und, indem er dieses in sich zu sich selbst bringt, die Formen seiner eigenen Wirksamkeit nicht erst ursprünglich hervorbringt, sondern sich die gegebenen Formen der menschlichen Bewußtseinsdarstellung dazu aneignet.[152] Dabei gilt auch hier die Grundbestimmung des Verhältnisses von Geist Gottes und menschlichem Geist, wonach die menschliche Selbsttätigkeit selber darauf hin ist, vom Geist Gottes angeeignet und Organ seiner Wirksamkeit zu werden.[153] Demzufolge ist die Kunst also nicht ein fremdes, sondern das dem Geist Gottes selber entsprechende Element seines geschichtlichen Gegenwärtigwerdens.

---

[150] Vgl. hierzu und zum Folgenden o. S. 128–133.

[151] Vgl. *CS* 48f.535 (vgl. o. S. 254ff); zu ‚Ton und Gebärde' vgl. *CS* 545 und WBraun II, 313, § 221.

[152] Vgl. *CS* 528: „was wir sagen wollen, ist nur dieses, daß die Darstellungsmittel nicht selbst ein Product sind des göttlichen Geistes im engeren Sinne, sondern daß sie bereits in der durch die allgemein menschliche Intelligenz in Besiz genommenen organischen Totalität liegen und der göttliche Geist sie sich nur aneignen kann, wodurch der Unterschied keinesweges aufgehoben wird zwischen der besonderen inneren Sphäre der eigenthümlich christlichen Darstellung und der allgemein christlichen".

[153] Dies heißt zunächst einmal im Blick auf die Kirche, daß sich die „Wirksamkeit des göttlichen Geistes und Kunst nicht widersprechen" (*Praktische Theologie* 30). Im Blick auf die Kunst ergibt sich daraus, daß alle Kunst darauf hinausläuft, christliche Kunst zu werden und in ihr erst recht zu sich selbst kommt.

So treten bei Schleiermacher an die Stelle eines besonderen göttlichen Sprechens geschichtlich gewachsene Darstellungsfomen, in denen der Geist Gottes sich selbst gegenwärtig macht. Dabei modifiziert der Sachverhalt, daß die Mitteilung im Gottesdienst allein von der Erlösung ausgeht und die Darstellungsformen dem Geist Gottes dazu angeeignet sind, die Kunstelemente nur insofern, als sie in ihrer Anwendung für die Gemeinschaft des Geistes eine besondere Anordnung finden. Die Weise des Gegenwärtigwerdens des Geistes bleibt jedoch auch im Gottesdienst ein zunächst rein aus natürlichen Elementen menschlicher Bewußtseinsdarstellung bestehender Kunstzusammenhang.

Ist das Gegenwärtigwerden des Geistes in der Gemeinde näher zu verstehen, so ist deshalb das *Kunstganze* des Gottesdienstes und die Weise des Zusammenhang seiner Elemente zu verstehen. Ein solches Kunstganzes besteht nach Schleiermacher grundsätzlich aus vier Elementen, die gemeinsam alle Grundformen der Kunst umfassen und in ihrem Zusammenspiel das Ganze der Darstellung bilden. Diese sind: *Mimik*, *Musik*, die *bildenden Künste (Malerei, Skulptur, Architektur)* und die *redenden Künsten (Poesie und Prosa)*.[154] Dabei sind Mimik und Musik die ursprünglichen Formen, die sich aus den Grundelementen des Tons und der Gebärde entwickeln.[155] Diese sind am ehesten „Ausdruck des unmittelbaren Gefühls", werden aber in einem Kunstganzen zu „dienenden", d.h. die beiden anderen Kunstformen *begleitenden Künsten*.[156] Dies hat seinen Grund in dem besonders für die Sprache wesentlichen Gedanken, daß Mimik und Musik nicht für sich selbst zureichende Darstellungsformen des Gefühls sind, sondern nur sofern sprachliche oder gestaltende Elemente hinzutreten, so daß sie also „erst mit [diesen] anderen zusammengefaßt auch ganz sie selbst sind".[157] So geschieht der höchste Ausdruck in den redenden Künsten. Für diese sind dann Mimik und Musik – im weitesten Sinne verstanden – die *Form*, in der die Sprache zur Kunst wird und als solche das subjektive Bewußtsein mitzuteilen in der Lage ist. Sie sind also ‚begleitende Künste', insofern sie die Sprache zu einer solchen bilden, in welcher das durch sie Mitgeteilte nicht nur als Gedanke (d.h. als objektives Bewußtsein), sondern als Selbstbewußtsein mitgeteilt wird. Der *Gehalt* hingegen, der mitgeteilt wird, liegt in der so geformten Sprache, die darin auf eine noch näher zu beschreibende Weise das eigentliche Medium des Ausdrucks des Bewußtseins ist.

Für das Kunstganze des Gottesdienstes ergibt sich daraus „ein großes Uebergewicht aller derjenigen Darstellungsmittel, die mit der Sprache zusammenhangen, also zunächst der redenden Künste", sowie, insofern „die Sprache

[154] Vgl. *Praktische Theologie* 108–120; vgl. die Einteilung in Schleiermachers *Ästhetik* [1819/25], hg. v. Th. Lehnerer, Hamburg 1984.

[155] Vgl. *CS* 545.

[156] *Ästhetik* [1819], a.a.O., 54.

[157] A.a.O., 54f.

selbst immer schon auf gewisse Weise Gesang ist“, des Kirchengesangs, hinter denen die bildenden Künste als sekundäre Ausdrucksformen zurücktreten.[158] Freilich hat die Sprache diese fundamentale Bedeutung – nämlich hauptsächlicher Ausdruck der Geistgegenwart zu sein, woraus sich dann die gesamte theologische Dignität des Wortes ergibt – nicht als Sprache selber, auch nicht in ihrer künstlerischen Form als Prosa, als Poesie oder als Gesang alleine, sondern darin, daß diese in dem genannten Darstellungsganzen verortet sind. Das Entscheidende ist hier also nicht die Sprachlichkeit selbst, sondern die Weise ihres Inerscheinungtretens, die nicht der Sprachlichkeit selber zugeordnet, sondern auf Kunstelemente zurückgeführt wird, zu denen sie hinzutritt und in deren Zusammenhang sie zu der *so-wirkenden* Prosa, Poesie etc. erst *wird.* Und so ergibt sich als Grundbestimmung der Weise, in der sich der Geist in der Gemeinschaft realisiert, daß diese die Sprache ist, insofern sie, in die Formen unmittelbaren Selbstausdrucks des subjektiven Bewußtseins eintretend, zum Teil eines Kunstganzen geworden ist und *darin* die entscheidende Modifaktion ihres Wesens empfangen hat, die ihr gestattet, Organ der Selbstmitteilung des Geistes Gottes zu werden.

Diese eigentümliche Verschränkung von Sprache und Darstellungsform, in welcher die Sprache das Hinzutretende, darin dann aber das eigentliche Mittel der Darstellung des Geistes ist, liegt bei Schleiermacher in der Aufteilung der ausströmenden (d.h. selbsttätigen) Seelentätigkeiten in der Psychologie begründet, derzufolge Ton und Gebärde zwar die entwicklungspsychologisch ursprünglichen unmittelbaren Formen der Selbstmanifestation des Geistes sind, darin aber ganz dem Leib verhaftet sind. Dagegen gilt aufgrund der Identität von Denken und Sprechen, daß die Sprache eine im Bewußtsein selber gegründete Form der Selbsttätigkeit ist. Sie bedarf zwar der leiblichen Sprechfähigkeit, hat ihr Wesen aber im Bewußtsein, d.h. im Geiste, selbst. Und so gilt: „was dem Geiste am nächsten liegt in dem leiblichen selbst ist das ganze System der Sprache“.[159] Die Sprache ist damit die *geistigste* Weise des Selbstausdrucks des Geistes, da sie selber geistig, d.h. *selber* Form des Bewußtseins ist. Und so muß eine Darstellung, die geistig erfolgen und damit einen von leiblichen Elementen möglichst ungehinderten freien Austausch des Bewußtseins ermöglichen soll, hauptsächlich durch die Sprache erfolgen, die damit das vorzügliche Mittel für die Selbstmanifestation des Geistes im Gottesdienst ist.

Der entscheidende Punkt, weswegen die Sprache nur Material und Medium des Darstellens, nicht aber auch die Weise des Zur-Darstellung-Kommens selber ist, liegt darin, daß Schleiermacher die Sprache nur auf die objektive Seite des Bewußtseins bezieht. Zwar liegt auch in dem objektiven Bewußtsein die Möglichkeit, das Ganze des Geistes auszudrücken und damit auch das religiöse Bewußtsein als sprachliches – d.h.: als Denken – aufzufassen. Allerdings setzt

[158] *CS* 539f.
[159] *CS* 539.

dies für Schleiermacher das „vollkommene Gegenwärtig-haben der Sprache" voraus, in welchem dem objektiven Bewußtsein die Totalität aller Gegenstände als Sprache gegeben ist.[160] Dies freilich ist von Schleiermachers psychologischem Verständnis der Sprache her utopisch, da der Mensch an dem unendlichen Sprachzusammenhang, in welchem er steht, nur insofern teilnimmt, als er sich die Sprache in einem nie zum Ende kommenden Prozeß aneignet.[161] Und so gilt zwar für „das ganze System der Sprache" an sich, daß es „der unmittelbare Ausdruck des Geistigen" ist.[162] Um als solcher auch in Erscheinung zu treten, bedürfte es aber eines unendlichen *gemeinsamen* Sprechens, das in den in sich geteilten Sprachzusammenhängen des Lebens nicht gegeben ist. Soll deshalb der als Bewußtsein gegebene Geist in seiner Totalität in Erscheinung treten, so ist dies durch Sprache alleine nicht möglich, sondern bedarf metasprachlicher Symbole, die die immer unzureichende gedankliche Mitteilung über sich hinausführen und die Sprache damit Symbol ihrer jenseits ihrer selbst liegenden eigenen Wahrheit werden lassen. Geschieht nun eben dies, wenn sich das Sprechen zu einem gemeinschaftlichen Kunstganzen fügt, so liegt die Wirkung der Darstellung nicht in der Sprache selbst begründet, sondern in den sie im darstellenden Ganzen begleitenden Formen – nämlich Ton und Mimik, sowie den bildlichen Kunstwerken im Darstellungsraum (etwa der Architektur des Kirchenraumes, Altarbildern, etc.) –, an denen die Darstellung über den gedanklichen Gehalt der Sprache so hinausgeht, daß das in der Rede intentional gemeinte Ganze dem subjektiven Bewußtsein gegenwärtig wird.

Schleiermacher hat damit ein Verständnis der Sprache, das die Ablehnung eines philosophischen Begreifens des Geistes an ihm selbst[163] auf der Ebene des Sprachdenkens wiederholt. Wie der Geist sich nur im Zusammenhang mit ihm polar gegenüberstehendem Dinglichem realisiert und nicht an ihm selbst zu sich kommen kann, so ist es auch der Sprache nicht möglich, dialektisch an sich selbst über sich hinauszugehen und den Gefühlsgehalt rein als Sprache und Denken darzustellen, sondern sie bedarf dazu des Zusammenhangs mit Unsprachlichem. Freilich hat Schleiermacher diesen Gedanken nicht wieder auf die Sprache zurückbezogen und deutlich gemacht, inwiefern es der Sprache *sel-*

---

[160] SW III/6, 47.

[161] Schleiermacher schränkt damit die Interkontextualität der Sprache durch die immer nur teilweise ausgebildete Sprachfähigkeit der einzelnen ein. Dies ist freilich nicht schlüssig, da ja auch in dem noch unausgebildeten Sprechen der Sprachzusammenhang als ganzer mitwirkt. Der für Schleiermacher nur in der vollkommenen Sprachbildung realisierte Sachverhalt, „daß der einzelne die ganze Sprache zu seiner Disposition in sich trägt" (SW III/6, 47), gilt in Wahrheit für jedes Sprechen. Hier hat W. v. Humboldt mit dem Grundsatz, daß „die Sprache in jedem Menschen in ihrem ganzen Umfange" liegt (Gesammelte Schriften Bd. 7, Berlin 1967, 57), gegenüber Schleiermacher Recht. Das Problem, daß auch das Mitwirken aller das einzelne Sprechen noch nicht zu einem vollkommenen macht, bleibt davon freilich unberührt.

[162] *CS* 539.

[163] Vgl. o. § 7.1.

ber entspricht, in diesen Zusammenhang einzutreten. Denn auch bei Schleiermacher ist das Eingehen der Sprache in einen unsprachlich konstituierten Darstellungszusammenhang und die Aufhebung der objektiven Funktion der Sprache in ihr im Grunde eine Bewegung der Sprache selbst, insofern die auf das Selbstbewußtsein gehende Wirkung des Kunstganzen ja nichts anderes als das *Wort* zur subjektiven Rezeption bringt.[164] In der Ausführung dieses Zusammenhangs *läge* der eigentliche Gewinn von Schleiermachers Sprachdenken. Daß sie bei ihm selbst unterblieben ist, wird sich vor allem im theologischen Wortverständnis nachteilig auswirken.

2. Schleiermachers Verhältnisbestimmung von Heiligem Geist und Wort in der Gemeinschaft der Kirche läßt sich aus den genannten Voraussetzungen entfalten.[165] Die Grundbestimmungen sind dabei *zum einen*, daß sich der Geist *nie wortlos* mitteilt, da die Gemeinschaft der Gläubigen, in deren Mit- und Aufeinanderwirken die Geistmitteilung geschieht, notwendig immer Sprachgemeinschaft ist, *zum anderen*, daß die Mitteilung des Geistes vom Wort zu differenzieren ist, da die Gemeinschaft des Geistes diese Sprachgemeinschaft nur immer *auch* ist, darin aber ihr Wesen nicht hinreichend beschrieben werden kann. *Ersteres* führt bei Schleiermacher zur Aufnahme der reformatorischen Aussage, daß der Geist sich nur wortgebunden mitteilt und gegenwärtig macht. Entsprechend kann es etwa heißen, daß „der Geist[…] selbst sich mittheilt und verbreitet durch das Wort“[166], daß „Geist und […] Wort“ „unzertrennlich von einander“ „gegeben“ sind[167], daß „die Wirkung des göttlichen Geistes im Worte und durch das Wort“ geschieht und daß sie in ihrem Rückgang auf die Schrift darin eine „Erscheinung des Herrn selbst“ ist.[168] Dagegen bringt die *zweite* Grundbestimmung mit sich, daß der Heilige Geist, weil „die Sprache *nur* das Mittel“ der darstellenden Mitteilung des Geistes ist, nicht aber die Weise seiner Gegenwart selber, gegenüber seiner Vermittlung im Wort selbständig bleibt und

[164] T. H. Jørgensen will eben dies als Schleiermachers eigentliches Anliegen herausstellen, indem er betont, daß sich im Worte „Gott“ selbst Gott offenbare (Das religionsphilosophische Offenbarungsverständnis, 259f). Diese Betonung ist freilich nur dadurch möglich, daß Jørgensen Schleiermachers Unterscheidung von Sprache und subjektivem Bewußtsein für den Fall des Gottesbewußtseins aufhebt (255). Jørgensen begründet dies, indem er auf die Bedeutung der Sprache für die Entwicklung des Gottesbewußtseins in der Religionsgeschichte hinweist (252–255). Daß sich im Wort „Gott“ dabei die Verhältnisse herumdrehen und nicht die Sprache Ausdruck des Bewußtseins, sondern Form des Bewußtseins selbst sei, bleibt freilich eine These, die mehr dem entspricht, was Schleiermacher vielleicht hätte denken sollen, als was er tatsächlich gedacht hat.

[165] Heranzuziehen sind dazu vor allem die Predigten; vgl. besonders P–115 (SW II²/2, 187–203), P–105 (SW II²/2, 36–54), P 131 (SW II²/4, 246–256), P 65 (SW II²/4, 313–330), P 151 (Kl.Schr. III, 13–24), P 153 (Kl.Schr. III, 36–51), P 157 (Kl.Schr. III, 90–107), P 158 (Kl.Schr. III, 108–122). Zu Schleiermachers Lehre vom *Amt* des Wortes und von der Schrift (*CG*² §§ 128–135) vgl. u. S. 281f.

[166] Kl.Schr. III, 97; vgl. 46: es sei „der Geist Gottes über uns ausgegossen durch die Predigt vom Glauben“.

[167] SW II²/2, 227 (P 117).

[168] SW II²/2, 190.

zum Wort erst noch hinzutreten muß, damit der Geist ‚im Wort und durch das Wort' gegenwärtig wird.[169]

Was damit im einzelnen gesagt ist, wird paradigmatisch in Schleiermachers Ostermontagpredigt von 1824 deutlich, die die Frage nach der Bedeutung des Wortes auf das Verständnis der geistigen Gegenwart Christi in der Gemeinde bezieht und als Explikation dieser Gegenwart weiterführt.[170] Dort heißt es:

„Der Herr trat mehrere Male zu seinen Jüngern hinein, als sie Abends versammelt waren, und rief ihnen zu, Friede sei mit Euch. [...] Das war freilich gerade ein Wort, und nur ein Wort. Aber können wir wol glauben, daß es ein unwirksames gewesen sei, oder ist vielmehr wirklich sein Friede über sie gekommen, als er dieses sprach? Und wenn wir dies wol glauben müssen, war das eine Wirkung des Wortes als solchen, so daß es das, was es anwünschte, auch selbst als Wort hervorbrachte? Niemand wird wol lieber einen solchen Zauber annehmen als eingestehen, der Friede, der über die Jünger kam, war die unmittelbare Wirkung des Herrn selbst, indem er ihnen erschien, und nur im Bewußtsein dieser Wirkung sprach er das Wort aus".[171]

Eindrücklicher wäre der Gegensatz zur Wortlehre Luthers kaum auszudrükken. Schleiermacher gibt zu, daß der Friede – und d.h. das Heil der Erlösung – nicht anders als mittels des Wortes zu den Jüngern kam. Aber diese Wirkung war nicht eine Wortwirkung, in welcher das Heil durch das Wort selber in den Jüngern hervorgebracht würde. Sondern die Wirkung lag in der *Erscheinung* Jesu, d.h. in dem Gesamteindruck seiner Gegenwart.[172] Von dieser ging das Wort nicht in dem Sinne aus, daß das Wort in seinem Aussprechen selber diese Gegenwart in sich aufnahm und vermittelte. Sondern das Wort setzt die unmittelbare Gegenwart Jesu schon *voraus* und geht als Teil dieser Gegenwart von ihr aus, um das Unmittelbare, was schon da ist, nun auch vernehmlich zu machen. Es ist damit nicht die Weise eines die Aufnahme erst hervor-rufenden Mitteilens der Gegenwart Christi – diese liegt im Totaleindruck seiner Gegenwart. Son-

[169] Hervorhebung M.D.; vgl. SW II²/4, 328, wonach „die Sprache nur das Mittel ist, dasjenige darzustellen, und auf Andere überzutragen, wovon das Herz erfüllt ist, ein mangelhaftes Mittel – denn wer fühlt es nicht, daß unausgesprochene Seufzer, mit denen der Geist sich zu Gott erhebt, oft reicher sind und inhaltschwerer, als die schönste Rede – aber bei allen Mängeln doch ein unentbehrliches, weil wir uns nur durch dieses vernehmlich machen". Zur daraus folgenden Selbständigkeit des Geistes gegenüber seiner Gegenwart im Wort vgl. SW II²/4, 248f: „Seht denn diese beiden Stükke, Wort Gottes und Bewußtsein der geistigen Gemeinschaft [= der als Gemeingeist gegebene Heilige Geist], sind das eigentlich wirksame in allen Versammlungen der Christen".

[170] P–115 (SW II²/2, 187–203): „Der Zusammenhang zwischen den Wirkungen der Schrift und den unmittelbaren Wirkungen des Erlösers". Die Predigt wird die folgenden Ausführungen dieses Abschnitts leiten (vgl. bis S. 275).

[171] SW II²/2, 194; vgl. *Joh* 20,19.21.26.

[172] Vgl. auch Schleiermachers Predigt über die Sturmstillung *Mt* 8,23–26 (P–64), nach der es nicht das Wort Jesu, sondern „sein Daseyn, seine kräftige Gegenwart an und für sich war, was ihnen Heil und Rettung brachte; die Drohung aber, die er aussprach, war mehr ihretwegen und sollte ihnen [...] ein sicheres Zeichen seyn, daß eine plötzliche Errettung wahrhaft von ihm ausgehe" (SW II²/4, 310). Man lese zum amusement die Begründung dieser eigentümlichen Auslegung nach, die ein besonderes Beispiel exegetischer petitio principii darstellt.

dern das Wort ist, wie in jedem Sich-Darstellen eines Menschen, das Hervortreten der in diesem Gesamteindruck liegenden Selbsttätigkeit, vermittels derer sich aus dem *gegebenen* Eindruck ein gemeinschaftliches Bewußtsein formt, in welchem die Jünger an dem Bewußtsein Jesu teilnehmen. *Dazu* ist dann das Aussprechen des Wortes tatsächlich der entscheidende Akt. Und insofern damit die Worte Jesu, als Teil der übergeordneten geistigen Gegenwart, diese in ein Gesamtleben überführen, kann es auch von ihnen selber heißen, daß sie „Geist und Leben", nämlich seine sich zum Gemeingeist bildende eigene Gegenwart, sind.[173] Aber sie sind das doch nicht *als Worte*, sondern als Mittel *des Geistes*. Und so liegt das Entscheidende in der Geistmitteilung nicht im Wort, das hinter dieser Teilnahme als bloßer Bote der Mitteilung zurücktritt, als vielmehr in dem Faktum der Gegenwart Jesu selber.[174]

Das Verhältnis von Geist und Wort in der *Gemeinde* ergibt sich aus der Identität des sich im Mit- und Aufeinanderwirken konstituierenden Gemeingeistes mit der geistigen Gegenwart Christi.[175] Wie für die leibliche Gegenwart Gegenwart Christi, so gilt nun auch für die Gemeinde,

> „daß es außer den unmittelbaren Wirkungen des Wortes noch eigenthümliche Wirkungen des Erlösers giebt, die gleichsam von seinem ganzen ungetheilten Wesen ausgehen. [Denn:] Dies ist in seiner Wirksamkeit nicht an die leibliche Erscheinung gebunden. Die ursprüngliche geistige Wirksamkeit seines Daseins ist, freilich nur vermittelst des Wortes, aber doch in ihrer eigenthümlichen Natur, festgehalten in der Gemeinschaft der Gläubigen".[176]

Schleiermacher überträgt die zuvor für die leibliche Gegenwart Christi ausgesagte unmittelbare Wirkung des Geistes ebenso wie die von Jesus leiblich ausgehenden Wortwirkungen[177] auf die Gemeinschaft der Gläubigen. Dabei bleibt das genannte Verhältnis von Geist und Wort im Grundsatz gleich. Was zuvor die unmittelbare Wirkung Christi war, ist nun die unmittelbare Wirkung des Gemeingeistes im Kunstganzen des Gottesdienstes, und was das Wort Christi war, ist nun das von der gemeinschaftlichen Darstellung ausgehende Wort. Da die Gemeinschaft selber wortvermittelt ist, taucht das Wort aber auf zwei Seiten auf: Auf der *einen Seite* ist das Wort (innerhalb des Kunstganzen) zumindest *auch* die Weise, in der sich die unmittelbare geistige Gegenwart Christi gemein-

[173] *Joh* 6,63; vgl. bei Schleiermacher Kl.Schr. III, 20.

[174] Schleiermacher entspricht damit seiner Christologie. Wie das Heil schon in der Inkarnation ganz gegeben war und keiner heil*schaffenden* Tat Gottes am Kreuz noch bedurfte, sondern die Vollkommenheit der Welt in der Urbildlichkeit Christi schon immer vollendet war und sich auf Golgatha nur bewähren mußte, so ist auch hier mit der bloßen Gegenwart Jesu von Nazareth die Erlösung schon da und die Gefangenheit im Alten gebrochen, und so muß das Wort nichts anderes mehr bewirken als die widerstandslose Aneignung des Lebens der Jünger an die ihnen in Christus schon *gegenwärtige* Vollendung. Vgl. o. § 9.

[175] Vgl. o. S. 235ff.

[176] SW II²/2, 194.

[177] Es sind diese *leiblichen* Wortwirkungen, die zu Anfang des Zitates als ‚unmittelbar' beschrieben werden.

schaftlich herstellt. Und auf der *anderen Seite* ist das Wort von dieser unmittelbaren Gegenwart in der Gemeinschaft unterschieden.

α) Aus dem ersteren Aspekt folgt für Schleiermacher der grundlegende Sachverhalt, daß kein einzelner jemals ohne gemeinschaftliches Sprechen an dieser Gegenwart Christi teilhaben kann, es also die Unmittelbarkeit des Geistes nur *in* der sprachlich vermittelten Gemeinschaft gibt. Eben dies würde Schleiermacher gegen den Vorwurf der Schwärmerei einwenden. Gerade weil der Geist in seiner Totalität nur der Gemeinschaft gegeben ist, ist ein unmittelbarer Geistempfang, der nicht durch das Mit- und Aufeinanderwirken der Gläubigen mittels des Wortes bedingt ist, ausgeschlossen.[178] Freilich ist die mittels des Wortes gegenwärtig werdende unmittelbare Geistgegenwart, weil sie nicht selbst wortförmig, sondern nur wortvermittelt ist, nicht an das Wort als ihren Gewißheitsgrund gewiesen, sondern an die Faktizität der Gemeinde, die das Wort als Ausdruck und Zeugnis ihrer gemeinschaftlichen Identität bewahrheitet.[179]

β) Dies führt nun darauf, auf der *anderen Seite* das Verhältnis des (etwa in Verkündigung oder Liturgie) von der geistigen Gegenwart Christi in der Gemeinde *ausgehenden* Wortes Christi zu der in der Gemeinschaft selber aufbewahrten unmittelbaren Geistgegenwart näher zu bedenken. Dieses verhält sich wie oben das Wort Jesu von Nazareth zu seiner leiblichen Gegenwart. Das Wort ist nicht in ihm selber Geist, sondern es ist ein Medium des Geistes in dem Gesamten der Darstellung. Dies hat zur Folge, daß die Wirksamkeit des Heiligen Geistes weder objektivierend im Bekenntnis, noch mitteilend in gottesdienstlichen Handlungen (Wort und Sakrament) zureichend *sprachlich* gefaßt werden kann. Vielmehr gilt, daß die „von der geistigen Gegenwart Christi ausgehenden, in der Ganzheit seines Wesens und seiner Erscheinung gegründeten Wirkungen zu dem hinzukommen [müssen], was in dem engsten und eigentlichsten Sinne Wirkungen des Wortes und der Lehre ist".[180]

Diese Auffassung hat bei Schleiermacher eine soteriologische Pointe, da eben dieses Hinzutreten der unmittelbaren Gegenwart verhindert, daß der Geist im Wort stehenbleibt und dadurch Buchstabe und Gesetz wird, welches das Leben, das es geben sollte, gerade unterbindet.[181] Dies aber tritt notwendig ein,

---

[178] Vgl. *CG*² § 108.5, 166, 18 – 167, 33.

[179] Dieser Sachverhalt wird auch dadurch letztlich nicht aufgehoben, daß sich dieses Zeugnis aus der Schrift schöpft und an diese gebunden ist, da diese selber nur als Zeugnis der Gemeinde in den Blick kommt und deshalb ihrerseits ihren Gewißheitsgrund nicht in dem in ihr aufbewahrten Wort, sondern in der Gemeinschaft des Geistes hat; vgl. *CG*² § 128. Leitsatz, 284.

[180] SW II²/2, 197f.

[181] Vgl. o. S. 166f. Eben dies ist für Schleiermacher etwa in den Verwerfungssätzen der reformatorischen Bekenntnisse geschehen, in welchen der Buchstabe selber den Geist festhalten sollte, dadurch aber den Verdammenden selber zur Verdammnis geworden ist, weil das freie Leben der Geist-Gemeinschaft in das Wort eingeschlossen wurde und dadurch wieder unter das Gesetz geführt hat; vgl. Kl.Schr. III, 118: „Denn eben der Buchstabe, den die Verdammenden aufstellten, als ein Zeichen des Heils das ewig gelten sollte und dem niemand widerstreiten dürfe, der mußte nothwendig versteinern, der Geist, der ihm allein Leben giebt, mußte entweichen, weil das Leben nicht mehr gepflegt und unterhalten wurde, und nur das tödtende des Buchstaben konnte zurükkbleiben. Das, m. g. Fr.,

wenn das Wort lediglich Wort bleibt. Es geschieht dann zwar, daß die Hörer des Wortes „gleichsam in der Ferne das Vorbildliche seines [cf. Jesu] Lebens und die Grundzüge seiner persönlichen Handlungsweise erblikken, [und ihnen deshalb] ebenfalls das Herz brennt, daß sie etwas besonderes empfinden; aber ihre Augen werden ihnen doch gehalten, und zu der freudigen unmittelbaren Anerkennung, das ist der Herr, da ist die Herrlichkeit des eingebornen Sohnes vom Vater, da allein sind Worte des Lebens, zu dieser gelangen sie doch nicht" – wenn nicht „jene lebendigen Eindrükke, die er auch jezt noch gleichsam unmittelbar hervorbringt in der menschlichen Seele [...] dem Worte zu Hülfe kommen".[182] Schleiermacher gibt damit dem Sachverhalt Ausdruck, daß noch nicht das bloße Reden des Wortes Heil schafft, sondern dies nur geschieht, wenn der Heilige Geist darin unverfügbar wirklich wird. Dagegen bleibt das Wort ohne dieses Wirklichwerden noch dem alten Gesamtleben verhaftet und hat nur die Wirkung des Gesetzes.

Wenn Schleiermacher nun das Unverfügbare des Geistes in der unsprachlichen unmittelbaren Wirkung des Geistes in der Gemeinschaft aufzufassen sucht, so wird allerdings deutlich, daß das Wort als solches von ihm *nur* als Buchstabe verstanden wird. Das Wort ist für ihn nicht bereits selber ein sich von dem toten Buchstaben Ablösendes, so daß eben in dieser Bewegung des Ablösens selber der Geist sich gegenwärtig machte.[183] Sondern das Wort ist wie auch der Buchstabe für sich selbst tot und hat keine Selbstbezogenheit auf den Geist. Die Dialektik der Mitteilung besteht „zwischen dem Geist, der nur recht lebendig machen kann durch den Buchstaben, und dem Buchstaben, der nur dann nicht tödtet, wenn er nichts sein will als die Hülle dieses Geistes", *als zweier getrennter Entitäten.*[184] Daß dabei der Geist noch von woanders her zu seinem Hervortreten aus dem Wort angestoßen werden muß, ist deutlich.

ist die Verdammniß, in welche unausbleiblich die Verdammten sich selbst stürzen". Deshalb gilt in bezug auf die Reformatoren, die mit den Verwerfungen – entgegen ihrem „innerste[n] Geist", der rein auf geistige Mittel zur Kirchenverbesserung aus war – „menschlicher Unvollkommenheit und Schwäche" gefolgt waren: „Wir mögen sie entschuldigen; aber wir dürfen ihnen nicht folgen. [...] Und dazu haben sie uns selbst das Recht gegeben; sie haben keinen auf ihr Wort verpflichten wollen, sie haben nur das Werk des Herrn gesucht, und das lasset uns mit ihnen suchen und uns nur da zu ihnen gesellen, wohin sie von dem Geist der Gemeinschaft geführt sind" (122). Vgl. auch Kl.Schr. III, 20f: „Die Worte, welche ich rede, sind Geist und Leben, sagt er; aber wenn das Wort, welches Geist und Leben sein soll, gebunden wird im Buchstaben der da tödtet, wenn das freie Wort des Geistes, der sich in den Christen bei treuer Erwägung der Schrift hier und dort anders äußert, gehemmt werden soll durch irgend eine menschliche Regel, [...] so ist das ein desto gefährlicheres Verderbniß, weil es uns die Quelle des geistigen Lebens selbst verdirbt. Das, m. th. Fr., ist die Warnung des Apostels, daß wir nicht sollen werden der Menschen Knechte, die wir frei berufen sind um nur Knechte Christi zu sein in der Freiheit des Geistes".

182 SW II²/2, 197.198.

183 So müßte man den Vorgang des Verstehens auffassen, wenn man den Unterschied von totem Buchstaben und lebendigem Geist selber als Sprachgeschehen auffassen wollte.

184 Kl.Schr. III, 118. Schleiermacher spricht hier statt von einer Dialektik von einem „geheimnißvolle[n] Band".

Ist dieser wortäußerliche Anstoß die unmittelbare Wirkung der Gemeinschaft selbst in ihrer künstlerischen Gesamtdarstellung, so bringt dies freilich mit sich, daß der *Inhalt* des Gesagten an Bedeutung verliert. Nicht in einem *bestimmten* (vergebenden oder sakramentalen) Wort ist der Geist gegenwärtig, „sondern auch unter der verschiedensten Hülle erkennt derselbige Geist sich wieder", ohne daß dabei ein bestimmtes Reden Priorität hätte.[185] Damit aber bleiben das Wort und der Geist letzthin unbezüglich, und es ist nicht gedacht, wie sich denn der Geist zu dem Wort selber verhält. Und so bleiben die beiden Elemente der Geistwirksamkeit, die in „der christlichen Kirche [...] vereint sein" müssen, „die klare begreifliche leicht mittheilbare Wirksamkeit des Wortes; [und] die geheimnißvollere tieferregende aber auch unmittelbare Wahrheit des Erlösers in der Seele", letztlich ein äußerliches Zusammensein.[186]

---

185 SW II²/2, 46. Auf einen anderen Aspekt der theologischen Wortlehre führt der Fortgang des Zitates, welcher lautet: „... und hat nicht mindere Freude als an der Mannigfaltigkeit der übrigen Werke Gottes auch an den mannigfaltigen Strahlen, in welche sich das Eine Wort Gottes in verschiedenen menschlichen Seelen bricht". Die Rede vom ‚Einen Wort Gottes' ist – soweit ich sehe – bei Schleiermacher singulär. Was damit gemeint ist, zeigt eine Stelle der Sittenlehre, nach der „das göttliche Wort in der Schrift [...] uns nur das geschichtlich fixierte göttliche Wort in Christo [ist], der den Geist hat οὐ κατὰ μέτρον" (*CS* 500). Die Stelle bezieht sich auf die Auffassung Schleiermachers, daß in der Schrift der ursprüngliche Eindruck Christi aufbewahrt ist und sich von dort aus in der Gemeinde immer wieder als solcher erneuern kann. Insofern eben dieser Eindruck die Gegenwart des in Jesus in urbildlicher Vollendung gegenwärtigen Geistes Gottes ist, hat das in der Schrift *insgesamt* gegebene Wort dann auch selber diese Urbildlichkeit. Und in diesem Sinne ist zu verstehen, daß es als das ‚Eine Wort' bezeichnet wird, in welchem alle anderen Worte, die in den vielspältigen Worten der Gemeinschaft der Kirche von ihm ausgehen, ihre Einheit finden. Dabei ist dieses ‚Eine Wort' zunächst nicht Christus selber, sondern die Schrift als die geschichtlich nachgeordnete Fixierung seines Eindrucks in ihrer Totalität. Aber gerade indem diese Einheit nicht in dem Wort der Schrift selbst, sondern in der ihm vorauslaufenden Urbildlichkeit der Person Christi liegt, verweist sie auf Christus, in dem das Wort das Eine Wort ist. Dies nun läßt sich aus dem Gedanken verstehen, daß in Jesu vollkommener Seligkeit für Schleiermacher keine Differenz zwischen subjektivem und objektivem Bewußtsein denkbar ist und so in ihm alles Gottesbewußtsein schon immer als Wort und alles Wort schon immer als Gottesbewußtsein aufgefaßt werden muß. Und weil deshalb in ihm auch alles Sprechen zur Vollendung gekommen ist, läßt sich als letzter Grund der Rede vom Einen Wort in der Schrift formulieren, daß Jesus selber das Wort ist, welches alle Worte in die Einheit in ihm aufgehoben hat. Freilich ist er dies eine Wort in einem ganz unsprachlich abstrakten Sinne, da sein Wort-Sein nicht sein geschichtliches Wesen beschreibt, sondern gerade in der Absehung von allem geschichtlichen Reden besteht. (Daß zumindest in *dieser* Hinsicht Schleiermachers christologische Rede vom Wort die gleiche Problematik hat wie die *1. Barmer These* seines Kritikers K. Barth, liegt daran, daß beide das göttliche Wort in Christus letztlich nicht sprachlich-dialektisch als solches denken, das *als Wort* immer schon selber Vermittlung ist. Muß diese aber aus dem Wort erst folgen, bleibt der christologische Ausgangspunkt gedankliches Abstraktum, gleichgültig ob auf der Seite Gottes oder des Menschen verortet.)

186 SW II²/2, 200; dies hat dann auch zur Folge, daß bei den Gemeindegliedern, je nach individueller Ausstattung und darin gegründeter Präferenz, „die Segnungen des Wortes *oder* die unmittelbare geistige Gegenwart des Herrn in der Seele" hervortreten können, und das Prüfkriterium dabei nicht in dem immanenten Zusammenhang beider, sondern lediglich darin liegt, daß sich beide Erfahrungsweisen jeweils in die Gemeinschaft integrieren und darin ihr zugute kommen müssen (vgl. den Schluß der genannten Predigt SW II²/2, 202f; Hervorhebung M.D.).

3. Schleiermacher Verständnis des Verhältnisses von Geist und Wort geht damit von der Grundauffassung aus, daß der Geist in der Gemeinschaft immer schon gegenwärtig ist. Er muß nicht erst zu ihr hinzutreten, sondern ist von Christus an, der die Gemeinschaft urbildlich in sich trug, als ihr Gemeingeist im gemeinschaftlichen Leben immer schon da. Dies hat dann zur Folge, daß das Wort den Geist nicht erst zueignet, sondern lediglich dadurch, daß es das gemeinsame Mit- und gegenseitige Aufeinanderwirken neu initiiert, seine immer schon vorhandene Gegenwart „aufs neue lebendig mach[t]".[187] Und aus dieser Grundbestimmung ergibt sich dann die gezeigte Doppelheit von Geist und Wort, nach der die Gegenwart des Geistes in der Gemeinschaft seinem Sich-Beleben durch das Wort immer schon zugrunde liegt und dadurch von ihr immer unterschieden bleibt. Dabei besteht die positiv hervorzuhebende Leistung von Schleiermachers Verständnis der Geistgegenwart darin, daß er zweierlei miteinander verbindet: Zum einen die Erfahrung der Unverfügbarkeit dieser belebenden Wirkung des Wortes, und zum anderen den Sachverhalt, daß menschliches Sich-Mitteilen immer in einem Sprache und unsprachliche Darstellungselemente verbindenden Gesamtzusammenhang erfolgt. Indem Schleiermacher letzteres als den Grund des ersteren namhaft macht, bildet er die Theorie des Kunstganzen der gottesdienstlichen Darstellung, die versucht, Bedingungen zu zeigen, unter welchen das Reden von Gott in der Gemeinschaft lebendig bleiben kann und nicht zu bloßer Belehrung und leblosen Worthülsen erstarrt, sondern wirklich als Ausdruck des in der Gemeinschaft gegebenen Bewußtseins und Lebens aufgefaßt werden kann.

Diese zunächst einmal beachtenswerte und in mancher Hinsicht auch vielversprechende Konzeption wird nun aber entscheidend dadurch geschwächt, daß Schleiermacher dieses lebendige Zur-Wirkung-Kommen des Wortes nicht als Sprachgeschehen auffaßt. Er unternimmt nicht den Versuch zu zeigen, inwiefern es der Sprache selber eigen ist, daß sie des Gesamteindrucks des Sprechers oder der Sprechenden bedarf, um dasjenige mitzuteilen, was sie in ihrer Rede anzielt. Sondern Schleiermacher läßt das Wort dem Geist der Gemeinschaft gegenüber letzthin unbezüglich bleiben und entwertet es zum bloßen Material des Mitteilens. Daß das Sich-Ablösen des Geistes vom Wort – etwa als ein Übersichhinausgehen des Wortes am Gesamteindruck der Gemeinschaft – selber sprachlich begriffen werden könnte, sieht Schleiermacher nicht. Hier bleibt Schleiermachers Wortlehre gegenüber seiner eigenen Auffassung von der Bedeutung der Sprache in der Gemeinschaft unterbestimmt.

[187] Vgl. Kl.Schr. III, 97f: „Darum wenn wir mit einander uns versammeln, die wir Alle schon Christum bekennen, so wird der Geist nicht erst ausgetheilt durch das Wort. Aber wie er nicht in Allen, in welchen er lebt, dieselben Gaben wirkt, sondern andere in Anderen: so ist nun dies die Gabe, um derentwillen Einige zu Hirten und Lehrer gesezt werden in der Gemeinde, daß sie das Zeugniß des Geistes, wie es sich in den Worten der Apostel und der älteren Lehrer kund gegeben, aufs neue lebendig machen".

Indessen ist die genannte Grundauffassung der Aufgabe des Wortes auch selber nicht unproblematisch, weil sie die Möglichkeit eines verbum externum ausschließt und nicht auf göttliches Sprechen, sondern auf die Gemeinschaft als den Grund des Wortes rekurriert. Freilich ist diese Problematik nicht so sehr in der Wortlehre begründet, als in dem schon mehrfach benannten und letztlich in seiner Interpretation des Kreuzes begründenden Fehlen einer Negativität des Geistes. Weil der Geist in Jesus nicht durch den Tod ins das Leben durchdrang, besteht für Schleiermacher auch kein Anlaß, sein Sich-Mitteilen in der Gemeinschaft so zu denken, daß es durch den Tod in das Leben der Geistgemeinschaft führt. Sondern die in ihr immer schon verwirklichte Vollendung gilt es lediglich in ihrer Erneuerung aufzufassen. Schleiermachers Wortlehre hat ihre Gestalt, weil sie nur diesem eingeschränkten Erfordernis folgt. Freilich bringt dies mit sich, daß das Wort dort seine Kraft verliert, wo Anfechtungserfahrungen die Geisthaftigkeit der Gemeinde selber fraglich werden lassen. Das Wort kann nicht als ein göttliches Zu-Sprechen verstanden werden, welches das in ihm Gesagte mitten in der Situation der Anfechung selber heraufführt. Schleiermachers Wortlehre läßt damit die für die reformatorische Theologie grundlegende Frage nach der externen Vergewisserung der Geistgegenwart unbeachtet. Sie bleibt ganz im Rahmen eines enthusiastischen Kirchenverständnisses, das von einer *ungebrochen* verwirklichten Geistgegenwart in der Kirche immer schon ausgeht. Und sie vermag gerade deshalb nicht verständlich zu machen, daß die Worte des Geistes Christi in der Kirche Geist und Leben nicht nur in sich tragen, sondern auch in ihnen selbst sind.[188]

c. *Grundzüge der Kirche*

Schleiermachers Bestimmung der Grundzüge der Kirche ergibt sich in ihrem pneumatologischen Sachgehalt ganz aus den vorgenannten Grundbestimmungen und braucht daher nur noch genannt und in ihrem pneumatologischen Gehalt kurz vor Augen gestellt zu werden.[189]

1. Schleiermacher unterteilt seine Lehre vom Bestehen der Kirche in zwei Teile, deren erster „*Die wesentlichen und unveränderlichen Grundzüge der Kirche*“ und deren zweiter „*Das Wandelbare* [beschreibt], *was der Kirche zukommt vermöge ihres Zusammenseins mit der Welt*“.[190] Die Unterscheidung liegt in der Beziehung von Heiligem Geist und Welt begründet und ergibt sich aus der Anwen-

---

[188] Vgl. *Joh* 6,63.

[189] Eine ausführliche pneumatologische Bewertung von Schleiermachers Ekklesiologie im ‚Hauptstück‘ *Von dem Bestehen der Kirche in ihrem Zusammensein mit der Welt* (CG^2 §§ 126–156) braucht, wiewohl in ihr „die stetige Wirksamkeit des heiligen Geistes beschrieben“ ist (CG^2 Zusatz zu §§ 115–125, 273, 31f), hier nicht unsere Sache zu sein, da die pneumatologisch relevanten Grundentscheidungen bereits gefallen und benannt sind (Zur ausführlicheren Explikation des Inhaltes des Hauptstücks vgl. E. BRITO, La pneumatologie, 294–317.521–550).

[190] CG^2 vor § 127, 278, 24 und CG^2 vor § 148, 384, 31f.

dung der Verhältnisbestimmung von Geist und Fleisch, in der Schleiermacher diese Beziehung auffaßt, auf die äußere Gestalt der Kirche. Der Ausgangspunkt des Gedankens liegt dabei darin, daß der Heilige Geist die ursprünglich dem alten Gesamtleben zugehörigen Elemente des psychophysischen menschlichen Organismus sukzessiv aneignet, damit aber nie zu einem Ende kommt, da das humane Leben an dem sich stets wieder erneuernden alten Gesamtleben bleibend teilhat.[191] Bildet sich die Kirche nun im Prozeß dieses Aneignens, so muß die Gestalt der Kirche in zwei Perspektiven aufgefaßt werden, die nur gemeinsam ihr Ganzes beschreiben:

Zum einen ist die Gestalt der Kirche aufzufassen, insofern die Gemeinschaft der Kirche sich mittels der ihr bereits angeeigneten Lebensmomente auf sich selbst bezieht und sich damit als sie selber in der Welt konstituiert. Die Weise dieses sich hervorbringenden Selbstbezugs der Kirche – es ist kein anderer als die geschilderte Bewegung des Mit- und Aufeinanderwirkens, in dem sich die Gemeinschaft des Geistes bildet und erhält – wurde bereits erläutert. Die sich aus ihr ergebenden Formen des kirchlichen Lebens bilden die ‚wesentlichen und unveränderlichen Grundzüge der Kirche', in denen das gegenseitige Sich-Mitteilen ihrer Glieder institutionelle Gestalt bekommt. Ihre ‚unveränderliche' Identität ergibt sich dabei daraus, daß diese Grundzüge aus der sich selbst gleichen Gegenwart Christi und des Geistes in ihr hervorgehen und deren unveränderliches Wesen spiegeln. Weil der Geist der Gemeinschaft immer derselbe ist, bleibt auch die „von dem heiligen Geist beseelte Gemeinschaft der Gläubigen [...] in ihrem Verhalten zu Christo und zu diesem Geist immer sich selbst gleich".[192] Dabei sind die als Ausdruck dieser Identität der Kirche zu nennenden Formen – nämlich: *Schrift, Dienst am göttlichen Wort, Taufe, Abendmahl, Amt der Schlüssel* und *Gebet im Namen Jesu* – zugleich Formen der Gestaltnahme des Geistes in der Welt, in denen sich der Heilige Geist als der Gemeingeist der Kirche die menschliche Natur zum Ort seines eigenen Daseins in der Welt aneignet.[193]

Zum anderen ist die Gestalt der Kirche aber auch aufzufassen, insofern sie sich kraft der Teilhabe jedes ihrer Glieder an der noch unangeeigneten menschlichen Natur auch zum alten Gesamtleben verhält. Die sich daraus ergebenden Aussagen über die Kirche umfassen nun ‚das Wandelbare, was der Kirche zukommt vermöge ihres Zusammenseins mit der Welt'. Dabei konstituiert das Zusammensein mit der Welt nicht zusätzlich zu den erstgenannten unveränderlichen Grundzügen noch *andere* Formen des kirchlichen Daseins, sondern benennt an ihnen dasjenige, worin die Kirche aufgrund der noch bestehenden Selbständigkeit des Fleisches hinter der vollständigen Realisierung dieser For-

[191] Vgl. o. S. 216f.

[192] *CG*² § 126. Leitsatz, 274.

[193] Deshalb kann die Identität der ‚unveränderlichen Grundzüge' auch aus dem Blickpunkt des Heiligen Geistes begriffen werden; vgl. *CG*² § 126.1, 275, 20–22: „Ebenso bleibt auch das Verhalten des H. Geistes zu der Kirche als deren Gemeingeist dasselbe, und sie als der Ort desselben in dem menschlichen Geschlecht immer sich selbst gleich".

men zurückbleibt und deshalb einem diesen Mangel (im reinigenden Handeln) aufhebenden Prozeß der Veränderung unterworfen ist. Diese aufzuhebende Defizienz ist eine doppelte: Sie besteht *erstens* darin, daß sich die Kirche im Prozeß der Aneignung des menschlichen Lebens – sei es aufgrund der ungleichen Verteilung des Gemeingeistes, sei es aufgrund unterschiedlicher Kulturbedingungen – als eine Vielheit von Frömmigkeitsströmungen und Einzelkirchen konstituiert, über die sich die *Einheit der Kirche* im Prozeß des Mit- und Aufeinanderwirken der Gläubigen erst herstellt. *Zweitens* ist eine Veränderlichkeit der Kirche dadurch gegeben, daß die äußere Darstellung ihres Bewußtseins – sei es aufgrund der defizienten Aneignung des objektiven Bewußtseins durch den Gemeingeist, sei es aufgrund unterentwickelter Ausbildung der Selbsttätigkeit – ihrem in ihr ausgedrückten Wesen nie vollkommen entspricht, so daß die *Wahrheit der Kirche* als des rein von Christus ausgehenden und alles geschichtliche Dasein potentiell in sich vollendenden neuen Gesamtlebens der Erlösung erst im Prozeß der Ausscheidung des „immer auch irgendwie wirklich[en]" ‚Irrtums' in Erscheinung tritt.[194]

Beide Perspektiven beschreiben gemeinsam die vollständige Gestalt der *sichtbaren Kirche*, die erstere nach der Seite ihres *Seins*, das sich mittels der vom Geist schon angeeigneten Formen menschlichen Lebens manifestiert, die letztere nach der Seite ihres in der Aneignung der dem Geist gegenüber noch selbständigen Lebensformen sich vollziehenden *Werdens*. Beide Seiten sind dabei in der faktischen Gestalt der Kirche untrennbar, da sich die Trennungen und der Irrtum der Kirche *an* ihren unveränderlichen Grundzügen manifestieren. Die Unvollkommenheit der Kirche ist an ihren Instituten Schrift, Wortamt, Abendmahl etc. selber manifest. Und so ist zu sagen, daß die Kirche auch in ihrem Sichhervorbringen in den wesentlichen und unveränderlichen Formen nicht schon in ihrer Reinform da ist. Indessen ist in diesem Sichhervorbringen das Sichherstellen der reinen Kirche, die ‚vollkommnes Abbild des Erlösers' ist[195], ein unaufhaltsamer Prozeß. Denn da in Schleiermachers Fassung des ‚Streites des Fleisches gegen den Geist' das Fleisch keine Widerständigkeit gegen seine Aneignung durch den Geist hat, sondern nur die *noch*-bestehende Selbständigkeit der menschlichen Natur ist, können Irrtum und Spaltung als die durch sie hervorgerufenen Defizienzen der sichtbaren Kirche ihr Sein und die zunehmende Reinheit ihres Daseins nicht gefährden, sondern müssen sich sukzessiv aufheben. Und so gilt von den unveränderlichen Grundzügen, daß sie zwar nicht rein gegeben sind, die Kraft zu ihrer sich herstellenden Reinheit aber schon immer in sich tragen und deshalb ungeachtet ihrer unvollkommenen Verwirklichung „die vorzüglichsten Organe der unsichtbaren Kirche" sind „und am meisten die Kräfte derselben in der sichtbaren" wirksam „repräsentieren".[196] Unter der *unsichtbaren Kirche* ist dabei die in ihrer Reinheit aufgefaßte

[194] *CG*² § 153. Leitsatz, 398.
[195] *CG*² § 125. Leitsatz, 270; vgl. o. S. 244.
[196] *CG*² § 148.1, 387, 7–10.

„Gesamtheit aller Wirkungen des Geistes in ihrem Zusammenhang“[197] zu verstehen, in welcher die Gemeinschaft des Geistes die Gegenwart Christi in der Welt selber ist.

Schleiermachers Verständnis der Gestalt der Kirche entspricht damit – mit allen Vorzügen und Problemen – ganz seinem Verständnis des Geistes. Weil der Heilige Geist als ihr Gemeingeist ganz in der Gemeinschaft der Kirche gegenwärtig ist und weil seine Gegenwart in ihr ganz die Gegenwart Christi selber ist, können die Strukturen der Kirche als solche beschrieben werden, die den Geist und Christus ganz in sich haben und an denen das in der Kirche noch aufweisbare Gesamtleben der Sünde nur ein vergehendes ist. Die Kirche kann damit als Schöpfung des Geistes und als ‚Leib‘ Christi verstanden werden, ohne daß sie auf einen noch außerhalb ihrer selbst liegenden Grund verweisen müßte. Vielmehr hat sie ihren Grund und die Kraft zu ihrer Vollendung ganz in sich und ist so selber die Gegenwart Gottes in der Geschichte, außerhalb derer kein Heil ist.[198] Schleiermacher nimmt damit die Grundsätze überlieferter Ekklesiologie auf und löst sie dadurch, daß er sie auf den immer schon *in ihr* gegenwärtigen Geist zurückführt, aus der Umklammerung einer lehrhaften Begründung, die ihr Verständnis auf einen äußeren Einsetzungsakt Gottes zurückführt. Freilich bringt dies auch mit sich, daß die Kirche den Grund zu ihrem Ungefährdetsein durch Spaltung und Unwahrheit nicht außerhalb ihrer, sondern in ihr selber hat, weil Christus durch den Geist ganz in ihr aufgegangen ist. Und das heißt, daß eine Leidensgestalt der Kirche in der Welt nicht wirklich ausgesagt und ein Vertrauen in die Unüberwindlichkeit der Kirche – etwa in der Situation der Verkehrung der Kirche in den Unglauben – nicht mehr *gegen* ihre Wirklichkeit in Gott begründet werden kann. Und so zeigt sich auch hier die schon zu Genüge genannte Schwäche des Geistesverständnisses Schleiermachers, das gegen die Anfechtung kein Mittel mehr weiß, als zu sagen, daß sie unberechtigt ist, weil im Geist schon immer alles vollendet ist. Es müßte also auch hier deutlicher begriffen werden, daß die Kirche, gerade weil sie den Geist in sich hat, eine Gestalt hat, in der sie in sich von sich wegweist auf den Geist Christi, der durch die Hingabe *in* den Tod sich in der Gemeinde und sie in ihm verherrlicht.[199]

2. Sind die Grundzüge der sichtbaren Kirche nun noch im einzelnen in den Blick zu nehmen, so ist nicht mehr viel zu sagen, sondern die Linien sind nur noch auszuziehen. Die Institutionen der *Schrift* und *Dienst am göttlichen Wort*, *Taufe* und *Abendmahl* sowie *Gebet im Namen Jesu* und *Amt der Schlüssel* umfassen – in dieser dreifachen Paarung – den Selbstbezug der Kirche auf Christus nach der Seite des Zeugnisses von Christus, der Aufnahme in die Lebensge-

[197] *CG*² § 148.1, 385, 32f.

[198] Vgl. *CG*² § 113.3, 210, 5–7, wonach die Aussage, „daß in der Kirche allein Seligkeit ist“, darin begründet liegt, daß „diese nicht von außen hineingekommen, sondern nur darin sein kann, insofern sie darin hervorgebracht wird“.

[199] Vgl. *Eph* 5,25b-27.

meinschaft mit ihm und des Verhältnisses von einzelnen und Gemeinschaft in Christus.[200] Sie sind damit die Formen der Kirche, in denen sich das Wirken Christi durch den Geist vollständig erhält, wobei jeweils das erste Element eines Paares eher unveränderliches ‚Abbild' der Tätigkeit Christi ist, das zweite Element dagegen mehr als deren ‚Fortsetzung' in den Blick kommt, in welcher sich dann auch das Wandelbare und Unvollkommene in der Kirche stärker als in dem ersten manifestiert.[201]

α) Was zunächst die *Schrift* angeht, so ist deutlich, daß sie als eine Institution *der Kirche* in den Blick kommt. Sie liegt der Kirche nicht als deren Grund voraus, sondern ist ihr eigenes und ursprüngliches Zeugnis von Christus unter der Form des Wortes. Schleiermachers Lehre von der Schrift ergibt sich ganz aus dieser Voraussetzung und hat als Eckdaten *erstens*, daß die (neutestamentliche) Schrift als das ursprüngliche und vollständige Zeugnis der Gemeinde von Christus ein Werk ihres Gemeingeistes ist, in welchem der Geist Christi sich vollkommen unter der Form des Wortes darstellt, und *zweitens*, daß die Schrift, weil sie in dieser Weise den ursprünglichen Eindruck Christi unter der Form des Wortes aufbewahrt, die in allem gültige und zureichende Norm kirchlichen Lebens und kirchlicher Lehre ist, die alleine die Identität des Selbstbezugs der Kirche auf Christus verbürgt.[202] Die noch-bestehende Unvollkommenheit und Unwahrheit in der Kirche liegt darum nicht in der Schrift, die, in ihrer Totalität betrachtet, vollkommenes Abbild der Gegenwart Christi ist, sondern darin, daß sie in dieser Totalität nur von der *ganzen* Kirche (über Zeit und Raum hinweg) aufgefaßt werden kann, bis dahin aber – sei es aufgrund defizienter Ausbildung des objektiven Bewußtseins in der Kirche, sei es durch dessen defiziente Aneigung an den Gemeingeist, sei es durch den aufgrund der Trennungen in der Kirche defekten Kommunikationszusammenhang – nur fragmentarisch zum Bewußtsein kommt, so daß sich die vollkommene Klarheit der Schrift erst im Prozeß der Auslegung herstellt. Es spiegelt sich hier auf hermeneutischem Gebiet der pneumatologische Gedanke Schleiermachers, daß der Geist zwar urbildlich in Christus und eschatologisch in der Kirche vollendet realisiert ist, sich diese vollkommene Gegenwart im geschichtlichen Werden der Kirche aber – von ihrer urbildlichen Verwirklichung herkommend auf sich zugehend – erst allmählich herstellt.

Indem Schleiermachers *Hermeneutik* diesen Verstehensprozeß nach der Seite der in ihm angewandten Prinzipien beschreibt, hat sie selber pneumatologische Relevanz.[203] Daß dabei der *psychologischen Auslegung*, die den Text aus der Einfühlung in „das den Schreibenden bewegende Princip" heraus verstehen will[204], eine herausragende Rolle zukommt, ist als Reflexion dessen zu bewerten, daß jeder einzelne Schreiber als Organ der

[200] Vgl. *CG*² § 127. Leitsatz, 278.

[201] Vgl. CG² § 127.3, 282–284; christologisch betrachtet entspricht den drei Paaren das prophetische, hohepriesterliche und königliche Amt Christi, wobei jeweils das erste Element mehr den Aspekt des erlösenden, das zweite mehr den Aspekt des versöhnenden Handelns aufnimmt. Die sechs Lehrstücke werden im Folgenden nach dieser, das ‚Abbild' immer der ‚Fortsetzung' voranstellenden Ordnung behandelt, wogegen Schleiermacher – wohl weil er stärker von der Kirche als ganzer ausgeht – das Lehrstück vom Amt der Schlüssel dem vom Gebet voranstellt.

[202] Vgl. *CG*² §§ 128–131, 284ff, für die Sittenlehre vgl. *CS* 213 (1826/27), wonach in Streitfragen kirchlichen Lebens „nichts sittlich [ist] als das immerwährende Zurükkgehen auf das ursprünglich christliche, wie es in der Schrift vorliegt". Vgl. auch o. die Anm. 81 und 185, sowie S. 261.

[203] Vgl. E. BRITO, Herméneutique et pneumatologie selon Schleiermacher, EThL 69 (1993), 88–117.

[204] *Hermeneutik und Kritik*, SW I/7, 143f.

Gemeinschaft – und d.h. des Heiligen Geistes – schrieb, so daß mehr als alle grammatische Analyse gerade die Einempfindung in das Bewußtsein des Schreibers das Geschriebene für den darin niedergelegten Lebenseindruck Jesu durchsichtig macht. Gelingt sie an einem bestimmten Punkt, dann geschieht ein Sichdarstellen eben der Geistgegenwart, durch welche die Schrift hervorgebracht wurde, in ihrer Auslegung selber, so daß im Verstehen der Schrift Christus selbst gegenwärtig wird.

Freilich steht auch hinter der psychologischen Auslegungsmethode Schleiermachers der Sachverhalt, daß der Geist für Schleiermacher nicht *in* den Worten der Schrift liegt, sondern *hinter* ihnen ist, nämlich in dem rein subjektiven Gottesbewußtsein der Schreiber, welches durch den ‚Totaleindruck' des Lebens Jesu von Nazareth geweckt wurde.[205] Und so wird der Gedanke, daß die Schrift selbst Christus darstellt und das „Bild seines Wesens und Wirkens", durch welches seine Gegenwart in der Gemeinde erneuert wird, *in ihr* niedergelegt sei[206], nicht vollzogen.

β) Schleiermachers Lehre *Vom Dienst am göttlichen Wort* faßt seine Auffassung von der Gemeinschaft des Geistes mit seinem Verständnis des Zusammenhangs von Wort und Geist zu dem Satz zusammen: „Diejenigen Mitglieder der christlichen Gemeinschaft, welche sich überwiegend selbsttätig verhalten, verrichten durch Selbstmitteilung den Dienst am göttlichen Wort bei denen, die sich überwiegend empfänglich verhalten; welcher Dienst teils ein unbestimmter und zufälliger ist, teils ein förmlicher und geordneter".[207] Der Dienst am Wort geht damit vom Heiligen Geist aus, insofern er als Selbstmitteilung der Gläubigen ein Teil des Mit- und Aufeinanderwirkens der Gemeinschaft ist. Er ist dabei ein ‚geordneter und förmlicher', insofern er im Kunstganzen der Darstellung des Geistes einen ihm bewußt zugedachten Ort bekommt, und ein ‚unbestimmter und zufälliger', insofern im Leben der Gemeinschaft jede (schriftgemäße) Mitteilung des Gottesbewußtseins immer schon an ihm teilnimmt. Als *Selbstmitteilung* geschieht er in der Hauptsache nicht durch lehrhafte, sondern durch *darstellende* Rede, in welcher die Redenden individuelle Organe des Gemeingeistes sind, die das sich ihnen darstellende Gottesbewußtsein zur Sprache bringen.

Indem der Dienst am göttlichen Wort auf diese Weise die Darstellung Christi in der Schrift im Kommunikationszusammenhang der Gemeinde über die Zeit hin erneuert, verbürgt er die Identität – und damit auch die Wahrheit – des Zeugnisses von Christus in der Kirche.[208] Freilich ist auch hier einzuschränken, daß diese Wahrheit nicht im Wort selber befestigt ist, sondern darin, daß das Wort von sich weg auf die unmittelbare Gegenwart des Geistes Jesu in der Gemeinschaft verweist, welche nicht noch einmal durch das Wort begründet ist.

---

205 Diese Grundauffassung seiner Wortlehre spiegelt sich in Schleiermachers *Hermeneutik* in der *divinatorischen Methode*, „welche indem man sich selbst gleichsam in den andern verwandelt, das individuelle unmittelbar aufzufassen sucht" (*Hermeneutik und Kritik*, SW I/7, 146; vgl. zur Divination v.a. in der von M. Frank besorgten Ausgabe von ‚Hermeneutik und Kritik' dessen Einleitung S. 46–55. Franks glaubhafter Versuch, das Divinationstheorem *innerhalb* von Schleiermachers Sprachdenken zu verorten und darin als eine „konjekturale Hypothese" – und nicht als „eine Art kongenialen Nachvollzugs", wie z.B. Dilthey interpretierte [50.46f] – zu verstehen, hindert nicht den Sachverhalt, daß die Divination von Schleiermacher nicht selber sprachförmig gedacht ist und auf einen hinter den Worten liegenden, außersprachlichen Verstehensgrund rekurriert).

206 *CG*² § 105.1, 138, 26–28.

207 *CG*² § 133. Leitsatz, 308f; vgl. o. Anm. 130.

208 Vgl. *CG*² § 127.2, 281, 21–25.

γ) Die *Taufe* als die dritte Institution kirchlichen Lebens ist, wie auch die Schrift, eine Institution *der Kirche*, die nun aber nicht die Selbigkeit des Zeugnisses von Christus verbürgt, sondern die seines *Wirkens* überhaupt. Sie ist diejenige Form des kirchlichen Lebens, in der das Wirken Jesu, das eben darin besteht, in die Lebensgemeinschaft mit sich aufzunehmen, auf immer gleiche Weise durch die Kirche fortgesetzt wird. Dabei bezeichnet die durch Jesus eingesetzte „Taufe als Handlung der Kirche [...] nur den Willensakt, vermittelst dessen diese den Einzelnen in ihre Gemeinschaft aufnimmt"; insofern aber gerade darin das immer mit sich selbst gleiche Wirken des Gemeingeistes geschieht, ist die Kirche in diesem Handeln „Leiter für die rechtfertigende göttliche Tätigkeit, wodurch der Einzelne in die Lebensgemeinschaft aufgenommen wird".[209] Das Entscheidende der Taufe besteht demnach darin, daß die Kirche in ihr *als ganze* handelt und mit sich in diesem Handeln – von der Einsetzung durch Jesus an bis zur Vollendung der Kirche – über die Zeit hinweg identisch ist. Jedoch gilt auch für dieses ‚Abbild' des Wirkens Christi, daß es sich erst im weiteren Mit- und Aufeinanderwirken der Kirche – Schleiermacher redet hier von einer weiteren „Bearbeitung des Heiligen Geistes" am Täufling[210] – vollständig realisiert, so daß die Taufe erst mit dem sich im gemeinschaftlichen Leben herstellenden freien Bekenntnis des Glaubens ihre vollendete Verwirklichung findet.

δ) Das *Abendmahl* gehört mit der Taufe zusammen, wie der Dienst am Wort mit der Schrift zusammengehört, und bezeichnet auf dem Hintergrund dessen, daß die Lebengemeinschaft mit Christus als eine solche zu begreifen ist, die sich im Mit- und Aufeinanderwirken immer wieder neu herstellt, den erneuernden Aspekt des heilbringenden Handelns der Kirche. Dabei liegt der Grund für die im Abendmahl eintretende „eigentümliche Stärkung des geistigen Lebens" darin, daß in ihm als dem „höchsten Gipfel des öffentlichen Gottesdienstes" die gottesdienstliche Darstellung des Geistes zur Vollendung kommt.[211] Während die Darstellung in allen anderen Elementen des Gottesdienstes stark von der unterschiedlich vollkommenen Wirksamkeit ihrer empfänglichen und selbsttätigen Teilnehmer abhängt, übt im Abendmahl „weder der Austeilende eine persönliche Gewalt aus auf die Empfangenden noch diese jeder eine besondere innere Selbsttätigkeit", sondern alle Vielspältigkeit ist im Rückgang auf das einsetzende Wort Christi zur Identität gekommen, woraus eben die Reinheit der Darstellung des Geistes und sein erneuerndes Sichhervorbringen im individuellen Bewußtsein resultieren.[212] So ist innerhalb des Gottesdienstes das Abendmahl der innerste Punkt der Selbsthervorbringung und Gegenwart des Geistes Gottes in der Geschichte.

ε) Das dritte Paar der kirchlichen Grundzüge beschreibt nun nach der Identität des Rückbezug der Kirche auf Christus in Schrift und Wortamt und der institutionellen Form seines erlösenden Handelns in Taufe und Abendmahl die Ordnung des Verhältnisses von einzelnem und Gemeinschaft in Christo. Dabei ‚repräsentiert' das *Gebet im Namen Jesu* den „Einfluß der Einzelnen auf das Ganze [...], ohne den es in einem von einem Gemeingeist beseelten und insofern in sich abgeschlossenen Ganzen keinen Fortschritt geben kann".[213] Das Gebet ist dabei nichts anderes als das im geschichtlichen Sichvollenden der Wirksamkeit des Geistes in jedem einzelnen präsente Bewußtsein der vollendeten

209 *CG*² § 136. Leitsatz, 318.
210 *CG*² § 138.2, 338, 19.
211 *CG*² § 139. Leitsatz, 340; § 139.2, 342, 21 f.
212 *CG*² § 139.2, 343, 15–17, vgl. bis 27.
213 *CG*² § 127.2, 282, 19–23.

Kirche, welches sich als Vorgefühl dessen, was ihr von Christus her zukommen soll, in Richtung auf Gott als das Woher dieser gefühlten Vollendung, ausspricht. Es ist dabei, insofern ihm „das ganze Selbstbewußtsein der Kirche zum Grunde liegt", ein „wahres Gebet im Namen Jesu"[214], in welchem sich Jesu eigenes Gottesbewußtsein manifestiert. Eben dies ist der Grund, weshalb dieses Gebet die Erhörung immer schon mit sich führt. Es ist, da es das Erbetene im vorfühlenden Bewußtsein urbildlich in sich trägt, selber Manifestation des Kommenden, welches sich dann von seiner Gegenwart im Gebet her zu sich selbst erfüllt. Damit ist das Gebet die ursprünglichste und vollkommenste Selbstdarstellung des Heiligen Geistes im einzelnen.[215] In ihm – d.h. im Beten selbst – wiederholt sich die Manifestation des vollkommenen Gottesbewußtseins in Jesus, um von dort aus in der Kirche zu neuer Kraft zu gelangen.

Freilich ist auch das Gebet im Namen Jesu in seiner kirchlichen Wirklichkeit der Unvollkommenheit unterworfen, da das „vollständige[] Bewußtsein der Kirche von ihren inneren Zuständen und äußeren Verhältnissen", auf welche sich das Gebet richtet, nur unvollständig gegeben ist, und so „trägt das Gebet die volle Wahrheit" nur als ein solches „in sich", das sich im Leben der Kirche immer mehr und immer vollkommener herstellt.[216]

Schleiermachers Gebetslehre wiederholt damit in nuce den Grundgedanken des sich urbildlich manifestierenden und von daher in der Geschichte auf sich zugehenden Geistes Gottes. Weil sich dieser Geist im Gebet selbst hervorbringt, ist das Gebet reine Wirkung des Geistes und weiß der Beter die Welt von Ewigkeit dazu bestimmt, daß das Erbetene eintritt. Freilich bleibt auch hier der Einwand gegen Schleiermachers Geistverständnis bestehen, daß der Beter im Gebet am Orte der Vollendung und nicht zugleich auch am Orte der Verlorenheit steht. So vermag solches Gebet die Vollendung nicht in der Tiefe der Angst und des Leides selber gegenwärtig zu machen, sondern es übersieht die Not im Blick auf das zukünftige Heil. Ebenso bleibt es auch ohne Belang und deshalb ganz ungedacht, daß das Erbetene im Gebet wesentlich aus*gesprochen* wird, worin dann auch der Sachverhalt gründet, daß sich der Beter auch nicht im Gebet selber als von Gott *angesprochen* finden kann. Eine sprachdialektischere Durchführung des genannten Grundgedankens könnte hier mehr aussagen, ohne daß damit der von Schleiermacher zu schnell befürchtete „Übergang in das Magische"[217] einträte.

ζ) Schleiermachers Lehre vom *Amt der Schlüssel* betrachtet im Unterschied zum Gebet den Einfluß des Ganzen auf den einzelnen. Schleiermacher nimmt dazu den Sachverhalt auf, daß das neue Gesamtleben wie jeder humane Lebenszusammenhang die Tendenz hat, das Zusammenleben der Kirche in Ordnungen zu gestalten. Diese würden, wenn in der Kirche keine Unvollkommenheit mehr wäre, also das alte Gesamtleben schon ganz in dem neuen aufgegangen wäre, nicht als Ordnungen auffallen, da jeder einzelne „vollkommenes Organ des heiligen Geistes wäre" und deshalb „überall und immer in der Kir-

[214] *CG*² § 147.1, 380, 19–21.

[215] Daß das Gebet darstellendes Handeln ist, sagt *CS Beil. B* 107. Es unterscheidet sich von der Darstellung im reinigenden Handeln dadurch, daß es nicht auf die Überwindung einer Defizienz der Gemeinschaft zielt, sondern ihr zukünftiges Überwundensein vorwegnimmt. Insofern das Gebet darin über die gegenwärtige Realisierung des Geistes in der Kirche hinausgeht, geht es aus dem darstellenden in das erweiternde Handeln über (ebd.).

[216] *CG*² § 147.1, 380, 25–27.

[217] *CG*² § 147.2, 381, 27.

che alles nur so erfolgen [würde], und zwar von selbst, wie es dem Geist gemäß ist".[218] Weil dies indessen nicht der Fall ist, sondern sich die menschliche Natur in jedem einzelnen Gläubigen als noch-selbständig gegenüber dem neuen Gesamtleben erweist, spricht sich die natürliche Gestalt der Kirche in bezug auf diese einzelnen Momente unangeeigneten Lebens als *Gesetz* aus. Diese gesetzgebende und ordnende „Macht" der Kirche, „vermöge deren die Kirche bestimmt, was zum christlichen Leben gehört, und über jeden Einzelnen nach Maßgabe seiner Angemessenheit zu diesen Bestimmungen verfügt", ist das Amt der Schlüssel.[219] Dabei ist deutlich, daß diese Gesetzgebung der Kirche nicht eine willkürliche oder nach Gutdünken ausgesprochene Verfügung einzelner Kirchenmänner sein kann, sondern nur der Gesamtkirche zukommt und darin nichts anderes ist als der „reine[] Audruck" dessen, wie in einer bestimmten geschichtlichen Situation „die menschliche Natur in der Vereinigung mit dem göttlichen Geist sich und das Ihrige wirklich strebt zu gestalten".[220] So darf das Amt der Schlüssel nie einen aus der Gemeinschaft ausschließenden oder unter ein Gesetz stellenden Charakter haben (der mithin die Kirche als das neue Gesamtleben der Erlösung nach Schleiermachers Ansicht auch entstellen würde)[221], sondern hält – sei es in der Selbstäußerung des Bewußtseins durch einzelne, sei es durch die von der Gemeinde ausgehenden kirchenleitenden Handlungen – den Gläubigen einen Zustand des Lebens vor, der der Wahrheit ihres eigenen Selbsts in Christo selber entspricht. Nur so kann die gesetzgebende Macht nicht Gesetz, sondern Geist mitteilen, welcher die Aufnahme der einzelnen in die wahre Freiheit der kirchlichen Lebensgestalt bewirkt. Und so zieht das gesetzgebende Amt der Kirche im Fall des Widerspruchs einzelner auch nicht die Sanktion nach sich, sondern das in die Lebensgemeinschaft mit Jesus aufnehmende reinigende Handeln.[222]

---

[218] *CG*² § 144.1, 367, 14–16. Vgl. o. S. 167 Anm. 33.

[219] *CG*² § 145. Leitsatz, 369.

[220] *CG*² § 145.2, 375, 4–6.

[221] Vgl. o. Anm. 139. Der Gedanke, daß der Geist durch das Gesetz tötet, um durch das Evangelium lebendig zu machen, liegt für Schleiermacher ferne. Daß der Geist von dem Gesetz frei macht, heißt für ihn, daß er über das Gesetz hinausführt, nicht, daß dieses bis in den Tod hinein sein Recht bekommt und nur darin das Leben aus dem Tod ist.

[222] Vgl. o. S. 259ff.

„Darum gilt immer nur das Eine, diesem Geiste in absoluter Einfalt, die die höchste Sittlichkeit ist, zu folgen, und wo man anfängt, sich künstlich durchzuhelfen, da fühle man, daß man nicht mehr vom rechten Geiste geleitet wird. Der Theorie aber kann nur obliegen, diesen Geist und in ihm die vollständige Besinnung über den Zusammenhang aller Lebensverhältnisse zur Anschauung zu bringen."

(Sittenlehre 1826/27)

§ 11 Der Heilige Geist als christlich-ethisches Prinzip

„Das Princip aller christlichen Sittlichkeit, auf welchem alles beruht, was in der christlichen Sittenlehre darzustellen ist, ist nichts anderes als das πνεῦμα ἅγιον".[1] Schleiermacher stellt mit diesem programmatischen Satz das gesamte sich in Abhängigkeit und Freiheit verhaltende Leben der Christen in der Welt unter das Vorzeichen der Pneumatologie und faßt dabei den Heiligen Geist als das „thätige"[2] Prinzip auf, welches alles christliche Handeln hervorbringt und auf welches die christliche Sittenlehre insgesamt zurückgeht.

Schleiermacher hat damit einen ethischen Ansatz, der das dargelegte Verständnis des Heiligen Geistes zum Ausgangspunkt christlich-ethischen Denkens macht. Er trägt dabei dem Gedanken Rechnung, daß ein Verständnis des Geistes, welches den Geist als Lebensprinzip der Kirche auffaßt, die – extensiv in ihrem Verhältnis zur Welt und intensiv im Leben einzelner Gläubiger – das Ganze des menschlich-geschichtlichen Lebens in sich aufnehmen soll, nicht nur die Kirche, sondern das menschliche Leben überhaupt verständlich machen muß. Diese hier nun eigens darzustellende Blickrichtung war bereits in den vorangegangenen Paragraphen relevant. So war schon in der ersten Entfaltung des theologischen Geistverständnisses im Zusammenhang der geschichtstheologischen Gesetzeslehre der Geist Gottes als solcher in den Blick gekommen, der alles unter dem Gesetz stehende menschliche Handeln zu seiner ethischen Vollendung bringt. Der Heilige Geist wurde deutlich als die vollendende Wahrheit der ethischen Vernunft in der Geschichte, welche sich von Jesus aus in der geschichtlichen Wirklichkeit menschlichen Lebens realisiert. Und die ethische Vernunft wurde verständlich als das ihr selbst verborgene Sichvorauslaufen der Wirklich-

---

1 *CSE* 47, 17 – 48, 1.
2 *CS* 57.

keit des Heiligen Geistes, auf den sie zugeht und in dem sie für sich selbst durchsichtig und wahrhaft frei wird. Bereits dieser Gedanke des Vorausgesetztseins des menschlichen Geistes im Geist Gottes führt darauf, daß der Begriff des Geistes Gottes zu einem neuen Verständnis des ethisch zu begreifenden Lebens führen muß, nämlich zu einem solchen, das sich vollständig aus dem Heiligen Geist versteht und darin das ganze Gebiet der philosophischen Ethik neu thematisiert. Schleiermacher beschreibt dieses Verständnis in der *christlichen Sittenlehre*, welche nichts anderes als „diesen Geist und in ihm die vollständige Besinnung über den Zusammenhang aller Lebensverhältnisse zur Anschauung zu bringen" sucht.[3] Die christliche Sittenlehre ist damit darin Ethik, daß sie das gesamte menschlich-geschichtliche Leben als ein sich aus dem Heiligen Geist neu verstehendes zur Anschauung bringt und dabei die Weise beschreibt, in der sich dieses Leben als ein sich im Geist vollendendes organisiert. Eben darin ist sie zugleich selber Lehre vom Geist, indem sie die Weise beschreibt, in der sich der Geist in dem ethisch begreiflichen humanen Leben zur Verwirklichung bringt.

Gilt es diese Zusammenhänge nun näher aufzufassen und das Augenmerk dabei vor allem auf das Verständnis *des Geistes* zu richten[4], so ist *zunächst* die in ethischer Perspektive zutagetretende Auffassung vom *Geist* zu untersuchen, *sodann* die sich aus dem Heiligen Geist als ihrem Prinzip entwickelnde christliche *Sittenlehre* und *schließlich* das im vorangegangenen Paragraphen ausgeblendete Verhältnis der im Heiligen Geist bestehenden Kirche zur *Kultur* kurz in den Blick zu nehmen.

1. Grundlagen des ethischen Verständnisses des Heiligen Geistes

Was zunächst die ethische Bestimmung des *Geistes* angeht, so setzt Schleiermachers Gedanke nicht allein bei dem theologischen, sondern bereits bei dem philosophischen Verständnis des Geistes an (1.). Die dort liegenden Grundlagen werden freilich in ihrer theologischen Explikation einer Neuinterpretation unterzogen (2.), von welcher aus die Kirche als das Subjekt und die Beziehung des Geistes auf das Fleisch als der Raum des ethischen Handelns des Geistes verständlich wird (3.).

---

[3] *CS* 706 (1826/27).

[4] Eine auch nur einigermaßen zureichende Explikation der sich aus der Pneumatologie ergebenden *ethischen* Entscheidungen kann hier nicht geleistet werden. Vgl. dazu H.-J. BIRKNER, Schleiermachers christliche Sittenlehre, 113–141, M. HONECKER, Nachwort zu *CSE*, 125–149. Es ist hier vielmehr darum zu tun, das Verständnis des Geistes so weit zu klären, daß die ethischen Bestimmungen der Sittenlehre leicht auf sie zurückgeführt werden können. Da die spezifisch innerkirchlichen Handlungsweisen bereits zur Sprache gekommen sind (vgl. zur Aufteilung der Aussagen der Sittenlehre auf den voranstehenden ekklesiologischen und diesen ethischen Paragraphen o. S. 247f), wird dabei vor allem das pneumatologische Verhältnis der Kirche nach *außen* in Betracht kommen. Dabei sind die Verhältnisbestimmungen von πνεῦμα und νοῦς, bzw. von πνεῦμα und σάρξ vorausgesetzt (vgl. o. § 9.2 und 9.4).

1. Daß ‚Geist' immer nur tätig ist, nicht bewegungslos in sich selbst ruht, sondern immerzu auf etwas anderes bezogen ist, an dem er sich als er selbst erweist, ist nicht nur ein Grundsatz idealistischer Geistphilosophie, sondern beschreibt (wenn anders Geist nicht ein äußerlich faßbares Ding sein soll) die Möglichkeitsbedingung sinnvoller Rede von Geist überhaupt, da Geist nur *in* seinem Sich-Erweisen wahrgenommen und demzufolge nur *als* ein sich Erweisender aufgefaßt werden kann. Schleiermacher hat diesen Sachverhalt in der Einleitung in die philosophische Ethik nicht spekulativ als Selbstbezüglichkeit des Geistes aufgefaßt, sondern das Wirklichwerden des Geistes in einen diesem immer schon vorausgesetzten Wirklichkeitszusammenhang von Natur und Vernunft eingezeichnet, aus dem der Begriff des Geistes nicht in seinem reinen Für-sich-Sein herausgelöst werden kann.[5] Damit war zugleich ein ethisches Verständnis des Geistes angelegt: Geist ist nur *in* dem ethischen Raum natürlich-vernünftigen Lebens und nur *als* ein solcher, welcher sich die Natur aneignet. Soll in diesem umfassenden Wirklichkeitsgeschehen nicht nach dem Verständnis der Wirkung des Geistes, sondern nach dem Verständnis des Geistes darin zurückgefragt werden, so ist nach dem wirksamen Prinzip zu fragen, aus welchem die geschichtliche Bewegung der Vernunft in den Individuen hervorgeht. Dieses aber ist der Geist selber. Denn die geschichtliche Vernunft ist „das Ineinander alles Dinglichen und Geistigen als Geistiges", hat also ihren unterscheidenden Charakter, durch welchen sie in der Polarität von Natur und Vernunft sie selbst ist, im *Geist*.[6] Da dieser nur *in* dem empirischen Leben zu finden ist, welches die Polarität von Vernunft und Natur beschreibt, ist der Ort, an dem die Erkenntnis des Geistes einzig aufgesucht werden kann – wie auch schon in den Monologen – das individuelle Subjekt in seiner leibseelischen Endlichkeit. Die Vorgehensweise der Frage nach dem Geist kann darum nur die Rückfrage sein, die von dem immer schon vorgegebenen ethischen Leben des Individuums ausgeht.

Die Psychologie Schleiermachers nimmt diese rückfragende Perspektive auf, indem sie nach „den rein geistigen Thätigkeiten als dem höchsten des Menschen" fragt, „welche die Seele durch sich selbst und ohne den Leib verrichtet": den Bewußtseinstätigkeiten.[7] Dabei trägt die Psychologie der Ablehnung einer seinem ethischen Sich-Verwirklichen vorgängigen Begründung des Geistes in ihm selbst dadurch Rechnung, daß sie phänomenologisch vorgeht. Sie begreift das Bewußtsein als das *Sein* des Geistes nicht jenseits von dessen ethischem Sich-Realisieren im psychophysischen Lebenszusammenhang, sondern *in ihm*. Das Bewußtsein ist nicht das Sein des Geistes an und für sich, sondern: „das Bewußtsein ist die Art und Weise des Geistes zu sein in Einheit mit der Organisation" des Leibes, „in und mit" dem es „durch die Thätigkeit des Geistes" wird.[8] Das Bewußtsein ist Dasein des Geistes in seinem leiblichen Wirkungsraum und

[5] Vgl. o. § 7.1.
[6] WBraun II, 532 (§ 47).
[7] SW III/6, 33.495; vgl. o. § 7.2.
[8] SW III/6, 35.

wird als solches erst *mit* diesem Wirkungsraum zusammen, wie umgekehrt dieser erst durch die Wirksamkeit des Geistes als Bewußtsein wird. So ist das Bewußtsein das Sein des Geistes *in* seinem leibgebundenen seelischen Wirken. Weder geht das Sein des Geistes in seinem Wirken auf, noch ist es jenseits seines Wirkens. Sondern es stellt sich in seinem Wirken als es selbst erst her. Und es bleibt darin immer ein solches, das nur am Wirken selbst ist. Der Geist ist somit nur an seinem Wirken. Und insofern ist er Prädikat seines Wirkens. Aber als dieses ist sein Sein zugleich das Subjekt eben dieses Wirkens, an dem es ist.

Damit ist von vornherein ein Verständnis des Geistes projektiert, in welchem der Geist nur als ein auf Handeln bezogener in den Blick kommt. Entsprechend ist die menschliche Rezeptivität, in welcher sich das Bewußtsein bildet und das immer tiefere „Sich-selbst-finden des Geistes" geschieht, „nicht Passivität".[9] Sondern sie ist das lebendige Sich-Empfangen des Geistes in seinem Wirken. Das sich als subjektives Bewußtsein bildende Sein des Geistes steht seinem selbsttätigen Wirken nicht unbezüglich gegenüber, sondern es ist nur die sich jeweils an ihm einstellende Bestimmung seines eigenen Wesens, welches sich eben in diesem Wirken manifestiert. Es ist ‚ruhendes' Bewußtsein nur als sein erneutes Übergehen zum Handeln. Und so ergibt sich, daß der Geist wesentlich nur darin für sich selbst da ist, daß er in sich selbst Richtung ist, sich zu manifestieren und dadurch in ein Handeln überzugehen. Wie auch schon in den Monologen geht der Geist im Subjekt *wesentlich* darauf aus, Handeln hervorzubringen, um eben darin als er selber mitten in der Endlichkeit humanen Lebens zu sein.

2. Schleiermachers Bestimmung des Heiligen Geistes nimmt dieses philosophische Verständnis des Geistes auf. Der Heilige Geist ist nur im Mit- und Aufeinanderwirken der Gläubigen da und geht darin immer wieder auf dieses Mit- und Aufeinanderwirken aus. Er bringt sich als ihr Gemeingeist in ihrem gemeinschaftlichen Sich-Manifestieren hervor und ist nur in diesem Sich-Manifestieren als er selber gegenwärtig. Die Gegenwart des Heiligen Geistes entspricht damit formal ganz dem Dasein geschichtlichen Geistes als Gattungsbewußtsein einer bestimmten Gemeinschaft. Bereits daraus erhellt, daß der Heilige Geist nur in dem von ihm hervorgebrachten gemeinschaftlichen Handeln ist und seine Gegenwart deshalb notwendig – eben weil es dem Wesen des Geistes entspricht – in solches Handeln ausgeht.[10] In dieser Hinsicht unterliegt

[9] SW III/6, 214.216.

[10] Es handelt sich hierbei um eine pneumatologische Anwendung des Sachverhaltes, daß das fromme Selbstbewußtsein nicht ablösbar von dem sich in Abhängigkeit und Freiheit verhaltenden natürlichen Leben ist, sondern in ihm (vgl. *CG*² § 5.4, 37, 6–8; *Dialektik*, SW III/4.2, 429), ein Sachverhalt, der dann für das Christentum den Satz zur Folge hat: „Wir können uns bei dem teleologischen Charakter des Christentums keinen vollkommen ausgebildeten frommen Moment denken, welcher nicht entweder selbst in etwas Tätiges übergehen oder auf die vorhandenen Tätigkeiten auf bestimmte Weise einwirken und sich mit ihnen verbinden sollte" (*CG*² § 36. Zus., 306, 6–10). Zu Recht bemerkt H.-J. BIRKNER zur Stelle: „Die in der Glaubenslehre herrschende Auffassung des christlich-frommen Bewußtseins als ruhender Zustand bedeutet eine Abstraktion" (Schleiermachers christliche Sittenlehre, 71).

der Heilige Geist, der als Gattungsbewußtsein der christlichen Gemeinschaft schon immer „mit der menschlichen Natur vereinigt" ist, in „seine[r] Wirksamkeit dem Gesetz des zeitlichen Lebens", d.h. er bringt sich in seinem Dasein *in* dem in Abhängigkeit und Freiheit sich verhaltenden Mit- und Aufeinanderwirken des Lebens hervor.[11]

Das ausnehmend Besondere, durch welches sich diese Gegenwart des Heiligen Geistes von allem anderen geschichtlichen Sich-Verwirklichen von Geist unterscheidet, liegt nun darin, daß der Heilige Geist, wiewohl er in dem genannten Sinne in und nur in der Endlichkeit menschlich-geschichtlichen Lebens ist, dennoch nicht von diesem her ist. Denn was sich als Gemeinbewußtsein der Kirche in der Bewegung des Mit- und Aufeinanderwirkens herstellt, ist nicht ein sich aus dem sich in Abhängigkeit und Freiheit verhaltenden Leben rekonstruierbares Bewußtsein, sondern das ‚*kräftige*' Gefühl der schlechthinnigen Abhängigkeit, in welchem das geschichtliche Dasein sich selber für Gott völlig durchsichtig ist und welches den Lebensvollzug ganz bestimmt. Schleiermacher hat die Problematik dieser religiösen Bewußtseinsbestimmung in den Psychologievorlesungen in den Satz gefaßt, es sei ein „Sich-selbst-finden des Geistes", welches „sich selbst jenseit des endlichen findet in dem Unendlichen".[12] Gesagt ist damit, daß die religöse Manifestation des Heiligen Geistes als Gemeingeist der Kirche zwar eine naturgegebene Form geschichtlichen Sich-Findens des Geistes als Bewußtsein ist, jedoch so, daß das geschichtliche Handeln des Geistes, aus dem und an dem sich der Geist als Bewußtsein hervorbringt, hier selber für sich durchsichtig wird, d.h. sich in seinem geschichtlichen Dasein vollkommen erkennt. Dieses Erkennen aber ist als ein solches, welches die Endlichkeit des der Duplizität von Abhängigkeit und Freiheit verhafteten natürlichen geschichtlichen Bewußtseins transzendiert, nicht aus diesem abzuleiten, sondern kann nur durch sich selbst vollzogen werden. Dazu aber bedarf es dann eines ursprünglichen Anfangs, in welchem die Selbstdurchsichtigkeit des geschichtlichen Daseins unableitbar gegenwärtig wird.[13] Dieser Anfang ist im christlich-frommen Selbstbewußtsein gesetzt als Bewußtsein der Urbildlichkeit des vollkommenen Gottesbewußtseins Jesu von Nazareth, in dessen unableitbarem Erscheinen die Geschichte selber über sich hinausgegangen und das geschichtlich fortschreitende Sich-Finden des Geistes darin *umgeschlagen* ist in ein vollendetes Sich-gefunden-Haben in der vollständigen Einheit von Bewußtsein und Handeln.[14] Eben dieses vollkommene Leben Jesu ist dem christlich-frommen Selbstbewußtsein in seinem Ausgang von Christus als der Heilige Geist bewußt. Dieser ist das vollendete Sich-Gegenwärtigsein des Geistes in der Geschichte, welches das geschichtliche Leben in sich integriert, indem es dieses zu einem neuen Gesamtleben gestaltet, in welchem der Heilige Geist in der Einheit des selbsttätigen und empfänglichen Daseins mit ihm gegenwärtig wird.

[11] *CG*² § 123.2, 261, 17–19; *CG*² § 157.1, 406, 25f.
[12] SW III/6, 214; vgl. o. S. 139.
[13] Vgl. o. S. § 8.3.
[14] Eben dies macht die vollkommene Seligkeit Christi aus, vgl. o. § 9.1.

So kann Schleiermacher das Verständnis des Heiligen Geistes so fassen, daß der Heilige Geist zum einen nur in seinem innergeschichtlichen Wirken und an ihm als er selber da ist und daß zum anderen zugleich die im Begriff des schlechthinnigen Abhängigkeitsgefühls liegende Unableitbarkeit des Lebens des Geistes aus dem natürlichen geschichtlichen Leben ausgesagt wird.

3. Der Ausgangspunkt für die spezifisch ethische Anwendung dieses Verständnisses des Heiligen Geistes ist nun der, daß der Heilige Geist im christlichen Handeln auf das natürliche Leben ausgreift, um es in sich hineinzuziehen und dadurch die Geschichte zunehmend zum Reich Gottes zu gestalten. Der Geist ist selber teleologisch, um im Ausgang von Christus der in Christus urbildlich gegebenen Vollkommenheit des geistigen Lebens über die Menschheitsgeschichte hinweg Gestalt zu geben.[15]

Dieser Gestaltungsprozeß ist *zum einen* bedingt durch die Konstitution der geschichtlichen Gegenwart des Geistes im Mit-und-Aufeinanderwirken der Kirche, *zum anderen* durch die Spannung von πνεῦμα und σάρξ. Aus beidem ergeben sich als Ausgangspunkte der ethischen Explikation dieses Prozesses, daß das *Subjekt* des vom Heiligen Geist ausgehenden Handelns die Kirche und daß dessen *Modus* der ‚Streit' von Geist und Fleisch ist.

α) Daß die Kirche als Subjekt des christlichen Handelns anzusehen ist, ist nach zwei Seiten hin festzustellen.[16] *Zum einen* ist deutlich, daß der Heilige Geist, indem er sich im Mit- und Aufeinanderwirken der Gläubigen herstellt, der *Kirche* gegeben ist und nur in seinem Dasein in der Kirche auch in der Welt gegenwärtig ist. Deshalb ist das „Subjekt des in der christlichen Sittenlehre beschriebenen Handelns [...] – im Unterschied zur humanen philosophischen Ethik – nicht die ‚menschliche Gesellschaft', sondern die christliche Kirche, nicht der Mensch, sondern der Christ".[17] Nur in der Gemeinschaft der Gläubigen, nicht aber in den unter dem Gesetz stehenden und den Heiligen Geist nur unter der Form der Sehnsucht habenden natürlichen humanen Gemeinschaft ist das vernünftige Leben so zu sich gekommen, daß es sich als ein solches von ihr aus ausbreiten kann. *Zum anderen* ist die Kirche als Subjekt gegenüber einem individualistischen Verständnis des christlichen Handelns zu behaupten. Denn der Geist ist „nicht den einzelnen als solchen, sondern der Gesammtheit, und den einzelnen immer nur als Gliedern derselben" gegeben. Hat deshalb „jeder seinen Anteil an dem H. Geist nicht in seinem persönlichen Selbstbewußtsein für sich betrachtet, sondern nur, sofern er sich seines Seins in diesem Ganzen bewußt ist, d.h. als Gemeinbewußtsein", so ist das aus dem Glauben kommende Freiheitsbewußtsein, welches sich im christlichen Handeln manifestiert, nur als Bewußtsein der Übereinstimmung mit der Kirche es

[15] Vgl. bereits o. S. 201. Dieses Geschehen wurde oben S. 196f und 219 als das Aufsichzugehen der in Christi Urbildlichkeit verwirklichten Vollkommenheit des Lebens in der Geschichte gedeutet.

[16] Vgl. zum Folgenden o. S. § 10.1 und § 10.3.a.

[17] H.-J. Birkner, Schleiermachers christliche Sittenlehre, 87f.

selbst.[18] Entsprechend ist das Handeln überall nur als ein „Handeln des Ganzen auf sich selbst und für sich selbst“[19] tätige Gegenwart des Geistes Gottes. Daß damit keine Abwertung der Individualität gemeint, sondern vielmehr gedacht ist, daß das Individuum nur in seinem Einswerden mit der Gemeinschaft *als* Individuum es selbst ist, wurde bereits gezeigt.[20] Entsprechend heißt es dann in der christlichen Sittenlehre: „Thue das, was die christliche Sittenlehre lehrt, immer so, wie es deine Individualität fordert“.[21] Freilich hindert das nicht den Grundsatz, daß dieses Handeln nur in der Einheit mit der Gemeinschaft der Kirche Träger des die Kirche hervorbringenden Geistes ist.[22]

Daß das Handeln des Geistes durch die Kirche nun ethische Relevanz hat, ist bereits damit gegeben, daß es mittels des psychophysischen Organismus nach Maßgabe der natürlichen Vollzüge des humanen Mit- und Aufeinanderwirkens erfolgt. Dieses Handeln wurde bereits untersucht, insofern es die Kirche in ihrem Selbstsein nach innen, d.h. in ihrer eigenen Identität hervorbringt.[23] Daß dieses Handeln darin zugleich auch nach außen wirkt, war dabei bereits in den Blick gekommen. Und zwar war deutlich geworden, daß das rein nach innen gerichtete darstellende Handeln selber die Kraft des reinigenden Handelns ist, welches die selbständigen Lebensmomente des alten Gesamtlebens in sich hineinzieht.[24] Der Grund für diese Außenwirksamkeit der immanenten Lebensbewegung der Kirche ist der, daß der in ihr sich hervorbringende Geist nicht nur der Gemeingeist der Kirche, sondern als dieser das von Christus mitgeteilte *reine* Gattungsbewußtsein ist, welches alles humane Leben prinzipell in sich schließt. Stellt sich der Geist als solcher im Handeln dar, so wird diese Darstel-

---

18 *CS* 75; *CG*² § 123.3, 263, 33–36.

19 *CS* 195.

20 Vgl. o. S. 249ff.

21 *CSE* 66, 7f.

22 Es mag an dieser Stelle angemerkt werden, daß der Gedanke, daß das Individuum nur in der Gemeinschaft es selbst ist und nur aus ihr sittlich – d.h. in Übereinstimmung mit ihrem Geist und Wesen – handelt, kein spezifisch theologischer Gedanke ist. Dies gilt vielmehr auch für jede bürgerliche und familiäre Gemeinschaft. Daß dieser Sachverhalt in der Kirche eine soteriologische Zuspitzung erfährt (vgl. o. S. 252ff), ändert an dem Grundverhältnis nichts. Und so läßt sich auch für das christliche Handeln der doppelte Imperativ der philosophischen Ethik Schleiermachers anwenden: „Handle jedesmal gemäß deiner Identität mit andern nur so, daß du zugleich auf die dir angemessene und eigentümliche Weise handelst“ und: „Handle nie als ein von den andern unterschiedener, ohne daß deine Übereinstimmung mit ihnen in demselben Handeln mitgesezt sei“ (SW III/11, 393). – Der Unterschied zum jungen Schleiermacher wird deutlich im Vergleich dieser Aussagen mit der frühen Fassung dieses Imperativs in den Monologen: „Thue nichts als was dir in freier Liebe und Lust hervorgeht aus dem Innern des Gemüthes“ (*Monol.* 153; KGA I/3, 60, 35f; vgl. o. S. 53). Während hier noch der romantische Individualismus dominiert, konstituiert sich beim reifen Schleiermacher die Übereinstimmung des Individuums mit sich nur als Übereinstimmung mit der Gemeinschaft und die Übereinstimmung mit der Gemeinschaft nur als Übereinstimmung mit sich. Und deshalb ist nur in *beidem* wahre Sittlichkeit. Dies gilt philosophisch ebenso wie – dort freilich bezogen auf die Kirche und nur darin auch bezogen auf die Menschheit – christlich.

23 Vgl. zur Aufteilung der Aussagen der *CS* auf den vorherigen und diesen Paragraphen o. S. 247f.

24 Vgl. o. S. 259ff.

lung selber zur Mitteilung des in ihr dargestellten Geistes und zieht in denen, die durch solche Mitteilung zu neuem Selbstbewußtsein gekommen sind, notwendig die Aneignung noch selbständiger Lebensfunktionen nach sich. Und da diese so integrierten Lebensfunktionen damit wieder in die Darstellung einstimmen, ergibt sich eine sich immer weiter ausbreitende Bewegung des Geistes in die Welt. Eben diese Bewegung ist, im Blick auf die Aneignung der Gesamtheit der humanen Lebensfunktionen betrachtet, die ethische Bewegung des Geistes zur Welt. So ist das Sich-Hervorbringen des Geistes in der Kirche selber die Weise seiner verbreitenden Wirksamkeit in der Welt. Und das Handeln der Kirche, in welchem diese sich selbst in der Welt hervorbringt, ist zugleich ihre sie über die Welt hin verbreitende und diese in sich integrierende Tätigkeit.[25]

β) Die Bedeutung des Gegensatzes von Geist und Fleisch für das Verständnis der ethischen Bewegung des Geistes ergibt sich daraus, daß das christliche Handeln, indem es nach außen wirkt, auf die natürlichen menschlichen Lebensfunktionen als etwas Selbständiges stößt.[26] Denn der Heilige Geist tritt in das schon bestehende natürlich-geschichtliche Leben erst ein und ist in seinem Sich-Ausbreiten immer mit diesem zugleich. Dies aber hat zur Folge, daß sich das alte Gesamtleben, da an ihm jeder Mensch aufgrund seines natürlichen Lebenszusammenhangs notwendig teilhat, in jedem menschlichen Selbstbewußtsein, dem der Heilige Geist gegenwärtig wird, diesem gegenüber als eine eigene humane Lebensbestimmung manifestiert, so daß der Heilige Geist in keinem einzelnen Selbstbewußtsein rein gegeben ist. Ist diese doppelte Bestimmtheit des Selbstbewußtseins nun der Streit des Geistes wider das Fleisch, so nimmt von ihm alles ethische Verwirklichen des Geistes insofern seinen Ausgang, als die ethische Wirkung der darstellenden Selbsttätigkeit immer über diese doppelte Bewußtseinsbestimmung vermittelt ist. Denn nur indem das aus der Gemeinschaft heraus sich-herstellende höhere Selbstbewußtsein (das πνεῦμα) auf die Selbständigkeit des alten Gesamtlebens im vermittelten niederen Selbstbewußtsein (die σάρξ) stößt, teilt sich das erstere dem letzteren mit, und es entsteht der Impuls, die gegenüber dem Geist noch selbständigen natürlich-ver-

[25] Die Kirche entspricht damit in ihrer Ausbreitung ihrem Ursprung: Wie die Kirche einzig durch die Darstellung des neuen Lebens durch Christus (dessen Wirken nichts anders *als Darstellung* war; vgl. *CS* 17.605) entstanden ist, so teilt sich die Kirche notwendig durch Darstellung mit. Da der Austausch des Selbstbewußtseins im darstellenden Handeln die Grundform der *Liebe* ist (vgl. o. S. 262ff), läßt sich die ganze Bewegung auch als Bewegung der Liebe verstehen. Wie schon das gesamte sich selbst darstellende Wirken Christi Liebe war – nämlich die „ursprüngliche[], das wahre geistige Leben in dem Menschen entzündende[] Liebe" (P 84; SW II²/2, 365) – so ist auch das Leben der Kirche nach innen, wenn es aus dieser Liebe und diesem Geist kommt, Liebe. Und da diese Liebe in der Kirche nicht eine partikulare, sondern die durch das reine Gattungsbewußtsein repräsentierende göttliche Liebe ist, greift sie über die Kirche hinaus und richtet sich uneingeschränkt auch nach außen auf die Welt, um in der unter dem Gesetz noch partikularen ‚allgemeinen Menschenliebe' durch Selbstmitteilung – denn „nichts bringt Liebe hervor als Liebe selbst" (ebd.) – diese vollkommene Liebe zu entzünden. Da es dabei eben die Liebe ist, die das geschichtliche Leben integriert, ist die Liebe die Grundform allen christlichen Handelns.

[26] Vgl. zum Folgenden o. § 9.4.

nünftigen Lebenszusammenhänge in sich aufzunehmen. Da aber eben aus diesem Impuls die ethische Wirksamkeit des Geistes hervorgeht, ist das christliche Handeln ganz aus diesem ‚Streit' zu verstehen. Und so beschreibt die Aneignung des Fleisches an den Geist den Modus, in welchem sich der Heilige Geist auf die natürliche menschliche Selbsttätigkeit bezieht.

Soll dieser nun näher verstanden werden, so ist das Punctum saliens, daß die Widerständigkeit des alten Gesamtlebens gegen das neue eine sich zwar immer wieder erneuernde, gleichwohl aber in ihrem Aufleben im Bewußtsein vorübergehende Widerständigkeit ist. Zwar kann die Selbständigkeit des alten Gesamtlebens gegenüber dem neuen zuweilen etwas verharren, nämlich wenn eine Stärkung des πνεῦμα am Geist und Bewußtsein der Kirche noch nicht erfolgt ist. Sobald diese aber geschieht – und sie geschieht aufgrund der Kräftigkeit des unmittelbaren Selbstbewußtseins notwendig –, setzt sich das πνεῦμα durch und eignet sich die σάρξ als ihr Organ an.

Für die Verhältnisbestimmung des ethischen Sich-Verwirklichens des Heiligen Geistes zu dem natürlichen Sich-Verwirklichen humanen Geistes ergibt sich daraus, daß ersteres gegenüber letzterem nie im eigentlichen Sinne negativ ist, sondern dieses, indem es sich als seine höhere Potenz darstellt, als es selber in sich aufnimmt. Dadurch erscheint das natürliche Leben des Geistes als ein solches, welches auch in seiner gegen den Geist Gottes widerständigen Selbständigkeit unweigerlich darauf hin ist, von diesem angeeignet zu werden. Umgekehrt erscheint der sich im selbsttätigen und empfänglichen Leben verwirklichende Heilige Geist nicht als Gegensatz, sondern als die Erfüllung der Bestimmung des natürlichen Lebens des humanen Geistes. Geht diese Aneignungsbewegung nun im immer stärkeren Sich-Verwirklichen des Heiligen und im immer mehr abnehmenden Sich-Verwirklichen der Selbständigkeit des menschlichen Geistes auf eine vollständige Aneignung der geschichtlichen Vernunft an den sich in der Kirche verwirklichenden Geist Gottes aus, so tritt eine grundlegende ethische Intentionalität des Heiligen Geistes zutage. Es wird nämlich deutlich, daß der Heilige Geist in seinem Sich-Hervorbringen in der Selbstätigkeit der Kirche auf die Vollendung des geschichtlichen Lebens überhaupt gerichtet ist. Erst diese Teleologie des Heiligen Geistes erfüllt die natürliche Bewegung des sich in der Geschichte verwirklichenden Geistes. In ihr erst kommt die Bestimmung des humanen Geistes, Vernunft und Natur zur vollständigen Durchdringung zu bringen, zur vollen geschichtlichen Wirksamkeit. Damit aber wird auch erst im Heiligen Geist das der philosophischen Ethik hinter dem geschichtlichen Dasein verborgene Wesen des Geistes, nämlich unendliches, die Welt in sich vollendendes Wirken zu sein, durchsichtig.[27] Erst auf

[27] Darin unterscheidet sich die religiöse Gegenwart des Heiligen Geistes von der – von Schleiermacher beispielsweise im Islam ausgemachten – religiösen Bewußtseinsverwirklichung in der *ästhetischen* Frömmigkeit. In dieser geht das von der religiösen Geistgegenwart ausgehende gemeinschaftliche Handeln nicht produktiv über die Gemeinschaft hinaus, sondern bringt diese als Bewußtseinsgemeinschaft der Abhängigkeit vom unendlichen Ganzen des geschichtlichen Daseins hervor, so daß

dem Hintergrund dieser teleologischen Bestimmung des Heiligen Geistes tritt darum der spezifische Charakter des christlichen Handelns zutage, in seinem natürlichen Hervorgang aus dem Gemeinbewußtsein der Kirche, in welchem es sich wie jedes andere Handeln aus einer Bestimmtheit des Selbstbewußtseins ergibt, und darin als ein rein geschichtliches, aller natürlichen Formen der Selbstätigkeit sich bedienendes Handeln die erlösende Vollendung des geschichtlich sich-verwirklichenden humanen Geistes zu sein.

2. *Der Heilige Geist als Prinzip der christlichen Sittenlehre*

Ist das Sich-Verwirklichen des Heiligen Geistes bei Schleiermacher im genannten Sinne ethisch begriffen, so kommt Schleiermachers christlicher Sittenlehre besondere pneumatologische Bedeutung zu. Denn sie hat mit dem ethischen Leben das geschichtliche Leben des Geistes Gottes zum Gegenstand. Diese Bedeutung der christlichen Sittenlehre gilt es zunächst im allgemeinen zu betrachten (1.), bevor dann die Gestalt der Sittenlehre (2.) und ihre Durchführung (3.) aus pneumatologischer Perspektive in den Blick zu nehmen sind.

1. Ist der Heilige Geist in seinem geschichtlichen Sich-Hervorbringen Prinzip des handelnden Lebens der Christen, und ist die christliche Sittenlehre Theorie dieses Lebens, so ist der Heilige Geist Prinzip des in der Sittenlehre Darzustellenden. Er ist selber das einen Handlungsimpuls gebende christlich-fromme Selbstbewußtsein, von welchem die Sittenlehre ausgeht. Entsprechend findet die Sittenlehre ihren Ansatz darin, daß sie „den Geist Gottes als das im Christen thätige Princip" setzt.[28]

Dieser Ansatz beim Heiligen Geist hat die besondere Bedeutung der christlichen Sittenlehre für die Pneumatologie zur Folge. Sind das christlich-fromme Selbstbewußtsein und die Gegenwart des Heiligen Geistes im Individuum für die Sittenlehre ein und dasselbe, und ist die christliche Sittenlehre innerhalb der theologischen Wissenschaften „Beschreibung derjenigen Handlungsweise, welche aus der Herrschaft des christlich bestimmten religiösen Selbstbewußt-

die Bezogenheit der Frömmigkeit auf eine sittliche Aufgabe ihrer Rezeptivität untergeordnet ist (vgl. *CG²* § 9.1; *CG¹* § 16.2). Dagegen ist in der *teleologischen* Frömmigkeit das Gottesbewußtsein selber intentional, so daß die Geistwirksamkeit über seine Selbstmanifestation in der Gemeinschaft immer auf die tätige Gestaltung der ganzen Welt ausgeht und in der Geistgegenwart „also alle Verhältnisse des Menschen zur Welt nur erscheinen als Mittel, um die Gesammtheit seiner thätigen Zustände hervorzurufen", so daß sich hier die Durchsichtigkeit der Welt im Geist als „Bewußtsein sittlicher Zwekke" manifestiert (*CG¹* § 16.2, 56, 11–16). In diesem letzteren Frömmigkeitsmodus (der im Christentum seine höchste Form gefunden hat) wird der Geist nicht nur als Anlaß zu einem gemeinschaftbildenden Handeln, sondern *selber* als teleologisch bewußt. Daß ‚Geist' seiner philosophischen Bestimmung nach in seiner Aneignungsbewegung der Natur die Vollendung des Geschichtsprozesses zum Ziel hat und in solcher Teleologie sein eigenes Wesen vollendet, wird religiös erst hier manifest.

[28] *CS* 57.

seins entsteht“[29], so ist die christliche Sittenlehre als solche zugleich Explikation der Gegenwart des Heiligen Geistes, welcher sich im menschlichen Handeln verwirklicht. Die christliche Sittenlehre ist als solche Lehre vom Heiligen Geist.

Darin liegt nun weiter, daß es die gegebene Handlungsweise der Christen selbst ist, in welcher der Heilige Geist für die Sittenlehre zutage tritt. Weil die christliche Sittenlehre vom frommen Selbstbewußtsein ausgeht, deduziert sie ihre ethischen Überlegungen nicht aus einem spekulativ vorausgesetzten Geist-Prinzip, sondern beschreibt eben das vorfindliche christlich-sittliche Leben.[30] Aber weil dieses sich grundlegend von Christus her versteht und die Sittenlehre als Nachvollzug dieses Sich-Verstehens deshalb alles in ihr zu Sagende auf Christus zurückführt und im Ausgang von ihm auffaßt, macht die Darstellung vorfindlicher christlicher Sittlichkeit zugleich ihr Prinzip, den Heiligen Geist, sichtbar.[31] „So ist die Ethik Schleiermachers die Ausführung einer *Geist-Ethik*, für die gesagt werden kann, daß sie die ‚Wirklichkeit‘ des Geistes als Lebenswirklichkeit in ihrer eigentümlichen Gestalt zur Anschauung bringt“.[32]

Die weitreichende Bedeutung der christliche Sittenlehre für die Pneumatologie ergibt sich nun daraus, daß der Heilige Geist nach dem im vorigen Abschnitt Gesagten *nur in* dem menschlichen Handeln gegenwärtig ist. Damit bekommt die Sittenlehre grundlegende Bedeutung für das Verständnis des Heiligen Geistes überhaupt. Sie gibt in der Reflexion des christlichen Handelns die Form des Geisterweises zu denken, aus welcher die dogmatische Pneumatologie die Aussagen über das christliche Bewußtsein des Heiligen Geistes erst schöpft. So waren bereits die christologischen und ekklesiologischen Aussagen über den Geist wesentlich aus der Geistauffassung der christlichen Sittenlehre heraus verständlich geworden.

[29] *CS* 35.

[30] Die christliche Sittenlehre hat – in Parallelität zu der die jeweils geltende Lehre darstellenden Glaubenslehre – „die in der christlichen Kirche geltenden Handlungsweisen“ zum Gegenstand (*CG*² § 26.2, 148, 13f). Schleiermachers Vorlesungsnotizen von 1809 sagen gar: „Die Hauptquelle für die christliche Sittenlehre ist die lebendige Sitte“ (*CS Beil. A* 11, § 32). Vgl. H.-J. Birkner, Schleiermachers christliche Sittenlehre, 101f: „Die christliche Sitte, wie sie von der Sittenlehre beschrieben wird, ist als die Wirklichkeit der christlichen Sittlichkeit interpretiert. Die Sittenlehre hat deutlich nachgängigen Charakter“.

[31] Es ist für die Vorgehensweise der *CS* typisch, daß sie sowohl die Prinzipien als auch die einzelnen Handlungsformen aus der Genese dieses Handelns in Christus heraus begreift (vgl. *CS* 38f.87; *CS Beil. B*, 128, §§ 1–3), was darin begründet ist, daß das christliche Handeln der Gemeinde als solches Fortsetzung des Handelns Christi ist. Daraus folgt die doppelte Bestimmung, daß alles christliche Handeln ganz aus Christus verständlich ist und alle Aussagen der christlichen Sittenlehre Aussagen über Christus sind; vgl. CS 74f: „alles Handeln der Christen […] ist […] also die fortwährende Realisation des zwischen Christo, als dem Erlöser, und dem menschlichen Geschlechte, als dem zu erlösenden, gesezten Verhältnisses, so daß der […] Saz, alle Vorschriften der christlichen Sittenlehre müßten Beschreibungen des Handelns Christi sein, durchaus zu bestätigen ist“.

[32] So zutreffend H. G. Ulrich, Eschatologie und Ethik, BETh 104, München 1988, 198, der sich in seiner Verhältnisbestimmung von Ethik und Pneumatologie mehrfach auf Schleiermacher bezieht (vgl. vor allem 49–52.197–201).

Aber nicht nur für die dogmatische Bestimmung des Geistbegriffs hat Schleiermachers christliche Sittenlehre grundlegende Bedeutung. Auch seine Überlegung, die christliche Glaubenslehre insgesamt als Darstellung des im christlichen Handeln sich äußernden Bewußtseins in die Sittenlehre ‚einzuschalten' und aus ihr zu verstehen[33], findet hier ihren Grund. Weil das christlich-fromme Selbstbewußtsein nicht ablösbar vom Handeln einen wirklichen Moment des Lebens erfüllt, sondern nur an diesem Handeln als es selbst sichtbar wird, hat das in der Darstellung der Handlungsformen durchsichtige Verständnis des Heiligen Geistes auch Relevanz für das Verständnis der Glaubenslehre überhaupt. Denn diese erscheint nun als die Auffassung der sich im Handeln darstellenden Geistgegenwart nach der Seite der darin zutage tretenden Gemütszustände.[34] Das sich in der Wirkungsgeschichte Schleiermachers zeigende „neue Selbstbewußtsein der theologischen Ethik, die sich der Dogmatik gleichberechtigt zur Seite stellt und geheime Neigungen hat, sich ihr überzuordnen"[35], wird damit als Konsequenz des neuzeitlichen Ansatzes der Theologie bei dem im vorfindlichen Weltbewußtsein verorteten christlichen Selbstbewußtsein *pneumatologisch* verständlich. Wenn das christlich-fromme Selbstbewußtsein sich des Geistes – und damit seiner selbst – seinem modernen Selbstverständnis zufolge nur *in* der Endlichkeit humaner Lebensvollzüge und an ihnen bewußt werden kann, wird die diese Lebensvollzüge auffassende Ethik zu einer Grundlagendisziplin modernen theologischen Denkens und die Pneumatologie zum entscheidenden Zwischenstück zwischen Ethik und Dogmatik. Schleiermachers Verständnis des Geistes, das den Heiligen Geist nicht in weltjenseitig vorausgesetzter Aseität, sondern im selbsttätigen und empfänglichen Leben selber und nur in ihm aufzufassen sucht und eben darin den Übergang von der Ethik zur Dogmatik in sich hat, hat diesen Ansatz zwar noch nicht ausgeführt, wohl aber erstmals seine Möglichkeit eröffnet.[36]

2. Bezieht sich die christliche Sittenlehre in der Weise auf den Heiligen Geist zurück, daß dieser in ihr als das hervorbringende Prinzip des Handelns begrif-

[33] Vgl. *CG*² § 27.2, 147, 32 – 148, 9: „Ebensogut aber könnte auch der Natur der Sache nach die Glaubenslehre eingeschaltet worden sein in der Sittenlehre [...]. Denn wenn doch die Äußerung des Selbstbewußtseins auch eine sittliche Tätigkeit ist: so könnte, wo von dieser gehandelt wird, die ganze Glaubenslehre als Entwicklung des zu Äußernden eingeschaltet werden".

[34] Vgl. zu der hieraus sich ergebenden Möglichkeit, Schleiermachers Theologie ganz als Theologie des Geistes zu verstehen, u. S. 337ff.

[35] H.-J. Birkner, Schleiermachers christliche Sittenlehre, 145 (vgl. bis 147).

[36] Für ein solches Theologieverständnis wäre dann freilich die entscheidende Frage, ob es ihm gelingt, das christliche Handeln für die in ihm sich äußernden dogmatischen Bewußtseinsgehalte durchsichtig zu machen. Daß Schleiermacher die dazu wesentliche immanente Negativität des Heiligen Geistes gegenüber diesem Leben unzureichend gedacht hat, wurde schon deutlich und verweist auf das letzthin entscheidende Problem, die Ablösung der Wirklichkeit des Heiligen Geistes von ihrer Manifestation im christlichen Leben zu denken. Gleichwohl hat Schleiermachers christliche Sittenlehre – vor allem mit der in ihr vollzogenen Verhältnisbestimmung von πνεῦμα und νοῦς bzw. von πνεῦμα und σάρξ – hier pneumatologische Grundlagen gelegt, die ein Weiterdenken lohnen.

fen wird, so bedarf sie einer *Gestalt*, welche diesem Prinzip entspricht. Denn die von der Sittenlehre aufzufassende christliche Sittlichkeit ist dieser Geist selbst[37] und wird in ihr nur dann durchsichtig, wenn die Sittenlehre nicht selber unsittlich wird, indem sie sich den Geist lediglich äußerlich voraussetzt und nicht ihr eigenes Vorgehen selbst auf ihn zurückbezieht.

Soll diese entsprechende Gestalt gefunden werden, so wird der Sachverhalt wirksam, daß das theologische Geistverständnis seiner geschichtstheologischen und soteriologischen Begründung nach in Gegenüberstellung gegen das Gesetz entwickelt wurde.[38] Wie dort gezeigt, hat die Gegenwart des Heiligen Geistes im christlichen Leben ihr Wesen darin, daß in ihr der Geist nicht als Gesetz erscheint, sondern das Leben von der Überwindung aller geschichtlichen Gegensätze *her* bestimmt. Im christlichen Leben ist das Handeln nicht verordnet, noch auch die Erfüllung christlicher Sittlichkeit ein lediglich vor Augen gestelltes, faktisch aber unerreichbares Telos. Sondern durch den Heiligen Geist ist den Gläubigen der ‚Wille Gottes' in ihr Herz geschrieben, so daß es keine Widerständigkeit des Willens gegen das Bewußtsein des zu Wirkenden gibt, sondern sich die christliche Sittlichkeit in jedem Handeln von selber erfüllt. Ist damit nun aber das, was für das christliche Leben zu fordern wäre, immer schon als im christlichen Selbstbewußtsein *gegeben* vorauszusetzen, so wäre es eine Pervertierung der christlichen Sittlichkeit, wenn die christliche Sittenlehre diese unter der Form des Gesetzes darstellen würde. Würde die Sittenlehre so verfahren, so träte sie selbst aus dem Gesamtleben der Erlösung heraus unter das Gesetz und wäre damit nicht mehr christliche Sittenlehre. Vielmehr hat die christliche Sittenlehre die imperativische Form fahren zu lassen. Nur so entspricht sie dem Heiligen Geist.[39]

Was bei Schleiermacher an die Stelle der Form des Gesetzes tritt, ist die indikativische, rein beschreibende Form. Sie schreibt nicht vor, sondern gibt ein Verständnis des Vollzugs immer schon gegebener christlicher Sittlichkeit. Dabei

---

[37] Vgl. *CSE* 50, 3–6: „Die christliche Sittlichkeit ist der christliche Geist, den wir als das Princip der Handlungen ansehn, welche die Aeußerungen des christlichen Geistes sind, also mit ihm übereinstimmen."

[38] Vgl. o. § 8 und § 9.1.

[39] Vgl. *CSE* 43, 3–9: „Wo der Geist ist und also der Mensch von selbst sich die Früchte des Geistes entwickelt, da ist kein Zusammenhang mit dem Gesetz mehr; für einen solchen existirt das Gesetz gar nicht mehr. Denken wir die Aufgabe der christlichen Sittenlehre so, daß in den Sätzen derselben dasjenige zusammengestellt seyn soll, was in dem Maaße, als jener Geist wirksam ist, auch wirklich geschieht, so sehn wir, wie für diesen Inhalt die Form des Gesetzes nicht angemessen ist", sowie *CSE* 46, 4–14: „Das eigentliche Wesen des Christenthums und die Art, wie die Erlösung in moralischer Hinsicht soll aufgefaßt werden, ist eben die, daß durch die Gemeinschaft mit Christo der Wille Gottes in uns kommt. Da kann uns also auch eine Form nicht mehr als richtig erscheinen, die den Willen Gottes als etwas äußerliches hinstellt [...] Je mehr wir auf diesem eigenthümlich christlichen Standpunkt uns halten, desto mehr muß uns die imperativische Form als unpassend erscheinen". Der grundlegende Satz, daß das „Princip aller christlichen Sittlichkeit, auf welchem alles beruht, was in der christlichen Sittenlehre darzustellen ist, [...] nichts anderes als das πνεῦμα ἅγιον" sei, ist also gegen das Gesetz gesagt (*CSE* 47, 17 – 48, 1; vgl. ab *CSE* 41, 8).

drückt gerade diese Form den Gegensatz des Geistes zum Gesetz aus.[40] Durch sie nämlich ist überall ersichtlich, daß die christliche Sittenlehre nichts zu sagen hat, was nicht alleine durch den Heiligen Geist ins Werk gesetzt würde: „Die Form der bloßen Aussage aber führt in jedem Augenblick darauf, daß das nur geltend wird vermöge des in der christlichen Kirche waltenden Geistes".[41] So ist die christliche Sittenlehre in einem subtilen Sinne selber Funktion des Heiligen Geistes: Sie führt zum Wesen der Sache, zu Christus und zum Sich-Verwirklichen seines Lebens durch den Heiligen Geist in der Gemeinde hin.

Damit ist deutlich, daß die christliche Sittenlehre nicht die Aufgabe hat, über die Deskription christlicher Sittlichkeit und den darin liegenden Hinweis auf das Wesen des Christlichen hinaus Handlungsorientierung zu geben. Die christliche Sittenlehre orientiert nicht darüber, was zu tun ist, sondern schärft in der Darstellung christlichen Lebens das Gespür für christlich-sittliche Lebensvollzüge. Dabei hat sie im Konfliktfall nicht entscheidende, sondern auf Geist und Gottesbewußtsein hinweisende Funktion. Wo das Handeln nicht mehr freier Ausdruck des Glaubens ist, es seine Orientierung im Selbstbewußtsein also nicht immer schon hat, sondern „man anfängt, sich künstlich durchzuhelfen, da" – so heißt es – „*fühle man*, daß man nicht mehr vom rechten Geiste geleitet ist".[42] Allein die Hinwendung zu dem in der Gemeinschaft der Kirche gegenwärtigen Geist, nicht aber die Befragung christlicher Sittenlehre, gibt ethische Orientierung, die dem gesetzesfreien Wesen christlicher Sittlichkeit entspricht. So weist die Sittenlehre von sich weg und auf ihr Prinzip hin, um die ethische Reflexion zur Erfahrung des Geistes zu führen, aus der sich alle Sittlichkeit entbindet: „Darum gilt immer nur das Eine, diesem Geiste in absoluter Einfalt, die die höchste Sittlichkeit ist, zu folgen".[43]

---

[40] *CSE* 43, 20- 44, 1: „Der christlichen Sittenlehre wollen wir die Form lassen, die der Geist des Christenthums am meisten ausspricht, den Gegensatz gegen das Gesetz". Mit Recht weist M. HONECKER darauf hin, es habe Schleiermachers Fassung der Sittenlehre „einen gesetzeskritischen Zug" (Nachwort zur *CSE*, 147). Daß damit nicht ausgeschlossen ist, daß sich einzelne die Bestimmungen der Sittenlehre dann doch in gesetzesartiger Form vorlegen, sagt die Fortsetzung des Schleiermacherzitates: „aber jedem bleibt es unbenommen, sich selbst oder andern [...] die Form des Gesetzes zu geben, da, wo es für ihn grade nöthig ist" (*CSE* 44, 2f). Aber dies geschieht dann *innerhalb* des gesetzesfreien Lebensgemeinschaft als freier Akt und bedeutet nicht, daß das Gesetz durch die Hintertür wieder hereingeholt wird.

[41] *CSE* 46, 12–14. Daß auch die philosophische Ethik Schleiermachers rein deskriptiv verfährt, hindert die besondere Aussagekraft dieser Gestaltung in der christlichen Sittenlehre nicht. Denn die philosophische Ethik beschreibt nicht, wie die christliche Sittenlehre, „eine individuell-konkrete Lebensgestalt, das christliche Leben", sondern will „die allgemeinen Formen und Strukturen menschlichen Lebens und Handelns" erheben (H.-J. BIRKNER, Schleiermachers christliche Sittenlehre, 97; vgl. zum deskriptiven Charakter der philosophischen Ethik 48f). Daß die philosophische Ethik diese Formen lediglich spekulativ zur Darstellung bringt, hindert nicht, daß sich diese Formen im natürlichen humanen Lebensvollzug als Gesetz darstellen. Eben dies ist im christlichen Leben – und nur in ihm – nicht der Fall. *Daraus* schöpft die christliche Sittenlehre ihre besondere Aussagekraft.

[42] *CS* 706 (1826/27) [Hervorhebung M.D.]. Deutlich ist, daß nicht die Sittenlehre, sondern das vom Geist bestimmte Selbstbewußtsein die Entscheidung treffen soll.

[43] Ebd.

Nur insofern die Erwartung imperativer Aussagen an die christliche Ethik fallengelassen wird, wird die positive Funktion des Unternehmens recht deutlich, „diesen Geist und in ihm die vollständige Besinnung über den Zusammenhang aller Lebensverhältnisse zur Anschauung zu bringen".[44] Die ethische Bedeutung liegt dabei in dem vorausschauenden Charakter der Darstellung: „Indem die Thätigkeit des Geistes beschrieben wird, wird auch schon mitbeschrieben, wie dieselbe wird gestaltet seyn, wenn sie sich weiter entwickelt. Das ist eben das Divinatorische".[45] Nicht indem die Sittenlehre fordert, sondern indem sie die im Geist jetzt schon gegenwärtige Zukunft des sittlichen Lebens im Reich Gottes vor Augen stellt, hat sie präskriptive Funktion. Diese orientiert das Handeln dann auf indirekte Weise, nicht indem sie bestimmt, was zu tun ist, sondern indem sie auf die Gesinnung wirkt, aus welcher das Handeln hervorgeht. Und so fördert auch die rein deskriptive Gestalt der christlichen Ethik die christliche Sittlichkeit.

3. In der *Durchführung* erweist sich der Rückgang der Sittenlehre auf den Heiligen Geist darin, daß sie das christliche Handeln nicht von außen beschreibt, sondern aus seinem Hervorgang im christlich-frommen Selbstbewußtsein heraus genetisch entwickelt. Dabei lehnt sich die Vorgehensweise an die Psychologie an. Wie die Psychologie die ‚ausströmenden Seelentätigkeiten', die die Formen humanen Handelns beschreiben, ausgehend von den Bewußtseinstätigkeiten versteht und eben deshalb als ‚Selbstmanifestation des Geistes' auffassen kann, so entwickelt die christliche Sittenlehre das menschliche Handeln in seinem Hervorgang aus dem christlich-frommen Selbstbewußtsein und sieht es darin als Selbstmanifestation des Heiligen Geistes an. Entsprechend sind die Grundformen der Sittenlehre, aus denen diese ihre Einteilung findet, das schon von der Psychologie benannte *darstellende* und *wirksame* Handeln.[46]

Dabei ergibt sich nun aber für das nach außen gerichtete wirksame Handeln unter christlichen Bedingungen eine weitere Teilung, da sich das wirksame Handeln im Gegensatz von Geist und Fleisch immer auf das alte Gesamtleben bezieht und sich deshalb – je nachdem ob der Geist auf einen Widerstand im Fleisch stößt oder nicht – in das *reinigende* und das *verbreitende* Handeln unterscheidet.[47]

---

[44] Ebd.

[45] *CSE* 51, 15–17.

[46] Vgl. zur *Psychologie* o.§ 7.2. Das ‚darstellende' und ‚wirksame' Handeln findet sich SW III/6, 73.

[47] Diese Unterscheidung gibt es in gewisser Weise auch in der natürlichen humanen Selbsttätigkeit, nämlich wenn ein Mensch von einem geschichtlichen Lebensraum in einen anderen wechselt und sich der alte gegenüber dem neuen als widerständig erweist. Aber nur im christlichen Sinne ist die Bezogenheit auf ein differentes Gesamtleben durchgängig gegeben und kann deshalb zu einem Einteilungsprinzip der Ethik werden. Vgl. H.-J. Birkner, Schleiermachers christliche Sittenlehre, 109: „Der Gegensatz von reinigendem und verbreitendem Handeln hat in der philosophischen Ethik keine Entsprechung. Er setzt den Gegensatz von Sünde und Gnade voraus".

Alle drei Handlungsformen (darstellend, reinigend, verbreitend) schließen das gesamte christliche Handeln in sich. Um zunächst die beiden wirksamen Handlungsformen in ihrem Zusammenhang als Äußerung christlichen Geistes und Bewußtseins abzuleiten, bezieht Schleiermacher in der Einleitung der christlichen Sittenlehre den durch das Gottesbewußtsein hervorgerufenen Gegensatz von Geist und Fleisch auf die psychologische Bestimmung des Selbstbewußtseins als „Lust und Unlust".[48] Unlust ist gegeben, wenn sich das durch den Wechsel von relativer Abhängigkeit und Freiheit bestimmte natürliche Selbstbewußtsein (das Fleisch) gegenüber dem Gottesbewußtsein (dem Geist) als widerständig erweist.[49] Umgekehrt ist die Lust „gesetzt, wenn eine niedere Lebenskraft in die Anforderung der höheren kommt und derselben [...] sich willig und verlangend zuneigt, so daß ihre Unterordung unter die höhere unmittelbar möglich wird", d.h. in bezug auf das Christentum: wenn die Hemmung des Gottesbewußtseins durch die von Christus ausgehende Erlösung als sich aufhebende bewußt wird.[50] Aus dieser zweifachen Bestimmtheit des Selbstbewußtseins, die in jedem Bewußtseinsmoment christlichen Lebens mitgesetzt ist, gehen nun die beiden Typen des wirksamen Handelns hervor. Das aus der Unlust entstehende Handeln, welches sich auf die Überwindung der Hemmung im Gottesbewußtsein richtet (und sich daher auch „nicht über das Subjekt des Selbstbewußtseins selbst [...] hinauserstrecken kann"), ist das *reinigende* oder *wiederherstellende Handeln*, welches freilich nicht einen Zustand wiederherzustellen sucht, „der schon einmal da war, sondern das soll wiederhergestellt werden, was mit dem Anfange des christlich sittlichen Lebens im all-

---

[48] Vgl. *CS* 39–45 sowie *CS Beil. A* 16f (1809). Die sachlogischen Voraussetzungen der Qualifizierung des Selbstbewußtseins durch das Gottesbewußtsein als Lust und Unlust liegen in dem Sachverhalt, daß das schlechthinnige Abhängigkeitsbewußtsein als die höchste Stufe des Selbstbewußtseins das niedere, sinnlich vermittelte Selbstbewußtsein nicht ausschließt, sondern, indem es dieses durchsichtig macht, in sich aufnimmt und eben dadurch „auch Anteil bekommt an dem Gegensatz des Angenehmen und Unangenehmen" „oder der Lust und Unlust", die dem sinnlichen Bewußtsein eigen sind (*CG*² § 5. Leitsatz, 30f u. § 5.4, 37, 21–23). Dies ist nun nicht so zu verstehen, „als ob das schon in dem sinnlichen Gefühl gesetzte Angenehme und Unangenehme nun auch dem schlechthinnigen Abhängigkeitsgefühl denselben Charakter mitteile" – was bedeuten würde, daß das schlechthinnige Abhängigkeitsgefühl selbst von dem Bewußtsein relativer Abhängigkeit und Freiheit abhinge und also nicht es selbst sei. Sondern dies ist so zu denken, daß das höhere Selbstbewußtsein, wenn es in seiner Differenz zum niederen Selbstbewußtsein „durch Gegeneinanderhaltung zur Wahrnehmung kommt", *an* diesem als Lust und Unlust gefühlt wird (*CG*² § 5.4, 38, 13–16.30). Es sind diese allgemeinen Bestimmungen, die von Schleiermacher durch den Gegensatz von Geist und Fleisch theologisch gefüllt werden.

[49] Dabei ist wesentlich, daß sich die Unlust nicht gegen das niedere Selbstbewußtsein als solches richtet, sondern gegen den durch dessen Selbständigkeit hervorgerufenen *Unterschied* im Selbstbewußtsein, denn nicht „der Sitz der niederen Lebenspotenz [...] soll durch die höhere aufgehoben oder zerstört werden, sondern nur die Differenz zwischen beiden" (*CS* 42).

[50] *CS* 45. Lust und Unlust sind damit einander entgegengesetzte Gefühlsmomente des Gottesbewußtseins, die beide nur aufgrund der Bezogenheit des neuen auf das alte Gesamtleben und darin nur in Beziehung aufeinander sind. Reine Unlust, die keinen Übergang zur Lust in sich hätte, würde auch keinen Moment der Erlösung in sich haben und als Unlust deshalb gar nicht hervortreten, umgekehrt gibt es Lust nur in bezug auf die Unlust.

gemeinen gesetzt ist", nämlich daß in der ungetrübten Seligkeit Christi alle Lebensmomente in das Gottesbewußtsein aufgenommen sind, worin eben die vollkommene Herrschaft des Heiligen Geistes besteht.[51] Umgekehrt ist mit der „Lust [...] identisch der Impuls zu einem *verbreitenden, erweiternden Handeln*", das die Verwirklichung der als Lust gefühlten Vereinigung von niederem und höherem Selbstbewußtsein zum Ziel hat und insofern eine „Verbreitung der Einigung" ist, welche potentiell auf die Aneignung des gesamten Lebens des Subjektes ausgeht.[52]

Das *darstellende Handeln* tritt als ein solches, das zwar in dem Gegensatz von Geist und Fleisch verortet, aber als reiner Selbstausdruck nicht durch diesen bestimmt ist, zwischen diese beiden Handlungsformen. Ausgangspunkt der Überlegungen Schleiermachers ist dabei der Gedanke, daß, wenn „jeder Moment aus beiden [cf. Lust und Unlust] zusammgesetzt" ist, man „zwischen beiden etwas gemeinsames annehmen [muß], was eben immer in beide entgegengesetzte Formen übergeht", einen Indifferenzpunkt also, der Lust und Unlust zu einem „Momente der Befriedigung" ausgleicht.[53] Dieser Punkt ist in pneumatologischer Hinsicht ein Ruhepunkt in der Selbsthervorbringung der Geistesgegenwart, in der der Geist in Hinsicht auf das, was Gegenstand des jeweiligen wirksamen Handelns war, zur Herrschaft gekommen ist. Bezogen auf das menschliche Bewußtsein ist dieser Moment „Freude an Gott"[54]; er enthält die durch das wirksame Handeln herzustellende Seligkeit schon in ihrem Werden im zeitlichen Selbstbewußtsein.[55] Daraus, daß dieser Moment der Befriedigung auch selber in ein Handeln übergehen muß, das diesen Moment als Bewußtseinszustand manifestiert, ergibt sich nun das darstellende Handeln, welches sein Spezifikum darin findet, daß es „reines Heraustreten des inneren in das äußere [ist], um wieder in das innere aufgenommen zu werden", und also alle zweckintentionale „Wirksamkeit negirt", insofern es einzig darauf gerichtet ist, „den Moment zu fixiren" und „das eigene Dasein für andere aufnehmbar zu machen, womit ebenfalls alle eigent-

---

[51] *CS* 44f. Die Vorlesung von 1826/27 redet hier von ‚*correctivem Handeln*', vgl. z.B. *CSE* 99, 5–9. Vgl. die Explikation des reinigenden Handeln o. S. 259ff.

[52] *CS* 45, *CS Beil. A* (1809), 19.

[53] *CS* 41.48. Gäbe es einen solchen Moment nicht, so wäre weder verständlich, wie das wiederherstellende Handeln überhaupt *beginnen* sollte (denn „ein Moment der Einigung der niederen Kraft mit der höheren" muß ja gegeben sein, wenn Unlust überhaupt entstehen soll), noch wäre verständlich, wie das verbreitende Handeln überhaupt *aufhören* und also eine zeitlich umgrenzte Tätigkeit sein sollte (vgl. *CS* 47f).

[54] Oder: „Freude an dem Herrn". Diese ist, nimmt man jenen Moment „als eine eigene Stufe im menschlichen Leben", „das constante Bewußtsein einer höheren Lebenspotenz überhaupt" (*CS* 41; vgl. *CS Beil. A* § 47 [1809]).

[55] Schleiermacher redet hier von einem ‚Zustand' ‚relativer Seligkeit', „der die absolute Seeligkeit repräsentirt", von dieser aber dadurch unterschieden bleibt, daß sie nicht wie in Jesus von Nazareth ursprünglich und vollkommen, sondern vermittelt ist (*CS* 47f). Ein Abbild dieser vollkommenen Seligkeit gibt es nicht im einzelnen Selbstbewußtsein, sondern nur im Zusammentreten dieser Bewußtseinsmomente im gemeinschaftlichen Gottesdienst; vgl. o. S. 244ff.

liche Wirksamkeit ausgeschlossen ist, die nur von Lust oder Unlust ausgehen kann".[56]

Alle drei Handlungsformen beschreiben gemeinsam das gesamte christliche Leben. Dabei sind „die verschiedenen Formen des Handelns in der Wirklichkeit nicht zu trennen", sondern gehen immer ineinander über, so daß sich das christliche Leben als ein ständiger Wechsel unterschiedlicher Handlungsimpulse ergibt.[57] Sie machen dabei dieses Leben als die Bewegung des in seiner handelnden Realisierung immer kräftiger werdenden Gottesbewußtseins verständlich, welches in ein immer weiter ausgreifendes Handeln ausgeht, um sich – und d.h. die Gegenwart des Heiligen Geistes – in immer vollkommenerer Herrschaft hervorzubringen.[58] Indem die christliche Sittenlehre diese Handlungsformen in ihrem sich ständig vergrößernden Wirkungsraum beschreibt, faßt sie die christliche Sittlichkeit als die Bewegung des Geistes zur Welt auf, die zur vollständigen Aneignung des Fleisches durch den Geist und damit zur vollständigen Verwirklichung des Geistes in ihm führt.

Im einzelnen geht die Sittenlehre dann so vor, daß sie jede Handlungsform in einem ersten Schritt so beschreibt, wie sie sich innerhalb der Kirche als der *inneren Sphäre* des christlichen Leben darstellt, um sodann in einem zweiten Schritt darzustellen, wie sich diese Handlungformen in der *äußeren Sphäre* ausnehmen, welche den ganzen Bereich des bürgerlichen Lebens (Familie, Geselligkeit, Staat) umfaßt.[59] Dabei haben die Bestimmungen des darstellenden und reinigenden Handelns in der inneren Sphäre – aus heutiger Sicht – vor allem ekklesiologischen und praktisch-theologischen Belang, da sie den christlichen

---

[56] *CS* 50. Vgl. die Explikation des darstellenden Handelns o. S. 254ff.

[57] *CS* 603. Dieser Wechsel läßt sich als eine spiralförmige Bewegung in fünf Stationen beschreiben, in denen die Einheit der bislang erst getrennt begriffenen Handlungsformen sichtbar wird. Die *erste* bezieht sich auf das erste Hervortreten des Gottesbewußtseins an einem zeitlichen Moment des vorfindlichen Selbstbewußtseins. Hier wird das Gottesbewußtsein, da es noch zu geringe ‚Kräftigkeit' hat, um ein ‚Continuum' zu bilden, sogleich als Unlust bestimmt und geht über in die *zweite* Stufe, in der es reinigendes Handeln wird und sich darauf richtet, die Hemmung des Gottesbewußtseins zu überwinden. Ist dies gelungen, so ist das Gottesbewußtsein zum einen etwas in sich selbst Kräftiges und drückt sich, *drittens*, in darstellendem Handeln aus, um als ein gemeinschaftliches in der Kirche es selbst zu sein. Es steht mit dem Bewußtsein der Aufhebung des Sündenbewußtseins zum anderen aber zugleich vor der Aufgabe, den nun nicht mehr widerständigen Raum relativer Abhängigkeit und Freiheit nun auch anzueignen, und wird so, *viertens*, verbreitendes Handeln, welches den ihm geöffneten Raum zu durchdringen strebt. Gelingt dies, so kommt es, *fünftens*, wiederum zur Ruhe und wird darstellendes Handeln, jedoch ist diese Ruhe nur eine relative, insofern das verbreitende Handeln auch die Grenze des dem Gottesbewußtsein geöffneten Raumes bewußt macht und dieses, dadurch als Unlust bestimmt, wiederum in das reinigende Handeln übergeht (vgl. zu dieser Bewegung *CS* 505f).

[58] Dabei ist deutlich, daß das Gottesbewußtsein auch in seinem Kräftigwerden immer schon es selbst ist, es handelt sich also um eine „Steigerung des Bewußtseins selbst in einem und demselben Charakter" (*CS* 504f). Gleiches gilt vom Geist Gottes: Er ist als Gemeingeist der Kirche schon immer als er selber da, gleichwohl aber steigert sich seine Gegenwart dadurch, daß sie sich in der Aneignung des natürlich-vernünftigen Lebens immer vollständiger erweist.

[59] Vgl. das Gliederungsschema bei H.-J. BIRKNER, Schleiermachers christliche Sittenlehre, 107f, sowie das Inhaltverzeichnis der Ausgabe von L. JONAS *CS* XIX-XXX.

Gottesdienst, Kirchenzucht und Kirchenrefomation zum Gegenstand haben. Im engeren Sinne ethisch orientiert sind dagegen die Bestimmungen der Sittenlehre zum verbreitenden Handeln sowie das reinigende und darstellende Handeln in der äußeren Sphäre.[60] Sie bündeln sich im Verhältnis von Heiligem Geist und Kultur.

3. Heiliger Geist und Kultur

Da das christliche Handeln in den nach außen wirkenden ethischen Formen rein als aus dem Heiligen Geist hervorgehend gedacht wird, sich darin zugleich aber auf das gesamte humane Leben bezieht, finden die in ihnen zur Sprache kommenden ethischen Bestimmungen ihre Explikation innerhalb der Relation von Heiligem Geist und Kultur.[61] Die Grundzüge zu ihrer Bestimmung sind bereits entwickelt, da sich in ihr das Verhältnis von Heiligem und menschlichem Geist genau abbildet. So gilt Schleiermachers Grundbestimmung, daß der menschliche Geist im Heiligen Geist vorausgesetzt ist und von diesem – als von seiner ihm nur durch Christus zugänglichen Vollendung – bruchlos und vollständig angeeignet wird, ebenso auch für die Kultur als der Schöpfung des menschlichen Geistes.[62] Deshalb sind hier die bereits gemachten Grundbestimmungen nur noch auf die Wechselbeziehung von Heiligem Geist und Kultur anzuwenden (1.), die sich aus ihr ergebenden christlich-ethischen Konsequenzen anzusprechen (2.) und grundsätzliche Abschlußerwägungen anzuschließen (3.).

1. Schleiermachers Verhältnisbestimmung von Heiligem Geist und Kultur läßt sich in ihren Eckdaten in wenigen Schritten aufzeigen:[63]

a) Grundvoraussetzung der Beziehung des Heiligen Geistes zur Kultur ist, daß der Heilige Geist einen selbständigen Kulturprozeß immer schon vorfindet. In Schleiermachers Geist-Gedanke wird nicht der Heilige Geist der kulturbildenden menschlichen Vernunft vorausgesetzt, sondern in streng historischer Betrach-

---

60 Vergleiche zur Einteilung o. S. 247f.

61 Unter ‚Kultur' soll dabei das gesamte geschichtlich gebildete humane Leben verstanden sein, welches insgesamt auf die Wirksamkeit des menschlichen Geistes zurückgeht. Vgl. H.-J. Birkner, Schleiermachers christliche Sittenlehre, 91: „Kulturentwicklung wird bei ihm [cf. Schleiermacher] ja gedeutet als ethischer Prozeß, der in der Herstellung der Herrschaft des Menschen über die Erde die Einigung von Vernunft und Natur allseitig verwirklicht".

62 Es ist eine ganz andere Frage, inwiefern diese Verhältnisbestimmung von Christentum und Kultur durch eine Verwurzelung Schleiermachers in der bürgerlichen Gesellschaft bedingt ist (vgl. die Diskussion bei Y. Spiegel, Theologie der bürgerlichen Gesellschaft, FGLP 10. Ser. 37, München 1968; D. Schellong, Bürgertum und christliche Religion, TEH 187, München 1975; R. Crouter, Schleiermacher und die Theologie der bürgerlichen Gesellschaft, SchlAr 1/2, 1075–1097). Es geht hier vielmehr um die gedankliche Verhältnisbestimmung von Heiligem Geist und Kultur, mit welcher Schleiermacher eine Aufnahme allgemeinkultureller Gegebenheiten in den Bereich des Christentums zu begründen sucht.

63 Vgl. zur Begründung des Folgenden o. die Verhältnisbestimmungen von πνεῦμα und νοῦς (§ 9.2), von πνεῦμα und σάρξ (§ 9.4) und von Geist und Gesetz (§ 8).

tungsweise zunächst umgekehrt diese ihm: Als der Heilige Geist von Christus aus eine geschichtliche und kulturbildende Macht wurde, war die humane Kultur (jüdischer, sowie hellenistischer Gestalt) schon da. Und weil dieses Faktum für Schleiermacher unhintergehbar ist – wenn anders man den geschichtlichen Sachverhalt nicht spekulativ überspringen will, daß der von Christus ausgehende Heilige Geist nur *in* dieser humanen Kultur wahrgenommen und wirksam wurde – kann keine Aussage gemacht werden, die den Heiligen Geist als eine der kulturbildenden Vernunft gegenüber unbezügliche Gottesmacht qualifiziert.

b) Der Heilige Geist ist, indem er erschienen und als Gemeingeist der Kirche wirklich geworden ist, in seiner Gegenwart *selber* Teil menschlicher Kultur. Er steht nicht jenseits von ihr, sondern in ihr und ist dem christlich frommen Selbstbewußtsein immer schon als ein in der humanen Kultur wirksamer bewußt, welcher ein sich geschichtlich ausbreitendes Gesamtleben in ihr gründet. Diesem Sachverhalt entspricht umgekehrt der andere, daß das natürliche humane Bewußtsein die Wirkungen der Geistgegenwart phänomenologisch beschreiben und das, was dem christlichen Bewußtsein als Heiliger Geist bewußt ist, als religiöses Bewußtsein religionsphilosophisch benennen und innerhalb der Kultur verorten kann.

c) Der Heilige Geist wird dem christlich-frommen Selbstbewußtsein (und nur diesem Bewußtsein selber) in Jesus von Nazareth als die göttliche Wirksamkeit zur Vollendung des humanen Lebens bewußt, in welchem alle Gegensätze des sich in der Duplizität von Natur und Vernunft verhaltenden Lebens zur vollkommenen Einheit finden. Der Heilige Geist ist damit die in der Kultur gegenwärtige, ihr selbst aber abgesehen von Christus unableitbare, Vollendung der kulturbildenden Vernunft selbst.[64]

---

[64] Die Problematik der gesamten Verhältnisbestimmung liegt – wie gezeigt – vor allem darin, daß das Hervortreten des Heiligen Geistes von Schleiermacher so gedeutet wird, daß der Heilige Geist in Jesus von Nazareth lediglich auf unableitbare Weise aufsprang und sich nicht im *Tod* Jesu als die Macht zu neuem Leben erst hervorbrachte (vgl. o. § 9.2). – Dem entspricht ein bislang noch nicht genanntes Problem, auf das hier nur hingewiesen werden soll. Es liegt darin, daß der Heilige Geist, als die Vollendung der kulturbildenden Vernunft *selber, nichts als* eben *diese* ist. Aus dem zunächst einmal diskutablen Gedanken, daß der Heilige Geist *nur in* seiner Gegenwart in der Vernunft *gegenwärtig* genannt werden kann und diese Gegenwart dann die höchste Erfüllung humanen Daseins ist, folgt für Schleiermacher, daß die Möglichkeit, daß der Heilige Geist eine außerhalb seiner geschichtlichen Gegenwart liegende Subsistenz haben könne, ausgeschlossen ist. Tatsächlich ergibt sich aus seinem Vollendungsgedanken nur die Nötigung, diese Gegenwart als eine die humane Geschichte übergreifende (und in diesem Sinne unendliche) Gegenwart zu verstehen, was aber an der Eingrenzung auf die Geschichte selber nichts ändert. Eine darüber hinausgehende Nötigung entstünde aber, wenn der Geist nicht als allein in der ‚Inkarnation' gegeben vorgestellt wird, sondern dies nun so gedacht werden soll, daß diese Gegenwart durch den Tod *hindurch* gehen mußte, welcher eben alle Gegenwart nichtet. Diese Härte erträgt, wenn sie überhaupt ein Gedanke erträgt, dann nur der, daß der Geist *Gott* ist. Sie zu denken wird zumindest dann nötig, wenn sich die Vollendung des Lebens, die der Geist ist, nicht nur am Sterben, sondern auch am Tod bewähren und nicht darin, daß alle Kultur vergänglich ist, als bloßer Schein entlarvt werden soll. Daß dies bei Schleiermacher der Fall ist, schwebt als Menetekel über seiner ganzen Konzeption.

d) Weil der Heilige Geist dem christlich-frommen Selbstbewußtsein im neuen Gesamtleben immer schon als *in* der Kultur gegenwärtiger bewußt ist, kann er auch nur als ein solcher qualifiziert werden, der sich einzig *mittels* der humanen Kultur in ihr gegenwärtig macht. Der Heilige Geist ist in der Kultur „nicht etwa zwar etwas Göttliches [...], aber nicht mit der menschlichen Natur vereinigt, sondern nur auf dieselbe irgendwie von außen wirkend", sondern der Heilige Geist wirkt einzig „durch" die menschliche Natur, nämlich diejenige, welche ihm in den Gläubigen angeeignet ist.[65]

e) Als die in der humanen Kultur gegenwärtige Vollendung der kulturbildenden Vernunft wirkt der Heilige Geist so auf die Kultur, daß er sie sukzessiv in sich aufnimmt, „wodurch die Vernunft in ihrer Differenz vom göttlichen Geiste aufhört Princip zu sein und nur zum Zentralorgane wird".[66] Dies bedeutet für die humane Kultur sowohl, daß sie im Sichausbreiten der Kirche ganz in den Dienst des Heiligen Geistes tritt und Mittel seines fortschreitenden Sichverwirklichens in ihr wird, als auch, daß sie in ihm als in ihrer Vollendung zu sich kommt.

f) Letzteres hat seinen Grund darin, daß sich der Heilige Geist in seinem aneignenden Wirken zur kulturbildenden Vernunft nicht als Negation verhält, sondern als deren sie vervollkommnende ‚höhere Potenz'.[67] Weil dies so ist, nimmt er die humane Kultur *als sie selbst* in sich auf. Die Kultur wird durch die vollendende Aneignung an den Heiligen Geist also nicht etwas wesentlich anderes, sondern sie bleibt in ihrem Wesen, was sie ist.

g) Nur insofern die humane Kultur den Irrtum der Vernunft spiegelt, welche meint, ihre Vollendung aus sich selbst (ohne Christus) vollziehen zu können, und dem Leben der Kirche deshalb als σάρξ entgegentritt, tritt der Heilige Geist in seinem aneignenden Wirken in kritische Beziehung zur humanen Kultur. Da der Heilige Geist in dieser Kritik aber nur eine *irrtümliche* Selbstdeutung dieser Vernunft offenlegt[68], ist dieses kritische Wirken nicht Negation der kulturbildenden Vernunft, sondern konstruktive Hilfe zu ihrem ihr selbst entspre-

[65] *CG*² § 123.2, 261, 17–19; *CG*² § 126.1, 275, 30. Vgl. *CS* 298: „Der Geist kann nicht anders handeln als durch Organe, die er sich angebildet hat".

[66] *CS* 306 (1826/27).

[67] Vgl. *CS* 303. Ersteres wäre der Fall, wenn er seine vollendende Gegenwart in Tod und Auferstehung Jesu ursprünglich durch eine Negation der kulturbildenden Vernunft hindurch herstellt hätte.

[68] ‚Irrtümlich' heißt hier, daß der Vernunft solcher Irrtum bei wachem sittlichem Bewußtsein auch selber als solcher offenbar wäre, also keine grundlegende Korrumpierung der Vernunft vorliegt. Diese schwache Bestimmung der menschlichen Hybris wird auch nicht dadurch gehindert, daß ihr Irrtum auch bei Schleiermacher *notwendig* entsteht. Denn auch diese Notwendigkeit liegt nicht in einer Verderbnis der menschlichen Vernunft, sondern in ihrer Gesetzesverfaßtheit, aufgrund welcher sich ein Fortschritt nur über die Bildung eines Anspruches herstellt. Dieser aber erzeugt bei Erfüllung ein Gefühl eigener Selbständigkeit und Stärke, das der Einsicht des letzthin bleibenden Unvermögens erst zögerlich weicht und in der darin liegenden Widerständigkeit gegen dieses jenen Irrtum mit sich führt.

chenden Handeln. So wird auch hier die Kultur in der Aneignung an den Heiligen Geist nicht etwas wesentlich anderes; sie wird, was sie in ihrem Wesen ohnehin ist.

h) Insofern die kulturbildende Vernunft in den Heiligen Geist aufgenommen ist, ist dieser durch sie selber kulturbildend. Da die kulturbildende Vernunft von ihrer Vollendung aufgenommen wird, kommt die Kultur in dieser Wirksamkeit des Geistes zu sich. Indem sie dem Heiligen Geist dienstbar wird, hört sie auf, Ausdruck der innerhalb der Gegensätze humanen Lebens stehenden Vernunft zu sein und wird zunehmend Ausdruck des sich selbst durchsichtigen vollendeten Lebens und Organ der Selbstdarstellung des Geistes in der Welt.[69]

i) Alles zusammengenommen ist deutlich, daß die Kultur, insofern sie im Heiligen Geist erst zu sich selbst kommt, selber schon immer auf das Hervortreten des Heiligen Geistes in ihr hin war. Dem entspricht auf der anderen Seite, daß der Heilige Geist nicht nur die folgende, sondern darin auch die vorangegangene Kulturgeschichte zu sich bringt. So ist die von Christus ausgehende Geschichte des Heiligen Geistes eine solche, die den gesamten ethischen Kulturprozeß in sich aufnimmt und in dem sich durch diese Aufnahme bildenden Reich Gottes ihre Vollendung findet.[70]

2. Für das Verständnis der Bewegung christlichen Handelns zur Welt ergibt sich aus diesem Wechselverhältnis die Zielbestimmung, daß durch dieses Handeln „jede der menschlichen Natur wesentliche Form, jede Form, die sich ethisch begreifen läßt, Organ des göttlichen Geistes werden muß, damit die ganze menschliche Natur, wie sie als ein Werk Gottes anzusehen ist, unverstümmelt sein Organ werde".[71] Das christliche Handeln richtet sich nicht lediglich auf einen Teil des natürlichen Lebens, sondern auf das ganze Gebiet der Ethik. Es gibt keinen Bereich menschlichen Handelns, der nicht dem christlichen Leben dienstbar gemacht und darin Teil des Sichverwirklichens des Hei-

[69] Daß dies zu eigener christlicher Kultur führt, die gleichwohl der humanen Kultur nicht fremd ist, sondern ihr auch selbst als der Gipfel kulturellen Schaffens erscheint, ist an der christlichen Kunst, Musik und Architektur reich zu illustrieren.

[70] Vgl. H.-J. BIRKNER, Schleiermachers christliche Sittenlehre, 91: „In seinen [cf. Schleiermachers]-Begriff des Reiches Gottes ist das gesamte dieses ethischen Prozesses hineingenommen". Vgl. P-119 (SW II²/2, 261): „Darum sind die Gaben der Natur nur Gaben auf Hofnung, bis der Eine Geist komme, der Geist von oben, der allein sie alle gleichmäßig beseelen kann, indem er sie erst zu Einem bindet durch die Liebe, die da ist das Band der Vollkommenheit". Vgl. auch E. HERMS, Reich Gottes und menschliches Handeln (in: D. Lange [Hg.], Friedrich Schleiermacher 1768–1834, 163–192), der zu dem Schluß kommt: „für Schleiermacher erfaßt allein der Begriff des Reiches Gottes auf Erden die *sittliche* Gestalt des Höchsten Gutes" (190).

[71] *CS Beil. D* (1831) 191 f. Dies ist der Hauptsatz, dem die Sittenlehre „nicht untreu werden darf" (ebd.). Vgl. P 119: „Nichts giebt es" „in dem weiten Gebiet der menschlichen Natur", „was dieser Geist sich nicht aneignen könnte und was durch ihn nicht eine Gabe würde zum gemeinen Nuz in dem Reiche Gottes". Andernfalls müßte „der Geist Gottes wenn er einen Menschen regieren will damit anfangen, die menschliche Natur in ihm zu verstümmeln" (SW II²/2, 261.259).

ligen Geistes werden soll.[72] Dabei deutet sich in der Formulierung an, daß dies auf zweifache Weise gilt: Es geschieht dem natürlichen menschlichen Tun – ‚unverstümmelt'! – als ihm selbst, und es geschieht ihm zugleich nur so, ‚wie es als ein Werk Gottes anzusehen ist'. Die erste Weise beinhaltet die – oben in Satz *f)* genannte – rein *positiv-aufnehmende* Wendung des Geistes zur humanen Kultur und findet ihre Ausformung im *verbreitenden Handeln,* die zweite dagegen bezeichnet die – in Satz *g)* genannte – *kritische* Wendung zur Kultur und findet ihren Ausdruck im *reinigenden Handeln* in der äußeren Sphäre.[73]

Was zunächst die *kritische Seite* anbetrifft, so liegt in der Bestimmung des Reiches Gottes als der Vollendung der humanen Kultur, daß die menschliche Natur nur in ihrer Erschlossenheit für dieses Reich in es aufgenommen wird: „der göttliche Geist eignet sich alles nur an, sofern es in seiner größten Reinheit aufgefaßt wird".[74] Zugleich aber bringt die fehlende Negativität des Heiligen Geistes gegenüber der kulturbildenden Vernunft mit sich, daß die Sittenlehre hier keine Kritik üben kann, die der Vernunft nicht auch selbst zu üben obliegt. Denn das Erschlossensein für das Reich Gottes ist das ihr immer schon entsprechende, wenn auch ihr als dieses selber nicht durchsichtige Telos der natürlichen Vernunft. Und es ist aufgrund dieser fehlenden Selbstdurchsichtigkeit lediglich unvollkommen verwirklicht, nicht aber grundlegend aufgehoben. Deshalb „kann die christliche Sittenlehre nichts ausschließen, was nicht auch die rationelle ausschlösse; auch [...] kann das christliche Princip nichts besonderes und eigenthümliches festsezen, sondern seine Aufgabe kann nur sein und seine Macht kann es nur darin beweisen, daß es das sittliche Gefühl im allgemeinen schärft".[75] Die Aufgabe, das menschliche Leben für das Reich Gottes zu erschließen, ist also grundsätzlich keine spezifisch christliche, sondern wird von der menschlichen Vernunft auch selbst wahrgenommen. Die sich aus der Gegenwart des Heiligen Geistes ergebende Verantwortung der Kirche besteht darin, daß sie in ihrer Eigenschaft als Teil der humanen Kultur an dieser Aufgabe *teilnimmt.* Dabei liegt die Aufgabe der Kirche dann nicht in der Negation des Handelns der Vernunft, sondern einerseits darin, diese vor dem Irrtum zu bewahren, ihr Ziel mit der Konstitution sinnvoller gesetzesverfaßter Lebenszusammenhänge schon erreicht zu haben, und sie andererseits dort, wo dies dennoch der Fall ist, durch Darstellung des in der Kirche gegenwärtigen reinen Humanitätsbewußtseins – nämlich des Heiligen Geistes – zu einer realistischeren Sicht zurückzubringen. Eben dies ist das *reinigende Handeln* der Kirche in der äußeren

[72] Dies heißt umgekehrt auch, daß kein Gebiet des Lebens von der Erlösung ausgeschlossen ist. Vielmehr ist es das Ziel der Wirksamkeit des Geistes, das alles, „was noch vereinzelt stand und eben deshalb so leicht in Mißgestalt überging in Verbindung zu bringen mit dem Einen Nothwendigen" (P 77; SW II2/4, 464). Vgl. zum damit angesprochenen Ratschluß Gottes u. § 12.2.

[73] Dem *darstellenden Handeln* in der äußeren Sphäre entspricht oben Satz *h).*

[74] *CS* 674 (1831); vgl. H.-J. Birkner, Schleiermachers christliche Sittenlehre, 89.

[75] *CS Beil. D* (1831) 191 f. Vgl. zum Verhältnis der christlichen Sittenlehre zur philosophischen Ethik *CS* 24–30.75–81 und *CS Beil. C* 163–165, sowie H.-J. Birkner, Schleiermachers christliche Sittenlehre, 81–87.

Sphäre. Es besteht wesentlich darin, dem natürlichen Bewußtsein von Sittlichkeit eine Korrektur zu geben, welche ihm die Notwendigkeit des immer weiteren Fortschreitens vorhält und dadurch die Möglichkeit weiterer kultureller Entwicklung immer neu eröffnet. Dadurch geschieht dann ein Zweifaches: *Zum einen* fördert das christliche Handeln die fortschreitende Ausbildung der natürlichen Vernunft. Es tut damit sowohl der Kultur einen Dienst, insofern es in ihr als eine den Kulturprozeß voranbringende Kraft offenbar wird, als auch sich selbst, da es die Ausbildung von Organen fördert, die in den Dienst des Reiches Gottes treten sollen. *Zum anderen* fördert es in seiner kritischen Beurteilung des Erreichten die Entwicklung des Bewußtseins des ‚hoffnungslosen Unvermögens' zur eigenen Vervollkommnung und hilft damit dazu, daß sich die Empfänglichkeit für die Mitteilung der unsündlichen Vollkommenheit Jesu durch den Geist erzeugt.[76] So nimmt das christliche Handeln (ohne daß es freilich selbst von diesem bestimmt ist) am Leben unter dem Gesetz ganz teil, um das humane Leben in ihm für seine Aneignung an den Heiligen Geist zu öffnen.[77]

Was nun die *positive Seite* anbetrifft, in welcher das christliche Handeln das humane Leben – insofern es jener Korrektur nicht mehr bedürftig ist – ganz in sich aufnimmt, so geht Schleiermacher von dem Sachverhalt aus, daß der Heilige Geist in seiner Selbstmitteilung in das unmittelbare Selbstbewußtsein eintritt und den übrigen psychophysischen Organismus, nachdem er so einmal zum eigenen Selbstbewußtsein des Menschen geworden ist, auf natürlichem Wege aneignet: „Das christliche Princip ergreift ursprünglich unmittelbar nur das im Menschen, was wir den Geist nennen im allgemein menschlichen Sinne, und wirkt so ein neues, die Gesinnung. Alles übrige, den gesammten geistigen Organismus, den sinnlichen Organismus, und die gesammte äußere Natur als stätige Fortsezung des sinnlichen Organismus, nur mittelbar, nämlich nur vermittelst des Geistes im allgemein menschlichen Sinne".[78] Dabei ist das Grundproblem, nämlich *daß* sich der Heilige Geist mitteilt, für Schleiermacher – wie gezeigt – *kein* Problem, da sich das christlich-fromme Selbstbewußtsein, als die höhere Potenz natürlichen Selbstbewußtseins, diesem unwillkürlich mitteilt, sobald es dessen kräftige Darstellung erfährt.[79] Voraussetzung ist lediglich, daß

[76] Vgl. o. S. 165f.

[77] In dieser letzteren Hinsicht entspricht die Kirche ganz Christus, indem sie sich wie er ganz dem Gesetz unterwirft, um an ihm die Kraft des im Gottesbewußtsein vollendeten Lebens zu bewähren und offenbar zu machen (vgl. o. § 9.1). Daraus ergibt sich dann die letztlich christologisch begründete Forderung Schleiermachers, sich dem natürlich-vernünftigen Leben, wie es sich in den ethischen Sphären der freien Geselligkeit, des Staates und der Wissenschaft manifestiert, ganz einzuordnen. Nur *in* diesem Eingeordnetsein kann sich das christliche Prinzip geltend machen. Deshalb gilt gerade für das Handeln der Kirche der pädagogische Grundsatz, daß, wenn „der Mensch mit seiner Tätigkeit in die Gesamttätigkeit eingreift", „der Typus der Gesamttätigkeit in ihn übergehen [muß], und er muß sich eine Bestimmung seiner eigenen Tätigkeit durch jene gefallen lassen, so daß in vielen Fällen der erste Impuls zu einer Tätigkeit nur unter der Form der Zustimmung erscheint" (*Ausgewählte pädagogische Schriften*, hg. v. E. LIECHTENSTEIN, Paderborn 1959, 176).

[78] *CS* 441 (1831); vgl. o. § 9.3.

[79] Vgl. o. § 9.4.

das Bewußtsein die zu dieser Mitteilung nötige Ausbildung hat, d.h. nicht noch auf den niederen Stufen der Bewußtseinsentwicklung verharrt.[80] So ergibt sich für das *verbreitende Handeln* der Kirche hier also lediglich die Notwendigkeit, *zum einen* die Bewußtseinsbildung überhaupt zu fördern, und *zum andern*, die Aufgabe der darstellenden Mitteilung des religiösen Bewußtseins (in Kirche, Schule, Geselligkeit, Wissenschaft und Politik) umfassend wahrzunehmen. Es ist dies der Prozeß der *Gesinnungsbildung*, in welcher sukzessiv die Einigung des göttlichen Geistes mit dem menschlichen Bewußtsein geschieht.[81] Was die weitere Aneigung des humanen Lebens an den Geist angeht, so vollzieht sich diese, ist das erstere gegeben, gleichsam von selber. Der hier nötige *Talent- und Naturbildungsprozeß* ist mit demjenigen, welcher sich in der humanen Kultur ohnehin vollzieht, identisch. „Denn die Fertigkeiten, welche die religiöse Gemeinschaft zu fordern berechtigt ist, sind nur solche, die auf anderen Gebieten angeeignet werden, und sie setzt voraus, daß jeder, der ihr angehört, auch für die anderen Lebensbereiche tüchtig gemacht sei".[82] So gilt im Blick auf beide Prozesse, daß die nach außen gehende Wirksamkeit der Kirche wesentlich in einer umfassenden Teilnahme am allgemeinen kulturellen Bildungsprozeß besteht.[83]

---

[80] Daß das Hervortreten des religiösen Bewußtseins die Ausbildung der niederen Bewußtseinsstufen voraussetzt, ergibt sich sowohl aus der *Psychologie* (vgl. o. § 7.2), als auch aus *CG²* § 5.1, 31–33. – Die zweite Bedingung, nämlich daß die für eine Bewußtseinsmitteilung äußeren Voraussetzungen der Kommunikation gegeben sind, ist zugleich mit der ersten erfüllt, da sich Bewußtseinsbildung nur über die humane Intersubjektivität herstellt (vgl. auch o. S. 154f.).

[81] Vgl. hierzu und zum Folgenden *CS Beil. B* 130, § 7: „Eintheilung [des verbreitenden Handelns] in Gesinnungsbildung und Talentbildung. *Anm.* a. Gesinnung ist Einigung des πνεῦμα mit dem νοῦς, insofern dieser auch ursprünglich ein πάσχον ist [will sagen, insofern er rezeptive Bewußtseinstätigkeit ist]. *Anm.* b. Talent ist Einigung des πνεῦμα mit der ψυχή durch den νοῦς." Die Naturbildung geschieht dann durch Aneigung der φύσις an die ψυχή und durch sie an πνεῦμα und νοῦς. Die gesamte Bewegung des verbreitenden Handelns wird in *CS* 441 (1831) beschrieben: „Daß die Vernunft immer mehr Organ werde für den göttlichen Geist, ist die Aufgabe für den Prozeß der Verbreitung der christlichen Gesinnung; daß aber die gesammte Natur immer mehr Organ werde für die vom göttlichen Geiste ergriffene Vernunft, ist die Aufgabe für den Talent- und Naturbildungsprozeß. Die Vernunft ist um so vollkommener ausgebildet, je mehr sie über die gesammte Natur schon herrschend geworden ist, und je vollkommener sie ausgebildet ist, ein desto vollkommneres Organ des göttlichen Geistes kann sie sein. Das Christenthum muß also fordern, daß der Gesinnungbildung die Bildung des gesammten psychischen und physischen Organismus zur Seite gehe".

[82] *Ausgewählte pädagogische Schriften*, 144.

[83] Dies ist der Grund dafür, daß Schleiermacher intensiv an der Entwicklung einer *Allgemeinpädagogik* gearbeitet hat. Pneumatologisch läßt sich dieser Grund in die Worte fassen, daß der Heilige Geist um seines Seins in der Kirche und um seiner teleologischen Gerichtetheit in ihr willen eine umfassende Teilnahme des Christentums an der allgemeinen Bildungsverantwortung erfordert. Schleiermachers Pädagogik ist selber Zeichen für die Wahrnahme dieser Verantwortung. Die Beziehung seiner Pädagogik auf das Christliche wird dabei *in* ihrer Ausformung als Allgemeinpädagogik geltend gemacht, die, gerade indem sie die gegenwärtigen Kulturbedingungen wahrnimmt, die pädagogische Relevanz der christlichen Gesinnungsbildung miteinbezieht. Und so heißt es beispielsweise im Hinblick auf die korrigierende Funktion pädagogischen Handelns auch in der Allgemeinpädagogik: „Was aber auch die Pädagogik aufstellen mag: immer ist dabei zu berücksichtigen, daß das Wesentliche der Anwendung nur beruht auf der Anschauung und in einer sittlichen Seele sein kann, die mit Liebe in das Göttliche dringt" (*Pädagogische Schriften*, hg. v. E. WENIGER, Düsseldorf/München 1957, Bd. 2, 202).

3. Nimmt man abschließend die gesamte ethische Beziehung des Heiligen Geistes auf die Welt in den Blick, so läßt sie sich in den Satz fassen, daß die Wirksamkeit des Geistes Gottes die vollständige Ausbildung des menschlichen Geistes sowohl erfordert als auch zu ihr führt. Weil der Heilige Geist die Erfüllung der kulturbildenden Vernunft ist, führt er das kulturbildende Handeln des menschlichen Geistes seiner Vollendung entgegen. Und so macht „der Heilige Geist von der christlichen Kirche aus sich als die letzte weltbildende Kraft geltend“.[84]

Damit wird die von der philosophischen Ethik und Psychologie projektierte Realisation des Geistes in der Geschichte erst durch den Heiligen Geist eingelöst. Erst in der Wirksamkeit des Heiligen Geistes geschieht die „vollständige Selbstmanifestation des Geistes [...], und zugleich das vollständige Gebildetsein der Welt für den Menschen und in diesen beiden zusammengenommen das vollkommene Sein und Wirkenwollen des Geistes“.[85]

Der Begriff des Heiligen Geistes tritt damit in große Nähe zu dem ‚geistigen Sein‘ der philosophischen Ethik. Schleiermacher hat dieses ‚geistige Sein‘ in der Grundlegung des Geistbegriffs als die *hinter* der Polarität von Natur und Vernunft und damit auch hinter dem in ihr gefaßten geschichtlichen Leben liegende Bestimmtheit des Seins aufgefaßt, welche das Sein ein in der genannten geschichtlichen Polarität *lebendiges* und *tätiges* sein läßt.[86] Kommt der Heilige Geist nun als die Kraft der Vollendung der geschichtlichen Realisation des *geistigen Seins* in den Blick, so ist er selbst das geistige Sein in seiner vollendeten Wirksamkeit. So macht der theologische Begriff des Heiligen Geistes eben dieses ‚geistige Sein‘ *als* ein solches durchsichtig, welches sich in Jesus Christus und durch ihn als geschichtliche Macht offenbar macht und verwirklicht. So bringt erst der Begriff des Heiligen Geistes das dem natürlichen Bewußtsein nicht mehr hinter Natur und Vernunft verborgene Wesen des Geistes zutage und den philosophischen Begriff zu einem ihm selbst unvollziehbaren Ziel.

Freilich hat dieser Gedanke bei Schleiermacher die Problematik, daß der Heilige Geist, indem er als dieses geistige Sein deutlich wird, dieses zwar christlich näherbestimmt hat, materialiter aber gleichwohl *nichts als dieses* ‚geistige Sein‘ ist. Dies hat *zum einen* die Konsequenz, daß sich der Heilige Geist (und entsprechend das christliche Handeln) – als vollkommenste Kraft *zu* dem natürlichen Geschichtsprozeß nicht mehr von diesem unterscheiden und ihm kritisch entgegentreten kann. Und deshalb kann er sich auch nicht als Kraft erweisen, welcher dem in diesem Prozeß einbrechenden *Tod* – welcher letztlich auch diesem universalen Prozeß selber als Ende droht – etwas entgegenzusetzen hat, etwa indem er sich als die lebenschaffende Macht Gottes

[84] *CG*² § 169.3, 457, 23f.
[85] SW III/6, 243.
[86] Vgl. o. § 7.1.

offenbar macht, welche den Tod ins Leben überwindet.[87] *Zum anderen* hat dies die Folge, daß der Heilige Geist, wenn er nichts als das in der Geschichte durchsichtige geistige Sein ist, nur in einem sehr eingeschränkten Sinne *als Gott* qualifziert werden kann.[88] Diesem Problem ist nun abschließend nachzugehen.

[87] Bezeichnend ist hier eine Predigt P 86 (SW II²/4, 494–507), in welcher Schleiermacher zur Frage des Leides und Todes in der Welt nur Beschwichtigendes zu sagen hat: Es seien „für den Herrn auch die rohesten Leidenschaften der Menschen nichts Anderes [...], als nur Äußerungen einzelner Zweige eben jener noch ungebändigten und unvergeistigten Natur", weil, „so lange die Menschen nicht von dem göttlichen Geiste der Liebe durchdrungen sind, die verderblichen Ausbrüche ihrer heftigen Leidenschaften eben so zu dem Unvermeidlichen gehören, wie die Zerstörungen, welche die Natur unmittelbar ausübt" (497). „Aber zweitens, m. g. Fr., so wie die allgemeinen Gesetze der Natur auch durch ihre zerstörenden Wirkungen doch keinesweges gar nichts Anderes ausrichten, als daß sie dem Menschen sein Leben verkümmern und seine Werke vernichten, sondern je öfter und je tiefer sie ihm wehe thun, um desto mehr auch allmählig seine Kräfte entwickeln und aufregen zu erfolgreichem Widerstande [...]: eben so, m. g. Fr., ist auch alles Schmerzliche, was aus dem Unrecht und der Gewaltthätigkeit hervorgeht, nicht nur da, um eben so gut als möglich ertragen zu werden", sondern es gilt – „auch von allen Übeln, die unmittelbar aus den Ausbrüchen der Sünde entspringen" –, „daß wir alles Böse überwinden mit Gutem" (497f). Denn „eben diese ist der heilige Wille Gottes [...], daß auf diesem Wege überall aus dem Bösen das Gute hervorkommen soll" (498f). Eben um dazu Kräfte zu erwecken, lasse der Herr das Unheil geschehen (499f). Was Schleiermacher hier tut, ist lediglich, daß er die Schrecklichkeiten der Vergangenheit als Anstoß bewertet, an welchem sich die größere Kraft des Geistes hervorbringt, welche eben dieses künftig verhüten soll. Damit ist aber weder zu dem vergangenen Leid selber etwas gesagt, noch ist gesehen, daß die Menschheit auch dort, wo das Christentum gegenwärtig ist, durchaus vom Schlechten zum Schlimmeren fortschreiten kann.

[88] Vgl. bereits o. Anm. 64.

„diese Ueberzeugung, daß Gott die Liebe ist, […] ist das ursprüngliche und wesentliche Wort des Geistes in unserer Seele, und als das auf uns übertragene Wissen des Geistes Gottes um das was in Gott ist, so ewig und unwandelbar wie der Geist Gottes selbst“

(Pfingstpredigt 1825)

§ 12 Der Heilige Geist und Gott

Bereits der gesetzestheologische Ansatzpunkt von Schleiermachers Geistverständnis ließ den Heiligen Geist als Geist *Gottes* in den Blick kommen.[1] So spricht sich im „Ausdruck Gott“[2] aus, daß dem religiösen Bewußtsein in diesem Geist die ewige Vollendung und Einheit seines gesetzesverfaßten geschichtlichen Lebens, welche in Gott ist, gegenwärtig wird. Diesen Selbstbezug des vom Heiligen Geist erfüllten religiösen Bewußtseins auf Gott gilt es nun im Blick auf das pneumatologische Verständnis Gottes zu untersuchen.

Dabei wird zunächst der Ausgangspunkt zu benennen sein (1). Er besteht darin, daß Schleiermacher in dem Satz, „das Gottesbewußtsein sey das Seyn Gottes in dem Menschen“[3], das Gottesbewußtsein mit der Gegenwart des durch Christus gegebenen Heiligen Geistes identifiziert. Gottes Gegenwart als Gottesbewußtsein ist für ihn Gottes Gegenwart als Geist. Für die Gotteslehre bedeutet dies, daß Gott als Geist nicht anders als in seiner Gegenwart als Gottesbewußtsein aufzufassen ist. Hier liegt die zunächst zu explizierende Grundlage der pneumatologischen Rede Schleiermachers von Gott.

Was dies für das christlich-fromme Selbstbewußtsein besagt, hat die materiale Explikation des theologischen Geistverständnisses in den voranstehenden Paragraphen gezeigt: Der Geist kommt in Christus in das humane Bewußtsein und macht sich von ihm ausgehend als die vollkommene Wahrheit des menschlichen Geistes gegenwärtig, welche ihm die ganze Geschichte erschließt und aus dieser Erschlossenheit neu gestaltet. Daraus ergibt sich für die pneumatologische Rede von Gott, daß im Heiligen Geist die Welt für den ewigen Ratschluß Gottes durchsichtig wird, aus welchem sich die Menschheitsgeschichte entbindet, in welchem sie zu ihrer Vollendung kommt und in welchem alleine jeder geschichtliche Moment für seine Wahrheit durchsichtig wird. Dabei ist dann die

[1] Vgl. o. § 8.

[2] *CG*² § 4.4, 29, 24 – 30, 2.

[3] *1. Sendschreiben an Lücke*, KGA I/10, 325, 10f.

entscheidende christliche Erkenntnis, daß dieser Ratschluß – und damit Gott in ihm – Liebe ist, welche die ganze Geschichte in sich integriert. So findet der Satz ‚Gott ist Geist' seine materiale Explikation in dem anderen Satz ‚Gott ist Liebe' (2).[4]

Bei dem allen ist deutlich, daß Schleiermacher ein Verständnis des Heiligen Geistes zu hat, in welchem der Heilige Geist *nur als* seine geschichtliche Gegenwart vorkommt. Daß Gott als Geist gegenwärtig ist, wird so gedacht, daß alleine Gottes geschichtliche Gegenwart Geist Gottes ist. Daraus folgt der kritisch zu bewertende Sachverhalt, daß eine Ablösung des Heiligen Geistes von seinem Dasein in der Geschichte nicht mehr gedacht werden kann, und es ergibt sich ein pneumatologischer Zugang zu Schleiermachers modalistischer Trinitätslehre. Diese soll abschließend kurz in den Blick kommen (3).

1. Der Geist als Gottesbewußtsein und das Bewußtsein Gottes als Geist

Daß Gott Geist ist, wird von Schleiermacher im Ausgang von der doppelten Bestimmung aufgefaßt, daß das Gottesbewußtsein es selbst nur als Gottes Gegenwart im Bewußtsein ist und daß diese Gegenwart Gottes Geist ist. Aus beidem ergibt sich, daß der Geist Gottes als Gottesbewußtsein gegenwärtig ist und daß im Gottesbewußtsein Gott als Geist bewußt wird.

1. Was zunächst die Grundlagen dieses Geist- und Gottesverständnisses angeht, so ergibt sich ein erstes Verständnis des Satzes, daß „das Gottesbewußtsein […] das Seyn Gottes in dem Menschen" ist[5], bereits aus der philosophisch-theologischen Bestimmung Gottes als der absoluten ungeteilten Einheit aller Gegensätze. Ist im Gefühl der schlechthinnigen Abhängigkeit das sich unter den geschichtlichen Gegensätzen in Abhängigkeit und Freiheit verhaltende humane Leben seiner selbst für die schlechthinnige Notwendigkeit seines Daseins durchsichtig, so ist dieses Bewußtsein ein Gegebensein der höchsten Einheit in ihm. Ist in dem religiösen Bewußtsein das individuelle Selbstbewußtsein selber für die höchste Einheit in ihm durchsichtig, so ist in ihm „das höchste Wesen selbst repräsentirt".[6] Gott als die absolute „Einheit mit Ausschluß aller Gegensäze"[7] ist im religiösen Bewußtsein mitten im gegensatzbestimmten Leben gegeben. Und das humane Bewußtsein findet sich, indem ihm *in* dem Bewußtsein dieser Einheit alle Gegensätze aufgehoben sind, selber in dieser Einheit, und d.h.: selber in Gott. Insofern der Begriff des Gottesbewußtseins das humane Bewußtsein – unter Ausschluß aller anderen Formen humanen Bewußtseins –

[4] Vgl. *Joh* 4,24 und *1.Joh* 4,8.16.
[5] *1. Sendschreiben an Lücke*, KGA I/10, 325, 10f; vgl. o. S. 151f.
[6] *Dialektik*, SW III/4.2, 430.
[7] *Dialektik*, SW III/4.2, 433.

als *dieses* Bewußtsein auffaßt, gilt von ihm (ganz formal), daß das Gottesbewußtsein selbst ‚Seyn Gottes' in ihm ist.

Der philosophische Geistbegriff tritt zu diesem philosophisch-theologischen Gottesverständnis hinzu, indem er zunächst das religiöse Bewußtsein interpretiert. ‚Geist', das ist nach den Psychologievorlesungen die Tätigkeit des humanen Bewußtseins, welche in einer objektives Bewußtsein, subjektives Bewußtsein und Selbsttätigkeit übergreifenden Gesamtbewegung das Bewußtsein zur Religion als dem höchsten Selbstbewußtsein entwickelt, in welchem „das Sichselbst-finden des Geistes" als Bewußtsein „sich selbst jenseit des endlichen findet in dem Unendlichen".[8] Der Geist geht in diesem Bewußtsein in seiner Bewußtseinsbildung so über sich hinaus, daß er sich seiner selbst gleichsam von außerhalb her einsichtig wird, er verläßt in der sich in Abhängigkeit und Freiheit verhaltenden Bewußtseinsbildung die Beschlossenheit *unter* dieser Polarität und wird dieser Polarität selbst einsichtig. Damit steht er – da die Polarität von Abhängigkeit und Freiheit alle Zeitlichkeit bedingt – gleichsam in der Ewigkeit des Seins und ist doch auch in diesem Bewußtsein noch zeitliches Dasein. Er ist noch zeitlich-geschichtliche Bewußtseinstätigkeit, und doch „senkt sich immer der Geist in seinen ewigen Ursprung zurükk".[9] Ist dieses höchste Selbstbewußtsein des humanen Geistes das genannte ‚Gottesbewußtsein', so ist deutlich, in welchem Sinne das Gottesbewußtsein Geist ist. Es ist nicht nur Geist in demjenigen Sinne, in welchem jede Bewußtseinstätigkeit Wirksamkeit humanen Geistes ist. Sondern es ist die höchste Verwirklichung humanen Geistes, in welcher dieser als Bewußtsein über sich selbst hinausgeht und die als Gott bezeichnete Einheit in sich bewußt hat.

Die Identifizierung des Geistes als Gottesbewußtsein mit der Gegenwart des *Geistes Gottes* geht auf den Gedanken zurück, daß dem Menschen diese höchste Form des Bewußtseins nicht selber erreichbar, sondern eine unableitbare Wirkung Gottes auf ihn ist, welche nicht philosophisch von außerhalb, sondern nur in diesem Bewußtsein selber auffaßbar ist. Denn das religiöse Bewußtsein ist ausgehend von den natürlichen Bewußtseinsfunktionen nur *als Indifferenz* zwischen den Bewußtseinsbestimmtheiten von Abhängigkeit und Freiheit ableitbar.[10] Und da die Beschlossenheit des Bewußtseins unter Abhängigkeit und Freiheit das ihm unüberschreitbare Gesetz seines geschichtlichen Daseins ist, bleibt ihm unvollziehbar, sowohl, wie dieses Bewußtsein sich aus sich selbst zu einem *kräftigen* Bewußtsein erheben sollte, in dem es eine eigene *positive Bewußtseinsbestimmtheit* ist, als auch, was eine solche für dieses Bewußtsein selber eigentlich besagt. Denn es ist dem menschlichen Geist, wie Schleiermachers theologische Gesetzeslehre zeigt, grundsätzlich unmöglich, sich zu solchem Bewußtsein selber zu erheben. Kann sich deshalb die mit dem Gottesbewußtsein ausgesprochene höchste Verwirklichung humanen Geistes nur als eine unableit-

[8] SW III/6, 214; vgl. o. S. 139ff.

[9] P 112 (SW II²/2, 159). Was hier ‚ewig' heißt, wird u. noch erörtert werden.

[10] Vgl. zur „Indifferenz" in der *Dialektik* SW III/4.2, 429.

bare Selbstvergegenwärtigung des Geistes Gottes in der Geschichte herstellen, in der sich das unendliche Leben des Geistes in der Geschichte selber in dem humanen Bewußtsein zur Gegenwart bringt, und ist eben dies nach christlichem Verständnis in Jesus von Nazareth urbildlich geschehen[11], so ist dieses Sichgegenwärtigmachen des Geistes in zweifacher Hinsicht auf Gott bezogen. *Zum einen* kann dieses Gegenwärtigwerden des Geistes, da es nicht aus der sich immer in Gegensätzen verhaltenden *Welt* hervorgeht, – tertium non datur – nur so begriffen werden, daß es von der alle Gegensätze übersteigenden Einheit *Gottes* in ihr her kommt.[12] *Zum anderen* gilt von dieser Gegenwart des Geistes, daß sie, weil sie diese Einheit in sich gegenwärtig hat, als Gegenwart des Geistes selber Gegenwart Gottes ist.

In diesem Sinne ist für Schleiermacher das ‚Seyn Gottes' im Bewußtsein ein Sein des *Geistes* Gottes in ihm. Gesagt ist damit ein Zweifaches. *Einmal*: Gott ist Geist als (religiös sich bewußter) Geist des Menschen, in welchem er gegenwärtig ist. Gott ist Geist *als* Gottesbewußtsein, in welchem der humane Geist sich für sich selbst durchsichtig ist. *Und*: Gott ist Geist als die menschlich unableitbare unendliche Vollendung humanen Geistes, welche alles geschichtliche Leben des Geistes in sich schließt. Beide Sätze sind unlöslich miteinander verbunden. Von ihnen geht Schleiermachers gesamtes Verständnis Gottes als Geist aus.

2. Schleiermacher gibt mit dieser Bestimmung des Geistes Gottes als Gottesbewußtsein die grundlegende Perpektive für das Verständnis Gottes als Geist vor. Hinter dieser Bestimmung steht die elementare pneumatologische Einsicht, daß der Geist Gottes, wenn er wesentlich Gottes Gegenwart in uns ist, nur *in* dem unslöslichen Zusammensein mit dem menschlichen Leben begriffen werden kann, in welchem er Gegenwart ist. Daß der Geist Gottes *als Gottesbewußtsein* Gottes Gegenwart im Menschen ist, bringt den grundlegenden und unwidersprechlichen Gedanken zur Sprache, daß die christliche Rede vom Geist Gottes nicht davon absehen kann, daß dieser Geist immer schon selber darin gegenwärtig ist, daß er bewußt und daß von ihm geredet ist. Dieser Gedanke, daß Gottes Sein als Geist immer schon sein *Dasein* im menschlichen Leben ist, spricht nach Schleiermachers Verständnis den Kern des christlichen Glaubens an den Heiligen Geist aus: „daß dieser Geist der Wahrheit in uns ist, das ist die große That der göttlichen Mittheilung, wodurch die innerste Wahrheit des göttlichen Wesens auch in unsere Seele hineingepflanzt ist. Nur so ist uns in unserm Innern und in der genauesten Verbindung mit unserm innersten Bewußtsein von uns selbst offenbar geworden, was auf keine andere Weise je hätte können in eines Menschen geistiges Ohr oder Auge dringen, und von irgend einem vernommen und gefaßt werden, so faßlich und vernehmlich es

[11] Vgl. o. § 9.1.

[12] Daß damit bei Schleiermacher keine welt*jenseitige* Herkunft des Geistes ausgesagt ist, versteht sich, bringt aber auch manche Probleme mit sich, auf die noch einzugehen sein wird.

auch jezt seit dieser Mittheilung jedem erscheint".[13] Schleiermacher gibt also ein Verständnis Gottes als Geist zu denken, welches den wesentlichen Gehalt der christlichen Rede vom Heiligen Geist darin sieht, daß Gott im Heiligen Geist *selber in uns gegenwärtig* geworden ist. Nur in dieser Gegenwart selber ist Bewußtsein Gottes. Und nur als Explikation dieser Gegenwart ist von Gott als Geist zu reden.

a) Ist dies nun näher zu verstehen, so ist gegenüber einem möglichen Mißverständnis zunächst darauf aufmerksam zu machen, daß das beschriebene Gottesbewußtsein, in welchem Gott als Geist gegenwärtig ist, nach Schleiermacher ausschließlich durch Jesus und als Teilhabe an seinem eigenen Gottesbewußtsein gegeben ist, Christus also der Realgrund der Erkenntnis Gottes als Geist ist. Schleiermacher hat nicht ein Verständnis Gottes als Geist, in welchem sich die christliche Erkenntnis Gottes daraus erheben ließe, daß ein im vorhinein subjektivitätstheoretisch konstruiertes Verständnis religiösen Bewußtseins dann auf Christus übertragen und in ihm als Geist Gottes bestimmt würde. Wäre dies, so hätte Schleiermachers Geistverständnis aus theologischer Sicht tatsächlich „Pseudo-Geist" zum Thema, zu dem das christliche Verständnis des Geistes Gottes ein sehr problematisches Verhältnis hätte.[14] Sondern das religiöse Bewußtsein ist selber so bestimmt, daß es im Vollsinne *Gottesbewußtsein* und Gegenwart des Geistes Gottes nur dadurch ist, daß „der Geist selbst in Christo erschienen" ist[15] und *in ihm* aus dem in der Indifferenz zwischen Abhängigkeit und Freiheit nur als Ahnung gegebenen (und nur in bezug auf den philosophischen Gottesbegriff so zu nennenden) Gottesbewußtsein *kräftiges Gottesbewußtsein* hat werden lassen. Nur in Christus ist die Durchsichtigkeit des humanen Lebens für Gott eine positive Bewußtseinsbestimmtheit geworden, welche

[13] SW II²/2, 242 (P 118); vgl. 241: „niemand als der Geist Gottes durchforscht die Tiefen seines Wesens. Wäre nun dieser nicht zugleich in uns, sondern Gott ganz außer uns: [...] Eine unsichere Ahndung über das höchste Wesen aus einer abgerissenen Erkenntniß seiner Werke hergenommen [...]: so wäre unsere Gotteserkenntniß!"; vgl. *1.Kor* 2,10.

[14] So E. BRUNNER in seinem Schleiermacherbuch: Die Mystik und das Wort, Tübingen 1924, 5. Brunner hält die Bestimmung der Wesensbeziehung des religiösen Bewußtseins auf Christus für eine „logische Ungeheuerlichkeit", in welcher Schleiermacher auf gewaltsame Weise das zu dem sich selbst gleichen Wesen der Religion lediglich hinzutretende „»zufällig« Individuelle mit einem Male zum Allerwesentlichsten gemacht" habe, weswegen das Ganze auch letztlich nur eine „große Einschiebung" in seine Religionsauffassung sei (129.121). Nur weil Brunner Schleiermacher hier nicht versteht, kann er den christologischen Bezug Schleiermachers als ‚Wort' seiner Religionsauffassung als ‚Mystik' gegenüberstellen und zwei „entgegengesetzte[] Glaubens- und Religionsbegriff[e]" bei Schleiermacher ausmachen (133). Wie es sich mit Schleiermachers Wortlehre wirklich verhält, ist o. § 10.3.b gesagt. Das in ihr liegende tiefgreifende Problem ist ein ganz anderes, als das von Brunner genannte. Nicht weil Schleiermacher bei einer Theorie religiösen Bewußtseins seinen Anfang nimmt, sondern weil er in dessen christlicher Interpretation die vom Tod ins Leben führende dialektische Gestalt des Wortes unterbestimmt, könnte sich im Bezug auf diese Defizienz (nicht aber von vornherein auf das Ganze!) der Ausdruck ‚Pseudo-Geist' für die Beurteilung Schleiermachers nahelegen.

[15] *CS* 302; vgl. o. § 9.

das gesamte Leben des Subjektes integriert.[16] Wenn die Lehnsätze der Einleitung in die Glaubenslehre den Begriff der Frömmigkeit konstruieren, so beziehen sie sich also auf etwas, das in der Gestalt positiver Religionen immer schon vorgegeben und philosophisch lediglich ganz äußerlich zu bestimmen ist. Damit aber gilt im Blick auf den Stellenwert der philosophisch-theologischen Erörterungen Schleiermachers für die Bestimmung des Gottesbewußtseins als Geist Gottes ein Zweifaches. Zum einen ist mit den ethisch-psychologischen Lehnsätzen nicht über die ganz abstrakte philosophisch-theologische Bestimmung der Religion als Gottesbewußtsein *hinaus* gesagt, was es eigentlich für dieses Bewußtsein selber besagt, daß es sich der Gegenwart Gottes in ihm bewußt ist. Zum anderen ist die philosophisch-theologische Bestimmung Gottes, auf welche sich die Lehnsätze beziehen, selber bereits von dem positiv-religiösen Bewußtsein von Gott bestimmt, ohne dessen faktische religiöse Existenz die philosophische Rede von Gott nicht verständlich ist. Wie die philosophischen und gesetzestheologischen Überlegungen, die auf die Vollendung des humanen Geistes in Christus hin entworfen sind, zu Genüge zeigen, ist dieser Bezugsrahmen bei Schleiermacher vornehmlich das Christentum.[17] Wenn Schleiermacher darum das Gottesbewußtsein als Geist Gottes im Bewußtsein bestimmt, so ist dies eine Aussage, die nur im Rückgang des christlich-frommen Selbstbewußtseins auf den in Christus offenbaren Geist Gottes und in diesem Geiste selber Sinn gewinnt und bestimmbar ist. Das Problem seines Geistverständnisses bei dem Ansatz beim Gottesbewußtsein überhaupt zu sehen, verschiebt die notwendige Kritik an den falschen Punkt. Die entscheidende Frage ist vielmehr, was Schleiermacher aus seinem Ansatz macht, d.h.: ob es ihm gelingt, den nur in Christus einsichtigen materialen Gehalt des Bewußtseins (des Geistes) Gottes so durchsichtig zu machen, daß er sich gegenüber

[16] Vgl. o. S. § 9. Vgl. auch P 61 (SW II2/4, 157f): „Denn das der menschlichen Natur mitgegebene Bewußtsein des höchsten Wesens [...], dieses in uns ursprüngliche innere Gefühl von Gott, o es ist warlich noch nicht verstanden, sondern die Seele ist noch, daß ich so sage, gottlos oder gözendienerisch, wenn es nicht so begriffen ist, daß es das einzige sein soll und jedes andere in unserm Geiste sich einverleiben und aneignen soll, so daß wir darauf alles Andre beziehen, und uns darin alles Andre verschwinde. [...] diese Wahrheit ist nur in dem eingeborenen Sohne Gottes". Erst die über Schleiermachers Geistverständnis ermöglichte Beziehung seiner theologischen Gesetzeslehre auf die Bestimmung des religiösen Bewußtseins (vgl. o. § 8) macht m.E. den Grund für dieses christologische Nadelöhr deutlich, welcher darin liegt, daß sich das religiöse Bewußtsein zu seiner Kräftigkeit ohne Christus unmöglich erheben *kann.*

[17] Damit ist nun freilich nicht umgekehrt gesagt, daß etwa im Blick auf Schleiermachers philosophische Ethik insgesamt von einer „Fundierung seiner Ethik in der Christologie und Soteriologie" zu reden sei (so H. Falcke, Theologie und Philosophie der Evolution, ThSt. 120, Zürich 1977, 16f). Sondern es ist lediglich darauf aufmerksam gemacht, daß die ethisch-psychologische Bestimmung der Frömmigkeit, die nie allgemeine Religionsphilosophie sein wollte und ihren angestammten Ort in der Einleitung einer christlichen Glaubenslehre hat, diesem Orte entsprechend intentional auf das Christentum verweist und im Blick auf dieses eine genauere Durchformung erfahren hat. Daß sich von Schleiermachers Begriff der Frömmigkeit aus auch andere Religionen verstehen könnten, ist sehr fraglich und wird von den Lehnsätzen aus der Religionsphilosophie, die kritischen Charakter haben und nur den Weg für die folgende Erörterung des Christentums bahnen sollen, auch nicht behauptet.

den philosophischen Eingangsbestimmungen auch wirklich in der grundlegenden Eigenständigkeit erweist, welche Schleiermacher intendiert hat.[18]

b) Dies führt nun darauf, die *Perspektive* näher zu erläutern, die Schleiermacher dem Verständnis Gottes als Geist damit gibt, daß er den Geist *als Gottesbewußtsein* auffaßt. Hier ist nun die für Schleiermachers Pneumatologie grundlegende Bestimmung, daß das religiöse Bewußtsein Geist Gottes nur als das in Christus zutage getretene *kräftige* Gottesbewußtsein ist, d.h. als ein solches, welches sich im menschlichen Bewußtsein als regierendes Bewußtsein erweist. Was dies bedeutet, wurde gezeigt, nämlich daß sich der Geist Gottes – durch seine Mitteilung zum innersten Selbstbewußtsein der Gläubigen geworden – im gemeinschaftlichen Gesinnungs-, Talent- und Naturbildungsprozeß die leibseelische Einheit der Menschen zu seinem Organ aneignet, um sich in ihnen immer neu hervorzubringen und die Geschichte ihrem in der vollkommenen Durchdringung und Einheit von Natur und Vernunft liegenden Ziel zuzuführen.

Daraus ergibt sich nun der Gedanke einer dem Geiste Gottes selber eigenen Bezogenheit auf den Raum der Geschichte. Ist Gott als Geist das in Christus erschienene urbildlich kräftige Gottesbewußtsein, so heißt dies, daß Gott damit *als geschichtlich Tätiger* in den Blick kommt. Gottes Sein als Geist ist *selber* teleologisch auf die Vollendung der Geschichte hin gerichtet. Sein Dasein als Geist ist sein Sichhervorbringen in der Geschichte, welches in der Gemeinschaft des Gottesbewußtseins erfolgt und auf die Aneignung der gesamten Geschichte ausgeht. So gilt für Schleiermachers Geistverständnis, daß Gottes Sein als Geist selbst *in* dieser Geschichte ist und deshalb nur *in* der Geschichte recht aufgefaßt werden kann. Freilich ist damit zugleich die theologische Schwierigkeit gesetzt, Gott *in* seiner geschichtlichen Gegenwart als Geist *zugleich* auch noch unterschieden von ihr zu denken. Hier entscheidet sich, was von dem vielversprechenden Ansatz Schleiermachers letztlich zu halten sein wird.

[18] Das Problem liegt, wie sich zeigen wird, *hier.* Schleiermacher hat sich in dem 2. *Sendschreiben an Lücke* zu Recht vehement dagegen gewehrt, die Einleitung in die Glaubenslehre für den materialen Ausgangspunkt seiner Dogmatik zu nehmen (vgl. KGA I/10, 370–374.377). Die Einleitung – die Schleiermacher selber *nur Einleitung* war – sollte und wollte nicht die Dogmatik tragen, sondern lediglich eine „Ortsbestimmung" (a.a.O., 371, 10) vornehmen, von der aus eine christliche Glaubenslehre gedanklich sinnvoll ist. Gleichwohl liegt es dann in Schleiermachers Durchführung selber, daß seine materialen Bestimmungen immer wieder zu ihrem philosophischen Anfangspunkt zurückkehren. Denn sie unterlassen es, die christliche Erkenntnis Gottes so durchzuführen, daß sie die philosophisch-theologische Voraussetzung material grundlegend überschreitet und darin als ur*eigene* christliche Erkenntnis Gottes deutlich wird. Der daraus entstehende Schein, daß Schleiermacher mit seiner Glaubenslehre lediglich eine philosophisch gewonnene Theorie religiösen Bewußtseins theologisch expliziert, dürfte der Grund sowohl für die Schleiermacher-Kritik der dialektischen Theologie, als auch für manche rationalistische Bemühungen sein, die Dogmatik im Anschluß an Schleiermacher aus dem allgemeinen religiösen Bewußtsein heraus neuzuformulieren. Beides geht an dem vorbei, was Schleiermacher gewollt hat, wenngleich er an beidem nicht unschuldig ist.

3. Ist dieser Schwierigkeit abschließend nachzugehen, so ist bei Schleiermacher unabweislich, daß der Geist Gottes *nur als* sein *Dasein* in den Blick kommt. Sein Sein ist sein Dasein im Bewußtsein. Und von einem Sein außerhalb dieses Daseins kann nicht die Rede sein. Denn „da wir es nur mit dem in unserm Selbstbewußtsein uns mit dem Weltbewußtsein gegebenen Gottesbewußtsein zu tun haben: so haben wir keine Formel für das Sein Gottes an sich unterschieden von dem Sein Gottes in der Welt".[19] Der Grund für diese Beschränkung der Lehre von Gott als Geist liegt darin, daß der Heilige Geist mit seinem Gegenwärtigwerden in Christus in eine unlösliche Verbindung mit dem menschlichen Bewußtsein eingegangen ist. Der Heilige Geist ist in dieser Gegenwart als Bewußtsein selber schon „Vereinigung des göttlichen Wesens mit der menschlichen Natur in der Form des das Gesamtleben der Gläubigen beseelenden Gemeingeistes".[20] Und deshalb ist er auch *nur als* Vereinigung mit dem menschlichen Leben und unablöslich von ihr bewußt. Daß dies so ist, darin liegt für Schleiermacher gerade „das Wesen der menschlichen Beschränktheit auf ihn", derzufolge von Gott nur gesagt werden kann, was von ihm offenbart und damit schon ‚Fleisch geworden' ist.[21] „Es beschränkt sich also alles, was uns der Geist von den Tiefen Gottes mittheilt, auf das kündlich große Geheimniß seiner Offenbarung im Fleisch".[22] Wollte die christliche Lehre von Gott darüber hinausgehen, so würde sie „der Natur unserer Disziplin untreu werden"[23], welche nur Gottes Gegenwart als Gottesbewußtsein zum Gegenstand hat. Eine Aussage über Gottes Geist, „wie er an und für sich ist", überschreite deshalb den Rahmen christlicher Erkenntnisfähigkeit und sei letztlich Ausdruck menschlicher Hybris, die sich über die Begrenztheit ihres Erkenntnisvermögens nicht aufgeklärt habe.[24]

Ist diese Auffassung Schleiermachers zu bewerten, so ist zunächst darauf hinzuweisen, daß Schleiermachers Bestimmungen nicht nur auf den Gedanken Gottes *als Geist* gehen, sondern *darin* auf die Lehre von Gott überhaupt. Ist die Gegenwart Gottes im Gottesbewußtsein seine Gegenwart als Geist und geht von dieser Gegenwart alle Gotteserkenntnis aus, so hat die Lehre vom Heiligen Geist fundamentale Bedeutung für die Lehre von Gott. Denn ist die Lehre von Gott als Auslegung des christlichen Gottesbewußtseins zu konzipieren, so

[19] *CG*² § 172.1, 470, 1–4.

[20] *CG*² § 123. Leitsatz, 259, 12–14.

[21] *CG*² § 10. Zusatz, 74, 9–12: „Eine Kundmachung Gottes, die an und in uns wirksam sein soll, kann nur Gott in seinem Verhältnis zu uns aussagen; und dies ist nicht eine untermenschliche Unwissenheit über Gott, sondern das Wesen der menschlichen Beschränktheit auf ihn".

[22] P 118 (SW II²/2, 245).

[23] *CG*² § 172.1, 470, 6.

[24] *CG*² § 10. Zusatz, 74, 3; vgl. P 118 (SW II²/2, 241): „aber wenn einer glaubte, die ganze Wahrheit des höchsten Wesens gefaßt zu haben, und in vollkommner Sicherheit festzustehen mit seiner Gotteserkenntniß: so wäre das gewiß ein solcher, der sich über dies Eine in ihm selbst täuschte, und der seinen eigenen Geist noch nicht über die Wahrheit seines eignen geistigen Vermögens ernsthaft befragt hätte".

kommt in ihr Gott *nur* als Geist in den Blick.[25] Alles, was über Gott zu sagen ist, ist dann Explikation des einen Satzes, daß Gott Geist ist.[26] Schleiermacher denkt also im Vollsinne eine ‚Theologie des Geistes', die das Verständnis Gottes ganz als Auslegung seiner Gegenwart als Geist erhebt.[27] Dies hat dann freilich auch zu Folge, daß das Gottesverständnis, weil der Heilige Geist ganz mit dieser Gegenwart Gottes als Geist identifiziert und ein Sein des Geistes Gottes unterschieden von dieser Gegenwart als unerkennbar ausgeschieden ist, wie auch das Verständnis des Heiligen Geistes insgesamt auf den Raum der Geschichte begrenzt ist. Der Satz, wonach sich „was uns der Geist von den Tiefen Gottes mittheilt, auf das kündlich große Geheimniß seiner Offenbarung im Fleisch" „beschränkt"[28], hat also tatsächlich eine materiale *Beschränkung* der Gotteslehre überhaupt zur Folge: Gott kommt nur als geschichtliche Gegenwart Gottes in den Blick. Der Grund dafür liegt in der Beschränkung des Geistes selber, welcher nur *als* Einheit mit der menschlichen Natur ist und deshalb auch Gott nur als diese Einheit aussagen kann.

Nun muß freilich auch gesagt werden, daß Schleiermacher mit der Weise der Identifizierung des Heiligen Geistes mit dem geschichtlichen Bewußtsein von ihm gedanklich das Kind mit dem Bade ausgeschüttet hat. Schleiermacher ist dessen gewahr, daß Gott als Geist zu denken heißt, Gott als Gegenwärtigen zu denken. Und er hat weiter erkannt, daß nur von dieser Gegenwart her überhaupt von Gott zu reden und deshalb im Verständnis Gottes als Geist auch alles Weitere schon enthalten ist, was von Gott zu sagen ist. Dies beides gesehen und durchgeführt zu haben, ist das bleibende Verdienst Schleiermachers, der damit die große Bedeutung der Lehre vom Heiligen Geist für die Konzeption einer neuzeitlichen Gotteslehre erkannt hat, die nicht von einem metaphysischen oder durch vorausgesetzte Schriftautorität zuvor bestimmten Gottesverständnis ausgeht, sondern allein von der unhintergehbaren religiösen Erfahrung seiner Gegenwart herkommt. Aber dies alles ist bei Schleiermacher von vornherein auf Kosten der Denkmöglichkeit gedacht, daß Gott sich in seiner Gegenwart auch als in dieser Gegenwart selbst noch von ihr Unterschiedener gegenwärtig machen kann. Der Geist Gottes wird *einseitig* und *ausschließlich* mit seiner Gegenwart als Bewußtsein identifiziert. Damit aber ist ausgeschlossen, daß der Heilige Geist im Voll-

[25] Dies hat auch H. Samson im Blick, der schreibt, daß bei Schleiermacher „das Wesen Gottes notwendig nur mit dem Geistbegriff umschrieben werden soll" (Die Kirche, 48). Daß Samson diesen Sachverhalt ontologisch wendet und Schleiermachers Gotteslehre in dem Satz „Der *Geist* ist das *Sein Gottes*" zusammenfassen will (47), ist freilich problematisch.

[26] Inwiefern Gott Vater und inwiefern Gott Sohn ist, zeigt sich also nicht in einer zu seiner Bestimmung als Geist noch hinzukommenden Betrachtung, sondern ergibt sich ganz aus dieser selber. Dieser Sachverhalt war in der Christologie bereits durchgeführt worden, insofern dort das Göttliche in Christus pneumatologisch als der ohne Maß in ihm wohnende Geist bestimmt und die gottmenschliche Einheit von dort aus verständlich gemacht wurde. Vgl. des weiteren u. zur Trinitätslehre.

[27] Daß man Schleiermachers Theologie als Theologie des Geistes verstehen kann, wurde bereits o. S. 297 erwähnt und zeigt sich hier in seiner explizit theologischen Relevanz; vgl. zum Ganzen u. S. 337ff.

[28] P 118 (SW II²/2, 245).

sinne des Begriffs *Gegenwart* ist, nämlich Außen im Innen, unterschiedene Andersheit in der Einheit des Subjekts. Vielmehr fällt bei Schleiermacher die Gotteserkenntnis mit der Selbsterkenntnis des christlich-frommen Selbstbewußtseins ununterschieden zusammen, und der Heilige Geist tritt ganz auf die Seite des Bewußtseins. Die unableitbare Gegenwart der Ewigkeit des Geistes als Gottesbewußtsein ist nicht mehr Gegenwart des bleibend Ewigen im bleibend Zeitlichen. Sondern weil Schleiermacher die Unterschiedenheit des individuellen Selbstbewußtseins von der Unendlichkeit des Geistes Gottes nur in der *noch* bestehenden Unterschiedenheit von der vollkommenen Gemeinschaft der Gemeinde sieht, wird das Zeitliche selber ewig und verliert, nun selber ‚vergöttlicht', seine Unterschiedenheit von Gott. Dadurch aber fällt dann der Unterschied zwischen Mensch und Gott, zwischen individuellem zeitlichen religiösen Bewußtsein und der Gegenwart des Geistes Gottes in dem religiösen Bewußtsein selber, in sich zusammen und entlarvt das Bewußtsein der Endlichkeit des Subjektes als Schein.[29] Und so bleibt von dem wertvollen Gedanken, daß im Heiligen Geist Gott als Gottesbewußtsein in den Gläubigen gegenwärtig ist, nur die mystische Anschauung der absoluten Einheit Gottes, in die hinein der Mensch aufgesogen ist.

Demgegenüber ist nun aber zu behaupten, daß eine Bestimmung der Gegenwart des Geistes als Gottesbewußtsein, welche diese zugleich von sich noch unterscheidet, auch von Schleiermachers eigenem Ansatz aus zu denken möglich (und in einer sachgerechten Deutung des christlich-frommen Selbstbewußtseins auch unumgänglich) ist. Schleiermacher wehrt sich gegen eine solches Denken mit dem Argument, es würde dadurch die Religion zur Spekulation verkommen und der Weg der Glaubenslehre verlassen, welche nur das mit dem natürlichen Selbstbewußtsein schon vereinte Gottesbewußtein zum Gegenstand hat. Dabei ist aber übersehen, daß die zur Aussage eines „Sein[s] Gottes an sich unterschieden von seinem Sein in der Welt" notwendigen dialektischen Sprachformen, die man nach Schleiermacher unter Aufgabe des Ansatzes der Glaubenslehre „aus dem spekulativen Gebiet erborgen" müßte[30], bereits in der ursprünglichen Sprachgestalt des Glaubens selber angelegt sind[31] und ihre spekulative Ausgestaltung von nichts mehr inspiriert worden sind als eben von dem christlichen Gottesbewußtsein. Dabei geht es dann freilich *nicht* um die von Schleiermacher zu Recht ausgeschiedene Alternative, Gott mit spekulativer Dialektik zu denken, ‚wie er an und für sich ist', und damit die Gegenwart Gottes jener Aseität nachgeordnet sein zu lassen. Wäre dies, so wäre tatsächlich die grundlegende Unterscheidung von Glaube und Denken, von subjektivem (religiösen) und objektivem (denkenden) Bewußtsein aufgegeben und der Gottgedanke auch außerhalb der Gegenwart Gottes in der christlich-religiösen Erfahrung von ihr demonstrierbar. Vielmehr geht es darum auszusagen, daß das religiöse Bewußtsein die Gegenwart

[29] Zur lediglich marginalen Bedeutung des Sündenbewußtseins in dem seiner Ewigkeit nur noch nicht einsichtig gewordenen Selbstbewußtsein vgl. o. § 9.4.

[30] *CG*² § 172.1, 470, 3–6.

[31] Vgl. etwa *Rö* 4,17; *1.Kor* 15,28; *Joh* 1,1.

des Geistes Gottes in ihm nur dann recht begreift, wenn es sich von ihm in dieser Gegenwart zugleich noch so unterschieden fühlt, daß es des Geistes als seines in dieser Gegenwart selbst unterschiedenen Gegenübers einsichtig wird. Nicht eine *vor*offenbarte Aseität gilt es also zu denken, sondern Gott, wie er sich *in* seiner Gegenwart als Unterschiedener von ihr offenbar macht.[32]

Die Notwendigkeit zu dieser Sichtweise ergibt sich freilich erst durch das Kreuz Christi. Denn im Kreuz – genauer (denn Schleiermacher läßt das Kreuz zu einem lediglich im Sterben bedeutsamen Geschehen verflachen): im *Tod* – Jesu macht sich Gott als der Zusammenbruch menschlicher Bewußtseinsentwicklung gegenwärtig, der gerade *darin* Geist ist, welcher den Tod zum Leben überwindet und ein Gottesbewußtsein schafft, welches selber Gottes Gegenwart in ihm ist. Schleiermacher übergeht diesen Umschlagpunkt. Er betrachtet das kräftige Gottesbewußtsein nur in einem (aufgrund der Ausscheidung von Gethsemane und Gottverlassenheit angeblich bereits beim *irdischen* Jesus gegebenen) vollkommenen Schon-verwirklicht-Sein, nicht aber in seiner den Tod zum Leben überwindenden *Genese*. Nur angesichts dieses Geschehens in Kreuz und Auferstehung wird die Möglichkeit, Gott als in seiner Gegenwart im natürlichen Bewußtsein noch von diesem unterschieden zu denken, zur Notwendigkeit christlicher Deutung des religiösen Bewußtseins.[33] Dieses kreuzesgebundene Gottesbewußtsein übersteigt dann freilich nicht nur das humane Bewußtsein und Leben, indem es seine unter dem Gesetz verborgene und deshalb aus diesem Leben unableitbare Vollendung gegenwärtig macht, sondern es sprengt *dabei* zugleich auch die Kategorien dieses Bewußtseins, welche durch die Negativität des Kreuzes ihm gegenüber radikal infrage gestellt sind. Und es sprengt nicht zuletzt auch die Kategorien der ohne Berücksichtigung des Kreuzes möglichen Rede von Gott.[34]

Weil Schleiermacher hingegen diese Schärfe des Todes Christi aus seiner Deutung des Kreuzes ausblendet, entsteht ihm eine solche fruchtbare Proble-

---

[32] Dieser Gedanke wäre ganz mißverstanden, wenn man ihn auf die Ebene setzen wollte, auf welcher Schleiermacher eine Gegenständlichkeit Gottes ausschließen will (vgl. *CG*[2] § 41, 24, 17; § 4.4, 30, 26–29). Diese ist die der innerweltlichen Polarität von Abhängigkeit und Freiheit. Hier dagegen soll gesagt sein, daß das Bewußtsein Gottes, das diese Polarität für sich selber durchsichtig macht, *in ihm selber* des Bezugs auf ein Gegenüber Gottes bedarf, wenn es nicht im religiösen Vollzug in sich zusammenfallen soll.

[33] Tatsächlich *entsteht* auch die genannte Möglichkeit, zumindest als ein sachhaltiger Gedanke, selber erst *als* Reflex eben dieses christlichen Bewußtseins, welches sie deutet.

[34] Auf diesen Sachverhalt hat in religionskritischer Absicht dann F. NIETZSCHE in seinem Satz hingewiesen: „*Gott am Kreuze* – versteht man immer noch die furchtbare Hintergedanklichkeit dieses Symbols nicht?" (Der Antichrist, Nr. 51, Werke. KGA VI/3, 230). Daß dieser Gedanke zugleich die Eröffnung eines christlichen Gottesverständnisses bildet, welcher die – von Schleiermacher als Alternative zu seinem Konzept zu Recht abgelehnte – vorkritische Metaphysik überwindet, hat E. JÜNGEL (Gott als Geheimnis der Welt, Tübingen 1992[6]) eindrücklich gezeigt. Im Unterschied zu dieser Möglichkeit entgeht Schleiermachers Konzept einer Religionskritik nur um den Preis, daß er von Gott selber letzthin gar nicht mehr redet. Daß dies zur Deutung eines christlichen Gottesbewußtseins, dessen Kern darin liegt, daß es sich in Christus zuinnerst auf Gott bezogen weiß, die schlechtere Alternative ist, bedarf eigentlich keiner Erwähnung.

matik nicht. Vielmehr *bleibt* seine Rede von Gott den philosophischen Voraussetzungen seiner Gotteslehre verhaftet, ohne daß er sieht, daß diese als lediglich formale *Voraussetzungen* nicht schon selber *religiös* sachhaltig und deshalb wohl als philosophische Annäherungen an das christliche Bewußtsein akzeptabel sind, in der materialen Beschreibung dessen aber *verlassen* werden müssen zugunsten eines – letzthin wohl trinitätstheologisch zu explizierenden – *christlichen* Verständnisses Gottes. Dagegen ergibt sich bei Schleiermacher, daß die philosophische Bestimmung Gottes als der absoluten ungeteilten Einheit von Sein und Wissen[35] auch in der christlichen Explikation des Gottesbewußtseins immer die eigentliche Bezugsgröße ist, die christlich lediglich interpretiert, nicht aber selbst noch einmal neu thematisiert wird. Und eben *dadurch* entsteht dann die schwerwiegende Defizienz, daß Schleiermachers *als* christologische Explikation des Gottesbewußtseins gefaßte Theologie gleichwohl über seine ethisch-psychologische Bestimmung des religiösen Bewußtseins letztlich nicht hinauskommt. Damit aber wird sie ihrem eigenen Anliegen, die Gegenwart des Geistes Gottes als Gottesbewußtsein auszusagen, nicht gerecht.

Schleiermacher gibt also eine Bestimmung des Gottes als Geist zu denken, die ihn ganz in und aus seiner Gegenwart als Bewußtsein auffaßt und damit unbestreitbaren Wert für die Aufgabe hat, Gottes Sein nicht außer seiner geschichtlichen Gegenwart als Geist, sondern in ihr zu denken, zugleich aber darin nur in bezug auf das Verständnis dieser *Gegenwart* aufgenommen werden kann, zu dem darin unterschiedenen Wesen Gottes selber aber nichts sagt.

2. *Gott als Geist und Gott als Liebe*

Der Satz, daß Gott Liebe ist, ist bereits in der Glaubenslehre die Mitte aller materialen Aussagen des christlichen Gottesbewußtseins über Gott. Denn ‚wir haben' „das [Bewußtsein] der göttlichen Liebe unmittelbar in dem Bewußtsein der Erlösung, und indem dieses der Grund ist, auf den wir alles andere Gottesbewußtsein auftragen, repräsentiert es uns natürlich das Wesen Gottes".[36] Diese in der Glaubenslehre nur wenig entfaltete Bestimmung Gottes kommt zu ihrer vollständigen Explikation in den späten Predigten Schleiermachers, die der Liebe Gottes größere Aufmerksamkeit widmen. Dies geschieht unter wesentlichem Rückbezug auf den Heiligen Geist. Die „Ueberzeugung, daß Gott die Liebe ist", so lautet ein Kernsatz aus der Pfingstpredigt von 1825, „ist das ursprüngliche und wesentliche Wort des Geistes in unserer Seele". Der Grund da-

---

[35] Diese in der Grundlegung zur Ethik von Schleiermacher auch selber verwendete Terminologie trifft Schleiermachers Denken besser als der (natürlich auch bei ihm gemeinte) Gegensatz von Sein und Denken, da der Begriff ‚Denken' bei ihm auf die Tätigkeit des objektiven Bewußtseins bezogen ist, wogegen ‚Wissen' objektives und subjektives Bewußtsein samt der aus ihnen hervorgehenden Selbsttätigkeit übergreift.

[36] *CG*² § 167.1, 451, 12–15.

für ist die Identität von Geist und Liebe, aufgrund welcher „uns der Geist aus Gott die Liebe Gottes als die innerste Tiefe seines Wesens offenbart".[37] Der Geist Gottes ist Gottesbewußtsein nur *als* Bewußtsein seiner Liebe. Darum ist die Gegenwart Gottes als Geist seine Gegenwart als Liebe. Gott ist also Liebe, und das Bewußtsein Gottes ist zuinnerst Bewußtsein Gottes als Liebe, weil der Geist selber die Liebe Gottes ist, welche in ihm bewußt ist.

1. Ist dies zu explizieren, so sind zunächst die bislang gemachten pneumatologischen Aussagen über die Liebe aufzunehmen und im Blick auf das Verständnis der Liebe Gottes einzuholen. Wieder erweist sich der gesetzestheologische Ansatzpunkt der Pneumatologie als grundlegend. Dort war die Liebe zunächst in einem noch ganz allgemeinen Sinne als die einzige Weise in den Blick gekommen, durch welche der Mensch ein ihm gegebenes Gesetz zu erfüllen in der Lage ist.[38] Die Liebe richtete sich dabei darauf, „daß der Mensch das Ganze, über dem das Gesez waltet, von Herzen liebt"[39], womit gesagt ist, daß ihm das in einem geschichtlichen Gesetz gefaßte gegensatzbestimmte Dasein für seine Einheit durchsichtig ist und er diese als Prinzip in sein Selbst- und Weltbewußtsein aufgenommen hat. Eben dies heißt dann, daß „der Geist dieses Ganzen wirklich in uns lebt, und unser eigener Geist und Wille geworden ist".[40] Diese Liebe, die alleine von der Gefangenheit unter dem Gesetz freimacht, ist dabei gleichbedeutend der Liebe zu dem Gesetzgeber, der – als Repräsentant der in dem Gesetz gefaßten Gemeinschaft[41] – diese Liebe allein vollständig in sich hat und deshalb auch alleine auszuteilen in der Lage ist. Daß dies durch Mitteilung seines eigenen Lebens geschieht, zeigt, als was Liebe hier in den Blick kommt: Sie ist das Selbstbewußtsein des Gesetzgebers, welches die Untertanen *als sie selbst* in sich integriert, und ihnen *sich selbst* mitteilt. Und auf der anderen Seite ist die Liebe das mitgeteilte Selbstbewußtsein des Gesetzgebers *als* das eigene Selbstbewußtsein der Individuen in dem Gesamtleben, welches eben darin, daß es sich ganz diesem hingibt, selbst an der Freiheit des Herrschers teilhat. Bereits auf dieser anthropologischen Ebene zeigt sich, wie die Liebe mit dem menschlichen Geist verbunden ist: Die Liebe *ist* Geist, der sich als Selbstbewußtsein von dem – darin unausgesetzt tätigen – Stifter her einer Gemeinschaft mitteilt und aus allen Individuen der Gemeinschaft zu ihm strömt.

Dieser Begriff der Liebe fand seine deutlichste Formulierung in Schleiermachers Beschreibung des gemeinsamen Mit- und gegenseitigen Aufeinanderwir-

---

[37] P 118 (SW II²/2, 243.247); vgl. das diesem Paragraphen voranstehende Zitat.

[38] Vgl. zum Folgenden o. S. 172ff.

[39] Kl.Schr. III, 43.

[40] SW II²/2, 33.

[41] In Schleiermachers (aus einer Deutung des preußischen Staates gewonnenen) Staatsauffassung widerspricht die herrschaftliche Gesetzgebung nicht dem Verständnis einer staatlichen Gemeinschaft, sondern entspricht ihm, da der gesetzgebende Herrscher seine besondere Autorität eben darin hat, daß er den Gemeingeist repräsentiert und in seiner Gesetzgebung – als ‚erster Diener des Staates' – Organ dieser Gemeinschaft ist.

kens der Gemeinde, die, indem sie jenen Begriff ausführt, insgesamt Theorie der Liebe ist. Die dabei geschilderte Bewegung ist im Grundsatz die gleiche wie die genannte. Christus ist der Stifter der Gemeinschaft als ein solcher, dessen Handeln ganz Selbstmitteilung und der darum ganz Liebe ist. Und ihm gegenüber – und als Gegenstand seiner Liebe zugleich in ihm – stehen die Gläubigen als die, welche in der Mitteilung seiner Liebe sein Selbstbewußtsein als ihr eigenes empfangen und so in ihm zu sich selbst kommen. Dabei wird die ihnen mitgeteilte Liebe – weil es ihre eigene Liebe nur als *seine Liebe in ihnen* ist – in den Gläubigen wiederum zur mitteilenden Liebe. Diese *brüderliche Liebe*, in welcher sie dann einander an ihrem eigenen mitgeteilten Selbstbewußtsein teilgeben, ist dann die eigentliche Bewegung, welche die Gemeinschaft als Bewußtseins- und Liebesgemeinschaft begründet und erhält.[42]

Als das ausnehmend Besondere dieser in der Gemeinschaft der Kirche gegenwärtigen Liebe, welches sie als Liebe Gottes in den Blick kommen läßt, war dabei der dem christlich-frommen Selbstbewußtsein offenbare Sachverhalt in den Blick gekommen, daß die Liebe Christi nicht das Prinzip eines lediglich partikularen Lebenszusammenhangs durchsichtig macht und mitteilt, sondern das der Geschichte überhaupt. Es ist die alle geschichtlichen Gegensätze übergreifende und in sich integrierende Einheit Gottes, welche in Christus geschichtlich gegenwärtig wird. Der ‚Gesetzgeber', wenn von einem solchen – freilich in einer die Übergeschichtlichkeit desselben nivellierenden Weise – die Rede sein soll, ist Gott. Und so ist auch die in Christus gegenwärtige und sich von ihm aus mitteilende Liebe nicht eine aus dem Naturzusammenhang ableitbare partikulare Liebe, sondern die alles geschichtliche Dasein in sich schließende *Liebe Gottes*. Eben dies ist der Grund, weswegen Christus für das christlich-fromme Selbstbewußtsein nicht nur eine Liebes-Gemeinschaft, sondern – durch sie – die Geschichte als *Liebes-Geschichte* Gottes neubegründet, um die bestehende Geschichte zu erlösen. Weil die von Christus ausgehende Liebe Gottes nicht lediglich einen Teil, sondern die gesamte Menschheit und alle in ihr beschlossenen Gegensätze überwindet, ist die in dieser Liebe Gottes bestehende Gemeinschaft eine solche, welche die *gesamte* Menschheit in sich aufnimmt (und damit die ‚allgemeine Menschenliebe' zur Vollendung führt) und in welcher das *ganze* Leben und Handeln der Gläubigen von dieser Liebe bestimmt und durch sie hervorgerufen wird.[43] Dies geschieht – wie gezeigt – durch den von Christus ausgehenden Heiligen Geist, der eben darin offenbar

[42] Vgl. zum Ganzen o. § 10.3.a, wo auch Schleiermachers Verständnis der individuellen Selbständigkeit *in* der liebenden Hingabe des Selbstbewußtseins erläutert ist; vgl. dort auch zur Kritik von Schleiermachers Verständnis der Liebe als eines „beständigen Zusammenfließens des durch die Persönlichkeit getrennten Selbstbewußtseins" (*CS* 517f). Zur grundlegenden Bedeutung der Liebe für die Konstitution der Gemeinschaft der Kirche vgl. auch die beiden Sätze Schleiermachers „Das darstellende Handeln ist die eigentliche Basis der religiösen Gemeinschaft" und „Das Prinzip der Gemeinschaftlichkeit des darstellenden Handelns ist die brüderliche Liebe" (*CS Beil. B* 147, §§ 6–7).

[43] Vgl. zur der intensiv auf das Leben der Gläubigen und extensiv auf die ganze Welt ausgehenden Liebe oben S. 293 Anm. 25.

wird als der „göttliche Geist[] der Liebe“[44], in welchem Gott als Liebe geschichtlich gegenwärtig wird, um das menschliche Leben in seiner Liebe von dem Gesetz zu befreien und zu sich zu bringen.

2. Die Bestimmung *Gottes als Liebe* faßt diesen Zusammenhang im Blick auf die darin zutage tretende Bestimmung Gottes selber auf. Dabei ist zunächst deutlich, daß Gott Liebe in dem gleichen Sinne ist, in welchem er Geist ist. Er ist Liebe als ein *in* der Geschichte Gegenwärtiger, welcher *in der Gemeinde* auf die Vollendung der Geschichte zugeht und nur in ihr als Liebe offenbar ist. Gott ist seinem eigenen Wesen als Liebe nach also nur in der Gemeinschaft der Gläubigen da, nämlich als ihr Geist.

Entscheidend für das Verständnis Gottes ist, daß Schleiermacher Gottes Sein als Liebe dabei freilich nicht in einem ganz undialektischen Sinne als ein auf *bloße* Zeitlichkeit beschränktes, sondern als ein sie übergreifendes *ewiges* Dasein verstehen will. Dieser Sachverhalt wurde in den inkarnationstheologischen Überlegungen bereits im Blick auf den Geist Gottes deutlich und wird von dort aus nun für das Verständnis Gottes selbst wirksam.[45] Der sich aus der Identität von Geist und Liebe ergebende Grundgedanke ist dabei der, daß die Erscheinung der Liebe Gottes in Christus nicht zureichend als ein zeitliches Geschehen beschreibbar ist (das etwa dem Auftreten eines *unter* der Gegensatzverfaßtheit der Geschichte stehenden ‚großen Mannes‘ vergleichbar wäre, welches nie Erlösung sein könnte), sondern daß es sich hier um ein zeitübergreifendes Geschehen handelt, in welchem sich die Fülle geschichtlichen Lebens in einem konkreten Menschen realisiert. Dies aber impliziert – wenn die Erscheinung Christi nicht als ein den Geschichtszusammenhang aufhebendes *zufälliges* Geschehen betrachtet werden soll, welches dann nicht mehr *als* geschichtliches aufgefaßt werden kann –, daß die natürliche Geschichte selbst insgesamt auf die Erscheinung des Geistes der Liebe in Jesus zugeht und die von Christus ausgehende neue Geschichte der offenbaren Liebe Gottes nichts anderes ist als das Aufsichzukommen der Liebe Gottes in der natürlichen Geschichte, welche die bestehende Geschichte als eine auf diese Liebe hinführende von ihrer Vollendung in Christo her in sich integriert. Wird dieser Zusammenhang in dem von Christus mitgeteilten Gottesbewußtsein offenbar, so ist das Bewußtsein Gottes „das Bewußtsein des höchsten Wesens als der Alles ordnenden, der über Alles waltenden ewigen Liebe“, die sowohl die Geschichte ante Christum und sine Christo, als auch die Geschichte in Christo übergreift und in der Hand hält.[46]

Was Schleiermacher damit pneumatologisch interpretiert und, indem er es für die Liebe Gottes durchsichtig macht, dem seiner Ansicht nach spezifisch christlichen Verständnis zuführt, ist das Verständnis von Gottes *Ewigkeit* und

[44] SW II²/4, 497.
[45] Vgl. zum Folgenden o. § 9.2.
[46] P 157 (Kl.Schr. III, 94).

seinem *Ratschluß*. Mit beidem gewinnt das Verständnis Gottes als Liebe Gottes nähere Kontur.

a) Was den *Ratschluß Gottes* anbetrifft, so lag bereits in der philosophischen Bestimmung des Gottesbewußtseins, welches Gott als das „*Woher* unseres empfänglichen und selbsttätigen Daseins" begreift, daß das ganze geschichtliche Dasein von Schleiermacher auf die Ursächlichkeit Gottes zurückgeführt und in diesem – allerdings, da Gott nicht als außerhalb der Geschichte stehend begriffen wird, zunächst ganz uneigentlichen – Sinne in seinem ‚Ratschluß' bestehend gedacht wird.[47] Was dies für das christlich-fromme Selbstbewußtsein heißt, wird erst in der pneumatologischen Bestimmung der Liebe Gottes deutlich: Gottes ewiger Ratschluß, aus welchem alles geschichtliche Leben hervorgeht, ist die sich in Christus offenbarende (und sich in der Gemeinde ausbreitende) Liebe Gottes, welche alles geschichtliche Leben in ihm zu sich selbst bringt und alle Getrenntheit menschlichen Bewußtseins in der durch Mitteilung dieser Liebe bewirkten Hingabe an ihn überwindet.[48] Auf diese Liebe führt alle Geschichte hin. In dieser Liebe wird alle Geschichte für ihren Grund und Sinn durchsichtig. Und diese Liebe ist selbst der Grund und das Prinzip, aus dem die Geschichte hervorgeht und in dem sie sich vollendet.[49] Es zeigt sich in Christus, daß die „ganze […] Welt […] nichts anderes ist, als die Summe der Offenbarungen göttlicher Liebe".[50] Daß Gott Liebe ist, heißt demnach, daß Gott die im Geist geschehende Bewegung des Lebens selber ist. Sein Sein als Liebe ist sein ewiges Sich-Hervorbringen als Geist, in welchem er in der Geschichte auf die vollständige geschichtliche Realisierung seiner selbst – im Reich Gottes zugeht. Und sein Ratschluß *ist* sein Sein als Liebe. Als die in Christus *gewordene* Bestimmtheit der Geschichte, die Bewegung des Sich-Hervorbringens Gottes als Liebe zu sein, ist Gottes Ratschluß selber geschichtliches Geschehen seiner Liebe.[51]

---

[47] *CG*² § 4.4, 28, 35f; vgl. *CG*²-§ 51.1, 264, 11–13: „das unser schlechthinniges Abhängigkeitsgefühl begründende" ist „die göttliche Ursächlichkeit".

[48] Vgl. zur Einheit dieses Ratschlusses *CS* 315: „Wir können allerdings den göttlichen Rathschluß der Erschaffung der menschlichen Natur und den der Erlösung unterscheiden; aber es ist nur eine Unterscheidung für uns. Im göttlichen Wesen dagegen können beide nicht verschieden sein, weil niemals ein göttlicher Rathschluß in Beziehung auf den anderen zufällig sein kann. Eine Mehrheit von göttlichen Rathschlüssen zu unterscheiden, ist nur ein Hülfsmittel für uns; für Gott giebt es nur Einen Rathschluß, weil alles in ihm auf absolute Weise zusammenhängt". Ist die Liebe dieser eine Ratschluß, so hat dies auch Konsequenzen für die Bestimmung der göttlichen Allmacht. Die Allmacht ist dann „Liebe in ihrem ganzen Wesen", und die Liebe Gottes ist „allmächtig", sie ist „die ewige und unvergängliche Kraft", die auch wirklich hervorbringt, was ihr Ratschluß ist (P 88; SW II²/4, 526. Vgl. P 118; SW II²/2, 245: „Denn ist Gott die Liebe: so ist auch seine schöpferische Allmacht nichts anders als der Umfang seiner Liebe").

[49] Vgl. P 108 (Kl.Schr. III, 172): „Die Liebe aber ist […] selbst die göttliche Maaß und Ordnung hervorrufende Kraft".

[50] P 68 (SW II²/2, 409).

[51] Weil das Bewußtsein des Ratschlusses Gottes diesen nur *in Christus*, d. h. nur bereits in seiner geschichtlichen Verwirklichung hat und sich nicht außerhalb derselben stellen kann, ohne aufzuhören,

Dieses Bewußtsein der Ursächlichkeit Gottes als Liebe steht nun in grundlegender Beziehung zum Gottesbewußtsein überhaupt. Denn es macht – als ‚das ursprüngliche und wesentliche Wort des Geistes in unserer Seele' – das Wesen des christlichen Glaubens an Gott aus. Nicht eine beliebige, sondern erst die „allein seligmachende Erkenntniß [...], daß Gott die Liebe ist", enthebt den Menschen aus einem gesetzesbestimmten Selbstbewußtsein und läßt das Gottesbewußtsein erst recht es selbst sein.[52] Denn erst in dieser Liebe wird das im Begriff des Gefühls der schlechthinnigen Abhängigkeit liegende Bewußtsein der ‚göttlichen' Notwendigkeit des empfänglichen und selbsttätigen Daseins wirklich vollzogen. Dabei ist dann das Bewußtsein dessen, das *alles* menschliche Dasein letzthin nichts als Verwirklichung der göttlichen Liebe ist, die nur in Christus durchsichtige und erst wirklich aus der Gefangenheit unter dem Gesetz des Lebens *erlösende* Erkenntnis. Eben kraft dieses Bewußtseins der Liebe Gottes konnte Jesus am Kreuz „mitten im Gefühl auch der peinigendsten Schmerzen und der tiefsten Erniedrigung, doch erfüllt sein von Gott und der Herrlichkeit seines Reiches".[53] Und eben kraft dieser Liebe sind auch die Glaubenden „der göttlichen Natur theilhaftig"[54] und darin selber Teil seines Sich-Hervorbringens in der Geschichte.

b) Dieser grundlegende Sachverhalt wird im Verständnis der *Ewigkeit* der Liebe Gottes näher erläutert. Die Ausgangspunkt dafür ist Schleiermachers Verständnis des *ewigen Lebens*, welches eben jenes Bewußtsein Gottes als Liebe beschreibt und welches dabei auf Christus zurückgeführt wird. Wie Jesus „vermöge der Fülle der Gottheit, die in ihm wohnte", selber vollkommene geschichtliche Ge-

---

christliches Gottesbewußtsein zu sein, kann dieser Ratschluß Gottes ebenso wie die Erscheinung Christi nicht als ein von außerhalb der Geschichte herkommendes, sondern nur als ein Geschehen dieser Geschichte selber aufgefaßt werden. Der Ratschluß Gottes ist in diesem Sinne ebenfalls „schon immer mit der Welt zugleich werdend gewesen" (*CG*² § 97.2, 63, 5f; vgl. o. S. 196). Eben dies soll o. mit dem Ausdruck ‚geworden' angezeigt sein. Freilich bezieht sich in diesem sehr schönen Gedanken das ewige Werden des Ratschlusses Gottes bei Schleiermacher *nur* auf den Raum der Geschichte. Gott integriert die Geschichte in ihr nicht in sich, sondern in diese selbst. Wie sich noch zeigen wird, steht Gott der Geschichte damit zugleich – und entgegen dem, was Schleiermacher sagen will – ganz äußerlich gegenüber.

[52] P 159 ‚Daß wir nichts vom Zorne Gottes zu lehren haben' (Kl.Schr. III, 134). Ein nicht von dieser Liebe bestimmtes Gottesbewußtsein führe dazu, Gott in die Polarität von Abhängigkeit und Freiheit einzuzeichnen und eben dadurch grundlegend zu verkennen. Man wäre darin aus dem Sein in Christus herausgetreten und dabei, sich „ganz von dem Geist des christlichen Glaubens zu entfernen" (130). Die Vorstellung vom Zorne Gottes ist für Schleiermacher Reflex eben dieses pseudoreligiösen Bewußtseins, von dem die Offenbarung der Liebe Gottes in Christus gerade befreit. – Was aber wäre, wenn im Tod Christi deutlich würde, daß die Aufrichtung des aus Abhängigkeit und Freiheit heraushebenden Gottesbewußtsein nur durch eine *Negation* eben dieses natürlichen Bewußtseins möglich wäre und deshalb die sich hervorbringende Liebe Gottes selber diesem Bewußtsein als Zorn Gottes erschiene? Wieder entgeht Schleiermacher der eigentlichen Schärfe des theologischen Problems.

[53] P 68 ‚Über den Gemüthszustand des Erlösers in seinen lezten Stunden' (SW II²/2, 408–409). Daß diese Herrlichkeit Jesus selber verborgen war, ist freilich nicht gesehen. Vgl. u. Anm. 62.

[54] P 88 ‚Ueber unsere Theilnahme an der göttlichen Natur' (SW II²/4, 525f).

genwart der ewigen, die Geschichte hervorbringenden und durchdringenden Liebe Gottes war, „so führen auch alle die ein ewiges Leben, die mit ihm eines geworden sind, wie er es mit dem Vater ist, und in deren Herzen er eingekehrt ist, um mit dem Vater Wohnung darin zu machen".[55] Weil die Gläubigen *in Christus* ihr eigenes Selbstbewußtsein nur noch haben als das vollkommene Gottesbewußtsein Jesu in ihnen, sind sie dem Dasein *unter* der Duplizität von Abhängigkeit und Freiheit enthoben und führen das in dieser Duplizität sich verhaltende natürliche Leben von seiner ewigen Vollendung her zu sich. Von ihnen gilt: Sie „werden nicht mehr von etwas Vergänglichem und Sinnlichem getrieben, sondern es ist eine unvergängliche Kraft, die eine sich immer gleich bleibende Liebe, von welcher Alles ausgeht, und welche ihr ganzes Leben leitet, ihre ganze Seele erfüllt, und Alles in derselben ihrer ewigen Ordnung unterwirft", welche eben die Liebe Gottes ist.[56] So sind die Gläubigen selber Geist und Liebe Gottes. Ihr Leben ist „kein zeitliches mehr", welches dem zeitlichen Wechsel von Abhängigkeit und Freiheit unterworfen ist, „sondern das ewige", welches *in* diesem Wechsel Darstellung der als Liebe Christi gegenwärtig gewordenen unendlichen Einheit des Lebens ist.[57]

Ist von hier aus nun Schleiermachers Gedanke der Ewigkeit der *Liebe Gottes* näher zu erläutern, so ist freilich festzustellen, daß Schleiermacher den Ausdruck ‚Ewigkeit' als eine Bestimmung *des Lebens* nicht auf Gott, sondern im genannten Sinne nur auf Christus und das Leben der Christen bezieht. Der grundlegend von Boethius geformte und von Schleiermacher für seine Gotteslehre zustimmend in Anspruch genommene Gedanke, daß die Ewigkeit „der vollständige und vollendete Besitz unbegrenzten (bzw. unbegrenzbaren) Lebens" sei[58], wird nicht primär zur Bestimmung des eigenen Lebens Gottes verwandt, sondern ist Beschreibung des *den Gläubigen* durch die Aufnahme in das Gottesbewußtsein Christi mitgeteilten seligen Lebens. Geht von *diesem* Leben die Erkenntnis der Ewigkeit Gottes aus, so ist deutlich, daß ihr Aussagegehalt – ebenso wie der vom Geist Gottes – auf den Raum der menschlichen Geschichte beschränkt ist. Gott integriert die Geschichte in seiner ewigen Liebe nicht in sich, sondern in sie selbst. Es ist nicht die ewige Lebendigkeit Gottes, in die der Mensch integriert wird, sondern die ewige Lebendigkeit seiner Geschichtlichkeit. Und *diese* ist die Liebe Gottes.

Damit aber fällt der Begriff der Ewigkeit, insofern er eine Bestimmung Gottes selbst sein soll, in reine unanschauliche Außerzeitlichkeit zurück. Er integriert nicht die Zeit in sich, sondern ist die „die Zeit selbst bedingende schlechthin zeitlose Ursächlichkeit".[59] Daß dieser Satz so nicht richtig ist, weil die

---

[55] P 74 (SW II²/4, 412). Vgl. zum ewigen Leben *CS* 600f.

[56] Ebd.

[57] Ebd.

[58] „Aeternitas [...] est interminabilis vitae tota simul et perfecta possessio" (BOETHIUS, De consolatione philosophiae V, 6, 4 (CCSL XCIV, 101, 8f); vgl. *CG*² § 52.1, 268, 27.37.

[59] *CG*² § 52. Leitsatz, 267, 22f.

Zeitlosigkeit doch in ihr selbst noch auf Zeit bezogen sein muß, wenn sie eine die Zeit bedingende sein soll, und deswegen gerade nicht als schlechthinnige Zeitlosigkeit in den Blick kommen kann, hat Schleiermacher nicht gesehen. Der Grund dafür liegt darin, daß Schleiermachers christliche Explikation der Gotteslehre seine philosophische Bestimmung Gottes als der absoluten, die geschichtlichen Gegensätze nicht in sich ein-, sondern aus sich ausschließenden Einheit, nicht kritisch überschreitet. Diese Defizienz trägt hier nun aber bittere Früchte, denn sie verhindert die Möglichkeit, Gott selbst als lebendig zu denken. Anstatt Gottes Leben in ihm selbst als Geist und als Liebe zu denken, bleibt Gottes Sein unterschiedslose Einheit, die sich nicht mehr zur Zeitlichkeit verhält und deshalb nicht in sich selbst als Leben und als Liebe verständlich werden kann.

Schleiermacher bildet damit ein Verständnis von Gott als Geist und als Liebe, in welchem zwar Gottes Sein als Geist und als Liebe zusammenfallen. Aber weil dieses rein als sein geschichtliches Dasein aufgefaßt ist, fallen Gottes Selbstsein und sein Sein als Geist und als Liebe auseinander. Daß sich hier eine Diastase auftut, hat Schleiermacher selbst gespürt. So versucht er in einer Predigt den in den Reden ‚Über die Religion' angelegten Gedanken der religiösen Selbstunterscheidung zur Überwindung dieser Diastase fruchtbar zu machen, um so auch Gottes außerzeitliches Selbstsein als Liebe zu qualifizieren. So heißt es von dem Gläubigen: „jeden Augenblikk flieht [...] die Seele eines solchen aus dem Irdischen und Vergänglichen in das Ewige, jeden Augenblick trennt sie sich von der Welt, um sich zu versenken in das Meer der göttlichen Liebe [...], und so senkt sich immer der Geist in seinen ewigen Ursprung zurück".[60] Tatsächlich läge in einer durch den Geist Gottes bewirkten Selbstabstoßung der Gläubigen aus der Zeitlichkeit *zu Gott hin*, welche den Menschen gerade dadurch in der Zeitlichkeit versichern würde, eine Möglichkeit, Gottes ewige Liebe sachgemäß zu denken. Freilich zeigt dieser Satz, daß Schleiermacher dies gerade nicht erreicht hat. Denn in der von ihm angesprochenen *Flucht* in die Ewigkeit will das Subjekt vielmehr die Zeitlichkeit *verlassen* und sich in unterschiedslose – und damit lebenslose – Einheit *aufheben*. Ist damit aber ist die Ewigkeit Gottes gerade nicht *in* der Zeitlichkeit gedacht, so ist die vielversprechende Aussageabsicht Schleiermachers, daß Gott in Christus selbst als Liebe gegenwärtig geworden ist, preisgegeben. Und so tritt dann an die Stelle des Mit- und Aufeinanderwirkens, in welchem *selber* diese Liebe geschichtlich sein sollte, die unmittelbare Anschauung, in der „wir uns versenken in die unmittelbare Anschauung seiner ewigen und unvergänglichen Liebe"[61]. So fällt Schleiermacher auf die gedankliche Ebene der Frühschriften zurück.

Die folgenschweren soteriologischen Konsequenzen dieser Auffassung sind deutlich: Weil das ewige Leben das zeitliche Leben zwar übergreift, dieses dabei aber nur in es selbst integriert, läßt es dieses letztlich zeitlich *bleiben*. Es führt in

[60] P 112 (SW II²/2, 159). Schleiermacher versucht hier *Joh* 5,24 zu interpretieren.

[61] P 88 (SW II²/4, 534).

seiner Gegenwart die Zeit nicht in eine Selbstunterscheidung, welche die Ewigkeit als ein Gegenüber zu sich auffaßt, welches die Zeit integriert und *so* in sich aufnimmt. Und deshalb kommt es dort an seine Grenze, wo eben dieses zeitliche Leben aufhört, nämlich im Tod.[62] Vor diesem vermag der Mensch nun in die Versenkung der ewigen Liebe zu *fliehen* versuchen. Aber diese Liebe ist nicht *im Tod selbst.* Und damit ist der ursprüngliche Gehalt des Liebe Gottes, der in einer theologischen Auffassung vom Geist zu denken wäre, dahin.

3. Diese Auffassung der Liebe Gottes führt nun nicht nur material aus, wie Schleiermacher die Pneumatologie für die Gotteslehre fruchtbar macht, sondern konkretisiert damit auch die Bestimmung *Gottes als Geist.* Denn da die Bestimmung Gottes als Liebe nichts anderes als das Wesen des Geistes Gottes auslegt, gilt die genannte Defizienz auch für den Geist. Und zwar zeigt sich als Konsequenz der Beschränkung der Pneumatologie auf die Geschichtlichkeit Gottes, daß nicht nur Gottes Selbstsein und seine Liebe, sondern auch Gottes Selbstsein und sein Geistsein auseinandertreten. Wie die Liebe Gottes dort, wo sie Gottes eigenes Leben aussagen sollte, als Interpretament der Lehre von Gott versagt, so auch der Geist. Er fällt, weil er nicht Gott selbst als lebendig aussagen kann, in die Geschichte hinein und läßt Gottes eigenes Wesen unausgesagt. Oder anders gesagt: Gott tritt *hinter* seine Gegenwart als Geist zurück.

Schleiermacher bestätigt dieses Urteil, indem er in derselben Predigt, die von dem Bewußtsein der Liebe Gottes als ‚dem ursprünglichen und wesentlichen Wort des Geistes in unserer Seele' redet, erklärt, es gebe auch „andere Tiefen der Gottheit, welche uns der Geist Gottes nicht offenbart", für die „der Geist für uns nur unausgesprochene Seufzer" hat.[63] Diese Kehrseite davon, daß sich „alles, was uns der Geist von den Tiefen Gottes mittheilt, auf das kündlich große Geheimniß seiner Offenbarung im Fleisch" „beschränkt",[64] ist in ihrem Bedeutungsgehalt

[62] Daß das so gefaßte Leben deshalb nicht den Tod in das Leben überwindet, wurde bereits häufiger gesagt und zeigt, daß das ewige Leben – entgegen Schleiermachers eigener Absicht – gerade *nicht* als unbegrenzt und unbegrenzbar (interminabilis) gedacht ist. Dies hat zur Konsequenz, daß die Ewigkeit untauglich ist, die Negativität des Lebens wirklich zu durchdringen. Sondern ebenso, wie bei Schleiermacher das am Kreuz gegebene Erfülltsein Christi von der Liebe Gottes ‚mitten auch im Gefühl der peinigendsten Schmerzen' in Wahrheit ein Enthobensein vom Leiden ist, kann auch im Leben der Gläubigen die ewige Liebe Gottes nicht selber *als Schmerz* erscheinen, welche *darin* den Schmerz in die Ewigkeit der Liebe und Herrlichkeit Gottes aufhebt, sondern sie ist eine undifferenzierte ‚sich immer gleich bleibende Liebe', für die Furchtbarkeit und Angst bloßer Schein sind.

[63] P 118 (SW II²/2, 246).

[64] A.a.O, 245; vgl. o. S. 320f. Schleiermacher nennt als so verborgen „Geheimnisse der Schöpfung", „Geheimnisse des unzugänglichen Lichtes" und „Geheimnisse der Einwohnung", welche alle dem Menschen nicht zu wissen gebühren. Dagegen sind der „ewige Rathschluß der göttlichen Liebe zum Heil [...]; das Dasein eines Reiches Gottes [...]; das Herabsteigen des Vaters mit dem Sohne, um Wohnung zu machen in den Herzen der Menschen [...]; die Anschauung des Vaters in dem Sohne, welcher das Ebenbild seines Wesens ist [...] die unsern Kräften und unserm Wesen angemessene Entwicklung des Einen großen, daß Gott die Liebe ist; und dieses sind die Tiefen der Gottheit welche der Geist aus Gott uns eröffnet, daß wir wissen können, was Gott uns zu Liebe gethan hat" (245f). Sehr deutlich ist hier noch einmal die Identität aller Offenbarung Gottes mit der Erkenntnis seiner Liebe.

nach dem Gesagten deutlich: Sie besagt *nicht*, daß Gott *in* seiner Gegenwart als Geist noch so von seiner Gegenwart unterschieden ist, daß die menschliche Gotteserkenntnis – „denn wer möchte wol von unserm menschlichen Reden über das höchste Wesen entscheiden, wie nahe es der eigentlichen Wahrheit seines Daseins kommt?"[65] – ihm selbst gegenüber in die Krisis gestellt ist. Es ist nicht Luthers Gedanke des deus absconditus, der Schleiermacher leitet. Sondern Schleiermachers Auffassung der vom Geist verborgenen Tiefen Gottes geht einher mit dem Gedanken, daß über Gott jenseits seiner Gegenwart in der Geschichte überhaupt nichts gesagt zu werden braucht. Weil der Geist und die Liebe Gottes *in* der Geschichte offenbar und gegenwärtig sind, fallen alle dahinter noch zurückfragenden Gedanken über Gott aus dem heraus, was dem Geist Gottes in der Kirche gegeben ist, und verlassen das Gebiet des Erlösungsbewußtseins.[66]

Freilich verbinden sich mit dieser Auffassung Schleiermachers gravierende gedankliche Probleme: *Erstens* bedenkt Schleiermacher nicht, daß man von verborgenen ‚anderen Tiefen' Gottes doch nur dann wissen kann, wenn der Geist sie als solche offenbart. Wie der Geist auf der einen Seite in sich von solchen Tiefen wissen, zugleich aber ‚für uns' nur ‚unausgesprochene Seufzer' darüber haben kann, ist völlig unverständlich angesichts dessen, daß Geist bei Schleiermacher nur als Gemeingeist der Kirche in den Blick kommt. Sollte der Geist aber doch noch ein anderer sein, welcher in die jenseits der geschichtlichen Zugänglichkeit liegenden Tiefen des Selbstseins Gottes hineinreicht, dann sind diese Tiefen durchaus theologisch relevant.

So entsteht Schleiermacher *zweitens* die Schwierigkeit, nun auch sagen zu müssen, weshalb das, was der Geist von den Tiefen Gottes mitteilt, trotz der Beschränkung auf Gottes geschichtliches Offenbarsein „vollkommen *hinreichend* sein [kann] für uns".[67] Schleiermacher begegnet dieser Frage, indem er ihr mit dem immer neuen Hinweis auf die geschichtliche Gegenwart der Liebe Gottes, in der alles zum Heil notwendige gegeben sei, ausweicht.[68] Damit wird freilich das Problem, daß diese Liebe ihrer Schleiermacherschen Fassung nach nicht im unaufhebbarem Leiden und Tod wirksam sein kann, nicht gelöst. Und es kann auch nicht gelöst werden, solange der Geist Gottes nur eine geschichtliche Daseinsweise Gottes, nicht aber im Vollsinne „die innerste Tiefe seines Wesens offenbart".[69]

---

[65] A.a.O., 246.

[66] Schleiermacher teilt damit die enthusiastische Kritik der Lehre vom deus absconditus.

[67] A.a.O., 243. Eben dies ist die Leitfrage des 3. Teils der genannten Predigt.

[68] Vgl. a.a.O., 247f: „So dürfen wir denn nach nichts weiter verlangen; der Rathschluß Gottes ist erfüllt; was die ewige Liebe den Menschen geben konnte, ist uns geworden durch den Erlöser und durch den Geist der Wahrheit und des Trostes, den er ausgegossen hat über die Seinigen. Diesen festhalten, auf daß er sich auf das innigste vermähle mit dem Geist des Menschen der in ihm ist [...] diesen Geist aus Gott gewähren zu lassen, daß er sich alle unsere Kräfte zu seinen Werkzeugen ausbilde, damit wir selbst in seinem Lichte alles sehen, und mit demselben alles um uns her erleuchten [...]; gewiß eine größere Aufgabe können wir uns nicht stellen und auch nicht lösen in unserm ganzen irdischen Leben".

[69] A.a.O., 247.

Drittens ergibt sich nun aber auch das Problem, daß – weil der Geist und die Liebe im genannten Sinne *nur* die geschichtliche Gegenwart Gottes sind – der von Schleiermacher in Anspruch genommene Gedanke, daß Gott in seinem Wesen selbst Geist ist, keine dem Gottesbewußsein gegebene und damit auch keine wahre theologische Aussage ist. Und so bleibt, wie auch von der Liebe, so auch vom Geist Gottes zu sagen, daß nicht Gott selber Geist ist, sondern nur Gott in seiner Erscheinung. Dies führt zur Trinitätslehre.

3. *Trinitätstheologische Konsequenzen*

Schleiermachers Trinitätslehre ausführlich zu diskutieren, ist an dieser Stelle weder möglich noch notwendig.[70] Gleichwohl aber sind die Konsequenzen darzulegen, die Schleiermachers Auffassung vom Heiligen Geist für das Verständnis seiner Trinitätslehre hat. Schleiermacher hat die Lehre „von der göttlichen Dreiheit" bekanntlich nur als angehängten „Schluss" seiner Glaubenslehre behandelt.[71] Sie ist „nicht eine unmittelbare Aussage über das christliche Selbstbewußtsein [...], sondern nur eine Verknüpfung mehrerer solcher".[72] Die Trinität findet sich für Schleiermacher nicht ursprünglich im christlichen Gottesbewußtsein, sondern ist eine Lehrform, welche die christologischen, pneumatologischen und theologischen Aussagen des Gottesbewußtseins als Aussagen *eines* Gottesbewußtseins betrachtet und festzuhalten sucht, daß im Bewußtsein der Gegenwart Gottes in Christus diese dieselbe ist wie die Gegenwart Gottes in der Gemeinde und daß diese wiederum die Gegenwart Gottes selbst ist. Insofern sie damit die verschiedenen Aussagen des christlichen Gottesbewußtseins im Blick auf ihre *Einheit* zusammenfaßt, ist sie tatsächlich der „Schlußstein der christlichen Lehre".[73] Sie ist dies freilich nicht als der *entscheidende* Schlußstein, an welchem die Stabilität des ganzen Lehrgebäudes hängt, sondern lediglich als *letzter* Stein, welcher das Ganze abrundet.

In diesem Sinne soll die Trinitätslehre hier auch nur in den Blick kommen: nicht als grundlegendes Lehrstück, sondern als Ort, an dem sich die bisherigen pneumatologischen Aussagen in ihren theologischen Konsequenzen abschließend zusammenbinden lassen. Dabei finden freilich auch die Defizienzen von Schleiermachers theologischen Pneumatologie erneute Zuspitzung.

---

70 Möglich ist es deshalb nicht, weil es über das pneumatologische Anliegen der Untersuchung hinausgehen würde. Notwendig ist es nicht, weil der vorgelegte Gedankengang bereits alle Grundentscheidungen erörtert hat, die für ein pneumatologisches Verständnis der Trinitätslehre wirksam werden, so daß hier nur noch die rechten Schlüsse gezogen werden müssen. Daß dabei einiges neuartig zu sein scheint, mag nicht verwundern, sondern ist Frucht der bisherigen Erörterungen. Wie sich dies zu der breiten Diskussion verhält, mag man dem Vergleich des zu Sagenden mit W. BRANDT, Der Heilige Geist, 238–265 entnehmen (vgl. auch E. BRITO, La pneumatologie 575–603).

71 *CG*² vor § 170, 458, 1f.

72 *CG*² § 170. Leitsatz, 458, 6–8.

73 *CG*² § 170.1, 459, 31f.

1. Bereits die Aufgabenstellung der Trinitätslehre zeigt deutlich, wovon in ihr einzig die Rede sein kann, nämlich von dem *geschichtlichen* Sein Gottes beim Menschen. Trinitätstheologisch in den Blick kommt nichts anderes als die im Gottesbewußtsein immer schon unhintergehbar vorausgesetzte geschichtliche „Vereinigung des göttlichen Wesens mit der menschlichen Natur", nämlich in Christus und im Gemeingeist der Kirche. Und nur in der Beziehung von diesen beiden Weisen der Gegenwart Gottes auf diesen selbst kommt dann auch Gott selber zur Sprache. In diesem Sinne ist der Satz zu verstehen, es sei „das Wesentliche der Trinitätslehre" die (gedankliche) „Gleichstellung des Göttlichen in jeder dieser Vereinigungen mit dem in der anderen, und so auch beider mit dem göttlichen Wesen an sich".[74] Damit ist von vornherein eine modalistische Trinitätslehre angezielt, die von Gott allein im Hinblick auf seine Daseinsweisen zu reden vermag. Und so erschöpft sich der Gehalt von Schleiermachers Trinitätslehre auch darin, solche Weisen der Gegenwart Gottes ‚gleichzustellen', ohne darin eine Aussage über Gottes Wesen an ihm selbst machen zu können.

2. Wie diese ‚Gleichstellung' nun gedacht ist, wurde mit der Verschränkung von Christologie und Pneumatologie bereits im Hinblick auf die ersten beiden ‚Vereinigungen' gezeigt.[75] Dabei wurde die Einheit des ‚Göttlichen' in beiden pneumatologisch verständlich: Das Göttliche in Jesus ist der Geist Gottes, welcher in ihm als Gottesbewußtsein urbildlich verwirklicht ist. Und der Heilige Geist der Gemeinde ist mit Gott in Christus eins, weil er eben dieser Geist ist, welcher sich – lediglich in einer Differenz der Erscheinungsform von ihm unterschieden – nun nicht mehr als individuell-urbildliches, sondern als Gemeinbewußtsein verwirklicht, welches sich über die Menschheit ausbreitet. Die Einheit von Heiligem Geist und Christus ist damit als Einheit des Geistes gedacht, genauer: als Einheit von Geistchristologie und ekklesiologisch-soteriologischer Pneumatologie. Der Sachverhalt, daß die Gotteslehre Schleiermachers durch ihre exklusive Bezogenheit auf das Gottesbewußtsein insgesamt als Lehre vom Geist firmiert, zeigt sich hier besonders deutlich. Freilich ist dabei die Konsequenz der Beschränkung des Geistverständnisses auf die Geschichte, daß die Differenz zwischen Gott in Christus und Gott als Geist – aus welcher sich in der alten Trinitätslehre die Notwendigkeit ergibt, sie als trinitarische Personen zu denken – nur noch ein geschichtliches *Nacheinander* zweier Realisierungsformen derselben Gegenwart Gottes als Geist ist. Der Gemeingeist löst Chri-

---

[74] *CG*[2] § 170.1, 459, 32–35. Daß Schleiermacher hier vom „göttlichen Wesen an sich" redet, widerspricht der Einschränkung auf den Raum der Geschichte nur scheinbar. Wie gezeigt, hat Schleiermacher die Rede von einem „Sein Gottes an sich unterschieden von dem Sein Gottes in der Welt" ausdrücklich ablehnt (*CG*[2] § 171.1, 470, 1–6). Die entscheidende Wendung ist hier das „so auch", welches besagt, daß die genannte „Gleichstellung" der ersten beiden selber schon hinreichende Aussage über Gott ist. Daß aus der Gleichstellung zweier geschichtlicher Vereinigungen keine zureichende Aussage über das Wesen Gottes an ihm selber gemacht sein kann, ist eben das in Schleiermachers Trinitätslehre liegende Problem.

[75] Vgl. zum Folgenden o. § 9.1–4 und § 10.1–2.

stus ab, und zwar so, daß zwar Christus selber bei der Gemeinde ist, außer diesem Dasein als Geist aber kein Sein des erhöhten Christus mehr aussagbar ist.[76] Damit läuft die Auffassung Schleiermachers freilich darauf hinaus, daß sich Christus im Geist auflöst und nur als geschichtliches Zuvor der Gegenwart des Geistes noch einen Eigenwert hat.

3. Noch problematischer ist das Verhältnis der beiden ‚Vereinigungen' Gottes mit der menschlichen Natur zu Gott selbst. Hier will Schleiermacher sagen, daß diese beiden Vereinigungen das Wesen Gottes gegenwärtig machen und mit seinem eigenen Wesen identisch sind. Von Gott selbst soll gesagt sein, daß er sich in Christus und als Gemeingeist in die Geschichte hinein begeben hat. So besteht denn „der ewige heilsame Ratschluß Gottes" nach einer Predigtstelle darin, daß „das ewige Wesen" – eingeordnet in dem geschichtlichen „Fortschritte der Entwikkelung des menschlichen Geistes" – „gewohnt [hat] in dem, der Unsterblichkeit und ewiges Leben an das Licht gebracht hat, nicht in ihm eingeschlossen sondern sich von ihm aus verbreitend in der Menge seiner Gläubigen als der in ihnen einwohnende Geist, damit wir das höchste Wesen weder an einem bestimmten weit von uns entfernten Orte zu suchen brauchten, noch auch es etwa überall zwar aber doch immer nur außer uns hätten, sondern in uns selbst sollten wir es finden haben und genießen können".[77] Gott selbst ist in Christus als Geist in den Gläubigen gegenwärtig geworden – dies ist es, was Schleiermacher theologisch sagen will. Freilich hat die nähere Untersuchung der Gotteslehre gezeigt, daß der Satz, daß Gott selbst als Geist gegenwärtig ist, von Schleiermacher gerade nicht eingelöst wird. Weil sich alle christlichen Aussagen über Gott in der pneumatologischen Beschreibung seiner Gegenwart erschöpfen und über ‚das göttliche Wesen an sich' keine Aussagen zulassen, kann gerade nicht gesagt sein, daß diese Gegenwart Gegenwart Gottes selbst ist. Daraus ergibt sich nun eine (nur schwerlich noch trinitätstheologisch zu nennende) Auffassung der göttlichen Dreiheit, die Gott selbst hinter die nur seine Gegenwart in Christus und im Geist explizierende Trinitätslehre zurücknimmt.

Schleiermachers theologische Auffassung von Gott versagt damit daran, die philosophische Auffassung Gottes christlich neuzuformulieren und damit für ihren christlich-religiösen Gehalt durchsichtig zu machen. Vielmehr bleibt Gott die dem Verständnis seiner Gegenwart lediglich formal vorausgesetzte und nicht noch einmal explizierte ungeteilte absolute Einheit für sich. Er kommt in Christus nicht als er selbst zur Offenbarung. Sondern was von ihm gesagt werden kann, ist seine geschichtliche Wirksamkeit in Christus und geht in der urbildlichen Würde Christi auf. Und da Christus wiederum *nur als* im Gemein-

[76] Die Konsequenz dieser Verkurzung der Trinitätslehre ist deutlich. Sie läßt sich wohl am besten mit dem Hinweis illustrieren, daß bei besagter Auffassung alles Beten zu Christus *nichts als* ein Beten zum Geist ist, welches Jesus von Nazareth nicht mehr als Gegenüber hat, sondern sich nur noch in die Interkommunikation des Bewußtseins der Gemeinde versenken kann.

[77] P 33 (SW II²/2, 588).

geist Gegenwärtiger ausgesagt werden und von diesem nicht als erhöhter Herr unterschieden werden kann, bleibt die Trinitätslehre letztlich bei der Auffassung der Geistgegenwart im Bewußtsein stehen und kommt über die Lehre von der dritten Person nicht hinaus.

4. Wollte man Schleiermachers Lehre ‚von der göttlichen Dreiheit' gleichwohl als Interpretation der Trinitätslehre verstehen, so ergibt sich, daß Schleiermacher letzthin eine *vortrinitarische* Stufenfolge bietet, die mehr *Origenes* interpretiert als die kirchliche Lehrbildung: Demnach ist Gott die der Heilsökonomie entzogene absolute ungeteilte Einheit, aus der der Geist als die (der Einheit nachgeordnete) geschichtsbildende und schon immer in der Geschichte stehende Wirksamkeit Gottes[78] hervorgeht, welche in Christus in ihrer ewigen Vollendung geschichtlich erscheint, um als Heiliger Geist der Gemeinde in die Welt auszugehen und diese zu der in Christus urbildlich verwirklichten Einheit mit Gott entgegenzubringen, in welcher dann alle Bewegung der Welt ungetrübtes „Anschauen Gottes" ist und darin der absoluten Einheit Gottes vollkommen entspricht.[79] Die Trinitätslehre kommt dabei zu gedanklicher Schärfe nur im ökonomischen Teil dieser Bewegung[80] und läßt den Anfang (den nur philosophisch gefaßten Gottesbegriff) und das Ende in der ἀποκατάστασις πάντων unaufgefaßt. Daß mit einer solchen Auffassung letzthin nicht verständlich gemacht werden kann, daß es Gott selbst ist, der in Christus und im Geist gegenwärtig ist, ist eben der innere Grund, weswegen die kirchliche Lehrbildung über Origenes hinaus zur Bildung des Trinitätsdogmas fortschritt. Schleiermachers Theologie schillert wohl ähnlich (und ist in protestantischer Theologie auch ähnlich erfolgreich) wie die des Origenes, wenngleich in rationalistisch abgeklärtem Gewand. Und sie wird ähnlich wie jene trinitätstheologisch überwunden werden müssen, wenn wirklich aufgefaßt werden soll, daß der Heilige Geist Gott ist.

Annex: Schleiermachers Theologie als Theologie des Geistes

Die Explikation der Geistauffassung des späten Schleiermacher ist damit zu einem Ende gekommen. Sie ist aber nicht endgültig abzuschließen, ohne daß

---

[78] Man kann auch sagen: … als das der Einheit unmittelbar nachgeordnete *geistige Sein* (vgl. o. S. 311).

[79] *CG*² § 163. Leitsatz, 433, 33. Freilich ist dieser ‚prophetisch' in den Blick zu nehmende letztere Zustand, da er die zeitliche Bedingtheit des Lebens gänzlich aufheben müßte, dem christlich frommen Selbstbewußtsein ebenso unzugänglich wie der Ursprung der Bewegung in Gott selbst, weswegen Schleiermacher auch nicht wirklich sagen kann, was das ‚Anschauen Gottes' ist. – Auf die neuplatonische Prägung dieses Konzeption Schleiermachers macht in anderem Kontext H. Samson, Die Kirche, 54, aufmerksam. Auf Origenes weist auch E. Brito, La pneumatologie, 594, hin.

[80] H. Samson bringt diese Beschränkung überscharf in dem Satz zur Sprache: „wenn man also von einer Trinität, von einer ‚göttlichen Dreiheit' bei Schleiermacher sprechen will, so müßte sie heißen: *Geist – Christus – Kirche*" (Die Kirche, 50).

noch die Frage beantwortet wird, welches Recht die an prominentester Stelle wohl von Karl Barth geäußerte Vermutung habe, „daß eine Theologie des Heiligen Geistes das Schleiermacher schwerlich bewußte, aber ihn faktisch beherrschende legitime Anliegen schon seiner theologischen Aktion gewesen sei".[81]

1. Die genannte Vermutung Barths stellt bei näherer Betrachtung zwei Fragen, nämlich *erstens*, ob Schleiermacher eine Theologie biete, welche sich insgesamt auf den Heiligen Geist zurückführt und selber nichts anderes als Rede vom Heiligen Geist ist. Und – wenn ja – *zweitens*, ob dies als die positive Leistung seiner Theologie gelten könne. Was die erste Frage angeht, so hat die Ausführung des Geistverständnisses des reifen Schleiermacher erbracht, daß Schleiermachers spätere Theologie tatsächlich insgesamt als Auslegung der Geistgegenwart und in diesem Sinne als Pneumatologie verstanden werden kann. Als Grund dafür war deutlich geworden, daß das Geistverständnis bei Schleiermacher wesentlich das Gottesbewußtsein auffaßt und als Gegenwart des Geistes Gottes im Bewußtsein verständlich macht. Damit liegt das Geistverständnis seiner Theologie insgesamt zugrunde.

Daß dies weniger in der Glaubenslehre, als vielmehr in der christlichen Sittenlehre zur Durchführung kommt, liegt darin begründet, daß Schleiermachers Geistverständnis nicht der für die Glaubenslehre grundlegenden Begrenzung unterliegt, derzufolge die Glaubenslehre das Gottesbewußtsein in künstlicher Vereinseitigung als ‚ruhenden *Zustand*' auffaßt.[82] Sondern das Geistverständnis faßt das christliche Gottesbewußtsein uneingeschränkt als das auf, was es ist, nämlich *als lebendiges* – oder in Schleiermachers Sprache: *als kräftiges* - Gottesbewußtsein, welches das Leben durchdringt und sich an allen selbsttätig-empfänglichen Lebensvollzügen erweist. Daß das Verständnis dieses Lebens des Geistes in der Glaubenslehre nur teilweise zur Explikation kommt, ist nicht im Geistverständnis selbst begründet, sondern folgt aus der – auch von Schleiermacher selber als äußerlich bewerteten[83] – Teilung von Glaubens- und Sittenlehre. Dies hat nun freilich zur Folge, daß die grundlegende Rückbezogenheit aller „Auffassungen der christlich-frommen Gemütszustände", welche die Glaubenslehre darzustellen hat[84], auf das Leben des Geistes als Gottesbewußt-

[81] K. Barth, Nachwort zu: H. Bolli [Hg.], Schleiermacher-Auswahl. Mit einem Nachwort von Karl Barth, München/Hamburg 1968, 290–312: 311. Vgl. K. Barth, Die protestantische Theologie im 19. Jahrhundert, –1952, 411: „Was Schleiermacher aufrichtete mit seiner Bewußtseinstheologie, […] *konnte* die reine Theologie des heiligen Geistes sein". Diese Vermutung am Ende der Trinitätslehre aufzunehmen, bietet sich zum einen an, weil erst hier der theologische Horizont von Schleiermachers Pneumatologie letzthin deutlich wird und der Blick zurückgeworfen werden kann, zum anderen, weil die Vermutung Barths vor trinitätstheologischem Hintergrund verstanden werden will.

[82] Vgl. *CG*² § 26.1, 147, 1.

[83] Vgl. *CG*² § 26.2, 147, 15 – 148, 16. Der Sache nach könnte sowohl die Sittenlehre ganz in die Glaubenslehre, als auch diese ganz in jene aufgenommen werden.

[84] *CG*² § 15. Leitsatz, 105, 11 f.

sein erst von der Sittenlehre her durchsichtig wird. Daß dabei nicht nur die Gemeingeistlehre, sondern auch Christologie, Soteriologie und Gotteslehre der Glaubenslehre in neuem Licht erscheinen, ist deutlich geworden. Es ergab sich – unter Zuhilfenahme der geschichtstheologischen Aussagen über den Geist Gottes in den späten Predigten – ein Bild, in welchem sowohl die Erlösung als auch die auf diese (und in dieser auf sich) zugehende humane Geschichte als die von Christus herkommende geschichtliche Selbsthervorbringung des Geistes Gottes verständlich wurden und sich die dogmatischen Gehalte des Gottesbewußtseins als Implikationen dieses Geschehens erschlossen.

Indem die Glaubenslehre, die sich selbst als Explikation des Erlösungsbewußtseins versteht, damit insgesamt nur zur Sprache bringt, was sich im Geist lebendig herstellt, ist sie darum tatsächlich ‚Theologie des Geistes'.[85]

2. Dies führt nun zu der zweiten Frage, was mit dem allen denn nun zum Verständnis und zur Bewertung von Schleiermacher Theologie *gesagt* ist.

Dazu ist zunächst darauf hinzuweisen, daß Schleiermachers Theologie – wie die im engeren Sinne theologische Explikation seines Geistverständnisses zeigt – nicht in dem trinitarischen Sinne Theologie des Geistes *Gottes* ist, welchen Karl Barth bei seiner Vermutung im Blick hatte. Schleiermachers Theologie ist lediglich – dies aber grundlegend – Theologie der *Gegenwart* des Geistes Gottes. Eine pneumatologische Auffassung von Gott selbst, unterschieden von seiner Gegenwart als Geist, entwickelt Schleiermachers Theologie nicht. *Dieser* Aufgabe einer Theologie des Geistes ist Schleiermacher also nicht gerecht geworden.

Indessen entscheidet sich der Wert von Schleiermachers Theologie als einer Theologie des Geistes auch nicht allein an der Frage, ob *dies* gelungen ist oder nicht. Sondern entscheidend ist die Frage nach dem theologischen Stellenwert, die seine Theologie als eine solche, welche als Lehre von der Gegenwart des Heiligen Geistes konzipiert ist, überhaupt hat.

Diese Frage kann nur aus dem christlichen Verständnis des Geistes selbst entschieden werden. Ausgangspunkt mag dazu die für alle Pneumatologie grundlegende Einsicht sein, daß in der Lehre vom Heiligen Geist wesentlich die Gegenwart Gottes in den Gläubigen thematisiert wird, kraft derer sie überhaupt von Gott wissen und reden. Ist aber darum der Heilige Geist Grund und Weise des christlichen Bezogenseins auf Gott, so folgt, daß alle Theologie, die sich ihres Wesens bewußt ist, grundlegend und wesentlich Theologie des Heiligen Geistes ist, sofern sie nichts anderes ist, als denkendes Aussprechen eben dieses Bezogen-

[85] Dies gilt auch für den Akt des Theologisierens selbst, der wie alles christliche Handeln auf den Heiligen Geist als sein Prinzip zurückgeht. So urteilt W. Brandt zu Recht, daß „der Akt der Glaubenslehre, ihr Hervorgehen aus dem Glauben der Kirche als wissenschaftlicher Dienst an der Verkündigung der Kirche, das Werk des Heiligen Geistes sei" (Der Heilige Geist, 17. Die Bewertung von Schleiermachers Theologie als einer Theologie des Geistes lehnt Brandt infolge seines einseitig ekklesiologischen Verständnisses der Schleiermacherschen Geistauffassung indes ab; vgl. 14–17).

seins. Sie ist *grundlegend* Theologie des Geistes, weil sie allein von der Gegenwart des Geistes im Menschen ausgehend und in ihr ihre Gegenstände – und seien es auch dieser Gegenwart vorausliegende (wie etwa die Schrift) – sinnvoll als Gegenstände *des Glaubens* in den Blick nehmen kann. Und sie ist *wesentlich* Theologie des Geistes, weil sie nur *als* Rede vom Heiligen Geist als denkendes Aussprechen der Gegenwart Gottes bei sich bleibt und die als lebendige Erfahrung sich vollziehende christliche Erkenntnis Gottes – und mithin die darin beschlossenen Glaubensgegenstände – nicht zu bloßer Gegenständlichkeit veräußerlicht.

Daß sich Schleiermachers Theologie als Theologie des Heiligen Geistes verstehen läßt, zeigt deshalb, daß sie sich die Wirksamkeit des Geistes nicht nur äußerlich voraussetzt, sondern sich auch selbst auf das Verständnis des Geistes zurückführt. Auf diese Weise die grundlegende Geistbezogenheit der Theologie überhaupt gespiegelt zu haben, ist unbeschadet ihrer schwerwiegenden Defizite die große pneumatologische Leistung der Theologie Schleiermachers. Dies ist freilich nur deshalb eine hervorzuhebende Besonderheit, weil das pneumatologische Wesen der Theologie allzuoft in Vergessenheit geraten ist.[86] Denn die Möglichkeit einer Rückführung der theologischen Aussagen auf ein Verständnis des Geistes, welches als Grundprinzip der Theologie zu stehen käme, muß für jeden theologischen Entwurf gegeben sein, welcher für die christliche Erfahrung des Glaubens – und damit für sich selber – durchsichtig sein soll.[87] Schleiermachers Theologie hat in ihrer Verstehbarkeit als Theologie des Geistes vor allem dadurch bleibende Bedeutung, daß sie diesen Sachverhalt wieder an den Tag bringt und reiche Möglichkeiten zu einer Weiterarbeit an einer pneumatologischen Theologie eröffnet. Diese Weiterarbeit ist aber auch gerade deshalb notwendig, weil sie bei Schleiermacher an der wesentlichen Aufgabe versagt, die Lehre vom Heiligen Geist auch im Blick auf die Gottheit des Geistes zureichend zu entfalten.

---

86 Dies gilt vor allem in Blick auf K. BARTH, der dadurch, daß er Schleiermachers Theologie des Geistes als dessen ‚legitimes Anliegen' von seiner eigenen Theologie unterscheidet, auf ein Defizit bei ihm selber aufmerksam macht. Denn auch wenn Barth die mangelnde Unterschiedenheit der Schleiermacherschen Auffassung des Heiligen Geistes vom menschlichen deutlich gesehen und oft zu Recht kritisiert hat (Nachwort, 309), so hat er seine Bewertung Schleiermachers doch nur einseitig auf diese Differenz fokussiert und nicht gewürdigt, daß Schleiermacher mit der Verknüpfung von menschlichem und Heiligem Geist die Grundfragen der Pneumatologie in einer Weise behandeln konnte, hinter der Barth selbst zurückbleibt. Denn den für alle Rede vom Geist grundlegenden Gedanken, daß der Heilige Geist in aller rechten Rede von ihm immer schon selber gegenwärtig und in Beziehung zum menschlichen Geist ist, vollzieht Barth nicht. Daß Schleiermacher in der Durchführung dieses Gedankens dann daran versagt, den Heiligen Geist auch wirklich als Gott zu denken, ist Barth nachdrücklich zuzugeben und macht eine theologische Distanzierung von Schleiermacher in vielen Punkten unvermeidlich, läßt aber den Wert jenes pneumatologischen Grundgedankens zunächst unbeschadet.

87 Deshalb ist die Frage, ob Schleiermacher seine Theologie selber so verstanden habe, für die Bewertung seines Geistverständnisses systematisch ohne Bedeutung und allenfalls von theologiegeschichtlichem Belang.

Schluss

„Denn wie kann göttlich und menschlich unter irgendeinem Begriff so zusammengefaßt werden, als könnten beides einander koordinierte nähere Bestimmungen desselben Allgemeinen sein, wie z.B. selbst göttlicher Geist und menschlicher Geist nicht könnten ohne Verwirrung auf diese Weise zusammengestellt werden."

(Glaubenslehre 1831)

§ 13 Schleiermacher und die pneumatologische Aufgabe

Die vorangegangene Darstellung von Schleiermachers Geistverständnis hat erbracht, daß sich bei Schleiermacher, angefangen von seinen romantischen Frühschriften bis hin zu den systematisch ausgereifteren Entwürfen seiner Philosophie und Theologie eine sein gesamtes Werk übergreifende systematischen Geistauffassung findet. Während die Frühschriften die noch vorläufige, darin aber gleichwohl schon wegweisende Genese seines Geistverständnisses spiegeln, tritt in den späteren Schriften ans Licht, daß Schleiermacher eine ganz eigenständige neue Fassung der theologischen Pneumatologie zu hat, welche nicht nur die pneumatologische Tradition neu durchzuformen versucht, sondern die theologische Pneumatologie auch in einen durchgeformten Zusammenhang zu seinem philosophischen Verständnis menschlichen Geistes gestellt hat.[1]

Ist diese umfassende Geistauffassung im Vorangehenden aus den relevanten Einzeltexten hergestellt worden, so ist abschließend zu fragen, wie Schleier-

[1] Daß diese systematische Geistauffassung keine durchgängige Darstellung bei Schleiermacher gefunden hat, erklärt sich im Falle der Frühschriften aus deren anders gelagertem Interesse und ihrer noch wenig durchgebildeten Gestalt. Im Falle seiner späten Schriften liegt dies besonders in der Trennung der Glaubenslehre von der Sittenlehre begründet. Da die Sittenlehre den Heiligen Geist zu ihrem Prinzip erklärte, kommt ihr naturgemäß die Aufgabe zu, Grundlegendes zum Geist zu sagen, so daß sich wesentliche dogmatische Gedanken erst aus der Sittenlehre erheben ließen. Hinzu kommt, daß Schleiermachers pneumatologisches Geschichtsdenken, welches mit dem geschichtstheologischen Rahmen zugleich den Gesamtzusammenhang von Schleiermachers Geistverständnis erschließt, weder hier noch dort, sondern in den späten Predigten entfaltet ist.

macher mit seiner Konzeption mit der theologischen Aufgabe, vom Geist zu reden, umgegangen ist und was davon zu lernen, bzw. was daran zu beanstanden ist. Dabei ist zunächst der Gedankengang des reifen Schleiermacher pneumatologisch aufzufassen (1.), sodann die kritische Auffassung seines pneumatologischen Gedankens im Vergleich zu dessen Genese beim jungen Schleiermacher weiterzutreiben (2.) und schließlich eine über Schleiermacher hinausführende Schlußbemerkung zu machen (3.).

1. Systematische Zusammenfassung des pneumatologischen Gedankens beim späten Schleiermacher

Soll der Grundgedanke der sich durch die verschiedenen philosophischen und theologischen Schriften ziehenden Geistauffassung abschließend vor Augen gestellt werden, so ist er auf die relevanten Grundbestimmungen zu fokussieren und im Hinblick darauf darzustellen, was mit Schleiermachers Konzeption für die theologische Rede vom Heiligen Geist *gewonnen* ist. Es gilt also, Schleiermachers Pneumatologie auf das Grundproblem theologischen Verstehens des Geistes zu beziehen und von daher in Besonderheit den *gedanklichen Gehalt* seines Verständnisses des Heiligen Geistes zu entfalten.

1. Die Grundproblematik theologischer Rede vom Geist ist zunächst eine Vorbemerkung wert. Sie besteht wesentlich darin, daß ein Bemühen, den Heiligen Geist aufzufassen, von vornherein auf besondere Weise der Gefahr des Mißlingens ausgesetzt ist. Dieses Problem braucht an die Rede vom Heiligen Geist nicht von außen herangetragen zu werden, sondern ist ihr selber eigen. Es liegt darin, daß das, was sich in der Rede vom Heiligen Geist theologisch ausspricht, die Gegenwart Gottes in den Gläubigen ist. Und diese hat nun die besondere Eigenart, daß sie theologisch unhintergehbar ist. Denn die Gegenwart Gottes im Geist ist nicht von dem christlichen Bewußtsein von ihr so ablösbar, daß das Bewußtsein einen außerhalb dieser Gegenwart liegenden Standpunkt einnehmen könnte. Sondern in der Rede vom Heiligen Geist bezieht sich der Christ auf den in ihm wirksamen Grund, weswegen er überhaupt ist und spricht. Und diese Beziehung auf sich geschieht – nicht nur bei Schleiermacher – in einer ‚eigenen Provinz im Gemüthe', welche nur durch sich selbst vollziehbar, keinesfalls aber von außen einholbar ist. Wenn sich diese Beziehung des christlichen Bewußtseins auf seinen in ihm wirksamen Grund nun als Rede vom Heiligen Geist ausspricht, so hat das auf den Geist reflektierende Bewußtsein diesen darin nicht als äußeren Gegenstand, sondern Gegenstand ist sein Sich-gegenwärtig-Machen in diesem Bewußtsein selber. Der Heilige Geist kommt nicht als etwas Äußerliches, sondern selbst *als* seine Gegenwart im Bewußtsein zum Bewußtsein. Der allgemeine Sachverhalt, daß ein Gegenstand nur kraft seines Eindrucks auf das Bewußtsein diesem gegen-

wärtig ist, ist im Falle des Geistes alleinige Zugangsbedingung zu ihm, weil der Heilige Geist nicht ablöslich von diesem Eindruck seiner Gegenwart noch etwas ist, was man auch von außen fassen könnte. Sondern der Heilige Geist ist *nur als* sein Sich-gegenwärtig-Machen da. Und dies gilt auch für den Fall, daß der Geist sich in dem Bewußtsein von ihm als ein von diesem Unterschiedener gegenwärtig macht, denn auch dann weiß man doch von dieser Unterschiedenheit nur *darin*, daß der Geist auch in dieser Unterschiedenheit noch *gegenwärtig* ist.[2] Löst man das Wissen vom Geist von dieser Gegenwart ab, dann würde dies also nicht nur bedeuten, den Geist zu veräußerlichen und dadurch nicht nur seine eigene Verstehensbedingung auszublenden, sondern diesen selber zu verfehlen.

Von daher sind zwei Redeweisen vom Heiligen Geist von vornherein unzureichend. Die eine ist die, welche die Rede vom Heiligen Geist lediglich als einen traditionellen Gegenstand christlicher Lehre historisch nachzukonstruieren versucht. Die andere ist diejenige, welche vom Heiligen Geist dogmatisch-unmittelbar redet. Beide Redeweisen sind auf unterschiedliche Weise gleichermaßen veräußerlichend. Soll vom Heiligen Geist sachgerecht geredet werden, so hat wohl nur eine Vorgehensweise wissenschaftlich Sinn, welche ihn aus seiner Gegenwart im christlichen Bewußtsein selber heraus zu begreifen sucht. Aber auch hierbei ist die Pneumatologie nicht davor geschützt, grundsätzlich fehlzugehen. Denn der Anfangspunkt bei der Gegenwart des Geistes im Bewußtsein ist nicht schon *alleine* eine hinreichende Bedingung verantworteter Rede vom Geist. Denn auch eine Theorie der Geistesgegenwart setzt sich – qua Theorie – diese lediglich gegenüber und löst sich von der Gegenwart in dem so von ihr Redenden selber. Und dadurch wird sie dann nur in bezug auf ihre Theoriebedingungen nachvollziehbar, ist aber nicht mehr für die Gegenwart des Geistes durchsichtig. Fehlt aber diese Durchsichtigkeit, dann ist diese Theorie der Geistgegenwart nur auf eine raffiniertere Weise veräußerlichend, und es fehlt ihr das kritische Element, welches sie nicht nur als gelehrte, sondern auch als christlich-zutreffende Rede vom Heiligen Geist ausweisen kann. Hingegen ist auch die Hinzunahme einer irreduziblen Rückbindung an die Geistgegenwart selber problematisch, denn diese kann nur ein uneinholbares Sich-Aussprechen des in der Christenheit geschichtlich gegebenen christlichen Bewußtseins selber sein, welches immer schon mit dem anfängt,

[2] Ist der Heilige Geist als vom Bewußtsein Unterschiedener in ihm gegenwärtig, dann ist er in Wahrheit die Überwindung der Differenz des Innen und des Außen des Bewußtseins. Das Bewußtsein ist in sich außer sich im Geist. Daß der Heilige Geist darin nur *als* sich Unterscheidender aufgefaßt werden kann, welcher das christliche Bewußtsein in seiner Gegenwart immerzu in sein pneumatisches Außer-Ihm führt und nur darin als Bewußtsein der Geistgegenwart bei sich sein läßt, hindert nicht, daß diese Unterscheidung am Orte des humanen Bewußtseins geschieht und aufgesucht werden muß. Indessen zeigt sich in diesem Falle deutlich, daß das Bewußtsein der Geistgegenwart Gottes eine gegenüber anderen Bewußtseinserfahrungen ausnehmend besondere Erfahrung ist, deren Beschreibung eine herkömmliche Bewußtseinstheorie sprengen und ganz neu in Bewegung bringen müßte.

was es erst noch sagen will.[3] Und so ergibt sich als Problem der Pneumatologie, daß die hinreichende Bedingung rechter Rede vom Geist ist, daß die Theorie der Geistgegenwart eine irreduzible Rückbindung an die Erfahrung der Selbstgegenwart des Geistes aufweist, diese aber wissenschaftlich nicht mehr einholbar ist.

Ist angesichts dieser Problematik nun Pneumatologie zu betreiben, so muß eine verantwortliche Rede vom Heiligen Geist so aussehen, daß in ihr die Explikation des nur durch sich selber vollziehbaren christlichen Bewußtseins des Geistes so auf wissenschaftliche Vorbedingungen[4] bezogen wird, daß man eine Auffassung darüber erhält, wie ein solches Bewußtsein der Selbstgegenwart des Heiligen Geistes im natürlichen menschlichen Bewußtsein und Leben verortet sein kann. Was damit angesprochen ist, ist die Frage nach der Bestimmung des menschlichen Geistes. Nur wenn man sich eine Auffassung darüber bildet, was eigentlich menschlicher Geist sein soll, kann deutlich werden, was in Unterschied und Anknüpfung dazu Geist Gottes ist und kann auch die christliche Betitelung der göttlichen Selbstgegenwart als *Geist* nicht als willkürlich, sondern als sinnvolles sich-Aussprechen religiösen Bewußtseins verständlich werden.

Kriterium sowohl der Auffassung vom menschlichen Geist als auch von der Möglichkeit göttlicher Geistgegenwart in ihm ist dann, ob eine Selbstexplikation des christlichen Bewußtseins von Geistgegenwart, welche sich auf sie zurückbezieht, als Lehre vom Heiligen Geist durchgeführt zu werden vermag. Dabei ist dann entscheidend, ob die christliche Lehre vom Heiligen Geist ihre Vorbedingungen nicht nur christlich interpretiert, sondern dabei deren von außerhalb ihrer her bezogene philosophische Beschreibung auch als eine vorläufige zu überwinden vermag. Erst diese Überwindung, die den wissenschaftlichen Gedanken des Geistes über sich hinaus zu einer zwar wissenschaftlich formulierten, aber nur noch religiös zu bewahrheitenden Gestalt führt, vermag die gedankliche Unhintergehbarkeit der Geistgegenwart Gottes wissenschaft-

---

[3] Ein solches irreduzibles Sich-Aussprechen ist auch der Rückgang des christlichen Bewußtseins auf die Schrift, in welcher das christliche Bewußtsein der Geistgegenwart sich selbst findet und sich durch sie selber zur Sprache bringt. Es ist dieses Sich-Wiederfinden der christlichen Geisterfahrung im geschichtlichen Zeugnis der Bibel, welches die Schrift als eine vom Geist gegebene Norm ihres Sich-Aussprechens qualifiziert. Eine Formalisierung dieser inneren Würde der Schrift zu einer lediglich vorausgesetzten Schriftautorität wäre ebenso wie ein formal vorausgesetztes *Deus dixit* nicht eine irreduzible Selbstäußerung der Geistgegenwart, sondern ihre veräußerlichende Theoretisierung im erstgenannten Sinne.

[4] Der Ausdruck ‚Vorbedingung' soll darauf hinweisen, daß es sich innerhalb des hermeneutischen Zirkels der Theologie nicht im strengen Sinne um *Voraussetzungen* handeln kann, welche mit demjenigen, dem sie voraus-gesetzt sind, nichts zu tun haben. Soll ein nur durch sich selbst verständlicher Zusammenhang wie die Gegenwart des Geistes Gottes auf etwas außerhalb seiner selbst Liegendes bezogen sein, so kann dieses Vorausliegende nur so als ein *ihm* Vorausliegendes verständlich werden, wenn es als in sich selber schon auf ihn Bezogenes begreiflich wird. ‚Voraussetzung' könnte also nur heißen, daß hier Grundlagen aufgewiesen werden, die eine relative gedankliche Eigenständigkeit gegenüber demjenigen, dem sie vorausgesetzt sind, aufweisen und in dieser relativen Eigenständigkeit *zunächst* für sich wissenschaftlich nachvollziehbar sind. Eben in diesem Sinne sind die ‚Vorbedingungen' zu verstehen.

lich zur Sprache zu bringen und die Lehre vom Heiligen Geist vor ihrem Scheitern in wissenschaftlicher Veräußerlichung zu schützen.

Ist von hier aus Schleiermacher zu betrachten, so liegt der Wert seiner Pneumatologie darin, daß er ein umfassendes pneumatologisches Konzept hat, welches dieser Grundproblematik theologischer Rede vom Geist gerecht zu werden sucht. Dies gilt es im Folgenden in seinem systematischen Zusammenhang zu verstehen und in einer ersten Bewertung sowohl die Möglichkeiten, als auch die (wie sich zeigen wird in einer mangelnden Durchführung jener Überwindung begründeten) Mängel seiner Rede vom Heiligen Geist aufzuzeigen.

2. Was zunächst die Vorbedingungen anbetrifft, auf die sich Schleiermachers Lehre vom Heiligen Geist bezieht, so geht Schleiermacher von einer doppelten Bestimmung des menschlichen Geistes aus, deren erste (a) rein philosophisch ist und deren zweite (b) eben dieses philosophische Verständnis des menschlichen Geistes christlich deutet.

a) Was zunächst das philosophische Geistverständnis angeht, so zeichnet sich dieses dadurch aus, daß Schleiermacher den Gedanken einer reinen Selbstbezüglichkeit des Geistes ausschließt: „ein Sein des Geistigen an und für sich im Gegensatz zu einem Sein des Leiblichen kann uns nie gegeben sein“.[5] ‚Geist‘ ist nicht etwas auch abgelöst von einem seiner Erkenntnis immer schon vorausgesetzten menschlich-geschichtlichen Lebenszusammenhang, in welchem er sich verwirklicht, Auffaßbares. Er ist immer schon in beidem, in der Vernunft und in der Natur, nämlich in der Natur als dasjenige, was sie überhaupt erkennbar, und in der Vernunft als dasjenige, was sie zu einer erkennenden macht. Schleiermacher nimmt damit zwar das idealistische Anliegen auf, mit dem Geist das Erkennen zu bezeichnen und dieses als das geschichtsbildende Prinzip aufzufassen, läßt dieses Erkennen in seiner Einheit selber aber unanschaulich sein. Der Geist steht gleichsam *über* der Polarität von Natur und Vernunft. Sollte er für sich aufgefaßt werden, so kann man ihn in Schleiermachers System nur verorten als das ‚geistige Sein‘, und das ist dann die reine Bezüglichkeit des höchsten Seins als Wissen auf sich als Gewußtes, welche allem Denken als der höchste Gegensatz innewohnt und welche aller im Natur-Vernunft-Zusammenhang dann aufweisbaren Geistwirksamkeit uneinholbar vorausliegt.[6]

Ist der Geist deswegen nicht rein für sich zu bestimmen, so kann er nur *in* dem Vernunft-Natur-Zusammenhang aufgesucht werden, in welchem er sich erweist. Der Ort dafür ist dabei das menschliche Individuum, in welchem sich das Leben des Geistes ursprünglich manifestiert. Dabei kommt dieses freilich selber nur als unlösliche Einheit von Natur und Vernunft – bzw. hier: von Leib und Seele – in den Blick. Soll der Geist in ihm erkannt werden, so ist *in* der leibseelischen Einheit des Subjekts nach dem Mittelpunkt seiner vielfältigen Seelen-

[5] *Dialektik* (hg. R. Odebrecht), 387.
[6] WBraun II, 531 (§ 46).

tätigkeiten zu fragen. Die Psychologie Schleiermachers nimmt eben diese rückfragende Perspektive ein, indem sie nach „den rein geistigen Thätigkeiten als dem höchsten des Menschen“ fragt, „welche die Seele durch sich selbst und ohne den Leib verrichtet“ und welche die Seele darum im Unterschied zum Leib sie selbst sein lassen.[7] Diese Tätigkeiten, die nun in besonderer Weise die Gegenwart des Geistes in der Seele bezeichnen, sind die Bewußtseinstätigkeiten. Das Bewußtsein ist dabei „die Art und Weise des Geistes zu sein in Einheit mit der Organisation“ des Leibes, „in und mit“ dem es „durch die Thätigkeit des Geistes“ wird.[8] Das Bewußtsein ist die Daseinsweise des Geistes in seinem leiblichen Wirkungsraum und wird als solches erst *mit* diesem Wirkungsraum zusammen, wie umgekehrt dieser erst durch die Wirksamkeit des Geistes als Bewußtsein wird. Das heißt dann für den Geist, daß dieser nur als ein solcher in den Blick kommen kann, dessen Dasein sich mittels der Bewußtseinstätigkeiten und in ihnen im leibseelischen Zusammenhang erst herstellt und der nur an diesem Sich-Herstellen als er selber da ist und als Mittelpunkt des Bewußtseins beschreibbar wird. Die Explikation der Psychologie beschreibt dieses Sich-Hervorbringen des Geistes in einer Reihe, die, angefangen von den Sinnestätigkeiten und der Bildung des objektiven Bewußtseins, dann vor allem in dem Aufweis der verschiedenen Stufen des Selbstbewußtseins die Frage nach den ‚rein geistigen‘ Tätigkeiten der Seele verfolgt. Diese Reihe gipfelt in der Beschreibung jenes Mittelpunktes im religiösen Bewußtsein, in welchem sich die Bewußtseinstätigkeit des Geistes im Gefühl absoluter Abhängigkeit für die schlechthinnige Notwendigkeit ihrer selbst durchsichtig wird. Dabei ist dann der pneumatologische Ertrag darin ersichtlich, daß Schleiermacher diese Entwicklung und ihren Zielpunkt im religiösen Bewußtsein als „die vollständige Reihe der Entwikklung des Geistes in sich selbst“ beschreibt, in welcher „jede neue Gestaltung des Selbstbewußtseins ein erweitertes Sich-selbst-finden des Geistes [ist], bis wir an den Punkt kommen wo es sich selbst jenseit des endlichen findet in dem Unendlichen“.[9] Während die anderen Bewußtseinstätigkeiten die Weise des Sich-Herstellens des Geistes im Bewußtsein beschreiben, werden im religiösen Bewußtsein diese Tätigkeiten, und damit die Bewegung des Geistes selber, ihrer selbst einsichtig. Indem damit aber eine Selbstbezüglichkeit des Geistes bezeichnet ist, überschreitet die Frage nach dieser Geistestätigkeit zugleich den Rahmen dessen, was philosophisch über den Geist aussagbar ist. Denn hier geht der menschliche Geist *in* seiner unhintergehbaren Leibgebundenheit so über sich hinaus, daß er seines leibseelischen Lebenszusammenhangs selber völlig einsichtig wird und, so gleichsam über sich selbst stehend, seiner selbst als Geist bewußt wird. Dieser Grenzgedanke des Geistes kommt in der Psychologie Schleiermachers deshalb nur als unvollziehbarer Fluchtpunkt der Bewußtseinsentwicklung in den Blick, da mit dem Sich-selbst-Finden des Geistes

[7] SW III/6, 33.495.
[8] SW III/6, 35.
[9] SW III/6, 214.

im Unendlichen kein Zustand mehr bezeichnet ist, welcher von dem noch innerhalb der leibseelischen Wirklichkeit stehenden objektiven Bewußtsein aus vollzogen werden könnte. Von daher bleibt also philosophisch offen und letzthin bewußtseinstheoretisch uneinholbar, was dieses höchste Bewußtsein des Geistes für das Verständnis des Geistes selber noch beiträgt bzw. wie das Unendliche, in dem sich der Geist im religiösen Gefühl selber findet, diesen Geist selber noch näher bestimmt.

In diesen Gedanken liegt nun die philosophische Vorbedingung von Schleiermachers theologischem Verständnis des Geistes. Ihr Wert liegt darin, daß sie den philosophischen Gedanken des menschlichen Geistes auf einen Punkt hin entwirft, in welchem ein philosophisch nicht mehr einholbares höchstes Bewußtsein des Geistes geschieht, welches nur religiös durch sich selbst zu vollziehen ist. Damit ist ein Ort angewiesen, an welchem ein christliches Verständnis des Geistes einsetzen kann.

b) Die zweite Vorbedingung ist nun Schleiermachers geschichtstheologische Gesetzeslehre, in der er die psychologisch-ethische Auffassung vom menschlichen Geist auf das Verständnis des Heiligen Geistes hin interpretiert. Der Gedanke setzt hier bei einer Differenz innerhalb der natürlichen Geistestätigkeiten an. Demnach liegt es in dem sich in der Polarität von Natur und Vernunft nur in Gegensätzen verhaltenden geschichtlichen Leben selber, daß der Mensch ein vorauseilendes Erkennen der Einheit der Gegensätze hat, hinter der handelnden Realisierung dieser Einheit aber notwendig zurückbleibt und so die Welt nur in der Form des Gesetzes erkennt. Dabei ist es dann die dadurch entstehende Spannung von Erkennen und Wollen, von Gesetz und Erfüllung, durch die der Mensch geschichtlich fortschreitet und in der sich der Geist als Bewußtsein weiter ausbildet. Da diese Gesetzesbestimmtheit nun aber zwar die notwendige, aber auch die unüberschreitbare Bedingung der geschichtlichen Weltwahrnehmung ist, über die hinaus der Mensch nicht zur Erkenntnis der Einheit der Gegensätze – und d.h. zu seiner Wahrheit – kommen kann, ergibt sich eine Begrenztheit des natürlichen Bewußtseins. Es bringt ‚nur Fortschritt', nicht aber ‚Frieden', d.h. ein Zur-Ruhe-Kommen des Sich-Findens des Geistes in der verwirklichten Einheit von Natur und Vernunft. Schleiermacher weist damit auf ein wesentliches Defizit der geschichtlichen Wirksamkeit des menschlichen Geistes hin. Weil er sich immer ein Gesetz bildet, kann er über dieses Gesetz nicht hinaus zu seiner Natur und Vernunft einenden Bestimmung kommen. Sein Selbstbewußtsein im einzelnen Subjekt bleibt so immer nur das Bewußtsein eines noch *unter* menschlich-geschichtlichen Gegensätzen Stehenden. Weil der Geist aber nur in der erfüllten Einheit der Gegensätze seine Bestimmung sieht, bleibt sein Selbstbewußtsein dadurch unbefriedigt. Dieser Zustand ist für den menschlichen Geist die Grenze seiner geschichtlichen Entwicklungsfähigkeit, die er zwar immerzu zu überwinden trachtet (und eben *dadurch* Geschichte, Kultur, Wissenschaft etc. überhaupt erst hervorbringt), die aber an und für sich betrachtet der „Zustand eines hoffnungslosen Unvermögens des Geistes“ ist.[10] Dabei findet dieser Zustand auch dadurch keine grundlegende Änderung, daß der menschliche Geist von dem Gesetz, welches er sich vorhält, auch selber weiß, daß es in sich selber ‚Geist und Leben‘ ist, nämlich die höhere Verwirklichung seines Daseins in sich birgt und ihm für den Fall, daß er sich in völliger Entsprechung zu diesem Gesetz befindet, auch das befriedigende Bewußtsein der Erfüllung seiner Bestimmung verspricht. Es ist gerade dieses Wissen um das geistige Wesen des Gesetzes, das den Menschen zu immer neuer Anstrengung anhält und seinen Fortschritt so erst bewirkt. Indessen wird dieses Wissen aber nicht zur Erfüllung, weil das Gesetz die Freiheit nicht selber gibt, sondern vielmehr *als* Gesetz sogar von ihr fernhält. Und so ergibt sich eine Auffassung des Geistes und der Geschichte, in der es zwar als Bestimmung des menschlichen Geistes erscheint, die Geschichte als den Prozeß seiner fortschreitenden Selbst- und Weltbildung hervorzubringen, ihm die Synthesis seiner geschichtlichen Kräfte und damit die Erfüllung seines Daseins aber nicht selber zugänglich ist.

Das theologische Verständnis des Geistes schließt an diese Auffassung vom menschlichen Geist an, indem es Gott zunächst philosophisch-theologisch als die absolute Einheit aller Gegensätze und in diesem abstrakten Sinne als den höchsten Gesetzgeber vorstellt. Sollte es eine Realität des Geistes in der Geschichte geben, welche diese höchste Einheit vollendet in sich gegenwärtig hat, so wäre diese als Gegenwart des Geistes Gottes zu bezeichnen. Der Geist Gottes wäre dann die absolute Steigerung des geschichtlichen Lebens des Geistes, in welcher jeder geschichtliche Gegensatz überschritten ist und in welchem alles geschichtliche Leben deshalb seine höchste Erfüllung findet. Bestimmte nicht die Erfahrung des Unvermögens gegenüber dem Gesetz, sondern dieser Geist das menschliche Selbstbewußtsein, so wäre er frei vom Gesetz, insofern dann jeder geschichtlich mögliche Gegensatz in ihm immer schon überwunden wäre und es kein Erkennen eines Gesetzes mehr geben würde, welches nicht seine vollkommene Entsprechung im Handeln unmittelbar fände und damit als Gesetz aufgehoben wäre. Freilich ist es dem menschlichen Geist nicht möglich, von solch einer Realität überhaupt zu wissen, da sie aus dem natürlichen Leben unter dem Gesetz heraus nicht abzuleiten ist. Denn der Geist Gottes wäre, wenn es ihn in dieser Bestimmtheit gäbe, als die höchste Vollkommenheit geschichtlichen Geistes nicht eine innerhalb der gesetzesverfaßten Geschichte faßbare Bestimmtheit dieser Geschichte, sondern das unendliche Leben der Geschichte selber, das alles gesetzesverfaßte geschichtliche Leben in sich integriert und so alle zeitliche Bemühung des menschlichen Geistes unter dem Gesetz in die Ewigkeit ihrer Vollendung in ihm aufhebt. Soll der Geist Gottes geschichtliche Realität sein, so müßte deshalb eine Neubestimmung des geschichtlichen Lebens geschehen, die aus dem Sich-Finden-des-Geistes unter dem Gesetz insofern unableitbar ist, als sie sein ursprüngliches Umschlagen in ein Sich-schon-gefunden-Haben des Geistes im Unendlichen voraussetzt.

---

[10] *CG*² § 66.2, 357, 21 f.

Ist dieser Umschlag auch nicht abzuleiten, so läßt sich für Schleiermacher aber gleichwohl die *Weise* angeben, auf welche eine solche Neubestimmung der Geschichte selber als geschichtliche angesehen werden kann. So ist zu sagen, daß diese Neubestimmung in einem geschichtlichen Individuum geschehen muß, in dessen Bewußtsein sich der Geist Gottes unmittelbar so darstellt, daß Geist Gottes und menschlicher Geist eins sind, jener Umschlag also bereits ursprünglich in ihm geschehen ist. Ein solches Geschehen muß dann freilich selber geschichtlich gedacht werden, nämlich so, daß die Geschichte in diesem Menschen selber über sich hinausginge und sich in ihrem unendlichen Leben vollkommen in ihm gegenwärtig machte. Gleichwohl unterschiede ein solcher Mensch die Geschichte in ihr selber, insofern durch ihn eine neue Stufe geschichtlichen Daseins heraufgeführt würde, in welcher sich der menschliche Geist für die Ewigkeit seines geschichtlichen Lebens selber durchsichtig wird.

Es ist dies die zweite Vorbedingung von Schleiermachers Verständnis des Heiligen Geistes, die den Einsatz des pneumatologischen Gedankens in Christus nun unmittelbar vorbereitet. Schleiermacher führt in ihr die philosophische Bestimmung des Geistes in mehrfacher Hinsicht weiter. *Zum einen* macht er deutlich, daß das Sich-selbst-Finden des Geistes im Unendlichen, welches das religiöse Selbstbewußtsein bezeichnet, sich nicht aus der gesetzesbestimmten natürlichen Bewußtseinsentwicklung gleichsam unwillkürlich herstellen kann, sondern eines unableitbaren Anfangs in einem Menschen bedarf, in welchem sich der Geist Gottes ursprünglich realisiert. *Zweitens* deutet sich die Möglichkeit an, in einem solchen Menschen dann das eigene Bewußtsein und Leben des Geistes selber als Gegenwart des Geistes Gottes in ihm zu bestimmen. *Drittens* macht er material deutlich, daß in dieser Gegenwart des Geistes Gottes diesem Menschen das gesamte geschichtliche Leben neu bestimmt ist, und zwar so, daß es ganz zu seiner Erfüllung gekommen ist.

3. Die Explikation des theologischen Geistverständnisses geht nun von dem christlich vorgegebenen Sachverhalt aus, daß dem christlich-frommen Selbstbewußtsein ein solches unableitbares und ursprüngliches Gegenwärtigwerden des Geistes Gottes als in Jesus von Nazareth geschehen bewußt ist. Damit ist zugleich gesagt, daß sich das christliche Selbstbewußtsein *als* religiöses Bewußtsein selbst auf dieses Gegenwärtigwerden des Geistes Gottes zurückführt und nur in diesem sich selbst in seiner originären Genese sieht. Das christlich-fromme Selbstbewußtsein findet sich damit selber schon *in* dieser Gegenwart des Geistes, von welcher es als von seinem Ursprung in Christus erst spricht. Dabei übergreift diese Gegenwart dann die geschichtliche Differenz zwischen dem christlichen Subjekt und Christus: Das christliche Bewußtsein redet heute, aber es findet sich darin zugleich als in einem vollkommenen Zu-sich-selbst-gekommen-Sein der Geschichte stehend und wird sich so als *in Christus* lebend bewußt. Schleiermachers Lehre vom Heiligen Geist ist nichts anderes als die Selbstexplikation dieses Bewußtseins, welches sich im Blick auf die vorgenannten Voraussetzungen verständlich zu machen sucht. Diese Explikation hat

a) eine grundlegende christologische Dimension, b) eine ekklesiologische, die das sich Fortsetzen der Geistgegenwart in Christus, und c) eine ethische Dimension, die die Beziehung des Geistes auf das natürliche geschichtliche Leben thematisiert.

a) Was die *Christologie* anbetrifft, so nimmt der Gedanke seinen Ausgang bei der Notwendigkeit, die Erscheinung Jesu als geschichtliches Geschehen zu denken. Soll der Heilige Geist im Bewußtsein des Menschen Jesus aufgefaßt werden, so kann der grundlegende Satz christlicher Pneumatologie, nämlich daß „der Geist selbst in Christo erschienen" sei[11], nicht als ein ungeschichtlicher Einbruch in die Geschichte gedacht werden. Denn dann würde der Heilige Geist im Bewußtsein nicht auffaßbar sein, und es wäre auch nicht erklärlich, wie sich der Heilige Geist von Jesus aus anders als durch ein immer neues Wiederholen dieses kontingenten Einbruchs in die Geschichte mitteilen sollte. Vielmehr ist die Erscheinung Jesu für Schleiermacher als ein Ereignis dieser Geschichte selber zu verstehen, in welchem sie über sich hinausgeht und die Entwicklung des Geistes in der Geschichte also umschlägt in ein ursprüngliches Bei-sich-Sein des Geistes in Christus. Weil dies so ist, geschah die Erscheinung Jesu auch nicht zufällig, sondern ‚als die Zeit erfüllet war', nämlich als das durch das Gesetz bedingte „Verlangen[] nach der Erscheinung des noch nicht erschienenen Geistes" so groß war, daß das Geschichtlichwerden des Geistes als ein unableitbares Hervortreten der höchsten Lebensstufe der Geschichte selber erscheint und deshalb, „sobald nur der Geist selbst in Christo erschienen, auch die Gemeinschaft" mit dem natürlichen Leben „schon angeknüpft war."[12] Dies heißt nun für das Verhältnis von Geist und Geschichte, daß die ganze Geschichtsentwicklung unter dem Gesetz intentional selber auf das Hervortreten des Geistes Gottes in ihr gerichtet ist. Es geht also der humane Geist in der natürlichen Geschichtsentwicklung auf seine vollkommene Verwirklichung in Christus zu. Ist in seinem Hervortreten nun die Geschichte sich selbst durchsichtig, so ergibt sich in der Wendung zurück, daß alles vorangegangene geschichtliche Wirken des menschlichen Geistes unter dem Gesetz nur ein verborgenes Sich-Vorausgehen des Gegenwärtigwerdens des Geistes Gottes in Jesus ist.

Die eigentlich christologischen Aussagen ergeben sich aus der Nötigung zu denken, daß in Jesus der Geist Gottes, der alle Geschichte des menschlichen Geistes in sich vollendet, vollkommen realisiert ist und so in diesem geschichtlichen Menschen die ganze Natur und Vernunft einende Geschichte des menschlichen Geistes in nuce erfüllt ist. Es ist also der Gedanke der geschichtlichen Urbildlichkeit Christi, welcher pneumatologisch interpretiert wird. Dabei ist die grundlegende Bestimmung, daß der Geist Gottes selber der menschliche Geist Jesu ist. Dies wird so gedacht, daß der Geist Jesu sich nicht aus der

[11] *CS* 302f.
[12] Ebd.

Bildung der empfänglichen und selbsttätigen Geistestätigkeiten zu seiner Vollkommenheit im Geist Gottes erst sukzessiv erhebt – diese Möglichkeit ist durch das Gesetz ja gerade ausgeschlossen –, sondern daß das Sich-selbst-Finden des Geistes in ihm bereits *ursprünglich* in ein vollkommenes Sich-gefunden-Haben umgeschlagen ist. Damit aber ist gesagt, daß der Geist Gottes in Jesus nicht etwas ist, das zum natürlichen Selbst- und Weltbewußtsein Jesu äußerlich hinzuträte, sondern er ist dessen eigenste Erfüllung in einem menschlichen Individuum. Für das unmittelbare Selbstbewußtsein als den innersten Punkt aller Geistgegenwart im Individuum gilt also, daß der Geist Gottes das menschliche Selbstbewußtsein Jesu nicht ersetzt, sondern dieses Bewußtsein in seiner höchsten, das geschichtliche Dasein des Geistes urbildlich sich gegenwärtig habenden und sich an Jesus vollkommen realisierenden Erfüllung selber ist. Und in diesem Sinne ist das Bewußtsein Jesu dann selber Gottes Gegenwart in ihm, nämlich die sich an allen Lebensmomenten Jesu herstellende ursprüngliche Einheit Gottes im Geist. So wird der Satz, daß „die stetige Kräftigkeit seines Gottesbewußtseins [...] ein eigentliches Sein Gottes in ihm war", pneumatologisch verständlich als Explikation des anderen Satzes, daß „das göttliche in Christo der ihm ohne Maaß mitgetheilte göttliche Geist" ist.[13] Geist Gottes und Gottesbewußtsein sind also, sofern dieses als ein sich an allen Lebensmomenten Erweisendes und sich *darin* als es selbst Hervorbringendes begriffen wird, eins. Die weitere Gestaltung der christologischen Aussagen geht von diesem ursprünglichen Umschlag der Geistesbildung Jesu aus und interpretiert von ihr aus das Geistverständnis der Psychologie enhypostatisch. Weil in Jesus die höchste Entwicklungsstufe seines Geistes, das kräftige religiöse Bewußtsein, die ursprüngliche Gegenwart des Heiligen Geistes selber in ihm ist, gilt von allen natürlichen Ausformungen subjektiven und objektiven Bewußtseins sowie von der Selbsttätigkeit und den niederen psychischen Geistestätigkeiten, „daß in ihm keine Aeußerung des psychischen Organismus statt fand, die nicht vom Impulse des göttlichen Geistes ausgegangen wäre und demselben absolut entsprochen hätte".[14] So führt die vollkommene Gegenwart des Geistes Gottes zur ungetrübten Seligkeit Jesu.

b) Der *ekklesiologische* Geistgedanke setzt bei dieser Bestimmung der urbildlichen Geistgegenwart in Christus an und gibt zu denken, wie die urbildliche Vollendung des menschlichen Geistes und Lebens in ihm auf den menschlichen Geist unter dem Gesetz ausgehen kann. Grundlage für das Verständnis der Mitteilung des Geistes ist dabei der Gedanke, daß Jesus kraft seines vollkommenen Bewußtseins den Mangel des humanen Selbstbewußtseins unter dem Gesetz an sich selbst spürt und zugleich seine Erfüllung in sich trägt. Dabei ist entscheidend, daß Jesu vollkommenes Gottesbewußtsein die *eigenste* Erfüllung des Be-

[13] *CG* 94. Leitsatz, 43; *CS* 113.

[14] *CS* 311 (1826/27). Vgl. SW II²/2, 32 (P 104): Es war „in Christo keine Trennung zwischen Verstand und Willen, sondern die vollste Uebereinstimmung".

wußtseins der Menschen ist. Dies führt dazu, daß die Darstellung seines Bewußtseins, als welches Jesu ganzes Wirken verständlich ist, zur empathetischen Mitteilung des Geistes als der eigensten Erfüllung des Selbstbewußtseins der Menschen wird, die diese Darstellung erfahren. Dabei ist dann „das erste was geschieht dieses […], daß der Geist eindringt in das Gefühl, in das unmittelbare Selbstbewußtsein, und das zweite dieses daß er Spontaneität wird durch den Uebergang in die Duplicität des Verstandes und des Willens".[15] Jesus teilt sein eigenes Selbstbewußtsein mit, und darin, also *in ihm*, kommen die Menschen zu ihrem eigenen höchsten Selbstbewußtsein. So ist auch in den Gläubigen ihr eigenes Selbstbewußtsein selber Gegenwart des Geistes Gottes in ihnen, welcher durch Aneignung der weiteren Geistesfunktionen ihre ganze Person erfüllt, was freilich im Unterschied zu Christus erst allmählich geschieht.

Werden in diesem Sinne die Jünger in die Einheit des Bewußtseins und Lebens mit Christus, d.h. in die ‚Lebensgemeinschaft' mit ihm geführt, so ergibt sich der Übergang dieses beim irdischen Jesus noch persönlichen Wirkens zur Gegenwart des Geistes in der Gemeinde daraus, daß der Geist Jesu als innerstes Bewußtsein der Gläubigen, der natürlichen Bewußtseinsbewegung folgend, ein gemeinschaftliches Handeln erzeugt, in welchem sie sich den Geist gegenseitig darstellen und mitteilen. Dieses Handeln ist zunächst einmal kein anderes als dasjenige, durch welches sich auch jede andere geschichtliche Bewußtseinsgemeinschaft erzeugt. Der Unterschied liegt darin, daß hier die unableitbare Vollkommenheit menschlichen Geistes, und nicht ein partikulares Selbstbewußtsein, tätiges Prinzip ist. Das Ereignis von Pfingsten bezeichnet nichts anderes, als daß sich in dieser Gemeinschaftsbildung die Gegenwart des Geistes in den Gläubigen von der irdischen Einwirkung Jesu ablöst und zu einem *eigenen* Mit- und Aufeinanderwirken wird, welches den Geist nicht mehr in einem geschichtlichen Gegenüber, sondern als Gemeingeist in ihm selber hat. Dabei ist dieser Gemeingeist kein anderer als das persönliche Selbstbewußtsein Jesu, aber er ist dies so, daß das „zeitliche Verhältnis" zu ihm aufgehört hat und Jesus nun „auf ewige Weise" durch diesen Geist gegenwärtig ist.[16] Dabei ist dann wesentlich, daß der Heilige Geist nicht in einem Menschen allein, sondern nur in dem Mit- und Aufeinanderwirken der Gemeinschaft als ganzer ganz gegeben ist. In diesem *empfängt* der im einzelnen Bewußtsein nur individualisiert verwirklichte Geist *sich selbst aus allen* und *findet* in der Mitteilung seiner individualisierten Gegenwart *sich selbst in allen*, um so in der *Gemeinschaft des Bewußtseins* die vollendete Gegenwart des Geistes Gottes zu sein: „Denn da das innerste Bewußtsein und die innersten Antriebe nichts anders sind, als die Gegenwart und die lebendigen Regungen des Geistes selbst, so ist die Gemeinschaft derselben nichts anders als das Sichselbsterkennen des Geistes und diese muß sich also so weit erstrecken, als der Geist derselbige ist, das heißt über die ganze Christen-

[15] *CS* 372.
[16] P 218 (SW II²/2, 513).

heit".[17] So beschreibt Schleiermachers Gemeingeistlehre als die Weise, in welcher der Heilige Geist sich ausbreitet, dessen immer neues Sich-Hervorbringen im Mit- und Aufeinanderwirken der Gläubigen, in welchem alleine er da ist und auf welches er immer erneut ausgeht. Dabei gilt sowohl, daß der Heilige Geist sich nur in Menschen und durch sie verwirklicht, also nicht von außerhalb ihrer auf sie wirkt, als auch, daß eben darin Christus geistig gegenwärtig ist. Beides kommt zusammen in der Richtung jeder Äußerung des Geistes auf die Einheit der Kirche, in welcher sich der Geist von der individuellen Bestimmtheit seiner Darstellung ablöst und der Einzelne sich selbst als Organ dieser Gemeinschaft ganz in diese hinein verliert, damit die Gemeinde so immer mehr *eines* werde und darin ganz ‚Leib Christi' ist, nämlich der ‚geistige Organismus' des in ihm urbildlich verwirklichten Gottesbewußtseins Jesu. Von diesem gilt dann, daß jede naturgemäße Äußerung christlichen Bewußtseins, wo sie in der Einheit mit der Gemeinde geschieht, selber Gegenwart Christi ist, welche seinen Geist mitteilt und das noch selbständige Selbstbewußtsein in die Gemeinde hineinzieht, um es darin zu seinem Sein in Christo zu bringen. Und so gehen dann Geist und Gegenwart Christi von der Gemeinde über das ganze menschliche Leben aus.

c) Der *ethische* Geistgedanke nimmt seinen Ausgang nun bei dem in der Gemeingeistlehre schon vorausgesetzten Sachverhalt, daß der Heilige Geist immer nur *in* der menschlichen Natur gegeben ist und sich mit der Aneigung des humanen Lebens an ihn grundlegend auf diese bezieht. Er faßt dabei die teleologische Intentionalität der Gegenwart des Geistes Gottes in Christus auf, in deren Urbildlichkeit liegt, daß die Mitteilung des Heiligen Geistes, indem sie den menschlichen Geist zur Vollendung in ihm bringt, zugleich die gesamte humane Kultur zu ihrer Erfüllung im *Reich Gottes* führt. Diese teleologische Richtung der Geistgegenwart liegt in der sich-hervorbringenden Bewegung des Geistes in der Gemeinde selber, insofern diese in ihrer Bezogenheit auf ihre Einheit in Christus die ursprüngliche Darstellung Christi erneuert. Dabei ist dann das Spezifikum dieses, daß das Mit- und Aufeinanderwirken auf die vollkommene geschichtliche Verwirklichung des Geistes nicht anders zugeht, als daß es von ihr in Christus schon herkommt und sich nur in der rückwärts gewandten Bezogenheit auf die Einheit in ihm auch ausbreitet. Und so ist die ausbreitende Bewegung des Geistes zugleich ein Aufsichzugehen der in Christus schon verwirklichten Vollkommenheit des menschlichen Lebens in der natürlichen Geschichte.

Der Gedanke, in dem Schleiermacher diese Bewegung auffaßt, besteht nun darin, daß der Geist Gottes, wenn er im einzelnen das unmittelbare Selbstbewußtsein als das höchste Selbstbewußtsein erfüllt hat, sich auch alle anderen Bewußtseinsfunktionen, sodann mittels dieser die menschliche Selbsttätigkeit und schließlich wiederum mittels dieser den Leib und die Natur des Menschen aneignen muß. Dadurch ergeben sich der Gesinnungs-, Talent-, und Naturbil-

[17] *CG*² § 149.2, 389, 14–18.

dungsprozeß, in welchem das ganze natürlich-vernünftige Leben ‚Organ' der Selbsthervorbringung und Selbstdarstellung des Heiligen Geistes in der Gemeinde wird, welche schließlich das ganze humane Dasein umgreift. Dabei folgt dann aus der Dominanz des Gottesbewußtseins im Selbstbewußtsein, daß sich die natürlichen Bewußtseinsfunktionen gegen ihre Aneignung durch das Gottesbewußtsein nicht sperren. Wie schon in der ursprünglichen Mitteilung des Gottesbewußtseins dieses dem humanen Geist als die Vollendung seines naturgemäßen Lebens erscheint, nicht aber als dessen Aufhebung, und so also eine grundlegende Empfänglichkeit für den Geist Gottes besteht, so neigen sich auch die übrigen Geistestätigkeiten dem Geist Gottes, und so neigen sich auch der Wille und die niederen psychophysischen Lebenszusammenhänge dem von seiner Vollendung bestimmten menschlichen Geiste hin. Was dem christlichen Bewußtsein als ‚Fleisch' bewußt wird, ist nicht eine grundlegende Widerständigkeit seines natürlich-vernünftigen Lebens gegen die Aneignung durch den Geist Gottes, sondern nur die Darstellung von dessen *noch*-bestehender Selbständigkeit im Bewußtsein. Diese aber ordnet sich, sobald die Darstellung des Geistes nur kräftig genug ist, diesem sogleich unter, so daß das Bewußtsein der Selbständigkeit des Fleisches nur ein Moment an dem Bewußtsein seiner Überwindung ist. Daraus ergibt sich dann in ethischer Hinsicht, daß die Aneignung des natürlichen Lebens durch den Geist Gottes diesem Leben als ihm selber geschieht. Daß in der Bildung des Geistes Gottes „die Vernunft in ihrer Differenz vom göttlichen Geiste aufhört Princip zu sein und nur zum Zentralorgane wird"[18], heißt nicht, daß sie etwas schlechthin anderes würde, sondern daß sie ganz sie selbst wird, nämlich sich selbst durchsichtiges Organ der ihr vorausliegenden Einheit des Geistes in Gott. Und so ergibt sich, daß das Christentum die humane Kultur nicht negiert, sondern als seine eigene Voraussetzung für sich ausbildet und erschließt.

4. Schleiermacher gibt damit ein Geistverständnis zu denken, das dem besonderen Erfordernis theologischer Rede vom Geist, nämlich sowohl den Anfang bei sich selbst zu haben, als auch sich sinnvoll im Zusammenhang menschlichen Geistes zu verstehen, auf bemerkenswerte Weise nachkommt. Der Schlüssel, welcher ihm erlaubt, beide Elemente auf einzigartige Weise miteinander zu verbinden, ist dabei die in dem christologischen Geistgedanken liegende *Umkehrung* der Denkrichtung. Schleiermachers theologisches Geistverständnis setzt bei dem philosophischen Gedanken menschlichen Geistes nicht so an, daß es diesen nun in seiner eigenen Richtung weiterdenkt, sondern so, daß es sich von aller darin angezielten Vollendung des menschlichen Geistes in Christus immer schon *herkommend* versteht. Eben dadurch aber ist es dem theologischen Geistverständnis möglich, das philosophische Verständnis des menschlichen Geistes gleichsam von rückwärts her, d.h. von der ewigen Vollendung des hu-

[18] *CS* 306 (1826/27).

manen Geistes in Christus her, einzuholen. In dieser Rückbewegung nimmt dann der theologische Geistgedanke den philosophischen *umgekehrt* in sich auf. Der menschliche Geist bildet sich, aus dem Blick der Gegenwart des Geistes Gottes in ihm, nicht nur sowohl im Individuum, als auch in der Geschichte erst zur höchsten Vollkommenheit aus, sondern kommt zugleich von seiner in Christus schon gegebenen Vollendung her und eignet sich das natürliche Wirken des menschlichen Geistes als ein auf sie zuführendes an. Dabei läßt Schleiermacher die psychologische Grundbestimmung, daß vom Geist nur *in* seinem menschlichen Sichverwirklichen die Rede sein kann, unbeschadet, da sein Verständnis des Heiligen Geistes diese Gegenwart nicht in einer metaphysischen Aseität begründet sieht, sondern in seinem von Christus ausgehenden geschichtlichen Wirklichwerden selber, welches in der Gemeinde geschieht. Und weil sich auch der Gedanke des Geistes in diesem Wirklichwerden immer schon vorfindet, gibt Schleiermachers Verständnis des Geistes dann auch sich selbst noch einen Ort. Denn die Richtung jeder Selbstäußerung des Geistes auf ihr Sich-Ablösen von sich auf die Gemeinschaft der Geistäußerung hin gilt auch für das theologische Reden vom Geist, das nur es selber ist, wenn es sich als Bruchstück der Darstellung des Geistes einsichtig wird.

Schleiermachers theologisches Geistverständnis versteht sich damit allein von der vollkommenen Erscheinung des Geistes Gottes in Jesus und der von ihm ausgehenden Gegenwart dieses Geistes her. Dieser streng präsentisch-eschatologische Ansatz ist nun auch unbestreitbar richtig, wenn anders der Heilige Geist wirklich der ἀρραβὼν τοῦ μέλλοντος ist, welcher das von Gott her erst noch Kommende selber schon ist.[19] Und tatsächlich will Schleiermacher auch nichts anderes sagen (und sagt es in den Predigten auch ausdrücklich), als daß im Heiligen Geist die ewige Vollendung menschlichen Lebens in Gott in diesem Leben selber schon gegenwärtig und das natürliche menschliche Leben in diesem Geist jetzt schon ewiges Leben ist – oder anders gesagt, daß Gott ein ewiger Gott ist, welcher das menschliche Leben vollkommen in sich hat und sich im Geist *als dieser* jetzt schon gegenwärtig macht. Diese unaufgebbare Einsicht unentwegt im Blick zu haben und zugleich ihre wissenschaftlichen Verständnisbedingungen nicht aus den Augen zu verlieren, ist das bleibende Verdienst von Schleiermachers Pneumatologie.

5. Indessen zeigt sich, daß Schleiermacher die immanente Dialektik des Geistgedankens unzureichend durchgeführt hat. So kommt der Heilige Geist in Jesus nicht als ein solcher in den Blick, der sich durch Tod und Auferstehung hindurch gegenwärtig macht und dadurch im uranfänglichen Sinne ‚lebendigmachender Geist' ist. Sondern der Geist ist in Jesus schon mit der Inkarnation vollkommen verwirklicht. Dadurch aber fällt der Tod Jesu aus dem Geistgedanken heraus. Der Geist bewährt sich nur am *Sterben* Jesu, das Jesus kraft des Geistes

[19] Vgl. *2.Kor* 5,4f; 1,22; *Eph* 1,14.

in ungetrübter Seligkeit und Leichtigkeit durchlebt, nicht aber auch an seinem *Tod.* Und in Konsequenz dessen ergibt sich, daß auch der pneumatologische Erlösungsgedanke wohl einiges zum natürlichen Leben und zum Sterben, zum Tod selber aber nichts zu sagen weiß. Damit aber versagt seine Auffassung vom Geist gerade an der Stelle, wo der Geist dem christlichen Bewußtsein nach seinen tiefsten Selbsterweis hat und von welcher aus der Gedanke des Geistes erst seine Kraft gewinnt.

Der Grund dafür liegt darin, daß Schleiermacher die von seinem philosophisch-theologischen Gottesverständnis ausgesagte vollendete Einheit aller geschichtlichen Gegensätze in Gott nicht von Kreuz und Auferstehung her als *dialektische* Einheit auffaßt, in welcher Gott Tod und Leben in sich ins Leben überwindet und durch deren Gegenwart der Mensch *als* ein unter dem Gegensatz stehender und *in* seiner Todverfallenheit in die Gemeinschaft mit Gott geführt wird. Sondern was in Christus als die Vollendung des Lebens bei Schleiermacher gegenwärtig wird, ist die in sich selbst nicht noch einmal differenzierte unterschiedslose Einheit aller Lebensbewegungen, in die hinein das Bewußtsein der Gegensätze des Lebens aufgesogen wird.

Dies hat besonders für den Gottesgedanken gravierende Konsequenzen. Weil Schleiermacher nicht über seine philosophischen Voraussetzungen hinausgeht und dem Einheitsgedanken keine theologisch begründete Negativität in ihm selber zuerkennt, fällt in der christlichen Geisterfahrung das Gegenüber von Mensch und Gott in sich zusammen, und es läßt sich nichts mehr über Gott aussagen, was über seine Gegenwart im Geist hinausginge. Weil Gott damit aber nicht mehr in seiner Gegenwart als Geist noch von ihr unterschieden ist, kann gerade nicht mehr ausgesagt werden, daß im Geist wirklich Gott selbst gegenwärtig ist. Und so verflacht der große Gedanke, daß im Heiligen Geist die Ewigkeit göttlichen Lebens in uns selber geschichtlich gegenwärtig werde, zu der Vorstellung einer Ununterscheidbarkeit des Lebens Gottes von dem sich in der Geschichte hervorbringenden und diese darin vollendenden Leben seines Geistes. Dies aber hat dann zum einen zur Folge, daß Schleiermacher die Selbstverkehrung des geschichtlichen Lebens letzthin nur als einen sich zunehmend aufhebenden Schein qualifizieren kann, und zum anderen, daß der Geistgedanke keine die Anfechtung des Glaubens überwindende Selbstunterscheidung des Menschen auf Gott hin eröffnet. Damit hat aber gerade die einseitige Betonung der in Christus vollkommen verwirklichten geschichtlichen *Gegenwart* Gottes im Geist Gott in seinem Selbstsein ganz unanschaulich *hinter* die Geschichte zurücktreten lassen, wo er die auch im Geist nicht zugängliche ‚absolute ungeteilte Einheit' bleibt.

6. Ist dies so, so wird man Schleiermacher pneumatologisch sehr zwiespältig beurteilen müssen. Einerseits ist unaufgebbar, daß Schleiermacher für das pneumatologische Denken wegweisende Bedeutung hat, indem er den Gedanken eschatologischer Geistgegenwart unter neuzeitlichen Bedingungen pneumatologisch stringent zu formulieren vermocht hat. Andererseits schwebt die man-

gelnde Dialektik der Durchführung und die darin liegende Unterbestimmung des πνεῦμα ζωοποιοῦν wie ein Menetekel über seiner ganzen Konzeption. Die Defizienz liegt darin, daß Schleiermacher über die Grenzen der philosophischen Vorbedingungen seines Geistverständnisses in deren material-theologischer Neuinterpretation sachlich nicht hinausgeht. Letzthin entscheiden (wie besonders deutlich die Gotteslehre zeigt) nicht alleine die Erfahrung der Selbstgegenwart des Heiligen Geistes in und durch Christus, sondern – und zwar gegen ihre eigene Intention – die philosophischen Verständnisbedingungen über die Reichweite des Verständnisses des Heiligen Geistes. Damit ist eine Theorie der Geistgegenwart Gottes, welche ihre philosophisch-beschreibbaren Vorbedingungen nicht nur nun auch christlich thematisiert, sondern darin als pneumatologisch lediglich propädeutische Überlegungen auch *überwindet*, letzthin nicht erreicht.

2. Das Verhältnis des späten Geistgedankens zum frühen

Nimmt man von diesem Geistverständnis des reifen Schleiermacher ausgehend seine frühe Geistauffassung in den Blick, so mag es auf den ersten Blick scheinen, als haben beide nicht viel miteinander gemein. Während der späte Geistgedanke primär christologisch expliziert wird, bleibt der frühe Geistgedanke ganz im Rahmen romantisch-idealistischen Philosophierens und steht zum Christentum nur in sekundärem Bezug. Indessen treten bei näherer Hinsicht deutliche Wechselbeziehungen an den Tag.

1. Nicht nur als marginale Übereinstimmung, sondern als auch für die theologische Auffassung vom Heiligen Geist prägend erweist sich die frühe Entscheidung Schleiermachers, den Geist *in* den denkend/handelnden Vollzügen des menschlichen Geistes aufzusuchen.[20] Dieser Ansatz ist beim reifen Schleiermacher durch die psychologische Bestimmung des geistigen Lebens als Bewegung empfänglicher und selbsttätiger Geistestätigkeiten präzisiert und weitergebildet worden, hat sich aber gerade darin durchgehalten. Weitreichende Bedeutung kommt diesem Ansatz durch seine in wesentlichen Zusammenhängen gleichartige Durchführung beim späten Schleiermacher zu.

Erstens faßt Schleiermacher in beiden Gestalten seines Geistverständnisses das Wesen des Geistes im Sichdurchsichtigwerden des in Denken/Handeln bzw. Rezeptivität/Spontaneität gegensätzlich verfaßten geistigen Lebens für seine unendliche Einheit auf.

Zweitens wird dieses Sichdurchsichtigwerden – wiewohl es bereits dem natürlichen Leben des Geistes aufgegeben ist – als das Wesen des religiösen Han-

[20] Vgl. zum Verhältnis des philosophischen Geistbegriffs des späten Schleiermacher zum frühen Geistverständnis o. S. 143ff.

delns des menschlichen Geistes begriffen, woraus sowohl folgt, daß die Religion die innerste Beziehung des Geistes auf sich ist, als auch, daß erst die Formulierung der religiösen Geisterfahrung auf das eigentliche Wesen des Geistes führt.[21]

Drittens ist die religiöse Geisterfahrung beidemal so verstanden, daß die Gegensätzlichkeit von Denken/Handeln bzw. Rezeptivität/Spontaneität in dieser Erfahrung *aufgehoben* wird und der menschliche Geist religiös in die Unendlichkeit des Geistes gleichsam unmittelbar eintaucht. So wird die Dialektik der Erfahrung in der Erfahrung selbst aufgehoben.

Viertens wird, wiewohl damit beidemal ein Verständnis sich unmittelbar darstellenden göttlichen Geistes verbunden ist, der Geistbegriff nur zur Beschreibung der Weise der *Erscheinung* des Absoluten verwendet, nicht aber zum Verständnis des Absoluten selbst.

Fünftens bleibt das Absolute selbst deshalb sowohl beim jungen wie beim reifen Schleiermacher ganz unanschaulich *hinter* dem Sichdarstellen göttlichen Geistes stehen. Dies bringt umgekehrt mit sich, daß der Begriff des göttlichen Geistes auf seine Gegenwart in der Welt und Geschichte begrenzt ist. Ein Sein des Geistes Gottes unterschieden von seiner Gegenwart in der Welt kann von Schleiermacher beidemal nicht gedacht werden.

Sechstens ist die religiöse Erfahrung des göttlichen Geistes deshalb, wiewohl sie den menschlichen Geist über die Gegensätzlichkeit des Lebens hinausführt, wesentlich auf dieses bezogen, so daß der Heilige Geist in der freien Gestaltnahme des ethischen Lebens zum Ziel seiner Wirksamkeit kommt.

Siebtens weist die Bewegung des menschlichen Geistes in der Geschichte beidemal auf den Heiligen Geist des Christentums hin, der in Vollkommenheit in Jesus von Nazareth in der Geschichte erschienen ist und an den sich die religiöse Erfahrung des Geistes annähern muß.

Man wird dem Urteil nicht ausweichen können, daß sich damit die Kerngedanken des jungen Schleiermacher zum Geist bis in seine ausgereifte Pneumatologie hinein prägend ausgewirkt haben. Gleichwohl sind auch die Differenzen unverkennbar, die sich vor allem darin bündeln, daß einerseits die in den Monologen grundlegende Betonung der *Idealität* des individuellen menschlichen Geistes und andererseits die in den Reden elementare religiöse *Negativität* des Geistes nun fehlen. Jedoch läßt sich dieses Fehlen gerade *als* Fortsetzung der übereinstimmenden Gedanken erklären.

2. Der Grund für diese Differenz liegt darin, daß die Idealität des Geistes, die beim jungen Schleiermacher jedem Individuum zugesprochen war, nun exklusiv auf Jesus bezogen und allen anderen nur in Teilhabe an ihm zugesprochen

[21] Es ist nur eine wenig ins Gewicht fallende Differenz, daß die Monologen die Einheitserfahrung schon ganz der natürlichen Selbstanschauung des Geistes zuweisen möchten, da sie dies nur unter sachlicher *Voraussetzung* der religiösen Ursprungserfahrung tun, von der her eine solche Selbstanschauung überhaupt erst möglich ist.

wird. Es ist diese Weiterbildung, welche die Unterschiede der späten Geistauffassung von der frühen verständlich machen. Freilich ist sie nicht als tiefgreifende Kritik der frühen Auffassung gefaßt, sondern ist gerade die Weise ihrer Fortschreibung.

Bereits in den Reden über die Religion war Jesus als der Mittler in den Blick gekommen, über den hinaus es keinen anderen Mittler geben kann, weil sich in ihm der Geist in vollkommener Reinheit auf ursprüngliche Weise selbst gesetzt hat.[22] Daß dieser Gedanke dann in der ‚Weihnachtsfeier' zum Mittelpunkt des Geistverständnisses wird, indem in Christus das Sicherkennen des Geistes – der „Erdgeist" – als „zum Selbstbewußtsein in den Einzelnen sich ursprünglich gestalten[d]" aufgefaßt wird, so daß nur in ihm der menschliche Geist zu sich kommt[23], liegt bereits in der Konsequenz der Geistauffassung der Frühschriften. Denn ist zum einen das Sicherkennen des Geistes in seinen denkend/handelnden Vollzügen allein durch die Religion rückgebunden und die dort angeschaute Einheit des Geistes nur in ihr verbürgt, und kommt die Religion zum anderen in Christus zu ihrer höchsten Erscheinung, so ist der Schritt dazu, Jesus als den Mittelpunkt des geschichtlichen Zusichselbstkommens des Geistes zu qualifizieren, nicht weit.

Freilich ist damit nur eine Verlagerung des Brennpunktes des Geistverständnisses vorgenommen worden, aber noch nicht eine materiale Neuqualifikation des Geistes. Die vollkommene Idealität des Geistes wird nun zwar nicht von jedem Individuum, sondern nur von Jesus ausgesagt, sie bleibt aber als der wesentliche Gehalt des Sicherkennens des menschlichen Geistes bestehen. Und – wie gezeigt – setzt sie sich im Gedanken der ‚ungetrübten Seligkeit' Jesu dann auch gegen das geschichtliche Zeugnis vom Kreuzesleiden Jesu durch. Nicht die Sache ist hier also geändert, sondern der Ort ihrer geschichtlichen Verwirklichung, der nun allein Jesus Christus ist.

Die weitere Neugestaltung der Geistauffasssung ergibt sich daraus, daß die Qualifizierung Jesu als Urbild der geistigen Idealität den frühen Gedanken der religiösen Negativität des Geistes überflüssig macht. Auch dies ist nur scheinbar eine gewichtige Umformung. Wie gezeigt, hatte dieser Gedanke schon in den Reden nur sekundäre Bedeutung für den Begriff des Geistes, da sich die religiöse Selbstabstoßung des Geistes in der Erfahrung der Unendlichkeit des Geistes in die Alleinheit seines ‚hen kai pan' aufhebt, das keine immanente Negativität mehr kennt. Das Entscheidende war bereits dort die *unmittelbare* Darstellung der alleinen Unendlichkeit des Geistes, und die Betonung der religiösen Selbstabstoßung des Geistes hatte dazu nur eine den Weg bereitende Funktion. Muß dieser Weg nun aber nicht mehr von jedem Individuum selber beschritten werden, sondern ist der Mensch in *einem* Individuum bereits urbildlich zu seinem höchsten geistigen Sein gekommen, so kann auf diesen

[22] Vgl. o. S. 78.
[23] Kl.Schr. I, 273; vgl. o. § 6.2.

Weg der Selbstabstoßung ganz verzichtet werden. Für Schleiermacher *ist* in Christus der menschliche Geist bereits ein für allemal zu sich gekommen und breitet sich in seiner Herrlichkeit nur noch aus. So macht die durch Jesus heraufgeführte Erlösung jede weitere religiöse Negativität des Geistes überflüssig.

Dieser Gedanke lebt nun freilich davon, daß Jesu urbildliche Würde sich auch bei ihm selber nicht auf negative Weise – durch Kreuz und Auferstehung – erst *herstellte*, sondern bereits ursprünglich in ihm verwirklicht war.[24] Schleiermacher sagt dies mittels seines theologischen Geschichtsgedankens aus, der ebenfalls bereits in den Reden angelegt war. So sprechen die Reden nicht nur von immer höheren Mittlern, die bis zu Christus als dem höchsten Mittler hin das Endliche und Unendliche verbinden, sondern thematisieren in dem von Christus ausgehenden Christentum diese Vermittlungsgeschichte auch selbst religiös. Dieser Gedanke wird von Schleiermacher nun dahingehend weitergebildet, daß in der Erscheinung des Geistes in Jesus die gesamte Geschiche über sich hinausgeht und sich in dem einen Individuum Jesus ursprünglich verwirklicht. So ist in Jesus der Geist bereits seit seiner Geburt zur Vollendung gebracht und jeder Diastase von Endlichkeit und Unendlichkeit immer schon entzogen. Freilich kann Schleiermacher auch hier nur deshalb von einem schon Immerschon-verwirklicht-Sein der Vollkommenheit des Geistes zu sprechen, weil er von vornherein ausschließt, daß die in Christus versammelte unendliche Geistesmacht in einen *Widerspruch* zur bisherigen Geschichte treten und das Übersichhinausgehen des Geistes in der Geschichte so zugleich ihr Auseinandergehen mit sich sein könnte. Wäre dies gedacht, so bestünde freilich zu einem tiefgreifenden Verständnis von Kreuz und Auferstehung zumindest eine Anschlußmöglichkeit. In Schleiermachers Konzeption ergibt sich diese Möglichkeit dagegen nicht.

Alle weiteren Grundlinien der Pneumatologie Schleiermachers ergeben sich von diesem Gedanken der geschichtlichen Urbildlichkeit des Geistes Christi aus. Sowohl der Gedanke der Geschichte post Christum natum als Aufsichzugehen des Geistes Christi in seiner urbildlich schon verwirklichten Vollendung, als auch der Gedanke der Gemeinschaft der Kirche, die in ihrem Gemeingeist diesen urbildlichen Menschen repräsentiert, werden als ein Weiterdenken jener grundlegenden Weichenstellungen verständlich, und auch der Gedanke einer sich aus diesem Geist Christi entbindenden christlichen Ethik ergibt sich von hier aus als Konsequenz. Die pneumatologischen Aussagen Schleiermachers in der Gotteslehre schließlich erklären sich sowohl in ihrer defizitären Bestimmung der Gottheit des Geistes als auch in der hinter die trinitarische Lehrbildung zurückgehenden Formulierung der ‚Lehre von der göttlichen Dreiheit'

[24] Andernfalls wäre die Urbildlichkeit Christi nämlich nicht eine Urbildlichkeit der Idealität, sondern – wie in den Reden noch angezielt – des *selbstabstoßenden Weges* des Geistes auf den sich ihm gegenwärtig machenden Geist Gottes hin.

daraus, daß sich Schleiermacher in seiner Christologie nicht von seinem frühen Geistgedanken abgelöst hat, sondern das Absolute weiterhin als undialektische Einheit außerhalb der geschichtlich verfaßten religiösen Bewegung des Geistes stehen läßt.

3. So zeigt sich, daß Schleiermacher auch in der Spätfassung seines Geistverständnisses der romantisch-idealistischen Genese seines Denkens verhaftet blieb. Er hat seine frühen Geistgedanken zwar nun explizit christlich formuliert und zu diesem Zweck weitergebildet. Aber diese Weiterbildungen beinhalten keine christologische Kritik an dem zuvor Gedachten, sondern verhalten sich zu ihm wie die ‚höhere Potenz' des Gedankens zur niederen. Sie sind – und darin entsprechen sie selbst der Auffassung Schleiermachers vom Geistwirken – Weiterbildungen, die das Anfängliche und Unausgebildete ungebrochen als es selbst in sich integrieren.

Bleibt so eine wesentliche gedankliche Grundlinie von der frühen zur späten Geistauffassung bestehen, so ist es gleichwohl verfehlt, Schleiermachers Christologie deshalb lediglich als sekundäre Einfügung in seine romantisch-idealistische Geistauffasssung anzusehen oder gar von einer ‚christologischen Störung' seines philosophischen Geistverständnisses zu reden. Die Defizienzen Schleiermachers liegen weniger in einer bloß adaptierten Christologie, als vielmehr in ihrer defizienten Durchführung. Daß Schleiermacher im Ausgang seiner frühen Schriften den großangelegten Versuch unternimmt, die Denkbildungen der romantischen und idealistischen Philosophie in christliche Theologie zu überführen und diese als die wahre Fortsetzung philosophischen Geistdenkens verständlich zu machen, ist als solches nicht abzuwerten. Daß er zu diesem Zweck die Christologie an grundlegender Stelle in seine bisherigen Überlegungen implantiert, ist vielmehr zu würdigen, zumal Schleiermachers spätes Geistverständnis deutlich zeigt, daß es dabei seine Intention ist, alles im Verständnis des Geistes erst von dem nun Mittelpunkt gewordenen Christus her und auf ihn hin verständlich zu machen. Schleiermachers Geistauffassung ist gerade hierin der bis heute relevante Versuch, entgegen einem philosophischen Verständnis des Geistes, das den Geist ‚an und für sich' zu erfassen sucht und das deshalb von Schleiermacher als Übersteigerung der philosophischen Vernunft bewertet wird, den Geist dort, wo er der Vernunft unzugänglich ist, in Christus aufzusuchen und erst von dort ausgehend das Christentum als geschichtliche Erscheinung des Heiligen Geistes verständlich zu machen.

Freilich macht sich dieses Unternehmen dadurch angreifbar, daß der Geist nach Schleiermachers Auffassung in sich selbst nicht so konstruiert ist, daß er in seinem christlichen Begriff anders als zustimmend und weiterführend über seine romantisch-idealistischen Anfänge beim jungen Schleiermacher sowie dann auch über seine philosophischen Vorbedingungen beim reifen Schleiermacher hinausgehen kann. Und eben dadurch hat es den Anschein, als sei der Begriff des Heiligen Geistes bei Schleiermacher nur eine Näherbestimmung dessen, was auch sonst ‚Geist' genannt wird, und nicht seine Erfüllung, von der her überhaupt erst recht gesagt werden kann, was Geist ist. So findet sich die von Schleiermacher einmal warnend hervorgehobene „Verwirrung", die eintritt, wenn „göttlicher Geist und menschlicher Geist" „so zusammengefaßt werden, als könnten beide einander koordinierte Bestimmungen desselben Allgemeinen sein" auch bei ihm selbst.[25]

3. Schlußbemerkung

Diese Verwirrung liegt freilich in der Natur des theologischen Geistverständnisses. Daß das, „was wir Geist nennen im allgemein menschlichen Sinne und was πνεῦμα im christlichen etwas wesentlich zusammengehöriges ist"[26], bleibt die unüberschreitbare Bedingung jeder Verstehensbemühung des Heiligen Geistes, die immer schon bei der Gegenwart des Geistes beim Menschen anfängt und ihn nicht abgesehen von ihr ‚für sich' fassen kann. Schleiermacher hat diesen Ansatz bei der Gegenwart des Geistes erstmals konsequent durchgeführt und gezeigt, daß sich rein von dem Gedanken der Geistgegenwart ausgehend ein systematisches Verständnis des Geistes und seines Wirkens gewinnen läßt. Und eben darin hat Schleiermacher bis heute weitreichende Bedeutung.

Dagegen ist es Schleiermacher nicht gelungen, auch die Ablösung des Geistgedankens von den Bedingungen seiner Gegenwart auszusagen und so den Geist wirklich als einen solchen aufzuweisen, der in seiner Gegenwart im menschlichen Geist „etwas anderes ist als meine Vernunft".[27] Dies hat bei Schleiermacher nicht zuletzt theologische Gründe. Weil der Heilige Geist in Jesus ganz in das Selbstbewußtsein der Gläubigen eingetreten ist, ihr Innerstes erfüllt und sie zu einer neuen Schöpfung wiedergeboren hat, als die die Gläubigen nur noch *im Geist* sie selbst sind, deshalb ist ihr Geist *in* dieser Gegenwart des Geistes Gottes nicht mehr etwas anderes als selber Gegenwart des Heiligen Geistes. In dieser eindringlichen Betonung der präsentischen Eschatologie liegt der unverlierbare theologische Ertrag von Schleiermachers Pneumatologie. Hingegen hat Schleiermacher nicht gesehen, daß der menschliche Geist in dieser Erfahrung des Geistes nicht in sich ist, sondern sich *außer sich* (extra se) findet, daß in der Gegenwart des Geistes Gottes also eine Ablösung des menschlichen Geistes von sich geschieht und daß nur in dieser Ablösung von sich der menschliche Geist ‚aus dem Tod in das Leben übergegangen ist' und ‚ewiges Leben' hat.[28]

---

[25] *CG*² § 96.1, 51, 31 – 52, 3; vgl. das diesem Paragraphen voranstehende Zitat.
[26] *CS* 313; vgl. o. S. 11 das dem § 1 voranstehende Zitat.
[27] *Brief an Jacobi* vom 30. 3. 1818, Br. II, 350; vgl, dazu o. S. 11 und S. 14–16.
[28] Vgl. *Joh* 5,24.

Fehlt nun diese Ablösung, so bekommt das Geistverständnis – und dies ist bei Schleiermacher der Fall – Züge eines pneumatischen Enthusiasmus. Es faßt die eschatologische Gabe des Heiligen Geistes als schon immer im christlichen Leben verwirklicht auf und kann sich deshalb nicht mehr so von ihm unterscheiden, daß auch das aus Sünde, Leid und Tod *ent*bindende Wirken des Heiligen Geistes ausgesagt werden kann.

Demgegenüber ist ein Geistverständnis in Geltung zu bringen, das sowohl diese Ablösung aussagt als auch den Wert des Gedankens Schleiermachers zugleich festhält. Der Einsatzpunkt zu einem solchen Verständnis liegt in Schleiermachers Christologie. Und zwar wäre der Gedanke zur Geltung zu bringen, daß die Gottverlassenheit Jesu am Kreuz das ‚ungetrübte Gottesbewußtsein' und damit die schlechthin kräftige Geistesgegenwart in ihm nicht unberührt läßt, sondern aufhebt. Wird der Geist Gottes also wie von Schleiermacher als in Jesus von Nazareth erschienen aufgefaßt, so wäre seine die Geschichte in ihre Vollendung in Gott integrierende Gegenwart nicht schon mit der Geburt Jesu vollends verwirklicht, sondern stellte sich im Geschehen von Tod und Auferstehung Jesu in ihrer vollendenden Macht erst her. Nicht eine als höchste Steigerung geschichtlichen Lebens hervortretende ungebrochen *kräftige* Geistesgegenwart wäre dann der in Christus erschienene Geist Gottes, sondern eine Geistesgegenwart, die den Geist des Menschen Jesu in den Kreuzestod geführt und sich *daraus* erst als die unerschöpfliche Geistesfülle hergestellt hätte, die nicht nur alles geschichtliche Leben des Geistes in sich zu vollenden, sondern auch den Tod ins Leben zu überwinden in der Lage ist.

Würde Schleiermachers Geistverständnis von diesem Gedanken aus formuliert, so bekäme es eine tiefgreifende Dialektik. Das von Christus mitgeteilte Bewußtsein des Geistes Gottes (welches selber die Gegenwart dieses Geistes ist) wäre dann nach wie vor die Selbstdurchsichtigkeit des menschlichen Geistes für seine Ewigkeit in Gott, aus der und auf die hin er als menschlicher Geist ist. Aber dieses Bewußtsein wäre dabei zugleich Negation des natürlichen Lebens des Geistes. Das sich in der Polarität von Abhängigkeit und Freiheit herstellende natürliche Selbstbewußtsein würde durch die Gegenwart des Geistes nicht bruchlos zum Gottesbewußtsein erhöht, sondern als ein solches bestimmt, das selbst ganz dem Tod angehört und nur darin Erlösungsbewußtsein ist, daß es sich *darin* als in Christus aufgenommen und in ihm ins Leben überwunden weiß.

So ergäbe sich ein – letzthin kreuzestheologisch gefaßtes – Geistverständnis, das die philosophische Auffassung des menschlichen Geistes von sich kritisch übersteigt. Das religiöse Bewußtsein, das philosophisch als die höchste Steigerung des menschlichen Geistes und Bewußtseins bewertet wurde, träte in seiner materialen christlichen Bestimmtheit gerade als ihr Gegenteil ans Licht, nämlich als das Ende allen eigenen Lebens des menschlichen Geistes. Und nur darin käme der Geist Christi in den Blick, und zwar als ein fremder Geist, der freilich gerade als dieser von außen her kommende Fremde der zuinnerst Eigenste ist, in welchem der menschliche Geist wahrhaft frei und er selber ist.[29]

Die Hauptdifferenz eines solchen Geistverständnisses zu dem Schleiermachers läge darin, daß die Unterschiedenheit zwischen dem alten und dem neuen Leben des Geistes auch aus dem Blickpunkt der von der Gegenwart des Geistes immer schon herkommenden Theologie theoretisch nicht mehr übersprungen werden kann. Im Blick auf sich selbst bliebe das Selbstbewußtsein durch den Geist immer als ein unter der Macht des Todes stehendes qualifiziert, welches aber zugleich (simul) im Blick auf Christus – und d.h. nicht mehr im Selbstbezug auf sich – im Heiligen Geist selbst ewiges Leben des Geistes ist. Daß die Neukonstitution des Selbstbewußtseins in Christus, welche es als Selbstbewußtsein nicht mehr es *selbst*, sondern Christi Sein in ihm sein läßt[30], nicht mehr gedanklich vollzogen werden kann, wäre dabei selber pneumatologisch begründet und gäbe dem Sachverhalt Gewicht, daß das alte Selbst nur via negationis zum neuen geworden ist und sich deshalb auch nicht positiv auf das alte beziehen kann. Gerade darin aber liegt begründet, daß in einem solchen Geistverständnis der Gewißheitsgrund des menschlichen Geistes dafür, im Heiligen Geist ewiges Leben zu haben, nicht in ihm selbst läge, noch auch in der Gemeinde, sondern – und darin in Tod und Anfechtung unzerstörbar – im Glauben an Christus.

---

[29] Von hier aus ergäben sich weitreichende Konsequenzen für Schleiermachers Geistverständnis, die hier nur anzudeuten sind. So könnte das Leben des menschlichen Geistes *unter dem Gesetz* nur als ein unter der Form der Negation des göttlichen Geistes auf diesen zulaufendes begriffen werden, nämlich indem es dem Tod anheimfällt, um *darin* – aber d.h. eben: durch den Tod hindurch – in Christus in das göttliche Leben erhöht zu werden. Dies hätte vor allem für die *Ethik* Konsequenzen, die die positive Bewertung der Kultur nicht in einem sie zu seinem Organ bruchlos aneignenden, sondern in einem sie gänzlich umbewertenden Wirken des Geistes Gottes zu gründen hätte, in welchem jede Neuqualifizierung der Kultur zum Organ des Geistes Gottes durch das Gericht des Geistes Gottes am menschlichen Handeln hindurchgeht. Für Schleiermachers Verständnis der *Kirche* hätte dies zur Folge, daß die Gegenwart des Geistes aber im Unterschied zu Schleiermacher von dem faktischen religiösen Bewußtsein der Gemeinde immer noch unterschieden werden müßte, da dieses in seiner Vorfindlichkeit dem Vergehen anheimfällt und Geistgegenwart nicht schon in sich hat, sondern in ihrem Mit- und Aufeinanderwirken erst empfängt. (Hier wäre das *Wort* als die Bewegung des Geistes aufzufassen, in welcher sich der Geist Gottes in dem Reden der Gemeinde von ihm ablöst und Wort Christi wird.) Die sich im Austausch des neuen Bewußtseins der Gläubigen in der Gemeinschaft darstellende und mitteilende *Liebe Gottes* wäre dann als eine Liebe aufzufassen, die dem menschliche Leben *in* seiner Todverfallenheit gilt und einen Glauben weckt, der den Bezug auf sich selbst abbricht, um in der Gemeinde ganz in Christus zu sein. Im Blick auf die *Gotteslehre* ergäbe sich ein Verständnis Gottes als Geist, in welchem Gott sich als Geist in seinem Sichhervorbringen in der Geschichte als von ihr Unterschiedener (und gerade darin als er selber) gegenwärtig macht. Und schließlich würde die darin liegende Unterscheidung Gottes von der Geschichte und von Jesus sowie Christi von dem Geist in der Gemeinde auf ein trinitarisches Verständnis Gottes führen, in welchem der Geist das sich in Christus, in der Geschichte und (durch Christus) in der Gemeinde unterscheidende Leben Gottes ist, welches in dieser Unterscheidung die Einheit des Lebens Gottes in sich und des menschlichen Lebens in ihm konstituiert.

[30] Vgl. dazu *Gal* 2,20.

Abkürzungsverzeichnis

Die in den Anmerkungen und im Literaturverzeichnis verwendeten Abkürzungen richten sich in der Regel nach dem Abkürzungsverzeichnis der Theologischen Realenzyclopädie, zusammengestellt von S. SCHWERTNER, 2. Auflage Berlin 1994. Folgende Abkürzungen finden außerdem Anwendung:

Br.	Aus Schleiermacher's Leben. In Briefen, hg. v. W. Dilthey, 4 Bde., Berlin 1858–1863, Nachdr. Berlin 1974
WBraun II	F.D.E. Schleiermacher, Werke. Auswahl in vier Bänden, Bd. II: Entwürfe zu einem System der Sittenlehre, hg. v. O. Braun, Leipzig 1913
CG^1	F.D.E. Schleiermacher, Der christliche Glaube nach den Grundsätzen der evangelischen Kirche im Zusammenhange dargestellt, 2 Bde., Berlin 1821/22, neu hg. von H. Peiter, KGA I/7.1–2, Berlin 1980* *
CG^2	F.D.E. Schleiermacher, Der christliche Glaube nach den Grundsätzen der evangelischen Kirche im Zusammenhange dargestellt, 2. Aufl. Berlin 1830/31, neu hg. v. M. Redeker, 2 Bde. Berlin 1960*
CS	F.D.E. Schleiermacher, Die Christliche Sitte, hg. v. L. Jonas, SW I/12, 2. Aufl. Berlin 1884
CSE	Christliche Sittenlehre. Einleitung (Wintersemester 1826/27). Mit einem Nachwort von M. Honecker hg. v. H. Peiter, Stuttgart 1983
FichteGA	J.G. Fichte-Gesamtausgabe der bayerischen Akademie der Wissenschaften, hg. v. Reinhard Lauth und Hans Jacob, Stuttgart 1962ff
KD^2	Kurze Darstellung des theologischen Studiums zum Behuf einleitender Vorlesungen, Berlin 1810, 2. veränd. Aufl. Berlin 1830, kritische Ausgabe, hg. v. H. Scholz, Leipzig 1910
Kl.Schr.	F.D.E. Schleiermacher, Kleine Schriften und Predigten, hg. v. H. Gerdes und E. Hirsch, Berlin 1970 (Bd. 1) und 1969 (Bd. 3).
KGA	F.D.E. Schleiermacher, Kritische Gesamtausgabe, hg. v. H.-J. Birkner u.a., Berlin 1984ff
Monol.	F.D.E. Schleiermacher, Monologen. Eine Neujahrsgabe, Berlin 1800
Reden	F.D.E. Schleiermacher, Über die Religion. Reden an die Gebildeten unter ihren Verächtern, Berlin 1799
SchellSW	F.W.J. Schellings Sämtliche Werke, hg. v. K.F.A. Schelling, 1. Abteilung, Stuttgart 1856ff
SW	F.D.E. Schleiermacher, Sämmtliche Werke, Berlin 1834ff
TBT	Theologische Bibliothek Töpelmann, Berlin 1952ff

* Der Nachweis von Zitaten der Glaubenslehre erfolgt jeweils unter Angabe des Paragraphenabschnitts und der im jeweiligen Band entsprechenden Seitenzahl (z.B. *CG^2* § 13.2, 91).

Literaturverzeichnis

Werden zu einem Verfasser mehrere Titel genannt, so bestimmt sich deren Abfolge nach Gesamtausgaben, Teilausgaben und Einzeltiteln. Die Reihenfolge ist alphabetisch, wobei das erste Wort unter Übergehung des Artikels maßgebend ist. Innerhalb von mehrbändigen Gesamt- und Teilausgaben werden die verwendeten Bände einzeln ausgewiesen.

1. Quellen

a) Schleiermacher

SCHLEIERMACHER, Friedrich Daniel Ernst: Kritische Gesamtausgabe, hg. v. H.-J. BIRKNER u.a.

I. Abteilung: Schriften und Entwürfe

Bd. 1: Jugendschriften 1787–1796, hg. v. G. MECKENSTOCK, Berlin 1984

Bd. 2: Schriften aus der Berliner Zeit 1796–1799, hg. v. G. MECKENSTOCK, Berlin 1984

Bd. 3: Schriften aus der Berliner Zeit 1799–1802, hg. v. G. MECKENSTOCK, Berlin 1988

Bd. 7.1: Der christliche Glaube 1821/22, Bd. 1, hg. v. H. PEITER, Berlin 1980

Bd. 7.2: Der christliche Glaube 1821/22, Bd. 2, hg. v. H. PEITER, Berlin 1980

Bd. 10: Theologisch-Dogmatische Abhandlungen und Gelegenheitsschriften, unter Mitw. von M. OHST hg. v. H.-F. TRAULSEN, Berlin 1990

V. Abteilung: Briefwechsel und biographische Dokumente

Bd. 3: Briefwechsel 1799–1800 (Briefe 553–849), hg. v. A. ARNDT und W. VIRMOND, Berlin 1992

–: Sämmtliche Werke, Berlin 1834–1864

1. Abteilung: Zur Theologie

Bd. 2: Hermeneutik und Kritik mit besonderer Beziehung auf das Neue Testament, hg. v. F. LÜCKE, Berlin 1838

Bd. 6: Das Leben Jesu. Vorlesungen an der Universität zu Berlin im Jahr 1832, hg. v. K. A. RÜTENIK, Berlin 1864

Bd. 12: Die christliche Sitte nach den Grundsätzen der evangelischen Kirche im Zusammenhange dargestellt, hg. v. L. JONAS, 2. Aufl. Berlin 1884

Bd. 13: Die Praktische Theologie nach den Grundsätzen der evangelischen Kirche im Zusammenhang darstellt, hg. v. J. FRERICHS, Berlin 1883

2. Abteilung: Predigten

Bd. 1: Predigten von Friedrich Schleiermacher, Neue (veränd.) Ausgabe, Berlin 1843

Bd. 2: Predigten von Friedrich Schleiermacher, Neue (veränd.) Ausgabe, Berlin 1843

Bd. 4: Predigten von Friedrich Schleiermacher, Neue (erw.) Ausgabe, Berlin 1844

Bd. 7: Predigten in den Jahren 1789 bis 1810 gehalten, hg. v. A. SYDOW, Berlin 1836

3. Abteilung: Zur Philosophie

Bd. 2: Philosophische und vermischte Schriften, Berlin 1838

Bd. 3: Reden und Abhandlungen der königlichen Akademie der Wissenschaften, hg. v. L. JONAS, Berlin 1835

Bd. 4.2: Dialektik, hg. v. L. JONAS, Berlin 1839

Bd. 5: Entwurf eines Systems der Sittenlehre, hg. v. A. SCHWEIZER, Berlin 1835

Bd. 6: Psychologie, hg. v. L. GEORGE, Berlin 1962

–: Aus Schleiermacher's Leben. In Briefen, hg. v. W. DILTHEY, 4 Bde., Berlin 1858–1863

Bd. 1: Von Schleiermacher's Kindheit bis zu seiner Anstellung in Halle, October 1804, 2. Aufl. 1860, Nachdr. 1974

Bd. 2: Von Schleiermacher's Anstellung in Halle – October 1804 – bis zu seinem Lebensende – den 12. Februar 1834, 2. Aufl. 1860, Nachdr. 1974

–: Ausgewählte pädagogische Schriften, hg. v. E. LIECHTENSTEIN, Paderborn 1959

–: Kleine Schriften und Predigten, hg. v. H. GERDES und E. HIRSCH,

Bd. 1: Kleine Schriften und Predigten. 1800–1820, bearb. v. H. GERDES, Berlin 1970

Bd. 3: Dogmatische Predigten der Reifezeit, ausgew. u. erläut. v. E. HIRSCH, Berlin 1969

–: Pädagogische Schriften, unter Mitw. von T. SCHULZE hg. v. E. WENIGER, 2 Bde. Düsseldorf/München 1957

–: Werke. Auswahl in vier Bänden, hg. v. O. BRAUN und J. BAUER, Phb 136–139, Leipzig ^{2}1927/28

Bd. 2: Entwürfe zu einem System der Sittenlehre, hg. und eingel. v. O. BRAUN, Leipzig ^{2}1927

–: Abriß der Kirchen- und Dogmengeschichte. Vorlesung 1821/22, nachgeschrieben von K. R. Hagenbach, in: J. BOEKELS, Schleiermacher als Kirchengeschichtler. Mit Edition der Nachschrift Karl Rudolf Hagenbachs, SchlAr 13, Berlin 1994, 165–454

–: Ästhetik (1819/25). Über den Begriff der Kunst (1831/32), hg. v. TH. LEHNERER, PhB 365, Hamburg 1984

–: Brouillon zur Ethik (1805/06), Auf der Grundlage der Ausgabe von O. BRAUN hg. v. H.-J. BIRKNER, PhB 334, Hamburg 1981

–: Christliche Sittenlehre. Einleitung (Wintersemester 1826/27). Mit einem Nachwort von M. HONECKER hg. v. H. PEITER, Stuttgart 1983

–: Der christliche Glaube nach den Grundsätzen der evangelischen Kirche im Zusammenhange dargestellt, 2 Bde., Berlin 1821/22

–: Der christliche Glaube nach den Grundsätzen der evangelischen Kirche im Zusammenhange dargestellt, 2. Aufl., 2 Bde., Berlin 1830/31, neu hg. (= 7. Aufl.) v. M. REDEKER, Berlin 1960

–: Dialektik, im Auftrage der Preußischen Akademie der Wissenschaften auf Grund bisher unveröffentlichten Materials hg. v. R. ODEBRECHT, Leipzig 1942, Nachdr. Darmstadt 1988

–: Ethik (1812/13) mit späteren Fassungen der Einleitung, Güterlehre und Pflichtenlehre, hg. und eingel. v. H.-J. BIRKNER, PhB 335, Hamburg 1990

–: Fichtes Bestimmung des Menschen, in: Athenäum. Eine Zeitschrift von August Wil-

helm Schlegel und Friedrich Schlegel, Dritten Bandes Zweites Stück, Berlin 1800, 283–297
–: Hermeneutik und Kritik. Mit einem Anhang sprachphilosophischer Texte Schleiermachers, hg. und eingel. v. M. FRANK, stw 211, Frankfurt/M. [4]1990
–: Kurze Darstellung des theologischen Studiums zum Behuf einleitender Vorlesungen, Berlin 1810, 2. veränd. Aufl. Berlin 1830, kritische Ausgabe, hg. v. H. SCHOLZ, Leipzig 1910
–: Monologen. Eine Neujahrsgabe, Berlin 1800
–: Monologen. Kritische Ausgabe, hg. v. F. M. SCHIELE, erw. und durchg. v. H. MULERT, PhB 84, Hamburg [3]1978
–: Über die Religion. Reden an die Gebildeten unter ihren Verächtern, Berlin 1799
–: Über die Religion. Reden an die Gebildeten unter ihren Verächtern, Berlin 1799, neu hg. v. R. OTTO, Göttingen [6]1967
–: Die Weihnachtsfeier. Ein Gespräch, Halle 1806

b) Sonstige Quellen

ARISTOTELES: De anima, hg. v. W. D. ROSS, SCBO 2, Oxford 1956
BOETHIUS: De consolatione philosophiae, hg. v. L. BIELER, CCSL XCIV, Turnhout 1957
FICHTE, Johann Gottlieb: Gesamtausgabe der bayerischen Akademie der Wissenschaften, hg. v. R. LAUTH und H. JACOB, Stuttgart 1962ff
Bd. I/4: Werke 1797–1798, hg. v. R. LAUTH und H. GLIWITZKY, Stuttgart 1970
Bd. I/5: Werke 1798–1799, hg. v. R. LAUTH und H. GLIWITZKY, Stuttgart 1977
Bd. II/3: Nachgelassene Schriften 1793–1795, hg. v. R. LAUTH und H. JACOB, Stuttgart 1971
GOETHE, Johann Wolfgang von: Faust. Eine Tragödie, hg. v. A. SCHÖNE, Bibliothek deutscher Klassiker 114, 2 Bde., Frankfurt/M. 1994
HEGEL, Georg Wilhelm Friedrich: Werke in zwanzig Bänden, Bd. 4: Nürnberger und Heidelberger Schriften (1808–1817), stw 604, Frankfurt/M. 1970
–: Phänomenologie des Geistes, neu hg. v. H. F. WESSELS und H. CLAIRMONT, PhB 414, Hamburg 1988
HERDER, Johann Gottfried: Vom Geist des Christentums. Nebst einigen Abhandlungen verwandten Inhalts, 1798, in: Herders sämmtliche Werke, hg. v. B. SUPHAN, Bd. 20, Berlin 1880
HUMBOLDT, Wilhelm von: Gesammelte Schriften, hg. v. der Königlich Preussischen Akademie der Wissenschaften Bd. I/7, Berlin 1907, Nachdr. 1967
LESSING, Gotthold Ephraim: Sämtliche Schriften, hg. v. K. LACHMANN und FR. MUNCKER, 3. Aufl., Bd. XXII, Berlin/Leipzig 1915
NIETZSCHE, Friedrich: Werke, kritische GA, hg. v. G. COLLI und M. MONTINARI
Bd. VI/1: Also sprach Zarathustra, Berlin 1968
Bd. VI/3: Der Antichrist, Berlin 1969
SCHELLING, Friedrich Wilhelm Joseph: Sämtliche Werke, hg. v. K. F. A. SCHELLING, 1. Abteilung, Stuttgart und Augsburg 1856ff
Bd. 1: Sämmtliche Werke 1792–1797, Stuttgart und Augsburg 1856
Bd. 7: Sämmtliche Werke 1805–1810, Stuttgart und Augsburg 1860
THOMASIUS, Christian: Versuch von Wesen des Geistes. Oder Grund-Lehren / So wohl zur natürlichen Wissenschafft als der Sitten-Lehre, Halle 1699

2. *Sekundärliteratur*

a) *Zu Schleiermacher*

ALBRECHT, Christian: Schleiermachers Theorie der Frömmigkeit. Ihr wissenschaftlicher Ort und ihr systematischer Gehalt in den Reden, in der Glaubenslehre und in der Dialektik, SchlAr 15, Berlin 1994

BARTH, Karl: Nachwort zu: Schleiermacher-Auswahl. Mit einem Nachwort von Karl Barth hg. v. H. BOLLI, München/Hamburg 1968, 290–312

–: Die protestantische Theologie im 19. Jahrhundert. Ihre Vorgeschichte und ihre Geschichte, 2. verbesserte Aufl. Zürich 1952

–: Die Theologie Schleiermachers. Vorlesungen Göttingen Wintersemester 1923/24 (= Karl Barth Gesamtausgabe II/11) hg. v. D. RITSCHL, Zürich 1978

BARTH, Ulrich: Christentum und Selbstbewußtsein. Versuch einer rationalen Rekonstruktion des systematischen Zusammenhangs von Schleiermachers subjektivitätstheoretischer Deutung der christlichen Religion, GTA 27, Göttingen 1983

–: Der ethische Individualitätsgedanke beim frühen Schleiermacher, in: G. JEROUSCHEK und A. SAMES [Hg.], Aufklärung und Erneuerung. Beiträge zur Geschichte der Universität Halle im ersten Jahrhundert ihres Bestehens (1694–1806), Halle 1994, 309–331

BENDER, Wilhelm: Schleiermachers Theologie mit ihren philosophischen Grundlagen, 2 Teilbde., Bd. 2: Die positive Theologie Schleiermachers, Nördlingen 1878

Bibliographie der Schriften Schleiermachers nebst einer Zusammenstellung und Datierung seiner gedruckten Predigten, bearb. v. W. v. MEDING, SchlAr 9, Berlin 1992

BIRKNER, Hans-Joachim: Schleiermachers christliche Sittenlehre im Zusammenhang seines philosophisch-theologischen Systems, TBT 8, Berlin 1964

BLACKWELL, Albert L.: Schleiermachers's early philosophy of life. Determinism, Freedom, and Phantasy, HThS 33, Chico 1982

BRANDT, Wilfried: Der Heilige Geist und die Kirche bei Schleiermacher, SDSTh 25, Zürich 1968

BRAUN, Otto: Die romantische Bewegung in der Jugendphilosophie Schellings und Schleiermachers, RG 5 (1911), 273–289

BRITO, Emilio: Herméneutique et pneumatologie selon Schleiermacher, EThL 69 (1993), 88–117

–: La pneumatologie de Schleiermacher, BETL 113, Leuven 1994

–: Pneumatologie, ecclésiologie et éthique théologique chez Schleiermacher, RSPhTh 77 (1993), 23–52

BRUNNER, Emil: Die Mystik und das Wort. Der Gegensatz zwischen moderner Religionsauffassung und christlichem Glauben dargestellt an der Theologie Schleiermachers, Tübingen 1924

CRAMER, Konrad: Die subjektivitätstheoretischen Prämissen von Schleiermachers Bestimmung des religiösen Bewußtseins, in: D. LANGE (Hg.), F. Schleiermacher 1768–1834, Göttingen 1985, 129–162

CROUTER, Richard: Schleiermacher und die Theologie der bürgerlichen Gesellschaft. Eine Kritik der Kritiker, SchlAr 1/2, 1075–1097

DILTHEY, Wilhelm: Leben Schleiermachers,
- Bd. I/1: neu hg. v. M. REDEKER, Göttingen 1970 (= W. DILTHEY, GS XIII/1)
- Bd. II: Schleiermachers System als Philosophie und Theologie, hg. v. M. REDEKER, Göttingen 1966 (= W. DILTHEY, GS XIV)

DIRSCHERL, Erwin: Der Heilige Geist und das menschliche Bewußtsein. Eine theologiegeschichtlich-systematische Untersuchung, BDS 4, Würzburg 1989
FALCKE, Heino: Theologie und Philosophie der Evolution. Grundaspekte der Gesellschaftslehre F. Schleiermachers, ThSt. 120, Zürich 1977
FISCHER, Konrad: Gegenwart Christi und Gottesbewußtsein. Drei Studien zur Theologie Schleiermachers, TBT 55, Berlin 1992
FLÜCKIGER, Felix: Philosophie und Theologie bei Schleiermacher, Zürich 1947
FUCHS, Emil: Vom Werden dreier Denker. Was wollten Fichte, Schelling und Schleiermacher in der ersten Periode ihrer Entwicklung?, Tübingen/Leipzig 1904
GEYER, Otto: Friedrich Schleiermachers Psychologie, Leipzig 1895
GRÄB, Wilhelm: Humanität und Christentumsgeschichte. Eine Untersuchung zum Geschichtsbegriff im Spätwerk Schleiermachers, GTA 14, Göttingen 1980
GUNDOLF, Friedrich: Romantiker, Berlin 1930
HERMS, Eilert: Die Bedeutung der „Psychologie" für die Konzeption des Wissenschaftssystems beim späten Schleiermacher, in: Schleiermacher und die wissenschaftliche Kultur des Christentums, in Verbindung mit J. RINGLEBEN hg. v. G. MECKENSTOCK, TBT 51, Berlin 1991, 369–401
–: Herkunft, Entfaltung und erste Gestalt des Systems der Wissenschaften bei Schleiermacher, Gütersloh 1974
–: Reich Gottes und menschliches Handeln, in: D. LANGE (Hg.), F. Schleiermacher. 1768–1834. Theologe – Philosoph – Pädagoge, Göttingen 1985, 163–192
HERTEL, Friedrich: Das theologische Denken Schleiermachers, SDGSTh 18, Zürich 1965
HIRSCH, Emanuel: Geschichte der neuern evangelischen Theologie im Zusammenhang mit den allgemeinen Bewegungen des Europäischen Denkens, Bd. IV, 3. Auflage Gütersloh 1963
–: Einführung und Erläuterungen zu: FR. SCHLEIERMACHER, Dogmatische Predigten der Reifezeit, Kleine Schriften und Predigten Bd. 3, ausgew. und erl. v. E. HIRSCH, Berlin 1969
–: Schleiermachers Christusglaube. Drei Studien, Gütersloh 1968
HONECKER, Martin: Nachwort zu: FR. SCHLEIERMACHER, Christliche Sittenlehre. Einleitung (Wintersemester 1826/27), hg. v. H. PEITER, Stuttgart 1983
HUBER, Eugen: Die Entwicklung des Religionsbegriffs bei Schleiermacher, SGTK 7/3, Leipzig 1901
JØRGENSEN, Poul Henning: Die Ethik Schleiermachers, München 1959
JØRGENSEN, Theodor Holzdeppe: Das religionsphilosophische Offenbarungsverständnis des späteren Schleiermacher, BHTh 53, Tübingen 1977
KELLER-WENTORF, Christel: Schleiermachers Denken. Die Bewußtseinslehre in Schleiermachers philosophischer Ethik als Schlüssel zu seinem Denken, TBT 42, Berlin 1984
KIMMERLE, Heinz: Das Verhältnis Schleiermachers zum transzendentalen Idealismus, KantSt 51 (1959/60), 410–426
KORSCH, Dietrich: Das doppelte Absolute. Reflexion und Religion im Medium des Geistes, NZSTh 35 (1990), 28–56
LANGE, Dietz: Historischer Jesus und mythischer Christus. Untersuchungen zu dem Gegensatz zwischen Friedrich Schleiermacher und David Friedrich Strauß, Gütersloh 1975
MECKENSTOCK, Günter: Deterministische Ethik und kritische Theologie. Die Ausein-

andersetzung des frühen Schleiermacher mit Kant und Spinoza 1789–1794, SchlAr 5, Berlin/New York 1988

–: Die Wandlungen der „Monologen“ Schleiermachers, in: DERS. [Hg.], Schleiermacher und die wissenschaftliche Kultur des Christentums, TBT 51, Berlin 1991, 403–418

MEIER-DÖRKEN, Christoph: Die Theologie der frühen Predigten Schleiermachers, TBT 45, Berlin 1988

MILLER, Marlin E.: Der Übergang. Schleiermachers Theologie des Reiches Gottes im Zusammenhang seines Gesamtdenkens, SEE 6, Gütersloh 1970

NOTH: Schleiermachers Monologen, NKZ 12 (1901), 78–95.144–163.220–233

NOWAK, Kurt: Schleiermacher und die Frühromantik. Eine literaturgeschichtliche Studie zum romantischen Religionsverständnis und Menschenbild am Ende des 18. Jahrhunderts in Deutschland, Göttingen 1986

OHST, Martin: Schleiermacher und die Bekenntnisschriften. Eine Untersuchung zu seiner Reformations- und Protestantismusdeutung, BHTh 77, Tübingen 1989

PATSCH, Hermann: Metamorphosen des Erdgeistes. Zu einer mythologischen Metapher in der Philosophie der Goethe-Zeit, Neues Athenaeum 1 (1989), 248–279

PEITER, Hermann: Theologische Ideologiekritik. Die praktischen Konsequenzen der Rechtfertigungslehre bei Schleiermacher, Göttingen 1977

PERLE, Johannes: Individualität und Gemeinschaft im Denken des jungen Schleiermacher, Gütersloh o.J. [vor 1944]

PLEGER, Wolfgang H.: Schleiermachers Philosophie, Berlin 1988

QUAPP, Erwin H. U.: Christus im Leben Schleiermachers. Vom Herrnhuter zum Spinozisten, SThGG 6, Göttingen 1972

REBLE, Albert: Schleiermachers Denkstruktur, ZThK 17 (1936), 254–272

RINGLEBEN, Joachim: Die Reden über die Religion, in: D. LANGE (Hg.), F. Schleiermacher. 1768–1834. Theologe – Philosoph – Pädagoge, Göttingen 1985, 236–258

ROTHERT, Hans-Joachim: Die Endlichkeit des Menschen bei Fr. Schleiermacher, masch. Diss. Tübingen 1954

SAMSON, Holger: Die Kirche als Grundbegriff der theologischen Ethik Schleiermachers, Zollikon 1958

SCHELLONG, Dieter: Bürgertum und christliche Religion, TEH 187, München 1975

Schleiermachers Bibliothek, Bearbeitung des faksimilierten Rauchschen Auktionskataloges und der Hauptbücher des Verlages, G. Reimer, besorgt v. G. MECKENSTOCK, SchlAr 10, Berlin 1993

SCHLENKE, Dorothee: Geist und Gemeinschaft. Die systematische Bedeutung der Pneumatologie für Fr. Schleiermachers Theorie der christlichen Frömmigkeit, Berlin 1998

SCHOLTZ, Gunter: Die Philosophie Schleiermachers, EdF 217, Darmstadt 1984

SCHULTZ, Werner: Die Idee der Menschheit bei Schleiermacher, StGen 15 (1962), 246–264

SCHURR, Johannes: Schleiermachers Theorie der Erziehung, Interpretationen zur Pädagogikvorlesung von 1826, Düsseldorf 1975

SEIFERT, Paul: Die Theologie des jungen Schleiermacher, Gütersloh 1960

SIEGMUND-SCHULTZE, Friedrich Wilhelm: Schleiermachers Psychologie in ihrer Bedeutung für die Glaubenslehre, Tübingen 1913

SPIEGEL, Yorick: Theologie der bürgerlichen Gesellschaft. Sozialphilosophie und Glaubenslehre bei Friedrich Schleiermacher, FGLP 10. Ser. 37, München 1968

Süskind, Hermann: Christentum und Geschichte bei Schleiermacher. Die geschichtstheologischen Grundlagen der Schleiermacherschen Theologie, 1. [einziger] Bd.: Die Absolutheit des Christentums und die Religionsphilosophie, Tübingen 1911

–: Der Einfluß Schellings auf die Entwicklung von Schleiermachers System, Tübingen 1909

Thimme, Gottfried: Die romantische Weltanschauung in Schleiermachers Monologen, Deutsches Schulprogramm 1906 Nr. 324, Beilage, Erfurt 1906

Timm, Hermann: Die heilige Revolution. Das religiöse Totalitätskonzept der Frühromantik. Schleiermacher – Novalis – Friedrich Schlegel, Frankfurt/M. 1978

–: Universalität und Individuation. Das Konzept des frühromantischen „Christianismus", in: R. Brinkmann [Hg.], Romantik in Deutschland. Ein interdisziplinäres Symposion, Stuttgart 1978, 443–462

Trillhaas, Wolfgang: Schleiermachers Predigt und das homiletische Problem, Leipzig 1933

Ulrich, Hans Günter: Eschatologie und Ethik. Die theologische Theorie der Ethik in ihrer Beziehung auf die Rede von Gott seit Friedrich Schleiermacher, BEvTh 104, München 1988

Ungern-Sternberg, Arthur von: Freiheit und Wirklichkeit. Schleiermachers philosophischer Reifeweg durch den deutschen Idealismus, Gotha 1931

Verwiebe, Walter: Pneuma und Nūs in Schleiermachers Christlicher Sitte, ZThK 13 (1932), 236–243

Virmond, Wolfgang: Schleiermachers Vorlesungen in thematischer Folge, Neues Athenaeum 3 (1992), 127–151

Weiss, Peter: Der Geistbegriff Schleiermachers, Teil I, ABG 32 (1989), 202–243

–: Der Geistbegriff Schleiermachers, Teil II, ABG 33 (1990), 217–246

b) Sonstige Literatur

Barth, Heinrich: Die Geistfrage im deutschen Idealismus, ZZ.B 1, München 1930, 1–38

Bonhoeffer, Dietrich: Sanctorum communio. Eine dogmatische Untersuchung zur Soziologie der Kirche (Dietrich Bonhoeffer Werke Bd. 1), hg. v. J. v. Soosten, Berlin 1987

Dreyer, Hans: Der Begriff Geist in der deutschen Philosophie von Kant bis Hegel, KantSt.E 7, Berlin 1908

Erben, Johannes: Artikel „Weltgeist", in: Deutsches Wörterbuch von Jacob und Wilhelm Grimm, Bd. XIV/1/1, Leipzig 1955, Sp. 1579–1583

Hildebrand, Rudolf: Artikel „Geist", in: Deutsches Wörterbuch von Jacob und Wilhelm Grimm, Bd. IV/1/2, Leipzig 1897, Sp. 2623–2741

Jüngel, Eberhard: Gott als Geheimnis der Welt, Zur Begründung der Theologie des Gekreuzigten im Streit zwischen Theismus und Atheismus, 6. durchges. Aufl. Tübingen 1992

Käsemann, Ernst: Das theologische Problem des Motivs vom Leibe Christi, in: Ders., Paulinische Perspektiven, Tübingen [2]1972, 178–210

Korff, H. A.: Geist der Goethezeit. Versuch einer ideellen Entwicklung der klassisch-romantischen Literaturgeschichte, Bd. 1, 11. Aufl. (Nachdr. der 2. Aufl.) Darmstadt 1979

Marquard, Odo: Der Geist-Begriff von Kant bis zum späten Schelling (außer Hegel), in: Historisches Wörterbuch der Philosophie, hg. v. J. Ritter, Bd. 3, Stuttgart 1974, Sp. 182–191

Moltmann, Jürgen: Der Geist des Lebens. Eine ganzheitliche Pneumatologie, München 1991

Pannenberg, Wolfhart [Hg.]: Offenbarung als Geschichte, KuD Beiheft 1, Göttingen [5]1982

Ringleben, Joachim: Gottes Sein, Handeln und Werden. Ein Beitrag zum Gespräch mit Wolfhart Pannenberg, in: J. Rohls und G. Wenz (Hg.), Vernunft des Glaubens. Wissenschaftliche Theologie und kirchliche Lehre, FS W. Pannenberg, Göttingen 1988, 457–487

–: Gott und das ewige Leben. Zur theologischen Dimension der Eschatologie, in: K. Stock (Hg.), Die Zukunft der Erlösung. Zur neueren Diskussion um die Eschatologie, Gütersloh 1994, 49–87

Tillich, Paul, Systematische Theologe Bd. 3, 4. Aufl. Frankfurt/M. 1984, unveränd. Nachdr. Berlin 1987

Walch, Johann Georg: Artikel „Welt-Geist" in: Ders., Philosophisches Lexicon, Leipzig [4]1775, Bd. 2, Sp. 1540–1544.

Register

Die Frühschriften wurden im Teil II der Untersuchung an folgenden Stellen wieder aufgenommen: